Danko Knothe

Macht und Möglichkeit

Liberale Internationale Politische Ökonomie

herausgegeben von

Prof. Dr. Reinhard Rode
(Institut für Politikwissenschaft,
Universität Halle-Wittenberg)

Band 4

LIT

Danko Knothe

Macht und Möglichkeit

Eingebetteter Unilateralismus in der Handels- und Klimaschutzpolitik der USA

LIT

Bibliografische Information der Deutschen Nationalbibliothek
Die Deutsche Nationalbibliothek verzeichnet diese Publikation in der Deutschen Nationalbibliografie; detaillierte bibliografische Daten sind im Internet über http://dnb.d-nb.de abrufbar.

ISBN 978-3-8258-0506-7
Zugl.: Halle-Wittenberg, Martin-Luther-Universität, Diss., 2006

Auslieferung/Verlagskontakt:
Fresnostr. 2 48159 Münster
Tel. +49 (0)251–62 03 20 Fax +49 (0)251–23 19 72
e-Mail: lit@lit-verlag.de http://www.lit-verlag.de

Meiner Familie

Vorwort und Danksagung

Es gibt wohl kaum Textgattungen, die stärker standardisiert sind als Danksagungen, die veröffentlichten Dissertationen vorangestellt sind. Gleichwohl gibt es für den Verfasser des vorliegenden Buches keine Veranlassung, den guten Gepflogenheiten des akademischen Betriebs einerseits und den elementaren Erfordernissen zwischenmenschlicher Höflichkeit andererseits nicht nachzukommen. Dank zu sagen erscheint mir nach einer langen, durch zahlreiche Personen intensiv begleiteten und geprägten Forschungszeit nicht als lästige Pflichterfüllung; es ist mir grundlegendes Bedürfnis. Allerdings möchte ich die sonst übliche Reihenfolge ändern und zuerst meiner Frau Sybille, meinen Eltern, Brüdern und Großeltern für ihre Liebe, bedingungslose Unterstützung, beständige Aufmunterung sowie meinen Söhnen Lorenz und Adam für die nie unwillkommene Ablenkung und Aufheiterung, die das Leben mit ihnen bereitstellt, herzlichst danken. Dieses Buch ist meiner Familie gewidmet, wobei ich hoffe, dass sich neben den genannten Personen auch alle anderen, die es betrifft, in diesem Begriff wiederfinden können.

Bei diesem Buch handelt es sich um eine argumentativ gestraffte und leicht veränderte Version meiner Dissertation gleichen Titels, die vom Fachbereich Geschichte, Philosophie und Sozialwissenschaften der Martin-Luther-Universität Halle-Wittenberg im Juni 2006 angenommen wurde. Die Verteidigung fand am 29.11.2006 statt. Meinem akademischen Mentor Prof. Dr. Reinhard Rode, der als Erstgutachter fungierte, habe ich für aufmunternde Hartnäckigkeit, großes Vertrauen in meine Selbstdisziplinierungsfähigkeit und zahlreiche Hinweise zur Verschlankung des Forschungsdesigns zu danken. Ohne seine vertrauensvolle Unterstützung hätten viele Skrupel, die einen Autor im Verlauf eines langwierigen Projekts unvermeidlich befallen, nicht so leicht aus dem Weg geräumt werden können. Insgesamt hat meine Arbeit erheblich von der entspannten und undogmatischen Atmosphäre sowie anregenden Diskussionen am Lehrstuhl für Internationale Beziehungen und Deutsche Außenpolitik profitiert. Prof. Dr. Andreas Falke (Lehrstuhl für Auslandswissenschaft an der Friedrich-Alexander-Universität Erlangen-Nürnberg) bin ich für die sehr zügige Erstellung des Zweitgutachtens und die wohlwollenden und sachdienlichen Kommentare sehr verbunden. Prof. Dr. Sibylle Reinhardt, Prof. Dr. Martin Klein und Prof. Dr. Helmut Thome danke ich sehr für ihre Bereitschaft, in der Promotionskommission mitzuwirken. Nicht vergessen möchte ich an dieser Stelle auch den herzlichen Dank an meinen Freund Reinhard Wolf, dem allein es zuzuschreiben ist, dass ich mich (vor Jahren) letztlich den immer wieder aufs Neue spannenden Fragen Internationaler Beziehungen zugewendet habe und nicht den Glasperlenspielen Politischer Theorie und Ideengeschichte.

Außerdem möchte ich mich bei einer Reihe weiterer Personen bedanken, die das Forschungsprojekt in verschiedenen Entwicklungsstadien – bewusst oder unbewusst – maßgeblich vorangebracht und unterstützt haben. Zunächst gilt mein größter Dank all jenen Autoren, auf deren Untersuchungen zur amerikanischen Außen- und Außenwirtschaftspolitik, zu Fragen von Macht und Hegemonie sowie zu multilateralen Institutionen ich in meiner Arbeit habe zurückgreifen können. Mein

tilateralen Institutionen ich in meiner Arbeit habe zurückgreifen können. Mein Unterfangen hat ungemein profitiert von der informellen Arbeitsteilung auf der Grundlage gemeinsamer Interessen, die für den Wissenschaftsbetrieb typisch ist, aber nur noch selten angemessene Wertschätzung erfährt. Auch mein im Kern autonomes und gerade in der Schreibphase tendenziell unilaterales Forschungsvorhaben war von Anfang eingebettet in eine Fülle anregender und bereichernder Diskurse. Auch von der Fülle an per Internet zugänglichen Quellen und Dokumenten hat meine Arbeit in kaum zu überschätzendem Maß profitiert.

Neben dieser meist anonymen und unpersönlichen Unterstützung habe ich Hilfe und Rat auch sehr konkret erhalten. Hervorzuheben sind dabei Anja Falgowski, Daniel Müller, David Kabus und Kai-Uwe Schnapp, die sich der Mühe unterzogen haben, Rohentwürfe zu lesen. Alle haben ihre Kritik und Anmerkungen freundlicherweise in homöopathischen Dosen verabreicht, so dass der Autor nicht entmutigt wurde. Dank schulde ich auch zwei anonymen Gutachtern, die wertvolle Optimierungsvorschläge gemacht haben. Bei Gabriele Dost möchte ich mich herzlich für die (notorisch notwendige) Hilfestellung bei der Formatierung bedanken.

Was für internationale Institutionen gilt, kann in noch stärkerem Maße für zwischenmenschliche Interaktionen gelten: Langfristige Kooperation ist nur mit einer diffusen Reziprozitätserwartung möglich. Deshalb hoffe ich sehr, die Korrektoren und Kommentatoren meiner Arbeit, irgendwann einmal für ihre Gründlichkeit und den betriebenen Zeitaufwand angemessen entschädigen zu können. Von Reziprozitätserwartungen frei sind (in der Regel) Freundschaften. Sie ermöglichen einen spannenden geistigen Wissensaustausch und haben gleichzeitig eine ungeheuer entspannende Wirkung. Dafür, dass sie mir dieses Paradoxon nahezu permanent ermöglicht haben, schulde ich neben einigen bereits Genannten Alexander Schmidt und Sebastian Putz größten Dank. Den fruchtbarsten Stunden meiner Forschungstätigkeit gingen sozialwissenschaftsferne Gespräche und heitere Kaffeepausen (inklusive Schachpartie) voraus.

Abschließend möchte ich all jene um Entschuldigung bitten, die ich hier nicht namentlich aufführen konnte, die aber dennoch eine kleine Aktie an diesem Buch besitzen (auch wenn ich die deutliche Aktienmehrheit natürlich für mich reklamiere). Zu denen, die Anteil am Gelingen meines Projekts hatten, zählen nicht zuletzt die Studenten der von mir angebotenen Seminare – wo viele Thesentestballons gestartet werden konnten – sowie die Angehörigen des Instituts für Politikwissenschaft an der Martin-Luther-Universität – auch hier hoffe ich, dass sich möglichst alle Betroffenen angesprochen fühlen.

Halle (Saale) im Frühjahr 2007

Verzeichnis der Tabellen und Schaubilder

Abkürzungsverzeichnis

AD	Anti Dumping (Measures)
AFL-CIO	American Federation of Labour and Congress of Industrial Organizations
AIDCP	Agreement on the International Dolphin Conservation Program
AJCA	American Jobs Creation Act
AOSIS	Alliance of Small Island States
APEC	Asia-Pacific Economic Cooperation
BELC	Business Environmental Leadership Council
CAFTA	Central American – Dominican Republic Free Trade Agreement
CAP	Climate Action Partnership
COP	Conference of the Parties
CVD	Countervailing Duty
DISC	Domestic International Sales Corporation
DSB	Dispute Settlement Body
DSU	Dispute Settlement Understanding
EPA	Environmental Protection Agency
ETI	Exterritorial Income Exclusion Act
FSC	Foreign Sales Corporation
FTA	Free Trade Agreement
FTAA	Free Trade Area of the Americas
GAO	General Accounting Office
GATS	General Agreement on Trade in Services
GATT	General Agreement on Tariffs and Trade
GCC	Global Climate Coalition
IAC	Inter-American Convention for the Protection and Conservation of Sea Turtles
IATTC	Inter-American Tropical Tuna Commission

ICC	International Criminal Court
IDCA	International Dolphin Conservation Act
IPCC	Intergovernmental Panel on Climate Change
ITC	International Trade Commission (auch USITC)
LIBERTAD	(Cuban) Liberty and Democratic Solidarity Act ("Helms-Burton" Act)
MMPA	Marine Mammals Protection Act
MOU	Memorandum of Understanding
NAFTA	North American Free Trade Agreement
NGO	Non-Governmental Organization
NMFS	National Marine Fisheries Service
OPEC	Organization of the Petroleum Exporting Countries
PNTR	Permanent Normal Trade Relations
RGGI	Regional Greenhouse Gas Initiative
RTAA	Reciprocal Trade Agreements Act
SCM	WTO Agreement on Subsidies and Countervailing Measures
TAA	Trade Adjustment Assistance
TED	Turtle Excluder Device
THS	Theorie hegemonialer Stabilität
TNK	Transnationaler Konzern
TPA	Trade Promotion Authority ("*fast track*")
UAW	United Automobile, Aerospace and Agriculture Implement Workers of America
UMW	United Mine Workers of America
UNO	United Nations Organization
USTR	United States Trade Representative
USWA	United Steelworkers of America
WRCAI	Western Regional Climate Action Initiative
WTO	World Trade Organization

Einleitung

„Der Starke ist am mächtigsten allein."
Friedrich Schiller („Wilhelm Tell")

Die Terroranschläge des 11. September 2001 bilden einen entscheidenden Kristallisationspunkt für das veränderte Selbstverständnis der USA im internationalen System. Nach allgemeiner Auffassung ist es in den letzten Jahren zu einer Neudefinition amerikanischer Weltpolitik gekommen[1]. Nicht wenige Beobachter sind geneigt, die Terroranschläge und ihre Folgen als welthistorischen Epochenwechsel zu charakterisieren. Die USA befinden sich seitdem in einem vorerst unbefristeten Krieg gegen den internationalen Terrorismus. Amerikanische Politiker – nicht nur Vertreter der *Bush*-Administration – haben wiederholt deutlich gemacht, dass sie in diesem Krieg nicht gewillt sind, multilaterale Einschränkungen ihrer Politik hinzunehmen, wenn dadurch nationale Interessen verletzt werden sollten[2]. Doch auch ohne diese explizite Betonung amerikanischer Souveränität in Sicherheitsfragen und die daraus resultierenden starken, nicht zuletzt durch den Irak-Konflikt zusätzlich angefachten, weltpolitischen Kontroversen steht die Außenpolitik der einzigen Supermacht stets im Fokus globaler Aufmerksamkeit. Als freiheitlichen Werten verpflichtete Demokratie, als einzig verbliebene Supermacht mit globalen strategischen Interessen und als größte Volkswirtschaft der Welt können die USA nicht unscheinbar agieren[3].

Der mächtigste Staat sieht sich in einer unipolaren Welt vielfältigen und widersprüchlichen Erwartungen ausgesetzt, und muss bei dem Versuch, all diesen Erwartungen gerecht zu werden, scheitern: Von vielen Beobachtern wird allein den USA die praktische (und nicht nur rhetorische) Übernahme globaler Verantwortung zugetraut. Ihre herausragenden geopolitischen Einflussmöglichkeiten können dabei gleichermaßen Empörung über zuviel oder Enttäuschung über zuwenig Engagement in der Welt hervorrufen. Bei vielen Gelegenheiten hat sich ein erhebliches „Vermittlungsproblem" der US-Außenpolitik gegenüber anderen Akteuren

---

[1] Vgl. unter anderem *Schild* (2002), *Czempiel* (2003a), *Ikenberry* (2003a), *Wilzewski/Kremp* (2003), *Malone/Khong* (2003) oder *Puhle/Schreyer/Wilzewski* (2004).

[2] Diese Haltung beschränkt sich nicht auf die *Bush*-Administration, sondern ist von deren Vorgängern geteilt worden. Selbst der (fälschlicherweise) immer wieder als „Musterinternationalist" wahrgenommene Präsident *Clinton*, hat sich in dieser Frage eindeutig positioniert, wenngleich oft rhetorisch anders, also konzilianter verpackt. Auch in jüngster Zeit ist deutlich geworden, dass es sich dabei um eine überparteiliche Position handelt. So hat etwa der später unterlegene Präsidentschaftskandidat *Kerry* auf dem Nominierungsparteitag der Demokratischen Partei 2004 geäußert: „Ich werde niemals einer anderen Nation oder einer anderen Organisation ein Veto über unsere nationale Sicherheit zubilligen." Zit. in *Lieber* (2004: 50).

[3] Diese weltweite Anteilnahme an der Politik Amerikas führt, wie im Zusammenhang mit Präsidentschafts- bzw. Kongresswahlen regelmäßig zu beobachten ist, auch außerhalb der USA zu einer enormen, teilweise auch ideologisch aufgeladenen Polarisierung. Amerikas innenpolitische Geschicke erfahren globale Aufmerksamkeit, seine Außenpolitik weltweit Resonanz.

offenbart[4]. Kritik zielt meist auf eine unterstellte Überheblichkeit und Entfremdung im Umgang mit anderen Staaten, die sich in eigenmächtigen Politikansätzen bzw. im stark utilitaristisch geprägten, teilweise rücksichtslosen Umgang Amerikas mit multilateralen Institutionen ausdrücke. Der Befund eines durch die Unipolarität im internationalen System verstärkten amerikanischen Unilateralismus, der sowohl als nationalistische Ignoranz gegenüber anderen Akteuren wie auch als ideologisch grundierter Anti-Multilateralismus interpretiert wird, ist in zahlreichen Analysen zu finden[5].

In dieser Arbeit wird der Frage nachgegangen, welche Erfolgsaussichten Alleingänge der USA und ihre Versuche eigenmächtiger Interessendurchsetzung im heutigen internationalen System, das in vielen Bereichen entscheidend durch komplexe Interdependenz und multilaterale Institutionalisierung geprägt ist, haben können. Untersucht wird also die Durchsetzungsfähigkeit unilateraler US-Politik, zugleich aber auch deren multilateral gesetzte Grenzen. Dabei wird vermutet, dass unilaterale Politik durch die gestiegenen Einflusschancen anderer Akteure weniger erfolgreich sein dürfte, als vielfach angenommen. Die empirisch nachweisbaren Erfolge des US-Unilateralismus dürften angesichts der Gestaltungsmöglichkeiten anderer Akteure schwächer ausfallen als die Empörung, die Alleingänge regelmäßig verursachen.

Nicht wenige amerikanische Außenpolitiker und eine erhebliche Zahl von Beobachtern unterliegen, wenn sie eine vollständige geopolitische Übermacht Amerikas über andere Akteure konstatieren, einem analytischen Fehlschluss, indem sie Machtressourcen mit Macht verwechseln und die sich in der Praxis politischer Entscheidungsprozesse auf internationaler Ebene bietenden Einflusschancen nicht näher untersuchen zu müssen meinen. Sie scheinen dabei einer Vorstellung verhaftet zu sein, die durch das oben angeführte Zitat aus *Schillers* „Wilhelm Tell" illustriert wird; dass der Starke am mächtigsten ist, wenn keine Rücksichtnahmen ihn an der Entfaltung seiner Macht hindern. Dieses Verständnis, das die USA als globalen Vetospieler interpretiert, greift jedoch zu kurz, weil die vielschichtigen Akteursverflechtungen im internationalen System dabei nur wenig Berücksichtigung finden. Die vorliegende Studie soll zeigen, wie stark die Einflussmöglichkeiten der USA durch einbindende Zwänge eingeschränkt werden, vor allem dort, wo die Interessen anderer Staaten Berücksichtigung finden müssen.

Die in der Debatte vorherrschende Konzentration auf geopolitischen Unilateralismus der USA verstellt den Blick auf die komplexen Abhängigkeiten, denen auch die einzige Supermacht auf fast allen Politikfeldern unterliegt. Vielfach droht in den Hintergrund zu geraten, dass die USA weiterhin Mitglied und wichtigster Beitragszahler in allen relevanten internationalen Organisationen und darüber hinaus überwiegend rechtstreue Vertragspartei der meisten multilateralen transnationalen Abkommen und Verträge sind. Eingebundene, regelgeleitete Kooperation bil-

---

[4] Vgl. *Mead* (2004).

[5] Vgl. unter anderem *Nuscheler* (2001), *Hippler/Schade* (2003) oder *Malone/Khong* (2003).

det auch für die USA auf den meisten Politikfeldern das dominierende Prozessmuster. Ablehnung multilateraler Zusammenarbeit bildet die Ausnahme. Entgegen allen Krisenperzeptionen sind die Interaktionen der Hauptakteure im internationalen System eher durch Verflechtung und gemeinsame Problembearbeitung gekennzeichnet, durch gemeinsame Steuerungsversuche und abgestimmte Governance – und eben nicht durch imperiale Dominanz. Amerikas Außenbeziehungen bewegen sich auch in der unipolaren Welt in einem oft sehr engen multilateralen Rahmen, so dass unilaterale Gestaltungswünsche die Interessen anderer Akteure verletzen und Reaktionen hervorrufen, die wiederum in den USA spürbar werden. Bei dem Versuch, das politische Gewicht der Supermacht auf die Waagschale multilateraler Kooperation zu legen, sind amerikanische Entscheidungsträger wiederholt an Grenzen gestoßen. Alleingänge haben sich bei der Durchsetzung amerikanischer Interessen nicht immer als Gewinnstrategien entpuppt.

Den drängenden machtsymmetrischen Zwängen gegenseitiger Abhängigkeit, die sich aus der Globalisierung und den Bemühungen um transnationale Governance ableiten, vermag sich auch der wichtigste Akteur in den internationalen Beziehungen nicht folgenlos zu entziehen. Der vorwiegend aus ihrer geostrategischen Sonderstellung erklärbare Anspruch der USA auf Exzeptionalismus hat nur selten auch zu einer tatsächlichen Sonderbehandlung amerikanischer Interessen in multilateralen Kooperationsbeziehungen geführt. In vielen Studien, die Amerikas vermeintlich uneingeschränkte Macht im globalen System darzustellen bemüht sind, fehlt der Hinweis auf die zahlreichen ökonomischen bzw. institutionellen Interdependenzen, denen auch die größte Wirtschaftsnation der Welt ausgesetzt ist. Andererseits aber neigen Arbeiten, die Institutionalisierungstendenzen, Globalisierungsprozesse in der Weltwirtschaft oder die Mechanismen von Global Governance untersuchen, oft dazu, Machtaspekte auszublenden und die Regelorientierung multilateraler Kooperation zu überschätzen[6]. Dabei ist wiederholt deutlich geworden, dass auch internationale Institutionen deutlich von den Gestaltungsinteressen dominanter Staaten geprägt werden[7].

Drei Fragekomplexe stehen im Mittelpunkt der vorliegenden Arbeit: 1. Wo liegen die Motive für die Formulierung unilateraler Politikansätze in der amerikanischen Außenpolitik? 2. Wie durchsetzungsfähig ist der amerikanische Unilateralismus in einer von komplexer Interdependenz und zunehmender Institutionalisierung geprägten Welt? 3. Wie vermittelt sich der bindende Einfluss internationaler Institutionen im politischen System der USA bzw. unter welchen Bedingungen sind die USA zur *compliance* mit multilateralen Regeln bereit? Dabei werden bei stärkerer multilateraler Institutionalisierung abnehmende Möglichkeiten und steigende Kosten für unilaterales Handeln vermutet, weil die gemeinsame Betroffenheit von Problemen und die Abhängigkeit von multilateraler Problemlösung wachsen. Die Analyse der Auswirkungen multilateraler Institutionalisierung auf die Reichweite

---

[6] Als Beispiel unter vielen *Zürn* (1998).

[7] Vgl. unter anderem *Knothe* (2005).

unilateraler Handlungsoptionen bildet ein wichtiges Anliegen dieser Arbeit. Dort, wo wichtige Akteure des internationalen Systems ihre Interessen multilateral strukturieren können und Institutionalisierungsbemühungen erfolgreich sind – etwa in den globalen Handelsbeziehungen –, kann sich auch die Supermacht verpflichtenden *compliance*-Erfordernissen nicht entziehen. Trotzdem ist sie in der Lage, unilaterale Strategien zu formulieren. In diesem Zusammenhang ist die Dringlichkeit einer Binnenanalyse der US-Entscheidungsprozesse evident. Außenpolitik beginnt zuhause: Auf die USA trifft dieser Befund wegen der in außen- und außenwirtschaftspolitischen Fragen nahezu gleichberechtigten Vetospieler Präsident und Kongress in besonderer Weise zu.

Im internationalen System lassen sich drei wesentliche Interaktionsebenen identifizieren, auf denen den USA jeweils ganz unterschiedliche Optionen zur Verfügung stehen, um ihre Machtposition zu nutzen: eine geostrategisch-militärische, eine der ökonomischen Globalisierung und eine der transnationalen Interdependenz[8]. Amerikanische Versuche unilateraler Politik waren in den letzten Jahren auf allen drei Ebenen des internationalen Systems festzustellen, jedoch mit einer durchaus disparaten Erfolgsbilanz. In der vorliegenden Arbeit wird die These vertreten, dass aus der vorzufindenden, zuvorderst auf geostrategischer Dominanz beruhenden Unipolarität des internationalen Systems keine amerikanische Hegemonie im klassischen Verständnis abgeleitet werden kann. Von globaler Herrschaft weit entfernt, ist die Stellung Amerikas besser als unechte und uneindeutige Hegemonie zu bezeichnen. Die USA verfügen nur noch begrenzt über das Machtpotential eines Hegemons und haben überdies nach dem Ende der Blockkonfrontation wenig Neigung gezeigt, den Verpflichtungen, die mit der Rolle eines wohlwollenden Führers verbunden wären, konsequent nachkommen zu wollen. Die unbestreitbar großen Machtpotentiale der USA müssen mit den Partizipationschancen anderer Akteure und dem Einfluss multilateraler Institutionen kontrastiert werden.

Der in jüngster Zeit äußerst lebhaft geführte *Empire*diskurs[9] hebt vor allem die historisch beispiellose geostrategische Dominanz Amerikas auf der ersten Systemebene hervor. Allerdings stößt auch der mächtigste Akteur an Grenzen. Nicht nur wegen der Gefahren asymmetrischer Bedrohung durch Terroristen, denen gegenüber beispielsweise nukleare Vernichtungsfähigkeit keine Abschreckung darstellt, sondern auch weil immer häufiger enge Verbündete ungeachtet großen politischen Drucks der USA nicht zur Gefolgschaft zu bewegen sind. Dennoch bleibt Amerika als Supermacht mit globalen strategischen Interessen und massiven militärischen Ressourcen der mit weitem Abstand wichtigste Spieler auf dem Feld der Geopolitik. Es erbringt, ohne die Rolle eines Weltpolizisten[10] anzustreben oder aus-

---

[8] Vgl. das Modell eines komplexen mehrdimensionalen Schachspiels bei *Nye* (2002: 39ff) sowie die Weiterentwicklung bei *Knothe* (2007a).

[9] Etwa *Ferguson* (2004a), *Ikenberry* (2002), *Kupchan* (2002), *Nye* (2002) oder *Speck/Sznaider* 2003.

[10] Ein insbesondere von linken Kritikern oft (pejorativ) verwendeter Begriff, der allerdings in Bezug auf die USA und ihre außerhalb der westlichen Hemisphäre eher zurückhaltende Interventionspolitik der letzten Jahrzehnte empirisch wenig gerechtfertigt erscheint.

füllen zu können, in zahlreichen Krisenregionen schwer entbehrliche Stabilisierungsleistungen, tendiert dabei aber auch zu einer selektiven und bisweilen konfliktverschärfenden Aufgabenwahrnehmung. Insgesamt bleibt das internationale System in Ermangelung anderer führungs- oder leistungswilliger Akteure im Sicherheitsbereich in absehbarer Zeit wohl weiter auf amerikanisches Engagement angewiesen[11].

Auf der zweiten Systemebene, jener der ökonomischen Globalisierung, sind die USA ein Schlüsselakteur. Der Dollar ist weltweit die wichtigste Reservewährung und der amerikanische Einfluss in den internationalen Institutionen Weltbank, IWF und WTO beachtlich. Dennoch kann angesichts der großen Abhängigkeit Amerikas von ausländischem Kapital zur Finanzierung seiner Defizite im Staatshaushalt und in der Zahlungsbilanz von einer amerikanischen Dominanz ganz offenkundig nicht mehr gesprochen werden. Der ehemalige weltwirtschaftliche Einzelhegemon ist bei der Durchsetzung seiner Interessen zunehmend auf gemeinsame Steuerungsansätze unter Einbeziehung anderer Akteure angewiesen. Multilaterale Kooperation (im Rahmen der WTO) und regionale Integration (NAFTA) erbringen überwiegend gute Steuerungsleistungen. Dort aber fällt das Gewicht des amerikanischen Einflusses sehr unterschiedlich aus. Während die USA als Initiator regionaler und bilateraler Freihandelsabkommen ihre Interessen noch vergleichsweise dominant durchzusetzen vermögen, ist in den internationalen Wirtschaftsorganisationen eine hegemoniale Führung durch Amerika die Ausnahme. Inzwischen ist in den Weltwirtschaftsbeziehungen von einer Gruppenhegemonie der führenden Industrienationen auszugehen. Diese wird locker vernetzt, allerdings mit beachtlichen Institutionalisierungstendenzen ausgeübt[12]. Dadurch wird die Vorrangstellung der USA zwar nicht vollständig nivelliert, jedoch werden die amerikanischen Durchsetzungsmöglichkeiten eingeschränkt.

Die dritte Ebene des internationalen Systems, jene der transnationalen Interdependenz, ist durch eine Fülle von multilateralen Institutionen und Verträgen gekennzeichnet. Sie bietet nichtstaatlichen, vorrangig zivilgesellschaftlichen Akteuren starke Beteiligungsmöglichkeiten. Auf dieser Ebene ist der profunde Beitrag augenfällig, den Amerika besonders in der Nachkriegsphase bei der Gründung aller wichtigen internationalen Organisationen, der Etablierung sowie Durchsetzung völkerrechtlicher Normen und der Verbreitung internationaler Menschenrechte geleistet hat[13]. Auch der liberale Wertekanon von Marktwirtschaft und Demokratie – inzwischen weltweit dominant und ohne ernsthafte ideologische Herausforderung – kann sein amerikanisches Elternteil schwerlich verleugnen. Mittlerweile bestehen gleichwohl nur noch wenig Anhaltspunkte für eine umfassende amerikanische Vorherrschaft oder Führung auf der Ebene transnationaler Interdependenz. Die

---

[11] Vgl. *Ferguson* (2004b: 32), der annimmt, dass ein Verschwinden des Supermachtstatus oder ein sicherheitspolitisches Disengagement der USA zum jetzigen Zeitpunkt keine multipolare Welt, sondern einen „Alptraum der Anarchie" zur Folge hätte.

[12] Vgl. *Bailin* (2001) sowie *Rode* (2002a).

[13] Vgl. *Byers/Nolte* (2003), *Foot/MacFarlane/Mastanduno* (2003) und *Luck* (1999).

USA sind ein wichtiger, aber inzwischen nur noch selten maßgeblicher Akteur. Sie können die Beteiligung an multilateralen Abkommen und Regimen zwar verweigern und haben in einigen Fällen (*ICC*, Kyoto-Protokoll) versucht, deren Zustandekommen zu torpedieren oder andere Staaten von einer Teilnahme abzubringen. Die Bilanz entsprechender Versuche ist freilich gemischt. Nur in wenigen Fällen war die Supermacht tatsächlich imstande, multilateral institutionalisierte Entscheidungsprozesse zu blockieren. Wenn amerikanischer Einfluss effektiv multilateral zur Geltung gebracht werden soll, ist die in Washington offenkundig verbreitete Auffassung, dass internationale Organisationen der eigenen Politik Fesseln anlegen würden, eher kontraproduktiv[14].

Im empirischen Teil dieser Arbeit werden in sechs Fallbeispielen eigenmächtige Strategien der USA auf den beiden Systemebenen ökonomischer Globalisierung und transnationaler Interdependenz analysiert. Die untersuchten Beispiele von US-Unilateralismus in der Handels- sowie Klimaschutzpolitik führten zu langanhaltenden Konflikten. Die Rückwirkung der multilateralen Institutionen auf die USA fiel sehr unterschiedlich aus. Am Ende der Handelskonflikte stand die Entschärfung oder Entsorgung der multilateralen Streitigkeiten und *compliance* der USA mit institutionellen Regeln. Dies lässt sich nach meinem Dafürhalten mit der hohen, im Verlauf der Arbeit vertiefend dargestellten Bindungswirkung der WTO erklären. Die internationale Klimaschutzpolitik weist dagegen nur einen vergleichsweise schwachen Institutionalisierungsgrad auf, so dass die amerikanische Verweigerungshaltung von anderen Staaten nicht wirksam sanktioniert werden konnte. Dennoch haben auch dort multilaterale Fortschritte Positionsveränderungen im US-Entscheidungssystem bewirkt. Auf beiden Interaktionsfeldern des internationalen Systems konnten sich die USA den Konsequenzen ihres Handelns nicht entziehen. Starke Diskrepanzen lassen sich gleichwohl in den jeweiligen nationalen wie internationalen Akteurskonstellationen und im Grad multilateraler Institutionalisierung erkennen.

Vorrangiges Ziel dieser Arbeit ist es, das Spannungsfeld zwischen dem überragenden Machtpotential Amerikas und den daraus erwachsenden Durchsetzungsmöglichkeiten in multilateral geprägten Beziehungen zu vermessen. Im Zentrum der Analyse stehen die Rückkopplungsprozesse zwischen den Restriktionen des amerikanischen Entscheidungssystems und den Handlungszwängen in der WTO und im Klimaschutzregime. Den Ergebnissen der vorliegenden Studie zufolge, dürfte Amerikas Unilateralismus auf Politikfeldern, die ein hohes Maß von Interdependenz, Politikverflechtung und Institutionalisierung aufweisen, systemisch abgefedert, institutionell gezähmt und multilateral eingehegt auftreten. In diesen Fällen soll deshalb – in einer Adaption des bekannten Begriffs *Ruggies*[15] – von eingebettetem Unilateralismus gesprochen werden. Trotz der geringen Durchsetzungserfolge

[14] Vgl. zu den Grenzen der amerikanischen Hegemonialstellung auch *Knothe* (2007a).
[15] Vgl. *Ruggie* (1991), der in Bezug auf die politisch eingehegte, protektionistische Ausnahmen zulassende Liberalisierung des Welthandels im Rahmen des GATT von „*embedded liberalism*" spricht.

scheinen aber zahlreiche Entscheidungsträger in Washington im Umgang mit transnationalen Institutionen noch immer von der Idee einer imperialen Semipermeabilität auszugehen, wenn sie glauben, dass die USA hegemonial agieren könnten, ohne von den einschränkenden multilateralen Zwängen betroffen zu sein. Diese Wahrnehmung dürfte sich verstärkt als Trugschluss und Fehlkalkulation herausstellen. Auf den empirischen Forschungsfeldern dieser Arbeit wird gezeigt, dass die Auffassung, Amerika könne souverän global gestalten, ohne Rücksicht nehmen zu müssen auf die Steuerungswünsche anderer, in ihren Gestaltungsansprüchen und -chancen ebenbürtiger Akteure, eine politische Autosuggestion darstellt.

1. Forschungsstand und Erkenntnisinteresse

„There is no sadder sight in the world than to see a beautiful theory killed by a brutal fact."
Thomas Henry Huxley

„Darin besteht das Wesen der Wissenschaft. Zuerst denkt man an etwas, das wahr sein könnte. Dann sieht man nach, ob es der Fall ist, und im allgemeinen ist es nicht der Fall."
Bertrand Russell

In den letzten Jahren sind Alleingänge der USA wiederholt als Problem multilateraler Zusammenarbeit identifiziert worden. Während in den Ende der 1990er Jahre erschienenen Fallstudien US-amerikanische Alleingänge noch ganz überwiegend als Sonderfall oder als Störung des ansonsten vorherrschenden multilateralen Interaktionsmusters interpretiert wurden, dominiert in den Analysen inzwischen, bedingt nicht zuletzt auch durch die stärkere öffentliche Perzeption des Gegenstands, eine eindeutig negative Wertung[1]. Alleingänge werden nicht selten als nationalistisch-ideologischer Kampf der USA gegen eine multilaterale Weltordnung und als Gefährdung für gemeinsame Steuerungsansätze in der Weltpolitik wahrgenommen. Außerdem ist Unilateralismus in vielen Studien als Regelfall amerikanischer Außenpolitik interpretiert worden, die aus imperialen Motiven heraus Beschränkungen ihrer Macht nicht länger zu akzeptieren bereit sei und gegenüber Versuchen transnationaler Steuerung zunehmend zur Obstruktion bzw. zur Zurückhaltung neige[2]. Bereits das widersprüchliche außenpolitische Vermächtnis der *Clinton*-Administration ist als „globaler Unilateralismus" bezeichnet worden[3]. Letztlich ist aber erst durch die stark unilateral gefärbte Außenpolitik der *Bush*-Administration und deren Rhetorik gegenüber internationalen Institutionen (bzw. die Zweifel an ihrer Relevanz) der Trend zu einem verstärkt selbstreferentiellen, also ausschließlich den nationalen Interessen verpflichteten, Vorgehen der letzten verbliebenen Supermacht unübersehbar geworden.

Allerdings trifft amerikanischer Unilateralismus auf ein internationales Umfeld, in dem kooperationsgeleitetes Handeln zu einer zentralen außenpolitischen Interaktionsnorm geworden ist. Neben dem manifesten empirischen Trend zu selbstbezogener Außenpolitik ist gerade die gestiegene Sensibilität für *nichtmultilaterales* Verhalten entscheidend für die veränderte Rezeption des amerikanischen Unilateralismus. Im internationalen System, das durch multilateral-institutionalisierte Zusammenarbeit sowie durch die Gestaltungswünsche *mehrerer* einflussreicher Staaten geprägt wird, finden Selbstbezüglichkeit und Rücksichtslosigkeit nur geringe

---

[1] Vgl. dazu stellvertretend die beiden Sammelbände *Patrick/Forman* (2002) und *Malone/Khong* (2003), die schon in ihren Titeln den Wandel in der Bewertung des Phänomens verdeutlichen, indem der erste das ambivalente multilaterale Engagement der USA, der zweite aber Unilateralismusansätze zum Untersuchungsgegenstand macht. Ähnlich die Bewertung von *Maynes* (1999).
[2] Vgl. etwa *Nuscheler* (2001) oder *Hippler/Schade* (2003).
[3] Vgl. *Huntington* (1999: 42); Ähnlich *Hils/Wilzewski* (2004) und *Rudolf* (1999 und 2006), die von einem hegemonialen Internationalismus sprechen.

Akzeptanz[4]. Multilaterale Kooperation stellt, folgt man der Argumentation von liberalen Analysten und Neoinstitutionalisten, nicht nur das rational erwartbare Handlungsmuster für Staaten dar, die den Zwängen komplexer Interdependenz unterworfen sind, sondern ist überdies wegen des gestiegenen politischen Einflusses zivilgesellschaftlicher Akteure inzwischen als handlungsleitende Norm der internationalen „Staatengemeinschaft" aufzufassen[5]. In diesem Zusammenhang werden von den meisten Autoren unilaterale Ansätze als unangemessenes Vorgehen wahrgenommen. Multilateralismus wird vor dem Hintergrund des Befundes komplexer Interdependenz für eine zwangsläufige und selbstverständliche Interaktionsstrategie in zwischenstaatlichen Beziehungen gehalten.

Die verbreitete Einschätzung, US-Unilateralismus werde als ideologisches Programm zur Durchsetzung globaler Steuerungsziele implementiert, ist dagegen nur in wenigen Fällen gerechtfertigt, weil die rationalen Motive, die tatsächlichen Implementationschancen sowie, damit verbunden, die Grenzen eigenmächtiger Politik kaum untersucht werden. Auf die Erhellung gerade dieser Dimensionen von Amerikas Unilateralismus zielt die vorliegende Arbeit. Ihr geht es darum, sowohl die Anreize und Motive für eine eigenmächtige Politikgestaltung seitens der Supermacht zu analysieren, als auch die durch Institutionalisierung und gemeinsame Problembetroffenheit begrenzte Reichweite amerikanischer Alleingänge in den Blick zu nehmen. Es geht damit weniger um eine vergleichende Phänomenologie amerikanischer Alleingänge im internationalen System, als vielmehr darum, verschiedene eigenmächtige Politikansätze der USA in ihren Entstehungsbedingungen und Auswirkungen zu vermessen und zu typologisieren. Außerdem sollen funktionale Muster zur Einhegung von Unilateralismus identifiziert werden.

Eine theoriegeleitete Auseinandersetzung mit der komplexen und zum Teil widersprüchlichen Motivstruktur unilateraler Politikansätze der USA steht bislang noch aus. Auch der restriktive Einfluss von Interdependenz und multilateralen Institutionen auf die Durchsetzungsfähigkeit von Unilateralismus ist nur unzureichend analysiert worden. Selten ist bisher auch auf die Rückkopplungsprozesse zwischen eigenmächtiger Außenpolitik und multilateralen Handlungszwängen eingegangen worden. Mein im Folgenden vertiefend dargestelltes Erkenntnisinteresse zielt darauf, einen empirisch getesteten Beitrag zu drei, zumeist nur unzureichend verbundenen Diskursen der IB-Disziplin zu liefern: nämlich einerseits zur Debatte um die Machtpotentiale der letzten verbliebenen Supermacht im Zeitalter von Globalisierung und zunehmender Interdependenz, weiterhin zum Diskurs um die politisch-strategischen Motive unilateralen Handelns der USA bzw. ihr Verhältnis gegenüber multilateralen Verpflichtungen und schließlich zur Diskussion um den restriktiven Einfluss multilateraler Institutionen auf das Handeln politischer Administrationen. Zentral soll es um die Beantwortung von drei Fragen gehen: 1. worin

[4] Vgl. dazu die Feststellung von *Kupchan* (2003: 194), dass bereits die unter *Clinton* einsetzende „schizophrene Verbindung von schwindendem internationalem Engagement und wachsendem Unilateralismus (...) diffuse Signale an die Welt" geschickt habe.

[5] Vgl. für diese zugespitzte Auffassung unter anderem *Wolf* (2000).

liegen die Gründe für unilaterale Politikansätze der USA in der Handels- und Klimaschutzpolitik? 2. welche Reichweite und Implementationschancen haben eigenmächtige Politikansätze der Supermacht auf diesen Interaktionsfeldern? Und 3. wie stark werden unilaterale Strategien Amerikas durch externe Akteure und multilaterale Institutionen eingeschränkt?

1.1 Forschungsstand und Forschungsbedarf

Bevor das dieser Arbeit zugrundeliegende Erkenntnisinteresse noch ausführlicher erläutert wird, soll zunächst ein kurzer Überblick gegeben werden über die vorliegenden Untersuchungen, auf die in dieser Arbeit Bezug genommen werden soll. Dabei beschränke ich mich auf eine kursorische Einordnung der einzelnen Beiträge, weil im weiteren Verlauf der Arbeit auf die meisten Studien noch näher eingegangen wird. Bei der Erörterung der Einflusschancen der USA als einzig verbliebener Supermacht kann auf eine Reihe von theoriegeleiteten Analysen zurückgegriffen werden. Von zentraler Bedeutung ist dabei die Frage nach den Folgen der unipolaren Machtverteilung im internationalen System; dieser Aspekt wird unter anderem in den Beiträgen von *Layne* (1993) sowie *Wilkinson* (1999) behandelt. Für die Debatte über die Folgen der Unipolarität für die außenpolitische Orientierung der Supermacht und die amerikanische Hegemonialstellung[6] sind die Arbeiten von *Wolforth* (1999), *Brooks/Wolforth* (2002), *Czempiel* (1996 und 2003a), *Hudson* (2003) und *Van Oudenaren* (2004) sowie die Sammelbände von *Dittgen/Minkenberg* (1996), *Kapstein/Mastanduno* (1999), *Rudolf/Wilzewski* (2000), *Honey/Berry* (2000), *Ikenberry* (2002) oder *Lieber* (2002) zu nennen. Transatlantischen Entfremdungsprozessen widmen sich unter anderem die Sammelbände von *Wells/Kühnhardt* (2005) oder *Jäger/Höse/Oppermann* (2005). Amerikas Unilateralismus bildet in diesen Beiträgen jedoch keinen zentralen Untersuchungsgegenstand, zudem unterscheiden sich die Forschungsperspektiven erheblich. Nur von wenigen Autoren – hier sind *Gholz/Press/Sapolsky* (1997), *Snyder* (1994), *Skidmore* (2005) oder *Wohlforth* (2002) zu nennen – werden die konkreten Auswirkungen einer unipolaren Machtkonfiguration auf die strategischen Ziele bzw. die Präferenzbildungsprozesse amerikanischer Außenpolitik erörtert, während es der Großteil der Analysen dabei belässt, die Probleme der Vereinbarkeit von Ambitionen und Steuerungszielen der USA mit den Interessen anderer maßgeblicher Akteure des internationalen Systems und einer multilateralen Prinzipien verpflichteten Weltordnung zu verdeutlichen. In diesem Zusammenhang ist auch die konstruktivistische Analyse außenpolitischer Rollenkonzepte der USA von *Kirste* (1998) anzuführen.

Die Veränderung der amerikanischen Außenpolitik nach den Terroranschlägen des 11. September 2001 wird unter anderem von *Schild* (2002), *Müller* (2003c), *Lieber* (2004), *Mead* (2004), *Hils/Wilzewski* (2004) und *Rudolf* (2004) nachgezeichnet. Zahlreiche Beiträge in den Sammelbänden von *May/Hönnicke Moore* (2003), *Wil-*

[6] Vgl. dazu auch *Knothe* (2007a).

zewski/Kremp (2003), *Puhle/Schreyer/Wilzewski* (2004) oder *Carter* (2005) beschäftigen sich ebenfalls mit den Implikationen des Administrationswechsels von *Clinton* zu *Bush* sowie der neuen amerikanischen Bedrohungswahrnehmung und der maßgeblichen Rolle, die der Kampf gegen den internationalen Terrorismus mittlerweile in der US-Außenpolitik einnimmt. Das allgemein ambivalente Verhältnis der USA zu internationalen Institutionen sowie ihre hochgradig selektive und uneindeutige Bereitschaft zur Akzeptanz von multilateralen Bindungen haben beispielsweise *Lake* (1999), *Luck* (1999), *Reisman* (2000) und *Gaddis* (2004) analysiert. Zu diesem Thema sei außerdem auf die zahlreichen instruktiven Falluntersuchungen in *Patrick/Forman* (2002), *Byers/Nolte* (2003) oder *Foot/MacFarlane/Mastanduno* (2003) verwiesen. Darin wird das Verhalten der USA auf unterschiedlichen Politikfeldern analysiert und versucht, typische Handlungsmuster der Supermacht zu identifizieren. Zahlreiche Beispiele liefern tatsächlich Anhaltspunkte für einen verstärkten amerikanischen Anspruch auf Exzeptionalismus in multilateralen Strukturen. *Maynes* (1999) und *Nuscheler* (2001) haben argumentiert, dass das amerikanische Beharren der auf dem Recht des Stärkeren bzw. das Einnehmen einer Sonderrolle zum Hindernis globaler Politiksteuerung geworden seien. In ihrem analytischen Zuschnitt erweisen sich diese Untersuchungen jedoch für die hier verfolgte Erkenntnisabsicht als wenig hilfreich, entweder, weil ihnen eine Fokussierung auf eindeutig unilaterale Politikansätze der USA fehlt oder die Motive und Impulse, die konkret zur Formulierung eigenmächtiger Politikansätze geführt haben, nur ephemer behandelt werden.

Zentraler Gegenstand einer theoriegeleiteten Analyse ist Amerikas Unilateralismus in den Beiträgen von *Miller* (2001), *Ethier* (2002), *Fröhlich* (2002) und *Hippler/Schade* (2003), die neben den Entstehungsbedingungen auch den multilateralen Rahmen beleuchten, in dem sich selbstreferentielles Handeln der USA bewegt. Die Motive unilateraler Politik werden erhellend diskutiert in *Dembinski* (2002), *Prins* (2001) bzw. in zahlreichen Beiträgen des Bandes von *Malone/Khong* (2003). Den Einfluss innenpolitischer Interessenlagen und struktureller Friktionen im Entscheidungssystem untersuchen *Wilzewski* (2000) und *Lyman* (2002). Auseinandersetzungen mit den ideologischen Motiven für den von der *Bush*-Administration verfolgten Unilateralismus stammen unter anderem von *Jäger* (2001), *Daalder/Lindsay* (2003), *Halper/Clarke* (2003) und *Monten* (2007). Den Versuch einer Typologisierung unilateralen Handelns haben *Hippler/Schade* (2003) unternommen. Die zwischen Widerstand und Nachgiebigkeit schwankenden Reaktionsmuster der EU-Staaten auf amerikanische Alleingänge hat *Fehl* (2005) analysiert.

US-Unilateralismus gegenüber internationalen Organisationen oder multilateralen Vertragswerken ist empirisch eingehender von *Kubbig/Dembinski/Kelle* (2000), *Dembinski* (2002) sowie *Deller/Makijani/Burroughs* (2003) untersucht worden. Das reservierte, bisweilen aggressive Verhalten Amerikas gegenüber der UNO, das bereits seit Anfang der 1990er Jahre starke unilaterale Züge aufweist, hat das Interesse von *Holloway* (2000) und *Mondré* (2005) geweckt. Zum Verhalten Amerikas im Zusammenhang mit der Gründung und Implementierung des internationalen Strafgerichtshofs sei auf die Studien von *Scheffer* (1999), *Deitelhoff* (2002), *Nolte* (2003)

(2003) und *Orentlicher* (2004) verwiesen. Unter den zahlreichen Arbeiten, die das unilaterale Vorgehen der Supermacht im Irak-Konflikt und die dadurch hervorgerufenen Konflikte im transatlantischen Verhältnis zum Gegenstand haben, sind stellvertretend *Krell* (2003) sowie *Czempiel* (2003b) zu nennen.

Für Alleingänge der USA auf dem Gebiet der Handelspolitik sind die Arbeiten von *Sjolander* (1994), *Falke* (1995 und 2003), *Gerke/Medick-Krakau* (1999), *Chang* (2000), *Preuße* (2000), *Pfeil* (2000), *Gordon* (2001), *Zeng* (2002 und 2004), *Ho* (2003), *Gerke-Unger* (2004) sowie *Zangl* (2006) zu nennen. Zur Sanktionspolitik gegenüber Drittstaaten sei auf die Studien von *Lowe* (1997), *Haass* (1998), *Preeg* (1999), *Malloy* (2001), *Carter* (2002), *Mastanduno* (2002a) und *Hufbauer/Oegg* (2003) verwiesen. Auf eigenmächtige Ansätze in der US-Umweltaußenpolitik, vor allem im internationalen Klimaschutzregime, wird von *Brühl* (2000), *Jacobson* (2002), *Assuncao* (2003), *Holtrup* (2003) und *Müller* (2003a bzw. 2003b) eingegangen, deren ideologische Hintergründe erhellen *McCright/Dunlap* (2003). Die ökologischen und ökonomischen Gründe einseitiger Umweltsanktionen beleuchten unter anderem *DeSombre* (1995 und 2000) sowie *Körber* (1998). Bei der Mehrzahl der eben angeführten Beiträge handelt es sich allerdings um rein empirische Falluntersuchungen ohne Theoriebezug. Damit bleiben die Folgen des US-Unilateralismus für multilaterale Institutionen (Klimaschutzregime oder Welthandelsorganisation) weitgehend unbeleuchtet.

Weil die vorliegende Arbeit auch einen maßgeblichen Einfluss multilateraler Arrangements auf die Außenpolitik Amerikas nachzuweisen bemüht ist, erscheint an dieser Stelle der Verweis auf einige Beiträge der institutionalistischen Theoriedebatte unabdingbar. Mit der Institutionalisierung internationaler Verhandlungsprozesse und dem institutionellen Design des Multilateralismus haben sich *Koremenos/Lipson/Snidal* (2001) und die Sammelbände von *Ruggie* (1993a), *Hampson/Hart* (1995), *Pappi/Riedel/Thurner/Vaubel* (2004) und *Cox* (1997) auseinandergesetzt. Zwei-Ebenen-Ansätze zur Beleuchtung der Wechselwirkung zwischen nationalen und internationalen Entscheidungsprozessen gehen auf *Putnam* (1988) zurück und sind von *Iida* (1993), *Milner* (1997), *Underdal* (1998), *Shaffer* (2001), außerdem in den Bänden von *Stein/Pauly* (1993), *Risse-Kappen* (1995) sowie *Evans/Jacobson/Putnam* (1993) ausführlich diskutiert und weiterentwickelt worden. Die Rückwirkung multilateraler Institutionen auf die nationalen Entscheidungsprozesse und die normative Verpflichtungskraft institutioneller Prinzipien haben *Cortell/Davis* (1996 und 2000), die von *Drezner* (2003a) bzw. *Luck/Doyle* (2004) herausgegebenen Sammelbände sowie *Börzel/Risse* (2002) in den Blick genommen. In der institutionalistischen Theoriedebatte werden aber die Motive unilateralen Handelns kaum beleuchtet, weil – gewissermaßen *a priori* – von einer hohen normativen Verpflichtungskraft bzw. Alleingänge effektiv einhegenden, funktionalen Wirkungsmechanismen ausgegangen wird. Erst eine Verknüpfung von Multilateralismusdiskurs und Zwei-Ebenen-Ansätzen verspricht deshalb aus meiner Sicht eine entscheidende Erweiterung der Erklärungspotentiale in Bezug auf die Bedingungen, unter denen eigenmächtige Politik in einem multilateral geprägten Interaktionsrahmen formuliert werden kann.

An dieser Stelle ist kurz darzustellen, welche Forschungsdesiderate von mir identifiziert wurden. Insgesamt lassen sich die Mängel der Debatte über Unilateralismus im allgemeinen bzw. über amerikanische Alleingänge im besonderen in sechs Punkten zusammenfassen: 1. werden die zweifellos herausragenden Machtressourcen des wichtigsten Einzelakteurs im System der internationalen Beziehungen von vielen Autoren mit realer Macht gleichgesetzt. Die amerikanische Exzeptionalität im internationalen System wird mit Dominanz verwechselt. Aus der geopolitischen Sonderstellung im unipolaren System wird mit gewisser Zwangsläufigkeit auf eine stark unilateral eingefärbte Außenpolitik geschlossen. Dieser analytische Fehlschluss wird durch eine Fokussierung auf sicherheitspolitische Alleingänge der Supermacht unterstützt. Tatsächlich stellen sich aber nach der hier vertretenen Auffassung bei näherer Analyse die Gestaltungschancen der USA in vielen anderen Interaktionsbereichen des internationalen Systems als begrenzt heraus, weil dort andere Akteure durch Verflechtung und gemeinsame Interessen ebenfalls entscheidenden Einfluss zu nehmen vermögen.

2. werden, ebenfalls aus einer nur an Machtressourcen orientierten Wahrnehmung heraus, bei der Suche nach Motiven für Unilateralismus die strategischen Kalküle in der Außenpolitikformulierung der Supermacht überbewertet. Die aus der Gewaltenteilung erwachsenden bzw. die parteipolitischen oder ideologischen Konfliktlinien im Entscheidungssystem der USA sowie der Einfluss organisierter Partikularinteressen finden dagegen oft zu wenig Beachtung. Gerade die großen Mitgestaltungsmöglichkeiten des Kongresses tragen aber erheblich zur Indifferenz gegenüber multilateralen Institutionen oder gar zu deren Ablehnung bei. Die Legislative bildet in den meisten Fällen ein entscheidendes Hindernis für eine US-Beteiligung an multilateraler Institutionalisierung. Vor allem die in den systemischen IB-Großtheorien verbreitete reduktionistische Ausblendung der Komplexität nationaler Entscheidungsprozesse ist dafür verantwortlich, dass der amerikanische Unilateralismus entweder vorschnell als ideologisches Programm zur Durchsetzung imperialer Ziele fehlinterpretiert oder als Hebel zur strategischen Gewinnmaximierung in außenpolitischen Auseinandersetzungen überschätzt wird. Zwei-Ebenen-Ansätze, die die vielfältigen Wechselwirkungen zwischen Außenbeziehungen und dem Entscheidungssystem in den Blick nehmen, sind trotz ihrer offenkundigen Vorzüge bisher selten geblieben[7]. In der Analyse von Unilateralismusphänomenen überwiegen Ansätze, die von einem einheitlich und geschlossen auftretenden Akteur (*unitary actor*) ausgehen und damit ein aus meiner Sicht unterkomplexes Verständnis außenpolitischer Entscheidungsprozesse aufweisen.

3. mangelt es den meisten Untersuchungen an einer brauchbaren Typologie unilateralen Handelns[8]. Zumeist wird Unilateralismus als Gegenentwurf zu einem streng multilateral orientierten Verhalten oder als Verstoß gegen einen auf der Basis gegenseitiger Abhängigkeit entstandenen multilateralen Prinzipien- und Normen-

---

[7] Eine vertiefende Zwei-Ebenen-Analyse von US-Unilateralismus ist lediglich von *Dembinski* (2002) und *Mastanduno* (2002a) unternommen worden.

[8] Mit Ausnahme von *Kubbig/Dembinski/Kelle* (2000) und *Hippler/Schade* (2003).

konsens aufgefasst. Eine darüber hinaus brauchbare, theoriegeleitete Konzeptionalisierung des Begriffs fehlt in den oben angeführten Arbeiten, die überwiegend empirieorientiert angelegt sind. Die meisten dieser Arbeiten betonen das Legitimationsdefizit, mit dem unilaterale Politikansätze in einem durch fortschreitende Interdependenz und multilaterale Zusammenarbeit geprägten internationalen Umfeld behaftet scheinen. Unilateralismus wird damit aber lediglich unter dem Aspekt des Normbruchs behandelt (und verurteilt), seinen ideologischen oder funktionalen Impulsen wird dagegen nur unzureichend nachgegangen.

4. aus dem eben dargelegten Zusammenhang ergibt sich auch der nächste zu kritisierende Mangel: Nur in sehr wenigen Untersuchungen werden die Reichweite und die Grenzen eigenmächtiger Politikansätze analysiert und kenntlich gemacht. Die Tragfähigkeit unilateraler Politik der USA ist aber gerade in einer verstärkt von institutionalisierter Interdependenz geprägten Welt von entscheidender Bedeutung. Die Beteiligungs- und Durchsetzungschancen anderer Akteure haben durch die anhaltenden Prozesse multilateraler Steuerung offenkundig erheblich zugenommen. Auch die Supermacht kann internationale Kooperationsbeziehungen, wenn diese den grundlegenden Steuerungswünschen anderer relevanter Akteure entsprechen, nur schwer verhindern oder auf ihre Abschaffung dringen.

5. fehlt eine angemessene Einordnung der Phänomene eigenmächtiger Politikdurchsetzung in die Diskussion über den Einfluss multilateraler Institutionen. Hauptgrund dafür ist die fast durchgängig feststellbare normative Überhöhung von Strategien multilateraler Problemlösung. Dies befördert die unter liberalen Institutionalisten und Konstruktivisten verbreitete Neigung, macht- und interessengeleiteten Unilateralismus innerhalb eines multilateralen Gefüges von vornherein für irrational, also den Interessen der Beteiligten zuwiderlaufend, und damit wenig wahrscheinlich zu halten. Darüber hinaus aber ist bisher in der Institutionalismusdebatte der Frage, inwieweit durch die Mitgliedschaft in multilateralen Institutionen die Durchsetzungskraft unilateraler Politikansätze eingeschränkt oder unmöglich gemacht wird, weder empirisch noch theoriegeleitet gebührende Aufmerksamkeit geschenkt worden[9].

6. schließlich besteht ein erhebliches Defizit bei der theoretischen Erhellung der Bedingungen, unter denen die USA zur *compliance* mit multilateralen Regeln bereit sind. Gründe für die amerikanische Akzeptanz oder Ablehnung institutioneller Zwänge werden zumeist im Normenkatalog bzw. der Governance-Attraktivität multilateraler Institutionen vermutet. Viel zu selten wird dagegen gezeigt, wie die Zwänge (oder Nachteile) multilateraler *compliance* im US-Entscheidungssystem von unterschiedlichen Interessengruppen und politischen Entscheidungsträgern instrumentalisiert werden. Diese Rückkopplung systemischer und subsystemischer Einflüsse lässt sich nur mit einem Zwei-Ebenen-Ansatz überzeugend analysieren.

---

[9] Abgesehen von einigen Ausnahmen wie *Cortell/Davis* (1996 und 2000), *Drezner* (2003a) oder *Doyle/Luck* (2004).

1.2 Erkenntnisabsicht der Arbeit

Die vorliegende Arbeit möchte die angedeuteten Forschungslücken zumindest teilweise zu schließen versuchen. Insgesamt haben die aufgeführten Unzulänglichkeiten der bisher erschienenen, meist stark durch die jeweils untersuchten Politikfelder geprägten Studien nicht unerheblich zu einer weitverbreiteten Fehlperzeption in Bezug auf die Möglichkeiten amerikanischer Eigenmächtigkeiten beigetragen. Nach der hier vertretenen Auffassung sind Amerikas Machtpotentiale und seine Durchsetzungsmöglichkeiten auf verschiedenen Interaktionsfeldern der internationalen Beziehungen klar voneinander zu trennen: 1. wegen der jeweiligen *politikfeldspezifischen Interessenkonfiguration im nationalen Entscheidungssystem*, 2. wegen des jeweiligen *Interdependenzgrades im internationalen System*, der die gemeinsame Problembetroffenheit der Staaten beeinflusst, sowie 3. wegen der unterschiedlich stark einschränkenden *Zwänge multilateraler Institutionalisierung*. Es wird argumentiert, dass diese drei Einflussgrößen über die Formulierungswahrscheinlichkeit, die Implementationschancen sowie über die Reichweite unilateraler Politik bestimmen. Im Untersuchungszusammenhang der vorliegenden Studie ist zu zeigen, wie stark diese drei unabhängigen Variablen auf die Möglichkeit Amerikas zu unilateralem Handeln wirken bzw. welche spezifische Form von Alleingängen sie verursacht haben.

Angesichts der staatszentrierten Akteursstruktur im internationalen System erscheinen Diskurse über die Legitimität oder völkerrechtliche Angemessenheit eigenmächtiger Politik akademisch abstrakt. Im Völkerrecht wie im Völkergewohnheitsrecht finden sich klare Verbote bzw. Sanktionen für unilaterales Handeln, sofern es gegen Resolutionen des UN-Sicherheitsrates verstößt. Andererseits ist aber in der UN-Charta auch die souveräne außenpolitische Entscheidungshoheit von Staaten unmissverständlich festgeschrieben und geschützt[10]. Es mag zwar ein nutzengeleitetes Interesse an multilateraler Kooperation geben, eine verbindliche rechtliche Verpflichtung dazu existiert aber keineswegs. Die weitverbreitete moralisch argumentierende Fundamentalkritik am amerikanischen Unilateralismus, die diesen als inakzeptable Interaktionsstrategie verwirft und Multilateralismus nicht nur für wünschenswert, sondern unilateralen Ansätzen für grundsätzlich überlegen erklärt, verschafft keinen Erkenntnisgewinn. Die weitverbreitete Stigmatisierung von Alleingängen erhellt nur unzureichend, aus welchen Impulsen heraus sie formuliert und mit welchen Erfolgsaussichten sie implementiert wurden. Ein Großteil der oben aufgeführten Kritiker des US-Unilateralismus neigt dazu, die gerade in Reaktion auf amerikanische Alleingängen zutage tretenden, wirksamen Bindungswirkungen multilateraler Institutionen zu übersehen, oder beklagt Alleingänge auf Interaktionsfeldern, wo keine oder nur eine geringe Institutionalisierung verzeichnet werden kann. Gerade dort aber ist Unilateralismus nicht sonderlich erklärungsbedürftig, vielmehr als Instrument souveräner Interessendurchsetzung erwartbar.

---

[10] Auf diese Schizophrenie weist *Van Oudenaren* (2003: 1) hin.

Die Machtposition der einzig verbliebenen Supermacht ist aber ungeachtet eines stark ausgeprägten Führungsanspruchs der USA nicht als umfassend hegemonial einzuschätzen. Außerdem ist die US-Außenpolitik trotz eines aktuell verbreiteten Generalverdachts[11], der spätestens seit dem Irak-Krieg 2003 für viele Beobachter zur Gewissheit geworden ist, weit davon entfernt, Unilateralismus als singuläre Strategie zu implementieren. Unbestreitbar kann Unilateralismus in einigen Interaktionssituationen zu einer Ergebnisverbesserung führen, vermutlich jedoch nur selten in Beziehungen, die von starker gegenseitiger Abhängigkeit geprägt sind. Daher überrascht die entgegen allen Negativperzeptionen weiterhin starke Bereitschaft der USA zu multilateraler Bindung und Zusammenarbeit auf bestimmten Politikfeldern nicht. In einer Welt, die durch fortschreitende Denationalisierungs- und Institutionalisierungsprozesse zunehmend interdependent wird, ist die Akzeptanz multilateraler Verpflichtungen durch machtvolle Akteure nicht paradox, sondern folgerichtig.

Das hier zu verfolgende Erkenntnisinteresse zielt in drei Hauptrichtungen: 1. geht es um einen Beitrag zum Machtdiskurs der IB-Disziplin, also zur Frage, über welche politische Steuerungsfähigkeit Nationalstaaten im allgemeinen und die einzig verbliebene Supermacht im besonderen verfügen. Entscheidendes Messkriterium ist dabei die Durchsetzungsfähigkeit unilateraler Außenpolitik. Der in der Debatte vorherrschenden Perzeption, die der einzig verbliebenen Supermacht aufgrund systemischer Unipolarität nahezu unbeschränkte Handlungsmöglichkeiten zuschreibt, ist entgegenzuhalten, dass seit den 1970er Jahren eine entscheidende Schwächung der hegemonialen Möglichkeiten Amerikas deutlich erkennbar ist; vor allem auf jenen Politikfeldern, die durch zunehmende Interdependenz gekennzeichnet sind[12]. Die Frage nach den Machtpotentialen macht eine vertiefende Konzeptionalisierung der Begriffe Macht, Hegemonie und Governance nötig. Diese grundlegenden, aber oft missverständlich verwendeten Begriffe sollen um eine reflexiv-konstruktivistische Erklärungsdimension erweitert werden. Weiterhin gilt es, den Begriff Unilateralismus zu definieren und auch für multilaterale Zusammenhänge konzeptionell fruchtbar zu machen. Außerdem wird eine typologische Unterscheidung verschiedener Formen von Alleingängen bzw. multilateraler Kooperationsverweigerung angestrebt. Insbesondere die USA haben in ihrer Außenpolitik wiederholt ein sehr funktionales und utilitaristisches Verständnis zwischenstaatlicher Zusammenarbeit offenbart, das nur unter bestimmten Bedingungen als unilateral zu bezeichnen ist.

2. soll der Diskurs über die Impulse unilateralen Handelns der einzigen Supermacht um theoriegeleitete empirische Erkenntnisse bereichert werden. Die Erklärungsversuche können sich dabei allerdings nicht auf eine Binnenanalyse der politischen Entscheidungsprozesse in den USA beschränken, sondern müssen auch

---

[11] Vgl. für diese Position unter anderem *Kubbig/Dembinski/Kelle* (2000), *Nuscheler* (2001) sowie *Prestowitz* (2003).

[12] Vgl. die bahnbrechenden und bis heute einflussreichen Studien von *Keohane/Nye* (1983) und *Keohane* (1984).

multilaterale Governanceprozesse im Blick haben. Nur in einem Zwei-Ebenen-Ansatz lassen sich die Anreizstrukturen für eigenmächtige Politikansätze umfassend verdeutlichen. In sechs Fallstudien wird das eigenmächtig-selbstbezügliche Verhalten der USA in der internationalen Handels- und Klimaschutzpolitik dargestellt. Um Unilateralismusphänomene erklären zu können, reicht eine Betrachtung der systemischen Machtkonfiguration auf jenen Politikfelder, in denen die USA eigenmächtige Ansätze verfolgt haben, nicht aus. Amerikas Unilateralismus ist vermutlich nur selten mit strategischen Kalkülen zu begründen, die sich aus der Machtposition Amerikas im System allgemein und den zu verfolgenden Interessen auf dem jeweiligen Politikfeld im besonderen ergeben. Angesichts starker Verflechtungsbeziehungen und wegen der gestiegenen Kosten für Alleingänge lassen sich nur schwer rational-strategische Motive für unilaterale Politik identifizieren. Vielmehr wird davon ausgegangen, dass bei der Entstehung des amerikanischen Unilateralismus in erster Linie heimische Befindlichkeiten, ideologische Diskurse, strukturelle Zwänge und die Partikularinteressen mobilisierungsstarker Einflussgruppen durchschlagen. Die Unduldsamkeit gegenüber multilateraler Einbindung erwächst zum einen aus isolationistischen Impulsen, die eine Gefährdung der amerikanischen Entscheidungssouveränität befürchten, beruht zum anderen aber entscheidend auf den Bedingungen des Machtteilungsarrangements zwischen Präsident und Kongress. Unilateralismus als außenpolitische Handlungsmaxime erwächst m.E. zuvorderst aus der politikfeldspezifischen Formation von Interessengruppen und aus Zieldefinitionen, die von Akteuren im amerikanischen Entscheidungssystem (vor)formuliert werden, *ohne* die multilateralen Kosten adäquat zu berücksichtigen. Alleingänge bilden dabei oft das Ergebnis einer adhocistisch zugespitzten und verstärkt von ideologischen bzw. parteipolitischen Konflikten überlagerten Auseinandersetzung, in der die beiden wichtigsten Vetospieler, Präsident und Kongress, seit Mitte der 1980er Jahre abweichende, häufig sogar gegenläufige außenpolitische Vorstellungen vertreten haben.

3. schließlich strebt diese Arbeit einen Beitrag zur Theoriedebatte um den restriktiven Einfluss multilateraler Institutionen auf die Entscheidungen von Staaten an. Dabei geht es vordergründig um Hinweise auf die funktionale wie normative Verpflichtungskraft multilateraler Institutionen bzw. deren konkrete Wirkungs- und Bindungsmechanismen auf nationale Entscheidungssysteme. Außerdem steht zu hoffen, durch die Fallstudien einige Theorieannahmen über die Motive multilateral-institutionalisierter Selbstbindung (*tying hands*) empirisch besser unterfüttern zu können[13]. Einer Grundannahme der Zwei-Ebenen-Analyse zufolge, eröffnen sich für politische Entscheidungsträger, die eine institutionelle Selbstbindung im Rahmen multilateraler Zusammenarbeit akzeptieren, erhebliche Möglichkeiten, auf nationaler Ebene neue Legitimitätsressourcen für ihre Politik zu erschließen und die

[13] Das in dieser Hinsicht bestehende Empiriedefizit haben schon *Evans/Jacobson/Putnam* (1993: 399), beklagt, ohne dass bisher in der Forschung eine stärkere Neigung zur Verwendung von Zwei-Ebenen-Ansätzen erkennbar geworden wäre. Nur der Band von *Drezner* (2003a) bietet einige empirische Ansätze.

Verantwortung für Entscheidungen zu verschleiern. Exekutiven könnten auf diese Weise ihre Handlungsspielräume gegenüber konkurrierenden Akteuren im heimischen Entscheidungssystem erweitern. Auf der anderen Seite etablieren multilaterale Handlungserfordernisse und Institutionalisierungstendenzen einen festen Erwartungsrahmen und begrenzen die außenpolitische Handlungsfreiheit von Staaten. Die Arbeit versucht einen Beitrag zur Diskussion darüber zu liefern, wie multilaterale Kooperationszusammenhänge konkret einen verpflichtenden institutionellen Handlungskontext zu etablieren vermögen, der die Möglichkeiten der teilnehmenden Akteure einschränkt. Aus starker gegenseitiger Verflechtung erwächst eine gemeinsame Problembetroffenheit, die letztlich, dem institutionalistischen Paradigma zufolge, auch die Neigung fördert, multilaterale Zwänge zu akzeptieren, wenn dadurch eine für alle Teilnehmer verbindliche Implementation verbunden ist[14]. Besonders der effiziente Verpflichtungsrahmen erfolgreicher multilateraler Institutionen erhöht die exekutive Bereitschaft zu politischer Selbstbindung[15]. Vor allem ist zu erklären, welche Faktoren multilaterale konkret Regelbefolgung sicherstellen. Der hier vertretenen Argumentation zufolge verteuert Multilateralismus die Kosten von Alleingängen, schließt diese allerdings nicht aus. Insbesondere die einzig verbliebene Supermacht ist nach 1990 auch auf durch Interdependenz und multilaterale Institutionalisierung gekennzeichneten Politikfeldern durch Versuche aufgefallen, sich einbindenden Zwängen zu entziehen. Nicht ausbleibende oder fehlende, sondern vielmehr selektive und verzögerte Befolgung multilateraler Verpflichtungen sind für US-Unilateralismus typisch.

Die bisher nur selten erforschte gemeinsame Schnittmenge der drei angeführten Diskurse verspricht ein besseres Verständnis der komplex-überlagerten und miteinander verkoppelten Wirkungszusammenhänge zwischen der Machtposition der USA einerseits, den Entstehungsbedingungen (Präferenzbildungsprozessen) ihrer Außenpolitik bzw. dem restriktiven Einfluss, der dabei von internationaler Institutionalisierung ausgeht andererseits. Durch die konkrete empirische Untersuchung der Möglichkeiten Amerikas, auf unilaterale Politikansätze zurückzugreifen und durch die Erhellung der dabei zugrunde liegenden Motive sowie durch die Analyse der Reichweite und Durchsetzungskraft des US-Unilateralismus hofft diese Arbeit zu allen drei genannten Diskursen einen substantiellen Beitrag leisten zu können.

1.3 Forschungsleitende Grundannahmen

An dieser Stelle werden die forschungsleitenden Grundannahmen der vorliegenden Studie vorgestellt und kurz erläutert. Zunächst zu der für die angestrebte Forschungsperspektive entscheidenden Annahme über das internationale System: 1.

[14] Vgl. unter anderem *Keohane/Nye* (1983), *Ruggie* (1993) sowie *Keohane* (1998). Eine vertiefende Diskussion institutionalistischer, neorealistischer und konstruktivistischer Theorieansätze erfolgt in Abschnitt 3.1 dieser Arbeit.

[15] Vgl. *Schirm* (2002) sowie *Wilkinson* (2000).

Die Stellung Amerikas im internationalen System ist als unechte Hegemonie zu definieren.[16] Trotz der aufgrund der unipolaren Systemkonfiguration einzigartigen Machtbasis der USA ist ihre Führungsfähigkeit auf zahlreichen, vor allem auf den durch transnationale Interdependenz gekennzeichneten Politikfeldern zunehmend zweifelhaft geworden. Dort ist Amerika von einer Herrschaftsposition weit entfernt, seine hegemoniale Fähigkeit reicht zur umfassenden Bereitstellung globaler kollektiver Güter nicht mehr aus. Auch die nach 1990 unter Amerikas politischen Entscheidungsträgern häufig zu verzeichnende Ambiguität in der Bereitschaft zur Übernahme globaler Verantwortung schwächt den amerikanischen Einfluss, der in internationalen Organisationen gleichwohl oft maßgeblich ist. Insgesamt aber sind sowohl der oft zweifelhafte Führungs*wille* als auch die begrenzten realen Führungs*möglichkeiten* Merkmale einer unechten Hegemonie Amerikas.

2. *Multilaterale Kooperation und eigenmächtige Politik schließen sich nicht aus, sondern sind in den vielfältigen Bezügen internationaler Institutionen als komplementäre, die Handlungsfähigkeit dominanter Akteure erweiternde Strategien anzusehen.* Unilateralismus ist genauso wie Multilateralismus eher als Mittel, weniger als Ziel außenpolitischer Interessendurchsetzung zu interpretieren, gleichwohl besteht zwischen beiden ein Spannungsverhältnis. Unilaterale Politik ist besonders auf Politikfeldern zu erwarten, auf denen die USA, über ein hohes Maß an Optionsmacht verfügen und glauben, im Rahmen der multilateralen Zusammenarbeit andere Akteure durch den Verweis auf alternative Optionen zur Durchsetzung ihrer Interessen bewegen zu können. Wer außerhalb internationaler Institutionen über plausible Durchsetzungsmöglichkeiten verfügt, kann multilateral mehr Einfluss geltend machen. Durch die Fähigkeit und den Willen zum Unilateralismus wird auch in institutionalisierten Politikzusammenhängen Druck ausgeübt.

3. *Amerikas Unilateralismus ist nicht als konsequent verfolgte, konsistente außenpolitische Strategie, sondern vielmehr als Ergebnis des vielschichtigen Präferenzbildungsprozesses im nationalen politischen Entscheidungssystem zu interpretieren.* Wegen der hohen Durchsetzungserwartungen im nationalen Entscheidungssystem stößt die amerikanische Bereitschaft, politische Entscheidungen an multilaterale Organisationen zu delegieren, dort an Grenzen, wo amerikanische Interessen nachhaltig verletzt oder nicht ausreichend berücksichtigt zu werden drohen bzw. eine eigenmächtige Politik größeren Erfolg verspricht. Diese stark interessengeleitete Orientierung führt zu einem eher utilitaristischen Verhältnis gegenüber internationalen Institutionen. Die USA treten in ihren Außenbeziehungen nicht als einheitlicher, konsistent handelnder Akteur auf, vielmehr vermögen antagonistische Interessen Einfluss auf die außenpolitischen Agenden geltend zu machen. Besonders ökonomische Schutzbedürfnisse, aber auch ideologisch motivierte Ressentiments gegenüber internationalen Organisationen und Abkommen spielen dabei eine entscheidende Rolle.

4. *Internationale Institutionen schränken die Handlungsoptionen politischer Administrationen ein und erweitern sie gleichermaßen funktional.* Einerseits setzen multilaterale Ko-

[16] Eine Vertiefung dieses Arguments findet sich in *Knothe* (2007a).

operationszusammenhänge politische Entscheidungsträger unter Druck, indem sie steigende Kosten für unilaterales Handeln verursachen und damit mittelbar eine Politik fördern, die mit den Regeln multilateraler Institutionen zu vereinbaren ist. Sie vermögen aber andererseits auch die Verantwortung für die Folgen der multilateral und institutionell eingehegten Politik zu verschleiern. Indem politische Entscheidungen durch internationale Selbstbindung der Exekutive verstärkt zu multilateralen Entscheidungszusammenhängen delegiert werden, können andere Akteure im politischen Entscheidungssystem funktional entmündigt und deren Einfluss marginalisiert werden[17].

1.4 Methodik und Fallauswahl

Nach der Darstellung der forschungsleitenden Annahmen und der Erläuterung der heuristischen Zielstellung sollen nun kurz das methodische Fundament dieser Studie sowie die getroffene Fallauswahl erläutert werden. Die vorliegenden Arbeit möchte eine theoriegeleitete, um Erklärung bemühte Falluntersuchung von sechs außenpolitischen Alleingängen der USA liefern. Mit einer strukturierten Kausalanalyse[18] von Entscheidungsprozessen sollen fallübergreifende Aussagen ermöglicht werden über den Einfluss komplexer Interdependenz, multilateraler Institutionalisierung und der Interessenkonfiguration im nationalen Entscheidungssystem der USA auf die Formulierung, Implementierung sowie auf die spätere Rücknahme oder Anpassung außenpolitischer Alleingänge. Der *Interdependenzgrad*, der *Grad multilateraler Institutionalisierung* sowie die *Interessenkonfiguration* bilden die *unabhängigen* Variablen der Untersuchung (UV), während die *Durchsetzungsmöglichkeiten amerikanischer Alleingänge*, der zu beobachtende *Typus unilateralen Handelns* und schließlich die *Verpflichtungskraft multilateraler Institutionen* als abhängige Variablen (AV) behandelt werden. Bei der Analyse, die einen theoriebildenden Ertrag anstrebt, wird auf qualitative Methoden zurückgegriffen. Die Anzahl der (verfügbaren) Untersuchungsfälle fällt von vornherein zu gering aus, um Methoden und Instrumente der quantitativ orientierten, empirischen Sozialforschung sinnvoll anwenden zu können. Gleichwohl wird, sofern möglich, auf Studien, die Prozesse in der amerikanischen Außenpolitik oder multilateralen Institutionen mit quantitativen Methoden untersucht haben, selbstverständlich zurückgegriffen.

Zunächst wird in der Arbeit eine interpretative Analyse des wissenschaftlichen Diskussionstands vorgenommen, um die Motive für unilaterales Verhalten bzw. die Akzeptanz multilateraler Zwänge ausführlich zu diskutieren. Dabei sollen insbesondere die analytischen Vorteile des Zwei-Ebenen-Ansatzes herausgestellt werden. Die Komplexität der in den Fallstudien zu untersuchenden Entscheidungsprozesse sowie die große Zahl von Variablen legt die Verwendung der „*process tracing*"-Methode[19] nahe. Nur so lassen sich politische Rückkopplungsmechanismen

[17] Dazu unter anderem *Putnam* (1988), aber auch *Martin/Simmons* (1998) und *Drezner* (2003a).
[18] Vgl. vor allem *King/Keohane/Verba* (1994).
[19] Vgl. zum „*process tracing*" *Bennett/George* (2005: 206ff) sowie *Checkel* (2005).

zeigen, also die Interaktion der Variablen, die zu Politikanpassungen bzw. zu Verhaltensänderungen geführt haben – mit quantitativen Methoden könnten die verschiedenen Kausalketten nicht abgebildet werden. In jedem Fallbeispiel sind wegen des ausgedehnten Untersuchungszeitraums und der Vielzahl involvierter Akteure *mehrere* Kausalpfade und Variablenvariationen denkbar und möglich. Mit einer hypothesengestützten empirischen Kausal- und Prozessanalyse lassen sich trotz der geringen Fallzahl theoretische Erklärungsmuster mittlerer Reichweite generieren[20]. Die Arbeit strebt keine Erklärung von Regelmäßigkeiten an, sondern ist vielmehr um eine rein *qualitative* Verlaufsanalyse von durch Akteure und Austauschprozesse (gleichsam wie kommunizierende Röhren) miteinander verkoppelten multilateralen und nationalen Entscheidungsprozessen bemüht. Begrenzt auf sechs Fallstudien, ist eine umfassende analytische Durchdringung des Gesamtphänomens unilateraler Politikansätze Amerikas allerdings nicht zu leisten. Gleichwohl ermöglichen Umfang und Komplexität der Unilateralismusfälle eine Überprüfung der auf der Basis einer umfänglichen Theoriediskussion noch aufzustellenden neun Arbeitshypothesen. Mit diesen soll die von mir vermutete Kausalwirkung der drei unabhängigen auf die drei abhängigen Untersuchungsvariablen beschrieben werden. Das hypothesengestützte „*process tracing*" empirischer Entscheidungsprozesse soll später wiederum begründete Annahmen über die Verpflichtungskraft internationaler Institutionen liefern. Mit diesen theoretischen Erklärungsmustern mittlerer Reichweite wird ein Beitrag zur IB-Theoriedebatte zu liefern beabsichtigt.

In den empirischen Fallstudien sollen sowohl Gemeinsamkeiten als auch Unterschiede in den Motiven, Erscheinungsformen und Implementationsmöglichkeiten von US-Alleingängen vergleichend herausgearbeitet werden. Das empirische Untersuchungsfeld ist dabei begrenzt auf verschiedene (keineswegs alle[21]) Alleingänge in der US-Außenhandelspolitik und die amerikanische Politik in internationalen Klimaschutzverhandlungen. Internationale Handels- und die Klimaschutzpolitik sind komplex-interdependente Interaktionsfelder, in denen 1. Amerika als wichtiger Akteur wahrgenommen werden kann, wo 2. Institutionalisierungstendenzen auf multilateraler Ebene existieren, 3. eigenmächtige Politikansätze der USA zu multilateralen Konflikten geführt haben und 4. für die USA spürbare Reaktionen anderer Staaten auf amerikanischen Unilateralismus zu verzeichnen sind[22]. Als unilateral werden Initiativen und Entscheidungen definiert, die einseitig und eigen-

---

[20] Vgl. *Bennett/George* (2005: 216), zu den epistemologischen Schwierigkeiten fallübergreifender Aussagen beim „*process tracing*" vgl. *Checkel* (2005: 17ff).

[21] Zu den Kriterien für die Auswahl der handelspolitischen Fallstudien siehe Abschnitt 5.4. dieser Arbeit.

[22] Auf eine Analyse der unilateralen Politik Amerikas auf sicherheitspolitischem Gebiet wurde verzichtet: 1. aufgrund fehlender Interdependenz und 2. weil auf diesem Politikfeld kein nennenswerter Einfluss multilateraler Institutionalisierung zu beobachten ist. Sicherheitspolitischer US-Unilateralismus lässt sich mit der großen militärischen Überlegenheit der USA und der unipolaren Systemkonfiguration hinreichend erklären. In den Fallstudien der Arbeit sollen aber nun analytisch gerade jene Politikfelder in den Mittelpunkt gestellt werden, auf denen Amerikas Einfluss zwar groß, sein Gewicht aber nicht übermächtig ist.

mächtig getroffen wurden und mit externen Wirkungen auf andere Staaten (bilateral oder multilateral) verbunden waren. Die Betroffenheit anderer Akteure hat, sofern vorhanden, institutionelle Streitbeilegungsmechanismen in Gang gesetzt und zu Gegenmaßnahmen geführt. In allen sechs Unilateralismusbeispielen lassen sich also (mit graduellen Unterschieden) Rückkopplungseffekte multilateraler Institutionen auf das US-Entscheidungssystem zeigen. Multilateralismus hat die Machtverteilung zwischen politischen Einflussgruppen im nationalen Entscheidungssystem beeinflusst und gegebenenfalls verändert. Auf beiden Untersuchungsfeldern wird versucht, Motive und Handlungsmuster mittels einer Analyse politischer (teilweise auch juristischer) Entscheidungsprozesse nachzuzeichnen.

Natürlich hätten noch weitere empirische Fälle für US-Unilateralismus untersucht werden können, so etwa die Ablehnung des Internationalen Strafgerichtshofs. Darauf wurde aus arbeitsökonomischen Gründen verzichtet. Auch der Verzicht auf andere umweltpolitische Untersuchungsfälle (etwa zum US-Verhalten gegenüber der Konvention über Biodiversität) ist diesem Umstand zuzuschreiben. Die Validität meiner Ergebnisse dürfte die Nichtberücksichtigung weiterer Fälle jedoch nur unwesentlich beeinträchtigen[23]. Durch die Untersuchung von Beispielen auf unterschiedlichen Politikfelder ist in meinem Forschungsdesign eine befriedigende Variablenvarianz bei den Interdependenz- und Institutionalisierungsgraden und bei der Interessenkonfiguration im US-Entscheidungssystem gegeben, so dass sich am Ende begründete Aussagen treffen lassen über die Verlaufsform und die Durchsetzungsfähigkeit von US-Alleingängen *in multilateral geprägten Beziehungszusammenhängen*. Dass aus diesen Erkenntnissen keine politischen Gesetzmäßigkeiten oder statistischen Regelmäßigkeiten abgeleitet werden können, versteht sich von selbst. Freilich sollten sich mehr als anektdotische Hinweise auf die Durchsetzungsfähigkeit von US-Alleingängen in Strukturen institutionalisierter Interdependenz gewinnen lassen. Überdies werden fallübergreifende Aussagen über die Bedingungen amerikanischer *compliance* mit multilateralen Handlungserfordernissen ermöglicht. Weil der Grad an Interdependenz und multilateraler Institutionalisierung stark divergiert, können Unterschiede im Spannungsverhältnis und in den Rückkopplungsmechanismen untersucht werden. Während die internationale Handelspolitik deutlich durch den Institutionalisierungserfolg der WTO gekennzeichnet ist, weist die Klimaschutzpolitik nur schwache Regimestrukturen auf, eine effiziente und durchsetzungsfähige multilateralen Organisation fehlt dort. Diese divergierende Machtkonfiguration im internationalen System lässt eine unterschiedlich hohe mul-

[23] Es ist, natürlich, *prima vista* nicht auszuschließen, dass weitere Untersuchungsfälle meine Hypothesen weniger stark bestätigt hätten als die sechs von mir gewählten Beispiele und sich dort kein eingebetteter, also durch multilaterale Institutionalisierung gezähmter Unilateralismus hätte nachweisen lassen. Im Zentrum meines Erkenntnisinteresses sollten aber gerade die Unilateralismusbeispiele stehen, die besonders scharfe multilaterale Gegenreaktionen hervorgerufen haben. Damit sollten zwei Zusammenhänge untersucht werden: 1. welche Art multilateraler Gegenmobilisierung hat US-Unilateralismus veranlasst und 2. welche Pfade sind bei der Internalisierung multilateraler Anpassungszwänge im US-Entscheidungssystem beschritten worden?

tilaterale Verpflichtungskraft und damit jeweils differierenden *compliance*-Druck auf die USA erwarten.

1.5 Aufbau der Arbeit

Die Arbeit untergliedert sich in zwei Hauptteile. Zunächst wird im Theorieteil eine Vorstellung der für den Forschungsgegenstand maßgeblichen Erklärungsangebote der IB-Theorien vorgenommen. Dazu werden im zweiten Kapitel die Begriffe Macht, Hegemonie und Governance, um eine konstruktivistisch-reflexive Erklärungsdimension erweitert, konzeptionalisiert. Anschließend sollen im dritten Kapitel die Beweggründe für uni- bzw. multilaterales Handeln von Staaten aus theoretischer Sicht erhellt werden. Zunächst werden die Unilateralismusprognosen der relevanten Theorienangebote der IB-Debatte analysiert. Dabei ist näher zu spezifizieren, durch welche Normen, Restriktionen und einhegenden Zwänge multilaterale Organisationen, Verträge oder Regime auf die Politik von Nationalstaaten einzuwirken vermögen. Es wird versucht, die normativen wie funktionalen Grundprinzipien multilateraler Arrangements umfänglich auszuloten, um die Erfolgschancen unilateraler Politik prognostizieren zu können. Weiterhin wird eine für multilaterale Interaktionszusammenhänge brauchbare Definition unilateralen Verhaltens geliefert. Außerdem sollen mit spieltheoretischen Erklärungsangeboten und einer Zwei-Ebenen-Modellierung rationale Impulse für unilaterales Handeln ergründet werden. Dabei geht es zuvorderst um eine Erklärung der *politischen* Motive für die Akzeptanz multilateraler Verpflichtungen. Es gilt, die funktionalen Impulse für eingebetteten Unilateralismus zu identifizieren.

Im Anschluss an die beiden theorieorientierten Kapitel geht es im zweiten Teil der Arbeit zunächst darum, die unilateralen Impulse in der amerikanischen Außenpolitik nach dem Ende des Ost-West-Konflikts zu beleuchten. Im vierten Kapitel werden dazu drei Konfliktdimensionen des außenpolitischen Entscheidungssystems in den Blick genommen. Es wird sowohl auf den wiederaufgeflammten Paradigmenstreit über die Richtung des weltpolitischen Engagements der USA eingegangen, wie auf die veränderten prozeduralen Bedingungen im außenpolitischen Entscheidungsprozeß – insbesondere die Rolle der beiden Vetospieler Präsident und Kongress. Dabei wird verdeutlicht, dass die zunehmenden innenpolitischen Blockaden die Anreize für eingebetteten Unilateralismus verstärkt haben. Daran anschließend sind in den Kapiteln 5 und 6 die empirischen Fallstudien zur unilateralen Politik der USA in der Handels- sowie in der Klimaschutzpolitik angesiedelt. In ihnen gilt es zu zeigen, dass multilaterale Institutionalisierungsfortschritte, vor allem effektive Streitbeilegungsmechanismen, die gestiegenen Durchsetzungschancen einflussreicher Staaten und die Möglichkeiten und Anreize für eine exekutive Selbstbindung die Reichweite unilateraler US-Außenpolitik nachhaltig einschränken. Gleichwohl steht zu vermuten, dass die Entscheidungsprozesse in der Außenhandels- und Klimaschutzpolitik weiterhin in starkem Maße von Binnenthemen überlagert werden. Abschließend werden im siebten Kapitel die Arbeitshypothesen überprüft und die Forschungsergebnisse zusammenfassend präsentiert. Dabei geht es neben einer Vertiefung der über die Verpflichtungskraft multilateraler Institutionen gewonnenen Erkenntnisse um eine kursorische Beurteilung der Einflussmöglichkeiten, die sich die USA durch unilaterale Politik zu verschaffen vermögen. Im Hinblick auf die Übertragbarkeit meiner Forschungsergebnisse ist zu erhellen, ob es sich bei den untersuchten Politikfeldern, die einen eingehegt-ritualisierten Umgang mit unilateralen Impulsen dokumentieren, um Ausnahmen oder Regelfälle in den Außenbeziehungen der USA handelt. Außerdem soll diskutiert werden, welche Implikationen sich aus den multilateralen Mitgestaltungsmöglichkeiten anderer Akteure für die Rolle der USA als einzig verbliebene Supermacht und potentielle, aber zunehmend unwillige Führungsnation ergeben.

2. Macht, Hegemonie und Governance

„Power is to be able to make a difference to the world."
Stephen Lukes

„Power is what people think it is"
Klaus Knorr

Einem Bonmot von *Nye* zufolge ist die Behandlung des Themas Macht im System internationaler Beziehungen mit Diskussionen über das Wetter vergleichbar: Jeder könne lebhaft und ausführlich darüber reden, aber nur von wenigen würden die Zusammenhänge tatsächlich verstanden[1]. Ähnliches darf für die ubiquitären Begriffe Hegemonie und Governance angenommen werden. Trotz einer Vielzahl von Definitionen ist es keineswegs übertrieben, diese für politische Prozesse zentralen Konzepte in der politikwissenschaftlichen Debatte als unterreflektiert zu bezeichnen. Eine analytische Auseinandersetzung mit den Phänomenen Macht oder Hegemonie wird von vielen Sozialwissenschaftlern aus verschiedenen Gründen entweder für unnötig gehalten oder gemieden, nicht selten wird beides begrifflich gleichgesetzt oder mit ähnlichen Konnotationen verwendet. Auch Global Governance wird vielfach als technokratisch angeleitete multilaterale Politiksteuerung begriffen, ohne auf die zugrundeliegenden Machtaspekte näher einzugehen.

Im Hinblick auf den Untersuchungsgegenstand der vorliegenden Studie stellen sich die Fragen nach Macht, Einfluss und Führung im internationalen System besonders deutlich. Um den wichtigen Zusammenhang zwischen Machtposition, unilateraler Interessendurchsetzung und der Möglichkeit zu hegemonialer Führung kenntlich zu machen, sollen in diesem Kapitel einige Konzeptionen der Begriffe Macht, Hegemonie und Governance vorgestellt und diskutiert werden. Aufgrund der in den etablierten Machtbegriffen zu identifizierenden Mängel werden die Begriffe Macht und Hegemonie um eine reflexive Dimension erweitert konzeptualisiert. Mit dem näher zu erläuternden Begriff Optionsmacht soll dabei die wichtigste Form von Einflussmaximierung bezeichnet werden, die Akteuren in multilateralen Zusammenhängen in die Hand gegeben ist. Unter Optionsmacht wird die Fähigkeit verstanden, Einfluss auf die Ergebnisse multilateraler Entscheidungen zu nehmen, indem man anderen Akteure durch den glaubhaften Verweis auf alternative, gegebenenfalls unilaterale Optionen unter Druck setzt. Schließlich werde ich argumentieren, dass die Möglichkeiten zu (gruppen)hegemonialer Governance gleichermaßen auf den Machtressourcen der dominanten Akteure wie auf den Steuerungserwartungen anderer basieren. In dem hier vorgestellten Machtkonzept wird nicht vordergründig auf konkret abrufbare Machtpotentiale rekurriert, sondern vielmehr auf ein wesentliches Merkmal von Führerschaft: Das Vertrauen in die Steuerungsfähigkeit und die (guten) Absichten des Hegemons.

---

[1] Vgl. *Nye* (1999: 25).

2.1 Machtbegriffe der IB-Disziplin

Für die Politikwissenschaft hat *Hart* in einer immer noch überzeugenden Unterscheidung drei Ansätze zur Definition von Macht angeführt, indem er zwischen der Kontrolle über Ressourcen, der Kontrolle über Akteure und der Fähigkeit, Prozesse und Ergebnisse zu kontrollieren, differenzierte[2]. Auch wenn diese Unterteilung nicht trennscharf erfolgen kann, darf sie noch heute Plausibilität beanspruchen. Ein intensiver und breiter Machtdiskurs ist in der Teildisziplin Internationale Beziehungen freilich nur im Hinblick auf die Machtverteilung im internationalen System und speziell in der Theorie hegemonialer Stabilität (THS) ernsthaft geführt worden[3]. Ein adäquater Machtbegriff, der auch der Komplexität multilateraler Beziehungen gerecht wird, ist dabei nicht entwickelt worden. Stattdessen wird zur Kennzeichnung transnationaler Entscheidungsprozesse zunehmend der analytisch oft unscharfe Begriff Governance verwendet. Die dabei zutage tretende Ausblendung von Machtphänomenen hat vermutlich damit zu tun, dass Macht als ein für die realistische Schule zentraler Begriff[4] in der Debatte auch heute noch überwiegend negative Konnotationen wie Gewalt oder Zwang, Befehl und Gehorsam hervorruft. Sehr oft wird Macht einfach als eine aus bestimmten Ressourcen ableitbare und mit gewissen Faktoren relativ genau zu berechnende Größe konzipiert. Nach der hier vertretenen Auffassung greift diese Konzeptualisierung des Machtbegriffs zu kurz[5].

Tatsächlich treten Machtfragen im internationalen System immer dann zutage, wenn seine Akteure miteinander in Interaktion treten[6], in einer zunehmend von komplexer Interdependenz gekennzeichneten Welt also permanent. Internationale Beziehungen sind daher stets von Machtverhältnissen gekennzeichnet, auch wenn diese sehr oft schwierig darzustellen und je nach Politikfeld zu differenzieren sind. Macht ist relativ. In den meisten Fällen kann eine allein ressourcenbasierte Konzeptualisierung des Machtbegriffs analytisch nicht überzeugen, können doch damit die vielfältigen Einflussmöglichkeiten, über die Staaten im internationalen System verfügen nur sehr schlecht abgebildet und nachvollzogen werden. Nicht das geopolitische Gewicht von Akteuren, sondern vielmehr ihre konkreten Implementationsmöglichkeiten sollten analytisch im Vordergrund stehen. Deshalb gilt es, eine Konzeption zu entwickeln, die Macht als eine in sozialen, multilateralen Interaktionen auftretende Beziehungsvariable greifbar macht. Im Folgenden werden die drei gän-

---

[2] Vgl. *Hart* (1976).

[3] Vgl. stellvertretend die Überblicksdarstellungen über die THS von *Kirchlechner* (1996: 31ff) und *Robel* (2001).

[4] Tatsächlich verstehen klassische Realisten Macht sowohl als wichtigstes Ziel von Akteuren im internationalen System als auch als entscheidendes Mittel, dieses Ziel zu erreichen. Dementsprechend ist Macht dem realistischen Verständnis zufolge für die Staaten in einem als anarchisch perzipierten internationalen System wichtigste Ressource und einziger Daseinszweck.

[5] Eine ähnliche Kritik findet sich unter anderem bei *Guzzini* (1993) und *Barnett/Duvall* (2005).

[6] Vgl. *Rothgeb* (1993: 17).

gigen politikwissenschaftlichen Machtkonzepte vorgestellt und kritisiert, um im Anschluss einen eigenen, erweiterten Machtbegriff zu entwickeln.

2.1.1 Macht durch Kontrolle über Ressourcen

In etlichen Ansätzen der IB-Theorie, vor allem bei Realisten und Neorealisten, ist eine Konzeptualisierung des Machtbegriffs anzutreffen, die die Stärke von Staaten anhand ihrer Wirtschaftskraft oder der Höhe ihrer Militärausgaben ermitteln zu können meint. Obwohl sie große Unzulänglichkeiten aufweist, kann sie bis heute als einflussreich gelten, weil besonders das Argument der genauen Messbarkeit Erkenntnisgewinne verspricht. Auch die weit verbreitete Konzeptualisierung von Macht als Kontrolle über *bargaining*-Potentiale, also die Verfügbarkeit von Tauschmasse in Verhandlungsprozessen, rekurriert auf Ressourcen, ohne die eine Machtausübung nicht denkbar erscheint. *Volgy* und *Bailin* haben unlängst ein Machtkonzept entwickelt, das auf ökonomischen (Höhe des BIP) und militärischen (Höhe der Militäraufwendungen) Faktoren basiert, außerdem aber noch die „Beziehungsstärke" von Staaten ermittelt, indem der Abstand zwischen den Kapazitäten von verschiedenen Akteuren gemessen wird[7]. Zusammen mit anderen Studien, in denen Macht zum Beispiel aus den Stimmgewichten in internationalen Organisationen oder den Anteilen im Welthandel abgeleitet wird[8], offenbart sie aber ein sehr reduziertes, zur Unterkomplexität neigendes Machtverständnis. Macht gleicht in dieser Auffassung eher einem Gewicht, das, wenn es auf die Waagschale der internationalen Interaktionen gelegt wird, zu vermeintlich präzise prognostizierbaren Ergebnissen führt. Dabei bleibt indes oft unklar, ob im internationalen System vordergründig Strukturen als Machtinstrumente oder Akteure als Machtträger Einfluss auf Entscheidungsprozesse nehmen.

In eine andere Richtung zielt die soziologisch orientierte Machtkonzeption, die auf *Deutsch* zurück geht. Darin wird Macht als die Fähigkeit eines Akteurs definiert, sich anderen nicht anpassen oder deren Wünschen nachkommen zu müssen. Einflüsse und Wünsche anderer Akteure ignorieren zu können, bildet nach *Deutsch* den Kern einer Machtposition[9]. Letztlich ist in diesem Konzept Entscheidungsautonomie die entscheidende Machtressource. Allerdings müssen aus einer Situation, in der bestimmte Akteure entscheidungsautonom agieren können, nicht notwendig Gewinne und Vorteile erwachsen[10]. Es sind einleuchtende Gründe angeführt wor-

---

[7] „Beziehungsstärke" lehnt sich an den von *Strange* (1987) geprägten Begriff „structural power" an. Er stellt in der Konzeption von *Volgy/Bailin* (2003: 40ff) jenen Abstand in den Machtkapazitäten dar, mit dem Akteure das Verhalten anderer direkt zu kontrollieren vermögen, während „strukturelle Stärke" die Fähigkeit bezeichnet, Normen und Regeln des Verhaltens bestimmen zu können.

[8] Etwa *Rode* (2004).

[9] Vgl. *Deutsch* (1969).

[10] Wie sich in spieltheoretischen Modellen (vor allem in Kollaborationsspielen) zeigen lässt, sind soziale Interaktionen nämlich immer dann besonders fragil und erzeugen Dilemmata, wenn ein Akteur die von ihm erwartete Verhaltensanpassung permanent verweigern sollte, sich also auf

den, warum ressourcenorientierte Machtbegriffe für nicht überzeugend gehalten werden müssen[11]. Zunächst ist auf die großen Probleme bei der quantifizierenden Erfassung von Machtressourcen hinzuweisen. Weiterhin ist nicht immer sicher, dass die verfügbaren Machtpotentiale auch tatsächlich genutzt werden können, und es bleibt oft unklar, auf welchen Wegen das geschehen kann. Im übrigen sind die zur Bestimmung von Macht herangezogenen Kenngrößen für sich betrachtet viel zu ambivalent und uneindeutig. Außerdem ist davon auszugehen, dass, wer über Macht verfügt, diese nicht zwangsläufig einsetzen muss. Akteure, die von anderen nichts dazulernen müssen, sind zwar unabhängig in ihren Entscheidungen, jedoch nicht unbedingt mächtig in der Auseinandersetzung mit anderen. Schließlich gehört zur Macht auch der erklärte Wille, von ihr Gebrauch machen zu wollen: „will is perhaps the most crucial power base“[12].

Überdies bedarf es zur Ausübung von Macht einer Transformation von substantiellen Möglichkeiten in kommunikatives Handeln. Nur sehr selten entfalten Machtpotentiale eine Eigendynamik; die Ausübung von Macht zur Durchsetzung von Interessen in Konflikten bleibt ganz überwiegend vom politischen Willen abhängig, verfügbare Ressourcen auch einzusetzen. Dieser Vorbehalt wiegt umso schwerer, wenn Außenpolitik aus liberaler Perspektive konsequent als Ergebnis eines gesellschaftlichen Präferenzbildungsprozesses interpretiert wird[13]. Es muss also stets ein Umwandlungsprozess mitgedacht werden, in dem vorhandene Potentiale in Steuerungsmöglichkeiten übersetzt werden[14]. Angesichts der dargestellten Mängel erscheinen Machtbegriffe, die zuvorderst auf Akteursressourcen abheben, wegen mangelnder Komplexität zur Analyse von Entscheidungsprozessen ungeeignet.

2.1.2 Macht durch Kontrolle über Akteure

Ein zweiter wichtiger Machtbegriff orientiert sich an den Steuerungsmöglichkeiten von Akteuren in sozialen Beziehungen und hebt auf die Kontrolle über das Handeln anderer Akteure ab. Besonders prominent ist diese Konzeptualisierung von Macht in der realistischen Schule vertreten worden. *Morgenthau* hat Macht als Herrschaft von Akteuren „über das Denken und Handeln anderer Menschen“ bezeichnet und selbst darauf hingewiesen, dass dieser Konzeption die Definition *Webers* zugrunde liegt[15]. Diesem zufolge bedeutet Macht „jede Chance, innerhalb einer sozialen Beziehung den eigenen Willen auch gegen Widerstreben durchzusetzen, gleichviel worauf diese Chance beruht.“ *Weber* betont explizit das Amorphe des

---

eine Position, wie *Deutsch* sie beschreibt, zurückzieht. Ein solches Vorgehen ist dann zwar unzweifelhaft ein Ausweis von Macht, gegen die wenig unternommen werden kann, jedoch wird dadurch die Machtausübung in Kooperationsbeziehungen auf lange Sicht unmöglich gemacht.

[11] Vgl. *Hart* (1976: 290) sowie *Guzzini* (1993).

[12] *Freeman* (1997: 33).

[13] Vgl. unter anderem *Moravcsik* (1997).

[14] *Knorr* (1975: 9f).

[15] Zit. *Morgenthau* (1963: 124).

Begriffs und räumt ein: „Alle denkbaren Qualitäten (...) und alle denkbaren Konstellationen können jemand in die Lage versetzen, seinen Willen in einer gegebenen Situation durchzusetzen."[16] Befehl, Zwang und Gewalt fallen selbstverständlich darunter, sind jedoch keineswegs als einzige Machtinstrumente anzusehen. *Webers* Definition hebt nämlich nicht, wie oft unterstellt wird, allein auf den Einsatz von Gewaltmitteln ab, sondern hat ausdrücklich alle in sozialen Interaktionen sich bietenden Optionen, also zum Beispiel auch charismatische Überzeugungskraft bzw. das inkludente Einverständnis der Interaktionspartner[17], im Blick. Macht ist damit keineswegs mit einem offensiven und rücksichtslosen Einsatz von Zwangsmitteln gleichzusetzen, sondern vielmehr ein Zustand, der den Verlauf sozialer Beziehungen disponiert, aber eben gerade nicht determiniert.

Diese Machtkonzeption ist von dem der Herrschaft nicht immer trennscharf unterschieden worden. Dabei ist hier Differenzierung notwendig. Macht hebt auf die Durchsetzungsmöglichkeiten von Akteuren in sozialen Beziehungen ab, während Herrschaft einen relativ statischen, auf befehlender Autorität beruhenden Hierarchiezusammenhang in sozialen Interaktionen bezeichnet. Folgt man der *Weberschen* Definition, so handelt es sich dabei um: „die Chance, für einen Befehl bestimmten Inhalts (....) Gehorsam zu finden." In den Kooperationsformen multilateraler Zusammenarbeit ist, um in dieser Terminologie zu bleiben, Herrschaft also ein Sonderfall von Macht, bei dem die Befehle dominanter Akteure Fügsamkeit bei schwachen Interaktionsteilnehmern finden[18]. Herrschaft ist autoritäre Befehlsgewalt, die zwangsläufig zur Dominanz starker gegenüber schwächeren Akteuren führt. Insbesondere die realistische Schule hat in einer weitgehenden Gleichsetzung Macht und Herrschaft als Dominanzbeziehung aufgefasst.

Die in der Politikwissenschaft sicherlich am weitesten verbreitete Machtdefinition geht auf *Dahl*[19] zurück. In ihr wird ebenfalls die Kontrolle über das Handeln anderer in den Mittelpunkt gestellt. Sie ist ebenso eingängig wie allgemein. *Dahl* bezeichnet Macht als die Fähigkeit, in sozialen Interaktionen andere Akteure zu Handlungen zu bewegen, die sie von sich aus nicht unternommen hätten. Diese „Beziehungsmacht" bleibt indes unscharf und ist für eine konkrete Entscheidungsanalyse ebenso unbrauchbar wie die *Webersche*, der sie im übrigen sehr ähnelt[20]. Es wird nämlich nicht beleuchtet, auf welcher Grundlage und durch welche konkreten Mittel der Sinneswandel erreicht wird, der schließlich bei den weniger mächtigen Interaktionspartnern eine Verhaltensänderung bewirkt. Auch hier wird also offen-

---

[16] Zit. *Weber* (1980: 28f).

[17] Ähnliches findet sich später auch bei *Morgenthau* (1963: 26), für den sich Macht in ganz unterschiedlichen Erscheinungsformen manifestieren und vom „subtilsten geistigen Überzeugungsvermögen" bis zu „brutalster physischer Gewalt" reichen kann.

[18] Vgl. *Weber* (1980: 28 sowie darüber hinaus 541-545).

[19] *Dahl* (1957: 202).

[20] Tatsächlich macht es ja auch nur einen unbedeutenden semantischen Unterschied, ob man in einer sozialen Beziehung über die Chance verfügt, seinen Willen durchzusetzen (*Weber*) oder Druck auf andere Akteure auszuüben und Verhaltensänderungen zu erzwingen vermag (*Dahl*). Beide Definitionen umreißen das gleiche soziale Phänomen.

kundig ein kommunikativer Transformationsprozess implizit mitgedacht, aber nicht näher erläutert.

Aus ähnlichen Gründen sind auch die auf der *Dahlschen* Definition aufbauenden Begriffe „strukturelle Macht“ (*structural power*) von *Strange* bzw. „weiche Macht“ (*soft power*) von *Nye* für eine konkrete Analyse politischer Entscheidungsprozesse nur eingeschränkt zu verwenden. Als „strukturelle Macht“ wird die Fähigkeit von Akteuren bezeichnet, bestehende institutionelle Interaktionsarenen durch maßgeblichen Einfluss bei der Regelsetzung im eigenen Interesse (und ohne dass eine Rücksichtnahme auf andere Akteure erfolgen müsste) grundlegend gestalten oder verändern zu können. Multilaterale Institutionen zementierten, indem sie die Machtverhältnisse zwischen den Staaten abbildeten, die Vormachtstellung bestimmter Akteure[21]. Dies könne durch normative wie funktionale Kooptation von Interaktionspartnern geschehen und verschaffe dominanten Akteuren eine effektive Ergebniskontrolle[22]. Auch das *soft-power*-Konzept zielt auf eine Beeinflussung durch strukturelle Überlegenheit, betont dabei aber deutlich andere Akzente: *Nye* zufolge verfügen Akteure über „weiche Macht“, wenn sie andere ohne die Anwendung von Zwangsmitteln dazu bewegen können, das gleiche zu wollen wie sie selbst. Das meint letztlich die Fähigkeit, das Denken und Wollen anderer zu manipulieren zu können, ohne Druck ausüben zu müssen. „Weiche Macht“ drückt sich vor allem in der Möglichkeit aus, andere durch Führung, Vorbildwirkung sowie kulturelle und ideologische Anziehungskraft vom eigenen Werte- und Interessenkatalog zu überzeugen[23]. In *Nyes* Verständnis basiert „weiche Macht“ auf einer weitgehenden Übereinstimmung in den Wertekatalogen der Interaktionspartner. Darüber hinaus liegt ihr eine hohe Attraktivität des Gesellschaftsmodells dominanter Akteure zugrunde, wodurch eine restriktionsfreie Kooptierung anderer ermöglicht wird[24]. Unter anderen Akteuren Legitimität und Akzeptanz für eigenes Handeln zu erzeugen und die eigenen Interessen zu denen der Interaktionspartner machen zu können, darin besteht nach *Nye* die wichtigste Machtressource. Insgesamt umschreibt dessen Konzept allerdings weniger Machtstrukturen und konkrete Entscheidungsprozesse, sondern eher den funktionalen Imperativ wohlwollender hegemonialer Führerschaft.

---

[21] Vgl. *Strange* (1987), ähnlich der Ansatz von *Krasner* (1995).

[22] Das Konzept der strukturellen Macht weist viele Gemeinsamkeiten mit der neomarxistischen Hegemoniekonzeption von *Gramsci auf*, mit dem es allerdings auch entscheidende Schwächen teilt. Im Kern geht es beiden Konzepten nämlich nicht um die Abbildung von Machtbeziehungen bzw. einer Vormachtstellung (Hegemonie), sondern um die Identifikation eines Herrschaftsverhältnisses. Die von beiden Ansätzen konstatierte strukturelle Dominanz bestimmter Akteure über andere ist nichts anderes als durch (meist verdeckte) Zwangsmittel ausgeübte Herrschaft, wobei überwiegend unklar bleibt, worauf diese genau beruht. Das analytische Potential dieser Ansätze für die Erklärung von politischen Entscheidungsprozessen bleibt damit weitgehend unklar.

[23] Vgl. *Nye* (2002 und 2004). Eine frühere Konzeption, die interessante Parallelen zu *Nyes* Definition aufweist, ist die des „*nonpower influence*“ von *Knorr* (1975).

[24] Nicht zufällig identifiziert *Nye* deshalb gerade in den transatlantischen Beziehungen die höchsten Potentiale der USA zur Ausübung von *soft power*.

Das gleiche Argument ist auch gegen den von *Czempiel* etablierten Begriff der „klugen Macht“ anzuführen[25]. Gleichwohl kann eine Kontrolle über Denken, Wünsche und Absichten anderer Akteure als durchaus maßgebliche Machtposition interpretiert werden, weil damit letztlich die Befolgung der eigenen Wünsche durch andere Interaktionspartner gefördert wird[26]. Die vorgestellten Definitionen von *Weber*, *Dahl*, *Strange* und *Nye* erscheinen durchaus brauchbar, wenn in sozialen Beziehungen einflussreiche von machtlosen Akteuren unterschieden werden sollen. Nur sehr eingeschränkt können sie allerdings Verwendung finden, wenn es darum geht, das *Zustandekommen* von Verhaltensänderungen bei schwachen Akteuren zu erklären. Zweifellos ist jedoch in der Kontrolle über Akteure eine gewichtige und notwendige Bedingung für die Kontrolle politischer Ergebnisse zu sehen.

2.1.3 Macht durch Einfluss auf Entscheidungsprozesse

Eine dritte Konzeptualisierung des Machtbegriffs zielt auf die Kontrolle sozialer Interaktionen und der Resultate von Entscheidungsprozessen. Analytisch ist sie unter den drei aufgeführten noch am besten geeignet, Machtphänomene in internationalen Interaktionen zu beleuchten. Dieser sehr allgemein gehaltene Machtbegriff ist besonders einflussreich und findet vor allem in *rational-choice*-Ansätzen Verwendung[27]. In den vielfältigen Modellen, die von einer Akteurswahl ausgehen, die auf rational erschließbaren Grundlagen basiert, wird davon angenommen, dass die soziale Beziehungen bestimmenden Machtpotentiale und die Kontrolle über Entscheidungsprozesse mittelbar auch zu Einfluss auf deren Ergebnisse führt. *Rational-choice*-Modellen liegt im Prinzip stets eine Machtauffassung zugrunde, die auf die Kontrolle der Ergebnisse sozialer Interaktionen abhebt.

Zunächst ist auf eine Machtkonzeption zu verweisen, die auf *Schattschneider* zurückgeht und von *Gruber* weiterentwickelt wurde. *Schattschneiders* Definition zufolge ist mächtig, wer Handlungsalternativen formulieren kann[28]. Dominante Akteure gewinnen Macht durch ihre Fähigkeit, bei politischen Entscheidungen andere Akteure, ohne deren Positionen in die eigene Kalkulation einbeziehen zu müssen, mit unabweisbaren Alternativen konfrontieren zu können. Sie haben in einer Entscheidungssituation gewissermaßen mehrere Handlungsoptionen, können ihren Interaktionspartnern also alternative Wege, sei es die unilaterale Option, die Zusammenarbeit mit anderen Kooperationspartnern oder auch der Abbruch der Kooperation, androhen. Wer nicht auf einen Weg festgelegt ist, sondern unter mehreren auswäh-

[25] Vgl. *Czempiel* (1999). Der Begriff „kluge Macht“ besitzt ebenfalls einen stark normativen Charakter und wird vom Autor der „Beziehungsmacht“ entgegengesetzt, die als immer weniger brauchbare Option notorisch lernunwilliger Akteure der überkommenen Staatenwelt delegitimiert sei. Durch die Durchsetzungskraft zivilgesellschaftlicher Überzeugungen müssten Staaten deshalb weniger um Kontrolle der Interaktionen als um die Überzeugung anderer Akteure bemüht sein.

[26] Vgl. *Lukes* (1974: 23).

[27] Vgl. unter anderem *Axelrod* (2000), *Coleman* (1995) und *Stein* (1993).

[28] Vgl. *Schattschneider* (1960) und die ausführliche Rezeption in *Gruber* (2000: 32ff).

len kann, um seine Ziele zu erreichen, nimmt *Schattschneider* zufolge eine Machtposition ein. Diese Definition geht über die Auffassung von Macht als Entscheidungsautonomie (*Deutsch*) deutlich hinaus und präzisiert den Machtbegriff wirkungsvoll auf konkrete Entscheidungen. Indem die soziale Interaktion von Akteuren in den Mittelpunkt der Betrachtung gerückt wird, kann *Schattschneiders* Machtbegriff für die Untersuchung von Entscheidungsprozessen im internationalen System einen besonders wichtigen Beitrag leisten.

Gruber hat eine interessante Adaption und Weiterentwicklung dieser Konzeption geliefert[29]. *Schattschneiders* Machtbegriff ist fundamental für dessen Definition der „Alleingangsmacht", die sich in der Fähigkeit politischer Akteure manifestiert, ihren Interaktionspartnern Alternativen zum von diesen ursprünglichen bevorzugten Vorgehen zu präsentieren. Mächtige Akteure zeichnen sich *Gruber* zufolge dadurch aus, dass sie andere mit Entscheidungsangeboten konfrontieren können, die diese nicht ablehnen können. Was er mit dem Begriff *Go-It-Alone-Power* bezeichnet, geht deutlich über Druck auf Verhandlungspartner hinaus. Vielmehr verbindet sich damit die Fähigkeit, den *status quo* selbst, also den Punkt, von dem aus Verhandlungen zwischen Interaktionspartnern beginnen, entscheidend verändern zu können. Erst der für andere Akteure nachvollziehbare Verweis auf alternative Wege der Interessenwahrnehmung, also beispielsweise die Drohung mit Lösungen, auf die die Betroffenen keinen Einfluss mehr nehmen können oder in denen ihre Interessen keine Berücksichtigung finden, etabliert nach *Gruber* eine Machtposition.

Die im heutigen internationalen System am häufigsten anzutreffende Form von Macht ist ohne Zweifel die geteilte und kollektive Kontrolle mehrerer Akteure über Ereignisse, die sie gemeinsam betreffen. Eine solche Machtausübung kann als Wesensmerkmal von sozialen Beziehungen angesehen werden, die durch Interdependenz gekennzeichnet sind[30]. Aus gemeinsamer Problembetroffenheit der Akteure ist dann in der Governance-Debatte ein Bedarf für kollektive Versuche globaler politischer Steuerung abgeleitet worden. Im Zentrum der Ansätze von Global Governance steht die Annahme, dass auf vielen internationalen Politikfeldern eine durch komplexe Interdependenz induzierte Interessenkonvergenz zwischen den wichtigen Akteuren vorherrscht. Unter Governance wird ganz allgemein die Fähigkeit verstanden, durch abgestimmtes Verhalten mit anderen Akteuren die Ergebnisse politischer Prozesse und internationaler Institutionen zu beeinflussen bzw. zu steuern. Damit wird in der Regel auch immer der stark normativ geprägte Forderungskatalog einer „gütigen" Hegemonie (*benign hegemony*) umschrieben. Tatsächlich liegt, auch wenn das nur selten explizit erwähnt wird, dem Governancediskurs fast immer ein Subdiskurs über Fragen hegemonialer Stabilität zugrunde[31].

Die mit dem Governance-Begriff verbundene Machtkonzeption ist von *Czempiel* als „Konsensmacht" [32] bezeichnet worden. Der Begriff lehnt sich an *Nyes*

[29] Vgl. *Gruber* (2000) sowie die Rezensionen durch *Rosecrance* (2001) und *Knothe* (2003).
[30] Darauf hat bereits *Hart* (1976: 297) hingewiesen.
[31] Hinweise dazu finden sich unter anderem in *Robel* (2001) und *Gilpin* (2001).
[32] Vgl. *Czempiel* (1999: 94ff).

soft-power-Konzeption an, geht aber darüber hinaus. „Konsensmacht" umfasst nicht nur die Vorbildwirkung, die andere Akteure von der Legitimität der eigenen Ziele überzeugt, sondern darüber hinaus die Fähigkeit, mit ihnen gemeinsam eine Steuerung politischer Entscheidungsprozesse, die den eigenen Interessen entspricht, herbeizuführen. Die durch Interdependenz angeregte (oder erzwungene) Ausübung von Governance schafft einen stabilen Erwartungsrahmen, in dem die auftretenden Konflikte reguliert, kanalisiert und reduziert werden[33]. Durch „Konsensmacht" können einflussreiche Akteure ein Herrschaftssystem etablieren, das sie in die Lage versetzt, unter moderatem Einsatz „harter" Herrschaftsinstrumente Prozesse und Ergebnisse in ihrem Sinne zu steuern. Governance erfolgt nicht machtfrei, sondern produziert, indem sie die Steuerungspotentiale der Beteiligten reflektiert, Ergebnisse, die den Interessen dominanter Akteure entsprechen. In *Czempiels* Auffassung von Governance bleibt aber, wie in den anderen Konzepten, die auf eine Kontrolle über Ereignisse und Prozesse abheben, weitgehend unklar, woraus sich die Einflussmöglichkeiten der Akteure im Einzelfall ableiten lassen und wie sie sich konkret vermitteln. Lediglich *Schattschneider* und *Gruber* liefern Anhaltspunkte dafür, wie sich Macht in Entscheidungsprozessen niederschlägt.

2.1.4 Kritik und reflexiv-konstruktivistische Ergänzung der Machtbegriffe

Die oben angeführten Definitionen begreifen Macht gemeinsam als eine in sozialen Beziehungen auftretende unabhängige Variable. Macht ist diesen Konzeptionen zufolge eine Eigenschaft bestimmter Akteure, die sie in die Lage versetzt, Kontrolle über Akteure oder den Verlauf und die Ergebnisse sozialer Interaktionen auszuüben. Dazu gehört natürlich auch ein gewisses Maß an Machtaffinität, also der Wille und das Bewusstsein, von den sich bietenden Einflussmöglichkeiten Gebrauch zu machen[34]. Nur machtbereite Akteure sind in der Lage, andere Akteure oder die Ergebnisse politischer Interaktionen in ihrem Interesse zu steuern oder zu kontrollieren[35]. Allerdings ergeben sich bei den genannten rationalistischen Machtdefiniti-

---

[33] Vgl. zur Konsensmacht dominanter Akteure am Beispiel GATT/WTO *Steinberg* (2002).
[34] Vgl. *Guzzini* (1993).
[35] Auf diesen Zusammenhang geht *Kagan* (2003) ein. Er verwendet in seiner einflussreichen, stark simplifizierenden und analytisch wenig überzeugenden Polemik einen ressourcenbasierten Machtbegriff und bescheinigt Amerika eine sehr hohe Machtaffinität, wohingegen „Europa", das sich im liberalen Ideal des ewigen Friedens angekommen wähne, von ihm als machtavers und entscheidungsschwach dargestellt wird. Machtbewusstsein gehört zweifellos zu den notwendigen Vorbedingungen von Einflussnahme – dieser Hinweis ist wichtig und überzeugend, ebenso wie der Hinweis auf die offenkundig große Diskrepanz in der Perzeption von Macht und den damit verbundenen politischen Durchsetzungsmöglichkeiten. Diese Differenzen sind aber nicht politisch-geographischer Natur, sondern gründen vielmehr auf sehr stark auseinanderdriftenden ideologischen Prämissen: Macht ist im amerikanischen IB-Diskurs durchaus positiv besetzt und wird als Mittel zur Durchsetzung der eigenen Interessen sowie zur Proliferation von Menschenrechten akzeptiert. Indes ist der Begriff bei vielen „Europäern", zu denen auch viele liberale Amerikaner

onen Unterschiede hinsichtlich der Frage, inwieweit diese Variable die Interaktionsbeziehungen tatsächlich zu determinieren vermag.

An dieser Stelle ist auf die wesentlichen Schwächen der drei angeführten Konzeptionen einzugehen. Zunächst beleuchten sie nur in Ansätzen, wie jene Potentiale entstehen, die Akteure in eine Machtposition versetzen können. Mit dem ressourcenorientierten Machtbegriff, der Macht als eine absolute und verlässlich berechenbare Größe und als Akteursstärke interpretiert, kann nicht gezeigt werden, unter welchen *Bedingungen* und mit welchem *Erfolg* die verfügbaren Machtressourcen eingesetzt werden können. Weiterhin werden von der auf Akteurskontrolle abzielenden Machtkonzeption die Folgewirkungen der Machtressourcen und die Einflusskanäle der Akteure nicht eindeutig identifiziert. Beide Faktoren wirken aber mit Sicherheit beeinflussend auf die Ergebnisse sozialer Interaktionen. Nicht zuletzt leiden die Konzeptionen unter dem Mangel, dass fast ausschließlich von rational angeleiteten, einheitlich auftretenden Akteuren (*unitary actor*) ausgegangen wird. Diese Machtbegriffe weisen, sofern sie bei der Analyse des internationalen Systems Anwendung finden, den Staaten eine zentrale Rolle zu. Diese systemische Einengung auf eine überschaubare Anzahl von Akteuren mit festen Interessen erscheint problematisch, nicht nur aufgrund der gestiegenen Akteursvielfalt in den internationalen Beziehungen, sondern auch, weil Staaten keineswegs immer geschlossen und konsistent in ihren Außenbeziehungen auftreten. Alle drei Konzeptionen erscheinen unterkomplex, wenn komplexe internationale Entscheidungsprozesse und deren Rückwirkung auf nationale Entscheidungssysteme untersucht werden sollen. Zunehmend sind vor allem multilaterale Kooperationszusammenhänge von einer Komplexität gekennzeichnet, die selbst von den beteiligten Akteuren, zu denen nicht nur die Nationalstaaten gehören, analytisch nur noch schwer zu erfassen ist. Im Regelfall dürften sich mehrere Einflussfaktoren überlagern bzw. ergänzen.

In einem verdienstvollen Versuch, die verschiedenen Machtbegriffe der IB-Debatte zusammen zu fassen, haben *Barnett* und *Duvall* eine generalisierende Konzeption geliefert, die Macht als Ergebnisse produzierende, die Handlungsautonomie anderer Akteure außer Kraft setzende Fähigkeit von Akteuren beschreibt und dabei zwischen zwei analytischen Dimensionen differenziert: zum einen die Art von sozialen Beziehungen, durch die Macht ausgeübt werden kann, und zum anderen die Spezifizität, mit der (verhaltensbeeinflussende) Effekte erzielt werden können. Die erste Dimension zielt auf den unterschiedlichen Grad von Formalisierung und Institutionalisierung einer Beziehung, in der Einfluss geltend gemacht werden kann, die zweite darauf, ob Macht direkt zu Ergebnissen führt oder in einem Interaktionszusammenhang lediglich diffus strukturierend wirkt[36]. Dementsprechend unterscheiden die Autoren zwischen vier Arten der Machtausübung, die sich in sozialen Interaktionen überlagern: zwingende (*compulsory*), institutionelle, strukturelle und

zu zählen sind, diskreditiert; diese Positionen stellen eher auf die völkerrechtliche Legitimität und Regelgebundenheit von Außenpolitik ab.

[36] Vgl. *Barnett/Duvall* (2005).

produktive[37]. Der Versuch, die Machtdiskussion zu erweitern, indem über die Ressourcenorientierung hinausgehend die unterschiedlichen Möglichkeiten zur Ergebnisbeeinflussung in sozialen Interaktionen zum Gegenstand der Untersuchung gemacht werden, ist analytisch fruchtbar. Allerdings gelingt es auch *Barnett* und *Duvall* nicht, die Hintergründe und Bedingungen zu erklären, die zu einer Zuschreibung von Machtpositionen bzw. zur Ausübung von Einfluss führen.

Insgesamt erscheinen rationalitätsorientierte Machtbegriffe, die allein mit Ressourcen, Kontrollpotentialen und Einflussmöglichkeiten die Durchsetzungschancen dominanter Akteure begründen wollen, ohne auf die notwendig damit verbundenen kommunikativen Transformationsprozesse zu schauen, für eine befriedigende Analyse von Machtphänomenen im internationalen System unbrauchbar. Aus diesem Grund soll in dieser Arbeit ein Machtbegriff verwendet werden, der um eine reflexive Dimension erweitert ist und sich auf *konkrete* Entscheidungssituationen eingrenzen lässt, ohne dabei deren Komplexität vernachlässigen zu müssen. Nur ein konstruktivistischer Ansatz liefert den *missing link* zwischen Akteurspotentialen und Interaktionsergebnissen, indem Hinweise auf die Bedingungen gegeben werden, unter denen Macht in einem kommunikativen Interaktionsprozess in reale Steuerungsergebnisse übersetzt werden kann. Er verspricht damit zwar keine präzise Prognostizierbarkeit der Resultate von Machtinteraktionen. Dafür erlaubt es seine Verwendung, genauer nachzuvollziehen, von welchen Grundlagen aus dominante Akteure in sozialen Beziehungen ihren Einfluss geltend machen.

Geht man von einer reflexiven Vorstellung sozialer Interaktionen aus, kann Macht keine feste und mit bestimmten Faktoren berechenbare Größe oder eine unwandelbare Eigenschaft von Interaktionsteilnehmern darstellen. Macht ist vielmehr ein von der Wahrnehmung der Akteure – im internationalen System also der Staaten und ihrer politisch Verantwortlichen – abhängiges und in einem sozialen Interaktionsfeld durch Projektion und Perzeption jeweils hergestelltes Konstrukt: „Power is what people think it is“[38]. Dieser reflexiv-konstruktivistischen Interpretation zufolge können allein jene Akteure über Macht verfügen, denen von anderen innerhalb sozialer Beziehungen eine Einflussnahme auf deren Ergebnisse zugetraut wird. Als machtlos erscheinen hingegen Akteure, von denen keine nachhaltige Beeinflussung der Interaktionsergebnisse erwartet werden kann. Macht ist als Produkt der permanenten gemeinsamen Perzeption und Projektion von Akteuren zu definieren, die an sozialen Interaktionen und kommunikativen Verhandlungsprozessen beteiligt sind. Aus konstruktivistischer Sicht kann Akteursmacht keine feste und unveränderbare Größe darstellen, sondern sie ist variabel und von der Anerkennung durch andere Interaktionsteilnehmer abhängig. Im internationalen System entsteht sie damit erst durch die Perzeption und Zuschreibung anderer Staaten. Allerdings konstituiert auch wahrgenommene und zugeschriebene Macht eine belastbare und durchsetzungsfähige Einflussposition und ermöglicht bestimmten dominanten Staaten eine Steuerung multilateraler

---

[37] Vgl. die erhellende tabellarische Zusammenfassung *Barnett/Duvall* (2005: 48).

[38] Vgl. *Knorr* (1975: 13).

nanten Staaten eine Steuerung multilateraler Entscheidungsprozesse[39]. Kurz zusammengefasst: Mächtig ist, wer von anderen für mächtig gehalten wird. Diese konstruktivistische Erweiterung des Machtbegriffs vermag, weil sie die Wahrnehmung und Projektion der Akteure in den Mittelpunkt der Betrachtung stellt, den Erkenntnishorizont erheblich zu erweitern. Wichtig ist die damit verbundene Fokussierung auf einen jeweils konkretisierbaren Interaktionszusammenhang. Macht, die sich in einer sozialen Beziehung anderen Akteuren nicht vermittelt, also von diesen nicht wahrgenommen wird, entfaltet keine Wirkung. In der konstruktivistischen Interpretation ist es dabei sogar unerheblich, ob die Wahrnehmungen der Akteure eine (reale) Grundlage haben, also durch belastbare Machtressourcen unterfüttert sind, oder ob die Machtprojektionen auf Fehlwahrnehmungen der Beteiligten beruhen. Letztlich vermag immer nur die Erwartung anderer Akteure über die Konsistenz einer Machtposition zu entscheiden. Wer niemanden von seinen Potentialen, Kontrollmöglichkeiten oder seiner Durchsetzungskraft zu überzeugen vermag – sei es, weil ihm die Vermittlungsinstrumente fehlen oder schlicht kein „Publikum“ vorhanden ist – kann letztlich auch kein machtvoller Akteur sein.

Dennoch wäre ein allein auf reflexiv-konstruktivistischen Erklärungsmustern aufbauender Machtbegriff vermutlich wenig ergiebig, seine Verlässlichkeit zweifelhaft, handelt es sich doch bei konkret nachzuvollziehenden Machtkonflikten des internationalen Systems keineswegs nur um Wahrnehmungsprobleme und Missverständnisse. Im Kern geht es natürlich stets um den Versuch, politische Interessen durchzusetzen, und darum, welche Instrumente dazu zur Verfügung stehen. Verließe man sich bei der analytischen Zuweisung von Machtpotentialen allein auf die Perzeption und Projektion der Interaktionsteilnehmer, könnten auftretende Fehleinschätzungen die Ergebnisse verzerren und negativ beeinflussen[40]. Für die Analyse von Machtfragen im allgemeinen und Machtbeziehungen in multilateralen Verhandlungsprozessen im besonderen sowie zur genaueren Prognose, unter welchen Bedingungen Machtzuschreibungen einigermaßen verlässlich erfolgen, bedarf es offenkundig ergänzender Variablen.

---

[39] Vgl. dazu *Freeman* (1997: 20).

[40] Zwar dürften rational agierende Akteure in der Regel nicht ohne hinreichende Begründung für sich Macht reklamieren oder anderen Akteuren völlig willkürlich Machtpositionen zuordnen, denn es ist davon auszugehen, dass in den jeweiligen Kalkulationen auf die Akteuren zur Verfügung stehenden Einfluss- und Steuerungsmittel rekurriert wird, also auf mobilisierbare Potentiale, die sich im Rahmen politischer Entscheidungsprozesse in reale Implementationsmöglichkeiten übersetzen lassen. Aber natürlich ist bei aller vermuteten und in den meisten Fällen auch nachzuweisenden Rationalität eine machtpolitische Selbstüberschätzung von Staaten zwar selten, jedoch nicht ausgeschlossen. Allerdings scheint auch der entgegen gesetzte Fall nicht unplausibel, nämlich eine Überschätzung der Machtpotentiale bestimmter Akteure, die zwar über erhebliche militärische, politische oder ökonomische Einflussmöglichkeiten verfügen, jedoch eher Zurückhaltung in der Anwendung dieser Einflussmittel an den Tag legen. In diesem Zusammenhang ist natürlich vor allem auf die starke multilaterale Selbstbindung Deutschlands oder Japans nach dem 2. Weltkrieg hinzuweisen.

2.1.5 Optionsmacht in sozialen Beziehungen

Worauf aber können sich die Machtprojektionen der Akteure stützen, welche Anhaltspunkte existieren, damit in konkreten Entscheidungssituationen mächtige Spieler auch als solche wahrgenommen werden? Zur Beantwortung dieser Fragen ist es analytisch geboten, den Machtbegriff in einer komplexen Verbindung zweier unterschiedlicher Vorstellungen zu konzeptualisieren. Neben der reflexiven Perspektive sollen das Konzept von Macht als Ergebniskontrolle, insbesondere die beiden von *Schattschneider* und *Gruber* gelieferten Auffassungen herangezogen werden. Nach der hier vertretenen Ansicht beruht Akteursmacht in sozialen Beziehungen in erster Linie auf *Optionsmacht*. Dieser Begriff stellt auf alternative unilaterale Handlungsmöglichkeiten ab, auf die einflussreiche oder dominante Akteure in sozialen Interaktionen verweisen können. Optionsmacht besitzen nach dieser Definition jene Akteure, denen in multilateralen Interaktionszusammenhängen von anderen Akteuren ein entscheidender Einfluss auf Politikergebnisse zugeschrieben werden kann, weil sie bei der Durchsetzung ihrer Interessen über substantielle Alternativen zu den von anderen präferierten verfügen. Optionsmacht besitzt, wer gegenüber Interaktionspartnern in einer konkreten Entscheidungssituation glaubhaft machen kann, die von ihm gewünschten Steuerungsresultate *auf unterschiedlichen Wegen* erreichen zu können. Dieser Begriff umfasst also zwei Dimensionen, zum einen stehen mehrere (im Idealfall gleichwertige) Handlungsoptionen zur Verfügung, zum anderen muss dieses (erweiterte) Handlungsarsenal durch andere Akteure wahrgenommen und zugeschrieben werden können. Mächtig sind jene Akteure (Staaten), die von anderen aufgrund der ihnen zugeschriebenen alternativen Handlungsmöglichkeiten als durchsetzungsfähig angesehen werden.

Optionsmacht steht vor allem Akteuren zur Verfügung, die strategisch indifferent und nicht auf ein bestimmtes Interaktionsergebnis festgelegt sind[41]. Hinzu kommt aber die Bedingung, dass sie gegenüber ihren Interaktionspartnern glaubhaft die *Fähigkeit* und den *Willen* zu unilateralem Handeln oder zu minilateralen Parallelaktionen demonstrieren können. Je mehr Optionen dominante Staaten glaubhaft machen können, um Governanceergebnisse zu den eigenen Gunsten zu optimieren, desto stärker wird ihre Machtposition von anderen eingeschätzt werden. Wenn die Drohpotentiale von anderen Akteuren dagegen nicht als glaubhaft wahrgenommen werden, weil aus unterschiedlichen Gründen – im Fall ideologisch motivierter, strategischer Selbstbeschränkung – tatsächlich nur wenig Alternativen zur Verfügung stehen oder die *bargaining*-Potentiale aufgrund offenkundig fehlender

[41] Vgl. dazu auch *Moravcsik* (1993b: 499f), wo, ohne begriffliche Konzeptualisierung, am Beispiel europäischer Verhandlungsprozesse ebenfalls der Verweis auf Alleingänge als entscheidender Faktor für die Durchsetzungsmöglichkeiten von Akteuren identifiziert wird. *Moravcsik* identifiziert die Indifferenz gegenüber bestimmten Interaktionsergebnissen als Fundament von Macht. Eine gute Verhandlungsbasis bestehe, wenn ein Akteur über annähernd gleiche Entscheidungsalternativen verfüge und ihm egal sei, welches Ergebnis genau erreicht werde. Allerdings fehlt in diesem Ansatz eben das reflexive Interaktionsmoment, also die Erwartungen anderer Akteure.

Mittel oder mangelnden Willens, sie einzusetzen, begrenzt erscheinen, ist die Machtposition von Akteuren nicht konsistent und belastbar.

Der Begriff Optionsmacht greift den aus der ökonomischen Verhandlungstheorie bekannten Begriff der *exit-power*[42] sowie die von *Schattschneider* gelieferte Machtdefinition, *Grubers* Konzeption der „Alleingangsmacht" und Beobachtungen von *Moravcsik* auf, erweitert sie jedoch um eine reflexiv-konstruktivistische Dimension. Optionsmacht umreißt den essenziellen Kern von Machtbeziehungen und ist zur Untersuchung von Machtaspekten im internationalen System allgemein und zur Analyse unilateralen Handelns im besonderen gut geeignet. Im Hinblick auf die Verfügbarkeit von Optionsmacht lassen sich in konkreten Entscheidungsprozessen mächtige von ohnmächtigen Akteuren unterscheiden: Die Position von Akteuren wird in Entscheidungsprozessen verbessert, wenn 1. sich für Staaten außerhalb multilateraler Kooperationszusammenhänge auch uni- oder minilaterale Möglichkeiten bieten, die eigenen Interessen durchzusetzen, oder 2. innerhalb eines Systems institutionalisierter Zusammenarbeit alternative Wege zu den von anderen Akteuren präferierten glaubhaft aufgezeigt und letztlich durchgesetzt werden können. Damit ist natürlich unmittelbar die Frage nach den Kosten eines Ausstiegs aus multilateralen Strukturen oder einer institutionellen Dauerblockade verbunden. Je weniger dominante Akteure zur Erreichung politischer Steuerungsziele auf die multilaterale Option festgelegt sind, je mehr Optionen sie sich glaubhaft offen halten können, desto größer dürfte ihre Machtposition von anderen eingeschätzt werden. Indifferenz ist zwar kein Wert an sich, wohl aber eine funktionale Machtressource von erheblicher Qualität, weil bei Entscheidungsfindungen Interaktionspartner ignoriert, von Kompromissergebnissen ausgeschlossen und damit in Zugzwang versetzt werden können[43]. Somit verbessert die grundsätzliche Befähigung zu Alleingängen die Machtposition in multilateralen Zusammenhängen. Akteure, die glaubhaft auf eigenmächtige Durchsetzungsmöglichkeiten verweisen können, werden prägenden Einfluss auf multilateral-institutionelle Politikprozesse nehmen. Angedrohter Bi- oder Minilateralismus bzw. ein angekündigter Rückzug aus transnationalen Kooperationsbeziehungen erhöht massiv den Druck auf andere Akteure, sich den Gestaltungswünschen dominanter Staaten zu unterwerfen[44].

So sind beispielsweise die verschiedenen Verhandlungsrunden des GATT regelmäßig durch die parallele Aushandlung von präferentiellen Handelsabkommen geprägt worden. Regionalisierungstendenzen und multilaterale Liberalisierungsfortschritte haben sich in diesen Fällen nicht ausgeschlossen, sondern vielmehr oft ergänzt, weil ein maßgebliches Motiv der Initiatoren regionaler Handelsabkommen darin bestand, im multilateralen Regime eine glaubhafte Reservestrategie präsentie-

---

[42] Vgl. unter anderem *Hirschman* (1974).

[43] Vgl. *Moravcsik* (1993b) sowie *Neyer/Wolf* (1996: 405).

[44] Gleichwohl wird eine Austrittsdrohung gerade von dominanten Akteure nur selten formuliert; vgl. zu diesem strategischen Handlungsdilemma ausführlicher Abschnitt 3.2.1 dieser Arbeit.

ren zu können[45]. Mit der auf diese Weise hergestellten Drohkulisse üben dominante Akteure dann wiederum einen steuernden Einfluss auf multilaterale Entscheidungen aus. Grundsätzlich dürften daher mächtige Akteure einen strategischen Doppelansatz aus Multilateralismus einerseits und Uni- bzw. Regionalismus andererseits gegenüber einem unbedingten Multilateralismus, der wenig politische Spielräume lässt, präferieren[46].

Der entscheidende analytische Vorteil des Optionsmachtbegriffs gegenüber den anderen diskutierten Machtkonzeptionen besteht in seiner höheren Komplexität, die angesichts der empirischen Realität multilateraler Entscheidungsprozesse angemessener erscheint als ressourcen- oder akteursbasierte Machtkonzeptionen. Er stellt sowohl auf die Ursachen von Entscheidungen als auch auf deren Folgewirkungen ab. Im analytischen Fokus stehen die Gründe für die Durchsetzungsfähigkeit von Akteuren in den vielfältigen Zusammenhängen multilateraler Interdependenz, die keine der etablierten Auffassungen des Machtbegriffs überzeugend erklären kann. Eine Berechnung von Optionsmachtpotentialen ist allerdings aufgrund der schwierigen Quantifizierbarkeit von Machtfaktoren nicht überzeugend zu leisten. Wie viel Optionsmacht einem Akteur letztlich zugeschrieben werden kann, hängt maßgeblich von drei Faktoren ab: zum einen vom Ausmaß der Interdependenz, zum anderen vom Grad multilateraler Institutionalisierung und schließlich von den Präferenzhierarchien der beteiligten Akteure. Es steht zu vermuten, dass ein hoher Grad von Interdependenz die Anreize für multilaterale und konsensorientierte Problemlösung steigert und Optionsmachtpotenziale tendenziell schwächt. Dort, wo zusätzlich noch starke Institutionalisierungstendenzen zu beobachten sind, dürfte der Verweis auf unilaterale Politiksteuerung vermutlich nur wenig glaubhaft sein. Tatsächlich können Exit- oder Alternativoptionen zu bestehenden multilateralen Institutionen nur von wenigen Teilnehmern ernsthaft, also unter Vermeidung erheblicher Verluste in Erwägung gezogen werden. Im allgemeinen besitzen die wichtigsten Akteure auch das nachhaltigste Interesse am funktionalem Fortbestehen einer Institution. Spekulationen und Drohungen dominanter Akteure über einen Rückzug aus institutionellen Verpflichtungen bleiben in den meisten Fällen nur abstrakt und materialisieren sich ausgesprochen selten. Der Rückgriff auf unilaterale Reservestrategien ist auch dann sehr unwahrscheinlich, wenn bei einem Akteur eine starke Präferenz für multilaterale Konsenslösungen festzustellen ist. Gleichwohl besitzen Akteure mit Optionsmacht und der Fähigkeit zur unilateralen Interessendurchsetzung stets ein Alleinstellungsmerkmal. Sie sind machtbewusster und einflussreicher als Akteure, denen Optionsmacht nur in gerin-

---

[45] Zum Zusammenhang zwischen präferentiellen Handelsabkommen und multilateralen Liberalisierungsfortschritten vgl. insbesondere *Mansfield/Reinhard* (2003). Ein Beispiel liefert der erfolgreiche Abschluss der Uruguay-Runde, dem unter anderem die deutliche Drohung der USA mit verstärkten Regionalisierungsbemühungen (NAFTA) vorausgegangen war. Diese Androhung einer Parallelaktion sollte das exit-Potenzial der USA unterstreichen.

[46] Vgl. *Kahler* (1992: 686ff).

gem Umfang zur Verfügung steht[47]. Es ist aber fraglich, ob strategischer Unilateralismus unter Vernachlässigung oder Umgehung multilateraler Strukturen die Durchsetzungsfähigkeit von Akteuren in Beziehungen komplexer Interdependenz nachhaltig zu steigern vermag. Die zu erwartende negative Resonanz verteuert den Rückgriff auf Optionsmachtpotenziale tendenziell erheblich.

2.2 Hegemoniekonzepte und Global Governance

In der IB-Disziplin wird oft nur unzureichend zwischen den Phänomenen Macht, Herrschaft und Hegemonie differenziert. Macht ist eine notwendige, aber nicht hinreichende Variable zur Begründung einer hegemonialen Stellung. Hegemonie bedarf ebenso wie Macht der Perzeption und Projektion durch andere Akteure. Daher sollte auch der Begriff der Führerschaft um eine reflexiv-konstruktivistische Dimension erweitert werden. Hegemonie stellt ein zentrales Konzept der IB-Disziplin dar. Im allgemeinen ist damit die Vorherrschaft eines Staates in den Beziehungen zu anderen oder eine Vormachtstellung in sozialen Interaktionen gemeint[48]. Manche Autoren verstehen darunter auch eine Machtstruktur, die aus einem unipolaren System abzuleiten sei[49]. Indes ergibt sich aus dem ursprünglichen (griechischen) Wortsinn die entscheidende Bedeutung für den Begriff der Hegemonie: das Element der Führung. Während im angelsächsischen Diskurs auch begrifflich zwischen einer politischen *Führungsrolle* (*leadership*) und einer die Interaktionen von Staaten prägenden *Führungsstruktur* (*hegemony*) unterschieden wird, kommt diese Differenzierung in der deutschen Debatte leider zu kurz. Sie ist aber ausgesprochen hilfreich und notwendig: Hegemonialmächte haben sich nur selten auch in der Machtposition von Imperien befunden[50] und sich gerade *nicht* vordergründig durch dominante Stärke ausgezeichnet. *Wallerstein* etwa definiert die Stellung eines Hegemons so: "A hegemonic state is not simply a strong state, not even (...) the strongest single state within in the interstate system, but a state that is significantly stronger than other (...) states"[51]. Hegemone sind zwar überwiegend Großmächte,

---

[47] Vgl. *Knothe* (2005).

[48] Auf Konzepte kultureller oder sozialer Hegemonie, die auf *Gramsci* zurückgehen und zum Beispiel bei Autoren wie *Sjolander* (1994) oder *Scherrer* (1999) Verwendung finden, wird an dieser Stelle nicht eingegangen, weil ihre Erklärungskraft als sehr gering eingeschätzt werden muss. *Gramscis* Hegemoniekonzeption weist große Gemeinsamkeiten mit dem strukturellen Machtbegriff auf und ist eher als Herrschaftskonzept zu interpretieren. Die neogramscianische Interpretation von Hegemonie als umfassender Kontrolle geht ebenfalls in diese Richtung.

[49] Ein Beispiel unter vielen für diese Begriffsverwirrung und Vermischung ist der von *Hippler/Schade* (2003: 6ff) verwendete Begriff „integrative Dominanz", mit dem ein hegemoniales Verhältnis umschrieben werden soll. Der Begriff ist missverständlich. Dominanz im Sinne von Herrschaft kann schließlich auf Integration und Rücksichtnahme verzichten.

[50] Vgl. etwa *Triepel* (1943).

[51] Zit. *Wallerstein* (2002: 357), der auch die Frage nach dem Verhältnis von Hegemonie und Imperium klar beantwortet: „Hegemony is what occurs in a world-economy, one that has not become

üben aber keine Herrschaft im Sinne autoritärer Befehlsgewalt aus, sondern versuchen durch die Übernahme von Führungsverantwortung und, wenn nötig, die Einbindung anderer Akteure die Ergebnisse politischer Entscheidungen zu beeinflussen. Begrifflich kann mit dem Begriff Hegemonie deshalb *keine* globale imperiale Struktur beschrieben werden, sondern lediglich ein bestimmtes, auf längere Dauer angelegtes Führungs- und Gefolgschaftsverhältnis. Durch eine Dauerhegemonie können aber sehr wohl verfestigte Führungsstrukturen etabliert werden. Der entscheidende Punkt ist: Imperien *herrschen* über andere Staaten, Hegemone *führen*.

In der Theorie hegemonialer Stabilität[52] hat leider die verkürzte Hegemoniekonzeption Verwendung gefunden, die Vorherrschaft, Vormachtstellung und Führerschaft gleichsetzt. Für einen Hegemon verbinden sich mit internationalen Institutionen effektive Möglichkeiten zur Verstetigung seines Einflusses, außerdem verringern sich dadurch die Kosten seiner Machtausübung. Er tritt, sofern er von einer institutionalisierten Verregelung profitiert, als institutioneller Stabilitätssponsor auf, versucht aber eine totale Selbstbindung und Blockade zu vermeiden[53]. *Keohane* wiederum hat nachgewiesen, dass durch funktionierende internationale Regime und Organisationen auch dann stabile Kooperationsbeziehungen zu erwarten sind, wenn der ursprünglich dominante Einfluss des Gründungshegemons zurückgegangen oder verschwunden ist[54]. In allen Ansätzen der Theorie hegemonialer Stabilität werden die Implikationen einer hegemonialen Machtkonstellation und verschiedene Agenden für rationale Führerschaft formuliert, nicht aber die Strukturmerkmale untersucht, die eine Hegemonie begründen. Unter Verweis auf die überragenden militärischen und wirtschaftlichen Potentiale einer Vormacht wird zwar eine Erklärung geliefert, worauf Hegemonie basiert, wie sie sich jedoch von anderen Herrschaftsformen (Imperium) unterscheiden lässt, bleibt weitgehend offen.

Wegen der erkennbaren Unzulänglichkeiten soll in dieser Arbeit auf die Hegemoniekonzeption von *Triepel* zurück gegriffen werden. Nach seiner Definition steht die Hegemonie, die politische Akteure ausüben können, „in der Mitte zwischen bloßem Einflusse und Herrschaft. (...) Sie ist der vorwiegende und entscheidende Einfluss", den Staaten anderen gegenüber geltend machen können. Dieser „aber stützt sich immer auf eine Anerkennung des geführten Staates"[55]. In dieser Auffassung geht also Hegemonie über Macht, verstanden als Einfluss auf Interakti-

---

a world-empire. The political superstructure of a world-economy is not a bureaucratic empire but an interstate system (...)"; Zit. ebd.

[52] Für eine vertiefende Auseinandersetzung mit den unterschiedlichen Strängen der Theorie hegemonialer Stabilität sei vor allem auf *Robel* (2001) verwiesen. *Snidal* (1985b) und *Lake* (1993) liefern eine Kritik, weisen aber auch auf die analytischen Potentiale hin. Zahlreiche empirische Anwendungsbeispiele der Theorie finden sich im Sammelband von *Grieco* (1993b). Außerdem hat *Kirchlechner* (1996) die einer hegemonialen Führung zugrundeliegende Selbstlegitimation am Beispiel der USA sehr gut verdeutlicht.

[53] Vgl. zu den Kooperationsmotiven eines Hegemons *Gilpin* (1981), *Gadzey* (1994) und *Ikenberry* (2001a).

[54] Vgl. *Keohane* (1984).

[55] Zit. *Triepel* (1943: 140f).

onsergebnisse, deutlich hinaus, konstituiert aber, und das ist der entscheidende Punkt, keine Herrschaft. „Selbst eine energisch gehandhabte Hegemonie macht den Folgestaat nicht zum Untertanen."[56] Hegemonie ist nicht Herrschaft, weil sie auf Zustimmung und Befolgung angewiesen bleibt. Herrschaft meint dagegen den verlässlichen Gehorsam für einen Befehl. *Triepel* betrachtet die Fähigkeit von Staaten, bei anderen Staaten Gefolgschaft zu organisieren, als notwendige Bedingung für eine erfolgreiche Führung. Insofern ist die aus konstruktivistischer Sicht notwendige Anerkennung einer Macht- bzw. Hegemonialposition schon mitgedacht[57].

Oben wurde gezeigt, dass Optionsmacht die Machtposition von Staaten steigern kann. Die Verfügbarkeit von Optionsmacht erhöht zweifellos auch die Führungspotentiale von Akteuren. Die *Möglichkeit*, eigene Interessen notfalls auch unilateral, außerhalb bestehender Institutionen durchsetzen zu können, gehört zwingend zum politischen Instrumentarium eines Hegemons. Inwieweit der Hegemon von alternativen Durchsetzungspfaden allerdings Gebrauch machen kann und will, hängt wiederum ganz entscheidend von drei Faktoren ab: einerseits von seinem eigenen Führungswillen, also der Bereitschaft zur Übernahme von internationaler Verantwortung, des weiteren von der Möglichkeit, Gefolgschaft zu organisieren, und schließlich von der Folgebereitschaft derer, die geführt werden und Führung akzeptieren sollen. Mithin kann Optionsmacht als eine notwendige Voraussetzung für den Anspruch hegemonialer Steuerung auf *compliance*, also auf Zustimmung und Befolgung durch andere Akteure, angesehen werden. Letztere hat allerdings auf die Konsistenz einer hegemonialen Rolle noch wesentlich entscheidenderen Einfluss als in bloßen Machtverhältnissen.

Optionsmacht *kann* mächtige Staaten in eine Führungsposition gegenüber anderen Akteuren versetzen, jedoch schwächt dauerhafter Unilateralismus das hegemoniale Verhältnis, da die Folgebereitschaft tendenziell überstrapaziert wird. Dieser Zusammenhang umreißt das grundlegende Paradoxon, vor dem führungswillige Staaten stehen, nämlich die eigenen Machtmittel aus Rücksichtnahme nicht umfassend und erschöpfend nutzen zu können. Überwältigende Machtarsenale konstituieren Dominanz, können sich aber als schädlich erweisen für ein integratives, die Interessen anderer kooptierendes Führungsverhältnis. Deshalb findet sich im Forderungskatalog an eine wohlwollende Hegemonie (*benign hegemony*) oder an eine liberal inspirierte, freiheitlichen Werten verpflichtete Führerschaft (*liberal leadership*)[58] stets der Hinweis auf ein unabdingbares Maß an Altruismus und Selbstbeschränkung der Führungsnation, die sich in einem maßvollen, zurückhaltenden Einsatz der verfügbaren Machtinstrumente ausdrücken. Offenkundig haben im his-

[56] Zit. *Triepel* (1943: 142).

[57] Zur Ausübung von Herrschaft ist dagegen keine Herrschaftszuschreibung durch die Beherrschten notwendig. Diese sind ihrer Entscheidungssouveränität verlustig gegangen und können keinen Einfluss auf Entscheidungsprozesse nehmen. Eine konstruktivistische Annäherung an den Herrschaftsbegriff ist insofern unnötig, als ein Befehl unabhängig von der Überzeugung der Teilnehmer Befolgung findet.

[58] Vgl. *Brawley* (1993).

torischen Vergleich nur wenige Hegemonialmächte diesen Forderungskatalog beherzigt[59]. In der fehlenden oder tendenziell nachlassenden Bereitschaft, „wohlwollend" zu führen, liegt der wichtigste Grund für die auf längere Sicht zu beobachtende Instabilität von Hegemoniebeziehungen. Vor allem, weil das Führungsverhältnis entweder zur Machtbeziehung regrediert oder in eine Herrschaftsbeziehung überführt wird, tendieren Hegemonialbeziehungen zur Instabilität. Die wohlwollende Absicht des Hegemons muss Akzeptanz und Glaubwürdigkeit unter den Geführten finden. Dabei ist im Verhältnis zwischen Hegemonen und anderen Staaten auch mit gelegentlichen, teilweise auch folgenreichen „Vermittlungsproblemen" und Missverständnissen zu rechnen. Selbst eine gute, wohlwollende Absicht kann als imperiale Zwangsausübung empfunden werden. *Benign Hegemony* liegt letztlich im Auge des Betrachters bzw. Gefolgschaftsstaaten[60].

Auch im Diskurs über Global Governance[61] geht im Kern um Steuerung durch Führung und Überzeugung. Global Governance wird in der Regel ebenfalls als wohlwollend charakterisiert bzw. als „sanftes Weltregieren" bezeichnet[62]. Zwei Fragestellungen stehen im Zentrum des Diskurses über „Regieren ohne Regierung"[63]: zum einen, wie weit Regieren in den Grenzen der Nationalstaaten angesichts starker Denationalisierungstendenzen überhaupt noch möglich ist, und zum anderen, welchen Steuerungsbeitrag transnationale Institutionen bei der Lösung globaler Probleme liefern können[64]. Liberale Institutionalisten und Intergouvernementalisten gehen davon aus, dass die Etablierung und Stärkung supranationaler Machtzentren jenseits des Nationalstaats den Regierungen Möglichkeiten an die Hand gibt, nationale Entscheidungs- und Steuerungsdilemmata zu überwinden sowie Lösungskompetenz unter Beweis zu stellen[65]. Die Machtverluste, die einzelne Staaten gegenüber transnationalen Akteuren im Prozess ökonomischer Globalisierung zu verzeichnen haben, könnten so durch Zusammenarbeit auf multilateraler Ebene kompensiert werden.

Eine Grundannahme, die von Global Governance-Ansätzen und der Theorie hegemonialer Stabilität geteilt wird, ist die Notwendigkeit einer flankierenden hegemonialen Steuerung internationaler Interaktionsprozesse, zum Beispiel in der Weltwirtschaft. Der Steuerungsbedarf ergibt sich aus der Notwendigkeit zur Bereitstellung öffentlicher Güter im internationalen System – dies scheint nur möglich

---

[59] Vgl. für historische Beispiele hegemonialer Konstellationen unter anderem *Triepel* (1943), *Wilkinson* (1999) und *O'Brian/Cleese* (2002).

[60] Vgl. dazu vor allem *Owen* (2002).

[61] Dieser ab Mitte der 1990er Jahre äußerst lebhafte Diskurs kann hier nicht umfassend gewürdigt werden. Unter anderem seien angeführt *Diehl* (1997), *Gourevitch* (1999), *Hirst/Thompson* (1999), *Keohane* (2002), *Kohler-Koch* (1998), *Rosenau/Czempiel* (1992), *Wilkinson/Hughes* (2002) und *Zürn* (1997).

[62] Vgl. *Rode* (2002a: 29).

[63] Die Formel *„Governance without Government"* geht zurück auf *Rosenau/Czempiel* (1992).

[64] Vgl. *Zürn* (1997) und *Peters* (1999).

[65] Die Erklärungskraft dieses Paradigmas ist durch Denationalisierungstendenzen nicht infrage gestellt, eher sogar noch verstärkt worden, so *Zürn* (1997: 48).

durch die hegemonial-institutionelle Einhegung gegenläufiger Interessen der Einzelstaaten[66]. Dabei erscheint es unerheblich, ob diese Führerschaft von einem einzelnen Akteur oder aber von mehreren Akteuren gemeinsam ausgeübt wird. Ob das System gruppenhegemonialer Führung dabei aus einem „locker vernetzten, offenen Regierungsnetzwerk"[67] besteht oder durch die Erweiterung des G7/G8-Gipfelregimes schon als eine Form institutionalisierter Hegemonie[68] bezeichnet werden darf, kann an dieser Stelle nicht entschieden werden. Wichtig ist die Feststellung, dass mittlerweile alle wichtigen internationalen Wirtschaftsorganisationen von den Stabilitäts- und Steuerungsinteressen mehrerer einflussreicher Staaten entscheidend geprägt werden [69].

Bei der Diskussion um den Beitrag, den multilaterale Institutionen für eine problemorientierte Governance leisten können, geht es im Kern um die gruppenhegemoniale Kontrolle im und durch institutionellen Konsens. Aber auch im Konsens können Machtfragen nicht ausgeblendet werden. Gruppenhegemoniale Strukturen werden von dominanten Akteuren zur Durchsetzung eigener Gestaltungsansprüche genutzt[70]. Den im internationalen System empirisch zu beobachtenden Governancelösungen liegen stets Entscheidungen zugrunde, in denen führende Staaten einen ihrer Machtstellung entsprechenden Einfluss zu nehmen und ihre Interessen durchzusetzen versuchen[71]; sie sind als reales Ergebnis hochgradig interessenbasierter Entscheidungsprozesse anzusehen, in denen relevante Akteure über entscheidende informelle und formale Einflussmittel zur Interessendurchsetzung verfügen. Zwischen den Konformitätszwängen multilateraler Institutionen auf der einen und den Steuerungswünschen einflussreicher Staaten[72] auf der anderen Seite besteht ein schwer aufhebbares Spannungsverhältnis.

2.3 Zusammenfassung: Optionsmacht und Führungsfähigkeit

In diesem Kapitel wurden verschiedene Konzeptualisierungen von Macht, Hegemonie und Governance vorgestellt und um eine refelexiv-konstruktivistische Erklärungsdimension zu ergänzen. Dies erschien notwendig, weil die meisten rationali-

---

[66] Vgl. unter anderem *Ikenberry* (2001a).
[67] Vgl. *Rode* (2002a).
[68] Vgl. *Bailin* (2000).
[69] Vgl. die drei Interaktionsmodelle transnationaler Governance von *Rode* (2002a: 17ff).
[70] Vgl. *Rode* (2004).
[71] Vgl. *Knothe* (2005), wo drei Machtdimensionen in multilateralen Institutionen typisiert und als Grundlage gruppenhegemonialer Governance identifiziert werden, nämlich Initiativmacht, Prozessmacht und Optionsmacht.
[72] Multilaterale Erfolge und eine von der Bevölkerung als zu weitreichend empfundene transnationale Institutionalisierung können allerdings auch die Grundlagen gruppenhegemonialer Steuerung unterminieren. Die abgeschirmte kollektive Steuerung durch wenige „Klubmitglieder" weckt vielfach Übersteuerungsängste. Legitimitätsdefizite internationaler Institutionen werden stärker thematisiert. All diese Entwicklungen können nationalistische Reflexe anheizen; vgl. *Goldstein/Martin* (2000) sowie *Keohane/Nye* (2001).

tätsorientierten Machtkonzeptionen im Hinblick auf die durch Interdependenz und Institutionalisierung geprägten Entscheidungsprozesse des internationalen Systems als unterkomplex angesehen werden müssen. Machtbegriffe, die auf Ressourcen oder Akteurskontrolle abheben, erfassen die komplexe Realität multilateraler Verhandlungsprozesse nur ungenügend. Die Währung, in der Macht im internationalen System gemessen wird, kann nach meinem Dafürhalten nur die Durchsetzungsfähigkeit in außenpolitischen, in wachsendem Maße multilateral institutionalisierten Entscheidungsprozessen sein. Macht drückt sich nicht im Status eines Akteurs aus, sondern in seinen konkreten Einflusschancen. Ohne Zweifel spielen Ressourcen für die Akteure bei der Einschätzung ihrer Durchsetzungschancen bzw. der anderer Akteure eine maßgebliche Rolle. In politischen Entscheidungsprozessen muss aber noch eine weitere Dimension hinzukommen. Es wurde gezeigt, dass die internationale Interaktionen disponierende Variable Macht insbesondere dort besteht, wo dominante Akteure über verschiedene Handlungsoptionen verfügen. Optionsmacht ist als Fähigkeit von Akteuren zu beschreiben, Interaktionspartner glaubhaft und nachvollziehbar mit alternativen Entscheidungspfaden zu konfrontieren, um prägenden und steuernden Einfluss auf Interaktionsergebnisse zu nehmen und die Durchsetzung eigener Interessen zu sichern. Besonders der Verweis auf Alleingänge verbessert die Glaubwürdigkeit einer machtpolitischen Drohkulisse und sichert Einfluss in multilateralen Interaktionen. Akteure, die im Vorfeld von Entscheidungen sowohl rhetorisch als auch substantiell alle Optionen offen halten können, können tendenziell prägenden Einfluss für sich reklamieren. Eine notwendige Bedingung ihrer Machtausübung besteht jedoch darin, dass andere Akteure diese Einflussmöglichkeiten anerkennen bzw. zuschreiben.

Optionsmacht verbessert auch die Durchsetzungschancen in hegemonialen Beziehungen und kann als eine notwendige Voraussetzung für den Anspruch auf Zustimmung zu und die Befolgung von multilateralen Regeln durch andere Akteure, gelten. Allerdings beruht Führungsfähigkeit ebenso auf den Erwartungen schwacher oder weniger einflussreicher Akteure. Die maßgeblichen Interaktionspartnern an die Hand gegebene und außerdem von anderen Staaten zugeschriebene Möglichkeit, Steuerungsinteressen auch eigenmächtig durchsetzen zu können, beeinflusst und prägt das System internationaler Beziehungen. Verstanden als Fähigkeit, eine unilaterale Interessenverfolgung glaubhaft androhen zu können, strukturiert Optionsmacht mithin auch die komplexen Interaktionsformen multilateraler Zusammenarbeit. Beispielsweise kann die *Drohung* mit unilateralen Sanktionen eine Verhaltensänderung bei Akteuren oft wirksamer in Gang setzen als die Implementierung von Strafmaßnahmen[73]. Staaten, denen entsprechende Drohpotentiale zur Verfügung stehen, dürfen als einflussreicher gelten als andere Teilnehmer, die unter gewissen Umständen Entscheidungen zwar verzögern, vielleicht sogar blockieren, in der Regel aber nicht gestaltenden und steuernden Einfluss ausüben können.

---

[73] Vgl. am Beispiel unilateraler Wirtschaftssanktionen sowie einseitig ausgeübten Drucks bei Arbeits- und Umweltstandards *Drezner* (2003b: 655).

Dass aus bloßen Blockademöglichkeiten nicht unbedingt schon prägender Einfluss auf Entscheidungsprozesse zu folgern ist, ist im Hinblick auf die Machtposition sowie die Hegemoniefähigkeit der letzten verbliebenen Supermacht in der unipolaren Welt ein wichtiger Fingerzeig. Optionsmacht bildet zwar die Grundlage von Führungsfähigkeit, ein rücksichtsloses Beharren auf Unilateralismus dürfte sie aber unterhöhlen. Um die Stellung Amerikas in einem durch Interdependenz gekennzeichneten Umfeld analysieren zu können, sind die Erwartungen (und Handlungen) anderer Staaten mit einzubeziehen. Unilaterale Strategien laufen möglicherweise den Interessen wichtiger Partner zuwider und belasten damit u.U. den multilateral bzw. gruppenhegemonial angestrebten Konsens. Die Durchsetzungsfähigkeit in internationalen Institutionen bzw. in transnationalen Kooperationsbeziehungen, in denen der Einsatz von Zwangsmitteln vermutlich unmöglich oder zumindest wenig erfolgversprechend sein dürfte, ist keine Frage der verfügbaren Machtpotentiale, sondern hängt vom Kooperationswillen anderer Staaten ab.

Mithin unterliegt eine Führungsposition immer einer gewissen Paradoxie: Wenn Hegemone zu stark auf Zwang und Alleingänge setzen oder von multilateralen Institutionen lediglich instrumentellen Gebrauch machen, ohne sich um die Überzeugung schwächerer Staaten zu kümmern, wird ihre Machtposition darunter leiden. Sukzessive wird der unverzichtbare Wille anderer Akteure zur Befolgung allgemein verbindlicher Spielregeln verloren gehen. Im permanenten Spannungsfeld zwischen Stabilitäts- und Durchsetzungserwartungen, zwischen den tatsächlichen Einflussmöglichkeiten und dem Umfang des hegemonialen Aufgabenkatalogs sind Hegemonialkonstellationen immer entweder zerbrochen[74] oder sind, der Dominanz eines Akteurs Tribut zollend, in Herrschaftsbeziehungen umschlagen. Ein Imperium aber führt nicht mehr, sondern ordnet an. Ein Staat mit imperialer Machtfülle kann ohne Zweifel weitgehend solipsistisch und unilateral handeln, weil er keine Rücksicht auf andere Staaten nehmen zu müssen glaubt. Er übt damit allerdings keine Hegemonie aus, sondern Herrschaft und Zwang[75]. Ein Imperium ist den Steuerungserwartungen anderer Staaten nicht unterworfen und erwartet Gehorsam von Klienten. Ein Hegemon ist dagegen um die Gefolgschaft von Partnern bemüht, auch wenn diese als nachrangig angesehen werden. Ungezügelte Eigenmächtigkeit ist ein wesentlicher Charakterzug einer imperialen Außenpolitik, im Zentrum einer hegemonialen Agenda steht dagegen die Aufgabe, folgewillige Akteure zu finden und „bei der Stange“ zu halten.

---

[74] So die Diagnose von *Wallerstein* (2002).

[75] Zu diesem entscheidenden Unterschied zwischen imperialer Herrschaft und Hegemonie vgl. auch *Mastanduno* (2002b), der an die Konzeptualisierung von *Triepel* (1943) anknüpft.

3. Unilateralismus und institutionalisierte Interdependenz

"States are the most consequential units that transnational institutions encounter."
Stephen D. Krasner

„Dass man trotz Meinungsverschiedenheiten mit der Organisation, der man angehört, zögert abzuwandern, ist das charakteristische Merkmal des loyalen Verhaltens."
Albert O. Hirschman

„What is distinctive about multilateralism is not merely that it coordinates national policies (...), but that it does so on the basis of certain principles of ordering relations among (...) states."
John G. Ruggie

In diesem Kapitel werden die Grundlagen, die Motive und die Durchsetzungsfähigkeit unilateraler Politik in einem multilateral-institutionalisierten Umfeld diskutiert. Es geht im Hinblick auf das verfolgte Forschungsinteresse weniger um eine allgemeine Erklärung unilateraler Politikansätze, vielmehr wird eine theorieorientierte Analyse der Wechselwirkungen zwischen den institutionell verfestigten Beschränkungen nationaler Handlungsfreiheit auf transnationaler Ebene und den Bedingungen, unter denen Außenpolitik im nationalen Rahmen formuliert wird, angestrebt. Dabei steht der grundlegende Konflikt zwischen multilateraler Loyalität und den Gestaltungswünschen durchsetzungsfähiger Akteure im Zentrum. Mein Argument lautet, dass Unilateralismus als empirisches Phänomen erst vor dem Hintergrund wachsender Interdependenz und eines gestiegenen Institutionalisierungsgrads im internationalen System Erklärungsbedarf schafft. Alleingänge bilden eine signifikante Herausforderung multilateraler Governance, werden durch internationale Institutionen aber auch erheblich eingeschränkt.

Die Unilateralismusdebatte ist bisher bedauerlicherweise nur selten mit den Theorieangeboten des Institutionalismus verknüpft worden. Im Folgenden werden die wichtigsten Theorieangebote zur Erklärung zwischenstaatlicher Kooperation kurz vorgestellt. Besonderes Augenmerk gilt dabei der unterschiedlichen Bewertung unilateralen Verhaltens in systemischen und subsystemischen Erklärungsansätzen. Danach folgt eine Darstellung des Designs und der Verpflichtungswirkung transnationaler Institutionen sowie eine kritische Auseinandersetzung mit dem multilateralen Paradigma. Im Anschluss soll die zwischen nationalen Entscheidungsprozessen und transnationalen Institutionen zu beobachtende Wechselwirkung unter Rückgriff auf Zwei-Ebenen-Ansätze analysiert werden. Weiterhin wird der Begriff Unilateralismus definiert und für den Untersuchungszusammenhang dieser Arbeit konzeptualisiert. Außerdem werden drei Idealtypen von Unilateralismus sowie drei Analysedimensionen entwickelt, an denen die unterschiedlichen strategischen, ideologischen und funktionalen Motive für unilaterales Verhalten sowie die damit verbundenen Kosten illustriert werden können. Die Wirkung unilateraler Handlungen in einem multilateral institutionalisierten Umfeld erweist sich als eingeschränkt, dies muss allerdings nicht zum Rückgang oder gar zum Verschwinden selbstreferentieller Politik führen. In diesem Zusammenhang werden die funktionalen Motive für ein Handlungsmuster beleuchtet, das ich als eingebetteten Unilateralismus bezeichne. Am Schluss des Kapitels werden auf der Grundlage der Theoriediskussionen neun theoriegeleitete Arbeitshypothesen entwickelt.

Keiner der zu diskutierenden institutionalistischen Theorieansätze erklärt unilaterale Politikansätze befriedigend. Im Hinblick auf mein Erkenntnisinteresse wird deshalb eine weiterführende Analyse abgestrebt, in der sowohl die Grundlagen als auch die genauen Mechanismen – und damit auch die Grenzen – institutioneller Verpflichtungskraft zu identifizieren sind[1]. Der Rahmen der institutionalistischen Theoriedebatte muss erweitert werden, wenn qualifizierte theoriebasierte Prognosen über Kosten und Reichweite unilateraler Politik unter den Vorzeichen wachsender Interdependenz und stärkerer Institutionalisierung möglich werden sollen. Zur Darstellung der wechselseitigen Beeinflussung und Rückkopplung nationaler und multilateral-institutioneller Entscheidungsprozesse wird auf die von Zwei-Ebenen-Ansätzen bereitgestellten Analyseinstrumente zurückgegriffen. Die Utilität unilateraler Instrumente mag abnehmen, rationale und funktionale Gründe für ihren Einsatz lassen sich mit Blick auf nationale Entscheidungsprozesse dennoch finden. Insofern ist zu analysieren, inwieweit multilaterale Institutionen möglicherweise eigenmächtigen Politikansätzen sogar Vorschub leisten.

3.1 IB-Theorien und Unilateralismus

Bei der Antwort auf die Grundsatzfrage, ob von multilateralen Institutionen eine Wirkung auf nationalstaatliches Handeln ausgeht oder nicht, wird die neorealistische Skepsis gegenüber internationalen Organisationen von eher kooperationsoptimistischen Prognosen aller anderen Theorieansätze kontrastiert. Für Neorealisten bleibt Unilateralismus der Regelfall einer Außenpolitik, die von Sicherheitsfragen und Zweifeln an der angemessenen Verteilbarkeit von Kooperationsgewinnen angeleitet ist. Dagegen sehen liberale Institutionalisten, stärker aber noch Transgouvernementalisten, Konstruktivisten oder Vertreter des liberalen Intergouvernementalismus die Erfolgsaussichten und die Legitimität unilateraler Politikansätze durch einen robusten Multilateralismus[2] zunehmend infrage gestellt. Die empirischen Erfahrungen mit internationalen Kooperationszusammenhängen liefern deutliche Signale für den gestiegenen Einfluss transnationaler Institutionen[3]. Im Folgenden sollen in gebotener Kürze die aus Sicht der etablierten Theorieangebote maßgeblichen Motive für die Bereitschaft von Staaten zu multilateraler Zusammenarbeit und die entsprechende Prognose für unilaterales Handeln dargestellt werden[4]. In der

---

[1] Dieses Ziel haben auch *Martin/Simmons* (1998: 729) formuliert.

[2] Eine dezidiert optimistische Position in Bezug auf die Verpflichtungskraft des Multilateralismus vertritt mit dem oben angeführten Zitat *Ruggie* (1998: 106).

[3] Vgl. *Martin/Simmons* (1998) oder *Russett/Oneal* (2001).

[4] Als Beiträge der Theoriedebatte über die Rolle transnationaler Institutionen und die Kooperationsimpulse von Staaten sind unter anderem anzuführen: *Young* (1982 und 1992), *Krasner* (1983), *Snidal* (1985a), *Kratochwil/Ruggie* (1986), *Oye* (1986), *Haggard/Simmons* (1987), *Yarbrough/Yarbrough* (1987), *Taylor* (1987), *Grieco* (1988), *Zürn* (1992 und 1997), *Baldwin* (1993),

Debatte ist eine deutliche Dominanz jener Positionen zu verzeichnen, die internationale Institutionen für einflussreich halten und ihnen eine eigene Akteursqualität zuschreiben - diese Positionen werden von mir als „Multilateralisten" bezeichnet werden. Nach meinem Dafürhalten neigen allerdings Konstruktivismus, liberaler Intergouvernementalismus und Vertreter des Transgouvernementalismus dazu, die Reichweite von Multilateralismus als verpflichtendem Organisationsprinzip internationaler Beziehungen zu überschätzen.

3.1.1 Systemische Erklärungsansätze

Unter den systemisch konzipierten Erklärungen von Kooperationsphänomenen weisen liberaler Institutionalismus bzw. Neoinstitutionalismus und Neorealismus eine große gemeinsame Schnittmenge auf[5]. Beide Ansätze gehen von einer streng zweckrationalen Orientierung der Akteure aus. In einem durch Anarchie gekennzeichneten internationalen Umfeld richteten Staaten ihr Handeln an einem prognostizierbaren und klar fixierten Interessenkalkül aus. Ob unilaterale oder multilaterale Ansätze verfolgt werden, hängt davon ab, inwiefern sie als Instrumente zur strategischen Gewinnmaximierung taugen. Staaten werden als einheitliche Akteure (*unitary actors*) in einem nutzenmaximierenden Wettbewerb perzipiert. Multilaterale Strukturen können einen wohlfahrtsteigernden Beitrag leisten, wenn sie mit regelgeleiteter bürokratischer Effizienz die Erwartungsunsicherheit vermindern, Informationsasymmetrien beseitigen sowie Transaktionskosten abbauen. Konstruktivisten argumentieren dagegen, dass Ideen und Normen eine größere Rolle in internationalen Interaktionen spielten als (vermeintlich berechenbare) Interessenkalküle. Nationalstaatliche Interessen sind nach konstruktivistischer Auffassung nicht festgelegt. Transnationale Zusammenarbeit müsse als Interaktionsform mit einem verbindlichen normativen Rahmen interpretiert werden. Dementsprechend unterscheiden sich die Theorieansätze in ihren Prognosen unilateralen Verhaltens.

3.1.1.1 Neorealistische Perspektiven

Der neorealistischen Argumentation zufolge ist die Kooperationsbereitschaft von Staaten grundsätzlich schwach ausgeprägt und steht erst am Ende eines schwierigen politischen Lernprozesses mit unsicherem Ausgang. Unilateralismus bildet eine na-

---

(1987), *Taylor* (1987), *Grieco* (1988), *Zürn* (1992 und 1997), *Baldwin* (1993), *Müller* (1993), *Ruggie* (1993a und 1998), *Stein* (1993a), *Stein/Pauly* (1993), *Kratochwil/Mansfield* (1994), *Milner* (1994), *Powell* (1994), *Schaber/Ulbert* (1994), *Chayes/Chayes* (1995), *Keohane/Martin* (1995), *Hampson/Hart* (1995), *Plümper* (1995), *Risse-Kappen* (1995), *Schelling* (1995), *Hasenclever/Mayer/Rittberger* (1996 und 1997), *Hall/Taylor* (1996), *Milner* (1997), *Schweller/Priess* (1997), *Diehl* (1997), *Martin/Simmons* (1998), *Barnett/Finnemore* (1999), *Lake/Powell* (1999), *Peters* (1999), *Martin* (2000), *Siedschlag* (2000), *Ikenberry* (2001), *Pollack/Shaffer* (2001), *Iryie* (2002), *Jachtenfuchs/Knodt* (2002), *Drezner* (2003a), *Van Oudenaren* (2003), *Pappi/Riedel/Thurner/Vaubel* (2004) und *Karns/Mingst* (2004).

[5] Vgl. unter anderem *Hellmann/Wolf* (1993), *Powell* (1994), *Hall/Taylor* (1996) sowie *Keohane* (1998).

heliegende Außenpolitikstrategie. In einem anarchischen Selbsthilfesystem ist mit einer eigenmächtigen, rationalitätsbasierten und objektiv aus der eigenen Machtstellung ableitbaren Politik zunächst einmal am besten die eigene Position zu sichern, zumal Informationen über das Verhalten anderer Akteure unsicher und wenig verlässlich bleiben[6]. Bevor Staaten von den Möglichkeiten internationaler Kooperation Gebrauch machen, müssen sie zuvor etwaige negative Folgen und vor allem Betrug durch andere Kooperationsteilnehmer ausschließen können. Insbesondere die zu erwartende Beschneidung nationaler Souveränität sowie die eingeschränkten Handlungsmöglichkeiten, die Staaten bei einer Mitgliedschaft in multilateralen Organisationen zu gewärtigen haben, lassen aus neorealistischer Sicht eine grundsätzliche Skepsis der Akteure gegenüber dauerhaften Kooperationsbeziehungen erwarten[7]. Staaten scheuen die mit einer Teilnahme verbundenen multilateralen Restriktionen.

Die positiven Effekte, die multilaterale Institutionen bei der Senkung von Transaktionskosten zwischenstaatlicher Kooperation gerade auch für hegemoniale Akteure haben können[8], werden dabei von Neorealisten durchaus wahrgenommen. Im Wettstreit um knappe Güter erscheint für Staaten Kooperation jedoch nur dann sinnvoll, wenn Dilemmasituationen, die sich aus antagonierenden Interessen ergeben, vorteilhaft aufgelöst werden können. Dazu müssen in der Kalkulation der Akteure die zu erwartenden eigenen Gewinne die der Kooperationspartner eindeutig übersteigen oder zumindest die relative Machtverteilung im internationalen System widerspiegeln. Kooperationsbeziehungen scheiterten dagegen, oder könnten nicht entstehen, wenn die Gewinnverteilung von den Beteiligten als dauerhaft ungleich angesehen wird oder Akteure dadurch Machtverluste zu gewärtigen hätten[9]. Skeptisch sind Neorealisten überdies im Hinblick auf die Persistenz von Institutionen, die entweder als ephemere Phänomene internationaler Beziehungen oder als nur schwach intervenierende Einflussgrößen ohne eigene Gestaltungskraft interpretiert werden[10]. Institutionen könnten nur dann zu einflussreichen Größen werden, wenn ein Hegemon die gegenläufigen Interessen anderer Akteure durch sein überlegenes Machtarsenal institutionell austariert[11]. Internationale Organisationen würden aber keine Entscheidungsautonomie genießen, sondern Instrumente zur Durchsetzung von Machtinteressen im Rahmen einer hegemonialen Steuerung bleiben.

---

[6] Einen guten Überblick über die neorealistische Institutionalismusdebatte, die sich ihrerseits wiederum in zwei Hauptstränge unterteilen lässt, liefern *Schweller/Priess* (1997) und *Cox* (1997); zur Auseinandersetzung mit liberalen Neoinstitutionalisten vor allem *Oye* (1986), *Baldwin* (1993), *Powell* (1994) und *Schaber/Ulbert* (1994).

[7] Vgl. *Waltz* (1979: 91ff).

[8] Vgl. *Ikenberry* (2001).

[9] Die Vorstellung, Kooperation könne auch bei ungleicher Verteilung der Gewinne dauerhaft möglich sein, wird von Neorealisten zurückgewiesen, weil davon ausgegangen wird, dass relative Verluste, die ein Akteur in Kooperationsbeziehungen hinnehmen müsste, selbst bei absoluten Gewinnen zu einem Verfall seiner Machtposition führen. Vgl. vor allem *Grieco* (1988 und 1993a).

[10] Zu den Unterschieden vgl. *Baldwin* (1993), *Hasenclever/Mayer/Rittberger* (1996 und 1997) sowie *Schweller/Priess* (1997: 3ff).

[11] Vgl. *Gilpin* (1981).

Von Neorealisten wird eine nachlassende institutionelle Kohärenz vermutet, wenn sich die Gewichte im internationalen System nachhaltig verschieben und der stabilisierende Einfluss eines Hegemons nachlassen sollten, Institutionen ihr ursprünglicher Zweck abhanden gekommen ist oder ihre Performanz von den Mitgliedern als suboptimal eingeschätzt wird. Kämen Institutionen ihrer Agentenfunktion ungenügend nach oder stünden ihnen nur unzureichende Möglichkeiten zur Ahndung von Regelverletzungen oder Betrugsversuchen zur Verfügung, würden sie auf Dauer nicht akzeptiert[12]. Internationale Arrangements, die sich selbst genügen und für sich Handlungsautonomie reklamieren, haben in der neorealistischen Vorstellungswelt, in der Kooperation stets prekär bleibt, keinen Platz[13]. Ein Souveränitätstransfer zu zwischenstaatlichen Institutionen erfolgt befristet und streng ergebnisorientiert. Multilateralismus bleibt nur eine sekundäre strategische Option, die durchaus befriedigende Ergebnisse zu erbringen vermag, aber bei zu stark einbindender Institutionalisierung zu inakzeptablen Souveränitätseinbußen führt. Als Alternative zu einer nie gänzlich auszuschließenden Übervorteilung in multilateralen Beziehungen bleibt den Staaten nur der Rückgriff auf Selbsthilfestrategien.

3.1.1.2 Liberaler Institutionalismus/Neoinstitutionalismus

Trotz einer Vielzahl von mit der neorealistischen Schule geteilten Grundannahmen zeigen sich liberale Institutionalisten und Vertreter des Neoinstitutionalismus erheblich kooperationsoptimistischer[14]. Für sie spielen Souveränitätsaspekte angesichts immer komplexerer gegenseitiger Abhängigkeiten und Verflechtungen nur eine nachgeordnete Rolle. Nach institutionalistischer Ansicht stellen multilaterale Organisationen in einem durch Interdependenz gekennzeichneten Umfeld ein brauchbares Instrument zur Verregelung der systemimmanenten Anarchie dar. Sofern sich in ihnen die Machtverhältnisse des internationalen Systems widerspiegeln, könnten sie zur Durchsetzung nationalstaatlicher Steuerungsinteressen beitragen, indem sie die Handlungsoptionen der Beteiligten zielorientiert einschränken und antagonierende Interessen durch einen auf Dauer schwer zu umgehenden Einigungsdruck einhegen. Staaten falle es nicht schwer, die bestehenden Kooperationsanreize zu identifizieren und zu nutzen[15]. Konfrontiert mit den Verflechtungsbeziehungen des internationalen Systems, könnten politische Administrationen kollektive Güter durch multilaterale Zusammenarbeit besser bereitstellen als allein.

---

[12] Vgl. *Krasner* (1995).

[13] Tatsächlich aber neigen multilaterale Strukturen, entgegen der neorealistischen Skepsis, viel eher zur Persistenz als zur Selbstauflösung, aber eben – in nicht zu vernachlässigendem Maß – auch zur Dysfunktionalität. Vgl. unter anderem *Barnett/Finnemore* (1999).

[14] Eine gute Zusammenfassung neoliberaler bzw. neoinstitutionalistischer Argumente findet sich in *Ruggie* (1993a und 1998), *Keohane/Martin* (1995), *Martin/Simmons* (1998), *Diehl* (1997) sowie *Keohane* (1998). Aufgrund der großen gemeinsamen Schnittmenge und der zentralen Bedeutung, die den Bedingungen komplexer Interdependenz eingeräumt wird, sollen beide Theorieansätze hier zusammengefaßt dargestellt werden.

[15] Vgl. zu den Anreizen insbesondere *Martin* (1993).

Supranationales Regieren verspreche bessere Ergebnisse als vereinzelte nationalstaatliche Versuche, dem durch Denationalisierung drohenden Steuerungsverlust zu begegnen[16]. Fortgesetzte Kooperationserfolge ließen eine stärkere Institutionalisierung erwarten[17], durch die im Gegenzug wiederum die Ausstiegsneigung der Beteiligten weiter abgeschwächt werde. Die so hergestellte Beziehungsstabilität schaffe Vertrauen, senke die von Staaten bei internationaler Kooperation zu gewärtigenden Transaktionskosten und biete Gelegenheit zu wiederholten Steuerungserfolgen. Wegen der durch Interdependenz verbesserten Möglichkeiten für Koppelgeschäfte könnten auf Dauer auch stark gegenläufige Interessen austariert werden.

Institutionen bewirken aus neoliberaler Sicht, indem die Anreize für Kooperation entscheidend erhöht werden, Verhaltensänderungen bei den beteiligten Staaten[18]. Nationalstaaten bleiben in der liberal-institutionalistischen Auffassung gleichwohl Herren über die internationalen Entscheidungsverfahren. Nach Ansicht von Neoinstitutionalisten ist die Gründung internationaler Organisationen in erster Linie abhängig vom Typ der auf einem bestimmten Politikfeld zu verzeichnenden Interessenkonstellation. Starke Interessengegensätze lassen eine geringe Neigung zur Institutionalisierung vermuten, während eine für Interdependenzbeziehungen typische Interessenkongruenz die Chancen und den Bedarf für multilaterale Regelungen erhöht[19]. Aufgrund des sukzessive schwindenden Misstrauens unter den Staaten sei deshalb sogar bei asymmetrischer Gewinnverteilung oder unter sich verändernden äußeren Macht- bzw. Hegemonieverhältnissen von permanent funktionierenden Kooperationsbeziehungen auszugehen[20]. Die Proliferation von Kooperationszusammenhängen biete Anlass zur Hoffnung, dass Multilateralismus zu einer universalen Norm und zu einem allgemeinen Ordnungsprinzip zwischenstaatlichen Verhaltens werden könnte[21]. Internationale Institutionen könnten somit maßgeblich dabei helfen, Multilateralismus zum vorherrschenden Prozessmuster internationaler Beziehungen zu machen[22].

Angesichts begrenzter nationalstaatlicher Fähigkeiten und den Steuerungsversprechen multilateraler Arrangements erscheint Unilateralismus liberalen Institutionalisten wie Neoinstitutionalisten als immer weniger brauchbare politische Option, vor allem wegen gestiegener Kosten für nicht-multilaterales Verhalten[23]. Er bleibt aber wahrscheinlich, wenn die einhegenden Zwänge der Interdependenz fehlen, die Interessenkonstellation unter den Beteiligten zu großen Verteilungskonflikten führt und keine ausreichenden Möglichkeiten zum Interessenausgleich geboten

---

[16] Vgl. *Kohler-Koch* (1989 und 1998) oder *Zürn* (1997 und 1998).
[17] Vgl. *Peters* (1999).
[18] Vgl. *Kohler-Koch* (1989), ähnlich *Krasner* (1994). Institutioneller Einfluss kann demnach zu einer Umverteilung materieller Ressourcen und damit auch zur Neuordnung der innenpolitischen Machtverhältnisse führen.
[19] Vgl. *Hasenclever/Mayer/Rittberger* (1997: 42ff).
[20] Vgl. *Keohane* (1990).
[21] Vgl. *Caporaso* (1993), *Keohane/Martin* (1995) und *Zürn* (1997).
[22] Vgl. *Ruggie* (1993b: 568).
[23] Vgl. *Keohane* (1984: 89ff).

werden oder wenn auf einem Politikfeld multilaterale Organisationen keinen stabilisierenden Beitrag leisten und ihre Effizienz infrage gestellt werden muss[24]. Jedoch werden divergierende oder offen konfliktive Präferenzstrukturen, die als Hauptanreize für unilaterales Verhalten gelten, aus institutionalistischer Sicht aufgrund der konfliktmindernden Wirkungsmechanismen multilateraler Institutionen für wenig wahrscheinlich gehalten[25]. Außerdem betonen Neoinstitutionalisten die Lernfähigkeit von Staaten bzw. den daraus u.U. folgenden Wechsel von Verhaltensroutinen[26]. Ein völliger Verzicht auf multilaterale Lösungsangebote erscheint dagegen aus (neo)institutionalistischer Sicht unplausibel.

3.1.1.3 Konstruktivismus

In konstruktivistischen Ansätzen ist eine nochmals deutlich positivere Bewertung multilateraler Phänomene festzustellen. Die Erwartungshaltung gegenüber den durch multilaterale Arrangements ermöglichten Steuerungsleistungen liegt zuvorderst darin begründet, dass das internationale System nicht als hochkompetitives Interaktionsfeld wahrgenommen wird[27]. Systemisch orientierte Konstruktivisten halten in den Interaktionen von Staaten im Gegensatz zur utilitaristischen Logik der „Konsequenzen", die den oben vorgestellten Theoriebeiträgen zugrunde liegt, eine „Logik der Angemessenheit" (*appropriatness*) für handlungsleitend. Letztere kann sich nach ihrem Verständnis nicht nur an den durch die Machtverhältnisse fixierten Gewinnchancen orientieren, sondern muss vielmehr als Ergebnis konstitutiver Normen und Ideen bzw. als Ausdruck eines Rollenverständnisses interpretiert werden. Nationalstaaten richteten ihr Handeln im internationalen System in erster Linie an Normen aus, die auf ihren jeweiligen Identitäten basieren und gleichzeitig entscheidenden Einfluss auf ihre Deutung des internationalen Umfelds nehmen[28]. Konstruktivistische Deutungsmuster lehnen die Vorstellung materiell festgelegter, objektivierbarer Interessen ab. Multilaterale Kooperation werde nicht vordergrün-

---

[24] Vgl. *Martin* (1993), wo die rationalen Motive für uni- und multilaterales Verhalten in unterschiedlichen Situationen strategischer Interaktion identifiziert werden. Als entscheidender Faktor bei der Etablierung multilateraler Strukturen wird – ganz in der Argumentationslinie der Theorie hegemonialer Stabilität – die Kooperationsbereitschaft eines Hegemons genannt; *Martin* (1993: 109ff); ähnlich auch *Ikenberry* (2001: 50ff) sowie *Gilpin* (1981).

[25] Aus liberaler Sicht erscheinen Konflikte im internationalen System ohnehin nur als Ergebnis von Missverständnissen, Fehlperzeptionen oder mangelhafter Kommunikation; *Stein* (1993a: 55).

[26] In diesem Zusammenhang ist auf das von Neoinstitutionalisten verwendete Axiom der begrenzten Rationalität (*bounded rationality*) hinzuweisen, vgl. unter anderem *Plümper* (1995). In dieser Konzeption wird angenommen, dass Staaten keinen perfekten Informationsstand besitzen und in Interaktionen mit anderen daher auch nur begrenzt rational vorgehen können. In dem Wissen, keine optimalen Informationen und Ergebnisse erreichen zu können, tasteten sich Akteure meistens zu brauchbaren Lösungen vor, wobei ein wesentliches handlungsleitendes Moment die Vermeidung von Verlusten sei. Gerade deshalb aber komme Institutionen eine so entscheidende Rolle zu – sie garantierten ein Minimum an Erwartungssicherheit und Verhaltensroutine.

[27] Für einen Debattenüberblick vgl. *Schaber/Ulbert* (1994) sowie *Wendt* (1999).

[28] Vgl. *Checkel* (1998).

dig durch eine Konkurrenz oder Konvergenz von Interessen, sondern durch die normative Verpflichtungskraft von gemeinsamen Werten und legitimitätsorientierten Argumenten geprägt.

Internationalen Institutionen komme vor allem deshalb eine wichtige Rolle zu, weil sie als Ausdruck einer übereinstimmenden Problemwahrnehmung sowie als Verkörperung kollektiver Ideen über soziale Ordnungen gelten dürfen, die gemeinschaftsbildend auf die beteiligten Staaten bzw. deren soziale Akteure zurück wirken[29]. Multilaterale Institutionen werden als Manifestationen gemeinsam geteilter Überzeugungen über „richtiges" Verhalten in zwischenstaatlichen Beziehungen interpretiert. Die normative Rückkopplung zwischen Institutionen und dem Handeln von Staaten sei unmittelbar an die Legitimität der kooperationsleitenden Normen gebunden. Institutionen stellten als norm- und wertebasierter Organisationskontext mehr dar als formale Arenen zur Einhegung und Beilegung von Interessenkonflikten[30]. In Institutionen trete ein Wettkampf der besseren Argumente (*arguing*) an die Stelle des Versuchs, durch Verhandlungen eine strategische Interessenkonkurrenz auszugleichen (*bargaining*)[31]. Nach Meinung einiger Konstruktivisten ist aufgrund weithin übereinstimmender Präferenzordnungen eine grundsätzliche, kommunikativ unterstützte und durch völkerrechtliche Verträge unterfütterte Kooperationsbereitschaft[32] zur maßgeblichen Interaktionsnorm geworden. Multilaterale Institutionen spielten eine wichtige Rolle bei der Fixierung, Überprüfung und Durchsetzung kooperationsorientierter Ideen und Werte. Sie bilden ein mehr oder weniger verbindliches Diskursforum, das die gemeinsame Interpretation angemessenen Verhaltens ermöglicht[33]. Auf ähnliche Argumentationsmuster greifen Ansätze zurück, die internationale Interaktion als permanenten kommunikativ-reflexiven Prozess interpretieren, der zunehmend von einem Konzept der Regelbindung und Rechtsförmigkeit (*legalization*) angeleitet sei[34].

Angesichts starker Verbreitung und hoher Akzeptanz multilateraler Normen, halten Konstruktivisten eigenmächtige Politikansätze für wenig wahrscheinlich, wenngleich konzediert wird, dass bei stark divergierender Problemauffassung zwischen den Staaten, deren Bereitschaft zu multilateralen Lösungen gering ausfallen dürfte[35]. Eine in wesentlichen Punkten nicht übereinstimmende Problemwahrnehmung ist aber die *einzige* von Konstruktivisten angeführte Erklärung von Unilateralismus. Aus ihrer Sicht wird Unilateralismus in einem grundsätzlich eher kooperati-

---

[29] Dazu *Haas* (1994) sowie *Yee* (1996).
[30] Vgl. *Barnett/Finnemore* (1999: 706).
[31] Eine Logik der Opportunität ersetze die „traditionelle" Logik gewinnorientierten Opportunismus. Vgl. zum Paradigmenstreit *Keck* (1995) und *Müller* (1995). Außerdem auch *Esser* (2004) und *Conzelmann* (2004), wo klargestellt wird, dass die grundlegende Dichotomie zwischen den beiden Handlungskonzeptionen für eine Analyse institutionalisierter Verhandlungsprozesse aufgebrochen werden müsse.
[32] Vgl. *Kratochwil* (1999) und *Byers* (2000).
[33] Vgl. *March/Olsen* (1998).
[34] Dazu *Abbott/Keohane/Moravscik/Slaughter/Snidal* (2000) sowie *Byers* (2000b).
[35] Vgl. unter anderem *Haas* (1994).

onsbereiten Umfeld, in dem eine steigende Kommunalität multilateraler Normen und eine in vielen Politikfeldern zumindest annähernd übereinstimmende Wahrnehmung der zu lösenden Probleme zu beobachten sei, zur eklatanten Normverletzung. Vor den damit verbundenen Opportunitätskosten sollten Akteure, die „angemessenes" Verhalten anstreben, zurückschrecken. Akteure, die völkerrechtliche Konventionen umgehen, multilaterale Regeln brechen oder sich an Normen nicht gebunden fühlen bzw. eine selektive Regelbindung bevorzugen, sind aus Sicht des konstruktivistischen Paradigmas mit inneren und äußeren Legitimitätsdefiziten konfrontiert und würden tendenziell auf Alleingänge verzichten.

3.1.2 Subsystemische Theorieansätze

Wegen der eingeschränkten analytischen Reichweite tendieren die oben behandelten systemischen Theorieansätze, vor allem die rationalistischen, dazu, Kooperation als Problem strategischer Interaktion von Staaten aufzufassen. Dabei werden wegen der Annahme, dass Staaten als rationale Akteure mit objektivierbaren Interessen agieren, die empirisch schwer zu leugnenden Verflechtungen zwischen nationalen und internationalen Entscheidungsprozessen weitgehend ausgeblendet. In den Theorieansätzen, die im Folgenden darzustellen sind, werden Staaten dagegen nicht als einheitlich auftretende Akteure behandelt. Subsystemische Erklärungen nehmen die Interessen gesellschaftlicher Akteure, die Präferenzordnungen innerhalb der Staaten und die normative Verpflichtungskraft außenpolitischer Rollenbilder in den Blick, um daraus die Bereitschaft zu multilateraler Kooperation oder den Willen zum Unilateralismus zu erklären.

3.1.2.1 Transgouvernementalismus

Neofunktionalistische und institutionalistische Argumente weiterentwickelnd, gehen Transgouvernementalisten und Netzwerktheoretiker von einer steigenden wechselseitigen Abhängigkeit im internationalen System und von einer beständig wachsenden Notwendigkeit zu zwischenstaatlicher Problemlösung aus. Sie sehen dabei allerdings nicht Staaten oder internationale Institutionen, sondern transnationale Netzwerke als wichtigste Protagonisten an[36]. Staatliche Entscheidungssouveränität verschwinde nicht völlig, werde aber durch den Zerfall des Staates in heterogene Funktionszusammenhänge zunehmend disaggregiert[37]. Die Lösungsangebote von Expertennetzwerken verbinden sich zu einem transnational integrierten Interaktionsfeld, in dem staatliche Grenzen verwischt und die Formulierung beschränkter „nationaler" Interessen tendenziell unmöglich gemacht werden. Von dieser neutral-funktionalen Problembearbeitung, die zwischen den einzelnen nationalen, aber unterhalb multilateral-institutioneller Entscheidungsebenen angesiedelt ist, wird außerdem erwartet, dass institutionell-bürokratische Sklerosen überwunden

---

[36] Vgl. *Reinecke* (1999/2000) sowie *Pollack/Shaffer* (2001), die von „mixed networks" sprechen.
[37] Besonders prominent *Slaughter* (2004).

werden können und traditionelle Souveränitätsargumente an Einfluss verlieren[38]. Transnationale Netzwerke trügen maßgeblich zur Proliferation kooperationsorientierter Werthaltungen bei.

Der transgouvernementale Ansatz eignet sich wegen des unspezifischen Analysefokus nach meinem Dafürhalten lediglich zur Untersuchung weitgehend intransparenter Kooperationsphänomene[39]. Hinsichtlich der Wahrscheinlichkeit unilateraler Strategien scheint seine Aussagekraft begrenzt; eigenmächtige Politik wird zwar von Transgouvernementalisten aufgrund der Annahme, dass damit nur eine ineffiziente Politiksteuerung erreichbar sei, für wenig hilfreich gehalten, aber nicht gänzlich ausgeschlossen. Das von bürokratischen Netzwerken bereitgestellte, nationalstaatlichen Ansätzen als überlegen angesehene Angebot zur Lösung von Steuerungsproblemen macht eigenmächtige Außenpolitik aus Sicht der Transgouvernementalisten zum Epiphänomen. Das Beharren von Akteuren auf souveräner, eigenständiger Politikdurchsetzung erscheint ihnen angesichts der Problemlagen als unangemessen. Es bleibt unklar, welche Netzwerkakteure überhaupt Interesse an unilateralen Steuerungsversuchen haben sollten.

3.1.2.2 Kognitive Außenpolitiktheorie

Im Gegensatz zum systemischen Zweig des Konstruktivismus haben kognitive Analyseansätze[40] zum einen das außenpolitische Selbstverständnis, die außenpolitische Kultur sowie die Rollenkonzeption von Staaten in den Blick genommen, zum anderen aber versucht, die normative Wirkung von Multilateralismus auf nationalstaatliche Entscheidungsprozesse zu verdeutlichen[41]. Es wird von einer starken Wechselwirkung zwischen nationaler und internationaler Politik ausgegangen. Die in einem multilateral etablierten Verhaltensroutinen seien von den Nationalstaaten bei der Formulierung „angemessener" Außenpolitik zu berücksichtigen. Bei hoher Legitimität multilateraler Institutionen würden Verstöße gegen deren Regelwerk schwierig, weniger wegen der zu gewärtigenden Sanktionen, sondern aufgrund des manifesten Normdrucks. Durch die Internalisierung diffuser kooperationsorientierter Normen wird für die Staaten regelkonformes Verhalten gewissermaßen zur

---

[38] Vgl. *Raustiala* (2002: 26ff).

[39] Dabei steht, wie an den Studien von *Raustiala* (2002) und *Nagata* (2003) zu erkennen ist, nicht zufällig die Umweltpolitik im analytischen Fokus. Dort fällt der Einfluss von strategischen Interessen schwach aus, ebenso die multilateralen Institutionalisierungstendenzen. Insofern bietet Umweltpolitik ein besonders gutes empirisches Testfeld transgouvernementalistischer Argumente. Die dort gewonnenen Erkenntnisse und Beobachtungen lassen sich aber nur schlecht auf andere Interaktionsebenen des Systems (Geostrategie, ökonomische Globalisierung) übertragen. Den Netzwerken in Sicherheitsorganisationen, die *Slaughter* (2004) anführt, kann eine nachhaltige Wirkung oder eigene Akteursqualität kaum zugeschrieben werden.

[40] Vgl. zur Einordnung in die Theoriedebatte unter anderem *Schaber/Ulbert* (1994: 144ff) sowie *Kirste* (1998: 29ff) sowie *Kratochwil* (1999).

[41] Vgl. zur normativen Verpflichtungskraft multilateraler Institutionen aus konstruktivistischer Sicht unter anderem *Risse* (1999), *Kratochwil* (2000) sowie *Börzel/Risse* (2002).

Selbstverständlichkeit, normabweichendes Verhalten dagegen verstärkt als unangemessen angesehen[42]. Insofern wird bei hoher Kommunalität und Spezifizität multilateraler Ideen und Werte in einer Gesellschaft erwartet, dass nur selten eine gegen internationale Verpflichtungen gerichtete Außenpolitik formuliert wird.

Nach dieser Auffassung tragen also sowohl die den multilateralen Interaktionen zugrundeliegenden Werteordnungen als auch die normativen Erwartungen der jeweiligen Gesellschaft zur multilateralen Selbstbindung von Staaten bei. Eine dementsprechend konsequent auf multilaterale Problem- und Konfliktlösung zielende Außenpolitikkultur manifestiert sich letztlich im Rollenverständnis einer „Zivilmacht"[43]. Ein eigennutzenmaximierender Unilateralismus werde lediglich von „Machtstaaten" verfolgt. Auf die Agenda einer „Zivilmacht" gerät er aus Sicht der kognitiv-reflexiven Außenpolitiktheorie nur dann, wenn multilaterale Verschleppungstendenzen sowie mangelnder Implementationswille auszumachen sind. Ein „nützlicher", die Proliferation von zivilgesellschaftlich-liberalen Normen vorantreibender Unilateralismus könnte durchaus mit einer starken multilateralen Grundorientierung in Übereinstimmung zu bringen sein[44]. Dagegen würde eine starke Unilateralismusneigung auf eine geringe normative Verpflichtungskraft des Zivilmachtmodells hindeuten[45].

3.1.2.3 Liberaler Intergouvernementalismus

Im liberalen Intergouvernementalismus wird davon ausgegangen, dass die im internationalen System zu beobachtenden Interaktionen von den gesellschaftlich vorgeformten Interessen der Staaten geprägt werden[46]. Nach liberaler Auffassung leiten sich die außenpolitischen Strategien aus den Wohlfahrtserwartungen der Gesellschaft ab und bleiben diesen nach- oder stark untergeordnet. Für das Kooperationsverhalten von Staaten spielen nationale Machtteilungsarrangements[47] sowie die Steuerungserwartungen zivilgesellschaftlicher Akteure[48] eine maßgebliche Rolle.

---

[42] Allerdings kann das Phänomen der „Entkopplung" entstehen, womit gemeint ist, dass Staaten (durch Ratifizierung oder Mitgliedschaft) sich zwar den normativen Vorgaben unterordnen, eine entsprechende Verhaltensanpassung aber unterlassen können. Vgl. *Börzel/Risse* (2002: 152).

[43] Vgl. insbesondere *Kirste* (1998: 45ff).

[44] So wäre beispielsweise in Menschenrechtsfragen (Folter, Todesstrafe), aber auch im Völkerrecht (Sanktionspolitik) oder in der Umweltpolitik ein aus Sicht von Konstruktivisten unproblematisches unilaterales Vorpreschen denkbar, mit dem eine verbindlichere internationale Regelsetzung oder Normverschärfung angestrebt wird.

[45] Vgl. *Kirste* (1998).

[46] Vgl. unter anderem *Moravcsik* (1993b), (1997 und 1999), *Czempiel* (1999).

[47] Vgl. vor allem *Milner* (1997).

[48] Insbesondere *Czempiel* (1999) verbindet mit der Entwicklung hin zu verstärkter zivilgesellschaftlicher Partizipation in der Außenpolitik die Vorstellung von einem tiefgreifenden Transformationsprozeß des internationalen Systems, durch den die „Staatenwelt" alten Zuschnitts mit ihrer strategischen Nullsummenorientierung perspektivisch in eine stärker wohlfahrts- und kooperationsorientierte „Gesellschaftswelt" umgewandelt werde.

Außenpolitik wird von liberalen Intergouvernementalisten konsequent als Ergebnis von Präferenzbildungsprozessen im nationalstaatlichen Entscheidungssystem interpretiert, in denen verschiedene Interessengruppen koalieren, um gesellschaftliche Mehrheiten für ihre Ziele und deren Verankerung in der außenpolitischen Agenda durchzusetzen. Mit steigender Interdependenz komme es zu einer stärkeren Verkopplung der Präferenzordnungen zwischen den Staaten. Die Konvergenz der Interessen und die Gleichförmigkeit nationaler Einflusskoalitionen lässt zwischenstaatliche Kooperation wahrscheinlich erscheinen, während umgekehrt ein hohes Konfliktniveau zu erwarten steht, wenn die Ziele der relevanten Einflusskoalitionen in verschiedenen Staaten auseinanderdriften. Ihre Hauptpräferenzen sollten demokratisch verfasste Staaten unmittelbar auf Strategien der Kooperation verpflichten, wenn diese Präferenzen von anderen Staaten geteilt werden[49]. Gemeinsame Governanceanstrengungen zur Politikkoordinierung erscheinen notwendig und unproblematisch, weil auf den meisten Politikfeldern zwischenstaatliche Kooperation den Wohlfahrtserwartungen westlicher Gesellschaften am stärksten entsprechen dürfte. Insgesamt aber bleiben Institutionen aus liberal-intergouvernementalistischer Sicht nur Mittel und funktionale Instrumente, keine Determinanten der Außenpolitik. Sie können nur *mittelbar* auf den Präferenzbildungsprozess einwirken, sofern es ihnen gelingt, die Anreize für kooperatives Verhalten zu vergrößern und dadurch eigenmächtige Strategien zu verteuern.

Auf der Grundlage dieser Kooperationserwartungen sind Intergouvernementalisten sehr indifferent im Hinblick auf die Wahrscheinlichkeit unilateraler Politik. Letztlich bleibe unilaterale Außenpolitik abhängig von den handlungsleitenden Vorgaben und Vorstellungen der bestimmenden Einflusskoalition und deren institutionellen Durchsetzungsmöglichkeiten einerseits sowie den durch Multilateralismus zu Gebote stehenden strategischen Instrumenten zur Implementierung von Steuerungszielen andererseits. In einem Zustand komplexer Interdependenz dürfte nicht-multilaterales Verhalten erschwert werden. Unilateralismus kann gleichwohl als Ergebnis von Präferenzbildungsprozessen stets im Bereich des Möglichen liegen. Alleingänge werden zur außenpolitischen Strategie, wenn dies im Interesse der maßgeblichen Einflusskoalitionen liegt. Nichtkooperatives Verhalten steht zu erwarten, wenn isolationistische oder protektionistische Interessengruppen entscheidenden Einfluss auf das außenpolitische Selbstverständnis eines Staates gewinnen[50] oder wenn internationale Institutionen bei der Politiksteuerung versagen sollten. Staaten müssten bei aufbrechenden multilateralen Interessenkonflikten Abstand von ihrer multilateralen Orientierung nehmen, nicht zuletzt, weil die Gegner der Kooperationsbeziehungen im Entscheidungssystem davon argumentativ erheblich profitieren könnten. Isolationistische Interessengruppen vermögen die Intransparenz oder Dysfunktionalität multilateraler Entscheidungsprozesse für ihre politischen Ziele zu instrumentalisieren. Legitimität und Effizienz transnationaler Insti-

---

[49] Vgl. *Moravcsik* (1999). Ganz ähnlich argumentieren Vertreter liberaler IPÖ bzw. des Funktionalisten, die eine grundsätzlich hohe Kooperationsbereitschaft von Staaten konstatieren.

[50] Vgl. insbesondere *Milner* (1997).

tutionen müssen sich aus intergouvernementalistischer Sicht nach innen vermitteln lassen, weil sonst das gesellschaftliche Interesse an Fürsprache und Unterstützung für Multilateralismus in Zweifel stehe.

3.2 Multilateralismus als theoretisches Konzept

Mit Ausnahme der Neorealisten gehen alle oben angeführten Theorieansätze davon aus, dass Institutionen regulativ und konstitutiv den Erwartungsrahmen zwischenstaatlicher Interaktionen zu stabilisieren vermögen und dadurch die Kosten für unilaterale Politikansätze tendenziell verteuern. Deshalb sollen die Vertreter jener Gruppe von Theorien, die multilaterale Institutionen als relevante und effektive Akteure im internationalen System verstehen und ihnen eine eigene korporative Akteursqualität zusprechen, unter dem Begriff Multilateralisten zusammengefasst werden[51]. Neorealisten und Multilateralisten unterscheiden sich in zwei Aspekten grundlegend: zum einen im Hinblick auf die den Staaten unterstellte Wahrnehmung von Konflikten im internationalen System (bzw. der Perzeption von Chancen, diese zu überwinden) und zum anderen im Hinblick auf handlungsleitende Impulse, die Kooperationsentscheidungen der Staaten zugrunde gelegt werden[52]. Mit dem bisweilen doktrinär aufgeladenen, dichotomischen Dissens über die handlungsleitende Wirkung von Ideen und Normen bzw. Interessen wird der komplexen Realität multilateraler Interaktionen nur eingeschränkt Rechnung getragen. Im internationalen System sind sowohl Bereiche weitgehender Interessenkonvergenz als auch Interaktionsfelder mit massiven Interessen- und Verteilungskonflikten bzw. abweichenden Normkonstellationen zu beobachten. Weil außerdem politischen Entscheidungen meist äußerst komplexe Interessenverflechtungen und verschiedene Rationalitätsmuster zugrunde liegen – nämlich sowohl instrumentelle als auch kommunikativ-reflexive und normgeleitete[53] –, greift die Frage nach strategischen Kooperationsmotiven von Staaten zu kurz. Gemäß dem in dieser Arbeit verfolgten Erkenntnisinteresse soll es daher um eine analytische Erklärung der Bedingungen gehen, unter denen ein multilaterales Entscheidungssystem einbindend und verregelnd funktio-

---

[51] Die Antwort auf die Frage, ob Institutionen eine entscheidende Rolle spielen, scheint tatsächlich zum aussagekräftigsten Unterscheidungskriterium zwischen den Theorielagern geworden zu sein. Weil Institutionalisten und Konstruktivisten in diesem Punkt einer Meinung sind, können sie gemeinsam als Anhänger eines multilateralen Prinzips aufgefasst werden. Alle Institutionalismen unterstützen zwei Axiome: 1. *instituions matter* sowie 2. *institutional design matters*; vgl. *Zangl* (2006: 69ff). Die hier vorgenommene Gegenüberstellung von Neorealisten und Multilateralisten erscheint, weil damit präziser auf die institutionalistische Verpflichtungskraft abgestellt werden kann, analytisch ergiebiger als die oft anzutreffende Unterscheidung zwischen rationalistischen und idealistisch-konstruktivistischen Ansätzen. Multilateralisten betonen also in bezug auf internationale Organisationen und Regime die Rollenbilder *Arena* und *Akteur*, während der neorealistische Ansatz weiter das Rollenbild von multilateralen Institutionen als *Instrument* in den Vordergrund stellt. Vgl. zu den Rollenbildern *Rittberger/Zangl* (2003: 23ff).

[52] Vgl. *Stein* (1993a: 175).

[53] Vgl. *Scharpf* (1997).

niert, also selbstreferentielle Politikansätze von Staaten verhindert. Multilateralisten positionieren sich in dieser Frage eindeutig, wenn sie eine starke institutionelle Wirkung prognostizieren.

Unter besonderer Berücksichtigung des wohl prominentesten, liberal-institutionalistischen Multilateralismuskonzepts von *Ruggie* sollen im Folgenden das Design und die normative Wirkung multilateraler Arrangements eingehender dargestellt werden, um qualifizierte theoriebasierte Aussagen über deren Verpflichtungskraft zu gewinnen. Dabei stehen insbesondere zwei Fragen im Mittelpunkt: Wie effektiv vermögen die von Institutionen geschaffenen Anreize für multilaterale Zusammenarbeit die Formulierung unilateraler Politik einzuhegen, und welche institutionellen und außerinstitutionellen Instrumente spielen dabei eine entscheidende Rolle? Folgt man seinen akademischen Anhängern, dann meint Multilateralismus mehr als bloße zwischenstaatliche Kooperation im Rahmen von Verhandlungen – konzeptionell wird damit immer auf zwischenstaatliche Zusammenarbeit im Rahmen, durch und mittels einigermaßen formalisierter Institutionen rekurriert. In einer ersten Annäherung soll Multilateralismus zunächst definiert werden als eine auf Dauer und Regelmäßigkeit angelegte, formal institutionalisierte und verregelte Zusammenarbeit von mindestens drei Akteuren – vorrangig und überwiegend von Staaten – zur gemeinsamen Steuerung von politischen Prozessen bzw. zur Koordinierung politischer Entscheidungen, die unter den Teilnehmern zu stabilen Verhaltensmustern führt[54]. Multilateralismus umfasst damit vier Begriffsdimensionen: Darunter werden ein *institutionelles Interaktionsforum*, ein meist *intergouvernementales System von Verhandlungszusammenhängen* und/oder ein *regulativer Entscheidungsraum* jenseits der Nationalstaaten, der die Handlungen von Akteuren mit bestimmten Konsequenzen verbindet, subsummiert. Über diese drei funktionalen Zuschreibungen hinausreichend wird darunter aber auch ein *normativer Erwartungsrahmen* verstanden, der entweder unmittelbar einhegend auf die Handlungsoptionen der Beteiligten wirkt oder zumindest mittelbar Verhaltensanpassungen erforderlich macht.

3.2.1 Institutionelles Design

Das von Multilateralisten vertretene Konzept beruht entscheidend auf dem Glauben an das konstitutive Organisationsprinzip einer institutionellen Architektur[55], zu der Sets formaler und informeller Regeln und Normen, vor allem aber verallgemeinerbare Verhaltensprinzipien für die Beteiligten und robuste Sanktionsmechanismen bei Regelsverstößen gehören. Es wird erwartet, dass die Mitglieder transnationaler Organisationen aus ihren Gewinnerwartungen und Interessenkalkülen heraus ein gewisses Mindestmaß an Loyalität gegenüber ihren Interaktionspartnern entwickeln. Multilateralisten gehen von der Annahme aus, dass mit der Dauer der Mitgliedschaft oder durch die bei institutionellen Transformationen anfallenden Kos-

---

[54] Vgl. unter anderem *Keohane* (1990 und 1998) sowie *Caporaso* (1993).
[55] Vgl. *Ruggie* (1993b).

ten die Austrittswahrscheinlichkeit unter den Beteiligten sinkt. Die Bereitschaft zur Selbsttäuschung bzw. zu einer positiven Evaluation falle bei hohen Investitionen in transnationale Organisationen sehr groß, die Neigung, bei Leistungsverschlechterungen Konsequenzen zu ziehen, eher gering aus[56]. Je stärker die Möglichkeiten von Staaten zur unilateralen Interessendurchsetzung eingeschränkt würden, desto höher sei die multilaterale Effektivität zu veranschlagen[57].

Die von internationalen Institutionen ausgehende Verpflichtungskraft gegenüber ihren Mitgliedern hängt im entscheidend von der institutionellen Legitimität, Effektivität und Robustheit ab, aber natürlich auch von den übertragenen Kompetenzen. Auf durch Interdependenz gekennzeichneten olitikfeldern dürften belastbare und funktionsfähige Institutionen die Bereitschaft der Staaten, ihre Interessen unilateral zu verfolgen, tatsächlich verringern[58]. Von robusten Institutionen mit hoher Legitimität wird angenommen, dass sie schlecht, also nur mit hohen Kosten umgangen werden können. Es ist sogar die Auffassung vertreten worden, dass durchaus ein gewisses Maß an Regelverletzung (*noncompliance*) seitens der Mitglieder toleriert werden könne, denn dies bedeute nicht, dass die Verpflichtungskraft insgesamt schwach ausfalle[59]. Gänzlich dysfunktionale Organisationen entwickeln dagegen eine geringe Verpflichtungskraft und dürften Versuche zur außerinstitutioneller Problembearbeitung anregen[60].

Multilateralismus als zwischenstaatliche Interaktionen strukturierendes *Prinzip* läßt sich über die funktionale, institutionengebundene Konzeption hinausge-

---

[56] Vgl. zu den verschiedenen Motiven für loyales Verhalten gegenüber Institutionen vor allem *Hirschman* (1974: 65ff). Das Charakteristische einer Mitgliedschaft sei letztlich, „dass man trotz Meinungsverschiedenheit mit der Organisation, der man angehört, zögert abzuwandern." (Zit. ebd: 83).

[57] Vgl. *Young* (1993: 175ff). Jedoch sind an der Argumentation, dass die Effektivität von Institutionen bei hohen Transformationskosten, die ihre fundamentale Restrukturierung oder Beseitigung unwahrscheinlich machen, steigt, erhebliche Zweifel angebracht. Schließlich wird durch die fortdauernde Existenz von Institutionen zwar deren Beharrungsvermögen (sowie die Fähigkeiten ihrer Beschäftigten zu permanenter Sinnstiftung) unterstrichen. Strukturelle Hemmnisse und institutionelle Ineffizienzen sind aber weniger geeignet, deren Einfluss zu stärken, und erhöhen keineswegs die Effektivität. Vgl. auch Barnett/Finnemore (1999).

[58] Allerdings sollte meines Erachtens ein wachsender Einfluss von Institutionen auf Entscheidungsprozesse eher als *Symptom* und nicht als *Ursache* für die Zunahme multilateraler Zusammenarbeit interpretiert werden.

[59] Vgl. *Young* (1992: 177). Ähnlich argumentieren in Bezug auf Verstöße der USA gegen internationale Vereinbarungen *Scott* (2003) sowie *Stoll* (2003).

[60] Außerdem ist auf die Unterscheidung zwischen multilateralen und supranationalen Interaktionszusammenhängen hinzuweisen. Diese bezieht sich auf den Umfang und die Dauer der Souveränitätsübertragung von Mitgliedsstaaten auf Institutionen, die wiederum entscheidend von der „Relevanz" der jeweiligen Politikfelder abhängt: Während bei multilateraler Kooperation die nationalstaatliche Souveränität nur unvollständig, also auf wenige Politikfelder begrenzt, und temporär, also bis auf Widerruf, übertragen wird, erfolgt die Delegierung von Zuständigkeiten und Entscheidungskompetenzen auf eine supranationale Ebene oft dauerhaft und erscheint nur schwer widerrufbar Damit ist dann, wie das Beispiel der EU zeigt, auch eine neue Akteursqualität supranationaler Gremien verbunden. Vgl. Moravcsik (1999).

hend durch drei Hauptmerkmale kennzeichnen: Erstens durch eine perzipierte Unteilbarkeit der Interessen (*indivisibility*) der beteiligten Staaten. Diese liegt vor, wenn Staaten ihre Interessen als so stark übereinstimmend wahrnehmen, dass sie nur sehr schwer wieder zu entflechten sind[61]. Die Unteilbarkeit von Interessen reicht über den Zustand bloßer gemeinsamer Problembetroffenheit entscheidend hinaus, weil aus letzterer zwar Anreize zu einer möglichen Zusammenarbeit entstehen können, aber noch nicht zwingend Kooperation abzuleiten ist. Erst eine anerkannte und belastbare Interessengemeinschaft mit anderen, die von Interdependenz sowie einer gemeinsamen Problemwahrnehmung ausgeht, kann unter Staaten nachhaltig die Neigung befördern, politische Lösungen vorrangig gemeinsam und in einem multilateral-institutionellen Rahmen verankert anzustreben[62].

Als zweites Merkmal des multilateralen Prinzips ist die Erwartungshaltung einer „diffusen Reziprozität" anzuführen[63]. Staaten sollten nicht nur davon ausgehen dürfen, in Institutionen kurzfristige Koppelgeschäfte (also spezifische *qiud pro quos*) abschließen zu können. Sie sollten durch multilaterale Kooperation vielmehr einen erweiterten, über die jeweilige Entscheidungssituation hinausreichenden Erwartungshorizont entwickeln und für sich eine dauerhafte Benachteiligung ausschließen können[64]. Staaten werden nur dann in Institutionen langfristige Reziprozität anzustreben geneigt sein, wenn perspektivisch eine annähernde Gleichbehandlung sichergestellt wird[65]. Aus ihrer Fähigkeit, die Erwartungen ihrer Mitglieder entsprechend verändern und stabilisieren zu können, leitet sich für multilaterale Institutionen direkt Stabilität ab. Überdies aber muss die Reziprozitätserwartung der Akteure nicht auf eine Institution oder ein Politikfeld beschränkt bleiben; Koppelgeschäfte scheinen in einem *System* sich überlagernder multilateraler Beziehungen auch unter Einbeziehung zusätzlicher Interaktionsarenen möglich und erstrebenswert. Nicht zuletzt, weil durch diese Verflechtungskomplexität auch die Bestrafung

---

[61] Vgl. *Ruggie* (1993b: 570f). Ganz ähnlich argumentieren *Keohane/Nye* (1983), die in diesem Zusammenhang den Begriff „verwundbare Verflechtung" *(vulnerability interdependence)* verwenden, um eine weitreichende Interessenkongruenz zwischen Akteuren zu bezeichnen.

[62] In diesem Punkt verschränken sich also neoinstitutionalistische und konstruktivistische Argumente. Allerdings ist zweifelhaft, ob Akteure aus Spielstrukturen ähnliche Präferenzhierarchien ableiten. Zu dem Einfluss durchaus möglicher Fehlwahrnehmungen auf die Entscheidungen von Akteuren in konkreten Situationen einer strategischen Wahl vgl. *Stein* (1993a: 55ff), *Stein* (1993b) und *Morrow* (1999); zu konfliktfördernden Fehlperzeptionen im internationalen System allgemein natürlich auch *Jervis* (1976). Verschiedentlich ist ein Zustand der Unteilbarkeit der Akteursinteressen auch als Situation völliger Interessenharmonie überinterpretiert worden; vgl. *Keohane* (1990). Die liberale Annahme der Interessenharmonie, die Multilateralismus zur unproblematischen und eigentlich auch unausweichlichen Außenpolitikstrategie machen sollte, kann spieltheoretisch als restriktionsfreies Kooperationsspiel modelliert werden; vgl. *Knothe* (2002: 8f).

[63] Vgl. zum Unterschied zwischen spezifischer und diffuser Reziprozität *Keohane* (1986), *Caporaso* (1993) bzw. *Ruggie* (1998: 110).

[64] Vgl. *Caporaso* (1993: 54): „(D)iffuse reciprocity adjusts the utilitarian lenses for the long view".

[65] Diese Bedingung rekurriert auf eine Grundannahme institutionalistischer Theorie, dass zukünftige Gewinne („Schatten der Zukunft") die Stabilität der Zusammenarbeit befördern; vgl. *Müller* (1993) sowie *Siedschlag* (2000).

unilateralen „Fehlverhaltens" in unterschiedlichen Kooperationszusammenhängen ermöglicht wird.

Schließlich kann als drittes Merkmal von Multilateralismus, in Ergänzung der Konzeption von *Ruggie*, ein institutionell verankerter Mechanismus regelgeleiteter Konfliktaustragung genannt werden[66]. Dadurch sollte unter den Beteiligten die Annahme eines gegenseitigen fairen Interessenausgleichs befördert werden. Durch funktionsfähige und belastbare Möglichkeiten zur Streitbeilegung können die beiden oben genannten Merkmale noch stärker institutionell fixiert werden: Staaten werden eine Unteilbarkeit der Interessen eher konstatieren und eine langfristige Reziprozitätsorientierung stärker zu entwickeln bereit sein, wenn sie davon ausgehen können, dass ihre Interessen in Konfliktsituationen nach einem generalisierten, nachvollziehbaren und fairen Verfahrensmuster behandelt werden[67]. Durch verschiedene funktionale Mechanismen zur Einhegung von Dissens sollen in Institutionen regelgeleitete und von Machtpositionen weitgehend unabhängige Entscheidungen bzw. eine neutral-deeskalative Beilegung von Konflikten sichergestellt werden. Weil allgemein verbindliche Streitbeilegungsmechanismen, insbesondere wenn sie auf formal judizialisierten Verfahren beruhen[68], keine Sonderbehandlung ermöglichen, bilden sie gerade für kleine Akteure eine unverzichtbare Rückversicherung und ein Machtkorrektiv gegenüber dominanten Staaten[69]. Stark judizialisierte Streitbeilegungsverfahren dürften insgesamt ein rechtsorientiertes Streitverhalten der Staaten begünstigen[70].

Wenn Interessenkongruenz, Reziprozitätserwartung und verbindliche Mechanismen zur Konfliktbeilegung in einem multilateralen Entscheidungssystem wirksam verankert sind, werden Staaten ein großes Interesse an der Gründung sowie am Fortbestand transnationaler Institutionen entwickeln. Die Institutionalisierung und Verrechtlichung internationaler Zusammenarbeit erhöht auf der Basis gemeinsamer Interessen die allgemeine Kooperationsbereitschaft der beteiligten Akteure, deren Akzeptanz regelgeleiteten Handelns sowie ihren Befolgungswillen[71].

---

[66] Diese äußerst brauchbare Ergänzung liefern *Abbott/Snidal* (2000) bzw. *Wilkinson* (2000: 42f).

[67] Zur Delegation verantwortlicher Streitschlichtung an neutrale Instanzen vgl. besonders *Abbott/Snidal* (2000) und *Keohane/Moravcsik/Slaughter* (2000), wo auch die Unterschiede zwischen bilateraler und instituionalisierter Streitschlichtung gezeigt werden. Den Einfluss von Judizialisierungstendenzen auf das Streitverhalten von Staaten erörtert überzeugend *Zangl* (2006).

[68] Dazu *Zangl* (2006: 49): „Den Gleichbehandlungsgrundsatz institutionalisieren gerichtliche Streitbeilegungsverfahren zweifellos erheblich besser" als bloße diplomatische Verfahren. Freilich sind die meisten multilateralen Streitbeilegungsverfahren „auf einer *Skala* zwischen einem ausschließlich diplomatischen und einem vollständig gerichtlichen" angesiedelt (Hervorhebung im Original).

[69] Vgl. *Ruggie* (1998: 128). Gleichzeitig wird diese institutionelle Einbindung von dominanten Akteuren auch als Beschränkung ihrer Handlungsfreiheit aufgefasst. Streitbeilegungsmechanismen setzen aber auch für Schlüsselakteure hohe Anreize zum Verzicht auf eigenmächtige Sanktionen gegenüber Verletzungen der multilateralen Normen und Regeln; vgl. *Cronin* (2001).

[70] Vgl. grundlegend *Keohane/Moravcsik/Slaughter* (2000) oder *Zangl* (2006: 70).

[71] Dazu *Cortell/Davis* (2000) sowie *Doyle/Luck* (2004).

Außerdem wachsen mit zunehmender Institutionalisierung die von den Akteuren bei Regelverstößen zu gewärtigenden Kosten. Institutionen entwickeln damit hohe Anreizstrukturen für regelkonformes Verhalten (*compliance*). Dieser für multilaterale Zusammenhänge zentrale *compliance*-Begriff lässt sich folgendermaßen definieren: „conformity to the rules, laws, and norms of a particular regime and (...) acquiescence in the procedures that resolve disputes about the practical meaning of the rules, laws or norms (...)."[72]. Damit meint der Begriff mehr als die Normbeachtung und Regelbefolgung durch Staaten; er zielt nämlich überdies auf die Möglichkeit, die Gegner multilateraler Normen im Entscheidungssystem zu disziplinieren oder zumindest unter Druck zu setzen.

Aus den drei angeführten zentralen Merkmalen lassen sich jedoch zugleich auch mögliche funktionale Defizite multilateraler Arrangements identifizieren, die die Neigung von Staaten zu unilateralem Verhalten verursachen oder befördern können: 1. wenn Staaten – am Anfang einer Kooperationsbeziehung oder im Rahmen einer bestehenden Institution – keine weitgehende Interessengemeinschaft mit ihren Interaktionspartnern feststellen können, 2. die Erwartungshaltung diffuser Reziprozität durch die Ergebnisse institutioneller Zusammenarbeit langfristig enttäuscht wird und schließlich, wenn 3. wegen ausbleibender Wirksamkeit der Zusammenarbeit oder bei vermuteter Übervorteilung Konflikte entstehen und die institutionellen Möglichkeiten zur Streitschlichtung als nicht belastbar angesehen werden sollten.

3.2.2 Normative Wirkung

Über die Untersuchung der funktionalen Mechanismen und des institutionellen Designs zwischenstaatlicher Kooperation hinausreichend, ist in den letzten Jahren verstärkt die normative Wirkungskraft von Multilateralismus ins Zentrum der institutionalistischen Debatte geraten. Von konstruktivistisch argumentierenden Vertretern des multilateralen Prinzips wird dabei angenommen, dass die Wirkung internationaler Organisationen und Regime auf die Staaten maßgeblich von einer geteilten Erwartungshaltung sowie einem bestimmten außenpolitischen Rollenverständnis beeinflusst wird. Aber auch liberale (Neo)Institutionalisten haben eine abstrakte Rollenverpflichtung und eine normative Rückkopplung zwischen Institutionen und Staaten festgestellt. Trotz ihrer formalrechtlichen Unverbindlichkeit kann institutionell verankerten Normen zumindest insofern eine Wirkung bescheinigt werden, als angenommen werden darf, dass die Akteure in der Regel nicht durch Strafandrohung oder Sanktionen zur Befolgung multilateraler Normen und Regeln gedrängt werden müssen, sondern intrinsisch um Normeinhaltung bemüht scheinen. Diese normative Prägekraft ist deshalb von *Ruggie* auch zu einem zentralen Punkt seines Multilateralismuskonzepts gemacht worden: „What is distinctive about multilateralism is not merely that it coordinates national policies (...), but that it

[72] Zit. *Doyle/Luck* (2004: 5).

tilateralism is not merely that it coordinates national policies (...), but that it does so on the basis of certain principles of ordering relations among (...) states."[73]

Doch welche Prinzipien sind gemeint, wenn neben der funktionalen auch eine von Institutionen ausgehende normative Sogwirkung zur Befolgung multilateraler Regeln identifiziert wird[74]? Die Antworten der verschiedenen Theorieansätze fallen vage aus. Liberale Institutionalisten argumentieren, dass für multilaterale Institutionen die Fähigkeit entscheidend sei, die Handlungsmotive der Beteiligten von einer Interessenorientierung hin zu einer stärkeren Regelorientierung zu verschieben[75]. Aus konstruktivistischer Sicht ist dagegen eher die Fähigkeit von Institutionen wichtig, ihren Mitgliedern Rollen zuweisen zu können. Gemeinsam mit anderen Akteuren entwickelte und geteilte, permanent kommunizierte Rollenbilder erhöhten die Erwartungssicherheit der Beteiligten und erlaubten ihnen, in politischen Auseinandersezungen angemessenes von unangemessenem Verhalten, also Regelbefolgung von Normverstößen, zu unterscheiden[76]. Eine verhaltensprägende Verbindlichkeit sei den Normen indes nur zuzuschreiben, wenn ihre Legitimität außer Zweifel steht[77]. Als legitim empfundene Normen dürften die Folgebereitschaft von Staaten bzw. den Druck auf nicht folgewillige Mitglieder der internationalen Staatengemeinschaft nachdrücklich erhöhen[78].

Rollen können aber natürlich je nach institutioneller Charakteristik einen unterschiedlich hohen Verpflichtungsgrad für einzelne Staaten aufweisen[79]. Je größer die innerstaatliche Kommunalität kooperationsorientierter Normen ausfällt, desto schneller dürften Staaten sich an die Einhaltung multilateraler Regeln gewöhnen und von einer Politik Abstand nehmen, die mit diesen nicht in Übereinstimmung zu bringen wäre. Von effektiven multilateralen Beziehungssystemen darf angenommen werden, dass sie relativ verbindliche Rollenbilder für alle Beteiligten, also auch für mächtige Staaten, zu etablieren vermögen. Institutionen verstärkten die Internalisierung kooperationsorientierter Normen in den nationalen Entscheidungssystemen und seien auf diese Weise mitverantwortlich für einen allgemeinen multilateralen Sozialisationseffekt[80].

---

[73] Zit. *Ruggie* (1998: 106). Ähnlich die soziologische Perspektive von *Meyer/Rowan* (1977: 341): „The formal structures of many organizations (...) reflect the myths of their institutional environments instead of the demands of their working activities." Für multilaterale Institutionen bedeutet dies, dass nicht ein konkreter Steuerungsbedarf, sondern eine unter ihren Mitgliedern vorherrschende *Überzeugung* handlungsleitend sein kann.

[74] Vgl. *Chayes/Chayes* (1995).

[75] Vgl. *Ruggie* (1993b), *Keohane/Martin* (1995) oder *Keohane* (1998).

[76] Vgl. *Barnett/Finnemore* (1999: 711).

[77] Vgl. *Hurd* (1999).

[78] Diese Annahme rekurriert auf den von Konsensmacht ausgehenden Konformitätsdruck, vgl. *Czempiel* (1999), *Steinberg* (2002) sowie *Rode* (2004).

[79] Vgl. unter anderem *Wendt* (1994).

[80] Vgl. *Rittberger/Zangl* (2003: 47), *Cortell/Davis* (1996 und 2000).

Die Proliferation multilateraler Werte und Ideen wird von transnationalen Institutionen und den in ihrem Umfeld entstehenden transnationalen Netzwerken[81] sowohl direkt als auch passiv unterstützt: Zunächst darf von internationalen Institutionen angenommen werden, dass sie als Arenen einer regelgeleiteten Austragung grenzüberschreitender Konflikte Rollenmodelle „guten" politischen Verhaltens exemplarisch verkörpern[82]. Institutionen sind, indem sie das Selbstverständnis und die Rolleninterpretation ihrer Mitgliedsstaaten beeinflussen, „Lehrer" des Multilateralismus[83]. Eine wichtige aktive Rolle können Institutionen weiterhin durch eigenständige Normgenerierung spielen, dazu bedarf es allerdings einer gewissen Entscheidungs- und Handlungsautonomie und selbstbewusster bürokratischer Apparate[84]. Eine weitere Facette aktiver Unterstützung bei der Verbreitung von Normen besteht darin, dass kooperationsorientierte Verhaltensstandards bzw. Konfliktbeilegungsmechanismen institutionell verankert werden und in der Folge durch Normdiffusion auf die Interaktionsteilnehmer „abfärben"[85]. In den letzten Jahren ist verstärkt der komplexen Verbindung von Normen, transnationalen Institutionen und den Normagenten in den nationalen Entscheidungssystemen nachgegangen worden. Im Prozess inkrementaler Norminternalisierung in den nationalen politischen Systemen ist Institutionen ein eher passiver Wirkungsmechanismus zu bescheinigen. Multilaterale Werte und Verpflichtungen werden in den Staaten von politischen Unterstützern, den interessierten „Normunternehmern", zur Richtschnur nationaler Außenpolitik erklärt. Die Erwartung an regelgebundenes Handeln bzw. die Überzeugung, internationale Legitimität für eigenes Verhalten bekommen zu müssen, wird in diesem Interpretationsansatz also nicht von einem Regelsystem außerhalb, sondern von „innen", in den Gesellschaften, geäußert[86]. Institutionen wirken in diesem Zusammenhang nicht selbst, sondern die durch sie repräsentierten Normen werden in den Gesellschaften der Mitgliedsstaaten von interessierten Normagenten aufgegriffen, um die gegenläufigen Politikoptionen zugrundeliegenden Werte diskreditieren und eventuelle substantielle Normverstöße in der Außenpolitik anprangern zu können[87].

In einem multilateral geprägten Umfeld dürfte die Außenpolitik der Staaten zunehmend die institutionell verankerten Prämien für angemessenes Verhalten an-

---

[81] Tatsächlich scheint der gewichtigste Effekt transnationaler Netzwerke aus meiner Sicht nicht in der Etablierung paralleler Entscheidungsstrukturen zu liegen, sondern in der Verbreitung, Überwachung und, wenngleich weniger stark, in der Durchsetzung multilateraler Ideen. Insofern helfen Netzwerke beim Verständnis des Phänomens Multilateralismus, erscheinen aber für die Analyse institutionalisierter Entscheidungsprozesse ungeeignet.

[82] Vgl. *Katzenstein* (1996).

[83] Vgl. etwa *Finnemore* (1996).

[84] Diese Voraussetzungen dürften nur in internationalen Organisationen vorzufinden sein, nicht dagegen in transnationalen Regimen.

[85] Vgl. *Barnett/Finnemore* (1999: 713f).

[86] Vgl. *Kratochwil* (2000: 42); ähnlich *Meyer/Rowan* (1977).

[87] Vgl. zu diesem Mechanismus der Norminternalisierung durch interessierte Normagenten vor allem *Börzel/Risse* (2002), *Cortell/Davis* (2000) sowie *Kratochwil* (2000).

streben[88]. Normeinhaltung gehört gewissermaßen „zum guten Ton“ und wird damit tendenziell selbst zu einer transnationalen Norm. Auf der anderen Seite können Ignoranz, Ambivalenz oder Widerstand gegenüber multilateral geteilten Normen, etwa in Form des Beharrens auf nationaler Entscheidungssouveränität oder der Nichtunterwerfung unter internationale Konventionen, intern wie extern ein erhebliches politisches Legitimitätsdefizit verursachen. Institutionen werden in diesem Zusammenhang als Repräsentanten bestimmter Werte nicht einfach nur respektiert, sondern von interessierten Agenten auch instrumentalisiert. Multilateralismus dient diesen Akteuren in der Auseinandersetzung mit anderen gesellschaftlichen Gruppen als Vehikel, eigene Ideen, Werte und Interessen zu etablieren und gegen „konservative“ Beharrungskräfte durchzusetzen[89]. In der Bewertung der normativen Wirkung multilateraler Institutionen verdient dieser Aspekt größte Beachtung, weil hier auch rationalitätsbasierte, auf die Interessenformation im Entscheidungssystem rekurrierende Erklärungsmuster analytisch andocken können.

Insgesamt muss aber festgestellt werden, dass die von Multilateralisten ins Feld geführten Argumente die von Institutionen ausgehenden normativen Wirkungsmechanismen nur sehr abstrakt beleuchten. Insbesondere Konstruktivisten neigen dazu, die strukturverändernde Wirkung von Ideen zu überschätzen. Dennoch scheint die konstruktivistisch inspirierte Orientierung auf die handlungsleitende Rolle von Normen an Bedeutung zu gewinnen, nicht zuletzt, weil politische Initiativen auf multilateraler Ebene – von den Mitgliedern wie den Vertretern der institutionellen Bürokratien – offenbar verstärkt an einer wert- und argumentationsorientierten Elle gemessen werden. Internationale Verhandlungszusammenhänge scheinen tatsächlich zunehmend von einer Logik der argumentativen Überzeugung bestimmt zu werden[90]. Das Ausmaß an multilateral zu organisierender Legitimität, das Staaten für die Durchsetzung ihrer politischen Interessen benötigen, scheint jedenfalls erheblich größer geworden zu sein, die Toleranz gegenüber unilateralem Verhaltens ist entsprechend zurückgegangen. Woraus allerdings die Verpflichtungskraft von multilateralen Normen konkret erwächst, bleibt weitgehend ungeklärt: „(M)any norms do not prescribe anything in particular but rather serve only as *determinants of a zone of permissibility* (...)“[91]. Normen sind Teil eines *ungeschriebenen* Katalogs angemessener Verhaltensmuster. Dadurch erscheint eine effektive Sanktionierung multilateraler Normbrecher im konkreten Fall schwierig. Die bei institutionalisierter Zusammenarbeit zu beobachtenden Rationalitätsmythen allein können beim Fehlen von Sanktionsinstrumentarien nur bedingt Verpflichtungskraft herstellen. Außerdem wird das Legitimitätsdefizit, mit dem sich politische Entscheidungsträger, wenn sie gegen multilaterale Normen verstoßen, durch zivilgesellschaftliche Akteure konfrontiert sehen, oft stark überzeichnet; die kurzfristi-

---

[88] Vgl. *Johnston* (2003).

[89] Vgl. zur gesellschaftlichen Auseinandersetzung zwischen Anhängern verschiedener Wertorientierungen, die als Normagenten im außenpolitischen Diskurs auftreten, *Börzel/ Risse* (2002).

[90] Vgl. *March/ Olsen* (1998), *Esser* (2004) und *Conzelmann* (2004).

[91] Zit. *Kratochwil* (2000: 63) (Hervorhebung D.K.).

gen innenpolitischen Konsequenzen von Unilateralismus dürften in den meisten Fällen vermutlich vernachlässigbar sein. Allerdings muss es gerade um die konkrete Analyse dieser *innenpolitischen* Konsequenzen multilateraler Normbrüche gehen, will man den einhegenden Einfluss von Institutionen umfänglich nachzeichnen.

3.2.3 Kritik am etablierten Multilateralismusverständnis

Unter Multilateralisten ist eine stark idealisierende Vorstellung von den Managementfähigkeiten und der Wirkungskraft internationaler Organisationen und Regime verbreitet. Wenn angenommen wird, bei transnationalen Institutionen handele es sich um Arenen, in denen gegenläufige Interessen von Staaten neutral austariert und eingehegt werden könnten, die Machtinteressen der Beteiligten dagegen nahezu vollständig in den Hintergrund träten, wird eine normative Erwartungshaltung in die Realität hineinprojiziert[92]. Multilateralisten tendieren dazu, die Verpflichtungsinstrumente und Bindungskraft transnationaler Institutionen überzubewerten. Außerdem werden konkurrierende Pfade der Interessendurchsetzung, die eine multilaterale Orientierung von Staaten schwächen oder unterminieren, nur am Rande berücksichtigt: Zumeist wird Unilateralismus einfach als seltene Ausnahme einer vertiefenden Analyse nicht für wert befunden; er gilt als inakzeptable und angesichts der durch multilaterale Arrangements geschaffenen Möglichkeiten unangemessene, den Interessen der Staaten also zuwiderlaufende Politikstrategie. Dagegen argumentieren Neorealisten, unterstützt von einigen liberale Intergouvernementalisten, dass multilaterale Institutionen nicht entscheidend präferenzändernd auf Staaten zurückwirken könnten und sich im Zweifelsfall deren Gestaltungswünschen zu unterwerfen hätten[93]. Skeptiker betonen, dass die selbstreklamierte multilaterale Handlungskompetenz der Institutionen nur eine durch Zuständigkeitstransfers übertragene, also durch die Staaten auch widerrufbare sein könne. Auffällig sei, dass insbesondere Hegemonialmächte, trotz oft gezeigter Bindungsbereitschaft, ein sehr instrumentelles Multilateralismusverständnis demonstriert haben und eine machteinschränkende Selbstbindung zu vermeiden suchten[94]. Institutionen könnten hegemonialen Gestaltungsansprüchen nicht im Wege stehen. Daher sei bei machtorientierten Staaten auch nur bedingt von einem institutionellen Befolgungsautomatismus auszugehen.

---

[92] So *Rode* (2004: 1).

[93] Vgl. *Krasner* (1995).

[94] Zu diesem Spannungsverhältnis vgl. insbesondere *Cronin* (2001) und *Ikenberry* (2001a). Gerade Letztgenannter folgert aus der Selbstbindung des Hegemons, der seine Präferenzen institutionell zu verankern bestrebt ist (*lock-in*), keinen Befolgungsautomatismus. Wegen seiner exzeptionellen Machtstellung wird der Hegemon zwar beispielgebend (selbst)gesetzte Regeln befolgen, solange dies nützlich erscheint, aber in seinem Machtkalkül wird Institutionen stets nur eine funktionale Rolle zugewiesen. Die Rückwirkung multilateraler Bindung ist aus *Ikenberrys* Sicht marginal: Führungsstaaten können sich selbst „in die Pflicht nehmen", lassen sich aber keine Pflichten oktroyieren, deren Legitimität sie nicht anerkennen bzw. die ihre Handlungsfreiheit stark einschränken.

Um die Motive unilateralen Handelns umfassend untersuchen zu können, muss nach meinem Dafürhalten das multilaterale Paradigma in sechs wichtigen Punkten eingeschränkt werden: 1. Bei der Bereitschaft von Staaten, sich institutionellen Handlungszwängen zu unterwerfen wird nur unzureichend differenziert zwischen den institutionellen Wirkungsmechanismen und den Folgen von Interdependenz. Gerade diese Distinktion erscheint aber besonders wichtig, weil hier eine entscheidende Quelle für die oft anzutreffende Überschätzung institutioneller Stärke identifiziert werden kann[95]. In zwischenstaatlichen Beziehungen, die durch massive gegenseitige Abhängigkeit gekennzeichnet sind, treten institutionalisierte, verregelte Kooperationsformen zweifellos häufiger auf als in Politikfeldern, auf denen keine Abhängigkeit festgestellt werden kann: Interdependenz schafft eine gemeinsame Problembetroffenheit, was die Anreize für gemeinsame Problembearbeitung entscheidend erhöhen dürfte[96]. Institutionen stellen aber nur *eine* mögliche Manifestation gemeinsamer Interessen dar. Sie sind Ausdruck des *Wunsches* dauerhaft zusammenzuarbeiten. Der entscheidende Punkt ist, dass bei einer bestehenden zwischenstaatlichen Interessengemeinschaft und starker Interdependenz auch ohne multilaterale Regime oder Organisationen durchaus gute Kooperationsergebnisse denkbar sind[97]. Bei Kooperationserfolgen, etwa im Welthandelsregime, stellt sich die Frage, ob sie als Ausdruck einer institutionellen Wirkung oder lediglich als Ergebnis einer zwischen den Akteuren bestehenden Interessenübereinstimmung zu interpretieren sind[98]. Meist spielen vermutlich beide Faktoren eine Rolle. Multilaterale Erfolge erweisen sich damit freilich oft als überdeterminiert, während bei Misserfolgen internationaler Zusammenarbeit zu selten auf die dann meist fehlende In-

---

[95] Nicht zuletzt wegen dieser Überschätzung haben zahlreiche Multilateralisten unilaterale Politik für eine überholte Strategie der „alten" Staatenwelt gehalten und analytisch vernachlässigt.

[96] Dieser Zusammenhang liegt ja insbesondere der neoinstitutionalistischen Argumentation zugrunde; vgl. *Hasenclever/Mayer/Rittberger* (1997) sowie *Zürn* (2002).

[97] Zum Vergleich: In einer stabilen Ehe würde auch schwerlich die rechtliche Institutionalisierung allein als Grund für die zu verzeichnenden „Erfolge" angeführt werden können. Mitgedacht wird als Voraussetzung für eine langanhaltende Beziehung immer auch eine zwischen den Partnern bestehende Interessengemeinschaft, die Bereitschaft zu gegenseitiger Rücksichtnahme sowie die Einhegung egoistischer Motive. Die rechtliche Institution „Ehe" stabilisiert den Erwartungsrahmen für beide Seiten, sie schafft ihn allerdings nicht. Auch nichteheliche Lebensgemeinschaften können schließlich von langer Dauer sein. Auf der anderen Seite dokumentiert eine Scheidung die Auflösung der Institution „Ehe" und eine Abschwächung der Interessengemeinschaft bzw. eine nachlassende Bindungswirkung, dürfte aber nur in sehr wenigen Fällen als vollständige Auflösung aller Gemeinsamkeiten verstanden werden, beispielsweise dann, wenn weiterhin noch gemeinsame Entscheidungen (etwa für Kinder oder Investitionen) getroffen werden müssen.

[98] So ist zum Beispiel von *Rose* (2002 und 2004) eindrucksvoll belegt worden, dass die Liberalisierungsbereitschaft bei WTO-Mitgliedern keineswegs höher liegt als bei anderen Staaten. Seinen Ruf als Liberalisierungsmotor hat das Welthandelsregime GATT/WTO damit zwar nicht zu Unrecht; entscheidend aber ist der Hinweis, dass die wichtigsten Liberalisierungsleistungen aufgrund ökonomischer Interessenlagen und nicht auf institutionelle Anregung hin erfolgen. WTO-Mitglieder müssen Liberalisierungsschritte erbracht haben, *bevor* sie Mitglieder werden können. Danach lässt ihre Bereitschaft zum Abbau von Handelshemmnissen merklich nach.

teressenkonvergenz hingewiesen wird. Viele internationale Organisationen sind trotz ihrer bürokratischen Regelungsansprüche, ihrer formalen Zuständigkeit und ungeachtet der Größe ihres bürokratischen Apparats zahnlose Tiger, weil Machtpolitik und Einflussmöglichkeiten einiger dominanter Akteure ihre Arbeit zu blockieren imstande sind. Andererseits reichen auf vielen Politikfeldern schwach institutionalisierte Formen der Zusammenarbeit (Regime) aus, um eine wirksame Politiksteuerung erreichen zu können. Dies dürfte dann in erster Linie auf eine starke Interessenkonvergenz, weniger auf den realen institutionellen Einfluss zurückzuführen sein. Von effektiven Institutionen kann durchaus erwartet werden, dass sie den Handlungsrahmen der Beteiligten stabilisieren und zu einer Vergrößerung der gemeinsamen Schnittmenge zwischen den Beteiligten beitragen, aber nicht, dass sie gravierende Interessengegensätze tatsächlich dauerhaft überbrücken könnten. Die einbindende Wirkung des Multilateralismus und die Handlungsmöglichkeiten transnationaler Steuerungsarenen lassen vor allem dort nach, wo sie mit den Gestaltungsansprüchen mächtiger Akteure kollidieren[99].

2. Von Multilateralisten werden sowohl die voluntaristischen als auch die utilitaristischen Impulse bei der Entstehung zwischenstaatlicher Institutionen überbewertet. Einerseits ist nicht ersichtlich, warum beim Vorliegen eines starken Gemeinschaftssinns bereits von einer zwanglosen Zusammenarbeit von Akteuren ausgegangen werden sollte[100]. Auf der anderen Seite müssen Institutionen, um eine funktionale Lenkungswirkung auf Akteure ausüben zu können, keineswegs von allen Beteiligten freiwillig angestrebt oder unterstützt werden. Auch ohne Interessenkongruenz der Mitglieder sind funktionsfähige und effektive Organisationsstrukturen möglich. Vollständige Unteilbarkeit der Interessen, geteilte Problemwahrnehmung oder Freiwilligkeit sind keineswegs notwendige Voraussetzungen für eine Teilnahme an multilateralen Verhandlungen oder die Mitgliedschaft in transnationalen Institutionen. Neben den erwarteten Vorteilen kann auch die Furcht vor einem durch Nichtbeteiligung drohenden Einflussverlust ein plausibles Motiv für eine Akzeptanz multilateraler Zwänge sein. Gerade schwache Akteure stehen oft vor Zwangsentscheidungen, in denen sie entgegen ihrer eigentlichen Absicht von einer Mitgliedschaft in multilateralen Organisationen „überzeugt“ werden. Ihnen wird von dominanten Akteuren ein Angebot zur Teilnahme an Kooperationsbeziehungen gemacht, das schlechterdings nicht abgelehnt werden kann[101]. Die Dominanz wichtiger Akteure und die von ihnen herbeigeführte Struktur bestimmter Entscheidungssituationen lässt schwachen Interaktionsteilnehmern oft keine andere Wahl als die widerstrebende Beteiligung an Institutionen und die Unterwerfung unter die von diesen ausgehenden Zwänge.

3. Die Stabilität und Bindungswirkung von institutionalisierten Interaktionen sollte nicht überschätzt werden. Die maßgebliche Rolle, die Widerspruch oder Abwanderungswilligkeit der Akteure für die Funktionsfähigkeit multilateraler Ent-

---

[99] Vgl. *Krasner* (1995).
[100] Vgl. *Stein* (1993a: 57).
[101] Vgl. *Gruber* (2000) sowie den ähnlich argumentierenden Beitrag von *Stein* (1993b).

scheidungsräume spielen, gerät trotz der oben angeführten Möglichkeiten von Organisationen, diese Strategien einzudämmen, oft zu stark aus dem Blickfeld. Beide Optionen, Abwanderung oder Widerspruch, können institutionell nicht zu bloßen „Sicherheitsventilen" degradiert werden. Besonders dominante und qualitätsbewusste Akteure zeigen bei institutionellen Entscheidungen ein hohes Maß an Ambiguität[102], indem sie unduldsamer, aber auch konsequenter agieren und stärker auf die ihnen zur Verfügung stehenden Optionen zur Optimierung institutioneller Verhandlungsergebnisse zurückgreifen. Indem sie weitaus entschiedener Widerstand gegen Entscheidungen leisten bzw. eher als andere mit dem Gedanken an einen Austritt spielen, unterhöhlen sie zwar die allgemeine institutionelle Loyalität, dürften aber, selbst im Falle einer Nichtmitgliedschaft, die *Output*-Qualität der Organisation verbessern[103]. Gegebenfalls werden Institutionen nachbessern müssen, um für dominante Akteure attraktiv zu werden. Mit ihrem ergebnisorientierten Verhalten stellen dominante Akteure zuvorderst ein Interesse an institutionellen *Ergebnissen* unter Beweis, nicht am Fortbestand der Organisation selbst. Aufgrund ihrer politischen Ziele zeigen sich einflussreiche Akteure auch nicht nur bei einer Mitgliedschaft, sondern auch nach einem eventuell erfolgten Austritt für eine qualitativ hochwertige Arbeit von (internationalen) Organisationen interessiert[104]. Illoyale Nichtkooperation und Partizipationsverweigerung vermag also (paradoxerweise) u.U. sogar den multilateralen Einfluss von Staaten zu erhöhen, zumal, wenn die Kosten für dieses Verhalten niedrig ausfallen und von anderen Staaten nicht sanktioniert werden kann[105].

4. Multilateralismus ist kein Selbstzweck. In Institutionen schlagen sich die Machtinteressen der Beteiligten nieder. Die Annahme, dass mit dem auf vielen Politikfeldern zu verzeichnenden institutionellen Kompetenzzuwachs ein Einflussverlust der Nationalstaaten verbunden ist, hält empirischer Überprüfung nicht stand: Der steuernde Einfluss und Führungsanspruch gerade dominanter Staaten ist in den meisten multilateralen Strukturen unverkennbar. Nationalstaatliche Machtinte-

---

[102] Zu dieser wichtigen organisationssoziologische Perspektive vgl. *Hirschman* (1974: 84f).

[103] Auf innerhalb der Institutionen geäußerten Widerspruch reagieren multilaterale Institutionen besonders empfindlich. Sie zeichnen sich zwar durch vielfältige Möglichkeiten aus, Kritik zu üben, und entwickeln auch ein beachtliches Maß an Mitgliederloyalität, reagieren aber gerade deswegen auf Kritik sehr sensibel. Diese entsteht aber umso stärker, je deutlicher Mitglieder mit einem Leistungsrückgang der Organisation konfrontiert werden. Diese doppelte Gefährdung sollte das Bewusstsein für die „angeborene Instabilität" solcher offener Institutionen erhöhen; vgl. *Hirschman* (1974: 104ff). Allerdings dürften sich aus den zwischen den Mitgliedern bestehenden Machtunterschieden auch deutliche Abstufungen in der Relevanz von geäußertem Widerspruch ergeben. Die Unzufriedenheit dominanter Akteure belastet das institutionelle Gefüge schwerer als der Widerspruch weniger einflussreicher Staaten.

[104] Dazu das Zitat von *Hirschman* (1974: 107): „Man wandert gewöhnlich nicht ab, um mehr Einfluss zu gewinnen, als man als Mitglied hatte. Nichtsdestoweniger ist gerade dies oft das Endergebnis, vor allem dann, wenn die Abwanderung etwas ist, was sehr selten vorkommt."

[105] Vgl. *Lake* (1999: 289): "(...) defection is too often treated in an undifferentiated manner. Not all defection is equally costly. It varies with the specific assets at risk."

ressen stecken den Rahmen ab, in dem sich transnationale Akteure bewegen[106]. Multilaterale Institutionen können daher zwar langfristig durchaus mehr darstellen als bloße Dienstleister für die Staaten, aber mit Sicherheit nicht dauerhaft weniger. Ihr Dienstleistungsauftrag tritt besonders deutlich zutage, wenn Institutionen zu hegemonialen Steuerungsinstrumenten umfunktioniert werden. Die für Multilateralismus konstitutiven Normen könnten sich in diesen Fällen als zu schwach erweisen, um unter den Beteiligten eine neue, zentral am Paradigma multilateraler Interaktion ausgerichtete Identität etablieren zu können[107]. Vielleicht dürfen, wie *Keohane* angemerkt hat[108], multilaterale Institutionen auf vielen Politikfeldern auch nur deshalb tätig werden, weil sie eben gerade nicht über die ihnen unterstellte Autonomie und Entscheidungsverbindlichkeit verfügen und Staaten durch ihr Handeln keine einhegenden Zwänge gewärtigen müssen[109]. Die Nationalstaaten sind als Sachwalter ihrer Eigeninteressen noch immer machtvolle und einflussreiche Herren multilateraler Politik. Das grundlegende *principal-agent*-Verhältnis zwischen Staaten und Institutionen mag durch einen Kompetenztransfer auf multilaterale Entscheidungsarenen und deren oftmals zu beobachtende bürokratische Selbstbeauftragung zuweilen nicht mehr klar erkennbar sein, weil die Erwartung diffuser Reziprozität und effektive Streitbeilegungsmechanismen dafür sorgen, dass einzelne benachteiligende Entscheidungen im Regelfall nicht zum völligen Rückzug der Staaten aus den Institutionen führen. Allerdings verfügen eben *ausschließlich* die Mitgliedsstaaten über die Möglichkeit, Multilateralismus zu mandatieren, die Ergebnisse institutioneller Zusammenarbeit zu evaluieren, Legitimität zuzuweisen bzw. Fehlentwicklungen, wenn notwendig, mit einem Austritt oder einer empfindlichen Verminderung des Engagements, zu bestrafen[110]. *Exit*-Strategien stehen nur Staaten zur Verfügung, wie glaubhaft auch immer sie angedroht werden können. Die Kontrolle des Akteurshandelns durch die Institutionen kann dagegen keine umfassende sein. Institutionen sind selten bereit und fähig, *eigenständig* multilaterales Fehlverhalten dominanter Staaten zu sanktionieren.

5. Multilaterale Institutionen wirken nicht in jedem Fall konfliktmindernd, weil sie nicht nur zur Lösung zwischenstaatlicher Dispute dienen können, sondern diese auch vielfach befeuern[111]. Ein möglicher Grund für eine durch Institutionen hervorgerufene Verschärfung von Konflikten wäre in der (Selbst)Überforderung von Institutionen zu sehen, also in dem Versuch, Politiksteuerung auf zwischen-

---

[106] Vgl. *Krasner* (1995: 258) bzw. *Karns/Mingst* (2004).

[107] Vgl. *Kratochwil* (2000: 58).

[108] Vgl. *Barnett/Finnemore* (1999: 717), die sich auf ein Gespräch mit *Keohane* berufen.

[109] Ähnlich die Argumentation von *Downs/Trento* (2004), die darauf hinweisen, dass die von Staaten gezeigte *compliance* in den meisten Fällen nicht mit der Stärke von Institutionen zu erklären ist. Tatsächlich sei bei vielen internationalen Institutionen nur eine geringe regulative Reichweite zu konstatieren. Nicht die Angst vor institutionellen Sanktionen, sondern wohlverstandenes Eigeninteresse sei deshalb für die Staaten ursächlich für die Befolgung multilateraler Regeln.

[110] Vgl. *Nielson/Thierney* (2003).

[111] Hierzu vor allem *Gallarotti* (1997: 380ff); ähnlich die Argumentation von *Frey* (2004), der in transatlantischen Handelskonflikten die konfliktverschärfende Rolle der WTO unterstreicht.

staatlicher Ebene zu leisten, ohne dort über ausreichend Zuständigkeit oder (wegen fehlender Mittelausstattung) über genug Kapazitäten zu verfügen. Andere Gründe könnten sein, dass Multilateralismus zu viele Anreize für *moral hazard*-Strategien bietet[112], die Institutionen selbst zu stark Partei in Disputen ergreifen bzw. die angebotenen bürokratischen Entscheidungsprozesse zu langwierig oder kompliziert sind und deshalb von Seiten der Nationalstaaten eher als Hindernis zur Problemlösung wahrgenommen werden, oder wenn im Umgang mit institutionellen Verstößen doppelte Standards angewendet werden. All dies geht zu Lasten der Glaubwürdigkeit und Verbindlichkeit. Auch eine zu weitgehende Institutionalisierung kann zur Delegitimierung internationaler Problembearbeitung führen, weil drohende Souveränitätsbeschränkungen den Widerstand von Gegnern multilateraler Politikansätze zu wecken vermögen. Konfliktverschärfend wirkt auch die politische Instrumentalisierung von Institutionen: Wenn multilaterale Arenen zum *counterbalancing* benutzt werden, um die hegemoniale Stellung bestimmter Staaten zu beschneiden[113], büßen sie an Legitimität und Bindungswirkung ein, Anreize zum Ausscheren werden erhöht.

Schließlich 6.: Einflussreiche Staaten verfügen in multilateralen Zusammenhängen über Optionsmacht. Multilateralismus ist für viele Nationalstaaten unbestreitbar ein wichtiger Pfad, der in der außenpolitischen Kalkulation Beachtung verdient, aber er ist eben nicht der einzige. Staaten und ihre verantwortlichen Politiker besitzen, wenn sie ihre Interessen in multilateralen Organisationen nur ungenügend berücksichtigt finden, nicht nur die Möglichkeit institutioneller Blockaden, sondern können darüber hinaus mit uni- oder bilateralen Lösungen außerhalb der Institutionen drohen; nicht zuletzt, weil regionale und minilaterale Interaktionen gerade für einflussreiche Staaten im Vergleich zu den oft langwierigen, zunehmend an strengen juristischen Kriterien orientierten und (fast immer) sehr schwierigen Aushandlungsprozessen bessere multilaterale Implementationschancen versprechen. Je stärker multilaterale Entscheidungsprozesse verrechtlicht werden, desto ungewisser ist gleichzeitig auch, ob Schiedssprüche oder Governancelösungen den Interessen dominanter Staaten entsprechen[114]. Gerade weil ihre Machtfülle durch die rechtsförmige Konfliktbearbeitung im Rahmen von Institutionen eingehegt zu werden droht, könnten sie daran interessiert sein, sich ein Refugium souveräner Entscheidungshoheit zu erhalten. Der von Optionsmacht ausgehende Einfluss

---

[112] Dieses Problem entsteht, wenn Staaten als institutionelle *free-rider* auftreten können, sich also auf die institutionellen Stabilitätsleistungen oder die multilaterale Orientierung anderer Staaten verlassen können, ohne die eigene Politik entsprechend anpassen zu wollen bzw. zu müssen.

[113] Insbesondere viele multilateralen Konflikte zwischen den USA und EU-Staaten reflektieren solche Versuche; vgl. *Van Oudenaren* (2003).

[114] Vgl. etwa die wachsende Komplexität von Welthandelsrunden oder die komplizierten Streitbeilegungsmechanismen der WTO, die eine multilaterale Lösung zwischenstaatlicher Konflikte nicht nur befördern, sondern gerade zwischen der EU und den USA oft zu einer bilateralen Beilegung im *Vorfeld* anlaufender Verfahren geführt haben. Erfolgreiche Konflikteinhegung ist auch ausserhalb multilateraler Institutionen nicht nur möglich, sondern bei transatlantischen Handelsauseinandersetzungen sogar wahrscheinlicher; Vgl. vor allem *Busch/Reinhardt* (2005).

mächtiger Spieler beruht dabei nicht nur auf Austrittsdrohungen (*exit-power*), die im Vergleich zu kleinen Staaten wesentlich glaubhafter wirken dürften, sondern überdies auf vielfältigen parallelen Durchsetzungsmöglichkeiten (Unilateralismus oder bilaterale Abkommen). Nationalstaatliche Souveränitäts- und Nützlichkeitserwartungen spielen bei der Entscheidung von Staaten, sich kooperativ-institutionellen Zwängen zu unterwerfen, nach wie vor eine maßgebliche Rolle. Ein variables, unterschiedlich stark mobilisierbares Momentum nationaler Reserviertheit gegenüber Internationalisierungstendenzen vermag multilaterale Entscheidungsarenen zu blockieren. Selbst im Hinblick auf die Performanz erfolgreicher Institutionen erscheint es zumindest nicht unwahrscheinlich, dass Staaten auf die damit verbundenen Kooperationschancen verzichten, wenn gesellschaftliche Einflussgruppen, die andere Lösungen präferieren, sich entsprechend formieren sollten. Souveränitätsbasierte Gleichheit und die aus unterschiedlichen Machtmitteln resultierende Einflusshierarchie in internationalen Organisationen sind tendenziell widersprüchliche Prinzipien[115]. Institutionen müssen vor diesem Hintergrund darum bemüht sein, insbesondere die mächtigen Mitglieder durch Legitimität, Autorität und Leistung zu überzeugen. Andernfalls werden sie auf längere Sicht an Einfluss verlieren.

Die von multilateralen Institutionen ausgehende Sogwirkung (*compliance pull*)[116] sollte also nicht überschätzt werden. Es muss konstatiert werden, dass praktizierter Multilateralismus zwar die Kalkulationen der Nationalstaaten maßgeblich beeinflusst, aber auf der anderen Seite deren Interessen in multilateralen Entscheidungsprozessen nicht folgenlos ignoriert werden können. *Krasner* formuliert diesen grundlegenden Zusammenhang folgendermaßen: „(T)he basic institutional structure of transnationals will be influenced or even determined by the institutional characteristics of states, because *states are the most consequential units that transnationals encounter*. (...) It is states or polities that structure the basic environment whthin which transnationals must function"[117]. Staaten entscheiden über ihre Außenpolitik (in der Regel) interessengeleitet und ergebnisorientiert, nicht nur pfadabhängig und funktional. Weil die Motive für Multilateralismus eben nicht nur in dessen bürokratisch-funktionalen Lösungsangeboten, sondern auch in den nationalen Präferenzbildungsprozessen zu identifizieren sind, kann nicht ausgeschlossen werden, dass multilaterale Institutionen ungeachtet ihrer Leistungsfähigkeit aufgekündigt oder umgangen werden, zumal sie gegenüber nationalen Institutionen noch immer mit starken Legitimitätsdefiziten behaftet sind[118]. Institutionen bilden nur dann eine wirksame Rückversicherung gegen Unilateralismus, wenn sie die Interessen ihrer mächtigen Mitglieder angemessen berücksichtigen.

Internationale Normen und Regeln können nur dann effektiv sein, solange Staaten sie befolgen und sich an sie gebunden fühlen[119]. Aufgrund der Ungewiss-

---

[115] Vgl. *Krisch* (2003a).
[116] Vgl. unter anderem *Downs/Rocke/Barsoom* (1996), *Underdal* (1998) oder *Doyle/Luck* (2004).
[117] Zit. *Krasner* (1995: 279) (Hervorhebung D.K.).
[118] Vgl. *Barnett/Finnemore* (1999).
[119] Vgl. *Karns/Mingst* (2004: 250).

heit, unter welchen Bedingungen (multilaterale) Normen tatsächlich zu einem bestimmten Ergebnis[120], also etwa zu einer politischen Verhaltensänderung der Akteure, führen, ist die mittelbare Wirkung von Institutionen auf nationalstaatliche Präferenzbildungsprozesse höher zu veranschlagen als die unmittelbare. Institutionen verteuern zwar eigenmächtige Politikoptionen, schließen sie aber nicht aus. Im Gegenteil: Andauernde Ineffizienz und Dysfunktionalität multilateraler Institutionen dürften u.U. die Geduld der Mitglieder überstrapazieren. Solche Institutionen erhöhen die Anreize zu verstärkt eigenmächtiger Politikgestaltung oder tragen zur Etablierung von streng nutzenorientierten, minilateralen Interessenkoalitionen außerhalb bestehender Strukturen bei. Permanente Unzufriedenheit mit der Leistungsfähigkeit multilateraler Arrangements dürfte, auch wenn sie nur bei wenigen Teilnehmern zu beobachten sein sollte, die allgemeine Loyalität und Akzeptanz gegenüber einer Organisationsstruktur verringern und destabilisierend wirken. Vorwürfe mangelnder Legitimität, Effizienz oder Robustheit erhöhen – ungeachtet ihrer Plausibilität – die Wahrscheinlichkeit, dass multilaterale Institutionen abgelehnt oder umgangen werden. Anti-multilaterales Verhalten von Staaten sollte als komplexes Phänomen verstanden werden, das nicht ausschließlich auf unvollständige Informationen oder das Ergebnis von Fehlwahrnehmungen in strategischen Interaktionen bildet[121]. Die Motive für eigenmächtige Politikansätze liegen in den meisten Fällen außerhalb des institutionellen Rahmens – in den Nationalstaaten bzw. in den dort von Einflusskoalitionen vertretenen außenpolitischen Zielen. Eigenmächtige Politikgestaltung ist trotz des zu beobachtenden Phänomens komplexer Interdependenz und der zunehmenden Effizienz multilateraler Strukturen nicht von der außenpolitischen Agenda wichtiger Staaten verschwunden. Daher scheint es geboten, den analytischen Rahmen zu erweitern.

3.3 Zwei-Ebenen Ansätze

Multilateralismus bildet zwar eine zunehmend attraktive Handlungsoption, jedoch längst noch keine Selbstverständlichkeit im System internationaler Beziehungen; nicht zuletzt, weil internationale Politik immer auf mindestens zwei Ebenen stattfindet und damit (mindestens) zwei Entscheidungsarenen Berücksichtigung finden müssen. Nationale Entscheidungsprozesse lassen sich bei der Analyse multilateraler

---

[120] Diese analytisch unbefriedigende Situation wird von Konstruktivisten durchaus zugegeben. *Kratochwil* (2000: 48) etwa stellt fest: „(O)nly in very special circumstances will a rule lead to definite outcomes." Außerdem konzediert er an anderer Stelle: "Although we may observe a certain regularity that might be caused by some underlying norm, we have no clear idea how this hunch can be translated into a causal mechanism so that we can establish the actual aetiology between norms and resulting behaviour." (ebd: 62). Dieser Relativismus mindert den Gebrauchswert der konstruktivistischen Perspektive für die Analyse konkreter *compliance*-Prozesse doch erheblich.

[121] Dazu das Zitat von *Stein* (1993a: 85): : „The liberal emphasis that misperception leads to otherwise avoidable conflict is accurate but presumes a world in which full knowledge would generate cooperation."

Steuerung nicht ausblenden[122]. Auf der anderen Seite geht aber auch von verstärkter Institutionalisierung Druck auf die nationalen Entscheidungssysteme aus. Es ist bereits darauf hingewiesen worden, dass systemisch orientierte Ansätze der IB-Theorie dieser Komplexität interdependenter und aufeinander Bezug nehmender Entscheidungsarenen kaum Rechnung tragen können. Um die Wirkung des von Institutionen geschaffenen normativen wie funktionalen Rahmens, auf den bei der Formulierung von Außenpolitik Rücksicht genommen werden muss, befriedigend vermessen zu können, muss jedoch gerade die wechselseitige Verkopplung multilateraler und nationaler Entscheidungsstrukturen und die Instrumentalisierung von Handlungszwängen durch verschiedene Akteure näher beleuchtet werden. Dafür scheint ausschließlich ein Zwei-Ebenen-Ansatz geeignet[123], in dem vor allem auf die zentrale Rolle der Exekutive abgestellt wird. Diese dürfte, sofern ein grundsätzliches Interesse an zwischenstaatlicher Politiksteuerung besteht, nicht nur den funktionalen Governanceversprechen übernationaler Arrangements zugänglicher sein, sondern kann überdies die von Institutionen ausgehenden Restriktionen für eigene Machtinteressen nutzen.

3.3.1 Der Einfluss nationaler Entscheidungen auf multilaterale Institutionen

Institutionen können nur dann eine einflussreiche Rolle im internationalen System spielen, wenn sie auf bei wichtigen gesellschaftlichen Einflussgruppen der beteiligten Staaten Zustimmung zu organisieren in der Lage sind[124]. Die im nationalen politischen Entscheidungssystem herzustellende Bereitschaft zur Akzeptanz institutioneller Zwänge ist also eine entscheidende und notwendige Bedingung für eine loyale Mitgliedschaft und störungsarme Mitarbeit in Institutionen. Strategische Interaktionen erfahren durch nationale Wünsche und Vorentscheidungen grundsätzlich Restriktionen[125]. Was auf multilateraler Ebene als Optimierung von Governance erscheint, kann im nationalen Rahmen durchaus als politische Entmündigung oder souveränitätsverletzende Übersteuerung aufgefasst werden. Dort, wo in den nationalen Präferenzbildungsprozessen starke Widerstände drohen und von einflussreichen Klientelgruppen Ressentiments mobilisieren werden können, wird Multilateralismus als Option für politische Entscheidungsträger heikel. Starke isolationistische und nationalistisch-selbstbezügliche Stimmungen dürften daher die Neigung zu unilateralem Handeln ebenso steigern wie zwischen exekutiver und legislativer Gewalt geteilte Zuständigkeiten in der Außenpolitik.

---

[122] Vgl. *Karns/Mingst* (2004: 251).
[123] Vgl. grundlegend *Putnam* (1988) sowie *Underdal* (1998).
[124] Vgl. vor allem *Moravcsik* (1997 und 1999).
[125] Vgl. unter anderem *Milner* (1997), *Rogowski* (1999) sowie *Drezner* (2003a). Einen anderen Ansatz verfolgt *Martin* (2000), die den positiven Einfluss legislativer Beteiligungschancen auf die Glaubwürdigkeit der Kooperationsabsichten von Staaten und die Effektivität internationaler Kooperation insgesamt betont.

Die politische Zustimmung für multilaterale Selbstbindung ist jedoch abhängig von der Utilität, die Institutionen bei der Durchsetzung von Interessen zugesprochen werden kann. Entscheidend für die Unterstützung transnationaler Institutionen scheint die Instrumentalisierbarkeit der von ihnen ausgehenden Zwecke für eigene politische Ziele bestimmter Interessengruppen: Freihändlerisch orientierte Akteure unterstützen zum Beispiel die im Rahmen der WTO vorangetriebenen Liberalisierungsbemühungen, Protektionisten dagegen sehen diese als Angriff auf ihre Positionen, so dass von ihnen nur äußerst geringe politische Unterstützung für die multilaterale Institution zu erwarten ist. Die Auseinandersetzung über transnationale Bindung geht also fast immer mit Zielkonflikten im nationalen Entscheidungsprozeß einher[126], wovon die Wahrnehmung multilateral eröffneter Kooperationschancen erheblich beeinträchtigt werden kann. Wenn die Anpassung an institutionell verankerte Verhaltensmuster, die Befolgung konkreter Regeln oder die Unterzeichnung von internationalen Abkommen als souveränitätseinschränkend empfunden wird, sind – als quasi natürlicher Handlungsimpuls politischer Besitzstandswahrer – Widerstände zu erwarten[127].

Entscheidend aber ist, wie mit diesen Widerständen umgegangen wird, inwiefern sie in multilateralen Zusammenhängen instrumentalisierbar sind bzw. dort Auswirkungen entfalten. Zwei-Ebenen-Ansätze betonen insbesondere die Fähigkeit von Exekutiven, legislative Mitsprachemöglichkeiten in internationalen Verhandlungsprozessen zur Optimierung der eigenen Machtposition gegenüber Verhandlungspartnern nutzen zu können. Dabei wird vermutet, dass exekutive Akteuren durch den Verweis auf Hemmnisse im nationalen Entscheidungsprozeß ihre Hände auf internationaler Ebene als gebunden darstellen können (*tying hands*), um Konzessionen einzufordern[128]. Die Vermittlungsfähigkeit internationaler Kooperationsergebnisse nach innen wird damit zur multilateralen Erfolgsbedingung. Zustimmungsfähigkeit auf nationaler Ebene (meist in Form einer Ratifizierung von Abkommen) muss zwar nicht als notwendige Voraussetzung, indes zumindest als wichtige Bedingung transnationaler Interaktionserfolge gelten[129]. Gleichzeitig aber vermindern gebundene Hände unzweifelhaft die außenpolitische Manövrierfähigkeit, so dass wiederholt darüber spekuliert worden ist, ob Politiker tatsächlich von

---

[126] Vgl. *McKeown* (1993) und *Gourevitch* (1999).

[127] Vgl. etwa *Underdal* (1998); *Compliance* kann die Handlungsmöglichkeiten von Regierenden einschränken, weil die Einhaltung und Umsetzung multilateral eingegangener Verpflichtungen nicht nur von den internationalen Interaktionspartnern eingefordert wird, sondern auch von einheimischen Einflussgruppen, wie NGOs. Nicht zuletzt aus diesem Grund haben die USA einer Unterzeichnung oder Ratifizierung internationaler Abkommen häufig nur zugestimmt, wenn eine Umsetzung aus exekutiver Sicht auch politisch vertretbar erschien; vgl. *Jacobson* (2002: 425f).

[128] Vgl. *Putnam* (1988), *Cowhey* (1993), *Schelling* (1995) und *Reinhard* (2003).

[129] So haben *Downs/Rocke* (1995) argumentiert, dass ein gewisses Maß an Unsicherheit (*optimal uncertainty*) über die Zustimmung auf nationaler Ebene die Erfolgsaussichten in internationalen Institutionen deutlich erhöhen könne.

dieser Form der Ergebnisoptimierung Gebrauch machen werden[130]. Bei begrenzter, von vornherein erheblich eingeschränkter Kompromissbereitschaft eines Staates steht in transnationalen Entscheidungsprozessen nur eine geringe *bargaining*-Masse zur Verfügung, so dass u.U. Interessenkonflikte nicht aufgelöst werden können. Gebundene Hände sorgen also international nicht nur für eine verbesserte Durchsetzungsfähigkeit, sondern stehen u.U. multilateralen Einigungen im Weg.

3.3.2 Multilaterale Restriktionen nationaler Handlungsautonomie

Wesentlich bedeutsamer als die Möglichkeit, internationale Verhandlungserfolge durch eine schmale und eingeschränkte Außenpolitikagenda zu erreichen, scheint allerdings der zweite im Zwei-Ebenen-Ansatz betonte Aspekt des Phänomens gebundener Hände zu sein. Selbstbindung kann eine restriktive Wirkung entfalten, indem auf der nationalen Entscheidungsebene bestimmte Interessengruppen und Akteure durch den Verweis auf die von transnationalen Institutionen ausgehenden Restriktionen ihre Position gegenüber anderen Gruppen verbessern[131]. Durch eine Instrumentalisierung multilateraler Zwänge können vor allem exekutive Akteure, über Bande spielend, ihre Durchsetzungsfähigkeit auf nationaler Ebene optimieren. Sie verwenden internationale Verpflichtungen und die daraus abgeleiteten Handlungsrestriktionen zur Disziplinierung von Gegnern bzw. zur Überwindung von Entscheidungsblockaden[132]. Dabei mündet die Institutionen zuzuschreibende restriktive Verpflichtungswirkung allerdings nicht in einen Befolgungsautomatismus. Internationale Organisationen, Regime oder Vertragswerke wirken weniger aufgrund ihrer eigenen begrenzten Machtfülle, sondern weil die von ihnen ausgehenden Zwänge von Akteuren *in den nationalen* Entscheidungssystemen aufgegriffen und in politischen Auseinandersetzungen als Durchsetzungshebel genutzt werden können. Multilateralismus schafft indirekt instrumentalisierbare Handlungszwänge und liefert vor allem der Exekutive institutionalisierte Ausreden[133] für *compliance*-

[130] Vgl. kritisch etwa *Evans/Jacobson/Putnam* (1993: 399ff), wo die Hauptprobleme dieser Strategie in der fehlenden außenpolitischen Flexibilität und in einem auf multilateraler Ebene zu verzeichnenden Glaubwürdigkeitsproblem identifiziert werden. Letzteres entstehe vor allem, weil heutzutage Informationsasymmetrien zwischen den Entscheidungsarenen nicht mehr in nennenswertem Umfang existierten und damit der Verweis auf heimische Zwänge nicht glaubhaft gemacht werden könne. Vgl. außerdem *Milner* (1997), die intensiv den Zusammenhang zwischen den Beteiligungsmöglichkeiten von legislativer und exekutiver Gewalt auf der einen und der multilateralen Kooperationsbereitschaft auf der anderen Seite beleuchtet.

[131] Vgl. vor allem *Putnam* (1988), *Evans/Jacobson/Putnam* (1993), *Stein* (1993b) sowie *Drezner* (2003a).

[132] Es können drei Interaktionsformen zwischen nationalen und internationalen Institutionen identifiziert werden; vgl. *Hurd* (1999) sowie *Drezner* (2003a: 10ff). Eine Beeinflussung ist sowohl durch Verhandlungen (*contracting*), die Ausübung von Zwang (*coercion*) oder Überzeugungsversuche (*persuasion*) möglich.

[133] Das soziologische Konzept institutionalisierter Ausreden – dazu unter anderem *Mills* (1940) – ist bisher leider noch nicht im Zusammenhang mit Zwei-Ebenen-Ansätzen diskutiert worden, dürfte aber analytisch mindestens genauso fruchtbar sein, wie das Modell gebundener Hände.

Verhalten. Hinzu tritt eine insbesondere von Konstruktivisten betonte normative Dimension: Ein hohes Maß an Internationalisierung kann von interessierten Normagenten zur Delegitimierung stark nationalistischer oder isolationistischer Positionen benutzt werden[134].

Es lässt sich eine Reihe von funktionalen und originär politischen Impulsen für die Neigung von Akteuren anführen, institutionelle Selbstbindung bzw. die damit verbundenen Restriktionen anzustreben. Selbstbindung beschränkt zwar die nationalstaatliche Handlungsautonomie im internationalen System, ist aber auf der anderen Seite geeignet, die Durchsetzungsfähigkeit der Exekutive auf nationaler Ebene maßgeblich zu steigern. Ein hoher Grad institutionalisierter Interdependenz erweitert die exekutiven Machtoptionen nach innen, weil die Legislative potentiell in ihren Gestaltungsmöglichkeiten eingeschränkt wird, indem sie Zuständigkeiten und Mitspracherechte verliert. Insbesondere wenn das Parlament die Position eines Vetospielers einnimmt, wie der US-Kongress, kann mit multilateral-institutionellen Verpflichtungen der Zugzwang erhöht werden. Die Legislative wird durch zusätzlichen externen Druck zu Zugeständnissen gezwungen[135].

Besonders exekutive Akteure dürften deshalb ein Interesse an effizienten Organisationen auf multilateraler Ebene entwickeln[136], weil sie den dabei entstehenden normativen wie funktionalen Verpflichtungsrahmen in der Regel als für die eigene Position vorteilhaft einschätzen. Kurz gesagt: Exekutive Akteure haben in der Regel ein starkes intrinsisches Interesse an starken Institutionen. Schwache internationale Organisationen oder Regime entwickeln kaum politische Befolgungsanreize. Institutionen mit starker Regulierungsdichte und hohen Austrittskosten, die als Druckmittel in nationalen politischen Auseinandersetzungen eingesetzt werden können, errichten dagegen hohe Barrieren gegen Nichtbefolgung. Zwar scheinen exekutive Akteure durch eine als zu weitreichend empfundene Konzessionsbereitschaft in multilateralen Zusammenhängen innenpolitisch auch verwundbar[137], dennoch dürfte ihr Interesse an institutioneller Einbindung dadurch nicht nachhaltig eingeschränkt werden. Durch Selbstbindung und die Restriktion von Alternativen wird die exekutive Machtposition schließlich nachdrücklich gestärkt. Sofern dominierende Einflusskoalitionen und die sie stützenden politischen, sozialen bzw. ökonomischen Interessengruppen diese machterweiternde Zweckdienlichkeit multilateraler Arrangements erkennen und für sich zu nutzen versuchen[138], darf eine schwer erschütterbare Unterstützung für transnationale Institutionen vermutet werden.

---

[134] Vgl. unter anderem *Börzel/Risse* (2002).
[135] Vgl. insbesondere *Tsebelis* (2002).
[136] Vgl. *Gourevitch* (1999: 149ff).
[137] Vgl. *Evans/Jacobson/Putnam* (1993: 406) sowie *Milner* (1997: 99ff), *Underdal* (1998) oder *Martin* (2000).
[138] Vgl. *Underdal* (1998: 24f); für eine Befolgung multilateraler Regeln durch einen Staat bleibt dieser Argumentation zufolge die Kosten-Nutzen-Analyse heimischer Interessenkoalitionen ausschlaggebend.

3.4 Institutionelle Loyalität vs. nationale Gestaltungsinteressen: Unilateralismus als Phänomen internationaler Politik

Um Unilateralismus als Phänomen internationaler Interaktionen definieren und typologisieren zu können, soll zunächst noch einmal auf das grundlegende Spannungsfeld hingewiesen werden, in dem sich die Formulierung selbstreferentieller Außenpolitik bewegt. Unilateralismus und Multilateralismus sind zwei gegenläufige, jedoch aufeinander bezogene Politikansätze, die einander keineswegs ausschließen, sondern parallel verfolgt werden können. Ob Staaten eher kooperativen oder konfliktiven Außenpolitikstrategien zuneigen, hängt grundsätzlich ab von der Charakteristik des jeweiligen Politikfelds und von den Chancen, eigene Interessen durchsetzen zu können[139]. Die Bezeichnung politischer Aktionen als unilateral reflektiert jedoch immer einen grundlegenden Wertedissens zwischen Akteuren in einem multilateralen Beziehungsrahmen[140]. Sie weist hin auf einen fundamentalen Konflikt über die angemessene Interpretation bzw. Behandlung von Problemen internationaler Politik und die dadurch eventuell notwendig werdenden politischen Verhaltensänderungen. Dieser Streit dreht sich im Grunde stets um die Frage, in welchem Verhältnis nationale Macht (also die autonomen Einflusschancen der Akteure) und multilaterale Regeln (verstanden als Zwang zur Selbstbindung) stehen sollen.

Es ist evident, dass mächtige Staaten ein stärker utilitaristisch geprägtes Verhältnis zu transnationalen Institutionen entwickeln als Akteure mit geringen Einflusschancen. Für Letztere ist Multilateralismus zuvorderst ein Instrument zur Einhegung und zum Ausgleich von Machtungleichgewichten, während mächtige Staaten Institutionen vor allem als Vehikel zur regelgeleiteten Durchsetzung ihrer Steuerungsinteressen ansehen[141]. Für machtbewusste Akteure besteht, wenn sie über Optionsmacht verfügen, tendenziell eine höhere Neigung zu unilateralen Ansätzen. Institutioneller Eskapismus von „Habenichtsen" wird dagegen nur äußerst selten zu einer Herausforderung für transnationales Regieren. Darüber hinaus fällt eigenmächtiges Handeln dominanter Staaten wegen der potenziellen Schädigung transnationaler Institutionen wesentlich stärker ins Gewicht als der Unilateralismus nachrangiger Interaktionsteilnehmer. Das bereits diskutierte *moral-hazard*-Problem entwickelt besondere Brisanz, wenn einflussreiche Mitgliedsstaaten sich Verpflichtungen zu entziehen versuchen. Unilateralismus sollte daher nicht als konzeptioneller Gegenentwurf zu Multilateralismus verstanden werden[142], wohl aber als dessen stärkste Herausforderung. Eine vereinfachende Dichotomie von Multilateralismus

[139] Vgl. *Stein* (1993a: 176): „Cooperation and conflict are products of circumstance and choice. Decision is a state´s option, payoffs, and criteria for calculation, conjoined with the situations confronting other nations."
[140] Vgl. *Sands* (2000).
[141] Vgl. etwa *Ikenberry* (2001a) sowie *Mastanduno* (2002b).
[142] Vgl. unter anderem *Patrick/Forman* (2002), *Malone/Khong* (2003), *Hippler/Schade* (2003), *Nuscheler* (2001), *Fröhlich* (2002) und *Mondré* (2005).

und Unilateralismus (auf die zur Illustration strategischer Interessen gleichwohl auch in dieser Arbeit zurückgegriffen wird) ist wegen der vielen in der Außenpolitik möglichen Abstufungen (Isolationismus, instrumenteller Multilateralismus, Regionalismus, bilaterale Vereinbarungen) wenig erhellend.

Unilaterales Handeln soll deshalb ganz allgemein als Versuch interpretiert werden, nationale Interessen in einem multilateral geprägten Umfeld unter Betonung eigener Gestaltungsansprüche machtpolitisch zur Geltung zu bringen, institutionellen Verpflichtungen fernzubleiben oder diese nachhaltig zu verletzen. Brisanz gewinnen eigenmächtige Ansätze dadurch, dass sie in transnationalen Arrangements zur Kollision mit den Interessen anderer Akteure beitragen. Die Exklusion anderer Akteure von Entscheidungen und der fehlende Wille zu Kompromissen sind die deutlichsten Zeichen unilateraler Außenpolitik. Staaten gestalten ihre Außenpolitik ergebnisorientiert und nicht vordergründig pfadabhängig: Multilaterale Kooperation und eigenmächtige Politik sind deshalb als komplementäre, die Handlungsfähigkeit dominanter Akteure jeweils erweiternde oder zumindest abrundende Strategien anzusehen[143]. Beide werden aufgrund bestimmter Interessenkalküle zielgerichtet als strategisches Instrument zur Einflussmaximierung in transnationalen Interaktionen eingesetzt. Gleichwohl ist das zwischen ihnen bestehende Spannungsverhältnis nicht zu übersehen.

3.4.1 Definition und Typologie unilateralen Handelns

Es ist klar, dass unter Unilateralismus mehr zu verstehen ist als die eigenmächtige Durchsetzung nationaler Interessen, wird doch von den meisten IB-Theoretikern angenommen, dass alle Nationalstaaten souverän, eigenverantwortlich und interessengeleitet agieren. In der territorial gebundenen, souveränen Ausübung von Gewalt durch Nationalstaaten liegt eine der Konstanten des westfälischen Staatensystems: Internationale Politik wurde dementsprechend lange verstanden als machtbasierte Interaktion entscheidungssouveräner Staaten[144]. Im postwestfälischen internationalen System[145], das vermehrt Tendenzen zu transnationaler Politiksteuerung aufweist, wird unilaterales Verhalten aber verstärkt kritisch wahrgenommen, sofern multilaterale Kooperation durch solches Verhalten verhindert oder unterbunden wird. Es ist nach meinem Dafürhalten aber gerade die Proliferation von Multilateralismus, die Alleingänge und fehlende Anpassungsbereitschaft von

[143] Vgl. *Wedgwood* (2002) sowie *Malone/Khong* (2003).

[144] Zu dieser „westfälischen" Grundierung unilateralen Handelns vgl. *Sands* (2000: 293): „Unilateralism in the international context is intrinsically linked to sovereignty, territory and jurisdiction." Wegen dieser Verbindung ist in der IB-Disziplin lange Zeit auch wenig Aufhebens um die Erklärung unilateraler Handlungen gemacht worden – sie wurden offenkundig für eine selbstverständliche Konstante internationaler Beziehungen gehalten. Dementsprechend fand der Begriff Unilateralismus erstmals in den 1960er Jahren (in Bezug auf einseitige Abrüstungsschritte) breitere Verwendung und ist erst nach 1990 signifikant häufiger in der politikwissenschaftlichen Debatte benutzt worden, um ein von multilateralen Regeln abweichendes oder diese konterkarierendes Verhalten zu kennzeichnen.

[145] Vgl. *Siegelberg/Schlichte* (2000).

ralismus, die Alleingänge und fehlende Anpassungsbereitschaft von Staaten zu einem problematischen Gegenstand werden lässt.

Erst in einer als institutionalisierte Interdependenz zu bezeichnenden Interaktionsstruktur stoßen Eigenmächtigkeit und mangelnde Rücksichtnahme – sowohl bei der Formulierung wie auch bei der Durchsetzung außenpolitischer Ziele – auf Kritik oder verstärkten Widerstand davon betroffener Interaktionspartnern. Es ist davon auszugehen, dass die Sensibilität gegenüber *unilateralem* Verhalten in dauerhaft *multilateral* geprägten Interaktionen größer ausfallen dürfte als in Beziehungen, in denen der Einfluss transnationaler Institutionen kaum oder allenfalls schwach zu verzeichnen ist. Multilateralisierungsprozesse bilden einen sensiblen Resonanzboden für unilaterales Handeln. Erst die bewusste oder zumindest in Kauf genommene Umgehung oder Schädigung funktionsfähiger multilateraler Institutionen bzw. die einseitige Aufkündigung einer transnationalen Interessengemeinschaft können tatsächlich den Vorwurf rechtfertigen, ein Akteur agiere unilateral. Nur vor dem Hintergrund eines multilateralen Umfelds erscheinen Alleingänge konfliktgenerierend oder -verschärfend: „Unilateralism (…) refers to a tendency to *opt out* of a multilateral framework (whether existing or proposed) or to *act alone* in adressing a particular global or regional challenge rather than choosing to participate in collective action“ [146]. Unilateralismus ist also vor allem ein in transnationalen Institutionen auftretendes *Kommunikationsproblem*. Verstöße gegen institutionelle Regeln und eine Zurückweisung von Konformitätsdruck enttäuschen die Kooperationserwartungen anderer Akteure[147].

Für das im Rahmen dieser Arbeit verfolgte Erkenntnisinteresse gilt es, zwei grundlegende Aspekte des Begriffs Unilateralismus zu unterscheiden: zum einen die *Entstehungsbedingungen*, also die Akteure und Motive, die bei der Formulierung unilateraler Außenpolitik eine maßgebliche Rolle spielen, und zum anderen die konfliktive *Wirkung*, also die Folgen für ein maßgeblich durch transnationale Interessenverflechtung gekennzeichnetes Umfeld. Souveräne Außenpolitik wird sich erst dann dem Vorwurf des Unilateralismus ausgesetzt sehen, wenn durch ihre Umsetzung andere Interaktionsteilnehmer düpiert, multilateral oder bilateral vereinbarte Regeln verletzt, ignoriert, umgangen oder sogar aktiv bekämpft werden. In vielen Fällen dürfte nationale Politik wahrscheinlich *nicht ausdrücklich gegen* transnationale Institutionen formuliert werden. Oft wird „blind“ entschieden, d.h. ohne auf die multilateralen Folgen zu achten. Multilateraler Harmonisierungsdruck erhöht die Wahrscheinlichkeit von regulativen Inkompatibilitäten. Gerade die durch transnationale Institutionen vorangetriebene und flankierte Verflechtung von Politikfeldern

---

[146] Zit. *Malone/Khong* (2003: 3).

[147] Allerdings können bestimmte selbstreferentielle Handlungsmuster natürlich auch in bilateralen Beziehungen den Unilateralismusvorwurf laut werden lassen. Der aggressive Unilateralismus in der USA-Handelspolitik der 1980er Jahre ist dabei sicherlich das bekannteste Beispiel. Darüber hinaus aber ist aber auch wiederholt die einseitige Aufkündigung des ABM-Vertrages – eine bilaterale Abrüstungsvereinbarung zwischen Amerika und der Sowjetunion – durch die *Bush*-Administration als Ausdruck von Unilateralismus interpretiert worden.

führt dazu, dass nationale Regulierungstatbestände von anderen Staaten als unvereinbar mit multilateralen Regeln beklagt werden. Was früher als souveräne Politikgestaltung akzeptiert wurde, wird jetzt häufig von anderen als Selbstbezüglichkeit kritisiert und, wo möglich, auch sanktioniert.

Ganz allgemein lassen sich solche außenpolitische Ansätze als unilateral definieren, die *einerseits in hohem Maße selbstreferentiell, autonom und unter Rücksichtnahme auf eng gefasste nationale Interessen formuliert werden und sich andererseits mit einer extraterritorialen Wirkung auf andere (auch potentielle) Interaktionspartner verbinden bzw. bei diesen auf eine Verhaltensänderung abzielen.* Unilateralismus manifestiert sich in der Ausnutzung von Möglichkeiten, multilaterale Zwänge oder bilaterale Abkommen zurückzuweisen oder zu umgehen. Auch der an Bedingungen geknüpfte Verbleib in, das Fernbleiben von oder der Austritt aus multilateralen Institutionen manifestiert eine unilateralistische Tendenz[148]. Hinzu kommt eine reflexiv-kommunikative Dimension: Unilateralistisch handelt, wer einen, oftmals unausgesprochenen, an kooperationsorientierten Werten orientierten *Konsens angemessenen Verhaltens verletzt* bzw. eine solche Verletzung bei seinen Handlungen billigend in Kauf nimmt. Das Kernproblem unilateralen Verhaltens besteht darin, dass Alleingänge im Zustand insitutionalisierter Interdependenz einen offenen Affront gegenüber Mitgestaltungsansprüchen anderer Akteure konstituieren. Ungehemmte Selbstbezüglichkeit sowie mangelnde oder sogar gänzlich fehlende Bereitschaft, fremde Interessen bei der Entscheidungsfindung zu berücksichtigen, sind die zentralen Merkmale unilateralistischer Außenpolitik[149]. Dabei lassen sich drei Idealtypen konstruieren, die an dieser Stelle näher vorgestellt werden; praktisch implementierter Unilateralismus dürfte allerdings in der Regel eine Mischform sein[150].

3.4.1.1 Attentistischer Unilateralismus

Faktisch manifestieren sich eigenmächtige Politikansätze selten in einer völligen Kooperationsverweigerung, sie drücken sich wesentlich häufiger in Indifferenz gegenüber internationalen Institutionen, in der Ablehnung, in der Nichtbefolgung oder schleppende Umsetzung von Regeln oder in offener Ignoranz aus. Zurückhal-

---

[148] Vgl. *Kubbig/Dembinski/Kelle* (2000: 4), deren Typologisierung hegemonialer Alleingänge, die sie alle als Unilateralismus bezeichnen, ansonsten aber nicht sehr brauchbar erscheint.

[149] Rücksichtslosigkeit im Umgang mit anderen wird oft auch als Zeichen imperialer Dominanz gewertet und fehlinterpretiert, beispielsweise bei *Kubbig/Dembinski/Kelle* (2000) oder *Hippler/Schade* (2003). Tatsächlich existiert in imperial strukturierten Beziehungen *ausschließlich* die überlegene Eigenmächtigkeit, die keine Rücksichtnahme nötig macht. Dominante Herrschaft über eine Interaktion ist jedoch nicht als Unilateralismus zu bezeichnen.

[150] Vgl. *Hippler/Schade* (2003: 10ff), die in einer anderen als der hier verfolgten Klassifikation im Spannungsfeld zwischen Unilateralismus und Multilateralismus sechs Dimensionen unilateralen Handelns definieren. Beginnend bei „kooperativem Multilateralismus" und bis hin zu „offensivem Unilateralismus" reichend, weisen diese Dimensionen eine abnehmende Bereitschaft der Akteure zur Rücksichtnahme bzw. zur Akzeptanz von multilateralen Restriktionen auf sowie den Willen, institutionelle Mechanismen zu unterlaufen, zu umgehen oder zu sabotieren.

tung und Fernbleiben von multilateralen Institutionen bzw. das Unterlaufen einbindender Zwänge soll hier als *attentistischer Unilateralismus* typologisiert werden. Attentistischer Unilateralismus liegt dort vor, wo multilaterale *compliance* verweigert oder verzögert wird. Die Gründe für eine solche Haltung können vielschichtig sein. Zum einen können sich isolationistische Argumente Bahn brechen. Attentismus im Gebrauch multilateraler Angebote oder das Fernbleiben von Institutionen deutet auf gegenläufige Interessenkonstellationen im nationalen Entscheidungsprozeß und eine minimalistische, internationalen Kompromissen wenig förderliche Außenpolitikagenda hin. Entsprechend sollte eine zögerliche Befolgung institutioneller Regeln als Ausweis fehlender Bereitschaft zur multilateralen Machtteilung oder Machteinschränkung interpretiert werden[151], mit der sich jedoch nicht zwingend und nur in seltenen Fällen dauerhaft verfolgte Widerstandsstrategien verbinden. Allerdings produzieren Staaten durch Nichtbefolgung multilateraler Verpflichtungen Konflikte mit anderen (potenziellen) Interaktionsteilnehmern. Nicht zuletzt kann multilaterale Zurückhaltung oftmals auch als taktisches Instrument zur Einflussmaximierung eingesetzt werden, weil vor allem wichtige, „unverzichtbare", Staaten durch angedrohte Nichtbeteiligung oder bremsende Kooperation bei anderen eine stärkere Berücksichtigung ihrer Ziele durchzusetzen vermögen[152]. Bummelei (so genanntes *Laggard*-Verhalten) zahlt sich insbesondere dann aus, wenn die Partizipation von Schlüsselstaaten unabdingbar für den politischen Erfolg eines multilateralen Projekts ist. Insgesamt kann sich attentistischer Unilateralismus zwar als problematisch für globale Steuerungsbemühungen erweisen, wenn allerdings dauerhaft multilaterale Pflichten schleppend umgesetzt werden, nehmen Optionsmachtpotentiale tendenziell Schaden, nicht zuletzt, weil andere Interaktionspartner dann zur kollektiven Gegenmobilisierung neigen[153].

3.4.1.2 Aktivistischer Unilateralismus

Ein zweiter Typ eigenmächtiger Außenpolitik soll als *aktivistischer Unilateralismus* bezeichnet werden. Dabei handelt es sich vornehmlich um jene Fälle, in denen einseitig nationale Standards oder Steuerungswünsche auf die internationale Ebene übertragen werden. Direkt oder mittelbar sind davon andere Akteure betroffen, indem sie sich Verhaltensregeln unterworfen sehen, an deren Formulierung sie nicht beteiligt gewesen sind. Es geht also vordergründig um die aktive Externalisierung nationaler Entscheidungen und Regeln, ohne dass damit eine Zurückweisung multilateraler Verpflichtungen verbunden wäre. Aktivistischer Unilateralismus tritt meistens in Versuchen hegemonialer Regelsetzung auf. Er manifestiert sich unter anderem in (ökonomischen) Sanktionen sowie in (sozial oder ökologisch motivierten) Zu-

[151] Vgl. *Jacobson* (2002).
[152] *Hippler/Schade* (2003) verwenden zur Kennzeichnung dieser Einflussdimension den aus meiner Sicht missverständlichen Begriff „imperialer Multilateralismus".
[153] Vgl. auch die instruktiven Beispiele für derartiges Verhalten in *Van Oudenaren* (2003: 4ff).

gangsbeschränkungen[154], darüber hinaus aber besonders deutlich in verschiedenen Formen einseitig-hegemonialer Regelsetzung, die etwa im Falle eines wohlwollenden, der Verbreitung liberaler Normen verpflichteten „positiven" Unilateralismus beobachtet werden kann. Eigenmächtigkeit, die beispielsweise zum einseitigen Abbau von Handelsbarrieren oder zur Verbreitung ökologischer oder menschenrechtlicher Standards beiträgt, dürfte höchstwahrscheinlich nur geringe moralische Empörung verursachen, weil sich darin einige konstitutive Elemente liberaler Führerschaft finden[155]. Entscheidend ist jedoch, dass von dieser Form eigenmächtiger Außenpolitikgestaltung im Regelfall keine Schädigung multilateraler Institutionen bzw. der ihnen zugrundeliegenden Prinzipien und Normen zu erwarten ist, sondern im Gegenteil Anreize für deren Evolution[156]. Nichtsdestoweniger können transnational-institutionalisierte Regeln und Prozeduren durch diese Form eigenmächtiger Politik betroffen sein. Bei aktivistischem Unilateralismus handelt es sich meist um Alleingänge von Führungsstaaten. Er ist als norm- und regelsetzendes Vorpreschen zu charakterisieren, der auf einen Dominoeffekt bei anderen Akteuren zielt. Insofern werden zwar außenpolitische Nebenwirkungen durchaus intendiert, dies aber lediglich in der Rolle eines beispielgebenden, andere unter Zugzwang setzenden Vorreiters. Aktivistischer Unilateralismus ist meist um Nachahmer bemüht, wenngleich nicht auf sie angewiesen. Eine Schädigung multilateraler Prinzipien oder ein konfliktfördernder Umgang mit anderen Akteuren verbindet sich damit in der Regel nicht.

3.4.1.3 Intervenierender Unilateralismus

Schließlich ist ein dritter Idealtypus zu identifizieren, der als *intervenierender Unilateralismus* bezeichnet werden soll. Damit werden außenpolitische Ansätze bezeichnet, die eindeutig und ausdrücklich verändernd auf transnationale Interaktionszusammenhänge einzuwirken, diese zu bekämpfen oder zu umgehen beabsichtigen und eine besonders geringe Bereitschaft zur Rücksichtnahme auf die Positionen anderer aufweisen. In diesen Fällen gehen Akteure mit besonderer Vehemenz vor, knüpfen ihren Verbleib in Institutionen an Bedingungen und nehmen damit deren Schädigung bewusst in Kauf. Eine offen gegen transnationale Verpflichtungen opponierende Strategie reflektiert eine außenpolitische Präferenzhierarchie, in der Multilateralismus zur Sollbruchstelle souveräner Entscheidungsfindung erklärt wird. Unilate-

---

[154] Bekannte Beispiele für unilateral verhängte Handelsbeschränkungen sind beispielsweise die in Abschnitt 5.4.1 untersuchten Streitfälle „*Schrimp/Turtel*" bzw. „*Tuna/Dolphin*", in denen ökologische Standards der USA externalisiert und der Marktzugang für inkriminierte ausländische Anbieter unterbunden wurde; vgl. auch *Afilalo* (2002: 789ff).

[155] Vgl. etwa *Brawley* (1993). So wird von liberalen IPÖ-Theoretikern ein freihändlerischer Unilateralismus (in Form radikaler eigener Zollsenkungen ohne Reziprozitätsansprüche gegenüber Interaktionspartnern) wegen seiner liberalisierenden Vorbildwirkung verteidigt, unter anderem von *Bhagwati* (2002).

[156] So sieht *Swan* (2001) im handelspolitischen Unilateralismus der USA einen maßgeblichen Impulsgeber bei der Entwicklung transnationalen Wirtschaftsrechts.

ralismus als Zurückweisung einbindender Zwänge wird dann zum ideologischen Programm machtpolitischer Selbstbehauptung. Dabei wird entweder durch eigenmächtige *externe* (uni-, bi- oder minilaterale) Parallelaktionen oder *innerhalb* eines multilateralen Entscheidungssystems (als blockierender Vetospieler) versucht, das Zustandekommen multilateraler Ergebnisse zu verhindern oder institutionelle Zwänge zu umgehen. Intervenierender Unilateralismus geht zu Lasten anderer Staaten und verletzt grundlegende Prinzipien und Normen zwischenstaatlicher Zusammenarbeit, indem aus machtpolitischen Gründen die transnationale Interessengemeinschaft aufgekündigt wird oder Reziprozitätserwartungen nachhaltig enttäuscht werden. Multilaterale Institutionen werden durch derartige Politikansätze erheblich stärker geschädigt als durch die anderen beiden Idealtypen.

Eigenmächtige Politikansätze können sich sowohl in einer von anderen Akteuren kritisierten, als unangemessen empfundenen Einmischung in internationale Arenen, in eigenmächtiger Regelsetzung sowie im hegemonialen Hineinregieren in multilaterale Arrangements ausdrücken, aber auch in der fehlenden Bereitschaft, multilaterale Beschlüsse umzusetzen. Bei offener Illoyalität gegenüber transnationalen Institutionen, beim Anspruch auf exzeptionelle Sonderbehandlung und bei der Verweigerung multilateral eingeforderter Verhaltensanpassungen handeln Akteure ebenfalls eigenmächtig und selbstbezogen. Deshalb werden von mir auch bi- und minilaterale Durchsetzungsversuche, die multilateral-institutionalisierte Entscheidungsfindung verhindern oder potentiell blockieren, als intervenierender Unilateralismus bezeichnet. Zwischen den Wirkungen der drei Unilateralismustypen auf die Grundlagen transnationaler Kooperation muss allerdings differenziert werden.

Tabelle 1: Die Wirkung von Unilateralismus auf multilaterale Institutionen

	Attentistischer Unilateralismus (*Laggard*-Verhalten, Nichtbefolgung multilateraler Verpflichtungen oder verweigerte Partizipation)	**Aktivistischer Unilateralismus** (unabgestimmte, parallel-vertiefende Norm- und Regelsetzung)	**Intervenierender Unilateralismus** (aggressive Nichtbefolgung oder Bekämpfung multilateraler Verpflichtungen)
Prinzipien	keine Unverträglichkeit/kaum Schaden	hohe Verträglichkeit/kaum Schaden, u.U. sogar institutionenbildend	tendenzielle Unverträglichkeit/nachhaltiger Schaden
Normen	geringer Schaden	geringer Schaden	schwerer Schaden
Regeln	schwerer Schaden möglich	kaum Schaden	schwerer Schaden
Verfahren	mittelschwerer Schaden	kein Schaden	schwerer Schaden

Attentistische und aktivistische Ansätze eignen sich vor allem als *taktisches* Instrument zur Einflussmaximierung, dagegen muss intervenierender Unilateralismus als Ausdruck einer machtorientierten *Strategie* der Selbstbehauptung verstanden werden. Dagegen ist bei attentistischer Enthaltung davon auszugehen, dass die Durchsetzungsfähigkeit gegenüber anderen Akteuren sinkt, sofern institutionelle Sanktionsmechanismen existieren, mit deren Hilfe andere Staaten Einfluss geltend machen können. Während aus Zögerlichkeit, Zurückhaltung oder eigenmächtigem Vorpreschen eher geringer Schaden für multilaterale Governancebemühungen erwächst, verbindet sich intervenierender Unilateralismus oft mit einem von anderen Akteuren schwer tolerierbaren Maß an Rücksichtslosigkeit bzw. mit machtpolitischen Vorbehalten, die internationale Institutionen marginalisieren.

3.4.2 Motive unilateralen Handelns

An dieser Stelle soll den Motiven für unilaterale Außenpolitik nachgespürt werden. Sie speist sich aus sehr unterschiedlichen Quellen. Zunächst einmal lassen sich in Interaktionsbeziehungen strategische Gründe für den Rückgriff auf eigenmächtige Politikansätze anführen. Zudem ist festzustellen, dass sich die ideologischen Impulse, die zu einer Betonung von souveränistischer Außenpolitik führen, der multilateralen Anpassungslogik weitgehend entziehen. Akteure, die Widerstand gegen eine multilaterale Selbstbindung der Außenpolitik formulieren, Partikularinteressen vertreten oder im Zuge der Überformung der nationalen Entscheidungssouveränität ihre eigene Entmündigung befürchten müssen, lassen sich durch den Verweis auf die Kosten unilateraler Strategien nicht immer wirksam entmündigen. Das Auftreten ideologischer Unilateralisten ist insbesondere in der amerikanischen Außenpolitik nicht ohne Folgen geblieben. Neben normativen Zielkonflikten zwischen isolationistisch bzw. internationalistisch argumentierenden Akteuren und diversen strategischen Kalkülen gibt es allerdings noch zwei weitere Dimensionen: Im Folgenden wird zunächst die *strategische*, anschließend die *normativ-ideologische* und schließlich die *funktionale* Dimension unilateralen Handelns beleuchtet.

3.4.2.1 Strategische Begründungen unilateralen Handelns

Zunächst soll die gewinnmaximierend-planerische Dimension unilateralen Handelns diskutiert werden. Dazu werden die drei oben entwickelten Idealtypen unilateralen Handelns jeweils in einem spieltheoretischen Modell strategischer Interaktionen abgebildet. Außerdem werden die Vergeltungsmöglichkeiten ausgelotet, die multilateral orientierten Akteuren in der Konfrontation mit strategischen Unilateralisten zur Verfügung stehen. Um das Verhalten von Staaten in einem systemischen Zusammenhang vereinfacht darstellen zu können, wird davon ausgegangen, dass ihnen in einer Interaktionssituation neben transnationalen Institutionen noch *ein* alternativer Pfad zur Interessendurchsetzung zur Verfügung steht[157]. In einer spieltheoretischen Reduktion der Handlungsspanne von Akteuren auf zwei Optionen – Multilateralismus und Unilateralismus – lässt sich in einem situationsstrukturellen Ansatz vereinfacht zeigen, aus welchen rationalen Impulsen und Motiven heraus auf unilateralistische Strategien zurückgegriffen wird bzw. mit welchen Kosten dabei gerechnet werden muss[158].

Alle gängigen *rational-choice*-Modelle der IB-Disziplin liefern Begründungen für unilaterales Vorgehen. In der Normalform strategischer Interaktion ist *kurzfristige* einseitige Kooperationsverweigerung (Defektion) geeignet, die Kooperationsergebnisse einseitig zu Lasten des Interaktionspartners zu verbessern[159]. Die Drohung mit Alleingängen erhöht u.U. die Einflusschancen. Dadurch werden multilaterale Strukturen nicht notwendig infrage gestellt, denn in den meisten Interaktionsstrukturen (Kollaborations-, Versicherungs- und Koordinationsspiele) verfügen die Interaktionspartner über effektive Vergeltungsmöglichkeiten, um Unilateralisten *mittel-* und *langfristig* wieder zu kooperativem Verhalten zu bewegen. Kooperationsverweigerung der einen Seite kann mit Kooperationsverweigerung der anderen wirkungsvoll sanktioniert werden. Generell können nur die *Reziprozitätserwartungen* der Beteiligten zur Begrenzung nichtkooperativer Verhaltensweisen führen. Eine hohe Interaktionsfrequenz verteuert langfristig die Kosten einer einseitigen Kooperationsverweigerung. Die Akteure sollten sich also in solchen Entscheidungssituationen, in denen die Interaktionspartner über wirksame Vergeltungsmöglichkeiten verfügen, der nachteiligen Resultate bewusst sein – zumal in einem multilateral geprägten Interaktionssystem, das diffuse Reziprozitätserwartungen maßgeblich befördert[160]. Die Androhung von Alleingängen eignet sich daher zuvorderst als *taktisches* Instrument, das nicht permanent gebraucht werden kann, weil es sonst unglaubwürdig und stumpf wird. Unilateralismus gegenüber sanktionsfähigen Akteuren taugt nicht als Strategie zur langfristigen Gewinnmaximierung.

---

[157] Vgl. *Lake/Powell* (1999).

[158] Vgl. zur spieltheoretischen Modellierung allgemein *Hargreaves Heap/Varoufakis* (2004), wo auch die Schwächen und Stärken des stark schematisierenden Modells einer rationalen Wahl nicht unerwähnt bleiben. Zur Verwertbarkeit des situationsstrukturellen Ansatzes in der IB-Disziplin vgl. insbesondere *Zürn* (1992), *Zangl/Zürn* (1994) sowie *Müller* (1995).

[159] Vgl. hierzu insbesondere *Knothe* (2002); allerdings wird mit denselben spieltheoretischen Modellierungen auch der Bedarf an multilateraler Steuerung zur Überwindung von langfristig auftretenden Kooperationsdilemmata begründet; vgl. dazu *Martin* (1993), die allerdings unter anderem das Rambo-Spiel nicht behandelt, und *Zürn* (1992).

[160] Vgl. dazu grundlegend *McKeown* (1993), *Martin* (1995), *Morrow* (1999) sowie *Zürn* (1992: 20f). Von Letztgenanntem wird die Wahrscheinlichkeit der Entstehung multilateraler Institutionen anhand der Struktur verschiedener Spielsituationen untersucht. Dauerhafte Kooperation und Institutionenbildung sei am wahrscheinlichsten in Koordinationsspielen ohne Verteilungskonflikt, weniger in Koordinationsspielen, die einen Verteilungskonflikt ausweisen, und in Dilemmaspielen schließlich kaum gegeben. In Rambo-Spiel-Situationen sei multilaterale Institutionalisierung nahezu ausgeschlossen. Diese Interpretation wird im Folgenden aufgegriffen.

Wie aber sieht es in Spielsituationen aus, wo Interaktionspartner keine effektiven Vergeltungsinstrumente besitzen? Ansatzpunkte dafür, dass Unilateralismus als dauerhaft Erfolg versprechende Handlungsweise identifiziert werden kann, sind im Überzeugungsspiel (*suasion game*), im daraus abgeleiteten Dominanzspiel, im Rambo-Spiel sowie im Blockadespiel nachweisbar[161]. Zunächst zu einer Situation, in der für beide Interaktionspartner die Motivation auf Dauer gestellten unilateralen Handelns ohne weiteres erkennbar ist. Im Blockadespiel wird durch die Vorfestlegung beider Akteure auf Unilateralismus als dominante Strategie eine Zusammenarbeit unmöglich gemacht. Keiner der Interaktionspartner hat Veranlassung zu oder Interesse an einem Strategiewechsel[162]. Das führt selbst bei dauerhafter Spielwiederholung zu permanenter Blockade.

Schaubild 1: Blockadespiel

		Akteur B	
		Multilateralismus	Unilateralismus*
Akteur A	Multilateralismus	**2;2**	**1;4**
	Unilateralismus*	**4;1**	**3;3******

* dominante Strategie
** Nash-Gleichgewicht

Eine so eindeutig anti-multilaterale Grunddisposition beider Akteure dürfte allerdings in der Realität nur selten, vor allem in brisanten und schwelenden Sicherheitskonflikten, festzustellen sein und birgt, weil Multilateralismus als Handlungsoption vollständig ausgeschlossen wird, für diese Arbeit nur geringen Erkenntnisgewinn. In den folgenden Situationen sollen daher drei Spielstrukturen diskutiert werden, in denen nur ein Akteur dauerhaft unilateralistisch agiert, während der Interaktionspartner einen multilateralen Kurs zu steuern geneigt ist. In den drei unten dargestellten Modellen verfügt ein Akteur (jeweils Akteur B) im Gegensatz zu seinem Interaktionspartner über Optionsmacht und kann zur Interessendurchsetzung auf Unilateralismus zurückgreifen. Im Überzeugungsspiel ist Akteur B strategisch indifferent, während Akteur A Multilateralismus gegenüber Unilateralismus eindeutig präferiert. Damit lassen sich für Akteur B Kooperationsmotive identifizieren, die dem Idealtypus attentistischen Unilateralismus entsprechen. Ein Strategiewechsel ist seinerseits durchaus möglich, wenn er von A durch Kooperationsverweige-

[161] Vgl. *Knothe* (2002).
[162] Vgl. unter anderem *Stein* (1993a: 66f).

rung davon „überzeugt" wird, dass Unilateralismus keine langfristig tragfähige Option darstellt. Der zurückhaltende Unilateralist reagiert auf Zurückweisung und bleibt tendenziell offen für multilaterale Kooperation. Es ist jedoch zweifelhaft inwieweit Akteur A die ihm zur Verfügung stehenden Zwangsmittel tatsächlich einsetzen würde, um sein Gegenüber zu kooperativen Verhalten zu erziehen[163].

Schaubild 2: Überzeugungsspiel (attentistischer Unilateralismustyp)

	Akteur B Multilateralismus	**Akteur B** Unilateralismus
Akteur A Multilateralismus*	**4;3****	**3;4****
Akteur A Unilateralismus	**2;2**	**1;1**

* dominante Strategie
** Nash-Gleichgewicht

Noch vorteilhafter gestaltet sich die Ausgangsposition des unilateral agierenden Spielers in Modellen, in denen Unilateralismus und Multilateralismus als konfliktive Strategien verfolgt werden, ohne dass ein Interessenausgleich oder Strategiewechsel der Akteure möglich (oder notwendig) erscheint. Bedingt durch die Spielstrukturen, stehen in den folgenden beiden Interaktionsmodellen keine instrumentellen Mittel zur Verfügung, um einen dauerhaften unilateralen Kooperationsverweigerer, der Alleingänge glaubhaft androhen kann, ohne Verluste befürchten zu müssen, zu einem anderen Verhalten bewegen zu können. Dort lassen sich also auch permanent defektierende Handlungsstrategien rational begründen. Im Dominanzspiel und im Rambo-Spiel stehen sich zwei auf gegenläufige Strategien festgelegte Akteure gegenüber. Das Dilemma, dem Spieler A ausgesetzt ist, besteht darin, dass er multilaterales Handeln eindeutig bevorzugt und selbst kurzfristig den taktisch motivierten Strategiewechsel hin zu einseitiger Kooperationsverweigerung nicht mehr rational begründen kann. Im Dominanzspiel ist es für Akteur A unmöglich, eine Veränderung der Lage zu seinen Gunsten herbeizuführen. Er vermag keinerlei Zwang auf B auszuüben, so dass dieser nicht von einem Strategiewechsel überzeugt bzw. für sein unilaterales Handeln gemaßregelt werden kann.

---

[163] Er müsste dazu nämlich von seiner präferierten Strategie abweichen, die ihm immerhin die beiden besten Ergebnisse beschert (MM und MU), und ließe damit zwischenzeitlich mögliche Interaktionsgewinne ungenutzt. Somit wird er Überzeugungsversuche (Kooperationsverweigerung) nur unternehmen, wenn sein Interaktionspartner permanent unilateral agiert.

Schaubild 3: Dominanzspiel (aktivistischer Unilateralismustyp)

		Akteur B	
		Multilateralismus	Unilateralismus*
Akteur A	Multilateralismus*	**4;3**	**3;4******
	Unilateralismus	**2;1**	**1;2**

* dominante Strategie
** Nash-Gleichgewicht

Während im Dominanzspiel der Idealtypus aktivistischen Unilateralismus abgebildet werden kann, der die multilaterale Option zumindest nicht gänzlich ausschließt, bietet die Gewinnverteilung im Rambo-Spiel die Möglichkeit, den Interaktionsrahmen intervenierender Alleingänge abzubilden. Das Rambo-Spiel zeigt eine Interaktionsstruktur, in der Unilateralismus ungeachtet der Strategien anderer Akteure verfolgt werden kann.

Schaubild 4: Rambo-Spiel (intervenierender Unilateralismustyp)

		Akteur B	
		Multilateralismus	Unilateralismus*
Akteur A	Multilateralismus*	**4;2**	**3;4******
	Unilateralismus	**2;1**	**1;3**

* dominante Strategie
** Nash-Gleichgewicht

Die Präferenzen des strategischen Unilateralisten schließen eine Kooperationsbeziehung vollständig aus. Er zieht in jedem Fall den Alleingang vor, ohne dass sein Interaktionspartner durch dieses Verhalten von seiner Kooperationsneigung abgebracht wird. Die Spielstrukturen im Dominanzspiel und im Rambo-Spiel illustrieren damit einerseits die Machtstellung eines über Optionsmacht verfügenden und zur Erreichung seiner Ziele nicht auf Kooperation angewiesenen Akteurs. Sie verdeutlichen jedoch andererseits das Handlungsdilemma, in dem eindeutig multilateral festgelegte Akteure stecken, die mit selbstreferentiell agierenden und nicht lernbereiten Interaktionspartnern konfrontiert sind. Auf multilaterale Zusammenarbeit zielende Akteure können in diesen Situationen Alleingänge ihrer Interaktionspartner nicht vergelten. Ihre Reziprozitätserwartungen werden permanent enttäuscht. Vergeltungsmaßnahmen erscheinen nicht rational begründbar und hätten überdies keine Verhaltensänderung beim unilateralismusfixierten Gegenüber zur Folge. Aus diesen Spielkonstellationen können also strategische Handlungsimpulse abgeleitet werden, die Unilateralismus zu einem langfristig tragfähigen Vorgehen in internationalen Interaktionen machen.

Für das hier verfolgte Erkenntnisinteresse sind diese spieltheoretischen Erklärungen unilateraler Impulse aus drei Gründen von hoher Relevanz: 1. wurden Interaktionsstrukturen skizziert, in denen gegenläufiges Akteurshandeln (multilaterales vs. eigenmächtiges) dauerhaft in einem stabilen Gleichgewicht *koexistieren* können, ohne dass es zum Zusammenbruch der Beziehung kommt, 2. wurde gezeigt, dass strategische Unilateralisten von der Bereitschaft anderer zu multilateraler Einbindung sogar profitieren können, ohne Gegenleistungen versprechen zu müssen[164]. Schließlich werden 3. durch die angeführten Spielsituationen wichtige Hinweise auf die Bedingungen geliefert, unter denen eine aggressive Unilateralismusstrategie nicht, wie es angesichts permanenter Enttäuschung der Reziprozitätserwartungen nahe liegen würde, zum völligen Zusammenbruch der Kooperationsbeziehungen führt. Interaktionsbeziehungen können also u.U. trotz fehlender Interessengemeinschaft stabil fortgesetzt werden, wenn bei einem Interaktionspartner eine eindeutige Fixierung auf eine multilaterale Strategie festzustellen ist, die es ihm erlaubt eine Missachtung multilateraler Arrangements durch andere Akteure zu tolerieren. Die Einstellung klar multilateralistisch orientierter Akteure wird von der Rücksichtslosigkeit ihrer Interaktionspartnern nicht notwendig infrage gestellt. Alleingänge führen nicht zwingend zur Beendigung multilateraler Beziehungssysteme[165], wenn diePräferenzordnung der anderen Seite davon unberührt bleibt. Dennoch erscheint es nicht ausgeschlossen, dass sich die Wahrnehmungen der Akteure in einem Interaktionszusammenhang, der durch permanente Eigenmächtigkeiten und fehlende Rücksichtnahme geprägt ist, langfristig erheblich verändern werden[166]. Mit strategischen Unilateralisten konfrontierte Staaten könnten ihre Präfe-

---

[164] Der einen strategischen Unilateralismusansatz verfolgende Akteur ist damit, wie etwa die USA im Prozess internationaler Klimaschutzverhandlungen oder in einigen Nonproliferationsregimen, ein außerinstitutioneller *free-rider*. Er kann ein durch multilaterale Kooperation bereitgestelltes Gut konsumieren, ohne dafür selbst etwas leisten zu müssen bzw. von anderen zu materiellen „Deckungsbeiträgen" gezwungen werden zu können.

[165] Im übrigen sei noch einmal darauf hingewiesen, dass Multilateralismus definitionsgemäß mehr als zwei Interaktionsteilnehmer umfasst, so dass Alleingänge eines Akteurs die Kooperationserwartungen anderer Staaten ohnehin nur mittelbar tangieren dürfte, weil sie die Gewinnerwartung des gesamten Kooperationssystems auch unberührt lassen können. Der Unilateralismus eines Mitglieds beeinträchtigt die Nutzenerwartung anderer Staaten an eine Institution nicht zwingend, es sei denn, es handelt sich dabei um einen zentralen Akteur.

[166] Vgl. *Stein* (1993b).

renz für multilaterale Optionen überdenken. Die grundsätzliche Wandelbarkeit von Akteurspräferenzen unterstellend, dürfen die strategischen Motive nicht überbewertet werden. Gleichwohl war der Nachweis wichtig, dass Unilateralismus in gewissen Konstellationen eine rationale und für die Interessendurchsetzung *unschädliche* Interaktionsstrategie darstellen kann. Es fällt nicht schwer, Beziehungszusammenhänge im internationalen System zu identifizieren, in denen Staaten trotz gegenläufiger strategischer Präferenzen dennoch ein stabiles Interaktionsgleichgewicht erreichen; nicht zuletzt weisen die Interaktionsfelder, auf denen die empirischen Fallstudien dieser Arbeit vorgenommen werden, diese Struktur auf. Entscheidend war der Nachweis, dass Konstellationen, in denen unilateral und multilateral orientierte Handlungsmuster aufeinandertreffen, nicht ausschließlich auf Fehlwahrnehmungen und Missverständnisse zurückzuführen sind, sondern das dauerhaft stabile Ergebnis strategischer Interaktionen darstellen können. Ein Akteur vermag auf Dauer unilateralistisch zu agieren, ohne um das Kooperationsende fürchten zu müssen, wenn seine Interaktionspartner – aus welchen Gründen auch immer – auf multilaterale Handlungsmuster festgelegt sind.

Die Schwächen spieltheoretischer Modellierung bei der Außenpolitikanalyse von Staaten sind gleichwohl bekannt[167]. Rationalitätsbasierte Erklärungsansätze auf systemischer Ebene laufen immer Gefahr, die strategischen Interaktionsmotive überzugewichten[168]. Für ein vertieftes Verständnis unilateraler Phänomene müssen deshalb neben den strategischen Impulsen noch die subsystemischen Einflussfaktoren, also die konkreten Entstehungsbedingungen und die ideologischen Motive eigenmächtiger Außenpolitikformulierung in nationalen Entscheidungssystemen analysiert werden. Unilateralistische Politik wird nicht allein aus rational-strategischen Kalkülen heraus formuliert, sondern dürfte im Regelfall das Ergebnis komplexer Motivüberlagerung darstellen. Deshalb muss neben den strategischen Bedingungen internationaler Interaktionen die nationale Entscheidungsarena in den Fokus der Betrachtung gerückt werden.

3.4.2.2 Unilateralismus als ideologisches Programm: Die Souveränitätsfrage

Dabei geht es zunächst um normativ-ideologische Impulse. Die Betonung souveräner Steuerungsansprüche spielt bei der Formulierung selbstreferentieller Außenpo-

---

[167] Kurz zusammengefasst, sind folgende Mängel anzuführen: 1. werden Staaten als einheitlich auftretende Akteure behandelt, so dass Entscheidungsprozesse auf der nationalen Ebene weitgehend ausgeblendet bleiben- Ansätze einer rationalen Wahl übergewichten daher die Erwartungssicherheit der Akteure und vernachlässigen kommunikative Aspekte und mögliche Missverständnisse von Interaktionsbeziehungen. 2. eignen sich die Modelle kaum, strategische institutionalisierten Multilateralismus, der ja mindestens drei Akteure umfasst, zu analysieren. 3. bildet die dichotomische Beschränkung auf zwei Handlungsoptionen die Vielfalt der Akteuren zur Verfügung stehenden Handlungsmöglichkeiten nur unzureichend ab. 4. schließlich werden Wechselwirkungen und Überlagerungen zwischen nationalen und transnationalen Entscheidungsarenen ausgeblendet; vgl. *Müller* (1995), *Keck* (1995) sowie *Plümper* (1995).

[168] Vgl. *Keohane* (1998: 89).

litik eine entscheidende Rolle, wenn diese das Ergebnis von Präferenzbildungsprozessen innerhalb des politischen Entscheidungssystems, in denen die Beurteilung multilateraler Zusammenarbeit von innenpolitischen Erwägungen überlagert wird. Auch wenn das öffentliche Interesse an außenpolitischen Themen im allgemeinen niedrig ausfällt, können Zerrbilder und Fehlwahrnehmungen, aber auch die Furcht vor dem Verlust der Unabhängigkeit oder drohender Übersteuerung zu einer deutlichen Ablehnung internationaler Einbindung führen. Es ist auffällig, dass multilateralen Institutionen in politischen Auseinandersetzungen insgesamt deutlich geringerer Respekt entgegengebracht wird als nationalen[169]. In der Öffentlichkeit sind Ressentiments und Widerstand gegen internationale Institutionen oft leicht zu schüren, wenn eine Schädigung oder mangelnde Berücksichtigung nationaler Interessen vorliegt oder suggeriert werden kann. Transnationale Institutionen sind, wenn sie keine Fürsprecher finden, leicht an den Pranger zu stellen.

Die ideologisch-normative Dimension unilateralen Handelns weist auf einen tiefliegenden Wertedissens im internationalen System hin[170]. Dabei umfasst sie drei zentrale Aspekte: 1. die (nicht unberechtigte) Furcht, nationale Interessen bei einer Mitwirkung in institutionellen Arrangements hintanstellen zu müssen, 2. einen von Staaten (bzw. den ihre Außenpolitik prägenden Einflusskoalitionen) geäußerten nationalen Interpretationsvorbehalt gegenüber den Ergebnissen multilateraler Zusammenarbeit sowie 3. einen exzeptionellen Anspruch auf stärkere Berücksichtigung eigener Werte, Interessen und Ziele in transnationalen Interaktionen. In allen drei Aspekten geht es um die mangelnde Bereitschaft, Macht multilateral zu teilen bzw. nationale Gestaltungsansprüche im Rahmen von zwischenstaatlichen Interaktionen einzuschränken. Institutionen werden als Beschneidung des eigenen außenpolitischen Handlungsspielraums wahrgenommen. Tatsächlich können Institutionen von interessierter Seite leicht der Verletzung nationaler Souveränität bezichtigt werden[171]. Reserviertheit kann auch, wie in der US-Politik gegenüber dem sich etablierenden Internationalen Strafgerichtshof besonders deutlich geworden ist[172], in einen aggressiven Kampf gegen multilaterale Abkommen münden, die als Angriff auf nationale Hoheitsrechte empfunden werden. Unilateralismus wäre in diesem Zusammenhang als Selbstbehauptungsansatz zu charakterisieren, der sich in der Zurückweisung institutionalisierter Regelungsansprüche bzw. in einem stark instrumentellen Multilateralismusverständnis niederschlägt. Wenn staatliche Unabhängigkeit und Entscheidungshoheit betont werden, manifestiert sich nicht nur Misstrauen in die Lösungsfähigkeit multilateraler Arrangements. Vielmehr wird damit auch dokumentiert, eigene Gestaltungsansprüche nicht einschränken und politische Ziele falls nötig auch gegen erhebliche Widerstände anderer Akteure durchsetzen zu wollen.

---

[169] Vgl. *Barnett/Finnemore* (1999) sowie *Kratochwil* (2000: 58).
[170] Vgl. *Sands* (2000).
[171] Vgl. *Jackson* (1997) sowie *Dembinski* (2002).
[172] Vgl. unter anderem *Brown* (2002), *Nolte* (2003) sowie *Orentlicher* (2004).

Die Ablehnung institutioneller Verpflichtungen oder der Rückzug aus multilateraler Zusammenarbeit kann allerdings nicht nur funktionale Gründe haben. Eine Aufkündigung zwischenstaatlicher Kooperation erfolgt nicht nur bei unbefriedigenden Interaktionsergebnissen, sie ist mitunter auch ein ideologisch motiviertes Außenpolitikkonzept. Gerade die von einer grundlegenden Suprematie der USA im internationalen System ausgehende Argumentation der amerikanischen *Neocons* hat Unilateralismus zum Kern einer von Sendungsbewusstsein getragenen Außenpolitik erhoben. Unilateralismus wird von ihnen als selbstverständliche Kommunikationsstrategie einer selbstgewissen Supermacht, Multilateralismus dagegen vordergründig als störende Beschränkung, nicht als hegemoniale Gestaltungschance angesehen[173]. Fehlende Bereitschaft zu multilateraler Machtteilung, mangelnde Rücksichtnahme auf andere, das Beharren auf Entscheidungssouveränität und regulativer Eigenständigkeit sowie die Zurückweisung multilateraler Konformitätszwänge sind allerdings auch EU-Staaten nicht fremd[174].

3.4.2.3 Unilateralismus als Ergebnis von Entscheidungsblockaden

Die dritte, funktionale, Dimension des Unilateralismus zielt auf Akteurskonstellationen in multilateralen wie nationalen Entscheidungsprozessen, die Impulse für Eigenmächtigkeiten generieren. Unilateralismus lässt sich in diesem Zusammenhang nicht als ideologische oder imperiale Selbstbehauptungsstrategie, sondern als Ausfluss von Entscheidungsprozessen bzw. Blockaden zwischen außenpolitischen Entscheidungsträgern charakterisieren. Auf nationaler Ebene kann grundsätzlich differenziert werden zwischen Befürwortern und Gegnern transnationaler Einbindung. Letztere befürchten im Rahmen einer multilateralen Institutionalisierung Nachteile für ihre Entscheidungsbefugnisse und sind deshalb gehalten, Souveränitätsaspekte argumentativ ins Feld zu führen. Ihnen gegenüber stehen im Entscheidungssystem Akteure, die im Zuge transnationaler Kooperation eine Stärkung ihrer Position erwarten dürfen. Die Befolgung multilateraler Regeln macht Verhaltensanpassungen erforderlich, die von einigen als gefährlich angesehen werden – dies gilt in erster Linie für Akteure, die im Zuge einer multilateralen Übersteuerung vermutlich einen Machtverlust hinnehmen müssen, also besonders für die Legislative. Wenn die Exekutive aus Sicht der Legislative durch ein zu starkes internationales Engagement ihren Gestaltungsspielraum überdehnt hat, könnte legislativer Aktionismus als Versuch interpretiert werden, die Exekutive wieder an die kurze Leine zu legen[175]. Die Frage nach den Kosten multilateraler Selbstbindung wird damit zu einer Machtfrage im nationalen Entscheidungssystem. Im Hinblick auf Unilateralismus in der US-Außenpolitik ist wiederholt auf das Spannungsfeld zwischen den vergleichsweise

---

[173] Vgl. insbesondere *Daalder/Lindsay* (2003) sowie *Prestowitz* (2003).

[174] Vgl. unter anderem die von *Calster* (2000) als Unilateralismus bezeichneten Regelungen der EU für gentechnisch manipulierte Nahrungsmittel. Dort werden regulative Pflöcke eingeschlagen, die andere Anbieter diskriminieren.

[175] Dazu insbesondere *Martin* (2000).

großen legislativen Partizipationsmöglichkeiten und den dadurch verursachten Komplikationen für multilateral orientierte Politikansätze hingewiesen worden[176].

Offen ausgetragene Konflikte und innenpolitische Entscheidungsblockaden erhöhen die Wahrscheinlichkeit, dass unilateralistische Außenpolitik formuliert und implementiert wird. Stark dezentralisierte und fragmentierte Interessen, einhergehend mit Streit zwischen Legislative und Exekutive, dürften zu außenpolitischer Inkonsistentz und Indifferenz gegenüber multilateraler Einbindung führen, nicht zuletzt, weil die Außenpolitikagenda von Binneninteressen überlagert zu werden droht[177]. Durch eine starke Fixierung des Außenpolitikdiskurses auf nationale Belange wird die Position exekutiver Akteure in transnationalen Verhandlungsprozessen erheblich geschwächt, weil konfliktmindernde *bargaining*-Instrumente nur unzureichend zur Verfügung stehen. Wenn aus einer verengten Festlegung nationaler Interessen heraus multilaterale Verpflichtungen von vornherein abgelehnt werden oder das institutionelle Engagement von Staaten einer sehr strikten Konditionalitätserwartung unterworfen ist, werden unilaterale Ansätze wahrscheinlicher. Blockaden im Entscheidungssystem können eine internationalistische Selbstverpflichtung entscheidend hemmen.

Neben der nationalen Ebene gilt es, auch noch auf die durch Institutionen geschaffenen Anreize zu unilateralem Verhalten hinzuweisen. Wie bereits ausführlich dargelegt, erhöhen robuste Institutionen die mit selbstbezüglicher Machtdurchsetzung verbundenen Kosten, dysfunktionale Organisationen werden dagegen vor allem von dominanten Staaten bzw. den in ihnen maßgeblichen Einflusskoalitionen auf ihren Gebrauchswert hinterfragt[178]. Die Abwanderungsbereitschaft, also der Rückzug aus Institutionen, scheint gerade wichtigen Akteuren ein geeignetes Instrument zur Verbesserung multilateraler Interaktionsergebnisse[179]. Zudem kann taktisch eingesetzter Unilateralismus die Ergebnisse strategischer Interaktionen zumindest kurzfristig verbessern. Weil sie einem nationalstaatlichen Interpretationsvorbehalt unterworfen bleiben, kann die Ineffizienz von transnationalen Organisationen oder Regimen also auf diese zurückfallen – in Form von Attentismus bzw. eigenmächtiger Regelsetzung der Mitglieder. Insofern dürften Institutionen, die aufgrund schlechter Leistungsevaluation den Respekt ihrer Mitglieder verlieren, die Unilateralismusbereitschaft signifikant erhöhen.

3.4.3 Kosten unilateralen Handelns

Schließlich soll noch einmal kurz auf die mit unilateralen Handlungen verbundenen Kosten eingegangen werden. Diese Erörterung kann sich nicht allein auf eine situationsstrukturelle Betrachtung beschränken. Trotz der oben dargestellten spieltheo-

---

[176] Vgl. insbesondere *Kubbig/Dembinski/Kelle* (2000), *Dembinski* (2002) sowie die Beiträge in *Patrick/Forman* (2002), *Malone/Khong* (2003) sowie *Foot/MacFarlane/Mastanduno* (2003).

[177] Dazu insbesondere *Milner* (1997).

[178] Vgl. *Foot/MacFarlane/Mastanduno* (2003).

[179] Vgl. *Hirschman* (1974).

retischen Situationen, die wegen mangelnder Vergeltungsmöglichkeiten einen weitgehend folgenlosen Gebrauchs unilateraler Instrumente suggerieren, darf nämlich davon ausgegangen werden, dass praktisch implementierter Unilateralismus in immer stärkerem Maße, vor allem wenn er direkt intervenierend gegen die institutionelle Einbindung in oder Anpassung an internationale Organisationen gerichtet ist, auf den Verursacher zurückfällt. Selbstreferentielle Außenpolitik führt, wenn dadurch multilaterale Institutionen umgangen oder geschädigt werden, zu Nebenkosten. In einem Umfeld, das nur einen geringen Interdependenzgrad und/oder nur schwache Institutionalisierungstendenzen aufweist, ist Unilateralismus (trotz des damit verbundenen Ansehensverlusts) jedoch ein naheliegendes außenpolitisches Instrument, weil die Kosten nicht schwer wiegen dürften.

Angesichts der Proliferation transnationaler Institutionen steigt der Druck, an Kooperationsbeziehungen zu partizipieren und sich regelkonform zu verhalten. Unilaterales Verhalten verletzt den normativen Erwartungsrahmen eines stark multilateral geprägten Beziehungsgeflechts. Es beschädigt außerdem die Reziprozitätserwartungen von (potentiellen) Partnern und führt zu Verteilungskonflikten und bei fortgesetzter Kooperationsverweigerung zum Rückgang hegemonialer Reputation. Dadurch dürften Vergeltungsstrategien anderer Akteure hervorgerufen werden. Freilich muss offen bleiben, inwiefern Unilateralisten davon erreicht werden, also etwa zu einer Verhaltensänderung gedrängt werden können. Als entscheidend für die Durchsetzungsfähigkeit von Vergeltungsmaßnahmen anderer Staaten muss die Angewiesenheit eines unilateral handelnden Akteurs auf gemeinsame Politiksteuerung angesehen werden. Hier stehen also die Folgewirkungen von komplexer Abhängigkeit im Mittelpunkt. Wer autark zu entscheiden vermag, kann auf die bei Interdependenz notwendig werdende Rücksichtnahme auf die Interessen anderer leichter verzichten. Indes ist eine Situation imperialen Solipsismus bei keinem Akteur internationaler Politik festzustellen. Stattdessen etabliert Interdependenz in vielen Politikfeldern Anpassungszwänge, die von politischen Entscheidungsträgern nicht folgenlos ignoriert werden können. Zwar ist es bis zu einem gewissen Grad möglich, sich multilateralen Zwängen zu entziehen, allerdings bewirkt Interdependenz, wenn auch nicht geradlinig und unmittelbar, die Verteuerung unilateraler Politikansätze. In einem Zustand komplexer Abhängigkeit scheinen eigenmächtiger Attentismus und rücksichtsloser Interventionismus wegen der gestiegenen Mitgestaltungsmöglichkeiten anderer Akteure auf Dauer zum Scheitern verurteilt. Institutionalisierte Interdependenz verteuert eigenmächtiges Handeln nachhaltig. Bei starker Interessenkonvergenz darf unter *allen* Akteuren ein großes Interesse an gemeinsamer Politiksteuerung vermutet werden, ebenso ein grundsätzliches Interesse an funktionsfähigen, effektiven Institutionen.

3.4.4 Eingebetteter Unilateralismus

Wie aber lässt sich vor dem eben skizzierten Hintergrund das Auftreten selbstreferentieller Politikansätze auf Interaktionsfeldern erklären, die durch starke Multilateralisierungstendenzen geprägt sind? Weshalb ist der Beobachter auch dort mit Unilateralismus konfrontiert, wo die Kosten für dieses Verhalten vergleichsweise hoch ausfallen? Zur Beantwortung dieser Fragen ist zunächst einmal auf Situationen zu verweisen, in denen es Akteuren nicht gelingt, die mit Unilateralismus verbundenen Kosten im nationalen Entscheidungssystem im Vorfeld deutlich herauszustellen bzw. in denen die Wirkung der multilateralen Kostenstruktur auf nationale Entscheidungsprozesse eher abstrakt bleibt. Tatsächlich ist nicht von einer *unmittelbaren* Rückkopplung der transnational anfallenden Kosten auf die Außenpolitikformulierung auszugehen. Die interdependenten Interaktionen zugrundeliegenden strategischen Kalküle werden im nationalen Entscheidungsprozeß nur bedingt wahrgenommen, weil einbindende Zwänge oft aus ideologischen Gründen abgelehnt werden. Unilateralismus wäre damit wahlweise als taktisches Instrument, als Folge einer Überschätzung eigener Machtpotentiale, als „blinde“ ideologisch motivierte Selbstbehauptung oder als Resultat multilateraler Fehlwahrnehmungen zu interpretieren. Doch diese Erklärungen bleiben unbefriedigend, weil sie es versäumen, die Profiteure unilateralen Handelns eindeutig zu identifizieren. In dieser Arbeit wird daher versucht, eigenmächtige Politik im Zustand institutionalisierter Interdependenz als Ergebnis eines funktionalen politischen Anpassungsprozesses darzustellen.

Eingebetteter Unilateralismus soll, so meine Argumentation, Erwartungshaltungen und Handlungsverpflichtungen in unterschiedlichen Interaktionskontexten bedienen und lässt sich zuvorderst mit Motiven der Schuldvermeidung (*blame avoidance*) erklären[180]. Die Exekutive kann durch einen zunächst opportunistischen Kurs nationalen Entscheidungsimpulsen nachgeben, gleichzeitig jedoch auf die einbindende Wirkung transnationaler Institutionalisierung vertrauen. Eingebetteter Unilateralismus vermag die (isolationistisch-nationalistisch gefärbte) Erwartungshaltung bestimmter Einflussgruppen zu befriedigen, ohne dass damit eine unmittelbare Schädigung internationaler Institutionen verbunden sein muss. Dieser Ansatz folgt keinem ideologischen Programm, sondern ist Ausdruck des Bemühens exekutiver Akteure, „unbequeme“ Interessenformationen auf nationaler Ebene zu befriedigen, indem ihren Forderungen vorübergehend nachgegeben wird. Nationale Konflikte werden zunächst auf die multilaterale Ebene „exportiert“, um im heimischen Entscheidungssystem Schuldzuweisungen zu vermeiden. Wo durch fortgeschrittene Institutionalisierung und ein hohes Maß gegenseitiger multilateraler Abhängigkeit externe Akteure über effektive Vergeltungschancen verfügen, besteht aber im Gegenzug die Möglichkeit, zuhause Unterstützung für multilaterale *compliance* zu organisieren. Nationales Entscheidungssystem und multilaterale Interaktionen sind durch kommunizierende Röhren verbunden und entwickeln verkoppelte Rückwirkungsmechanismen, die durch exekutive Akteure politisch ausgebeutet werden können.

Die Implementation unilateraler Ansätze durch die Exekutive fällt meist nur halbherzig aus, wenn auf multilateraler Ebene hohe Kosten zu gewärtigen sind.

[180] Vgl. zu *blame avoidance*-Strategien vor allem *Weaver* (1986).

Vermutet werden darf, dass die Verantwortlichen sich in diesen Fällen verstärkt um außenpolitische Schadensbegrenzung bemüht zeigen. Die von exekutiven Akteuren angestrebte Demonstration von Handlungsfähigkeit bzw. die Befriedigung isolationistischer oder protektionistischer Interessen muss also nicht notwendig im Widerspruch zu einer ebenfalls angestrebten multilateralen Selbstbindung stehen, scheint diese doch gut geeignet, im politischen Entscheidungssystem zur Einbindung und Überwindung nationalistischer Kräfte beizutragen. Effektive und als nützlich angesehene multilaterale Institutionen stellen exekutiven Akteuren institutionalisierte Ausreden und Entschuldigungen für (unumgänglich werdende) Anpassungsleistungen zur Verfügung. Wo die Nichtbefolgung multilateraler Regeln teuer wird, können unilaterale Politikansätze nicht lange durchgehalten werden. Der durch zurückgehende Steuerungsoptionen oder drohende Sanktionsmaßnahmen erzeugte Anpassungsdruck wird also von der multilateralen Entscheidungsarena in das nationale Entscheidungssystem „importiert“.

Zwischenstaatliche Kooperationsstrukturen können entscheidend dabei helfen, die Kosten unilateralen Verhaltens im Entscheidungssystem spürbar zu machen. Dabei kann neben funktionalen eben auch auf normative Verpflichtungsmechanismen zurückgegriffen werden[181]. Durch die Rückwirkung auf nationale Präferenzbildungsprozesse wird eine Mobilisierung von internationalistisch orientierten Interessengruppen möglich und – bei hohen Kosten – sogar wahrscheinlich. Denn die Nichtpartizipation an Institutionen, die anderen Akteuren Vorteile verschaffen oder transnationale Koordinationsprobleme effektiv zu lösen versprechen, bzw. die Vergeltungsmaßnahmen anderer Staaten verursachende Nichtbefolgung multilateraler Regeln wachsen sich zu Problemen aus, von denen zahlreiche Interessengruppen betroffen sind. Diese Problembetroffenheit kann den *compliance*-Druck auf Entscheidungsträger entscheidend verstärken. Exekutive Akteure befinden sich, wie Untersuchungen mit Zwei-Ebenen-Ansätzen gezeigt haben[182], in einer privilegierten Position, wenn multilateraler Druck in nationale Handlungszwänge transformiert wird. Sie sind Grenzstellenakteure, die in *beiden* Entscheidungsarenen Handlungszwänge instrumentalisieren können.

In einem stark interdependenten Umfeld können die Reaktionen der von Unilateralismus betroffenen externen Akteure von der Exekutive gut antizipiert werden[183]. Selbstbezügliche Alleingänge werden in einem Umfeld fortgeschrittener Institutionalisierung beim Ausbleiben deeskalativer Signale wahrscheinlich Vergeltungsmaßnahmen hervorrufen, die ihrerseits die Exekutive zum Handeln zwingen. Zwischenstaatliche Konflikte setzen gegebenenfalls auch institutionelle Prozesse zur Streitschlichtung in Gang, durch die Sanktionen gegen multilaterale Illoyalität legitimiert werden – schließlich helfen transnationale Entscheidungsarenen bei der

---

[181] Vgl. *Cortell/Davis* (1996 und 2000).
[182] Vgl. unter anderem *Iida* (1993) und *Snidal/Thompson* (2003).
[183] Vgl. bezogen auf die Handelspolitik mit einem hohen Interdependenzniveau *Stein* (2003: 120f).

Beilegung von Disputen effektiver als zwischenstaatliche Vereinbarungen[184]. Im Falle hoher gemeinsamer Problembetroffenheit bildet Multilateralismus somit einen berechenbaren Vergeltungsrahmen, in dem die Auswirkungen eigenmächtiger Politik wirkungsvoll eingegrenzt werden können. Die Kalkulierbarkeit von Vergeltungsmaßnahmen gibt der Exekutive die Möglichkeit, in transnationalen Konflikten als deeskalativ auftretender Moderator aufzutreten.

Eingebetteter Unilateralismus wird in diesem Zusammenhang verstanden als Ausdruck eines symbolischen, durch Schuldvermeidung motivierten Aktionismus, mit dem exekutive Akteure – im Vertrauen auf den einhegenden Zwang multilateraler Institutionen – vorübergehend auf Forderungen nach einer die eigenen Interessen in den Vordergrund stellenden Außenpolitik eingehen, um ihren Gegenspielern argumentativ Wind aus den Segeln zu nehmen. Mit eingebettetem Unilateralismus kann politischer Druck, der im nationalen Entscheidungssystem entstanden ist, durch die selbstreferentielle Betonung von Souveränität externalisiert, im Gegenzug aber auch kanalisiert werden. Die multilateralen Folgekosten können später aber auch wirkungsvoll internalisiert werden, um Entscheidungsblockaden aufzubrechen und Gegner multilateraler Einbindung, denen zuvor Entgegenkommen signalisiert wurde, zu disziplinieren. Die drohenden Belastungen durch Reaktionen externer Akteure sind prognostizierbar und dürften vermutlich zumindest von Seiten der Exekutive eingepreist sein[185]. Eingebetteter Unilateralismus erweist sich damit als außenpolitisches Sicherheitsventil, durch das Druck aus dem Entscheidungssystem abgelassen werden kann, ohne die Stabilität multilateraler Interaktionen nachhaltig zu gefährden oder aufzugeben. Mit einer solchen Politik wird auf Forderungen nach nationaler Selbstbestimmung responsiv reagiert und gleichzeitig auf die einhegenden Zwänge multilateraler Bindung vertrauDerartige unilaterale Symbolpolitik scheint besonders gut geeignet, um das exekutive *win-set* nach innen doppelt zu stärken: Durch die Verfolgung unilateraler Politik werden anti-multilaterale Kräfte – in der Legislative oder u.U. auch in der Exekutive – zunächst zufriedengestellt, gleichzeitig aber transnational-institutionalisierte Restriktionen genutzt, um dieselben Stimmungen zu disziplinieren. Die unilaterale Karte wird zur Organisation von Unterstützung nur im internen Machtspiel gezückt, ohne sie tatsächlich ernsthaft multilateral spielen zu wollen. Unilateralismus räumt damit Chancen ein, nationalen Konflikte über Außenpolitik dilatorisch zu entschärfen und erhöht die exekutive Flexibilität im Umgang mit isolationistischen Kräften. Durch eine Betonung eigenmächtiger Ansätze wird die Zustimmung dieser Kräfte erkauft. Durch den Verweis auf die bei einer Eskalation internationaler Konflikte zu erwartenden Kosten kann aber andererseits auch zu einem späteren Zeitpunkt, wenn Anpassungsmaßnahmen unumgänglich sind, Widerstand

---

[184] Vgl. *Abbott/Snidal* (2000) sowie *Keohane/Moravcsik/Slaughter* (2000). Gegen diese Argumentation, die einen multilateralen Erfolgsautomatismus bei der Streitschlichtung suggeriert, wenden sich mit empirischen Beispielen aus der WTO *Busch/Reinhardt* (2005).

[185] Vgl. zur zentralen Rolle exekutiver Akteure und deren Kostenkalkül in transnationalen Konflikten vor allem *Reinhard* (2003).

gezähmt werden. Gerade bei einem hohen Maß institutioneller Verbindlichkeit darf ein großes exekutives Interesse am Fortbestehen multilateraler Interaktionsstrukturen vermutet werden. Insofern stellt eingebetteter Unilateralismus eine Option zur Überwindung von Blockaden im nationalen Entscheidungssystem dar, gleichzeitig allerdings auch eine ritualisierte Form der Simulation nationaler Entscheidungshoheit. Die sich überlagernden Zwänge von Interdependenz und Multilateralismus ermöglichen Exekutiven Selbstbindung, ohne dass die dabei Verwendung findenden „Fesseln" (in Form von institutionalisierten Ausreden) vordergründig sichtbar wären. Auf sie kann aber zu gegebener Zeit, bei fälligen und durch andere Staaten erzwungenen *compliance*-Leistungen zurückgegriffen werden.

Tatsächlich darf ein hohes Interesse exekutiver Akteure an einer Situation vermutet werden, in dem ihre Handlungsmöglichkeiten gegenüber Legislative und Interessengruppen als gebunden und eingeschränkt *erscheinen*, faktisch aber relativ große Entscheidungsautonomie besteht[186]. Die *politische* Instrumentalisierbarkeit institutionalisierter Handlungszwänge durch die Exekutive muss m.E. als eigentlicher Kern multilateral-institutioneller Verpflichtungskraft angesehen werden. Im Rahmen multilateraler Regelwerke eingegangene institutionelle Verpflichtungen werden gegenüber der Legislative und heimischen Interessengruppen als unabwendbarer Handlungszwang dargestellt. Das auf multilateraler Ebene zu erwartende *feedback*, also beispielsweise die Vergeltungsmaßnahmen anderer Staaten, wird im Entscheidungssystem als Disziplinierungsinstrument benutzt. Dazu eignen sich – und dies ist ein bemerkenswertes Paradoxon – insbesondere Institutionen, die über eine *hohe* Regulierungsdichte und effektive Streitbeilegungsverfahren verfügen. Es bildet das zentrale Anliegen der vorliegenden Arbeit, empirische Hinweise zu finden für diesen paradoxen Zusammenhang zwischen unilateralen Politikansätzen und einem unvermindert hohen Interesse politischer Entscheidungsträger (vor allem der Exekutive) an multilateraler Selbstbindung.

Allerdings sollen die analytischen Grenzen des hier vorgestellten analytischen Modells nicht verschwiegen werden. Zum einen kann eingebetteter Unilateralismus vermutlich nur in Kooperationszusammenhängen beobachtet werden, in denen eine *starke, aus symmetrischer Interdependenz erwachsende Interessengemeinschaft* zwischen Staaten und darauf aufbauend eine hoheVeranlassung zur Kooperation in internationalen Institutionen besteht. Nur so ist gewährleistet, dass die Vergeltungsmaßnahmen anderer Akteure die Kosten unilateraler Handlungen direkt spürbar machen und einen unabweisbaren Entscheidungsdruck auf nationaler Ebene entfalten. Erst funktionsfähige multilaterale Strukturen betten Alleingänge wirksam in transnationale Handlungszwänge ein. Zum anderen wird im hier vorgestellten Modell von einer (funktional begründeten) *Präferenz der Exekutive für multilaterale Governance* ausgegangen. Die temporäre (und widerwillige-halbherzige) Verfolgung unilateraler Ansätze ist gewissermaßen nur der im nationalen Entscheidungssystem zu entrichtende Tribut für multilaterale Selbstbindung. Außerdem wird unterstellt, dass sich

[186] Vgl. unter anderem *Evans/Jacobson/Putnam* (1993: 408) sowie *Reinhard* (2003).

Vertreter der Exekutive um multi- und bilaterale Streitbeilegung, also eine verregelte und kontrollierte Konfliktaustragung, bemüht zeigen werden[187].

3.5 Forschungsleitende Arbeitshypothesen

Auf der Basis der oben vorgenommenen Erörterungen über Motive, Wahrscheinlichkeit, und Kosten eigenmächtiger Politik sollen abschließend meine forschungsleitenden Hypothesen dargelegt werden. Absicht dieser Arbeit ist es, belastbare empirische Ergebnisse für das komplexe Zusammenwirken mehrerer Einflussvariablen zu liefern. Der jeweils zu verzeichnende *Grad komplexer Interdependenz* (1. UV), der *Grad multilateraler Institutionalisierung* (2. UV) sowie die jeweils vorgefundene *politische Interessenkonfiguration im nationalen Entscheidungssystem* der USA (3. UV) bilden die unabhängigen Variablen. Im Rahmen der Arbeit soll ihr Einfluss auf folgende abhängige Vatriablen analysiert werden: Die *Durchsetzungsmöglichkeiten amerikanischer Alleingänge* (1. AV), der zu beobachtende *Typus unilateralen Handelns* (2. AV) und schließlich die *Verpflichtungskraft multilateraler Institutionen* (3. AV). Zu jedem der drei Erkenntnisschwerpunkte dieser Arbeit – Reichweite des amerikanischen Unilateralismus, dessen Motive und Entstehungsbedingungen und der Einfluss internationaler Institutionalisierung – werden Arbeitshypothesen aufgestellt und kurz erläutert. Sie sollen die vermuteten Zusammenhänge zwischen den intervenierenden und abhängigen Variablen präzisieren und in den Fallstudien empirisch getestet werden.

Zunächst zu Hypothesen, die das Machtpotential der einzig verbliebenen Supermacht und die Reichweite unilateraler US-Politik erfassen sollen. Hier soll also der vermutete Einfluss der drei unabhängigen Variablen (Interdependenzgrad, Institutionalisierungsgrad und Interessenkonfiguration im nationalen Entscheidungssystem) auf die erste abhängige Variable (Durchsetzungsfähigkeit von Alleingängen) untersucht werden. Aus den oben dargelegten Argumenten leitet sich die Vermutung ab: *Je höher der auf einem Politikfeld erreichte Grad von Interdependenz ausfällt, desto geringer ist die Durchsetzungsfähigkeit von US-Unilateralismus - messbar etwa an einer Verhaltensänderung anderer Staaten – zu veranschlagen* (**H1**). Es darf angenommen werden, dass ein Zustand komplexer Interdependenz und der daraus abgeleitete Bedarf an verregelter zwischenstaatlicher Kooperation die amerikanischen Optionsmachtpotentiale erheblich einschränkt. Je stärker auch die USA auf multilaterale Zusammenarbeit angewiesen sind, desto weniger glaubwürdig lassen sich Alleingänge androhen. Eine Zurückweisung oder Umgehung multilateraler Arrangements durch die USA kann nur unzureichend mit strategischen Kalkülen begründet werden. Die Machtkonfiguration im nationalen Entscheidungssystem beeinflusst die Durchsetzungsfähigkeit von Alleingängen vermutlich wenig, Interdependenz und Institutio-

[187] Aus ideologischen Gründen auf imperiale Dominanz und Alleingänge setzende Akteure werden eine institutionelle Bindung vermutlich in weit geringerem Maße anstreben und eher darum bemüht sein, nationalistisch-isolationistische Stimmungen noch zu verstärken. In diesen Fällen dürfte ein in seinen Auswirkungen durch institutionalisierte Interdependenz eingehegter Unilateralismus semi-isolationistische Züge annehmen.

nalisierung wiegen deutlich schwerer. Um diesen Zusammenhang zu überprüfen, ist als zweite Arbeitshypothese zu formulieren: *Unabhängig von den jeweiligen Mehrheiten im amerikanischen Entscheidungssystem und den dort formulierten außenpolitischen Präferenzen, erreicht Unilateralismus eine angestrebte Verhaltensänderung bei anderen Staaten nicht, wenn ein hoher Grad institutionalisierter Interdependenz festzustellen ist* (**H2**). Einflussreiche Institutionen weisen seit geraumer Zeit eine gruppenhegemoniale Führungsstruktur auf[188]. Unilateralismus, zumal intervenierender, stößt dort auf starken Widerstand und kann von anderen wirkungsvoll sanktioniert werden. Aber nicht nur im Rahmen von Institutionen erweisen sich rücksichtslose Politikansätze als vermutlich immer weniger geeignet zur Durchsetzung hegemonialer Interessen. Komplexe Interdependenz führt auch dazu, dass die institutionelle Mitwirkung dominanter Staaten entbehrlich wird. Deshalb ist zu folgern: *Eine Umgehung oder Vermeidung multilateraler Bindung durch die USA setzt andere Staaten nur geringfügig unter Druck, wenn diese eigene Durchsetzungsinteressen institutionell geltend machen können* (**H3**). Wenn sich andere Staaten zu effektiven multilateralen Steuerungsbemühungen veranlasst sehen, stellen Zurückhaltung oder Nichtteilnahme auch für die USA keine brauchbare Optionen zur Verbesserung ihrer Durchsetzungsfähigkeit dar. Unilateralismus dürfte nur dann glaubhaft angedroht werden können, wenn Amerika zur Erreichung bestimmter Steuerungsziele unabdingbar ist und mit ins Boot geholt werden muss. Wenn auf transnationaler Ebene Akteure mit maßgeblichem Gestaltungsanspruch die Etablierung von Institutionen vorantreiben und deren funktionale Wirkungsmechanismen für ihre Zwecke einsetzen, dürfte es auch der einzigen Supermacht äußerst schwer fallen, durchsetzungsfähige Blockademacht zu organisieren. Insbesondere die EU-Staaten haben sich in jüngerer Vergangenheit wiederholt als wenig kompromissbereite Unterstützer multilateraler Initiativen erwiesen und institutionelle Fortschritte und eine Verschärfung der Verbindlichkeit, ausdrücklich auch ohne die Partizipation der USA oder sogar gegen ihren Widerstand vorangetrieben[189].

Der zweite Erkenntnisschwerpunkt der Arbeit fokussiert auf die Motive zu unilateralem Verhalten und den Charakter, den US-Alleingänge annehmen werden. Dabei stehen die Beziehungen der drei intervenierenden Variablen auf die zweite abhängige Variable (Unilateralismustyp) im Blickpunkt. Allerdings wurde bereits darauf hingewiesen, dass die meisten Unilateralismusphänomene als Mischformen vermutlich nicht sortenrein zu typologisieren sind; insofern geht es nur um eine Identifizierung von Hauptmerkmalen. Interpretiert man Unilateralismus konsequent als Funktion des nationalen Entscheidungssystems, lässt sich folgender Zusammenhang vermuten: *Interne Konflikte im Entscheidungssystem über außenpolitische Ziele und Interessen, vor allem Blockaden zwischen Exekutive und Legislative, erhöhen die Wahrscheinlichkeit intervenierender Unilateralismusansätze* (**H4**). Durch eine zentralisierte Interessenstruktur, also die verengte Festlegung nationaler Interessen, wird der exekutive Verhandlungsspielraum auf multilateraler Ebene beträchtlich eingeschränkt.

---

[188] Vgl. *Bailin* (2001) sowie *Rode* (2002a und 2004).

[189] Vgl. dazu *Voeten* (2004) sowie *Fehl* (2005), die verschiedene Reaktionsmuster bei mit US-Unilateralismus konfrontierten Staaten identifizieren.

Multilaterale Rücksichtslosigkeit entsteht zuvorderst aus parochialer Selbsbezüglichkeit in Verbindung mit internen Konflikten. Die internationale Verhandlungsposition der USA erscheint unter diesen Umständen geschwächt, weil die Konflikte mit anderen Akteuren verhindernde bzw. dämpfende „Tauschmasse" zu gering ausfällt. Eine auf verengten, nationalistischen Unilateralismus festgelegte Außenpolitik beeinträchtigt damit multilaterale Kooperation. Die legislative Furcht vor einer zu weitgehenden Einbindung trägt zu einer, wenn auch meist nur rhetorisch bleibenden, Betonung nationaler Souveränität bei[190]. Wenn diese strukturelle Interessenkollision durch institutionell verankerte Blockademöglichkeiten von Vetospielern verschärft wird, wird aggressiver Unilateralismus gefördert. In den USA kann der Kongress die Außenpolitik durch weitreichende Kompetenzen entscheidend mitgestalten und so das multilaterale Engagement exekutiver Akteure wirksam behindern[191]. Die zunehmend auch parteipolitisch aufgeladenen Konflikte zwischen Präsident und Kongress haben neben außenpolitischer Inkonsistenz und Wankelmütigkeit auch zu einer verengten Vorfestlegung nationaler Interessen geführt. Es darf vermutet werden, dass *bei einer verengten Definition nationaler Interessen und einer programmatischen Betonung nationaler Entscheidungssouveränität intervenierender und attentistischer Unilateralismus wahrscheinlich werden* (**H5**). Für Multilateralismus sind eine ähnliche Problemwahrnehmung der beteiligten Staaten und diffuse Reziprozitätserwartungen unabdingbar. Dominante Staaten neigen aber zur Betonung des Dienstleistungsauftrags von Institutionen. Im amerikanischen Entscheidungssystem besteht in der Auseinandersetzung über die außenpolitischen Ziele der letzten verbliebenen Supermacht ein breiter Konsens darüber, dass transnationale Institutionen US-Interessen bedingungslos unterstützen sollen. Multilateralismus wird unter diesen Prämissen als Instrument amerikanischer Macht, nicht als Selbstzweck aufgefasst[192]. Durch eine verengte Definition nationaler Interessen kann der exekutive Verhandlungsspielraum auf multilateraler Ebene beträchtlich eingeschränkt werden, was wiederum entscheidend zu institutionellen Blockaden beiträgt. Schließlich aber beschränkt multilaterale Selbstbindung zwar die nationale Handlungsautonomie, ist aber auf der anderen Seite auch geeignet, die politische Durchsetzungsfähigkeit von Exekutiven im nationalen Entscheidungssystem maßgeblich zu steigern. Deshalb darf vermutet werden: *Auf durch institutionalisierte Interdependenz gekennzeichneten Interaktionsfeldern zeigen sich US-Administrationen bemüht, intervenierenden Unilateralismus zu vermeiden oder institutionell abzumildern* (**H6**). Der vermutlich hohen Neigung der Administrationen zu multilateraler Regelbefolgung liegt neben der Hoffnung, die eigenen Handlungsmöglichkeiten auf Kosten der Legislative zu erweitern[193], die Erwartung zugrunde, mit Hilfe internationaler Institutionen globale Steuerungsziele erreichen zu können. Multilaterale Selbstbindung und die Akzeptanz institutioneller Zwänge verheißen aus exekutiver Sicht Regieren mit geringeren Widerständen und

[190] Auf diesen Blockadeaspekt hat bereits *Milner* (1997: 97ff) hingewiesen.
[191] Vgl. unter anderem *Cowhey* (1993).
[192] Vgl. *Dembinski* (2002), *Patrick/Forman* (2002)sowie *Malone/Khong* (2003).
[193] Vgl. *Martin/Simmons* (1998: 748).

besseren Ergebnissen[194]. Außerdem wird die Exekutive eher von der Erwartung außenpolitischer Nebenkosten abgeschreckt, die durch ein unilaterales Verhalten verursacht werden könnten. Auf Interaktionsfeldern mit einem manifesten Trend zu verstärkter multilateraler Institutionalisierung erhöhen sich also massiv die Anreize für eingebetteten Unilateralismus.

Schließlich sollen für den Erkenntnisschwerpunkt dieser Arbeit, in dem die institutionelle Bindungswirkung vermessen wird, noch drei Hypothesen über die vermuteten Einflusspfade der unabhängigen Variablen auf die dritte abhängige Variable (Verpflichtungskraft multilateraler Institutionen) entwickelt werden. Zunächst zu einem Zusammenhang, der die im Zwei-Ebenen-Ansatz dargestellten funktionalen Bindungsmuster abbildet: *Je stärker ein Interaktionsfeld institutionalisiert und je größer die perzipierte Interessengemeinschaft mit anderen Staaten ist, desto größer fällt die Bereitschaft exekutiver Akteure zur Befolgung multilateraler Regeln (compliance) aus* (**H7**). Multilaterale Institutionalisierung ist deutlicher Ausdruck einer mit anderen Staaten bestehenden Interessengemeinschaft, die allerdings, um *compliance*-Anreize zu schaffen, von politikfeldspezifischen Einflussgruppen aufgegriffen werden müssen. Den Bedingungen der Interdependenz kann jedoch nur ein mittelbarer Effekt auf die Formulierung eigenmächtiger Politikansätze zugesprochen werden – die Impulse dafür sind auf nationaler Ebene zu verorten. Selbst starke Institutionalisierung verhindert Unilateralismus nicht, determiniert jedoch seine Erscheinungsformen: *Ein hoher Grad multilateraler Institutionalisierung unterbindet intervenierenden Unilateralismus wirksam und lässt eher attentistischen Unilateralismus erwarten. Fernbleiben und Nichtteilnahme sind auch dort zu erwarten, wo Befolgungsanreize aufgrund geringer institutionalisierter Interdependenz niedrig ausfallen* (**H8**). Institutionelle Zwänge wirken nicht selbständig, sondern bilden Mittel zur Einflussnahme, auf die von interessierter Seite zurückgegriffen werden kann. Sie vermögen erst dann die Außenpolitik zu beeinflussen, wenn sie von Staaten oder intern agierenden Interessengruppen als Instrumente in Entscheidungsprozessen funktionalisiert werden. Durchsetzungsfähige Institutionen mit hoher Legitimität erhöhen wirkungsvoll die Kosten eines Ausstiegs oder Rückzugs und dämmen die Reichweite von Eigenmächtigkeiten ein. Insbesondere ist hier auf die maßgebliche Rolle von funktionsfähigen und belastbaren Streitbeilegungsmechanismen zu verweisen; vermutlich können nur Institutionen, die über entsprechende Instrumente verfügen, einen Befolgungsmechanismus (*compliance pull*) etablieren[195], weil sie anderen Staaten Hebel zur Vergeltung abweichenden Verhaltens an die Hand geben. Aus diesem Zusammenhang ergibt sich die letzte Arbeitshypothese: *Je stärker und belastbarer institutionelle Streitbeilegungsmechanismen eingeschätzt werden können, desto größer ist die Wahrscheinlichkeit der Befolgung und Umsetzung multilateraler Verpflichtungen (compliance) durch die beteiligten Staaten* (**H9**).

[194] Vgl. *Wilkinson* (2000).
[195] Vgl. *Keohane/Moravcsik/Slaughter* (2000).

3.6 Zusammenfassung: Unilateralismus und die Restriktionen institutionalisierter Interdependenz

In diesem Kapitel wurden zunächst verschiedene Theorieansätze zur Erklärung kooperativer Selbstbindung von Staaten vorgestellt. Weiterhin wurden das funktionale Design von Institutionen und die von ihnen ausgehende normative Verpflichtungskraft erörtert. Bei der Betonung multilateraler Normen wird allerdings oft die Konfliktanfälligkeit zwischenstaatlicher Interaktionen unterschätzt[196]. In einer für die Erklärung unilateraler Außenpolitik für notwendig erachteten Einschränkung des multilateralen Paradigmas konnte gezeigt werden, dass von transnationalen Institutionen kein unabweisbarer Zwang zur Befolgung ausgeht. Zwar schränkt ein multilaterales System die glaubhaft zu verfolgenden unilateralen Optionen der Staaten ein, dabei wird diesen aber keine Zwangsjacke angelegt. Multilateralismus schafft eben kein „ehernes Gehäuse der Hörigkeit"[197], weil vor allem mächtige Staaten oft auf ihren souveränen Gestaltungsansprüchen beharren. Transnationale Institutionen können nach der hier vertretenen Ansicht zwar durchaus wichtige Steuerungsinstrumente darstellen, sie sind aber keine unabhängigen Herrschaftspole oder eigenständige Machtakteure. Insofern weisen *nationale* und *internationale* Institutionen hinsichtlich ihrer Verpflichtungskraft noch eine erhebliche und für die Bewertung ihres politischen Gewichts letztlich entscheidende Diskrepanz auf[198].

Es wurde gezeigt, dass die systemischen Einflussmöglichkeiten internationaler Institutionen von Multilateralisten tendenziell überschätzt werden, unter anderem weil oftmals nur ungenügend differenziert wird zwischen der strukturierenden Kraft geteilter Interessen und komplexer Interdependenz, die Staaten zu gemeinsamer Politiksteuerung veranlasst, und der den Institutionen zugeschriebenen Verpflichtungskraft. Normative Bindekraft und rationalitätsorientierte Lösungsangebote der Institutionen befördern zweifellos eine zwischenstaatliche Zusammenarbeit, diese setzt aber notwendig eine gemeinsame Interessenbasis und eine geteilte Problemauffassung voraus. Wenn unter den Staaten keine prinzipielle Übereinstimmung der Steuerungswünsche und keine belastbare ideologisch-normative Gemeinsamkeit in der Perzeption von Problemen besteht, bleibt Multilateralismus eine prekäre Option. Die verbreitete Argumentation, dass Institutionen aufgrund ihrer funktionalen und normativen Verpflichtungsmechanismen die Neigung zu unilateralen Handlungen generell einhegen, übersieht die komplexen funktionalen und ideologischen Impulse, die bei der Entstehung unilateraler Außenpolitik eine Rolle spielen können. Erfolge von Global Governance und fortschreitende Institutionalisierung unterbinden die Anreize für Unilateralismus nicht vollständig, eröffnen allerdings – und das ist nach meinem Dafürhalten entscheidend – bessere Möglichkeiten zum Umgang mit selbstreferentiellen Akteuren. Gleichwohl ist darauf hinzuweisen, dass der zähmende Einfluss effektiver Institutionen nicht direkt in die nationalen Ent-

[196] Vgl. *Stein* (1993a: 173).
[197] Zit. *Weber* (1980: 834).
[198] Vgl. die ähnliche Argumentation der Beiträge in *Drezner* (2003a).

scheidungssysteme hineinreicht, sondern dort von interessierten Akteuren (Normunternehmer oder politikfeldspezifischen Koalitionen von Interessengruppen) aufgegriffen und zur Durchsetzung politischer Ziele instrumentalisiert werden muss. Über die dabei zu erzielenden Erfolge entscheidet vermutlich in erster Linie der Grad gegenseitiger Abhängigkeit. Wo komplexe Interdependenz fehlt, wird Unilateralismus wahrscheinlich.

Jedoch ist diese Arbeit fokussiert auf Unilateralismusphänomene *innerhalb* starker wechselseitiger Abhängigkeitsstrukturen. Es gilt die Frage zu beantworten, warum Staaten eigenmächtig agieren, obwohl Interdependenz und Institutionalisierung die Vergeltungsmöglichkeiten für andere Akteure erhöht haben. Warum werden unilaterale Schritte unternommen, wenn begründet angenommen werden darf, dass sie mit sehr hohen Kosten verbunden sind? Zunächst wurde darauf hingewiesen, dass Staaten nicht als strategisch handelnde, geschlossen auftretende Akteure (*unitary actors*) interpretiert werden sollten; ihre Außenpolitik bildet mithin nicht vordergründig das Ergebnis strategischer Interaktionskalküle, sondern ist Ausfluss sich überlagernder Handlungsmotive und -zwänge. Der Unilateralismusvorwurf weist auf einen grundlegenden Wertedissens zwischen Staaten hin, die in einem multilateral geprägten Umfeld aufeinander angewiesen sind; er bezeichnet aber ebenso den Zwiespalt zwischen einem institutionell erforderlichen Mindestmaß an Loyalität einerseits und selbstbezüglicher Interessendurchsetzung andererseits. Nur ein Zwei-Ebenen-Ansatz vermag nationale Präferenzbildungsprozesse und multilaterale Interessenkalküle analytisch befriedigend abzubilden.

Die Sensibilität gegenüber selbstreferentieller Außenpolitikgestaltung erscheint innerhalb multilateraler Arrangements deutlich gestiegen, weil Unilateralismus dort als Zurückweisung institutioneller Zwänge besonders deutlich zutage tritt und als Verletzung gemeinsamer „Geschäftsgrundlagen" und als unangemessenes Verhalten empfunden wird. Auf der Basis dieser Feststellungen wurden eine Definition sowie eine Typologisierung unilateralen Handelns vorgenommen. Mit eigenmächtiger Politik verbindet sich der hier vertretenen Auffassung zufolge einerseits eine mangelnde Rücksicht auf andere Akteure und illoyales Verhalten in institutionellen Arrangements andererseits. Der isolationistische Rückzug aus Verpflichtungen trägt ebenso unilateralistischen Charakter wie die aggressive Bekämpfung von transnationalen Institutionen, weil dadurch die Institutionalisierungsbemühungen anderer Staaten ignoriert und geschwächt werden. Aber auch die eigenmächtige Externalisierung nationaler Standards, die das Verhalten souveräner Akteure im internationalen System zu ändern beabsichtigt, lässt sich als unilaterales Verhalten charakterisieren. Allerdings verletzen die drei Idealtypen außenpolitischer Alleingänge – attentistischer, aktivistischer und intervenierender Unilateralimus – die Fundamente multilateraler Institutionen in sehr unterschiedlicher Weise.

Bei der Antwort auf die Frage, welche Motive unilateralistischer Außenpolitikgestaltung zugrunde liegen, wurde gezeigt, dass unilaterale Strategien 1. aus spieltheoretischer Sicht in bestimmten Interaktionszusammenhängen eine gewinnträchtige Option sein können, ohne dass dadurch die Multilateralismusorientierung anderer Akteure beeinträchtigt würde (strategische Dimension), 2. geeignet scheinen, um politische Entscheidungsautonomie simulieren und Souveränitätsverluste in der nationalen Politiksteuerung kompensieren oder zumindest rhetorisch kaschieren zu können (ideologische Dimension), und 3. exekutive Akteure in die Lage versetzen, innenpolitischen Druck zu externalisieren (funktionale Dimension). Unilateralismus kann also gleichermaßen als Außenpolitikansatz zur strategischen Nutzenmaximierung wie als innenpolitisch motiviertes Instrument zur Beschwichtigung bestimmter Interessengruppen und Akteure interpretiert werden. Dabei werden parochiale und multilaterale Handlungszwänge gegeneinander ausgespielt bzw. von exekutiven Akteuren (aus Kalkülen der Schuldvermeidung heraus) instrumentalisiert. In den meisten Fällen dürften sich die strategischen, ideologischen und funktionalen Aspekte unilateralen Handelns überschneiden. Bei der Außenpolitikgestaltung dürfte die strategische Dimension vermutlich den geringsten, die funktionale Dimension dagegen den höchsten Stellenwert besitzen. Selbstbezügliche Illoyalität gegenüber transnationalen Institutionen bildet wahrscheinlich nur sehr selten das Ergebnis strategischer Interessenkalkulation, sondern spiegelt in den meisten Fällen die Indifferenz, Unsicherheit oder Unwilligkeit von Staaten wider, die mit externen, multilateral institutionalisierten Regelungsansprüchen und Befolgungsforderungen (*compliance*) konfrontiert sind. Ein maßgeblicher Impuls für die Verfolgung unilateraler Politik darf überdies in der ideologischen Betonung nationaler Entscheidungshoheit vermutet werden.

Phänomene eigenmächtiger Außenpolitik treten keineswegs nur bei ausgebliebener oder unzureichender Institutionalisierung auf, sondern sind gerade auch auf solchen Politikfeldern zu beobachten, die sich durch einigermaßen erfolgreiche Bemühungen um gemeinsame Steuerung von politischen Problemen auszeichnen[199]. Unter Verwendung eines Zwei-Ebenen-Ansatzes wurde dargestellt, dass in der funktionalen Dimension unilateralen Handelns entscheidende Hinweise auf die tatsächliche Verpflichtungsqualität und die dabei zum Tragen kommenden Wirkungsmechanismen multilateraler Entscheidungssysteme zu identifizieren sind. Internationale Institutionen wirken nach der hier vertretenen Auffassung nicht durch eigene Machtfülle, sondern vielmehr durch die von ihnen ausgehenden Befolgungsanreize, die in Entscheidungssituationen auf nationaler Ebene von interessierter Seite aufgegriffen und zur Durchsetzung politischer Ziele gegen Widerstände instrumentalisiert werden können. Um diesen Zusammenhang zu verdeutlichen, wurde gezeigt, wie multilaterale Selbstbindung den politischen Druck im nationalen Entscheidungsprozeß erhöht, indem Institutionen als Bande benutzt werden können. Die von ihnen ausgehenden Zwänge werden als Druck auf Multilateralisierungsgegner im Entscheidungssystem weitergeleitet. Repräsentanten der Exekutive können mithilfe des multilateralen Verpflichtungsrahmens und den Rückgriff auf institutionalisierte externe Rechtfertigungszwänge ihre Position im nationalen Ent-

[199] Vgl. *Ethier* (2002). Ganz abgesehen davon, heben sich Alleingänge vor einem multilateralen Hintergrund stärker ab und stoßen bei den davon betroffenen Kooperationspartnern auf größere Resonanz.

scheidungssystem verbessern. Daher besteht Grund zu der Annahme, dass gerade exekutive Akteure ein sehr hohes Interesse an *robusten* internationalen Organisationen mit hohen Ausstiegskosten und starker Regulierungsdichte entwickeln[200]. Multilateralismus bindet effektiv ein, bietet aber auch Möglichkeiten zum kontrollierten Eskapismus. In ihrem hohen politischen Gebrauchswert für exekutive Akteure muss eine der wichtigsten Bestandsgarantien für internationale Organisationen und Regime vermutet werden.

Auf der anderen Seite ist zu vermuten, dass gerade diese funktionale Utilität und die Belastbarkeit multilateraler Arrangements tendenziell den ideologisch motivierten Widerstand gegen weitere Internationalisierungsschritte erhöht oder Ressentiments gegenüber bestehenden Institutionen verstärkt. Insbesondere Phänomene attentistischen Unilateralismus´ sollten in diesem Zusammenhang als Ausdruck gestiegenen Multilateralisierungsdrucks aufgefasst werden. Deshalb kann von einem multilateralen Paradoxon gesprochen werden: Effektive und widerstandsfähige Institutionen, die einen starken normativen sowie funktionalen Verpflichtungsrahmen etablieren, laufen in besonderer Weise Gefahr, unilateralistische Ressentiments zu schüren, bieten aber gleichzeitig auch probate Mittel, die Auswirkungen dieser unilateralen Politik einzuhegen. Eine Tendenz zu verstärkt unilateralem Vorgehen kann das Ergebnis erfolgreicher, weit in die nationale Entscheidungsautonomie hineinreichender Multilateralisierung sein[201].

Abschließend kann festgestellt werden, dass Attentismus und Widerstand gegenüber multilateralen Arrangements nachvollziehbare Optionen in der Außenpolitik darstellen, auf die zurückgegriffen wird, wenn bei einer Umsetzung multilateraler Abkommen innenpolitisch großer Widerstand befürchtet werden muss. Ein zu starkes Beharren auf nationalen Steuerungsinteressen dürfte jedoch in der Funktionslogik multilateraler Systeme zu vielfältigen Loyalitätskonflikten führen, insbesondere dann, wenn transnationale Institutionen und die in ihnen verkörperten Normen eine hohe Legitimität aufweisen und durch Effizienz in der transnationalen Politiksteuerung eine starke Bindungswirkung erreichen. Andererseits erscheint dosierter Unilateralismus – als taktisches Mittel eingesetzt – durchaus auch die Durchsetzungsfähigkeit in transnationalen Entscheidungsarenen erhöhen zu können, dagegen dürfte eine grundsätzliche Ablehnung multilateraler Verpflichtungen aufgrund des dadurch hervorgerufenen Widerstands anderer Staaten kontraproduktiv wirken. Deshalb gilt, was einmal so plakativ wie programmatisch formuliert wurde: „Multilateralism matters“[202]; indes eben nicht immer im Sinne einer Ver-

---

[200] Transnationale Institutionen erweitern die Macht der Exekutive gegenüber ihren nationalen Gegenspielern, indem sie einerseits wirkungsvolle, also vor allem glaubhafte Möglichkeiten bieten, die nationale Handlungsfreiheit als eingeschränkt erscheinen zu lassen bzw. einen gewissen Zugzwang für die Befolgung multilateraler Regeln etablieren, andererseits aber eine Handlungsalternative im Umgang mit innenpolitisch motiviertem Druck eröffnen.

[201] Vgl. etwa in Bezug auf die Institutionalisierungstendenzen in der internationalen Handelspolitik *Ethier* (2002).

[202] So der Titel von *Ruggie* (1993a).

minderung oder vollständigen Unterbindung unilateraler Politikansätze, sondern vielmehr, indem exekutiven Akteuren effektive Instrumente zur Einhegung von (bzw. zum ritualisiert-verregelten Umgang mit) parochialen Stimmungen an die Hand gegeben werden.

4. Unilaterale Impulse in der US-Außenpolitik nach 1990

„American foreign policy emerges in much the same way its domestic policy does: from the democratic political process."
Walter Russell Mead

„Multilateralism is the calling card of American internationalists, much as unilateralism is of nationalists."
Henry R. Nau

„Multilateralism is a means, not an end. (...) When our vital interests are at stake, we must be prepared to act alone."
Warren Christopher

Nach dem Ende des Ost-West-Konflikts war in der außenpolitischen Agenda der USA ein zunehmender Hang zu unilateralen Steuerungsversuchen zu beobachten. In diesem Kapitel wird argumentiert, dass es der US-Außenpolitik dabei nicht vordergründig um globale Dominanz und Herrschaft gegangen ist, sondern vielmehr um die Verfolgung und Betonung nationaler Interessen. Besonders aus dieser Fixierung heraus lassen sich unilaterale Impulse erklären. Trotz durchaus großer Unterschiede in den jeweiligen ideologischen Programmen bildete für die nach 1990 amtierenden Administrationen *nicht* imperiale Machterweiterung die außenpolitische Grundmotivation., im Mittelpunkt standen vielmehr die Sicherung und Durchsetzung nationaler Gestaltungsinteressen und die Übernahme von Führungsverantwortung, wo dies zur Aufrechterhaltung amerikanischen Einflusses notwendig schien. Es wird gezeigt, dass in der amerikanischen Außenpolitik nach dem Ende des Ost-West-Konflikts eigenmächtige Politikansätze und das Bekenntnis zu multilateralen Verpflichtungen koexisitiert bzw. einander ergänzt haben. Selbstbezogenheit, gepaart mit einem exzeptionellen geopolitischen Gestaltungsanspruch, kann den USA zwar mit gewisser Berechtigung unterstellt werden, diese drückte sich aber eben nicht nur in Unilateralismus aus. Bis heute bilden Alleingänge keineswegs das vorherrschende Interaktionsmuster der Supermacht in den Beziehungen zu anderen Staaten.

Aus den unterschiedlichen Perzeptionen der amerikanischen Machtposition sind in wesentlich größerem Umfang als früher Unsicherheit und Dissens über die globale Rolle der Supermacht erwachsen[1]. Im Mittelpunkt steht dabei die Frage nach der Akzeptanz institutioneller Bindung bzw. der Partizipation an multilateralen Institutionen. Ab Mitte der 1990er Jahre war in vielen Positionen des außenpolitischen Diskurses in den USA eine schwächer werdende Bereitschaft augenfällig, amerikanische Steuerungsinteressen hinter multilaterale Verpflichtungen zurückzustellen. Diese Entwicklung reflektierte eine Akzentverschiebung in der US-Außenpolitik, die besonders deutlich in der Sicherheitspolitik zutage trat, jedoch

[1] Vgl. *May/Hönicke Moore* (2003) sowie *Hacke* (1998), der die nach 1990 aufkommende Unsicherheit über die Richtung des internationalen Engagements mit dem Aufsatztitel „America first, aber wohin" auf den Punkt bringt.

auch eine Reihe anderer Politikfelder berührt hat[2]. Einige Beobachter, insbesondere Europäer, neigen dazu, bereits das stark utilitaristische, auf Interessenwahrung und Machtdurchsetzung zielende Verhältnis Amerikas gegenüber internationalen Institutionen als aggressive Unilateralismusstrategie zu kritisieren[3]. Diese Einschätzung geht meines Erachtens zu weit, weil dabei die besonderen Bedingungen politischer Entscheidungsprozesse in den USA ausgeblendet werden.

Die Gründe für die steigende außenpolitische Selbstreferentialität Amerikas sind in erster Linie im nationalen Entscheidungssystem zu suchen. Im Folgenden wird zunächst der brüchige Konsens über die weltpolitische Rolle der USA als Hauptkatalysator für die wachsende Indifferenz der USA gegenüber multilateraler Einbindung identifiziert. Außerdem werden ausführlich die prozeduralen Bedingungen des außenpolitischen Entscheidungssystems analysiert und deren Auswirkung auf eigenmächtiges Verhalten Amerikas im internationalen System diskutiert. Darüber hinaus soll die Außenpolitik der nach 1990 amtierenden Administrationen in ihren Grundzügen dargestellt werden. Dabei wird argumentiert, dass der brüchige Konsens über die globale Verantwortung Amerikas, die Tendenz zu tagespolitischem, an innenpolitischen Fragen orientiertem Adhocismus in Verbindung mit den in zunehmendem Maß parteipolitisch motivierten Blockadeversuchen des Kongresses, zu der zwischen ruppiger Zurückweisung multilateraler Zwänge und globalem Führungsanspruch oszillierenden Inkonsistenz der amerikanischen Außenpolitik beigetragen haben.

4.1 Wandel im außenpolitischen Selbstverständnis

Der Hang zum Unilateralismus bildet die älteste Traditionslinie amerikanischer Außenpolitik[4]. Bereits George *Washington* hatte am Ende seiner Präsidentschaft ausdrücklich zu außenpolitischer Zurückhaltung gemahnt. Er warnte insbsondere vor den die Freiheit Amerikas einschränkenden Verpflichtungen, die durch Bündnisse mit anderen Staaten entstehen könnten[5]. In der Folge haben isolationistische und unilaterale Tendenzen die amerikanische Außenpolitik seit der *Monroe*-Doktrin bis zum Ende des 19. Jahrhunderts dominiert[6], und auch danach sind skeptische Ressentiments gegen eine zu starke Einbeziehung in die Probleme und Krisen der Welt immer deutlich vernehmbar gewesen. Gleichwohl haben die USA nach dem Ende des 2. Weltkriegs die ihnen aus der Blockkonfrontation heraus erwachsende hege-

---

[2] Vgl. unter anderem *Malone/Khong* (2003).

[3] Etwa *Hudson* (2003), *Nuscheler* (2001), *Kubbig/Dembinski/Kelle* (2000) oder *Honey/Berry* (2000).

[4] Vgl. *Schlesinger* (2001: 18).

[5] Vgl. unter anderem *Lake* (1999: 3). Allerdings gingen *Washingtons* Empfehlungen noch von einer im Vergleich zum dominanten britischen *Empire* eindeutig schwächeren Position der USA aus.

[6] Das in der *Monroe*-Doktrin niedergelegte Unilateralismusverständnis ging über die Isolationismusempfehlung *Washingtons* deutlich hinaus und befürwortete eine regionalistisch-hegemoniale Führungsrolle der USA in der westlichen Hemisphäre. Vgl. *Daalder/Lindsay* (2003) oder *Joffe* (2006).

moniale Führungsrolle nicht widerwillig, sondern engagiert übernommen, anders als beispielsweise 1919[7]. Die internationalistische Selbstverpflichtung der Supermacht konnte während des Ost-West-Konflikts als belastbare Konstante des westlichen Bündnisses und darüber hinaus auch des internationalen Systems gelten[8]. Dennoch ist zu Recht auf ihr oft reserviertes, spannungsreiches, zweideutiges und oft auch konfrontatives Verhalten gegenüber multilateralen Organisationen und internationalen Verträgen hingewiesen worden[9]. Das amerikanische Bekenntnis zum Multilateralismus war nie vorbehaltlos und nicht konsequent multilateralistisch, auch nicht während des Ost-West-Konflikts[10]. Dass transnationale Institutionen den amerikanischen Hegemonialinteressen dienen sollten, bildete auch in der Zeit der Blockkonfrontation eine notwendige, als selbstverständlich erachtete Bedingung für die Akzeptanz multilateraler Zusammenarbeit seitens der Supermacht[11]. Die Bindungskraft internationaler Organisationen sollte sich in erster Linie auf Verbündete und Partner erstrecken, aber nicht die Handlungsfreiheit der USA beschränken[12].

4.1.1 Brüchiger außenpolitischer Konsens

Nach 1990 hat die multilaterale Selbstverpflichtung der Supermacht noch einmal erheblich nachgelassen, eigenmächtige Durchsetzungsversuche haben dagegen merklich zugenommen[13]. Der Beginn des schleichenden Prozesses außenpolitischer Um- und Neuorientierung ist schwer zu bestimmen. Das Ende des Ost-West-Konflikts bildete m.E. nur einen Katalysator einer Entwicklung, die bereits seit Mitte der 1970er Jahre die Bereitschaft der USA zu internationalem Engagement zweifelhaft hatte werden lassen[14]. Seit dem Ende der Sowjetunion sind etliche, den politischen Konsens über die internationale Rolle der Supermacht und die Koordinaten ihres globalen Engagements fördernde Gewissheiten unwiederbringlich ver-

---

[7] Zur Legitimationsgrundlage dieser hegemonialen Selbstverpflichtung vgl. insbesondere *Kirchlechner* (1996).

[8] Vgl. *Karns/Mingst* (1990), *Fröhlich* (1992), *Junker* (1995), *Hacke* (1997) sowie *Bierling* (2003).

[9] Vgl. *Lake* (1999), *Luck* (2002) und *Dembinski* (2002). Außerdem liefern *Hippler/Schade* (2003: 37ff) eine umfangreiche Auflistung der amerikanischen Position zu zahlreichen multilateralen Verträgen und Abkommen.

[10] Vgl. *Karns/Mingst* (1990).

[11] Vgl. unter anderem *Skidmore* (2005: 208ff), wo darauf hingewiesen wird, dass die außenpolitische Rolleninterpretation der USA im Ost-West-Konflikt nicht multilateral, sondern hegemonial geprägt war.

[12] Vgl. *Mastanduno* (1997) sowie *Ikenberry* (2002).

[13] Vgl. unter anderem *Malone/Khong* (2003), *Czempiel* (2003a) und *Daalder/Lindsay* (2003).

[14] Die fehlende Bereitschaft zur Übernahme hegemonialer Kosten wurde bereits in den frühen 1970er Jahren beim Zusammenbruch des auf der Konferenz von *Bretton Woods* beschlossenen Systems fester Wechselkurse offenkundig; vgl. unter anderem *Keohane* (1984). Verstärkte isolationistische Impulse und eine stärkere parteipolitische Auseinandersetzung über außenpolitische Probleme lassen sich seit den 1980er Jahren identifizieren; vgl. *Destler/Gelb/Lake* (1984) oder *Paarlberg* (1995).

lorengegangen[15]. Während die materiellen Erfordernisse des Kalten Kriegs und die ideologische Auseinandersetzung mit der Sowjetunion im amerikanischen Entscheidungssystem Geschlossenheit und breite Unterstützung für die Wahrnehmung globaler Verantwortung zu mobilisieren vermochten, traten nach 1990 Bruchlinien zutage, die sich bis heute noch vertieft haben. Das Selbstverständnis der Supermacht erweist sich heute als uneindeutig und heftig umstritten. Der seit *Truman* etablierte Konsens über die außenpolitische Grundausrichtung der USA, dessen ideologische Grundlagen Antikommunismus und Internationalismus waren, konnte besonders deshalb infrage gestellt werden, weil die Zahl der im internationalen System zu verfolgenden Optionen im Zeichen systemischer Unipolarität gestiegen war. Für eine Supermacht ohne Gegner („second to none") scheint es keinen systemisch definierten Rollenzwang, kein eindeutiges Verhaltensmodell zu geben, wohl aber eine Reihe von Optionen: Auf der einen Seite war sowohl eine wohlwollende als auch eine neoimperialistische Interpretation der amerikanischen Vormachtstellung möglich, auf der anderen Seite leistete aber gerade die einzigartige Übermacht auch Positionen Vorschub, die eine Rückführung des globalen Engagements (*disengagement*) propagieren. Nicht die Probleme des internationalen Systems, sondern die Bereitschaft von US-Politikern, diese Probleme zu nationalen Angelegenheiten zu machen, definieren deshalb heute, wesentlich stärker als früher, die Reichweite der amerikanischen Selbstverpflichtung und das Verhältnis zu multilateralen Organisationen: „American foreign policy (...) faces its principal challange at home."[16]

Grundsätzlich kann bei Konflikten in Bezug auf die weltpolitische Rolle des Landes zwischen einer ideologisch-normativen, einer pragmatischen sowie einer institutionellen Konfliktdimension unterschieden werden[17]. Im Zentrum der *ideologischen* Dimension liegt die Bruchlinie zwischen Isolationisten und Internationalisten. Mitte der 1990er Jahren bestand eine verbreitete Befürchtung darin, dass durch den Wegfall des außenpolitischen Kompasses isolationistische Impulse nur schwer einzudämmen sein würden. Die Fortsetzung eines multilateralen Kurses schien angesichts fehlender geostrategischer Handlungsnotwendigkeiten von isolationistischen Positionen leicht kritisiert werden zu können[18]. Auch wenn die Realität diesen Befürchtungen nicht Recht gegeben hat und Isolationismus nicht (wieder) zu einem vorherrschenden Außenpolitikmuster der USA geworden ist, treten doch immer deutlicher fundamentale Meinungsunterschiede über die Rolleninterpretation von Amerikas Vormachtstellung zutage. In einem internationalen System ohne ernsthaften Herausforderer fehlt offenkundig die einigende und konsensfördernde

---

[15] Vgl. *Lake* (1999), *Nau* (2001), *May/Hönicke Moore* (2003) sowie *Skidmore* (2005).
[16] Zit. *Nau* (2002: 84).
[17] Dazu ausführlich *Schild* (2002: 25ff).
[18] Vgl. unter anderem *Koch* (1998) oder *Schlesinger* (1995: 5), der diesen Nexus folgendermaßen beschreibt: "The collapse of the Soviet threat faces us today with (…) the return to the womb in American foreign policy (…) The isolationist impulse has risen from the grave, and it has taken the new form of unilateralism."

Klammer der Blockkonfrontation, um die Folgen dieses Richtungsstreits wirksam eindämmen zu können – Differenzen sind daher geradezu zwangsläufig.

Zunehmende Verunsicherung herrscht darüber, *wie* amerikanische Interessen überhaupt definiert und angemessen verfolgt werden können. Hier offenbart sich die zweite, die *pragmatische* Konfliktdimension des außenpolitischen Entscheidungssystems, in deren Zentrum die Auseinandersetzung zwischen Idealisten und Realisten steht. Durch eine unklare und teilweise widersprüchliche Interessendefinition steigt die Veranlassung, Unilateralismus und Multilateralismus als gleichwertige Instrumente im außenpolitischen Werkzeugkasten zu betrachten[19]. Damit wird einer Indifferenz gegenüber transnationalen Institutionen Vorschub geleistet, die, weil sie ein eindeutiges Bekenntnis zu multilateraler Steuerung immer öfter vermissen lässt, wiederum unilaterale Ansätze befördert: Nicht die verfügbaren Instrumente im internationalen System, also etwa die institutionell-verregelte Zusammenarbeit mit anderen Akteuren, wird dann bei der Formulierung der Außenpolitik maßgeblich, sondern das zu erreichende Ziel: die Wahrung amerikanischer Interessen. Die Rücksichtnahme auf Partner oder die Anerkennung konkurrierender Gestaltungsinteressen anderer Staaten geraten dabei in den Hintergrund. US-Außenpolitik unterliegt tendenziell einem strengen Interessenvorbehalt.

4.1.2 Außenpolitische Paradigmen und Unilateralismus

An dieser Stelle sollen zunächst die ideologische und pragmatische Konfliktdimension eingehender analysiert werden. In den 1990er Jahren war ein Wiederaufflammen des durch den Ost-West-Konflikt eigentlich für beigelegt erachteten ideologischen Paradigmenstreits über das angemessene Außenverhalten der USA zu verzeichnen. Die angesichts der geopolitischen Zäsur vorgeschlagenen Rollenmodelle für die amerikanische Außenpolitik bewegen sich auf einem Kontinuum zwischen zwei Extrempunkten: Zum einen selbstbezüglicher Isolationismus, der die Verteidigung amerikanischer Souveränität zu seinem zentralen Anliegen macht und gegenüber auswärtigen Problemen ein zurückhaltendes oder inaktives Verhalten anmahnt. Zum anderen energischer Internationalismus, der aus unterschiedlichen Gründen die Übernahme einer globalen Führungsverantwortung durch die USA einfordert. Globalisten, zu denen konservative wie liberale Internationalisten gezählt werden können[20], interpretieren das Verschwinden des geopolitischen Gegenspielers Sowjetunion als Auftrag zu verstärktem internationalen Engagement und begrüßen eine hegemoniale Selbstverpflichtung Amerikas. Nationalisten hingegen sehen amerikanische Interessen am besten im Rückzug aus transnationalen Institu-

---

[19] Vgl. *Malone* (2003) und *Dembinski* (2002).

[20] Zur Differenzierung zwischen dem liberalen und dem konservativen Strang der Internationalisten vgl. insbesondere *Rudolf* (1999), wenngleich dessen dichotomische Gegenüberstellung etwas zu kurz greift, wie die von *Kubbig/Dembinski/Kelle* (2000) vorgenommene weitere Unterteilung des konservativ-internationalistischen Lagers zeigt: Dort wird zwischen „äußerst bedingten" und „ausgeprägten Internationalisten" unterschieden.

tionen gesichert. Für erstgenannte ergab sich nach 1990 die Chance zu globaler Demokratisierung und zur verstärkten Proliferation amerikanischer Werte, während letztgenannte, die eine Verwicklung in internationale Angelegenheiten als schädlich bzw. US-Interessen abträglich ansehen, in erster Linie danach trachteten, die Friedensdividende an die US-Steuerzahler auszuschütten. Zwischen beiden Positionen kann allerdings noch stärker differenziert werden: Von *Mead* und *Nau* sind jeweils vier historische Denkschulen der amerikanischen Außenpolitikdebatte genannt worden[21]. Für das Erkenntnisinteresse dieser Arbeit ist insbesondere die Auseinandersetzung über die Frage nach einer eher unilateralen oder multilateralen Grundorientierung in der Außenpolitik von Interesse. Die unterschiedlichen ideologischen Prioritäten der Schulen lassen sich vor dem Hintergrund differenzierter Wertorientierungen wie folgt zusammenfassen:

Tabelle 2: Unilateralismus, Multilateralismus in dominanten außenpolitischen Paradigmen[22]

Präferenz für:	**Multilateralismus**	**Unilateralismus**
Souveränität/ „American Values“	„Wilsonians” (*Mead*) „Internationalists” (*Nau*)	„Jeffersonians” (*Mead*) „Primacists” (*Nau*)
Wohlfahrt/ Sicherheit/ „American Interest“	„Hamiltonians” (*Mead*) „Realists” (*Nau*)	„Jacksonians” (*Mead*) „Neoisolationists/ Nationalists” (*Nau*)

Zwischen den vier als Idealtypen konstruierten Lagern bestehen trotz grundsätzlicher Einigungsfähigkeit über die pragmatischen Erfordernisse der US-Außenpolitik erhebliche, inzwischen oft auch parteipolitisch aufgeladene Meinungsverschiedenheiten über die Rolleninterpretation der amerikanischen Vormachtstellung[23]. Ansätze, die Souveränitätsanliegen betonen oder den Machtvorsprung der USA ausbauen wollen, gehen davon aus, dass auf multilateral-institutionelle Abstimmung

[21] Vgl. *Mead* (2001: 99ff) bzw. *Nau* (2002: 43ff).

[22] In der Tabelle sollen lediglich die ideologischen Bruchlinien veranschaulicht werden. Die mit einer solchen tabellarischen Darstellung verbundenen Probleme sollen an dieser Stelle nicht verschwiegen werden. Allerdings setzten sich ja bereits die von *Mead* und *Nau* vorgenommenen idealtypische Zusammenfassungen sehr heterogener Positionen in „Denkschulen“ über die bestehenden argumentativen Differenzen innerhalb solcher Schulen, aber auch über die ideologischen Überschneidungen hinweg. Es sollte darüber hinaus evident sein, dass dabei die von den beiden Autoren gemachten Kategorisierungen nicht immer deckungsgleich ausfallen; beispielsweise weisen „Wilsonians“ bzw. „Internationalists“ zwar ein ähnliches Verständnis von der Interpretation der amerikanischen Supermachtrolle auf, sind in ihren Auffassungen jedoch nicht kongruent.

[23] Besonders von *Mead* (2001) werden die wechselnden „Koalitionen“ dieser Paradigmen im amerikanischen Außenpolitikdiskurs ausführlich dargestellt.

und die Einbindung anderer Akteure verzichtet werden kann. Unilateralismus bildet für die Apologeten einer amerikanischen Vorreiterrolle und imperialistischer Dominanz (*Primacists*)[24], außerdem aber auch für die Verteidiger nationaler Entscheidungssouveränität (*Jeffersonians*), die Befürworter von Isolationismus und ökonomischem Protektionismus (*Jacksonians*) oder sicherheitspolitischer Entflechtung (*Neoisolationists/Nationalists*) die außenpolitische Präferenz. Alle diese Ansätze gehen davon aus, dass die USA als Supermacht gegenüber geostrategischen Bedrohungen weitgehend immun sind. Diese Immunität mache Rücksichtnahmen auf die Interessen anderer Staaten oder internationaler Organisationen nicht erforderlich. In den vier Denkschulen finden sich Befürworter aller drei Unilateralismustypen: Außenpolitische Alleingänge werden gleichermaßen aus aktivistischen, intervenierenden wie aus attentistisch-isolationistischen Impulsen heraus befürwortet. Die ideologische Basis dieser Unilateralismusapologeten besteht in einem Amalgam verschiedener Prioritäten: das Gebot amerikanischer Unabhängigkeit in Entscheidungen, die die nationale Souveränität betreffen, und der Anspruch auf Exzeptionalismus im Umgang mit anderen Staaten. Außenpolitik bleibt besonders im neoisolationistischen Paradigma innenpolitischen Notwendigkeiten eindeutig untergeordnet.

Dagegen kann Multilateralismus als Präferenz besonders in jenen Positionen identifiziert werden, die entweder eine aktive, demokratischen Prinzipien verpflichtete Führungsrolle der USA anstreben (*Wilsonians*) bzw. die Kosten der US-Hegemonie mit Verbündeten zu teilen beabsichtigen (*Realists*), oder durch internationale Verflechtung und institutionelle Bindung die ökonomische Wohlfahrt (*Hamiltonians*) bzw. die Verbreitung amerikanischer Weltordnungsvorstellungen (*Internationalists*) befördert sehen wollen. Die Impulse für Multilateralismus beruhen zum einen auf einem starken, zum Teil auch missionarischen US-Sendungsbewußtsein – eine weitere Facette des amerikanischen Exzeptionalismus –, zum anderen aber auf der Annahme weitreichender Interdependenz im internationalen System. Der Befund ökonomischer Abhängigkeiten und die Orientierung an regelbasiertem Handeln legen aus Sicht zahlreicher Autoren multilaterale Strategien nahe. Die Toleranz gegenüber den von internationalen Organisationen ausgehenden, einbindenden Zwängen ist in kooperationsorientierten Denkschulen insgesamt deutlich stärker ausgeprägt: „Multilateralism is the calling card of American internationalists, much as unilateralism is of nationalists."[25] In den empirischen Untersuchungen dieser Arbeit werden die Bruchlinien, aber auch die Gemeinsamkeiten dieser Denkschulen noch näher zu zeigen sein[26].

---

[24] Auffälligste Vertreter der „Primacists" sind die *Neocons*; vgl. besonders *Halper/Clarke* (2004).

[25] Zit. *Nau* (2002: 57).

[26] In der Handelspolitik, die besonders stark Wohlfahrtserwartungen unterworfen ist, stehen sich die Denkschulen der „Hamiltonians" auf der einen und die der protektionistisch orientierten „Nationalists" bzw. „Jacksonians" auf der anderen Seite gegenüber. In der Klimaschutzpolitik, wo eher die Frage amerikanischer Souveränität (bzw. der politisch-institutionellen Übersteuerung) im Vordergrund steht, treffen die isolationistischen Unilateralismusbefürworter im Lager der „Jeffersonians" auf die „internationalistischen" Verteidiger multilateraler Governancelösun-

4.1.3 Öffentliche Meinung und Entscheidungseliten

In den amerikanischen Entscheidungseliten dominieren Ansätze, die nationale Interessen in den auswärtigen Beziehungen explizit in den Mittelpunkt stellen und internationale Organisationen als nützliche Unterstützer einer US-Hegemonie ansehen. Eine US-Gestaltungschancen einschränkende Unterordnung unter multilaterale Regeln wird dabei überwiegend abgelehnt. Solche Ansätze stehen allerdings in einem bemerkenswerten Gegensatz zur Mehrheitsmeinung der amerikanischen Öffentlichkeit, die internationales Engagement ohne vordergründige Selbstbezüglichkeit eindeutig favorisiert, während Positionen, die gegenüber transnationalen Institutionen zur Zurückhaltung auffordern oder Multilateralismus ablehnen, kaum auf Zustimmung stoßen. So prominent unilateral-isolationistische Impulse nach dem Ende des Ost-West-Konflikts in der außenpolitischen Debatte vertreten worden sind, in der Öffentlichkeit finden sie nur wenig Anklang. Insgesamt ist eine stabile und hohe Zustimmungsrate (ca. 80%) für eine mit anderen Staaten geteilte Führungsrolle der USA im internationalen System und „kooperativen Internationalismus" [27] zu verzeichnen, während sowohl die isolationistische (ca. 8%) als auch die suprematistische Argumentation (ca. 12%) nur wenig Befürworter fanden[28]. Auch andere Umfragen haben wiederholt verdeutlicht, dass isolationistische und aggressiv-unilaterale Positionen nur von einer kleinen Minderheit geteilt werden[29]. Allerdings scheint die amerikanische Öffentlichkeit der *Idee* von Multilateralismus wesentlich mehr Sympathie entgegenzubringen als dessen realen *Erscheinungsformen* – also transnationalen Institutionen[30]. Auch wenn es nicht an Kritik gegenüber institutionellem Missmanagement auf internationaler Ebene fehlt – das zeigt unter anderem die in den USA wachsende Negativperzeption des UN-Systems[31] –, existieren kaum Anzeichen dafür, dass die dezidiert antiisolationistische Grundorientierung nachhaltig erschüttert werden könnte.

Trotzdem bleibt die Multilateralismusfreundlichkeit der Öffentlichkeit im politischen Entscheidungssystem weitgehend folgenlos. Mit verblüffender Hartnäckigkeit werden die Amerikaner von ihren politischen Entscheidungsträgern für wesentlich stärker unilateralistisch und isolationistisch orientiert gehalten, als es die Umfragen dokumentieren[32]. Für diese manifeste und äußerst folgenreiche Fehlwahrnehmung lassen sich zwei Gründe anführen: Zum einen erweist sich die stabi-

---

gen. Gleichwohl wird in allen Ansätzen die zentrale Rolle nationaler Interessen betont, so dass etwa bei den Reaktionen auf multilaterale Streitschlichtung durchaus große Übereinstimmung zwischen Befürwortern von Uni- und Multilateralismus beobachtet werden kann.

[27] Zit. *Rudolf* (2006: 12).

[28] Antworten auf die Frage: „What kind of leadership role should the United States play in the world?" in mehreren Meinungsumfragen des *Pew Resesearch Center for the People and the Press.*

[29] Vgl. *Holsti* (2004: 266ff).

[30] Vgl. *Lindsay* (2000) sowie *Luck* (2002).

[31] Vgl. unter anderem *Luck* (2003a).

[32] Vgl. *Kull* (2002), *Lindsay* (2003) sowie besonders nachdrücklich *Todorov/Mandisodza* (2004).

le Unterstützung multilateraler Positionen selten als politisch handlungsleitend und scheint wenig belastbar, weil außenpolitischen Themen im Entscheidungssystem im Vergleich zu *domestic issues* generell nur äußerst geringe Relevanz eingeräumt wird. Die öffentliche Grundhaltung zu globalen Problemen lässt sich als „apathischer Internationalismus“ bezeichnen[33]. Auf der anderen Seite werden in der Öffentlichkeit und im politischen Entscheidungssystem sehr unterschiedliche Prioritäten gesetzt[34]. Das außenpolitische Desinteresse der Öffentlichkeit trägt zu einer verkürzten und stark selektiven Befassung mit internationalen Problemen bei – auf Seiten der Medien ebenso wie unter Politikern. Die dadurch bedingte Randständigkeit außenpolitischer Themen in der öffentlichen Politikwahrnehmung leistet wiederum tendenziell nationalistischen Argumenten Vorschub und steht einem stärkeren internationalen Engagement der USA im Weg. Weil die mehrheitliche Befürwortung multilateraler Ansätze durch die US-Öffentlichkeit im komplexen Beziehungsgeflecht der Gewaltenteilung fast untergeht, droht der durch die Autosuggestion geopolitischer Unverwundbarkeit und die Zunahme isolationistischer Stimmungen ohnehin latente Hang zu außenpolitischer Eigenmächtigkeit in den USA zu einer selbsterfüllenden Prophezeiung zu werden[35]. Unterstützend wirkt dabei sicherlich auch, dass US-Bürger, obwohl überwiegend multilateral eingestellt, paradoxerweise die Öffentlichkeit insgesamt als tendenziell unilateralismusfreundlich einschätzen[36].

Die unter politischen Entscheidungsträgern offenkundig steigende Angst vor einem eindeutig multilateralen Kurs ist maßgeblich auf die zunehmende parteipolitische Polarisierung zurückzuführen. Diese Polarisierung beschleunigt wiederum den Prozess schwindender Akzeptanz transnationaler Einbindung durch die letzte Supermacht. Zwar überwiegen unter den politischen Meinungsführern eindeutig multilaterale Positionen, allerdings sind mittlerweile auch deutliche Verwerfungen zwischen den verschiedenen politischen Lagern zu beobachten. In einer großangelegten Umfrage unter amerikanischen Meinungsführern von 1996 unterstützte lediglich ein Viertel unilaterale Politikansätze, dagegen sahen fast drei Viertel Multilateralismus als für die USA zweckmäßige und – wegen der Betonung weicher

[33] Zit. *Lindsay* (2000: 4).

[34] Vgl. insbesondere *Holsti* (2004).

[35] Dazu vor allem *Holsti* (2004) sowie *Kull/Destler* (1999), *Kull* (2002) oder *Page* (2007), die ausführlich den Ursachen für die Diskrepanz zwischen der grundlegenden Bereitschaft der Bevölkerung zu multilateralem Engagement und der ausbleibenden politischen Rezeption nachgehen. In den Einstellungen zu internationalen Problemen gibt es zwischen einer tendenziell stark multilateralistischen Öffentlichkeit und tendenziell eher souveränistisch und unilateralistischen Entscheidungsträgern erhebliche Unterschiede. Die von *Kull/Destler* (1999: 230) gemachte, nahezu fatalistische Feststellung hat weiterhin Bestand: „The American Public does not give priority to international issues when it chooses public officials. The executive branch does not give priority to public opinion when it makes foreign policy. (…) Members of Congress have no overriding stake in getting (public) opinion on international matters right because they are unlikely to be punished for getting it wrong.” Insgesamt, sei Widerstand gegen transnationale Institutionen leichter als Unterstützung zu organisieren.

[36] Vgl. vor allem *Todorov/Mandisodza* (2004).

Machtpotentiale – angemessene Strategie in transnationalen Interaktionen an[37]. Diese Werte decken sich also ungefähr mit den oben erwähnten Positionierungen der US-Öffentlichkeit. An diesem Verhältnis hat sich in den letzten Jahren wenig geändert[38], wohl aber hat die Fragmentierung und Polarisierung innerhalb der Lager noch zugenommen, so dass Verteidiger unilateraler Politikansätze stärkere Beachtung finden und deren Argumente größeren Einfluss gewonnen haben. Unter den Befürwortern multilateraler Kooperation befinden sich, wenig überraschend, relativ viele internationalistisch orientierte, liberale Anhänger der demokratischen Partei, während Unilateralismus in erster Linie von isolationistisch orientierten, konservativen Souveränisten, die vor allem in der republikanischen Partei zu finden sind, unterstützt wird[39]. Dieser Zusammenhang zwischen Parteizugehörigkeit und außenpolitischer Orientierung ist nicht zuletzt durch den zeitweise prägenden Einfluss der *Neocons* auf die republikanische Partei inzwischen noch deutlicher hervorgetreten. Beide Lager driften durch ideologische Verschiebungen in der Parteienlandschaft weiter auseinander: Die Zunahme liberal-multilateraler Werthaltungen unter demokratischen Abgeordneten wird vom Ansteigen unilateralistischer Ansichten auf der Gegenseite kontrastiert,[40] und in beiden Lagern sind die Extrempositionen vernehmlicher und einflussreicher geworden. Damit fällt die Polarisierung der politischen Entscheidungseliten erheblich größer aus als die der US-Gesellschaft[41].

---

[37] Vgl. *Holsti* (2004: 258ff). Von den 2141 Teilnehmern der Umfrage konnten 31,7% als strenge Multilateralisten, 41,3% als moderate Multilateralisten, 21,4% als moderate Unilateralisten und lediglich 5,7% als strenge Unilateralisten bezeichnet werden. *Holsti* geht davon aus, dass es in dieser Verteilung keine fundamentalen Verschiebungen gegeben hat.

[38] Vgl. *Holsti* (2004: 263f).

[39] In der Handelspolitik stellen sich diese Meinungsunterschiede freilich ganz anders dar. Dort finden sich Befürworter protektionistischer Maßnahmen und Kritiker multilateraler bzw. regionaler Integration überwiegend im Lager der Demokratischen Partei, während Republikaner mehrheitlich transnationale Zusammenarbeit unterstützen, wenngleich diese Unterstützung zurückgeht. Demokraten sind überwiegend dem auf Umwelt und Arbeitsstandards abhebenden Lager zuzurechnen, während ein Großteil der Republikaner Liberalisierungsbemühungen unterstützt; vgl. *Pfeil* (2000), *Shoch* (2001) und *Gerke-Unger* (2004).

[40] Dazu auch die instruktiven Daten von *Garton Ash* (2004: 141). Demnach war die Zustimmung für eine alleinige Kontrolle über militärische Angelegenheiten unter Republikanern fast doppelt so hoch wie unter Anhängern der Demokratischen Partei (59% bzw. 33%). Letztgenannte befürworten mehrheitlich (55%) die Einbeziehung Verbündeter in Entscheidungsprozesse, auch wenn der amerikanische Handlungsspielraum dadurch eingeschränkt wird. Diese multilaterale Selbstbindung wird aber unter den Anhängern der Republikaner nur von einer Minderheit (34%) akzeptiert. Diese Verschiebungen sind unter anderem auf das politische Verschwinden konservativer Demokraten in den Südstaaten zurückzuführen. Dadurch ist die demokratische Partei in ihrer Grundhaltung liberaler, die republikanische Partei dagegen noch konservativer geworden, was sich wiederum in einer wachsenden Distanz in den politischen bzw. ideologischen Positionen der Kongressabgeordneten niedergeschlagen hat; vgl. *Deibel* (2000), *Brady/Fiorina* (2000), *Poole/Rosenthal* (2001) sowie *Binder* (2003).

[41] Deshalb lässt sich das politische System der USA durch „centrist voters and polarizing elites" kennzeichnen: Zit. *Fiorina/Abrams/Pope* (2005: 78).

Neben der sich weiter fortsetzenden ideologischen Polarisierung hat seit den 1990er Jahren zusätzlich eine parteitaktisch motivierte Kontroverse das politische Meinungsklima stark belastet. Diese Auseinandersetzung – nicht zuletzt durch die Konfrontation zwischen dem seit 1994 republikanisch dominierten Kongress und Präsident *Clinton* erheblich verschärft[42] – reicht wegen der neuen Intensität parteipolitischer Kontroversen[43] über die (traditionelle) Rivalität zwischen den Gewalten um Zuständigkeiten in der Außenpolitik hinaus. Hinzu kommt die durch den Einfluss der Medien erzwungene und beförderte permanente Kampagnenmobilisierung[44], die einen immensen Einsatz finanzieller Mittel erforderlich macht und Politiker verstärkt in die Rolle von Spendensammlern (*fundraiser*) schlüpfen lässt, die dem Druck bestimmter Interessengruppen immer stärker ausgesetzt scheinen[45]. All diese Entwicklungen haben zwar nicht unmittelbar ein unilaterales Außenverhalten der Supermacht zur Folge, indes ist die Indifferenz politischer Entscheidungsträger bzw. die Widersprüchlichkeit der von ihnen getroffenen Entscheidungen in erheblichem Umfang gestiegen.

Dabei entzündet sich der Parteienstreit an Fragen von eher symbolischem Gehalt besonders heftig[46]. Gegen multilaterale Zusammenarbeit gerichtete Ressentiments können, wenn sie in den immer stärker parteipolitisch geprägten Auseinandersetzungen der Außenpolitikdebatte aufgegriffen werden, maßgeblich zur Diskreditierung multilateraler Positionen beitragen. Auch wenn außenpolitische Themen insgesamt auf sehr geringes öffentliches Interesse stoßen, als Objekt für Negativkampagnen sind sie gut geeignet[47]. Die außenpolitische Apathie der Öffentlichkeit leistet damit letztlich Multilateralismusgegnern Vorschub: Stereotype Vorwürfe, dass Institutionen bei der Lösung von Problemen versagten, in die Souveränität Amerikas eingriffen oder dessen Interessen im Wege stünden, sind leicht mobili-

---

[42] Vgl. *Deibel* (2000) bzw. *Bond/Fleisher* (2000). *Poole/Rosenthal* (2001: 19) weisen aber ausdrücklich darauf hin, dass der erdrutschartige Sieg der Republikaner bei den Wahlen 1994 den Trend zur parteipolitischen Fragmentierung und Distanzierung nur wenig beschleunigt hat. Der Erfolg der „konservativen Revolution" sei eher dessen Symptom, weniger dessen Auslöser oder Ursache.

[43] Vgl. *Poole/Rosenthal* (2001), *Shoch* (2001) oder *Binder* (2003).

[44] Vgl. dazu vor allem *Ornstein/Mann* (2000), *Lyman* (2002).

[45] Vgl. etwa zur „Privatisierung" der amerikanischen Handelspolitik, also den über gezielte Spenden an Abgeordnete im Vorfeld handelspolitischer Entscheidungen ausgeübten Druck von Interessengruppen *Noland* (1999a) oder *Baldwin/Magee* (2000a). Allerdings hält sich der Einfluss von Verbänden der exportorientierten Industrien, die eher freihändlerisch orientiert sind, und Gewerkschaftsverbänden, die tendenziell protektionistische Forderungen vertreten, ungefähr die Waage. Vgl. auch Abschnitt 5.1 dieser Arbeit.

[46] Erinnert sei stellvertretend an den Fall der Rückführung eines kubanischen Flüchtlingskinds zu seinem Vater nach Kuba, der nicht nur immense öffentliche Erregtheit verursacht, sondern über Monate hinweg bei den Republikanern auch massiven politischen Aktionismus ausgelöst hat. Eine andere, besonders heftig geführte Auseinandersetzung erfolgte über das NMD-Programm, das von den Republikanern zu einem unverzichtbaren Kernstück der US-Sicherheitspolitik erklärt und gegen Bedenken der *Clinton*-Administration durchgesetzt wurde.

[47] Vgl. unter anderem *Czempiel* (1996), *Jackson* (1997), *Kirste* (1998) oder *Irwin* (2002).

sierbar, aber nur schwer zu entkräften[48]. Dadurch erscheinen außenpolitische Themen – mit Ausnahme der Demonstration sicherheitspolitischer Stärke bzw. der Verteidigung nationaler Sicherheitsinteressen – für eine positive Profilierung der Politiker vor ihren Wählern nahezu ungeeignet[49]. Im Ergebnis verschärft sich die Diskrepanz zwischen der öffentlichen Unterstützung internationaler Zusammenarbeit und der Scheu politischer Entscheidungsträger zu multilateralem Engagement.

4.1.4 Primat nationaler Interessen

Unter politischen Entscheidungsträgern und Analysten wird nationalen Interessen gegenüber multilateralen Prinzipien ausdrücklich Vorrang eingeräumt. Auch in solchen Positionen, die eine hohe Affinität für die Chancen internationaler Kooperation zeigen, tritt ein stark instrumentelles Multilateralismusverständnis zutage. Gegenüber transnationalen Institutionen wird ein Konditionalitätsvorbehalt formuliert, der amerikanischen Exzeptionalismus widerspiegelt[50]. Grundsätzlich besteht bei allen Detailkonflikten, die über die Rolleninterpretation der Supermacht in der akademischen und politischen Debatte zu beobachten sind, ein klares Interesse an der Aufrechterhaltung der amerikanischen Führungsposition. In der Ablehnung eines *externen* Rechtfertigungszwangs der amerikanischen Außenpolitik ist sich unter Verweis auf die demokratische Vorbildwirkung Amerikas die Mehrzahl der Debattenteilnehmer einig. Tatsächlich ist bemerkenswert, wie stark auch von jenen Autoren, die auf die Vorzüge multilateraler Institutionen hinweisen, das Primat nationaler Interessen der USA betont wird; die Gefahren außenpolitischen Fehlverhaltens werden dagegen weitgehend ignoriert[51]. Selbst von liberalen Internationalisten – von Isolationisten oder konservativen Souveränisten ganz zu schweigen – wird hervorgehoben, dass nationale Kerninteressen der USA nötigenfalls, etwa bei institutionellem Versagen, auch unilateral zu implementieren seien[52]. Multilateralismus wird damit also als Instrument zur Wahrung amerikanischer Ziele und Weltordnungsvorstellungen verteidigt und nicht etwa als wichtiges Instrument zur Förderung internationaler Zusammenarbeit[53]. Auch unzweifelhaft internationalistisch

---

[48] Vgl. unter anderem *Dembinski* (2002).

[49] Vgl. *Lindsay* (2003).

[50] Vgl. vor allem *Lake* (1999) sowie *Luck* (1999 und 2003a) sowie *Dembinski* (2002).

[51] Vgl. *Junker* (2003).

[52] Stellvertretend für diese Position steht die dem Kapitel vorangestellte Bemerkung von *Clintons* erstem, unzweifelhaft liberal-internationalistisch orientierten Außenministers *Christopher*, in der eindeutig betont wird, dass multilaterales Engagement bei einer Gefährdung vitaler nationaler Interessen als außenpolitisches Instrument nicht infrage komme; zit. bei *Kirste* (1998: 116).

[53] Auch jene Autoren, die eine Fokussierung der US-Außenpolitik auf Unilateralismus deutlich ablehnen, wie etwa *Cronin* (2001), *Kupchan* (2003) oder *Nye* (2002 sowie 2004), greifen auf dieses interessenbasierte Argumentationsmuster zurück, indem sie betonen, dass Multilateralismus im Vergleich zu unilateralem Vorgehen das effizientere Führungsinstrument darstelle. Unilateralismus zerstöre hingegen die Grundlagen hegemonialer Politik und die Potentiale weicher Führungsmacht.

eingestellte Analytiker befürworten transnationale Institutionen vor allem unter dem Aspekt des *Burden Sharing*, also der gemeinsamen Übernahme hegemonialer Governancekosten. Die Rücksichtnahme auf Institutionen und Verbündete wird nur als funktionale Nebenbedingung amerikanischer Führungsfähigkeit akzeptiert. Der auch von liberalen Institutionalisten – nach wie vor eine Mehrheit im akademischen Diskurs über die Stellung Amerikas in der Welt – betonte Vorrang nationaler Interessen hat damit maßgeblich zu der verstärkt kritisch-negativen Bewertung der Performanz transnationaler Institutionen beigetragen, die seit der zweiten *Clinton*-Administration für die US-Außenpolitikdebatte typisch ist[54]. Insgesamt scheint die Staatsraison der letzten verbliebenen Supermacht damit inzwischen erheblich selbstbezüglicher definiert zu werden als zu Zeiten der systemischen Bipolarität[55].

4.2 Präsident und Kongress zwischen legislativem *Deadlock* und *Presidential Leadership*

An dieser Stelle werden die unilaterale Ansätze fördernden Auswirkungen des Machtteilungsarrangements zwischen Präsident und Kongress in den Blick genommen. Auch im Verhältnis der beiden Gewalten hat das Ende des Ost-West-Konflikts unübersehbar Spuren hinterlassen, die nicht nur vorübergehender Natur zu sein scheinen, sondern einen fundamentalen Systemwandel erkennen lassen[56]. Dieser manifestiert sich darin, dass die präsidentielle Prärogative in der Außenpolitik stärker als zuvor durch die Einflussnahme parochialer Interessengruppen herausgefordert wird[57]. Maßgebliches Forum und entscheidender Hebel bei diesen Bemühungen ist der Kongress. Der durch das Ende des Ost-West-Konflikts bedingte Wegfall des außenpolitischen Koordinatensystems bildet für die nach 1990 feststellbare Überlagerung der außenpolitischen Agenda durch Binnenthemen eine zentrale Ursache. Angesichts der geopolitischen Unipolarität gibt es keine selbstverständlichen, quasi natürlichen Handlungsmuster für die Supermacht. Ihr internationales Rollenverständnis ist Auseinandersetzungen unterworfen, die in steigendem Maß auch von innenpolitischen Themen überlagert werden. Wo internationale Verpflichtungen zurückgehen, wächst die Neigung zur politischen Nabelschau und zur Symbolpolitik. Tatsächlich haben die Spannungen zwischen den Gewalten in den vergangenen zwei Dekaden erheblich zu-, die Möglichkeiten zu präsidentieller Führung dagegen abgenommen. Das Bekenntnis der amerikanischen Außenpolitik zu multilateraler Zusammenarbeit ist nach 1990 uneindeutiger geworden[58]. Zu dieser Entwicklung hat eine Reihe von spezifischen prozeduralen Aspekten der amerikanischen Außenpolitikformulierung ihren Beitrag geleistet.

---

[54] Vgl. *Malone/Khong* (2003: 423ff).
[55] Vgl. *Luck* (1999) und *Foot/MacFarlane/Mastanduno* (2003).
[56] Vgl. *Lindsay* (1999: 173).
[57] Vgl. *Skidmore* (2005: 223f)
[58] Vgl. *Wilzewski* (2000) sowie *Lyman* (2002).

4.2.1 Machtverteilung im außenpolitischen Entscheidungssystem

Präsident und Kongress können im außenpolitischen Entscheidungssystem der USA als nahezu gleichwertige Akteure angesehen werden, allerdings mit ganz unterschiedlichen Machtinstrumenten und Arbeitsschwerpunkten. Die verfassungsrechtlich angelegte Gewaltenteilung manifestiert sich in der politischen Praxis eher als nahezu permanenter Gewaltenstreit. Die Kompetenzabgrenzung bleibt stets prekär und umstritten und führt faktisch zu einer anhaltenden institutionellen Doppelpartizipation beider Akteure in außenpolitischen Entscheidungsprozessen[59]. Die Formulierung und Richtungsvorgabe der Außenpolitik, das Makromanagement, obliegt zwar zu großen Teilen der Administration, indes verfügt der Kongress über zahlreiche Beteiligungsrechte im Bereich außenpolitischen Mikromanagements, über die durchaus wirksam steuernder Einfluss ausgeübt werden kann[60]. Während die Exekutive in der Außenpolitik in erster Linie strategische Ansätze verfolgen kann, verlegen sich Abgeordnete und Senatoren eher auf strukturelle policies[61]. Dieses Verhalten reflektiert auch das größere Interesse der Administrationen an außenpolitischer Konsistenz und die mehr kontrollierende Rolle des Kongresses. Besonders einflussreich sind die legislativen Kontrollmöglichkeiten bei Entscheidungen mit besonderen institutionellen Konsequenzen für die strukturelle Machtverteilung zwischen Legislative und Exekutive [62]. Aufgrund der stark heterogenen Interessen darf daher auch ein quasi natürliches Spannungsfeld bei der Akzeptanz multilateraler Verpflichtungen vermutet werden.

Die Bedingungen der konstitutionell verankerten Kompetenzverteilung und gegenseitigen Kontrolle machen beide Akteure zu Vetospielern; ihre Zusammenarbeit ist in allen wesentlichen Fragen, die das Verhalten der USA in internationalen Beziehungen tangieren, erforderlich. Gleichwohl fallen dem Präsidenten besonders in der Sicherheitspolitik und bei der strategischen Ausrichtung der Außenpolitik maßgebliche Initiativrechte zu. Außerdem verfügt die Administration – ungeachtet der Diversifizierung außenpolitischer Kompetenzen auf eine Vielzahl von Ministerien und Behörden und trotz der daraus erwachsenden bürokratischen Grabenkämpfe – über den Vorteil, als Akteur in der Regel geschlossener auftreten zu können als die Legislative, die eine höhere interne Interessenfragmentierung aufweist. Die Vielzahl von individuellen Außenpolitikagenden unter den Kongressmitgliedern sowie die trotz der sich vertiefenden parteipolitischen Polarisierung nach wie vor eher geringe Fraktionsdisziplin machen zahlreiche informelle Abstimmungsprozesse im Vorfeld wichtiger Entscheidungen nötig. Außenpolitische Entscheidungs- oder Ratifizierungsverfahren, die Auswirkungen auf die Kompetenzverteilung entfalten können, gestalten sich oft sehr kompliziert und langwierig.

---

[59] Vgl. *Ehrenzeller* (1993).

[60] Vgl. *Wiarda* (1996), *Lindsay* (1999) oder *Sloan* (2003).

[61] Vgl. *Ripley/Lindsay* (1994b: 18ff).

[62] Vgl. *Lindsay* (1994: 153ff).

Die Partizipationschancen des Kongresses erwachsen in erster Linie aus seiner Budgethoheit und der Ratifizierungsnotwendigkeit internationaler Verträge. Die Legislative vermag zwar gegen den ausdrücklichen Willen der Exekutive keine außenpolitischen Führungsakzente zu setzen, wohl aber kann sie sich durch Verzögerung von Ratifizierungsprozessen, Blockade von Personalentscheidungen oder die Einrichtung intermediärer Institutionen Gehör verschaffen[63]. Grundsätzlich vermittelt sich der außenpolitische Einfluss der Legislative weniger gestaltend und initiativ, sondern eher kontrollierend und verzögernd, zumal die Bedeutung der für die Außenpolitik zuständigen Kongresskommitees gesunken ist. Die nach dem Ende des Ost-West-Konflikts neugewählten Abgeordneten „blicken verstärkt durch eine binnenorientierte Brille auf die internationalen Herausforderungen" und sind wesentlich stärker durch ihre parteipolitische und ideologische Positionierung geprägt als ihre Vorgänger[64]. Die anhaltende Fragmentierung in eine Vielzahl von Unterkommitees, die nachlassende Kraft des Senioritätsprinzips und der zunehmende Einfluss der Parteizentralen auf die Arbeit der Abgeordneten erschweren überparteiliche Ansätze (*bipartisanship*). Die legislative Partizipation in der Außenpolitik ist inzwischen weniger stark institutionalisiert, dafür aber viel stärker personalisiert und unberechenbarer als noch vor zwanzig Jahren. Der daraus erwachsende sequenzielle Aktionismus des Kongresses mindert die außenpolitische Verlässlichkeit der Supermacht[65]. Letztlich hängt es in erster Linie vom Konzessionswillen des Präsidenten ab, ob legislative Zustimmung zu außenpolitischen Initiativen organisiert oder drohende Widerstände überwunden werden können. Im Extremfall kann Kongresswiderstand allerdings zu einer fortdauernden Entscheidungsblockade (*Deadlock*) führen. Dies ist besonders wahrscheinlich, wenn durch die Teilnahme an internationalen Kooperationsarrangements eine strukturelle Machtverschiebung zwischen den Gewalten droht. In Situationen, in denen eine (kaum zurücknehmbare) Souveränitätsübertragung auf multilaterale Institutionen befürchtet werden muss, reagieren die Abgeordneten und Senatoren besonders sensibel. Der Kongress reagiert oft mit einem quasi institutionalisierten Abwehrreflex auf Initiativen, hinter denen Entmachtungs- und Übersteuerungsversuche der Administrationen vermutet werden[66].

4.2.2 Ursachen für unilaterale Impulse

In den zurückliegenden zwei Dekaden haben die institutionellen Obstruktionsversuche des Kongresses bei außenpolitischen Entscheidungen erheblich zugenom-

---

[63] Vgl. *Lindsay* (1994) und *Ehrenzeller* (1993). Von einer erheblich stärker als vor 1990 mitgestaltenden Rolle der Legislative in der Fragen der amerikanischen Außenpolitikgestaltung gehen *Hils/Wilzewski* (2004) aus.

[64] Zit. *Hils/Wilzewski* (2004: 200). Ähnlich, in Bezug auf die Handelspolitik, die Argumentation von *Gerke-Unger* (2004) und *Pfeil* (2000).

[65] Vgl. *Dembinski* (2002: 22ff), *Lyman* (2002: 84ff) und ausführlich *Hersman* (2000: 10ff).

[66] Vgl. *Rudolf* (2004: 269).

men[67]. Einerseits gehen außenpolitische Alleingänge auf die (nicht unberechtigte) legislative Furcht vor einem Verlust von Entscheidungsbefugnissen oder auf generelles Desinteresse an multilateralen Institutionen zurück[68]. Insbesondere der Senat hat sich dabei wiederholt als Hort von Beharrungstendenzen und souveränitätsorientierten Bedenken erwiesen, die, wenn sie mehrheitsfähig waren, multilaterales Engagement der USA nahezu ausgeschlossen und zur Verletzung eingegangener Verpflichtungen beitragen haben. Multilateralismus wird stets auch zu einer nationalen Machtfrage. Multilaterale Absenz wahrt die hohen Mitgestaltungsmöglichkeiten der Legislative, Einbindung dagegen mindert sie. Internationale Organisationen stellen damit eine ernsthafte Herausforderung für Partizipationschancen des Kongresses im außenpolitischen Entscheidungssystem dar. Zuvorderst in den daraus erwachsenden Spannungen zwischen Administration und Kongress sind Impulse zu vermuten, die einer unilateralen Einfärbung der US-Außenpolitik nach 1990 Vorschub geleistet haben.

Eine andere Ursache eigenmächtiger Politikansätze stellt die Neigung zu vorwiegend kurzfristig und aktionistisch angelegter, parteipolitisch überformter Partizipation des Kongresses in der Außenpolitik dar. Durch dieses Vorgehen wird die für multilaterale Kooperationsbeziehungen unabdingbare außenpolitische Berechenbarkeit deutlich erschwert. Die Kombination aus legislativem Desinteresse in der Außenpolitik, isolationistischem Gestaltungswillen, individualisierter, zunehmend fragmentierter und situationsgebundener Partizipation von Kongressmitgliedern an Entscheidungsprozessen hat vor dem Hintergrund der ideologisch aufgeladenen Auseinandersetzungen innerhalb des Kongresses bzw. zwischen den Gewalten die Tendenz zu unilateralem Vorgehen der Supermacht maßgeblich gesteigert. Bei der Suche nach Auslösern für diese Veränderung der Fundamente im außenpolitischen Entscheidungssystem gerät wiederum die geopolitische Zäsur zu Beginn der 1990er Jahre in den Blick. Zu recht ist argumentiert worden, dass die US-Außenpolitik unter dem Eindruck abnehmender internationaler Verpflichtungen in weit stärkerem Maße als zuvor zur Fortsetzung der Innenpolitik mit anderen Mitteln geworden sei[69], weil einerseits äußere internationale Verpflichtungen fehlten und andererseits der Einfluss von Lobbygruppen mit enggefassten Interessen zunähme. Das verstärkt die ohnehin schon manifeste Neigung zum Parochialismus im Kongress und verschärft damit die Spannungen zwischen den Gewalten[70]. Präsidentielle Führerschaft in der Außenpolitik, die während des Ost-West-Konflikts

---

[67] Vgl. *Hersman* (2000: 106).
[68] Vgl. *Lindsay* (1999: 177).
[69] So explizit, auf die Kriegsdefinition von *Clausewitz* bezogen, *Lindsay* (2003: 50). Ähnlich die Argumentation von *Lyman* (2002), *Scott* (1998) bzw. *Wittkopf/McCormick* (1999).
[70] Vgl. *Hersman* (2000) bzw. *Lindsay* (1994).

eine gewisse außenpolitische Stabilität und Konsistenz gewährleistete, ist nicht mehr selbstverständlich[71].

Der Großteil unilateraler und isolationistischer Impulse in der US-Außenpolitik entsteht auf dem *Capitol Hill.*[72] Dort hat sich eine manifeste Neigung zu einer eher adhocistisch-reaktiven Befassung mit außenpolitischen Problemen bzw. zur Betrachtung der Welt vom eigenen Wahlkreis aus verstärkt. Dass dazu auch die Bedingungen der an Intensität gewinnenden parteipolitischen Auseinandersetzung ihren Beitrag leisten, liegt auf der Hand. Die Erfordernisse konsistenter Außenpolitik überfordern in erster Linie die Abgeordneten im Repräsentantenhaus[73], die sich alle zwei Jahre um eine Wiederwahl bemühen müssen und ihre parlamentarische Tätigkeit am besten mit politischen Initiativen bei Binnenthemen bzw. durch auffällige Extrempositionen in bestimmten, symbolisch aufgeladenen Außenpolitikdebatten unter Beweis stellen[74]. Darunter hat das allgemeine Interesse der Abgeordneten für oftmals komplexe außenpolitische Zusammenhänge nicht unerheblich gelitten[75]. Sie investieren insgesamt für auswärtige Angelegenheiten immer weniger Zeit und nur geringes politisches Kapital und reisen weniger als früher ins Ausland.

Tatsächlich hat sich nach 1990 im Kongress einerseits der Hang zu außenpolitischem Attentismus, der ihm als geradezu charakteristisches Wesensmerkmal unterstellt worden ist[76], noch einmal erheblich verstärkt. Seit den 1930er Jahren sind isolationistische und nationalistische Tendenzen nicht mehr so deutlich hervorgetreten wie heute[77]. Dies hat in der Tendenz das *allgemeine* Desinteresse der Legislative an Außenpolitik steigen lassen. Entscheidend aber scheint auf der anderen Seite ein weiterer, dem soeben skizzierten Befund scheinbar widersprechender Umstand, dass nämlich die *spezifischen* Mitgestaltungswünsche beider Häuser und einzelner

---

[71] Allerdings setzte die Entwicklung zu verstärkter Außenpolitikgestaltung durch den Kongress bereits vor 1990 ein. Besonders in der Sicherheits- oder Rüstungspolitik hat die Legislative schon in den 1980er Jahren entscheidende Erfolge feiern können, vgl. dazu besonders *Wilzewski* (1999).

[72] Die Widerstände der USA gegen zahlreiche multilaterale Vereinbarungen wie die Chemiewaffenkonvention, das internationale Abkommen über Biodiversität oder das Kyoto-Protokoll gehen in erster Linie auf eine Blockadehaltung im Kongress zurück. Dabei hakte es insbesondere an der Zustimmungspflicht des Senats: „It is increasingly impossible to pass treaties. The supermajority required is bar almost too high."; Zit. nach *Hersman* (2000: 102).

[73] Vgl. *Brady/Fiorina* (2000) bzw. *Quandt* (1999).

[74] Dazu bieten sich zahlreiche Politikfelder in den internationalen Beziehungen an, so etwa die Minderheitenpolitik, Menschenrechtsfragen und Handelssanktionen.

[75] Vgl. *Sloan* (2003: 23), der auch die Schwierigkeiten der für auswärtige Angelegenheiten zuständigen Kommitees in Senat und Repräsentantenhaus bei der Gewinnung engagierter und kompetenter Mitglieder auf diesen Zusammenhang zurückführt.

[76] Etwa von *Bierling* (1992), der bereits auf den Zusammenhang hinweist zwischen außenpolitischer Passivität des Kongresses, die aus institutionellen Zwängen erwächst, und Aggressivität gegenüber der Exekutive, die eine Form des Ausagierens dieser strukturellen Ohnmacht in einem unklaren Kompetenzrahmen darstellt.

[77] Vgl. *Mead* (2001 und 2004), *Luck* (1999), *Kull/Destler* (1999) oder *Lake* (1999).

Abgeordneter auf bestimmten Politikfeldern zugenommen haben[78]. Die in der Legislative dominierende Orientierung an *domestic issues* hat nämlich keineswegs dazu geführt, dass die Formulierung und Ausgestaltung der Außenpolitik allein der Exekutive überlassen geblieben ist. Wo Außenpolitik die Frage der Machtteilung zwischen den Gewalten berührt, weicht das Desinteresse oft dem Wunsch zur Mitgestaltung. Die unter den Kongressabgeordneten steigende Sensibilität gegenüber einzelnen Interessengruppen, die Vertiefung ideologischer Spannungen sowie parteipolitisches Herumtaktieren haben maßgeblich zur Etablierung einer Nebenaußenpolitik des Kapitols beigetragen, oder genauer gesagt: mehrerer Nebenaußenpolitiken. Die globale Rolle der USA wird vom Kongress nicht konsistent, sondern verstärkt unter regionalen, parteipolitischen, ideologischen, wahltaktischen oder gewaltenteiligen Aspekten definiert. Oft kommt es dabei zu einer Vermischung internationaler Initiativen mit Politikinhalten, die vordergründig nichts mit Außenpolitik zu tun haben. Das dabei entstehende Amalgam aus außen- und innenpolitischen Angelegenheiten ist als „*intermestics*"[79] bezeichnet worden. Adressaten der außenpolitischen Initiativen des Kongresses sind weniger internationale Institutionen oder andere Staaten. Vielmehr wird einerseits auf die Administration gezielt, die man außenpolitisch an die kurze Leine legen möchte, weil ihre Handlungsspielräume als zu weitreichend empfunden werden[80], bzw. andererseits auf die Wähler, denen gegenüber die Verteidigung amerikanischer Wohlfahrtsinteressen demonstriert werden soll. Der weitgehend rücksichtslose Pragmatismus der Legislative führt zu Kurzsichtigkeit im Hinblick auf die potentiellen Weiterungen und Kosten unilateraler Ansätze im internationalen System. Hinzu tritt die massive Verschärfung parteipolitischer Auseinandersetzungen, die bereits als Ursache und Katalysator außenpolitischer Indifferenz erwähnt wurde. Die ideologische Polarisierung zwischen den beiden großen politischen Lagern[81], die inzwischen in einer seit der Abolitionistenbewegung des 19. Jahrhunderts nicht mehr gesehenen Deutlichkeit hervortritt[82], hat nach 1990 etliche außenpolitische Kontroversen verursacht oder maßgeblich angeheizt. Das Fehlen gemeinsamer Schnittmengen und ideologische Grabenkämpfe haben die Zusammenarbeit über Partei- und Fraktionsgrenzen hinweg erschwert und damit auch die Kooperation mit der Exekutive belastet[83]. Vor allem die Handlungsfähigkeit der

---

[78] Dieser paradoxe Befund wird auch dadurch illustriert, dass die Zahl der an Außenpolitik interessierten Abgeordneten zwar gesunken, ihr Einfluss dagegen unverhältnismäßig gestiegen ist; vgl. *Hersman* (2000: 7).

[79] Vgl. *Carter* (1998: 130ff).

[80] Vgl. *Dembinski* (2002: 22f).

[81] Vgl. zu den ideologischen Fundamenten der konservativen Revolution, die diese Polarisierung zwar nicht verursacht, wohl aber entscheidend befördert hat, *Ansell* (1998).

[82] Vgl. *Poole/Rosenthal* (2001) oder *Binder* (2003: 22ff).

[83] Im Vergleich zu den 1970er Jahren haben sich die politischen und ideologischen Gegensätze im amerikanischen Parteiensystem dramatisch verschärft. Inzwischen gibt es angesichts des Verschwindens einer politischen Mitte „virtually no ideological common ground."; Zit. *Binder* (2003: 24). Wie aus einer ideologischen Rechts-Links-Skala hervorgeht, vertreten selbst die am stärksten

Clinton-Administration ist durch parteipolitische Obstruktionsversuche und neoisolationistische Initiativen des Kongresses seit 1995 erheblich eingeschränkt worden[84]. Im Prinzip musste sich der *Clinton* „vor jeder außenpolitischen Abstimmung eine neue Mehrheit suchen."[85] Kurzsichtigkeit, Kirchturmpolitik, Entscheidungsblockaden und Obstruktionsversuche prägen das Verhalten des Kongresses in äußeren Angelegenheiten nach dem Ende des Ost-West-Konflikts. Außerdem hat der Kongress in einer Vielzahl von außenpolitischen Störmanövern, vorrangig unter dem Vorwand der Budgetkontrolle demonstriert, dass die Außen- bzw. Außenwirtschaftspolitik keine Felder sind, auf denen multilateral gesetzte Entscheidungszwänge oder eine exekutive Prärogative akzeptiert würden. Solche Manöver umfassten pejorative Rhetorik gegenüber internationalen Organisationen bzw. das Zurückhalten von Beitragszahlungen, massive Kürzungen bei der Entwicklungshilfe, bei den Aufwendungen für das *State Department* oder für Forschungsprogramme – ein Punkt, der besonders im Hinblick auf das legislative Verhalten im Klimaschutz von besonderem Interesse ist – und die Durchsetzung von teilweise schikanösen Berichtspflichten der Administration über die in zwischenstaatlichen Verhandlungsprozessen erreichten Fortschritte. Vor allem, wenn der Exekutive eine Verletzung bzw. ein multilateraler Ausverkauf nationaler Interessen vorgeworfen werden konnte, ist legislativer Aktionismus äußerst wahrscheinlich gewesen[86].

Außenpolitische Themen sind oft innenpolitischen, taktischen Erwägungen nachgeordnet – der Krieg gegen den internationalen Terrorismus bildet hier eine Ausnahme. Insgesamt waren die nach 1990 amtierenden Administrationen mit einer zurückgehenden legislativen Unterstützung für internationales Engagement im allgemeinen und einer wachsenden Ablehnung multilateraler Selbstbindung im besonderen konfrontiert. Im Zuge der im Herbst 2001 eingeleiteten Anti-Terror-Maßnahmen ist im Verhältnis der beiden Gewalten die präsidentielle Führungsfähigkeit wieder gestärkt worden – gleichwohl nicht umfassend. Obwohl die Sicherheitspolitik mittlerweile zwar wieder viele andere Bereiche überlagert hat[87], die „harte" Außenpolitik also wieder im Zentrum steht, sind legislative Bemühungen um Einfluss in der Sanktions- oder Handelspolitik und darüber hinaus auch bei zahlreichen anderen „weichen" Themen der Außenpolitik (beispielsweise Umwelt, Entwicklungszusammenarbeit, Unterstützung internationaler Organisationen) durchaus wirkungsmächtig geblieben. Auch der vom Krieg gegen den internationalen Terrorismus induzierte Zwang zur Unterordnung unter die Prärogative des Präsidenten vermag den vor 1990 bestehenden sicherheitspolitischen Verpflichtungs-

---

konservativen, also „rechts" stehenden Abgeordneten der demokratischen Partei in den meisten Fällen „linkere" Positionen als gemäßigte, liberale Republikaner.

[84] Vgl. *Sloan/Locke/Yost* (2000), *Bond/Fleisher* (2000), *Deibel* (2000), *Dembinski* (2002) sowie *Hönicke Moore* (2003).

[85] Zit. *Schild* (2002: 31).

[86] Vgl. *Martin* (2000).

[87] Vgl. *Rudolf* (2005: 10ff), der zeigt, dass die Sicherheitsthematik bei der Präsidentschaftswahl 2004 erstmals seit drei Jahrzehnten wieder Wirtschaftsthemen überlagert hat.

rahmen nicht vollständig wiederherzustellen. Präsidentielle Führungsfähigkeit stellt aber noch immer eine notwendige Voraussetzung für eine langfristig verlässliche Außenpolitik der Supermacht dar[88], wenngleich sich die Akzente verschoben haben. Durch Konfrontation und Eskalation verliert die Exekutive an Handlungsspielraum, dagegen kann durch eine frühzeitige Abstimmung und Kooperation mit relevanten Kongressmitgliedern – meist geht es dabei nur um wenige, allerdings besonders einflussreiche Abgeordnete – die Wahrscheinlichkeit von Entscheidungsblockaden gesenkt werden[89]. Präsidenten müssen, um isolationistische Stimmungen überwinden zu können und außenpolitisch handlungsfähig zu sein, jedoch sehr viel Zeit und erhebliches politisches Kapital aufwenden. Dazu finden sie sich angesichts des oftmals unklar bleibenden tagespolitischen Nutzens tendenziell immer weniger bereit. Angesichts des wachsenden Parochialismus vermindert sich der strategische Planungshorizont, außenpolitische Kurztatmigkeit nimmt zu: „It is hard for presidents to look beyond the next few months. Consistency is often sacrified for political expediency."[90]

Jede einzelne der oben skizzierten Entwicklungen in der institutionellen Konfliktdimension – die strukturelle und ideologische Fragmentierung der Parteien sowie der wachsende, überparteiliche Kompromisse tendenziell verhindernde Parteienstreit, das tiefsitzende Desinteresse sowie die Neigung zu adhocistischem und inkonsistentem außenpolitischen Aktionismus im Parlament, die Kontroversen zwischen den Gewalten über das Ausmaß multilateralen Engagements sowie die dadurch nachlassende Fähigkeit zu präsidentieller Führung – hat maßgeblich zur Steigerung unilateraler Elemente in der US-Außenpolitik beigetragen. Diese verschiedenen Einzelsymptome können in zwei Hauptstränge unilateraler Impulse zusammengefasst werden: 1. eine Entscheidungsblockaden verursachende Scheu im Kapitol vor einer die legislativen Machtbefugnisse mindernden Selbstbindung Amerikas in internationalen Institutionen, sowie 2. eine durch das Auseinanderdriften des Parteiensystems verursachte Polarisierung des politischen Entscheidungssystems, die zur Schwächung überparteilicher Initiativen geführt und die präsidentielle Führungsolle untergraben hat. Die nach 1990 wachsende außenpolitische Indifferenz der USA sowie die steigende Zahl von Alleingängen in internationalen Interaktionen ist zuvorderst mit der Rücksichtnahme der Administrationen auf nationalistische oder isolationistisch-unilaterale Stimmungen im Kongress zu erklären bzw. mit mangelndem Willen oder eingeschränkten Fähigkeiten der Exekutive, diese Stimmungen unmittelbar einzuhegen[91].

Hinzu tritt ein Prozess, der als Privatisierung der Außenpolitik bezeichnet werden kann. Gesellschaftliche Akteure (zuvorderst mit ökonomischen Interessen)

---

[88] Vgl. *Paarlberg* (1995).
[89] Vgl. vor allem *Hersman* (2000).
[90] Zit. *Quandt* (1999: 107); eine kurzfristige, von innenpolitischen Themen bestimmte Handlungsorientierung, die zu außenpolitischer Inkonsistenz beiträgt, ist sowohl *Clinton* als auch seinem Nachfolger *Bush* unterstellt worden.
[91] Vgl. auch die ähnliche Argumentation von *Skidmore* (2005).

gewinnen durch ideologische Kampagnenmobilisierung oder durch finanzielle Zuwendungen in Wahlkämpfen Zugang zu Entscheidungsträgern und damit Einfluss auf u.U. außenpolitisch relevante Politikfelder wie die Handels- oder Umweltpolitik. Kräfte mit hoher Mobilisierungskraft sind besonders stark darum bemüht, durch direkte Spenden, *soft money*-Aufwendungen bzw. direkte Kampagnentätigkeit Aufmerksamkeit für ihre Partikularinteressen zu erregen. Wirksame Hebel zur Einflussnahme bietet vor allem die Unterstützung von Kongressabgeordneten – oder die Drohung, Unterstützung zu entziehen. Protektionistische Forderungen nehmen dabei auf internationale Widerstände oder multilaterale Restriktionen oft wenig Rücksicht, im Gegenteil bilden diese sogar den Anknüpfungspunkt für eine Mobilisierung nationalistischer Ressentiments.

Schließlich muss aber auch dem permanenten bürokratischen Kompetenzgerangel innerhalb der Exekutive ein nicht unwesentlicher Anteil an der zunehmenden Unilateralismusneigung der US-Außenpolitik zugeschrieben werden. Hierbei geht es um die Folgen von Verschiebungen bei der institutionellen Finanzierung, etwa wenn Haushaltstitel einzelner außenpolitisch relevanter Behörden gekürzt oder umgewidmet werden[92]. Die bürokratische Konkurrenz um Kompetenzen, Ressourcen und Einfluss ist mitverantwortlich gewesen für die stärkere unilaterale Ausrichtung der US-Außenpolitik und bestimmt auch maßgeblich die eingesetzten Mittel in internationalen Auseinandersetzungen[93]. Starke Differenzen innerhalb der Exekutive haben insbesondere Alleingänge der *Bush*-Administration begleitet und verschärft.

4.2.3 Strukturelle Anreize für eingebetteten Unilateralismus

Aus den fragmentierten außenpolitischen Kompetenzen des amerikanischen Entscheidungssystems, aus den immer stärker auseinanderstrebenden Interessen verschiedener Regionen, der intensivierten Lobbytätigkeit diverser Interessengruppen sowie aufgrund der eben ausführlich behandelten Kompetenzkonkurrenz innerhalb der Exekutive ergeben sich nach meinem Dafürhalten große funktionale Anreize für Ansätze eines eingebetteten Unilateralismus. Einerseits vermögen exekutive Entscheidungsträger durch Alleingänge isolationistische oder protektionistische Forderungen zu befriedigen und dadurch institutionelle Blockaden (zwischen den Gewalten und innerhalb der Administration) aufzuheben. Die Administration kann

---

[92] Bereits unter *Clinton* hat das Außenministerium zahlreiche Kompetenzen an andere Teile der Administration verloren und, vorrangig unter dem Druck der Legislative, empfindliche Einbußen in seiner Finanzausstattung hinnehmen müssen. Neben Zuständigkeiten ist dem *State Department* dabei auch (durch Abwanderung) Expertenwissen verloren gegangen. Diese Entwicklung hat tendenziell negative Auswirkungen auf internationale Verhandlungen und multilaterale Institutionen (UNO) gehabt; vgl. unter anderem *Dembinski* (2002).

[93] „Allthough it is difficult to discern cause from consequence, the unilateralist turn has clearly empowered bureaucratic advocates of hard power (i.e. military force) relative to those responsible for the deployment of soft power (i.e. diplomacy)." Zit. *Skidmore* (2005: 223).

aber andererseits auch von einem situationsgebundenen, tendenziell niedrigen Interesse des Kongresses an außenpolitischen Angelegenheiten ausgehen. Die ideologisch auf Unilateralismus festgelegten Extrempositionen befinden sich dort in der Minderheit, Indifferenz, Desinteresse an und mangelnde Vertrautheit mit außenpolitischen Fragen sind die Regel[94]. Die politische Hauptmotivation der meisten Abgeordneten (besonders im Repräsentantenhaus) besteht bei wichtigen Entscheidungen in der Vermeidung von eindeutigen Schuldzuweisungen (*blame avoidance*)[95]. Sie zeigen sich an einem (materiell) nachvollziehbaren Zeugnis ihrer Tätigkeit für die Wähler ihres Wahlkreises interessiert[96] und für *bargaining*-Prozesse aufgeschlossen, in denen sie auf Zeit spielen und Gegenleistungen der Exekutive erkaufen können. Insbesondere Kongressabgeordnete mit unklaren Wiederwahlaussichten (in stark umkämpften Wahlkreisen) erweisen sich zwar kurzfristig durch Kampagnen verschiedener Interessengruppen als sensibilisierbar für isolationistische Themen[97], das bedeutet aber nicht, dass sie diesen Stimmungen dauerhaft nachgeben werden. Prekäre Wahlkreise sind zudem selten. Aktionismus und eine aggressive unilaterale Positionierung des Kongresses erfolgen meist als Reaktion auf aktuelle Ereignisse, die akuten Handlungsdruck implizieren. Sie reflektieren in vielen Fällen offenkundig keinen konsistenten legislativen Gestaltungswillen, sondern vielmehr die Angst, von nationalistisch-isolationistischen Stimmen wegen der Preisgabe amerikanischer Interessen angegriffen zu werden[98]. Darüber hinaus stellen Initiativen zu außenpolitischen Alleingängen (etwa bei Sanktionen) eine Möglichkeit dar, Lobbies durch Aktivität zufrieden zu stellen, ohne tatsächlich harte Entscheidungen treffen zu müssen[99]. Dabei handelt es sich überwiegend um Symbolpolitik mit zweifelhaftem ökonomischen Erfolg[100]. Eine kohärente außenpolitische Unilateralismusstrategie der Legislative hat sich daraus jedoch nicht entwickelt. Dies ist in erster Linie auf den meist dämpfenden Einfluss der Exekutive zurückzuführen; deren Positionierung ist bei einer starken Fragmentierung der Interessen, wie sie für nahezu alle wichtigen Politikfelder mit Ausnahme der Sicherheitspolitik vermutet werden kann[101], für die Durchsetzungsfähigkeit unilateraler Politik von entscheidender Bedeutung.

Im Umgang mit den legislativen Forderungen ist zwischen zwei Handlungsalternativen der Exekutive zu unterscheiden: instrumentelle Adaption oder dilatorischer Opportunismus. Die Administration bzw. die jeweils innerhalb der Administration dominierende bürokratische Einflusskoalition[102] kann die unilateralen Impul-

---

[94] Vgl. *Carter* (1998), *Hersman* (2000) oder *Hönicke Moore* (2003).
[95] Zum Konzept der *blame avoidance* vor allem *Weaver* (1986).
[96] Dazu *Wiarda* (1996), aber auch *Destler/Gelb/Lake* (1984).
[97] Vgl. *Kull/Destler* (1999).
[98] Vgl. *Bierling* (1992), *Wilzewski* (2000) sowie *Lindsay* (2003).
[99] Vgl. *Preeg* (1999), *Malloy* (2001) und *Bierling* (2003: 54).
[100] Vgl. unter anderem *Hufbauer/Oegg* (2003).
[101] Vgl. *Snidal/Thompson* (2003: 200f).
[102] Es ist klar und bereits erläutert worden, dass wenn von „Administration" oder „Exekutive" gesprochen wird, immer die jeweils durchsetzungsfähige Einflusskoalition innerhalb der Regie-

se entweder in internationalen Interaktionen als Stärkung ihrer Verhandlungsposition instrumentalisieren[103] oder diese als Unterstützung eigener unilateraler Programmpunkte aufgreifen[104]. Sie kann aber auch die unilateralen Impulse aus dem Kongress nur vorübergehend akzeptieren, um Entscheidungsblockaden (innerhalb der Exekutive bzw. zwischen den beiden Gewalten) zu überwinden oder Zustimmung zu bestimmten Entscheidungen zu erkaufen. Mit geschlossenen Reihen auf nationaler Ebene kann dann ein Spiel über transnationale Bande versucht werden. Die opportunistische Konzessionsbereitschaft der Exekutive wird dabei aber, so mein Argument, nicht zuletzt davon abhängen, inwiefern internationale Institutionen die Folgen der unilateralen Außenpolitik wieder im nationalen politischen Entscheidungssystem spürbar machen. Wo Unilateralismus sich als besonders kostenintensive internationale Interaktionsstrategie erweist und der externe Druck nachvollziehbar in das Entscheidungssystem hineinwirkt, dürfte sich die Exekutive um zügige Schadensbegrenzung bemüht zeigen. Sanktionen anderer Staaten, die durch funktionsfähige Streitbeilegungsmechanismen auf multilateraler Ebene institutionell abgesichert sind, oder die negativen Folgen einseitig verweigerter Institutionalisierungsschritte verursachen Stress im Entscheidungssystem und führen zu Mobilisierungseffekten – bei einzelnen Interessengruppen, im Kongress sowie in der Administration. Die Profiteure internationaler Verflechtung formulieren ihre Interessen zwar insgesamt sehr unspezifisch. Im Fall von internationalen Konflikten, die Handlungsdruck implizieren, bzw. bei sich abzeichnendem ökonomischen Schaden dürfte sich das jedoch ändern.

Meines Erachtens dürften gerade die besonders spannungsreichen prozeduralen Bedingungen der US-Außenpolitik, die eine Reihe formaler und vor allem informeller Abstimmungsprozesse zwischen Exekutive und Legislative erforderlich machen, die Anreize für eine Überwindung drohender Entscheidungsblockaden im Inneren unter Zuhilfenahme multilateraler Institutionen entscheidend erhöhen. Dabei sollte es vordergründig darum gehen, isolationistische Impulse zunächst in Form unilateraler Politik pragmatisch auszuagieren. Dadurch vermag die Exekutive Schuldzuweisungen (beispielsweise für eine starke Multilateralismusneigung) zu verhindern und den Widerstand ideologischer Gegenspieler zu entschärfen. Im nationalen Entscheidungssystem wird das Problem zunächst einmal vertagt, indem

---

rung gemeint ist, zu der in der Regel mehrere Akteure (mit durchaus unterschiedlichen Zielen) gehören; dieser Formation stehen innerhalb des Regierungslagers aber zumeist auch abweichende Interessen gegenüber, die sich allerdings im innerexekutiven Entscheidungsprozeß nicht durchsetzen konnten, möglicherweise aber Verbündete, beispielsweise in der Legislative, suchen.

[103] Vgl. *Cowhey* (1993). Darauf, dass diese Selbstbindung vermutlich nur selten im Interesse der Exekutive liegt, wurde bereits hingewiesen; vgl. auch *Evans/Jacobson/Putnam* (1993: 399).

[104] Insbesondere die seit 2001 amtierende *Bush*-Administration hat sich nur selten gegen isolationistische Initiativen des Kongresses gewehrt, sondern ihnen vielfach nachgegeben. Dieses Verhalten entspricht ihrer verstärkt auf eine Politik der Selbstbezüglichkeit setzenden geostrategischen Doktrin. Prominente Ausnahme ist jedoch die Handelspolitik, wo isolationistische Stimmungen teilweise befriedigt, aber auch bei der Durchsetzung einer multilateral orientierten Agenda eingebunden wurden.

der Entscheidungsdruck auf die multilaterale Ebene transferiert wird. Je geringer die Auswirkungen multilateraler Konflikte auf die Streitparteien, desto stärker fällt das Beharren auf unilateralen Instrumenten aus. In solchen Fällen sind langanhaltende multilaterale Scharmützel zu erwarten, die wenig Anpassungsdruck in den nationalen politischen Systemen erzeugen. Wenn aber Alleingänge nicht im Bereich der Symbolpolitik verbleiben, sondern zu substantiellen, Wohlstandsverluste induzierenden Vergeltungsmaßnahmen anderer Staaten führen, macht sich im nationalen Entscheidungssystem Anpassungsdruck bemerkbar; insbesondere Befürworter und Profiteure multilateraler Regelungen werden ihre Aktivitäten verstärken, um die aus unilateralem Handeln erwachsenden Kosten zu senken. Die Entscheidungssituation im politischen System kann sich fundamental ändern, wenn Stimmen zur Mäßigung unilateraler Politik lauter werden und der Einfluss der Unilateralismusbefürworter tendenziell sinkt. Die ursprünglich (bei der Formulierung unilateraler Politikansätze) herrschende Aufgeregtheit und Vehemenz in der außenpolitischen Debatte dürfte sich im Verlauf eines längeren Konflikts erheblich vermindern. Im funktionalen Verhaltensmuster eingebetteten Unilateralismus, der auf die Sanktionsmechanismen multilateraler Institutionen vertraut und von mir als exekutive *Appeasement*-Strategie gegenüber unilateralistischen Impulsen interpretiert wird, bestätigt sich letztlich der Generalverdacht vieler Parlamentarier, dass legislative Mitgestaltungschancen durch multilaterale Institutionen langfristig ausgehebelt werden können.

4.3 „Neue Weltordnung“ oder „Multilateralismus a la carte“?: Außenpolitische Akzente der Administrationen nach 1990

An dieser Stelle sollen in gebotener Kürze die außenpolitischen Paradigmen und Akzentsetzungen der nach dem Ende des Ost-West-Konflikts amtierenden Präsidenten vorgestellt werden. Von besonderem Interesse ist dabei der jeweils gewählte Umgang mit nationalistischen und isolationistischen Stimmungen der Legislative, mit denen alle drei Präsidenten konfrontiert gewesen sind.

4.3.1 George H. W. *Bush*

Der Grundton der amerikanischen Außenpolitiker war in der Phase des Zusammenbruchs der Ost-West-Konfrontation und unmittelbar danach nicht neoimperialistisch eingefärbt. Präsident *Bush* (d. Ä.) sah Amerika bei der Gestaltung einer „neuen Weltordnung“ vielmehr als unverzichtbare, verantwortungsbewusste, zugleich aber auch zurückhaltende Führungsmacht[105]. Aus der Unipolarität wurde von seiner Administration durchaus eine Verantwortung Amerikas zur globalen Mitgestaltung, aber keine zum Rückzug von der internationalen Bühne abgeleitet. Der Präsident galt als außenpolitisch erfahren und ließ keinen Zweifel an seiner

[105] Den entsprechenden Begriff „*New World Order*“ verwendete Präsident *Bush* (d.Ä.) bereits 1991. Er zielte dabei auf die Übernahme von Steuerungsaufgaben durch Verbündete wie das wiedervereinigte Deutschland.

internationalistischen Grundeinstellung. Die neue Weltordnung sollte für ihn in erster Linie mit einer Kostenentlastung bei der geopolitischen Steuerung einhergehen und Verbündete bzw. internationale Institutionen in die Führungsverantwortung einbeziehen. Insofern war das außenpolitische Programm *Bushs* klar auf eine Stärkung transnationaler Institutionen ausgerichtet – freilich nicht vordergründig aus übersteigertem Internationalismus[106]. Alleingänge schienen dem Präsidenten vielmehr im Umgang mit den neuen geostrategischen Herausforderungen ausdrücklich ungeeignet. Wenngleich nach 1990 im Kongress und in seiner eigenen Partei die isolationistischen Stimmen lauter wurden, akzeptierte das Kapitol die Position der Exekutive zunächst. Die multilateralen Initiativen des Präsidenten stießen nur auf geringen legislativen Gegenwind, ebenso wurde die *Presidential Leadership* in der Außenpolitik noch nicht grundlegend infrage gestellt.

Das transnationalen Institutionen gegenüber aufgeschlossene Grundverständnis der Administration beschränkte sich nicht nur auf programmatische Lippenbekenntnisse, sondern schlug sich auch in konkreten außenpolitischen Initiativen nieder; besonders deutlich bei der Organisation einer breiten Unterstützungskoalition im Golfkrieg 1991. Multilaterale Zusammenarbeit wurde aber auch bei der Lösung regionaler Konflikte unter Beweis gestellt. So sollte die Entsendung eines großen Truppenkontingents im Rahmen des UN-Blauhelmeinsatzes für Somalia dokumentieren, dass die USA ihrer neuerwachsenen Führungsrolle gerecht zu werden versuchten. Auch das Auftreten gegenüber der zusammenbrechenden Sowjetunion war keineswegs arrogant-triumphalistisch[107]. *Bushs* handelspolitische Initiativen, insbesondere sein NAFTA-Engagement sowie sein Drängen auf Liberalisierungsfortschritte im Rahmen der Uruguay-Runde des GATT und das Eintreten für die Erweiterung der nordamerikanischen Freihandelszone auf Mexiko, waren ebenfalls Ansätze, die den multilateralen Kurs seiner Administration und die hohe Wertschätzung transnationaler Institutionen deutlich herausstellten. Indes haben nicht zuletzt protektionistisch-isolationistische Stimmungen, für die sich insbesondere der konservative Flügel der Republikaner (*Jacksonians*) anfällig zeigte, zu seiner Niederlage bei den Präsidentschaftswahlen 1992 beigetragen. Die außenpolitischen Erfolge konnten die Folgen der ökonomischen Rezession nicht übertünchen[108]. Der

---

[106] Vgl. *Hacke* (1997) sowie *Dittgen/Minkenberg* (1996).

[107] In diesem Zusammenhang sei auf die Unterzeichnung des START II-Vertrags zur Reduzierung der überflüssig gewordenen Nukleararsenale im Januar 1993 hingewiesen. Der Vertrag wurde durch eine Reihe von bilateralen Hilfsangeboten der USA an Russland flankiert, außerdem auch, nicht zuletzt auf Druck der Administration, durch IWF-Kredite.

[108] Wenngleich die schärfste Kritik an NAFTA nicht von den Demokraten, sondern vom unabhängigen Kandidaten *Perot* („giant sucking sound") kam, profitierte *Clinton*, der seine grundsätzliche Haltung zu diesem Abkommen im Unklaren ließ und auf eine flankierende Ergänzung durch Arbeits- und Umweltschutzthemen drängte, doch entscheidend: zum einen von der Stimmenwanderung im konservativen Lager zu *Perot*, wodurch *Bushs* Position geschwächt wurde, und zum anderen von den durch die Rezession noch verstärkten protektionistischen Stimmungen, gegen die die republikanische Liberalisierungsargumentation schwer ankam; vgl. *MacArthur* (2001) oder *Destler/Balint* (1999).

sicherheitspolitische Internationalismus *Bushs* wurde von seinen Gegnern im Wahlkampf mit den wirtschaftlichen Schwierigkeiten kontrastiert[109].

4.3.2 William J. *Clinton*

Die *Clinton*-Administration trat mit einer dezidiert von innenpolitischen Themen bestimmten Agenda an, ließ aber in internationalen Angelegenheiten anfangs wie die Vorgängeradministration eine ausgeprägte Vorliebe für multilaterale Lösungen erkennen. Auch wenn außenpolitische Zusammenhänge als nachrangig erachtet wurden, interpretierte man die veränderte Weltordnung doch ausdrücklich als Chance zur Lastenteilung und zu intensivierter transnationaler Steuerung gemeinsam mit anderen Führungsstaaten bzw. als Möglichkeit zur sicherheitspolitischer Zwänge enthobenen Durchsetzung amerikanischer Werte[110]. Bei internationalem Engagement sollte daher nicht die traditionelle Orientierung auf Sicherheitsaspekte im Mittelpunkt stehen, sondern die Verbreitung von demokratischen und marktwirtschaftlichen Werten. Das außenpolitische Leitbild der Administration bildete die Rolle eines institutionell eingebundenen, wohlwollenden, aber dort, wo es nötig sein sollte, auch energischen Führers. Für dieses Selbstverständnis, das die Supermacht als unverzichtbare Führungsnation und wichtigsten geopolitischen Stabilisator interpretierte, jedoch gleichzeitig internationalen Organisationen einen zentralen Platz einräumen sollte, stand der Begriff „assertive multilateralism". Besonders beim Einsatz militärischer Mittel für humanitäre Zwecke im Rahmen der UNO war *Clinton*, wie an seiner Interventionspolitik bis Mitte der 1990er Jahre abzulesen, zu sehr weitgehenden Schritten bereit.

Insgesamt war in seiner Außenpolitik jedoch kein konsistentes Muster erkennbar. Die frühe Multilateralismusbegeisterung, war schnell verflogen. Clinton anerkannte zwar einen großen Führungsbedarf im internationalen System, ging aber eben auch, in idealistischer Verkennung der Situation, von geringen Widerständen gegen das amerikanische Angebot zur *Leadership* aus – vor allem im Inneren. Nach dem erdrutschartigen Sieg der Republikaner bei den Kongresswahlen 1994 häuften sich die Umsetzungsprobleme des Präsidenten in der Außenpolitik. Das Verhältnis gegenüber multilateralen Institutionen kühlte sich merklich ab, in erster Linie, weil eine stark von neoisolationistischen oder unilateralistischen Forderungen der Republikaner geprägte legislative Nebenagenda auf die Außenpolitik durchschlug. Ein prägnantes Beispiel für die von der „konservativen Revolution" entscheidend mitverursachte Akzentverschiebung bildete die Springflut unilateraler Wirtschaftssanktionen[111]. Der zunächst streng multilateral ausgerichtete Kurs *Clin-*

---

[109] Erinnert sei an den geschickt mehrdeutig formulierten Kernsatz der *Clinton*-Kampagne: „It´s the Economy, stupid!", der eindeutig auch nationalistische Stimmungen bedienen sollte.

[110] Vgl. *Kubbig/Dembinski/Kelle* (2000: 11ff), *Bierling* (2003: 214ff), *Hils/Wilzewski* (2004: 195ff) sowie kritisch auf die Diskrepanz zwischen Gestaltungsanspruch und globaler Realität zielend *Haass* (1997) bzw. *Lowry* (2003).

[111] Vgl. insbesondere *Malloy* (2001).

tons wich unter dem steigenden Druck der republikanischen Mehrheit im Kongress[112] sukzessive einem neuen, den politischen Kräfteverhältnissen zwischen den beiden Gewalten angemessenen Pragmatismus, geprägt von einer nationalistisch verengten Definition amerikanischer Interessen und einem stärker utilitaristischen, aber auch herausfordernden Verhältnis zu internationalen Institutionen[113]. Bei zahlreichen sicherheitssensiblen Fragen (humanitäre Interventionen, Nonproliferation) oder außenwirtschaftlichen Initiativen scheiterte *Clinton* wiederholt an der Blockadehaltung der Republikaner; seine freihändlerisch-multilaterale Orientierung in der Handelspolitik stieß dagegen eher im eigenen Lager, unter Abgeordneten der Demokraten, auf Widerstand[114]. Der überstürzte Abbruch der Somaliamission offenbarte bereits relativ früh die Grenzen der öffentlichen Akzeptanz humanitärer Missionen und den Wankelmut des Präsidenten bezüglich militärischer Engagements. Bei anderen Einsätzen (unilateral im Sudan, im Rahmen der NATO im Kosovo-Konflikt) konnte überdies angesichts der sich ergebenden Legitimationsprobleme im Rahmen der UNO die multilaterale Prinzipienfestigkeit und die Legalitätsorientierung der *Clinton*-Administration bezweifelt werden. Auch wenn die *Clinton*-Administration durch die fast ausschließlich symbolisch bleibende Verurteilung von sogenannten „Schurkenstaaten" (*rogue states*) zumindest bei sicherheitspolitischen Fragen einen Konsens mit republikanischen Hardlinern herzustellen vermochte, blieben die außenpolitischen Initiativen der Exekutive in der zweiten Hälfte der 1990er Jahre insgesamt zahnlos, verzagt und inkonsistent.

Die stärkste Wirkung auf das außenpolitische Entscheidungssystem und die internationale Positionierung der Supermacht entfalteten zwei Hauptentwicklungen der *Clinton*-Jahre, die durch die Person und die Politikinterpretation der Präsidenten maßgeblich gefördert wurden: 1. die zentrale Rolle, die innenpolitischen Themen (und Interessengruppen) eingeräumt wurde, denn diese hat zu einer nur sporadisch-adhocistischen (und außerdem stark dem verkürzten Aufmerksamkeitszyklus der Massenmedien unterworfenen) Befassung mit internationaler Politik beigetra-

---

[112] Als Gründe für die Blockadehaltung der republikanischen Kongressmehrheit lassen sich dabei sowohl ideologische Spannungen als auch wahltaktische Manöver anführen. Außenpolitische Erfolge, die dem Präsidenten die Möglichkeit der Profilierung gegeben hätten, sollten möglichst verhindert werden; vgl. *Deibel* (2000).

[113] So zeigten bereits 1993 Bemerkungen der damaligen UN-Botschafterin (und späteren Außenministerin) *Albright* („Multilateralismus ist ein Wort für politisch Wankelmütige") sowie des Außenministers *Christopher* („Multilateralism is a means, not an end"), dass der Begriff selbst bis in die Mitte der Administration hinein diskreditiert und seine Verwendung prekär schien; Zit. in *Kubbig/Dembinski/Kelle* (2000: 14). Beim Rekurs auf das „M-Wort" wurde offenkundig politischer Schaden befürchtet.

[114] Zu den Spannungen zwischen Kongress und Präsident sowie zu den für Clinton erwachsenden außenpolitischen Durchsetzungsschwierigkeiten vgl. insbesondere *Czempiel* (1996), *Deibel* (2000) und *Dembinski* (2002).

gen[115]. 2. die Aufwertung wirtschaftspolitischer Themen und das erklärte Ziel, die USA zum „Champion der Globalisierung" zu machen[116]. Beide Entwicklungen haben zwar nur bedingt schädigende Wirkung auf transnationale Institutionen entfaltet, aber die Funktionslogik multilateraler Systeme stark herausgefordert. Die internationale Orientierung der US-Außenpolitik ist insgesamt zweifelhaft geworden, weil nationale Interessen unverblümt zum Ausgangspunkt globalen Engagements gemacht worden sind. An die Stelle der ursprünglich eher altruistisch-hegemonialen Interpretation der amerikanischen Supermachtrolle (*indispensible nation*) trat schon in *Clintons* erster Amtszeit sukzessive eine ergebnis- bzw. streng interessenorientierte Suche nach Gleichgesinnten, die sich bis zur Jahrtausendwende noch verstärkte. Die 1994 von Sicherheitsberater *Lake* gelieferte Formulierung für die Bedingungen, unter denen die Supermacht global engagiert sein müsse, lautete plakativ: „Together where we can, alone where we must"[117] – ein Ansatz, der aufgrund der allein den USA obliegenden Zieldefinition sich als tendenziell unverträglich mit multilateralen Prinzipien erwiesen hat[118]. Speziell bei der Durchsetzung „vitaler" US-Interessen wurde Unilateralismus für unverzichtbar erklärt, sofern keine internationale Organisationen sich als Hindernis herausstellen sollten[119]. Das dabei eindeutig zutage tretende Primat selbstdefinierter amerikanischer Interessen ließ schon gegenüber *Clintons* Außenpolitik den Vorwurf eines „globalen Unilateralismus" laut werden[120].

Die eigenmächtige Durchsetzung von Interessen blieb auch für die *Clinton*-Administration, in der Internationalisten eindeutig in der Überzahl waren, ein unverzichtbares machtpolitisches Instrument, nicht zuletzt, weil dadurch Führungsfähigkeit demonstriert und auf starke legislative Mitgestaltungswünsche reagiert wer-

---

[115] Diese Entwicklung war schon im Zeitbudget *Clintons* ablesbar. Der Präsident war nicht erst im Zuge des Amtsenthebungsverfahrens viel weniger mit außenpolitischen Angelegenheiten beschäftigt als seine Vorgänger (nämlich nur etwa zu 25 Prozent).

[116] Vgl. *Pearson* (2004: 172f). Die Schlagworte Wettbewerbsfähigkeit und Globalisierung prägten die aus den Wettbewerbsproblemen der amerikanischen Volkswirtschaft abgeleitete wirtschaftspolitische Schwerpunktsetzung *Clintons*. Vgl. *Bierling* (2003: 215).

[117] Zit. in *Koch* (1998: 264). Der Kern dieser Formulierung zielt auf einen Zusammenhang, den in einer erstaunlichen Parallele der Republikaner *Rumsfeld* im Vorfeld des Irak-Konflikts so ausdrückte: „Das Ziel definiert die Koalition, nicht umgekehrt." Kritisch dazu *Nuscheler* (2001: 4).

[118] Vgl. *Malone* (2003), *Czempiel* (2003) oder *Dembinski* (2002).

[119] Ein beredtes Indiz für die nur bedingt mit multilateraler „Etikette" vereinbare Haltung lieferte die rüde und offen vorgetragene Kritik der damaligen UN-Botschafterin *Albright* am UN-Generalsekretär *Boutros-Ghali*, der angesichts des massiven Widerstands aus Washington keine zweite Amtszeit anstreben konnte. Die nahezu eigenmächtige Installation des neuen Generalsekretärs *Annan* wurde damals weltweit als unangemessenes und die Legitimität der UNO untergrabendes Vorgehen beklagt. Auch gegenüber anderen internationalen Organisationen und ihrem Führungspersonal verschärfte sich ab Mitte der 1990er Jahre die Rhetorik der *Clinton*-Administration. Effizienzforderungen, Performanzkritik, Zurückhaltung und Vetos, nicht nur auf Veranlassung durch den Kongress, prägten zunehmend das Verhältnis; vgl. auch *Dembinski* (2002) und *Holloway* (2000).

[120] Vgl. *Huntington* (1999: 42), ähnlich *Walt* (2000), *Jäger* (2001) oder *Fröhlich* (2002).

den konnte. *Clinton* war ein gemäßigter Suprematist, der sich mit internationalistischer Rhetorik und pragmatischer Symbolpolitik zum Ende seiner Amtszeit durchaus erfolgreich bemüht zeigte, dem Eindruck zu begegnen, Amerika agiere nur noch selbstbezüglich und rücksichtslos. Gleichwohl musste er dazu oft auf Randthemen ausweichen: Die Unterschriften des Präsidenten unter das Kyoto-Protokoll und das Statut für den *ICC* demonstrierten, dass Multilateralismus für *Clinton* zwar eine präferierte Handlungsoption darstellte, für die Administration insgesamt aber im Hinblick auf die Mehrheitsverhältnisse im Kongress keinen dominanten Leitfaden mehr bilden konnte. Weil wiederholt politische Widerstände (im Lager der Republikaner ebenso wie bei den Demokraten) in Rechnung gestellt werden mussten[121], entpuppte sich *Clintons* Multilateralismus insgesamt als janusköpfig.

4.3.3 George W. *Bush*

Bereits in seiner Wahlkampagne hatte der spätere Präsident *Bush* mit Ausnahme der Handelspolitik[122] deutlich stärker isolationistisch geprägte Positionen eingenommen als der Demokrat *Gore*. Im Umgang mit globalen Herausforderungen hatte er explizit eine Politik der Zurückhaltung eingefordert[123]. An die Stelle des *Clintonschen* Interventionismus sollte mehr „Bescheidenheit" treten, freilich ohne auf die Demonstration amerikanischer Stärke zu verzichten. Eine Beteiligung amerikanischer Streitkräfte an multilateralem *Nationbuilding* war von *Bush* und seinem Team im Wahlkampf wiederholt abgelehnt worden, weil damit die materiellen Möglichkeiten Amerikas überdehnt und sicherheitspolitische Prämissen vernachlässigt würden[124].

---

[121] Dazu ausführlich *Deibel* (2000) und *Bond/Fleisher* (2000).

[122] *Bushs* Äußerungen und Programme für die Außenwirtschaftspolitik waren sehr unpräzise, zeigten aber eine deutliche liberal-freihändlerische Note. Insbesondere die Handelsbilanzdefizite wurden kaum negativ thematisiert. Auf der anderen Seite wurden aber der Stahlindustrie ausdrücklich Schutzmaßnahmen zugesagt.

[123] Vgl. *Halper/Clarke* (2004: 133f); Auffällig war neben dem geringen persönlichen Interesse des Kandidaten *Bush* an internationalen Angelegenheiten die geringe Relevanz außenpolitischer Themen im Wahlkampf. Die Vorwürfe des republikanischen Lagers an die Demokraten (Abenteurertum durch humanitäre Interventionen, Vernachlässigung der nationalen Sicherheit, Nichtachtung von US-Interessen bei multilateraler Bindung) waren auch als „Vorwärtsverteidigung" zu interpretieren, als Kompensation fehlender Kompetenz *Bushs* in internationalen Angelegenheiten.

[124] Die vom Kandidaten *Bush* vorgeblich angestrebte „humble foreign policy" entpuppte sich als rhetorische Floskel ohne Hinweise auf konkrete Vorstellungen. So äußerte er etwa während des Wahlkampfs in einem Fernsehduell mit *Gore* über die Umgangsformen mit anderen Nationen sehr allgemein: „If we're an arrogant nation, they'll resent us. If we're a humble nation but strong, they'll welcome us." Vergleichsweise präzise, nämlich ablehnend, aber waren dagegen seine Vorstellungen in Bezug auf das Verhältnis zu internationalen Organisationen und Abkommen. Im Hinblick etwa auf UNO, das Kyoto-Protokoll oder den ICC wurde vom *Bush*-Team betont, keinerlei Einschränkung amerikanischer Souveränitätsrechte zu akzeptieren. Damit verbanden sich ausdrücklich Vorwürfe gegen *Gore*, einen internationalistisch ausgerichteten Exponenten der *Clinton*-Administration und einer der stärksten Befürworter dieser multilateralen Ansätze, nationale Interessen hintanzustellen.

Dementsprechend fiel die Positionierung der *Bush*-Administration zu internationalen Verpflichtungen bei ihrem Amtsantritt eindeutiger, nämlich stark ablehnend aus. Die Akzente des neuen Präsidenten[125], der aus seinem Desinteresse an auswärtigen Beziehungen keinen Hehl machte, lagen von Anfang an explizit auf einer Stärkung der amerikanischen Souveränität und einer Überprüfung bestehender multilateraler Institutionen bzw. auf der Zurückweisung von Bindungen, durch die nationale Interessen geschädigt würden. Unilateralismus, allerdings mit stark attentistischen, zum Teil auch revisionistischen Zügen[126], bildete die aus diesen Zielen abgeleitete Handlungsmaxime.

Im Vergleich zur *Clinton*-Administration zeichnete sich vor dem Hintergrund veränderter Mehrheitsverhältnisse im Kongress ein folgenreicher Stilbruch im Verhältnis der USA zu multilateralen Institutionen ab. Der Rückgang der die 1990er Jahre maßgeblich bestimmenden parteipolitischen Kontroversen zwischen den Gewalten führte zur Wiederherstellung außenpolitischer Konsistenz, allerdings nunmehr unter isolationistisch-unilateralen Vorzeichen. Eine neoimperialistische Agenda wurde nur von einem kleinen Teil der Administration vertreten. Tatsächlich gehörte bis zu den Terroranschlägen am 11.9.2001 ein Ausbau der amerikanischen Vorherrschaft keineswegs zu den zentralen strategischen Zielen der *Bush*-Administration – diese neokonservative Forderung erwies sich zunächst als nicht durchsetzungsfähig[127]. *Bush* selbst vermied zwar die Verwendung isolationistischer Begriffe, wies aber andererseits auch entschieden die Idee eines amerikanischen *Empire* zurück. Vielmehr charakterisierte er die von ihm intendierte neue Außenpolitik als „besonderen amerikanischen Internationalismus“[128]. Programmatisch wurde von seinem Team ein „Multilateralismus a la carte“ bzw. ein „hard-headed multilateralism“ angekündigt[129].

Auch unter *Bush* setzte sich überdies der Trend fort, außenpolitische Fragen vorrangig unter dem Aspekt ihrer innenpolitischen Vermittelbarkeit zu behandeln. Internationale Probleme wurden in den Anfangsmonaten der Administration ausgesprochen ephemer und mit noch geringerem Engagement als unter *Clinton* behandelt – mit zwei prominenten Ausnahmen: die Landesverteidigung (dort vor allem das Raketenabwehrprogramm) und die Klimaschutzpolitik. Die Aufkündigung einiger multilateraler Verpflichtungen und besonders die dabei demonstrierte unila-

---

[125] Vgl. zum Überblick über *Bushs* außenpolitische Strategie, ihren Grundlagen und Entwicklungszügen grundlegend *Rudolf* (2005).

[126] Die durch ideologische Vorbehalte gespeiste revisionistisch-antimultilaterale Haltung zumindest der 1. *Bush*-Administration wird vor allem von *Monten* (2007) als auslösendes Unilateralismusmoment identifiziert.

[127] Vgl. zu den Durchsetzungsschwierigkeiten der *Neocons* unmittelbar nach dem Amtsantritt der *Bush*-Administration vor allem *Halper/Clarke* (2004).

[128] Vgl. *Schild* (2002: 19). Als Apologet des Ansatzes eines *distinctive American internationalism* erweist sich *Gaddis* (2004).

[129] Vgl. *Haass* (2001), der diese Vokabeln als Planungschef des Außenministeriums entwickelte, aber der suprematistisch-imperialistischen Argumentation der *Neocons*, die vor allem im Verteidigungsministerium beheimatet waren, eher skeptisch und ablehnend gegenüberstand.

teralistische Rhetorik der *Bush*-Administration erregte im Frühjahr 2001 international Anstoß. Gleichwohl bewegten sich diese Schritte eindeutig im Rahmen dessen, was zuvor im Wahlkampf angekündigt worden war. Es wurden Verpflichtungen zurückgenommen, die offenkundig ohnehin kaum parlamentarische Zustimmung gefunden hätten[130]. Zuvorderst konnte damit nationalistischen Impulsen aus dem republikanischen Lager nachgegeben werden, mit denen auch schon die Vorgängerregierung zu kämpfen gehabt hatte. Insbesondere die Klimaschutzziele des Kyoto-Protokolls bildeten dabei ein symbolisch aufgeladenes Thema, das im Wahlkampf für eine starke Polarisierung gesorgt hatte.

Ab Herbst 2001 veränderten sich die Bedingungen im Entscheidungssystem jedoch fundamental[131]. Nunmehr herrschte, manifestiert in der Kriegserklärung an den internationalen Terrorismus, außen- und innenpolitsch ein permanenter, politische Kontroversen weitgehend disziplinierender Ausnahmezustand; die Stellung des Präsidenten gegenüber dem Kongress verbesserte sich entscheidend[132]. Bedingt durch die Rückverlagerung der Sicherheitspolitik ins Zentrum der Außenpolitik und die akute Gefährdungsperzeption, gewann die imperialistische Dominanzargumentation der *Neocons* an programmatischem Auftrieb. Organisationen erschienen zunehmend hinderlich, zweckgebundenes Allianzdenken dominierte. Die Etablierung von zielgerichteten ad-hoc-Bündnissen (*coalition of the willing*) galt nunmehr als Königsweg zur Wahrung amerikanischer Interessen und Befehlshoheit. Nicht mehr Isolationismus oder Attentismus, sondern eine Mischung aus Imperialismus, Militarismus und Wilsonianismus[133] prägte die neue sicherheitspolitische *Grand Strategy* der *Bush*-Administration, die eine Konfrontation mit multilateralen Institutionen anstrebte, sofern diese Durchsetzungsinteressen der USA im Anti-Terrorkampf oder allgemein der amerikanischen Souveränitätsausübung im Wege stehen sollten[134]. Letztlich verschärften die von den *Neocons* ausgehenden ideologischen Impulse, die gegen jegliche Form multilateraler Zwänge gerichtete Rhetorik

---

[130] Die neokonservative Agenda mit ihrer eindeutigen Unilateralismuspräferenz machte sich zunächst nur bei Randthemen bemerkbar (NMD, ABM-Vertrag, ICC) und bedurfte dazu überdies noch der Unterstützung isolationistischer Kräfte; vgl. besonders *Halper/Clarke* (2004: 112ff).

[131] Vgl. *Schild* (2002), *Wilzewski/Kremp* (2003), *May/Hönicke Moore* (2003) oder *Mead* (2004).

[132] Vgl. *Junker* (2003) und *Rudolf* (2005).

[133] Interessant ist besonders die häufige Verwendung wilsonianischer Argumentationsmuster, wenn von Vertretern der *Bush*-Administration die Ausrichtung der US-Außenpolitik programmatisch beschrieben wird. Wenngleich das neokonservative Paradigma von vornherein stark missionarische Züge aufwies und bedingt durch seine antitotalitäre Ausrichtung den Werten Demokratie und Menschenrechte einen zentralen Stellenwert zuwies, war die nach dem Irak-Konflikt erfolgte Hinwendung der *Bush*-Administration zu verstärkter Freiheitsrhetorik in erster Linie eine Flucht nach vorn, weil die ursprünglichen Begründungen des Kriegs gegen das Regime im Irak (Massenvernichtungswaffen, terroristische Bedrohung) in sich zusammengebrochen waren. Die wilsonianische Argumentation, die mit dem Militäreinsatz eine grundlegende Neuordnung des Nahen und Mittleren Ostens anzustreben vorgibt, stand bezeichnenderweise 2002 noch nicht im Vordergrund.

[134] Vgl. *Czempiel* (2003a), *Wilzewski/Kremp* (2003), *Ikenberry* (2003a), *Hudson* (2003) sowie *Gaddis* (2004).

zahlreicher Regierungsvertreter[135] und die selbstreferentiell formulierten Ziele der Antiterror-Agenda die in der *Bush*-Administration bereits vorher dominante Neigung, internationale Institutionen als der amerikanischen Machtentfaltung hinderliche Einflussgrößen anzusehen. Allerdings war diese fundamental-unilateralistische Akzentuierung auch innerhalb der Administration stark umstritten[136].

Bushs erklärtes Ziel und der Ausgangspunkt seiner sicherheitspolitischen Initiativen war die Gewährleistung uneingeschränkter Handlungsfähigkeit der USA. Der ausdrückliche Unilateralismusvorbehalt bildete das (im Ausland weithin kritisierte) Kernelement seiner Außenpolitik[137]. Allerdings blieb dieser auf die Sicherheitspolitik begrenzt. Eine ausdrückliche Aufkündigung jeglicher multilateraler Verpflichtungen, die von einigen neokonservativen Vordenkern programmatisch angestrebt und von vielen Beobachtern in einige außenpolitische Grundsatzentscheidungen hineininterpretiert wurde, verband sich damit nicht[138]. In der Handelspolitik stand für die Administration eine Zurückweisung oder Umgehung multilateraler Verpflichtungen nie zur Debatte. Im Gegenteil: Nicht Isolationismus, sondern Internationalismus sollte im ökonomischen Bereich den Krieg gegen den internationalen Terrorismus flankieren; bilaterale, regionale und multilaterale Handelsvereinbarungen gelten als notwendige Ergänzungen beim Vorgehen gegen die Wurzeln der Sicherheitsbedrohung[139]. Ansonsten waren (und bleiben) die Bedingungen, unter denen die USA sich zu multilateralem Engagement bereit finden, seitens der *Bush*-Administration sehr restriktiv definiert, wenngleich offen gegen multilaterale Kooperationszusammenhänge gerichtete Initiativen, also intervenierender Unilateralismus, in den letzten Jahren seltener und schwächer geworden sind. Angesichts der wachsenden Implementationsschwierigkeiten sicherheitspolitischer Alleingänge – von den ökonomischen ganz zu schweigen – und der zurückgehenden öffentlichen Unterstützung für langanhaltende militärische Interventionen mit geringen Erfolgsaussichten[140] scheint es inzwischen, als sei die von den *Ne-*

---

[135] *Mead* (2004: 115) und *Monten* (2007), weisen auf die oft erstaunlich undiplomatische Rhetorik der frühen *Bush*-Administration hin.

[136] Vgl. beispielsweise *Halper/Clarke* (2004).

[137] Als prominentestes Beispiel sei hier auf die Nationale Sicherheitsdoktrin von 2002 verwiesen, auch als *Bush*-Doktrin bezeichnet, in deren Zentrum der vieldiskutierte Präemptionsvorbehalt steht; vgl. unter anderem *Rudolf* (2004: 270ff), *Ikenberry* (2003a) oder *Gaddis* (2004). Gegen diese von schrankenloser Dominanz ausgehende Wahrnehmung regte sich lediglich im *State Department* unter Außenminister *Powell* Widerstand.

[138] Freilich gehen die im Diskurs vertretenen Meinungen gerade in diesem Punkt erheblich auseinander. Wie bereits mehrfach erwähnt, verschaffen Positionen, die von einem schrankenlosen, imperialistisch motivierten Unilateralismus der USA ausgehen (beispielsweise *Hudson* (2003), *Junker* (2003) oder *Prestowitz* (2003)), keinen Erkenntnisgewinn, weil sie nach meinem Dafürhalten die notwendig werdenden Anpassungsleistungen und Rücksichtnahmen sowie die oft festzustellende *compliance* der USA in multilateralen Interaktionen schlicht ignorieren oder zumindest erheblich untergewichten.

[139] Vgl. unter anderem *Falke* (2003).

[140] Ironischerweise sieht sich *Bush* damit aktuell mit denselben Vorwürfen konfrontiert, die er als Kandidat gegen *Clintons* Interventionismus ins Feld geführt hat. Auch sein demokratischer Her-

ocons geforderte Strategie unilateralistischer Dominanz insgesamt gescheitert[141]. Als Indiz für den schleichenden Bedeutungsverlust neokonservativer Argumente kann die seit Ende 2003 deutlich sparsamere Verwendung unilateralistischen Vokabulars und die von *Bush* neuerdings zumindest rhetorisch häufiger geäußerte Unterstützung für multilaterale Institutionen interpretiert werden[142].

4.4 Zusammenfassung: Unilaterale Außenpolitik als Ergebnis von Indifferenz und Entscheidungsblockaden

In diesem Kapitel wurden zwei Hauptursachen für die nach 1990 zunehmende Zahl internationaler Alleingänge der USA angeführt: 1. die fortschreitende Erosion des Konsenses über die Führungsrolle Amerikas im Ost-West-Konflikt, die sich in einem mit erheblicher Vehemenz neuentflammten Streit zwischen verschiedenen ideologischen Lagern niederschlug. Und 2. die strukturellen und prozeduralen Hindernisse bei der Formulierung außenpolitischer Entscheidungen. Die Vielzahl der die US-Außenpolitik mitgestaltenden Akteure, die Heterogenität ihrer Interessen und die in Entscheidungsprozessen oftmals erforderlich werdenden Koppelgeschäfte machen inzwischen ein konsistentes Verhalten der Supermacht im System internationaler Beziehungen nahezu unmöglich. Unilaterale Impulse im US-Entscheidungssystem erwachsen nach meinem Dafürhalten konkret aus vier komplementären Entwicklungen: 1. aus der weitreichenden, isolationistischen Ressentiments Vorschub leistenden Apathie der Öffentlichkeit in außenpolitischen Fragen, 2. aus dem intensivierten ideologischen und parteipolitisch aufgeladenen Paradigmenstreit über die Richtung der US-Außenpolitik, 3. aus der institutionellen Fragmentierung, die zu einem permanenten Kompetenzgerangel zwischen exekutiver und legislativer Gewalt beiträgt, und 4. aus der wachsenden Einmischung von

---

ausforderer bei der Präsidentschaftswahl 2004 *Kerry* und die Demokraten bei den Zwischenwahlen im November 2006 haben in diese Kerbe geschlagen, indem sie ein schnelles Ende der Besatzung im Irak und eine stärkere multilaterale Einbindung der US-Außenpolitik sowie eine bessere Lastenteilung mit Verbündeten forderte.

[141] Vgl. *Halper/Clarke* (2004). Auch die langanhaltenden Schwierigkeiten *Bushs* bei der Besetzung des UN-Botschafterpostens mit dem ausgewiesenen Neokonservativen *Bolton* zeigen, dass der unbedingte Geltungsdrang dieses Paradigmas im Entscheidungssystem nicht mehrheitsfähig ist. Schroffheit als außenpolitische Attitüde verletzt nicht nur multilaterale Institutionen, sondern tendenziell auch amerikanische Werte.

[142] Dieser Umschwung ist in erster Linie auf die Schwierigkeiten und Kosten des Irak-Einsatzes zurückzuführen. So äußerte der Präsident im November 2003 in London, er „glaube (...) an die internationalen Institutionen und Allianzen, die Amerika mitgeprägt hat und leitet." Neben diesem Zugeständnis, das zugleich aber auch klar die Bedingungen des US-Engagements umriss, weckte aber insbesondere die gegenüber früheren Bemerkungen *Bushs* äußerst ungewöhnliche Bemerkung Erstaunen, er bete für den „Erfolg des Multilateralismus"; Zit. *Garton Ash* (2004: 159). Dessen ungeachtet betont die Administration aber weiterhin die Unabhängigkeit in der amerikanischen Entscheidungsfindung sowie ihr instrumentelles Multilateralismusverständnis; Vgl. *Rudolf* (2005: 20).

protektionistisch oder nationalistisch argumentierenden Partikularinteressen in auswärtige Angelegenheiten.

Unipolarität hat nur einen *mittelbaren* Effekt auf die Unilateralismusneigung gehabt. Auswärtige Angelegenheiten genießen nach 1990 im US-Entscheidungssystem wegen des Wegfalls sicherheitspolitischer Koordinaten in den internationalen Beziehungen keine Sonderstellung mehr. Die Auseinandersetzung über außenpolitische Themen wird oft zur Fortsetzung innenpolitischer und in steigendem Maß ideologisch-doktrinär geführter Kontroversen – dies vor dem Hintergrund eines nachlassenden Interesses der Öffentlichkeit an internationaler Politik und einer verschärften und fortschreitenden Polarisierung des Parteiensystems. Die amerikanische Bevölkerung ist in außenpolitischen Angelegenheiten sehr oft „profoundly apathetic"[143]. Ihr Verhältnis zu multilateralen Institutionen ist ausgesprochen ambivalent, insgesamt aber nicht prononciert gegen internationale Kooperationsbeziehungen gerichtet[144]. In den Entscheidungseliten wird diese Haltung jedoch wegen der Befürchtung, durch die Vertretung multilateraler Positionen den hartnäckigen politischen Widerstand von nationalistisch argumentierenden und mobilisierungskräftigen Minderheiten hervorzurufen, nicht handlungsleitend[145].

An außenpolitischen Grundsatzentscheidungen haben sich wiederholt parteipolitisch aufgeheizte Kontroversen entzündet, wobei es sich vorwiegend um Fragen mit hohem symbolischen Gehalt handelte (Souveränitätsdebatten, Sanktionspolitik, humanitäre Interventionen)[146]. In *allen* Wahlkämpfen nach 1990 sind die jeweiligen Präsidenten mit massiven Vorwürfen über ein zu weitgehendes, zu wenig konditioniertes bzw. fehlerhaftes internationales Engagement konfrontiert worden. Dieser Umstand hat nicht unerheblich dazu beigetragen, dass die amerikanische Außenpolitik in jüngerer Zeit häufig als „prinzipienarme Vermeidung öffentlichen

[143] Zit. *Kupchan* (2002: 83). Ende der 1990er Jahre bezeichneten nur etwa 2-3 % der Bevölkerung außenpolitische Themen als Gegenstand von herausgehobenem nationalen Interesse. Auch nach dem September 2001 haben sich diese Werte nicht drastisch verändert, wenngleich die Antiterrorproblematik hinzugekommen ist. Insgesamt ist die Dominanz innenpolitischer Themen eindeutig; vgl. *Lindsay* (2000 und 2003) sowie bei *Holsti* (2004: 281ff).

[144] Vgl. besonders *Luck* (1999 und 2002), außerdem *Reisman* (2000).

[145] In Bezug auf den gestiegenen Einfluss einzelner Lobbies hat beispielsweise *Kissinger* (2001: 40) angemerkt: „Was von ausländischen Kritikern oftmals als arrogantes Streben Amerikas nach Vorherrschaft dargestellt wird, ist sehr häufig die Reaktion auf heimische Interessengruppen, die in der Lage sind, die Aufmerksamkeit auf Schlüsselthemen zu lenken"; dies habe erheblich „zu einem unilateralen und gelegentlich tyrannischen Auftreten" der USA in den internationalen Beziehungen beigetragen; ganz ähnlich auch die Argumentation von *Lyman* (2002).

[146] Die politischen Erfolge von *Perot* bei der Präsidentschaftswahl 1992 – seine Argumente waren überwiegend gegen die Errichtung der NAFTA gerichtet –, von *Buchanan* in den republikanischen *primaries* 1996 – er thematisierte vor allem den durch *Clintons* „Internationalismus" drohenden Souveränitätsverlust der USA – sowie die offene Feindseligkeit des langjährigen Vorsitzenden im Senatsausschuss für auswärtige Angelegenheiten, *Helms*, gegenüber der UNO zeigen, dass isolationistische und protektionistische Argumente nicht mehr nur randständig sind. Sie erweisen sich zunehmend als „salonfähig", wenn auch nicht als mehrheitsfähig.

Aufsehens" konzipiert worden ist[147]. Der Respekt der Politiker vor der Mobilisierungskraft von Parochialinteressen führt zwar nicht zwangsläufig zu einer von Alleingängen geprägten Außenpolitik, hat aber ganz wesentlich den im Entscheidungssystem vor 1990 bestehenden Konsens unterminiert, dass internationale Institutionen zur Implementation amerikanischer Hegemonialinteressen unabdingbar sind. Im US-Entscheidungssystem kommt es angesichts der nachlassenden hegemonialen Selbstverpflichtung in wachsendem Maß zur Verquickung von innen- und außenpolitischen Themen (*intermestics*)[148]. Diese Entwicklung erweist sich als problematisch, weil sie einerseits eine deutliche Überfrachtung der US-Außenpolitikagenda zur Folge und damit zu außenpolitischer Inkonsistenz beigetragen hat, und andererseits die Neigung zu multilateralem Attentismus verstärkt hat. Nach dem Ende der Blockkonfrontation hat sich die Tendenz zu Entscheidungsblockaden zwischen Exekutive und Legislative zunehmend auch im außenpolitischen Entscheidungssystem niedergeschlagen[149]. Institutionelle Blockaden und ideologische Polarisierung haben entscheidend zur Überlagerung der amerikanischen Außenpolitikagenda mit Binnenthemen und damit zu einem ambivalenten Umgang der USA mit multilateralen Institutionen beigetragen[150].

Die Idee hegemonialen Engagements und die Praxis multilateralen Desinteresses in der amerikanischen Außenpolitikdebatte stellen durchaus miteinander vereinbare, komplementäre Positionen dar. Der hier vertretenen Argumentation zu-

---

[147] Zit. *Koch* (1998: 266), wo diese Charakterisierung auf die Sicherheitspolitik der ersten *Clinton*-Administration gemünzt ist. Nach meiner Auffassung darf sie allerdings auch darüber hinaus Gültigkeit beanspruchen. Ungeachtet der Tatsache, dass *Bush* mit dem Krieg gegen den internationalen Terrorismus deutlich offensivere Akzente im Umgang mit internationalen Angelegenheiten gesetzt hat, nimmt auch seine Außenpolitik ausdrücklich auf isolationistische Widerstände Bezug. Die unilateralistischen Elemente in der US-Außenpolitik nach 2001 sind nicht zuletzt auf Versuche zurückzuführen, diese Widerstände einzubinden. Allerdings profitiert *Bush* entscheidend von dem Umstand, dass auch der Kongress bis Anfang 2007 von seiner Partei kontrolliert wurde und die Konfrontation mit der Legislative, im Gegensatz zu *Clintons* Problemen mit dem Kongress nach 1994, sehr viel spannungsärmer verlief („unified government"). Dennoch hat sich auch *Bushs* Durchsetzungsstärke erheblich verringert, wie unlängst bei der stark konditionierten Verlängerung des *Patriot Act* deutlich wurde. Die amtierende Administration ist bei ihren Versuchen, im Zuge des Antiterrorkriegs die legislativen Beteiligungsrechte in der Außenpolitik nachhaltig zu beschränken und die institutionelle Machtbalance zugunsten des Präsidenten zu verschieben, gescheitert. Eine imperale Präsidentschaft bleibt auch für Präsident *Bush*, zumal in seiner zweiten Amstzeit, eine Illusion.

[148] Zum Begriff *Carter* (1998: 130ff); vgl. darüber hinaus *Lindsay* (1999), *Kissinger* (2002), *Kupchan* (2002) oder *Hönicke Moore* (2003).

[149] Vgl. *Binder* (2003).

[150] Die insbesondere unter Präsident *Clinton* oft inkonsistente, lavierende und pragmatisch an Durchsetzbarkeit orientierte Außenpolitik der Supermacht hat nicht unerheblich zur Erosion der amerikanischen Hegemonialstellung im internationalen System beigetragen. Die in Fragen multilateralen Engagements kompromisslosere Positionierung seines Nachfolgers *Bush* bzw. dessen größere Durchsetzungsfähigkeit gegenüber dem Kongress haben in dieser Frage zwar wieder für größere Konsistenz gesorgt, aber eben noch deutlicher unter unilateralistischen und ausschließlich an US-Interessen ausgerichteten Vorzeichen.

folge stand innerhalb der außenpolitischen Entscheidungseliten Amerikas – im Spannungsfeld aus globaler Führung (bzw. Zurückweisung hegemonialer Verantwortung) einerseits und den wachsenden institutionellen Blockaden andererseits – nur für Außenpolitikansätze, die die Verteidigung amerikanischer Souveränität in den Mittelpunkt stellen, breite überparteiliche Mehrheiten zu erwarten. Apologeten der amerikanischen Entscheidungshoheit und Befürworter transnationaler Kooperation haben zwar stark divergierende Vorstellungen darüber entwickelt, *welche Ziele* die Supermacht im internationalen System verfolgen bzw. *welche Instrumente* sie bei der Umsetzung benutzen solle. Der *Anspruch* auf *Exzeptionalismus* ist gleichwohl in allen maßgeblichen Paradigmen des Außenpolitikdiskurses der USA nicht zu übersehen; diese Grundübereinstimmung mindert ideologische Differenzen im Detail. Sowohl für Multilateralisten wie für Unilateralisten steht die Aufrechterhaltung von Amerikas Macht und die Sicherung seiner Wohlfahrt im Mittelpunkt. Weil damit ein klarer Nützlichkeitsvorbehalt in Bezug auf multilaterale Organisationen geäußert wird, kann von einem „angeborenen Unilateralismus" in der US-Außenpolitik gesprochen werden[151].

Souveränitätsbezogene Argumentationsmuster und Widerstand gegen eine weitreichende institutionelle Einbindung sind in gewisser Weise als natürliche Handlungsimpulse der Legislative anzusehen. Die mit gewisser Zwangsläufigkeit auftretenden institutionellen Konflikte im Entscheidungssystem können sich bei *Divided Government* durch Parteienstreit und wahltaktische Manöver verschärfen. Neben strukturellen Hemmnissen mindern aber auch ideologische Polarisierung, allgemeines Desinteresse an außenpolitischen Problemen und tagespolitischer Adhocismus das multilaterale *commitment* Amerikas. Die USA scheinen eine internationale Führungsrolle nur dann übernehmen zu können, wenn zum einen ein Konsens zwischen den Gewalten (und über die Parteigrenzen hinweg) besteht und zum anderen der Präsident intern Führungsstärke und Durchsetzungsfähigkeit beweist bzw. sein politisches Schicksal mit multilateralen Initiativen verbindet[152]. Dies aber ist immer seltener der Fall. Die nach 1990 amtierenden Präsidenten haben multilaterales Engagement selten offen und nie vorbehaltlos unterstützt.

Statt pauschal von agressivem US-Unilateralismus zu reden, sollte besser differenziert werden zwischen den Folgen außenpolitischer Indifferenz, den Ergebnissen von Entscheidungsblockaden oder den Konsequenzen eines fehlenden überparteilichen Konsenses. Viele Alleingänge sind eher als souveränitätsorientierte Symbolpolitik zu interpretieren, weniger als konsistentes Programm mit dem Ziel geostrategischer Dominanz. Die in Teilen der politischen Elite zu beobachtende Multilateralismusskepsis, insbesondere bei einem einflussreichen Teil der Legislative, ist überwiegend isolationistisch oder nationalistisch grundiert, nur zu einem sehr geringen Teil neoimperialistisch bzw. expansiv-missionarisch. In den letzten Jahren

---

[151] Vgl. *Sewell* (2000); ähnlich *Koch* (1998) und *Mastanduno* (1997), der in der Tendenz zu einer militarisierten und auf unilaterale Instrumente setzenden Außenpolitik eine „Grand Strategy of Primacy" identifiziert.

[152] Ähnlich schon *Paarlberg* (1995).

sind Forderungen nach einem die amerikanische Dominanz befestigenden Unilateralismus allerdings lauter geworden[153]. Keine Administration hat diesen Forderungen stärker nachgegeben als die seit 2001 amtierende von Präsident *Bush*, wenngleich auch von ihr keine umfassende Aufkündigung multilateraler Verpflichtungen vollzogen wurde. Ihr Unilateralismusansatz unterscheidet sich vor allem in der rhetorischen Verpackung und im Grad der gegenüber multilateralen Institutionen gezeigten Kaltschnäutzigkeit von der demokratischen Vorgängeradministration[154]: Im Kern geht es *Bush* wie zuvor *Clinton* um die effektivste Durchsetzung nationaler Interessen, bei der transnationale Bindungen helfen können und, sofern möglich, auch sollen[155]. Ein selbständiger Gestaltungsanspruch multilateraler Institutionen wurde von beiden abgelehnt und zurückgewiesen[156]. Unilateralismus scheint im Entscheidungssystem der USA breite Unterstützung finden zu können, wenn nationale Interessen auf internationaler Ebene vermeintlich verletzt werden oder die Leistungskraft multilateraler Institutionen in Zweifel steht. Das Gefühl globaler Dominanz und die Furcht politischer Entscheidungsträger vor Vorwürfen, amerikanische Interessen würden durch internationale Bindung verletzt oder aufgeweicht, stabilisieren die Position, nationale Interessen unter keinen Umständen hinter multilaterale Zwänge zurückzustellen.

Aus den Blockaden zwischen den beiden Vetospielern im Entscheidungssystem, den Kompetenzstreitigkeiten innerhalb der Exekutive und den auch für Amerika geltenden Bedingungen transnationaler Verflechtung lassen sich funktionale Impulse für eingebetteter Unilateralismus finden. Damit können einerseits institutionelle Blockaden im Entscheidungssystem leichter überwunden werden, indem responsiv auf nationalistische, isolationistische oder protektionistische Stimmungen eingegangen wird. Andererseits kann durch Sanktionen und Vergeltungsmaßnahmen anderer Staaten die Unterstützung multilateraler Kräfte mobilisiert werden. Die Umsetzungsprobleme und Kosten von Unilateralismus dürften in der Regel im amerikanischen Entscheidungssystem den Widerspruch anderer ideologischer Angebote bzw. betroffener ökonomischer Interessengruppen hervorrufen[157]. Eine Überwindung der außenpolitischen Indifferenz Amerikas in Richtung stärkerer multilateraler *compliance* erscheint also durchaus möglich. Dazu bedarf es jedoch der Mobilisierung jener ansonsten eher teilnahmslosen Interessengruppen, die von ei-

---

[153] Vgl. *Nau* (2002), *Gaddis* (2004) und *Mead* (2004).

[154] Die *Clinton*–Administration erweckte zwar oft und offenbar auch gezielt den Eindruck, unter dem Druck des republikanisch dominierten Kongresses gegen ihren eigentlichen Willen unilateralistische Extrempositionen vertreten zu müssen (vgl. *Daalder* (2001: 561)), gleichwohl sollte dieses Argumentationsmuster wohl eher der Selbstexkulpation dienen. *Clintons* unilaterales „Sündenregister" ist jedenfalls kaum allein mit „gebundenen Händen" zu erklären. Vieles, wie die völkerrechtlich fragwürdigen Luftangriffe auf den Sudan, hatte allein die Exekutive zu verantworten.

[155] Vgl. für diese zugespitzte Interpretation die Anmerkung von *Skidmore* (2005: 224): „The appropriate contrast ist not between a multilateralist *Clinton* and a unilateralist *Bush*, but between *two unilateralisms* that differ not in kind but more in *tone, emphasis, and degree*." (Hervorhebung D.K.)

[156] Vgl. *Malone/Khong* (2003).

[157] Vgl. *Lieber* (2004), *Bergsten* (2004) und *Destler* (2005).

ner durch Unilateralismus verursachten Beeinträchtigung der Verflechtungsbeziehungen mit anderen Staaten besonders stark betroffen sind. Der isolationistisch und souveränistisch gefärbte Unilateralismustrend im Kongress kann durch internationalen Druck, Initiativen einzelner Bundesstaaten, verstärkte Lobbyarbeit ökonomischer Interessengruppen und erfolgreiches Konfliktmanagement der Exekutive herausgefordert, ausgehebelt und auch überwunden werden – oft allerdings erst über den „Umweg" multilateraler Konflikteskalation.

5. Unilateralismus in der US-Handelspolitik: Impulse und Konsequenzen

„With the cold war over, trade agreements must stand or fall on their merits. They no longer have a security component."
Charlene Barshefsky

„Most members (of the House of Representatives) are saying they haven´t heard anything from business. Then you wonder: How important is it to them?"
Robert Matsui

„Often the bargainig at home is more difficult than dealing whith other trade officials (...) elsewhere."
Jeffrey J. Schott

In diesem Kapitel wird die Durchsetzungsfähigkeit von ad-hoc-Koalitionen als Hauptursache für unilaterale US-Handelspolitik identifiziert. Um Reichweite und Durchsetzungsfähigkeit des US-Unilateralismus analysieren zu können, sollen die einschränkenden Zwänge des multilateralen Welthandelssystems ebenfalls in den Blick genommen werden. Zentral werden aber die Rahmenbedingungen und Interessenkonfigurationen im amerikanischen Entscheidungssystem behandelt, und zwar sowohl während der Entscheidungen über Unilateralismus als auch bei der Anpassung an multilaterale Handlungserfordernisse. In den USA war über die letzten beiden Dekaden hinweg eine zunehmende Politisierung und Überlagerung der Handelspolitik mit (traditionell) eher handelsfernen Themen zu beobachten. Verschiebungen in der institutionellen Machtbalance zwischen Kongress und Präsident und steigende Wettbewerbsprobleme haben zu einer Schwächung des „liberalen Handelskonsenses"[1] geführt. Unkonditionierter Freihandel wird inzwischen nicht nur von Interessengruppen abgelehnt, die offenkundig zu den Verlierern ökonomischer Globalisierung gehören, sondern zunehmend auch zum Gegenstand machtpolitischer Kontroversen. Die Auseinandersetzungen zwischen Exekutive und Kongress erweisen sich dabei als immer stärker parteipolitisch aufgeladen. Die Außenwirtschaftspolitik der Supermacht wird in steigendem Maß von *domestic issues* bzw. ökonomiefernen Nebenagenden überformt: „With the end of the cold war, free traders have lost their foreign policy trump card. (I)nternational economic issues now arouse popular passions that the old approach (of trade policy making) was never designed to adress"[2]. Stärkere Selbstbezüglichkeit in der amerikanischen Handelsdebatte bzw. Handelsagenda hat unilaterale Politikansätze gefördert.

Im Folgenden soll nach einer Darstellung der institutionellen Rahmenbedingungen der amerikanischen Handelspolitik in fünf empirischen Fallstudien analysiert werden, wie die oben angeführten selbstbezüglichen Impulse mit den gegenläufigen Einflüssen aus multilateralen *compliance*-Zwängen und ökonomischen bzw. außenpolitischen Interessen oder Abhängigkeiten der Supermacht korrespondier-

---

[1] Vgl. unter anderem *Medick-Krakau* (1995) oder *Gibson* (2000). Von einem Rückgang oder Verschwinden sprechen *Krueger* (1995), *Falke* (1995), *Gerke/Medick-Krakau* (1999), *Irwin* (2002) sowie *Gerke-Unger* (2004), abgeschwächt auch *Destler* (2005).

[2] Zit. *.Lindsey* (1998: 1); (Ergänzung D.K.)

ten. Dem Verhalten der Administrationen nach innen (gegenüber dem Kongress) und nach außen (vornehmlich gegenüber der WTO und wichtigen Handelspartnern) gilt dabei das Hauptaugenmerk. Auch wenn ihr Auftreten nicht immer geschlossen war, kam den Administrationen eine Scharnierfunktion beim Ausgleich sowie bei der Instrumentalisierung von Interessen zu. Vertreter der Exekutive versuchten parochiale Handlungszwänge in multilateralen Interaktionen zu instrumentalisieren. Gleichzeitig lieferten das multilaterale System (WTO) und außenpolitische Rücksichtnahmen der Administration gute institutionalisierte Ausreden, um gegenüber Kongress und Interessengruppen Anpassungszwänge durchzusetzen.

Einer strategischen Begründung unilateraler Handelspolitik ist weitgehend der Boden entzogen; ein derartiges Vorgehen dürfte sich weder dazu eignen, multilaterale Verhandlungsprozesse zu beeinflussen – auch wenn derartige Kalküle in vielen Fällen eine Rolle gespielt haben dürften und besonders von Vertretern der Exekutive argumentativ ins Feld geführt worden sind –, noch können damit glaubwürdige Wohlstandsgewinne projiziert werden – eher ist mit dem Gegenteil zu rechnen. Daher gilt es, andere Entstehungsimpulse und Motive für handelspolitischen Unilateralismus in den Blick zu nehmen. Der hier vertretenen Argumentation zufolge ist davon auszugehen, dass die Alleingänge der Supermacht in Handelsbeziehungen einer politisch-taktischen Zweckrationalität unterworfen waren: Unilateralismus ist *ungeachtet* seiner negativen ökonomischen oder außenpolitischen Folgewirkungen implementiert worden. Er entsprang keiner konsistenten außenwirtschaftlichen Strategie, schon gar nicht einer imperialen, und zielte nicht vordergründig auf eine tatsächliche Veränderung der Handelspraktiken anderer Staaten bzw. darauf, die USA multilateralen Verpflichtungen zu entziehen. Er lässt sich vielmehr mit einem nach innen gerichteten, reaktiv-aktionistischen Handlungsmuster und einem starkem legislativen Beteiligungswillen in der Handelspolitik erklären. Die untersuchten Alleingänge gingen auf Druck von Interessenkoalitionen zurück, waren taktisch motiviert, situationsbezogen, und wurden jeweils durch tagesaktuelle innenpolitische Spannungen verstärkt. Die Adressaten unilateralistischer Politik waren nicht die Handelspartner, sondern in erster Linie heimische Interessengruppen und Sperrminoritäten, deren Druck zu stark geworden war oder die zur (situativen) politischen Mehrheitsbeschaffung benötigt wurden.

In diesem Zusammenhang ist zunächst einmal zu klären, welche Praktiken in den internationalen Handelsbeziehungen mit dem Begriff Unilateralismus zu bezeichnen sind. Zurückkommend auf die im dritten Kapitel gelieferte Definition, umfasst unilaterale Handelspolitik viele Handlungsmuster: Neben den zahlreichen Aspekten, die aus anhaltenden Verstößen oder Widerstand gegen multilaterale Regeln und aus fehlender Rücksichtnahme auf die handelspolitischen (oder die ökonomischen) Interessen anderer Staaten entstehen, werden darunter auch alle bi- oder minilateralen Maßnahmen verstanden, die eine Verhaltensänderung bei ausländischen Akteuren zu erzwingen oder multilaterale Entscheidungsfindung (also im Rahmen der WTO) zu verhindern bzw. potentiell zu blockieren versucht haben. Allen in diesen Kapitel empirisch untersuchten Fällen ist gemeinsam, dass sie multilaterale Konflikte verursacht und institutionelle Streitbeilegungsmechanismen in Gang gesetzt haben. Alle zeigen das Muster eingebetteten Unilateralismus. Dabei korellierten parochiale Schroffheit und Rücksichtslosigkeit gegenüber den Interessen von Handelspartnern mit pragmatischer Konzilianz in der diplomatischen Beilegung zwischenstaatlicher Handelsauseinandersetzungen.

Aufgrund der weit fortgeschrittenen Institutionalisierung globaler Handelspolitik konnte von der Exekutive unilaterale Symbolpolitik zur Befriedigung souveränistischer Reflexe und bestimmter (vorwiegend protektionistischer) Interessengruppen betrieben werden, ohne multilaterale Politikverpflichtungen grundsätzlich infrage stellen zu müssen bzw. nachhaltig zu schädigen. Rücksichtnahme auf institutionelle Zwänge stellt eine entscheidende Weiterentwicklung gegenüber jenem „aggressiven" Unilateralismus der 1980er Jahre dar, bei denen von den USA bilateral direkter Druck auf Handelpartner ausgeübt wurde, um Zugeständnisse bei der Marktöffnung zu erreichen[3]. Die direkte Wirkung der Streitbeilegungsmechanismen im WTO-System ist dabei jedoch zu relativieren. Wie zu zeigen ist, sind es eher die durch Interdependenz und akute gemeinsame Problembetroffenheit notwendig gewordenen bilateralen Konsultationen und diplomatischen Einigungsversuche, die eine wirksame Konflikteinhegung ermöglicht haben. Die meisten Lösungen wurden entweder durch Vertagung des Problems oder frühzeitiges Einlenken erreicht[4]. Der hohe Grad handelspolitischer Institutionalisierung erleichterte aber dilatorisches und deeskalatives Krisenmanagement entscheidend: Wo der multilaterale Anpassungsdruck zu groß geworden war, sind Alleingänge zurückgenommen oder erheblich entschärft worden; entweder einseitig durch die Administrationen, in Zusammenarbeit mit dem Kongress, oder allein durch legislative Anpassung.

5.1 Interessenformationen im handelspolitischen Entscheidungssystem

Selbstreferentielle Handelspolitik wird interpretiert als *ein mögliches* Ergebnis des Zusammenwirkens zweier Variablen: Zum einen der Druck, den Interessengruppen mit (Schutz)Forderungen in einer spezifischen Entscheidungssituation aufbauen, sowie zum anderen die durch parteipolitische Auseinandersetzungen, wahltaktische Kalküle und außenpolitische Erwägungen beeinflusste Responsivität politischer Entscheidungsträger gegenüber diesen Forderungen. Unilateralismus ist nach meinem Dafürhalten nicht als Ergebnis der Machtkonfiguration in globalen Handelsinteraktionen, sondern als Funktion nationaler Präferenzbildungsprozesse in den USA zu interpretieren. Auf eine ausführliche Darstellung des Entscheidungssystems in der US-Handelspolitik kann unter Verweis auf einschlägige Arbeiten[5] ver-

[3] Diese Politik stieß auf den Widerstand liberaler Freihandelsbefürworter; vgl. stellvertretend *Bhagwati* (1991b).

[4] Vgl. unter anderem *Frey* (2004), *Busch/Reinhardt* (2005) und *Pollack* (2005).

[5] Die institutionellen Strukturen und die Veränderungen des handelspolitischen Entscheidungssystems und das spannungsreiche Verhältnis von Präsident und Kongress werden unter anderem von *Schattschneider* (1963), *Pastor* (1980), *Nelson* (1989), *Medick-Krakau* (1995), *Krueger* (1995), *Bailey/Goldstein/Weingast* (1997), *Falke* (1995), *Goldstein/Martin* (2000), *Aaronson* (2001), *Kolkmann* (2005) sowie *Destler* (2005) in den Blick genommen. Systemtheoretisch angeleitete Analysen der im US-Entscheidungssystem agierenden Interessengruppen und ihrer Durchsetzungsfähigkeit stammen unter anderem von *Bauer/Pool/Dexter* (1972), *Rode* (1980 bzw. 1986), *Christe* (1995), *Gilligan* (1997), *Deardorff/Stern* (1998), *Noland* (1999a) oder *Bailey* (2001). Mit dem wechselvollen

zichtet werden. Im Hinblick auf die Interessenkonfiguration wird im Folgenden argumentiert, dass in den untersuchten Fällen nicht festgefügte und institutionell verankerte, sondern eher wechselnde, sich adhocistisch und themenspezifisch herausbildende Einflusskoalitionen mit neomerkantilistischen Zielen für die Formulierung unilateraler Politikansätze verantwortlich waren, während internationalistisch-freihändlerisch orientierte Interessengruppen nur geringen Einfluss geltend machen konnten[6]. Die Rolle von Ideen bei der Erzeugung aggressiver Handelspolitik wird dagegen als nachrangig betrachtet. Die Rücksichtnahme auf die Bedingungen institutionalisierter Interdependenz hat *bei der Formulierung* unilateraler Ansätze nur eine marginale Rolle gespielt. Ideologische Paradigmen und transnationale Institutionen stecken den allgemeinen Rahmen ab, in dem Entscheidungen fallen, und beeinflussen konkrete Unilateralismusentscheidungen nur wenig. Für politische Entscheidungsträger geht es, auch wenn der Einfluss ideologischer Überzeugungstäter nicht geleugnet werden kann, nicht vordergründig um die Implementierung handelspolitischer Paradigmen, sondern in erster Linie um ein vertretbares Politikergebnis. Handelspolitisches Engagement erweist sich im Regelfall als stark interessengeleitet und in immer größerem Umfang auch als parteipolitisch determiniert[7]. Ungeachtet dessen positioniert sich die breite Mehrheit der Kongressmitglieder in Handelsfragen indifferent und erweist sich gegenüber angebotenen Koppelgeschäften („*pork-barrel politicking*") grundsätzlich aufgeschlossen[8].

5.1.1 Unilaterale Impulse: Protektionisten und Anti-Multilateralisten

Angesichts der fortgesetzten Internationalisierungsprozesse, denen die US-Volkswirtschaft ausgesetzt ist, und in Anbetracht der seit Mitte der 1990er Jahre rapide steigenden Defizite in der amerikanischen Handels- und Zahlungsbilanz sowie der wachsenden Wettbewerbsherausforderungen sind verstärkte Versuche protektionistischer oder neomerkantilistischer Interessenvertreter, in der Handelspolitik Ein-

---

Einfluss außenwirtschaftspolitischer Paradigmen auf die amerikanische Handelspolitik beschäftigen sich *Goldstein* (1993), *Ikenberry* (1993), *Medick-Krakau* (1995) und *Scherrer* (1999).

[6] Tatsächlich ist dieser Zusammenhang zwar naheliegend, aber nicht selbstverständlich. Internationalistische Freihändler könnten zum Beispiel eine schlechte Performanz oder Dysfunktionalitäten multilateraler Institutionen zum Anlass nehmen, aktivistischen Unilateralismus zu fordern. Dies ist jedoch nur selten geschehen.

[7] Insbesondere neomarxistische Autoren wie *Sjolander* (1994) oder *Scherrer* (1999) heben auf eine vermeintliche Vormachtstellung neoliberaler Argumentationsmuster ab, um die von ihnen unterstellte Durchsetzungsfähigkeit multilateral orientierter Interessengruppen im handelspolitischen Diskurs der USA zu erklären. Ungeachtet der empirischen Fragwürdigkeit dieses Befundes – *Destler/Balint* (1999), *Pfeil* (2000) oder *Gerke-Unger* (2004) kommen angesichts der zurückgehenden Unterstützung für multilaterale Politikentwürfe zu beinahe entgegengesetzten Schlussfolgerungen – ist es für das hier verfolgte Forschungsinteresse grundsätzlich ohne Belang, ob bestimmte Ideen oder ideologische Paradigmen für die US-Handelspolitik handlungsleitend geworden sind. Entscheidend ist die Mobilisierung politischen Drucks auf Entscheidungsträger – dabei sind Anti-Multilateralisten und Protektionisten regelmäßig erfolgreicher als Internationalisten. Das Erkenntnisinteresse dieser Arbeit konzentriert sich auf die institutionellen Möglichkeiten der Politik, mit entsprechendem Druck umzugehen.

[8] Vgl. *Pastor* (1980), *Christe* (1995) oder *Kolkmann* (2005).

fluss zu gewinnen, wenig überraschend. Isolationismus und Protektionismus bilden eine erwartbare Reaktion auf ökonomischen Anpassungsstress. Erklärungsbedürftig ist aus meiner Sicht jedoch, wie selten solche Versuche erfolgreich gewesen sind in Anbetracht der über weite Strecken nur sehr schwachen Gegenwehr der Freihandelsbefürworter. Grundsätzlich hat der durch ökonomische Globalisierungsprozesse und die sprunghaft wachsenden Importe verursachte Wettbewerbsdruck eine strukturelle Anpassungs-, und Modernisierungsdynamik mitverursacht, Produktivitätsprobleme sichtbar gemacht und zu Arbeitsplatzverlusten geführt[9]. Von diesen Entwicklungen waren und sind vor allem die verarbeitende Industrie – insbesondere Unternehmen der Stahl- und Textilindustrie – sehr stark betroffen. Die Interessen der in diesen Industriezweigen zu verortenden Globalisierungsverlierer sind in besonders starkem Maß status-quo-orientiert und protektionistisch eingefärbt. Ihre Forderungen zielen sowohl auf die Abmilderung des ökonomischen Wettbewerbsdrucks durch Schutzmaßnahmen (Importkontingente bzw. Ausgleichs- oder Strafzölle[10]) als auch auf die sozial- und wirtschaftspolitische Abfederung der ökonomischen Transformationsprozesse (Umschulungs- bzw. Anpassungsprogramme und Übergangszahlungen)[11]. Gerade unter der ersten *Clinton*-Administration häuften sich derartige Forderungen, ohne jedoch von der Administration befriedigt zu werden[12]. Die Wünsche nach partieller Abschottung und der Beseitigung nichttarifärer Handelshemmnisse in Exportmärkten – meist bemäntelt mit der Forderung nach „fairen" Bedingungen im Welthandelssystem – korrespondieren regelmäßig mit dem Wunsch nach staatlichen Finanzzuwendungen. Sie werden in erster Linie von den Gewerkschaften und Branchenverbänden der Problemindustrien erhoben – jedoch, wegen der Heterogenität der Interessen, nur sehr selten von etablierten Dachverbänden der amerikanischen Industrie[13], allerdings haben sich auch neue, dezidiert antiliberale Dachorganisationen gebildet[14]. Ebenso sind beim Thema *outsourcing*[15] oder bei drohenden Übernahmen amerikanischer Unternehmen durch ausländische Investoren starke, fast habitualisierte, nationalistische Abwehrreflexe zu verzeichnen gewesen.

---

[9] Vgl. zum Einfluss ökonomischer Globalisierungsprozesse auf das Erstarken wirtschaftsnationalistischer Werthaltungen und Politikansätze *Rode* (2002b: 254f).

[10] Vgl. zu den verschiedenen Schutzmaßnahmen ausführlich *Nivola* (1993) sowie *Mastel* (1998).

[11] Vgl. stellvertretend in Bezug auf die Probleme der Stahlindustrie *Brook* (1998) und *Hufbauer/Goodrich* (2003).

[12] *Destler* (2005: 248) merkt an: „(I)n terms of increases in import pressure, the late Clinton years look very much like the middle Reagan years. (...) Multiple industries sought protection, Congress seized the initiative in trade policy, and many experts trembled over whether open US policies could survive."

[13] Vgl. etwa *Fifka* (2005: 157-198)

[14] Hier ist vor allem die *American Manufacturing Trade Action Coalition* (*AMTAC*) zu nennen.

[15] Tatsächlich wirkt die aktuelle *outsourcing*-Debatte in den USA sehr uninspiriert. Die vom demokratischen Präsidentschaftskandidaten *Kerry* im Wahlkampf 2004 ins Spiel gebrachte Idee einer Strafsteuer für Unternehmen, die Arbeitsplätze ins Ausland verlagern, wurde nur halbherzig verfolgt und war wohl eher als rhetorische Geste an das Gewerkschaftslager zu verstehen. Derartige Maßnahmen erscheinen politisch nicht durchsetzbar und ökonomisch nicht praktikabel.

Insgesamt darf die Mobilisierungskraft der mit unmittelbar drohenden Wohlstands- oder Arbeitsplatzverlusten konfrontierten Einflussgruppen als tendenziell hoch eingeschätzt werden – in Anlehnung an *Olsons* Modell, demzufolge Gruppen mit spezifischen Interessen in der Regel einflussreicher agieren als jene mit eher unspezifischen Forderungen[16]. Protektionsinteressen können ihren Anliegen durch Kampagnentätigkeit und direkten Druck auf oder Wahlkampfunterstützung für Abgeordnete bzw. Kandidaten Gehör zu verschaffen[17]. Neben diesen eher defensiven und status-quo-orientierten Besitzstandswahrern, bei denen aufgrund ihrer enormen Mobilisierungskraft die Gewerkschaften herausstechen[18], ist allerdings nach 1990 auch ein stärkerer Einfluss ursprünglich handelsferner Interessengruppen in handelspolitischen Entscheidungen zu beobachten. Die außenwirtschaftspolitische Agenda der USA wird zunehmend mit Forderungen konfrontiert, die über (klassische) Handelsthemen, also Zölle, Subventionen oder die Behebung von Wettbewerbsverzerrungen, hinausgehen und auf eine stärkere Berücksichtigung von Umwelt- und Tierschutzstandards bzw. Arbeitnehmerrechten in regionalen oder internationalen Handelsvereinbarungen zielen[19]. Die Schlagwörter dieses Forderungsstrangs lauten „Umwelt- und Sozialdumping". In ihrer Mehrzahl können diese „zivilgesellschaftlichen" Interessengruppen aufgrund der überwiegenden Ablehnung von NAFTA und WTO als erklärte Anti-Multilateralisten bezeichnet werden[20]. Ihren durch NGO-Mobilisierung und Medienspektakel verstärkten Einfluss haben sie sowohl in der NAFTA-Debatte, aber auch bei den gescheiterten Welthandelsrunden in *Seattle* 1999 bzw. *Cancun* 2003 unter Beweis gestellt. Ihre Lobbytätigkeit unterscheidet sich wegen geringerer Finanzmittel erheblich von denen der Altprotektionisten[21].

In zahlreichen Handelsentscheidungen, in erster Linie bei unilateralen Sanktionen, hat sich zudem auch der Einfluss ethnischer Minderheiten gezeigt, die mit Forderungen nach einer stärkeren Beachtung der Menschenrechte (bzw. nach Sanktionen im Falle von Menschenrechtsverletzungen) auftreten und an moralische

---

[16] Vgl. *Olson* (1993). Zum Einfluss der Globalisierung auf die Logik kollektiven Handelns außerdem *Cerny* (1997), *Knothe* (2000) oder *Schirm* (2002).

[17] Zum Einfluss der Wahlkampfunterstützung auf handelspolitische Entscheidungen in den 1990er Jahren liefern *Noland* (1999a) oder *Baldwin/Magee* (2000b) wichtige Beiträge. Gewerkschaften wie Industrieverbände setzen dabei vor allem auf *Direct Lobbying*; dazu ausführlich *Fifka* (2005: 201ff).

[18] Vgl. *Destler/Balint* (1999) und *Destler* (2005: 248). Eine klare Protektionismusneigung der verarbeitenden Industrie ist trotz steigender Wettbewerbsprobleme vieler Branchen nur für den Stahlsektor typisch.

[19] Dazu *Destler/Balint* (1999) und *Shaffer* (2001).

[20] Diese Bezeichnung verdienen sie umso mehr, als eindeutig eine Negativwahrnehmung multilateraler Liberalisierung vorherrscht. Die WTO verkörpert aus Sicht zahlreicher linker NGOs geradezu sinnbildlich den „entfesselten Kapitalismus" und wird als wichtigstes Durchsetzungsinstrument des „Neoliberalismus" perzipiert – und damit in ihren Gestaltungsmöglichkeiten überschätzt. Die gemeinsame Ablehnung liberaler Institutionen bildet aus meiner Sicht die wichtigste Klammer dieser sonst sehr heterogenen Interessengruppen.

[21] Umweltgruppen, wie zum Beispiel *Sierra Club*, das *Earth Island Institute* oder *Friends of the Earth*, sind angesichts geringerer Mittelausstattung wesentlich stärker auf Graswurzelkampagnen (*grass roots lobbying*) angewiesen als Gewerkschaften; vgl. auch *Fifka* (2005: 235ff).

Mindeststandards der Außenpolitik appellieren[22]. Nicht zu übersehen sind überdies die souveränistischen und isolationistischen Impulse, die eine multilaterale Selbstbindung ungeachtet ihrer ökonomischen Nützlichkeit aus ideologischen Gründen heraus grundsätzlich ablehnen[23]. Diese Impulse haben jedoch keine spezifischen Forderungen im Zuge handelspolitischer Entscheidungsprozesse, sondern eher die Grundstimmung gegenüber transnationalen Handelsinstitutionen negativ eingefärbt bzw. die Akzeptanz der WTO-Rechtsprechung zu unterminieren versucht[24]. Antimultilaterale Kräfte und Altprotektionisten haben große Schnittmengen in ihrer gemeinsamen Ablehnung unkonditionierter multilateraler Liberalisierung durch Freihandelsabkommen oder im Rahmen der WTO bzw. in ihrem Anspruch auf gleiche „Spielregeln" für alle Marktteilnehmer (*level playing field*). Hinter dem Vorwurf der Unfairness verbirgt sich eine wenig verklausulierter Dumpingverdacht gegenüber erfolgreichen Wettbewerbern, der Schutzmaßnahmen rechtfertigen soll. Der von den Gegnern einer schrankenlosen Marktöffnung und Anhängern neoisolationistischer Maßnahmen entwickelte Forderungskatalog ist gleichwohl äußerst heterogen und nicht immer eindeutig nationalistisch oder unilateralistisch eingefärbt. Große Diskrepanzen bestehen zum Beispiel hinsichtlich einer stärkeren multilateralen Fixierung von Arbeitnehmerrechten[25].

Die erhobenen Forderungen sind nicht immer zielgerichtet durchsetzungs-, aber oft blockadefähig und haben sich in zahlreichen handelspolitisch relevanten Entscheidungen der letzten Jahre als Stolperstein für Liberalisierungsvorhaben erwiesen. Die Negativetiketten für den als rein marktorientiert attackierten Multilateralisierungskurs der Administrationen – er wird unter anderem als souveränitätsmindernd, „neoliberal", umweltschädigend oder arbeitnehmerfeindlich apostrophiert – signalisieren eine breite Skepsis gegenüber ökonomischer Internationalisierung[26]. Im übrigen ist darauf hinzuweisen, dass ein streng konditionierter Liberalisierungsansatz in der Handelspolitik auch der Mehrheitsmeinung der Öffentlichkeit entspricht, die Handelsvereinbarungen zunehmend unter Aspekten der Jobsicher-

---

[22] Vgl. *Malloy* (2001).

[23] Hierzu am Beispiel der Debatte um den WTO-Beitritt *Jackson* (1997). Der Anteil von Liberalisierungsgegnern ist durchaus gestiegen, jedoch befinden sie sich insgesamt noch immer in der Minderheit. Ob das gestiegene anti-multilaterale Sentiment schon ausreicht, um, wie etwa *Pfeil* (2000) oder *Gerke-Unger* (2004), von einer nachhaltigen Gefährdung des „liberalen Handelskonsenses" sprechen zu können, bleibt abzuwarten.

[24] Grundsätzlich hält der Kongress an einem Rechtsverständnis fest, demzufolge nationale Regelungen WTO-Entscheidungen grundsätzlich übergeordnet seien; vgl. *Sen* (2003: 129).

[25] Insbesondere Unternehmensverbände befürchten durch die Inklusion von Sozial- bzw. Umweltstandards und Arbeitnehmerrechten in multilaterale Vereinbarungen eine Beschneidung wirtschaftlicher Chancen (für Tochterunternehmen in Niedriglohnländern) oder – noch stärker – eine Verschärfung derartiger Standards in den USA – durch die multilaterale Hintertür. Aus Gewerkschaftssicht soll hingegen Sozialdumping verhindert werden.

[26] Diese Ablehnung bleibt nicht ohne politische Folgen, weil die Koalition der Multilateralismusgegner breiter und bunter wird. In der ideologisch hochbrisanten Auseinandersetzung um ein „*fast-track*"-Mandat für Präsident *Clinton* war zum Beispiel keine einzige Umwelt-NGO zur öffentlichen Unterstützung für die Administration bereit; vgl. *Destler/Balint* (1999: 32).

heit bewertet[27]. In der amerikanischen Bevölkerung sind Globalisierungsressentiments und freihandelskritische bzw. den Schutz der amerikanischen Volkswirtschaft befürwortende Stimmungen deutlich stärker verbreitet als unter politischen Entscheidungsträgern bzw. Meinungsführern[28]. Allerdings hat auch die Ergänzung der Handelsagenda durch Sozial- und Umweltthemen die ideologischen Gräben vertieft und die Aufgeschlossenheit demokratischer Abgeordneter gegenüber protektionistischen Einflüssen gesteigert. Der handelspolitische Einfluss von Multilateralismusgegnern, die nationalistische, ökologische oder sozialpolitische Motive ins Feld führen, ist nach 1990 erheblich gewachsen.

5.1.2 Unbedingte Freihändler

Der Widerstand und die Blockadeversuche der Globalisierungsgegner stellen in erster Linie für jene Interessengruppen eine große Herausforderung dar, die transnationale Institutionalisierung und Verflechtung (unter liberalen Vorzeichen) als überwiegend vorteilhaft ansehen und zu verteidigen bemüht sind[29]. Der Nachteil freihandelsorientierter Interessenvertreter besteht in ihrer weithin fehlenden Mobilisierungskraft aufgrund großer Interessendisparität in Einzelfragen. Darunter leidet ihre Kampagnenfähigkeit in konkreten Entscheidungssituationen, umso mehr, wenn die unmittelbaren Folgen von handelspolitischen Alleingängen nur schwer abzuschätzen sind. Sowohl die Konsumenten als auch die Dachverbände der amerikanischen Wirtschaft haben daher kaum Bedarf an oder Unterstützung für unilaterale Handelspolitik geäußert. Nur in Situationen, in denen US-Exportchancen durch protektionistische Maßnahmen anderer Staaten geschmälert zu werden drohen („Bananenstreit" mit der EU oder *FSC/ETI*), erscheinen aus ihrer Sicht selektive Alleingänge oder die Hinwegsetzung über multilaterale Verpflichtungen entschuldbar. Insgesamt hat der von allen Administrationen eingeschlagene und trotz gelegentlichen legislativen Sperrfeuers verfolgte Kurs verstärkter Liberalisierung – im Rahmen der WTO oder mit Präferenzabkommen – auch die mehrheitliche Unterstützung der Öffentlichkeit gefunden, während offener Isolationismus oder Importrestriktionen in der Regel nicht auf Zustimmung stießen. Gleichwohl ist diese Grundhaltung nur selten in Entscheidungsprozessen maßgeblich gewesen, an deren Ende handelspolitische Alleingänge standen. Hier bestätigt sich die Annahme, dass Profiteure der Handelsliberalisierung im Vergleich zu vielen potentiellen Verlierern

---

[27] Vgl. *Destler* (2005: 313f). Der Beitritt zur WTO und der Abschluss regionaler Freihandelsabkommen wurden mehrheitlich befürwortet, allerdings fällt die Unterstützung für weitere Liberalisierungsschritte insgesamt nur „lauwarm" aus. Unkonditionierte Freihandelsbefürworter befinden sich in der Minderheit, unter anderem, weil die Amerikaner, immerhin mit einem Verhältnis von 2:1, Handel mit der Gefährdung von Arbeitsplätzen in der amerikanischen Industrie gleichsetzen.

[28] Vgl. *Holsti* (2004: 109ff). Dieser Umstand bildet eine bemerkenswerte Umkehrung der Vorzeichen unilateraler Impulse, die in Abschnitt 4.1.3 identifiziert wurden.

[29] Zu deren Einfluss insbesondere *Milner* (1988), *Gilligan* (1997) sowie *Bailey* (2001). Dort wird davon ausgegangen, dass der Einfluss von Antiprotektionisten und Gruppen, die tendenziell freihandelsinteressiert sind, durch wirtschaftliche Internationalisierungsprozesse gestiegen sei. Zu dieser Mobilisierung habe die nach 1970 zunehmende Betätigung von Gruppen, die auf Importregulierung und Marktabschottung dringen, beigetragen.

weltwirtschaftlicher Integration weniger durchsetzungsfähig sind[30]. Unmittelbar drohende Verluste führen im Vorfeld einer Entscheidungssituation eher zu Aktionismus als abstrakte Vor- oder Nachteile auf lange Sicht[31].

Die unspezifischen und heterogenen Interessen der großen Koalition aus amerikanischen Konsumenten, Exportunternehmen und Dienstleistungsbetrieben (hier vor allem Finanzinstitutionen), die gesteigerten internationalen Wettbewerb, Liberalisierungsfortschritte und eine weitere Öffnung ausländischer Märkte sowie einen verbesserten Schutz geistiger Eigentumsrechte fordert, entwickeln nur wenig Drohpotential und geringe Kampagnenfähigkeit[32]. Das unkonditionierte Freihandelsparadigma war nur selten durchsetzungsstark, ungeachtet teilweise großer Kampagnenanstrengungen und Finanzaufwendungen seiner Anhänger in zahlreichen handelspolitischen Kontroversen[33]: Dem knappen und hartumkämpften Sieg der Freihandelsbefürworter in der NAFTA-Auseinandersetzung[34], bei der Abstimmung über *PNTR* für China oder bei *Bushs TPA*-Erfolg stehen der erfolglose Versuch *Clintons*, vom Kongress ein „*fast-track*"-Mandat zu erhalten, und zahlreiche, von einem Großteil der Unternehmen als nachteilig angesehene unilaterale Handelssanktionen gegenüber. Insgesamt ist die Zurückhaltung und Unfähigkeit der Dachverbände zu konkreter politischer Mobilisierung im *Vorfeld* unilateraler Handelspolitik auffällig[35]. Der Einfluss antiprotektionistischer Interessengruppen ist

---

[30] Vgl. *Krueger* (1995) oder *Cerny* (1997).

[31] Vgl. *Olson* (1993). Deshalb überschätzt *Bailey* (2001), der einen vorauseilenden, mögliche Mobilisierungseffekte internationalistisch orientierter Interessengruppen antizipierenden Liberalisierungsimpuls konstatiert, den Einfluss diffuser Interessen. Mobilisierungskraft entwickeln freihändlerische Positionen oft erst, nachdem „das Kind" gewissermaßen „in den Brunnen gefallen ist", also protektionistische Ansätze bereits formuliert worden sind. Aufgrund der dann zu erwartenden Kosten, die viele Akteure (Unternehmen und Arbeitnehmer) betreffen, können sie dann allerdings oft breite Koalitionen gegen die Fortsetzung unilateraler Maßnahmen schmieden.

[32] So auch *Christe* (1995: 99f). Transnational agierende Konzerne haben sich seinen Beobachtungen zufolge nur sehr selten an Debatten über Handelsgesetze beteiligt.

[33] Im Gegensatz zu ihren Opponenten von Gewerkschaften und Stahl- oder Textilunternehmen, die sich eher auf Graswurzelaktionen oder direkte Wahlkampfunterstützung einzelner Abgeordneter konzentrieren – bei den Kongresswahlen 2004 spendeten Gewerkschaften etwa das 30fache dessen, was von Unternehmensverbänden direkt an Kandidaten geflossen ist –, beschränkt sich die Lobbytätigkeit der Freihandelsbefürworter im wesentlichen auf Finanzzuwendungen an politisches Spitzenpersonal bzw. situationsabhängige Werbekampagnen (vorrangig im Rahmen von *Political Action Committes* (*PAC*)) im Vorfeld anstehender Entscheidungen (NAFTA oder „*fast track*"). In jüngster Zeit ist aber zu erkennen, dass Anleihen bei NGO-Mobilisierungsinstrumenten genommen werden. Eine herausgehobene, wenngleich nicht immer durchsetzungsfähige Rolle spielt bei der Koordinierung handelspolitischer Kampagnen der *Business Round Table*; vgl. auch *Fifka* (2005).

[34] Insbesondere die Auseinandersetzung über die Ratifikation von NAFTA zeigte den Einfluss der Multilateralismusgegner sehr nachdrücklich. Vor allem für Gewerkschaften bildete sie den Ausgangspunkt eines neuen Selbstbewusstseins in handelspolitischen Auseinandersetzungen. Offenkundig bergen diese so großen Sprengstoff wie kaum ein anderes Politikfeld, so dass die Verteidigung von Arbeitnehmerrechten zu einem Kernpunkt der Ablehnung multilateraler Handelsvereinbarungen geworden ist und hohe Mobilisierungswirkung entfaltet; vgl. zum Streit um NAFTA unter anderem *Doran/Marchildon* (1994), *Taylor* (1994) sowie *MacArthur* (2001).

[35] Gerade bei der gescheiterten „*fast-track*"-Initiative *Clintons*; vgl. *Fifka* (2005: 328ff)

gleichwohl stark, wenn es darum geht, angesichts der negativen *Folgen* von Alleingängen oder ausbleibender Liberalisierung politische Konsequenzen zu veranlassen. Sie sind maßgeblich mitverantwortlich für die Rückkopplung der Kosten unilateraler Handelspolitik, wenn Strafmaßnahmen anderer Staaten drohen oder bereits greifen. Dies führt zu politischem Aktionismus, der für eine Befolgung multilateraler Regeln und die Rückkehr zu liberal-freihändlerischer Handelspraxis eintritt[36]. *Compliance* wird vorrangig durch die geräuscharme Unterstützung bzw. den Druck der Freihändler sichergestellt.

5.2 Legislative Enthaltsamkeit und präsidentielle Führung als Bedingungen konsistenter Handelspolitik

Für die Zunahme handelspolitischer Konflikte im amerikanischen Entscheidungssystem ist nach Überzeugung vieler Autoren[37] nicht die Steigerung ökonomischer Verflechtung verantwortlich, sondern die aus unterschiedlichen Gründen gestiegene Responsivität politischer Entscheidungsträger gegenüber protektionistischen Forderungen. Dieser plausiblen Annahme folgend und die im vorigen Kapitel entwickelten Argumente über die Tendenz zur Vermischung innen- und außenpolitischer Themen im Entscheidungssystem (*intermestics*) aufgreifend, ist nunmehr zu zeigen, wie sich der institutionelle Rahmen, in dem amerikanische Handelspolitik formuliert wird, in den letzten 20 Jahren verändert hat. *Pastors* Ansatz der „*interbranch politics*" folgend[38], soll dabei das Verhältnis von Kongress und Präsident als zentrale Determinante handelspolitischer Alleingänge in den Blick genommen werden. Deshalb wird in den folgenden Ausführungen besonders auf die Gewaltenteilung sowie die wachsende Intensität parteipolitischer Auseinandersetzungen eingegangen werden[39]. Im Verhältnis von Kongress und Präsident kommt es auf dem Gebiet der Außenhandelspolitik zu einer Vermischung strategischer (also außenpolitischer) und struktureller (also interessen- bzw. kompetenzgeleiteter) Handlungsimpulse. Zu Zeiten des Ost-West-Konflikts war ein eher geringer, meist auf deklaratorisches Flaggezeigen beschränkter legislativer Einfluss typisch, der die allgemeine außenpolitische Prärogative der Exekutive respektierte[40]. Durch ein handelspolitisches Machtteilungsarrangement, das dem Präsidenten Führung und strategische Schwerpunktsetzung erlaubte und dem Kongress Selbstentpflichtung ermöglichte,

---

[36] Im übrigen scheinen zahlreiche im WTO-System verhängte Strafmaßnahmen, die ja sektorübergreifend erfolgen können, genau diesen auslösenden Mechanismus anzustreben, indem gezielt Vergeltungszölle gegen Branchen mit starken Exportinteressen verhängt werden, damit diese ihrerseits Druck im nationalen Entscheidungssystem ausüben und auf eine Rücknahme der Maßnahmen drängen.

[37] Vgl. stellvertretend *Uslaner* (1994), *Falke* (1995) oder *Gerke/Medick-Krakau* (1999).

[38] Vgl. *Pastor* (1980: 49ff).

[39] Eine weitergehende systemanalytische Erörterung, die beispielsweise auch den Veränderungen der Einflusskanäle einzelner Interessengruppen Beachtung schenken müsste, kann hier nicht geleistet werden. Eine solche umfassende Systemanalyse außenhandelspolitischer Entscheidungen der USA liefert *Rode* (1980), eine weiterentwickelte, kritische Adaption von *Rodes* systemtheoretischem Modell findet sich in *Christe* (1995: 80-201).

[40] Vgl. zum Beispiel *Ripley/Lindsay* (1994b).

gelang es über weite Strecken, Streitigkeiten zwischen den Gewalten einzudämmen und die Freihandelsorientierung der US-Handelspolitik sicherzustellen. Zentrale Merkmale des Arrangements waren die (temporäre) Übertragung legislativer Entscheidungsbefugnisse auf die Administration, verregelter Konfliktaustrag mit Hilfe intermediärer Instanzen, eine aktive Führungsrolle des Präsidenten und die Einbindung in multilaterale Institutionen[41]. Die befristete und konditionierte Machtübertragung an die Exekutive half wirkungsvoll, die legislative Responsivität gegenüber den Schutzforderungen sektorspezifischer Interessengruppen zu dämpfen. Diese durch das Freihandelsparadigma normativ unterfütterte liberalisierungsfreundliche Zusammenarbeit der Gewalten in der Handelspolitik und die damit einhergehende hohe Akzeptanz transnationaler Einbindung ist als „liberaler Handelskonsens" (*liberal trade consensus*)[42] bezeichnet worden. Dessen Grundprinzipien waren weitgehend unumstritten, solange die Vorreiterrolle der USA bei der globalen Handelsliberalisierung nachvollziehbare Wohlstandsvermehrung brachte. Der niedrige Anteil des Außenhandels am BIP und selektive Schutzmaßnahmen für importgeschädigte Industriezweige hielten Protektionisten wirkungsvoll im Zaum. Offen liberalisierungskritische Stimmungen waren selten und gewannen erst in den 1980er Jahren unter den Vorzeichen galoppierender Handelsbilanzdefizite wieder an Einfluss. Eine mythische Verklärung der vermeintlich „guten alten Zeit" im Entscheidungssystem ist jedoch unangebracht: Spannungsfrei und uneingeschränkt freihändlerisch war die US-Handelspolitik nie.

Nach dem Ende des Ost-West-Konflikts haben die verstärkte Tätigkeit von wirtschaftsnationalistischen Forderungsstellern einerseits und die nachlassende Kohäsion des Machtteilungsarrangements zwischen Präsident und Kongress andererseits die Machtteilungsmechanismen in der US-Handelspolitik erheblich verkompliziert. Der Kongress beansprucht seit Mitte der 1980er Jahre wieder eine stärkere Rolle in der Außen- sowie in der Außenwirtschaftspolitik. Letztere ist inzwischen außerdem wie kaum ein zweites außenpolitisch relevantes Politikfeld zum Austragungsort fundamentaler parteipolitischer Kontroversen und zum Nebenkriegsschauplatz ideologischer und wahltaktischer Scharmützel geworden. Auffällig

---

[41] Vgl. *Pastor* (1980), *Christe* (1995), *Gerke/Medick-Krakau* (1999) und *Destler* (2005).

[42] Vgl. *Medick-Krakau* (1995), *Falke* (1995), *Gerke/Medick-Krakau* (1999) und *Pearson* (2004). Diese Bezeichnung fördert Missverständnisse, weil sie nahe legt, die US-Handelspolitik wäre in der Nachkriegszeit nahezu spannungsfrei und konfliktarm verlaufen und protektionistische Reflexe der Legislative seien vernachlässigbar gewesen. Abgesehen davon, dass mit der ITO bereits ein Kernelement des ursprünglich für die Nachkriegszeit entworfenen Welthandelsregimes am Widerstand des US-Kongresses scheiterte, ist klar, dass Protektionisten und Gegner multilateraler Integration immer einflussreich waren und sich verbünden konnten; vor allem, wenn es um die präsidentielle Verhandlungsvollmacht oder die Ratifizierung multilateraler Verträge ging. Konsens bedeutet Einmütigkeit. Von dieser war in der US-Außenwirtschaftspolitik zu keinem Zeitpunkt auszugehen. Die Bildung liberalisierungsunterstützender Koalitionen war keine Selbstverständlichkeit, sondern erforderte immer (erhebliche) kompensierende Zugeständnisse der Politik an die Freihandelsverlierer; vgl. auch *Bailey/Goldstein/Weingast* (1997) und *Destler* (2005).

ist dabei der Schrumpfungsprozess, dem die moderate Mitte unterliegt[43]. Handelspolitische Kontroversen vollziehen sich vor dem Hintergrund einer mehrheitlich geteilten liberal-freihändlerischen Grundhaltung und einer überwiegenden Zustimmung zu multilateraler Selbstbindung in der WTO[44]. Gleichwohl sind Angriffe auf die Welthandelsorganisation immer wieder als politische Profilierungsmöglichkeit benutzt worden, entweder unter souveränistischen Vorzeichen (von Republikanern) oder wegen einer vermeintlichen Schädigung von Arbeitnehmerinteressen (überwiegend von Demokraten)[45].

Inwiefern aber ist der nach 1990 abgeschwächte liberale Handelskonsens für den Zuwachs unilateraler Politikansätze verantwortlich zu machen und welche institutionellen Anreize für eingebetteten Unilateralismus im handelspolitischen Entscheidungssystem sind zu identifizieren? Protektionismus ist, obwohl entsprechende Forderungen inzwischen lauter als früher artikuliert werden, auch heute kein strategischer Schwerpunkt der US-Handelspolitik. Abschottungsmaßnahmen haben sich nur in Ausnahmesituationen als mehrheitsfähig erwiesen. Gleichwohl erschweren parteipolitische Polarisierung und die thematische Überlagerung von Handelsfragen die Mehrheitsbildung für eine auf Liberalisierung setzende Handelspolitik. Der an offenen Märkten orientierte Konsens im Entscheidungssystem scheint jedoch trotz aller Konflikte im Detail zumindest noch hinreichend belastbar, um eine (unkontrollierte) Eskalation multilateraler Konflikte wirksam eindämmen zu können. Dies ist aus meiner Sicht in erster Linie darauf zurückzuführen, dass im Welthandel von einem Zustand komplexer institutionalisierter Interdependenz auszugehen ist und die Kosten von Alleingängen mittelbar wieder auf den Verursacher zurückfallen[46]. Selbstbezüglicher Protektionismus und unilaterale Sanktionsentscheidungen führen in den meisten Fällen mittelbar zu Wohlstandsverlusten[47], die durch die Mobilisierung internationalistisch orientierter Einflusskoalitionen politischen Druck erzeugen können. Unabhängig von der intellektuellen oder politischen Konjunktur im amerikanischen Entscheidungssystem und ungeachtet der nachlassenden Unterstützung für eine klar multilateral orientierte Handelspolitik ist das Freihan-

---

[43] Vgl. dazu vor allem *Binder* (2003), die das Verschwinden der moderierenden Zentristen im Entscheidungssystem als wichtigsten Katalysator für die zunehmende Konfliktintensität sowohl in der Legislative als auch im Verhältnis zum Präsidenten ausmacht.

[44] Vgl. etwa *Gibson* (2000) oder *Holsti* (2004: 188f).

[45] Die Ablehnung der WTO ist bei Republikanern wie Demokraten zu sehen. *Scherpenberg* (2003: 3) weist darauf hin, dass fast alle demokratischen Präsidentschaftsbewerber in den letzten Jahren offene oder verdeckte Kritik an der WTO zur Mobilisierung von Unterstützung benutzt haben.

[46] Dieser Zusammenhang ist bereits ausführlich gewürdigt worden. Kontruktivistisch inspirierte Annäherungen, die, wie *Kirste* (1998), die Freihandelsorientierung und die Unterstützung multilateraler Institutionen eher auf das Rollenverständnis als „Zivilmacht“ zurückzuführen versuchen, haben dagegen aus meiner Sicht nur geringes Erklärungspotential, weil die normative Verpflichtungskraft des Rollenbildes überbewertet wird. Die Besonderheit des US-Unilateralismus liegt ja gerade darin, dass gleichzeitig multilaterale Verpflichtungen akzeptiert und nationale Gestaltungsinteressen betont werden. Eigenmächtigkeiten und *compliance* mit institutionellen Regeln schließen sich also gerade nicht aus.

[47] Vgl. zu den Kosten von Antidumpingmaßnahmen, die im Durchschnitt pro „gerettetem“ Arbeitsplatz bei etwa 170.000 US-$ lagen, unter anderem *Hufbauer/Elliott* (1994).

delsparadigma im Rahmen der WTO multilateral-institutionell abgesichert und verschafft seinen Anhängern effektive Durchsetzungsmöglichkeiten[48], wenn auch oft erst *nach* der Implementierung unilateraler Politik. Der Freihandelskonsens reicht aus, um die negativen Folgen von Unilateralismus abzumildern und *compliance* mit WTO-Entscheidungen sicher zu stellen, erweist sich aber zunehmend als unfähig, um den Befürwortern von Unilateralismus im Vorfeld handelspolitischer Entscheidungen den Wind aus den Segeln zu nehmen.

5.2.1 Legislative Einflusschancen und parteipolitische Interessen

Die Mitwirkungsrechte des Kongresses bei Außenwirtschaftsangelegenheiten und Handelsgesetzen sind erheblich[49]. Gemäß der Verfassung fallen Außenhandelsregulierung und Zölle in die alleinige Zuständigkeit der Legislative[50]. Das legislative Desinteresse an handelspolitischen Fragen ist einer stärkeren Politisierung von Handelsfragen gewichen. Allerdings drückte sich das Desinteresse nicht in Untätigkeit aus, sondern in einem Zyklus von temporärer Selbstentpflichtung – in dieser Zeit wurde die Verantwortung für die Handelspolitik der Administration übertragen – und selektivem Aktionismus bei der Erteilung des exekutiven Verhandlungsmandats sowie der Ratifizierung multilateral vereinbarter Abkommen. Ängste vor einem Rückgang der Wettbewerbsfähigkeit, die gravierenden Handelsbilanzdefizite und verstärkter Lobbydruck haben den Mitwirkungswillen des Kapitols in den 1980er Jahren wieder erheblich ansteigen lassen[51]. Die Kompetenzübertragung an die Exekutive, stärkster Ausdruck der attentistisch-reaktiven Haltung des Kongresses in der Handelspolitik, wurde infrage gestellt. Die Legislative klagt ihre politische Ebenbürtigkeit gegenüber dem Präsidenten immer offensiver ein. Das hat zur Erosion des alten Machtteilungsarrangements beigetragen, es aber nicht völlig zum Verschwinden gebracht.

Die Zyklusphase, in der Verantwortung vom Kongress an die Administration delegiert wird, hat sich dramatisch verkürzt. Mit dem *Omnibus Trade and Competitiveness Act* von 1988 wurde zum ersten Mal seit den 1930er Jahren wieder ein Handelsgesetz komplett von der Legislative ausgearbeitet[52]. Die Exekutive befindet sich seitdem handelspolitisch oft in der Defensive, indem sie eher um eine zurückhal-

---

[48] Liberalisierungsbefürworter werden zu Normunternehmern, die die Internalisierung multilateraler Paradigmen und rechtlicher Anpassungszwänge mit der Durchsetzung ihrer materiellen Interessen verbinden können.

[49] Vgl. zur Kompetenzverteilung in der US-Handelspolitik unter anderem *Nivola* (1990), *Christe* (1995: 101ff) oder *Medick-Krakau* (1995), für einen internationalen Systemvergleich *Ehrenzeller* (1993) und für die evolutionären Veränderungen des handelspolitischen Entscheidungssystems und die Nachzeichnung seiner historischen Entwicklungslinien *Pastor* (1980), *Bailey/Goldstein/Weingast* (1997), *Falke* (1995), *Pearson* (2004) bzw. *Destler* (2005).

[50] Legislativer Attentismus und Desinteresse, die im vorigen Kapitel als Hauptimpulse für US-Unilateralismus angeführt wurden, sind deshalb für eine unilateralistische Positionierung der Abgeordneten in Handelsfragen eher ausgeschlossen. Hier hat offenkundig eher Aktionismus als Desinteresse eine Rolle gespielt.

[51] Vgl. *Uslaner* (1994), *Falke* (1995), *Gerke-Unger* (2004) oder *Destler* (2005).

[52] Vgl. ausführlich *Falke* (1995) und *Destler* (2005: 91ff).

tende Entschärfung von Maßnahmen bemüht ist als um aktives Gegensteuern. Ein inkrementaler Machtverlust und die Infragestellung der präsidentiellen Führungsposition waren die Folge: Nach achtjähriger Pause wurde vom Kongress erst 2002 wieder ein „*fast-track*"-Mandat erteilt. Dieses präsidentielle Schnellspurmandat bildet aber eine wichtige Grundlage der Arbeitsteilung zwischen den Gewalten. Es erlaubt der Exekutive Handlungsfreiheit bei internationalen Verhandlungen und dem Kongress Zurückhaltung, weil er das Verhandlungspaket nur noch geschlossen ablehnen oder annehmen, jedoch nicht mehr im Detail diskutieren kann. Ohne „*fast-track*" fehlte ein entscheidender Blitzableiter, mit dem Konflikte hätten kanalisiert werden können. Entsprechend überhitzt war die Handelspolitik in der zweiten Hälfte der 1990er Jahre, und entsprechend konzeptionslos gestaltete sich die Handelspolitik der *Clinton*-Administration[53]. Die parteipolitische Polarisierung hat in dieser Zeit Handelsfragen stark geprägt[54]. Zahlreiche Entscheidungen in der Außenwirtschaftspolitik sind mit durchsichtigen wahltaktischen Manövern, zum Teil aber auch mit fundamentalen ideologischen Differenzen zu erklären. Konflikte zwischen den Gewalten und Parteien werden nicht mehr nur auf Nebenkriegsschauplätzen ausgetragen, sondern determinieren immer stärker die beständig weiter auseinander driftende Positionierung der handelspolitischen Lager. Dadurch sinkt die Fähigkeit zu überparteilicher Zusammenarbeit, Konflikte gewinnen an Heftigkeit. Im Repräsentantenhaus sind diese Entwicklungen durchweg stärker spürbar als im Senat. Das traditionelle, in der Nachkriegszeit allerdings fast vollständig zurückgedrängte Konfliktmuster der US-Außenwirtschaftspolitik zwischen schutzreklamierenden Skeptikern und Profiteuren der weltwirtschaftlichen Integration hat inzwischen entgegengesetzte parteipolitische Vorzeichen: Die demokratische Partei, in der sich ursprünglich mehrheitlich Befürworter von Handelsliberalisierung befanden, wird inzwischen von neoprotektionistischen Strömungen dominiert. Dagegen ist die Zustimmung zu transnationalen Abkommen im Lager der ursprünglich stark nationalistisch gesinnten Republikaner in der zweiten Hälfte des 20. Jahrhunderts dramatisch angestiegen[55]. Entsprang der Protektionismus bis zum 2. Weltkrieg eher isolationistischen Impulsen, so zeigt er sich heute überwiegend in einem sozialpolitischen oder neomerkantilistischen Gewand[56].

Eine *überparteiliche* Koalition der Handelsliberalisierer im Entscheidungssystem existiert nicht mehr. Freihandelsinitiativen vermögen zwar noch Mehrheiten zu

---

[53] Die Auseinandersetzungen um „*fast-track*" bzw. um Wirtschaftssanktionen waren die deutlichsten Beispiele für außenpolitisch wirksame Gewaltenkonflikte, die aus parteipolitischen Gegensätzen entstanden.

[54] Vgl. *Uslaner* (1994) sowie *Wijkman* (2003: 259ff).

[55] Vgl. *Bailey/Goldstein/Weingast* (1997), *Gibson* (2000) und *Wijkman* (2003).

[56] Der Bedarf an Schutzmaßnahmen und Abschottung wird also anders begründet – allerdings haben sich auch die Vorzeichen internationaler Handelsintegration geändert. Hier hilft ein Verweis auf die in Abschnitt 4.1.2 vorgestellten außenpolitischen Paradigmen. Während die Republikaner ursprünglich mehrheitlich protektionistisch orientierte „Nationalists" bzw. „Jacksonians" waren, die eine Marktöffnung aus grundsätzlichen ideologischen Erwägungen heraus und wegen der materiellen Schädigung heimischer Industrien ablehnten, argumentieren die Demokraten heute mehrheitlich wie „Hamiltonians", betonen also die strategischen Folgen von ungleichem Wettbewerb und die negativen Folgen von Arbeitsplatzverlagerung; vgl. *Nau* (2002) und *Mead* (2001).

mobilisieren, allerdings nicht mehr durchgängig und schon gar nicht in beiden Parteien. Für diese Entwicklung lassen sich zwei Ursachen anführen: Zum einen hat die partei- und tagespolitische Überhitzung von Handelsfragen erheblich zugenommen[57], zum anderen werden die Erfolgsversprechen handelspolitischer Großprojekte angesichts steigenden ökonomischen Wettbewerbsdrucks immer stärker infrage gestellt und müssen mit hohen Protektionismuskonzessionen erkauft werden. Der abnehmende legislative Konsens für Handelsliberalisierung geht nicht zuletzt auf einen politischen Generationswechsel zurück; jüngere Kongressabgeordnete erweisen sich nationalistischen und liberalisierungskritischen Stimmungen gegenüber als wesentlich stärker aufgeschlossen als „alteingesessene" Abgeordnete. Dieser Trend betrifft Demokraten und Republikaner gleichermaßen[58]. Die legislative Liberalisierungsmehrheit ist nicht mehr überparteilich, sondern, wie die Abstimmungsergebnisse weiter unten zeigen, zu zwei Dritteln republikanisch. Von demokratischen Kongressabgeordneten – in der Regel mit engeren Gewerkschaftskontakten und auf Spenden des Arbeitnehmerlagers angewiesen – wird internationale Handelsintegration inzwischen fast durchweg abgelehnt und eine stärkere Berücksichtigung von Sozialstandards gefordert. Die gestiegene Lobbyarbeit von wirtschaftsnationalistischen Forderungsstellern aus dem Gewerkschaftslager hat die Zustimmungsrate für Handelsliberalisierung unter Abgeordneten der Demokraten drastisch gesenkt[59]. Insbesondere der ursprünglich liberalisierungsfreundliche Dachverband der Industriegewerkschaften *AFL-CIO* argumentiert seit den 1980er Jahren dezidiert antiliberal. Dagegen hat sich der Großteil der Republikaner, tendenziell eher dem Unternehmerlager zugeneigt, wiederholt explizit gegen eine Fixierung von Arbeitnehmer- und Umweltangelegenheiten in Handelsvereinbarungen ausgesprochen und mehrheitlich eine „schlanke" Liberalisierung befürwortet. Aber auch unter republikanischen Kongressmitgliedern ist die Zustimmung für multilaterale Handelspolitik schrittweise, jedoch nicht dramatisch gesunken.

Parteipolitische Friktionen erschweren immer stärker die Mehrheitsbeschaffung für Liberalisierungsschritte[60]. Die parteipolitischen Konfliktlinien sind auch deshalb stärker hervorgetreten, weil der die legislative Selbstentpflichtung unterstützende institutionelle Konsens zur Arbeitsteilung zwischen Präsident und Kongress brüchig geworden ist. Dazu haben strukturelle und funktionale Gründe beigetragen, die einander verstärken. Einerseits ist eine schleichende Entmachtung der

---

[57] Zur Wirkung der parteipolitischen Fraktionierung in der Handelspolitik *Gibson* (2000), die allerdings vor Verallgemeinerungen warnt. Mehrheitsfähig sei das Liberalisierungslager auch weiterhin; die „Schützengräben" seien nicht unüberwindlich ideologisch betoniert, sondern ergäben sich themenspezifisch: „Voting alignments tend to be issue-specific (...), and a partisan vote can easily be followed by a bipartisan vote." (Zit. ebd.: 150). Allerdings ist zum Beispiel äußerst bemerkenswert, dass sich die parteipolitische Entzweiung sogar in der Bewertung der galoppierenden US-Handelsbilanzdefizite niederschlägt. Während Republikaner sie als Ausdruck der Standortattraktivität und Leistungsfähigkeit interpretieren, betonen Demokraten oft die damit vermeintlich verbundenen Arbeitsplatzverluste.

[58] Vgl. *Pfeil* (2000: 178ff).

[59] Vgl. unter anderem *Destler/Balint* (1999: 15ff), *Shoch* (2001: 161ff), *Noland* (1999a) oder *Destler* (2005: 279ff).

[60] Vgl. *Shoch* (2001) und *Binder* (2003).

Ausschüsse festzustellen: Handelspolitik ist spätestens seit der NAFTA-Debatte aufgrund der öffentlichen Anteilnahme zu „heiß", um weiter konsensorientiert, allein auf Ausschussebenen hinter quasi verschlossen Türen behandelt werden zu können. Sie ist, der diskretionären Befassung durch eher liberalisierungswillige Gremien (*Senate Finance*, *House Ways and Means*)[61] entzogen, zum Gegenstand öffentlicher Debatten geworden. Zum anderen betrachten sich Legislative und Administration wieder verstärkt als strategische Machtkonkurrenten. Vor diesem Hintergrund können Abgeordnete deutlicher als früher die Außenwirtschaftspolitik, speziell symbolisch aufgeladene Fragen wie „*fast-track*", zur Eigenprofilierung vor Interessengruppen und Wählern benutzen[62]. Außerdem steigt die Wahrscheinlichkeit, durch merkantilistisch argumentierende Interessengruppen (oder die Wähler eines stark industriell geprägten Wahlkreises) handelspolitisch in die Pflicht genommen zu werden[63].

Dabei dürfte allerdings der direkte Einfluss der Lobbyarbeit auf außenwirtschaftspolitische Entscheidungen im allgemeinen überschätzt werden. Gerade die Vielzahl der in Washington tätigen Lobbygruppen (inzwischen ca. 35000) sichert einzelnen Kongressmitgliedern paradoxerweise sogar eine gewisse Unabhängigkeit und Entscheidungsfreiheit, sofern sie widerstreitende externe Einflussversuche gegeneinander auszuspielen bereit sind[64]. Das Rollenverständnis der Abgeordneten, wahltaktische Kalküle und die handlungsleitenden politischen Paradigmen sind für die Positionierung in Handelsfragen oft wichtiger als die Rücksichtnahme auf Interessengruppen, die sich durch antagonierende Einflussnahme gegenseitig neutralisieren[65]. Deshalb ist von Kongressmitgliedern in Machtproben mit der Exekutive, wo man Liberalisierungsbemühungen gegenüber zumeist aufgeschlossen ist, eher deklaratorisches Flaggezeigen als aggressive Durchsetzung von Lobbyinteressen zu erwarten – aber auch das geht deutlich über das hinaus, was im Rahmen des alten Machtteilungsarrangements akzeptabel erschien. Die Hartnäckigkeit, mit der Bedenken im Hinblick auf eine Verletzung amerikanischer Souveränität oder anti-

---

[61] Die Vorsitzenden dieser Ausschüsse waren im alten Machtteilungsarrangement zwischen den Gewalten politische Schwergewichte, weil sie Konsens in Handelsfragen institutionell vorformulieren und im Plenum durchsetzen konnten. Diese Stellung als zentrale *powerbroker* haben sie im Zuge des nach dem Ende des Ost-West-Konflikts und durch die „konservative Revolution" beschleunigten Generationswechsels im Kongress eingebüßt; vgl. dazu *Destler/Balint* (1999: 53ff), *Gibson* (2000: 136ff), *Gerke-Unger* (2004: 226f) und *Destler* (2005: 220ff).

[62] Indem beispielsweise produktspezifische Schutzmaßnahmen in der Handelspolitik initiiert oder Strafen für Handelspartner (*Gephardt-Amendment*) gefordert werden, bei denen ein Veto des Präsidenten wahrscheinlich und absehbar ist. Auf diese Weise kann politisch folgenloser Aktionismus demonstriert werden.

[63] Vgl. *Deardorff/Stern* (1998) und *Shoch* (2001).

[64] Große Skepsis gegenüber der Durchsetzungsfähigkeit von vereinzelten Interessengruppen, die sich gegenseitig neutralisieren, findet sich bereits bei *Bauer/Pool/Dexter* (1972) sowie *Pastor* (1980). Diese Annahme wird durch die Analyse konkreter handelspolitischer Positionierung und Einflussnahme von Unternehmen sowie Unternehmensverbänden fast durchweg bestätigt; vgl. *Christe* (1995) und *Fifka* (2005).

[65] Vgl. *Christe* (1995: 141ff); anderer Meinung sind *Noland* (1999a) und *Baldwin/Magee* (2000a), die den direkten Einfluss von Wahlkampfunterstützung einzelner Lobbys, vor allem aus dem Gewerkschaftslager zeigen.

multilaterale Ressentiments vorgebracht werden, hat ohne Zweifel zugenommen. Die moderate Mitte ist marginalisiert und wird durch ideologisch-protektionistische Profilneurotiker herausgefordert[66].

Die Wirkung der beiden Faktoren Parteizugehörigkeit und regionale Herkunft ist massiv gewachsen. Steigende Rücksichtnahme auf die Wählerschaft im Wahlkreis[67] und die Furcht, zum Gegenstand von negativen ad-hoc-Kampagnen mobilisierungsstarker Interessengruppen zu werden[68], mindern die Wirksamkeit der attentistisch konturierten Selbstentpflichtung der Legislative. Regionale Wirtschaftsinteressen und zielgerichtete Wahlkampfunterstützung sorgen für ein eher stromlinienförmiges, weniger wechselhaftes Abstimmungsverhalten der Abgeordneten und Senatoren, das bestehende Gräben zwischen den Parteien vertieft und verfestigt. Diese Entwicklung hat das protektionistische Lager gestärkt, allerdings haben auch Freihandelsbefürworter von dieser Polarisierung profitieren können[69]. Parlamentarische Einflussbemühungen in der Handelspolitik, die ihrerseits als Reaktion auf verstärkte Lobbytätigkeit und Wahlkampfauseinandersetzungen zu interpretieren sind, konnten sich sporadisch zu massiven Machtkonflikten zwischen Präsident und Kongress auswachsen.

5.2.1.1 Entwicklungen im Senat

Der Senat muss allen im Rahmen transnationaler Abkommen eingegangenen Verpflichtungen mit Zweidrittelmehrheit (*supermajority*)[70] zustimmen – darin liegt seine wichtigste Möglichkeit zur Einflussnahme auf die Außenwirtschaftspolitik. Eine Nichtratifizierung bedeutet die Nichtteilnahme der USA an multilateralen Wirtschaftsinstitutionen. In der Nachkriegszeit hatte sich der Senat im handelspoliti-

---

[66] Vgl. *Binder* (2003).

[67] Dazu insbesondere *Fordham/McKeown* (2003).

[68] Besonders in umkämpften Wahlkreisen, in denen sowohl Republikaner als auch Demokraten Gewinnchancen haben, fällt die handelspolitische Positionierung uneindeutig und tendenziell antiliberal aus. Republikanische Abgeordnete des Repräsentantenhauses, die einem starken demokratischen Herausforderer begegneten, haben sich beispielsweise bei NAFTA oder in der „*fast-track*"-Debatte 1997 wesentlich stärker zurückgehalten als ihre Kollegen mit „sicheren" Wahlkreisen; vgl. *Baldwin/Magee* (2000a) und *Pfeil* (2000: 217). Protektionismus erschien in dieser Situation unverfänglicher als ein liberalisierungsfreundlicher Kurs. Kompetitive Wahlkreise bilden zwar eher die Ausnahme, denn fast 90% der Sitze im Repräsentantenhaus dürfen aufgrund der (wiederholt kritisierten) Wahlkreisgestaltung als „sichere Bank" gelten (vgl. *Fiorina/Abrams/Pope* (2005: 165)). Allerdings kommt angesichts der engen Abstimmungsergebnisse in der Handelspolitik *jedem* einzelnen unentschiedenen und damit tendenziell beeinflussbaren Abgeordneten eine Schlüsselstellung zu, was den parteipolitischen Druck erhöht.

[69] Vgl. insbesondere *Bailey* (2001), der das Abstimmungsverhalten der Freihandelsbefürworter auf den Einfluss eines höheren Anteils von gutausgebildeten Arbeitnehmern in Wahldistrikten zurückführt. Eine solche Wählerstruktur habe ein höheres Interesse an Handelsverflechtung.

[70] Eine Ausnahme bilden die sogenannten *congressional-executive agreements*, die nur einer einfachen Mehrheit bedürfen. Um die hohe Hürde der Senatszustimmung zu umgehen, sind zum Beispiel die Ergebnisse von NAFTA und der Uruguay-Runde nicht als internationale Verträge ratifiziert, sondern als Abkommen zwischen Regierung und Kongress verabschiedet worden – mit Widerrufsmöglichkeiten für die Legislative; vgl. *Grimmett* (2001).

schen Entscheidungssystem stets als verlässlicher Liberalisierungspol erwiesen. Dies wurde mit einem stärker strategischen Politikverständnis und einem höheren außenpolitischen Verantwortungsbewusstsein der Senatoren erklärt[71]. Es wird angenommen, dass Senatoren tendenziell eher die langfristigen Vorteile multilateraler Kooperation im Blick haben können, also staatstragender bzw. im Hinblick auf negative Folgen von Handelskonflikten vorausschauender agieren können, und sich nur äußerst selten für parteipolitische Scharmützel instrumentalisieren lassen; die Exekutive werde in ihren Liberalisierungsbemühungen vom Senat eher unterstützt und vor negativen Impulse aus dem Repräsentantenhaus abgeschirmt[72]. Damit wurden im Senat traditionell nur wenig Irritationen für die amerikanische Handelspolitik erwartet.

Die parteipolitische Entzweiung schreitet aber auch dort unverkennbar voran[73]. Von der früher vorherrschenden Einmütigkeit im Hinblick auf die positive Rolle von Handelsbeziehungen, von stabiler Abstimmungskontrolle oder uneingeschränkt positiver Liberalisierungslenkung durch den für Außenwirtschaftsfragen zuständigen Senatsausschuss *Senate Finance* kann keine Rede mehr sein, ebenso wenig von stabilen überparteilichen Mehrheiten für Liberalisierung im Senat insgesamt. Das zunehmend zerstrittene *Senate Finance* ist seiner weichenstellenden Funktion enthoben; die einst unangefochtene Machtstellung seiner Vorsitzenden in der Außenwirtschaftspolitik ist verschwunden. In zahlreichen Auseinandersetzungen war die parallele Einflussnahme anderer Komitees und Ausschüsse (vor allem des Komitees für auswärtige Beziehungen[74]) sowie der Parteiführungen festzustellen. Die Abstimmungsergebnisse in Tabelle 3 dokumentieren die gewachsene Grabenmentalität und die schrumpfende Mehrheit des Liberalisierungslagers. Die Mehrzahl der demokratischen Senatoren verweigerte seit NAFTA weiteren Freihandelsabkommen und der *TPA* für Präsident *Bush* die Zustimmung. Die höchste Ablehnungsrate verzeichneten die Republikaner, die in allen angeführten Entscheidungen mehrheitlich den Liberalisierungskurs unterstützten, bei der Ratifizierung der Uruguay-Ergebnisse. Die Errichtung der WTO hatte massive souveränistische Reflexe unter konservativen Senatsmitgliedern ausgelöst.

Nationalistische Instinkte, die Arbeitsplatzverluste und den Schutz heimischer Wirtschaftsinteressen vor ausländischer Konkurrenz thematisierten, konterkarierten die ursprüngliche Dominanz freihändlerischer Werte. Mehrheiten fanden sich, wie die Sensibilität für Antidumpingmaßnahmen (*Byrd-Amendment*[75], *Dayton-*

---

[71] Vgl. etwa *Lindsay* (1994) oder *Sloan/Locke/Yost* (2000).

[72] Vgl. *Bond/Fleisher* (2000) und *Hersman* (2000)

[73] Ab 1999 war auch im Senat eine *vollständige* Polarisierung der Handelspolitik unter parteipolitischen Vorzeichen zu verzeichnen, die nur wenig Überschneidungen und Gemeinsamkeiten zuließ; vgl. *Destler* (2005: 282).

[74] Für den Vorsitzenden im *Foreign Relations Committee* ergibt sich eine herausgehobene Stellung besonders wegen seines Rechts, dem Senat internationale Verträge zur Ratifizierung vorzulegen.

[75] Kernpunkt des unter dem Namen seines Initiators, des demokratischen Senators *Byrd*, bekannt gewordenen *Continued Dumping and Subsidy Offset Act* war die direkte Zuweisung von Einnahmen aus Antidumpingstrafzöllen an die importgeschädigten US-Unternehmen. Dies war neben einer Diskriminierung ausländischer Exporteure auch eine unverhüllte Subventionierung der heimischen Industrie. Die Klagefreude von Unternehmen gegen ausländische Konkurrenten wurde

Craig-Amendment) zeigen, auch für eindeutig protektionistische Gesetzentwürfe. Zudem erschwert die stark asymmetrische globale Verflechtung der einzelnen Bundesstaaten die Zustimmung für Liberalisierung. Fast 30 Bundesstaaten im amerikanischen Kernland haben keine nennenswerten Exportinteressen, die wirtschaftlichen Interessen der bevölkerungsstarken Bundesstaaten an Ost- und Westküste sind damit tendenziell unterrepräsentiert. Zwei Drittel der Senatoren sind *nicht* unmittelbar an handelspolitischen Erfolgen interessiert oder in Außenwirtschaftsfragen vorpositioniert – indifferente Senatoren sind gegenüber *bargaining*-Offerten der Protektionisten wie der Liberalisierungsbefürworter aufgeschlossen.

Tabelle 3: Ergebnisse außenwirtschaftspolitischer Abstimmungen im Senat

	Demokratische Partei		**Republikanische Partei**		**Zustimmung (gesamt)**	**Ablehnung (gesamt)**
	Ja	**Nein**	**Ja**	**Nein**		
Ratifizierung NAFTA (1993)	27	28	34	10	**61**	**38**
Ratifizierung der Uruguay-Runde (1994)	41	13	35	11	**76**	**24**
„*fast-track*" (1997)	26	19	42	12	**68**	**31**
***PNTR* für China (2000)**	37	7	46	8	**83**	**15**
***TPA* (2002)**	20	29	43	5	**64**	**34**
Ratifizierung CAFTA (2005)	13	32	43	12	**56**	**44**

Quelle: http://thomas.loc.gov; auf eine detaillierte Titelangabe der einzelnen Resolutionsentwürfe wurde verzichtet

5.2.1.2 Entwicklungen im Repräsentantenhaus

Das Repräsentantenhaus bildet einen größeren Hemmschuh für Liberalisierungsbemühungen als der Senat. Wahlkreisgeografie, Parteizugehörigkeit, die Unterstützungsbasis im Wahlkampf (sowie dessen Häufigkeit) und die institutionelle Sozialisation (Alter, Dauer der Kongresszugehörigkeit) prägen die handelspolitische Positionierung der Abgeordneten entscheidend. Demokraten, die ihre Wählerbasis überwiegend in bevölkerungsreichen und industriell geprägten Bundesstaaten an der Ost- und Westküste haben und stark auf Wahlkampfhilfe des Arbeitnehmerlagers abstellen, sind inzwischen mit deutlicher Mehrheit Gegner einer liberalisierungsfreundlichen Außenwirtschaftspolitik. Befürworter eines unkonditionierten Freihandels sind vor allem im demokratischen Lager marginalisiert. Die Mehrzahl republikanischer Abgeordneter ist dagegen im amerikanischen Kernland beheimatet,

---

entsprechend angeheizt. Allerdings beschränkte sich der Großteil der bewilligten Zahlungen auf lediglich drei Industriezweige, unter anderem Stahl, was massive Kritik weckte. Durch eine WTO-Entscheidung sanktioniert, musste das Gesetz 2005 zurückgenommen werden, bleibt aber bis Oktober 2007 in Kraft.

stützt sich stärker auf Unternehmensspenden und verfolgt einen Marktöffnungskurs, der in erster Linie gesteigerte Exportchancen (im Agrarsektor sowie bei Finanzdienstleistungen) im Blick hat. Die Zustimmung für bilaterale und multilaterale Verhandlungserfolge fiel dementsprechend durchgängig hoch aus, ebenso wie die Unterstützung für „*fast-track*". Dagegen regte sich unter konservativen Abgeordneten zum Beispiel starker Widerstand in der Frage der Handelsnormalisierung mit China (*PNTR*)[76].

Noch wichtiger als die unter demokratischen Mitgliedern des Repräsentantenhauses zurückgehende Liberalisierungsunterstützung und die daraus erwachsende, in ihren Folgen kaum zu überschätzende parteipolitische Polarisierung[77] war eine andere, nach dem Ende des Ost-West-Konflikts sich klarer abzeichnende Entwicklung: Der Stellenwert der Handelspolitik ist insgesamt deutlich gesunken, während gleichzeitig das Skandalisierungpotential gestiegen ist. Die außenwirtschaftspolitischen Nachfragekoalitionen haben sich verändert – Umweltgruppen und NGOs bilden eine ernstzunehmende, die Mehrheitsfähigkeit des Liberalisierungslagers belastende Zusatzherausforderung[78]. Der intensivierte Kampagnendruck dieser neuen Akteure sowie das nachlassende Interesse jüngerer Abgeordneter[79] an Liberalisierung bilden ein gefährliches Gemisch. Zudem erweist sich der institutionelle Rahmen, der lange Zeit eine wirksame Kontrolle protektionistisch gesinnter Abgeordneter durch die Liberalisierungsbefürworter erlaubte, als erschüttert. Eine zentrale Stellung des für Steuern und Außenwirtschaftsfragen zuständigen *House Ways and Means*, in dem Liberalisierer zwar noch immer den Ton angeben, Konflikte aber immer stärker entlang parteipolitischer Gräben verlaufen[80], ist im Zuge von Dezentralisierungsentwicklungen auf der Ausschussebene nicht mehr gegeben[81]; als wichtigster Herausforderer hat sich mit paralleler oder konkurrierender Einflussnahme das *Committee on Energy and Commerce* etabliert[82].

Darüber hinaus werden transnationale Handelsverflechtungen und –abkommen in beiden Parteien nicht mehr ohne weiteres als außenpolitische Hegemonieinstrumente akzeptiert, sondern zunehmend unter Utilitätsaspekten bewertet. Das im Repräsentantenhaus vermutlich ohnehin nie besonders ausgeprägte Interesse an

---

[76] Dazu ausführlich *Kolkmann* (2005). Auch in diesem Fall waren protektionistische Ressentiments (zuvorderst der Demokraten) und Sicherheitsbedenken (überwiegend auf republikanischer Seite) in der Legislative wesentlich stärker ausgeprägt als in der Exekutive.

[77] Vgl. dazu unter anderem *Destler* (2005: 282ff).

[78] Vgl. *Destler/Balint* (1999), *Noland* (1999a) sowie *Macdonald/Schwartz* (2002).

[79] Vgl. *Pfeil* (2000: 184); ob sich daraus ein anhaltender Großtrend entwickeln wird, der jüngere Abgeordnete für Liberalisierungsinitiativen unempfänglich macht, bleibt freilich abzuwarten. Allerdings liefert auch *Kolkmann* (2005: 149) starke Indizien für die Auswirkungen des Generationswechsel. Jüngere Abgeordnete fühlen sich – unabhängig von der Parteizugehörigkeit – weniger an den liberalen Handelskonsens gebunden als ihre älteren Kollegen.

[80] Dies zeigen nicht zuletzt die Meinungsverschiedenheiten bei der Erneuerung des präsidentiellen Schnellspurmandats – die Vorlage zur *TPA* wurde vom *Ways and Means* mit 26-12 verabschiedet. Die parteipolitische Zerstrittenheit trat damit so stark zutage wie bei keiner handelspolitischen Grundsatzentscheidung zuvor; vgl. *Destler* (2005: 337).

[81] Vgl. unter anderem *Gerke/Medick-Krakau* (1999).

[82] Vgl. *Gibson* (2000: 136f).

außenwirtschaftlicher Globalsteuerung weicht immer mehr erhöhter Rücksicht auf die Vermittelbarkeit bestimmter Initiativen – gegenüber der Öffentlichkeit, den Wählern bzw. unterstützenden Spendern aus der Wirtschaft. Unter permanenter Beobachtung und dem Mobilisierungszwang der *permanent campaign* unterworfen, ergibt sich für Mitglieder des Repräsentantenhauses ein steigender Bedarf an aktionistischem Flaggezeigen. Dies kann u.U. zu situativer Extrempositionierung führen. Die vermeintliche Gefährdung von Arbeitsplätzen und das angebliche Sozialdumping durch regionale Wirtschaftsintegration (NAFTA, CAFTA) bleibt für viele demokratische Abgeordnete ein Totschlagargument, das ihre Zustimmung zu Liberalisierungsansätzen weitgehend ausschließt. Aus anderen, isolationistisch-souveränistischen Erwägungen heraus verweigert auch ein kleiner – aber wachsender – Teil der Republikaner Freihandelsprojekten die Unterstützung. Dies schränkt die Möglichkeiten zu überparteilichem Konsens und zur Mehrheitsbeschaffung bei wichtigen Entscheidungen von vornherein empfindlich ein[83]. Handelspolitische Mehrheiten müssen ad hoc zusammengebracht werden. Legislative Entscheidungsfenster öffnen sich im Repräsentantenhaus nur für einen kurzen Zeitraum[84]. Damit fallen handelspolitische Debatten dort tendenziell konfliktträchtiger und häufig kurzatmiger aus als im Senat.

Tabelle 4: Ergebnisse außenwirtschaftspolitischer Abstimmungen im Repräsentantenhaus

	Demokratische Partei		**Republikanische Partei**		**Zustimmung (gesamt)**	**Ablehnung (gesamt)**
	Ja	**Nein**	**Ja**	**Nein**		
Ratifizierung NAFTA (1993)	102	156	132	43	**234**	**200**
Ratifizierung „Uruguay-Runde" (1994)	167	89	121	56	**288**	**146**
„*fast-track*" (1998)	29	170	151	73	**180**	**243**
WTO-Austritt (2000)	21	181	33	182	**56**	**363**
***PNTR* für China (2000)**	73	138	164	57	**237**	**197**
TPA* (2002)	25	183	190	27	**215**	**212**
WTO-Austritt (2005)	46	153	39	185	**86**	**338**
Ratifizierung CAFTA (2005)	15	187	202	27	**217**	**215**

Quelle: http://thomas.loc.gov; auf eine detaillierte Titelangabe der einzelnen Resolutionsentwürfe wurde verzichtet.
** 2. Abstimmung des Repräsentantenhauses über H.R. 3009 am 27.7.2002*

[83] Vgl. *Destler* (2005: 287ff).
[84] Vgl. vor allem *Brady/Fiorina* (2000) und *Tenpas* (2000).

Infolge der „konservativen Revolution" hat sich außerdem die Einflussnahme der Parteiführungen erhöht, die Autonomie der Fachausschüsse ist dagegen weiter eingeschränkt worden[85]. Das Parteiengezerre in der Außenwirtschaftspolitik reflektiert tiefe ideologische Gräben und wachsende Unterschiede zwischen Kapital- und Arbeitnehmerinteressen. Handelspolitik wurde durch auseinanderdriftende Wählerpotentiale[86] sowie unter den Vorzeichen von *divided government* Ende der 1990er Jahre zur Ersatzarena eines Fingerhakelns zwischen den Gewalten. Auch später unter Präsident *Bush* – das zeigt der geschlossene Widerstand der Demokraten gegen CAFTA – wurden Handelsabstimmungen zu politischen Nagelproben bzw. zum Testfall exekutiver Führungsstärke hochstilisiert. Dies gilt umso stärker, wenn Abstimmungen im Vorfeld von Kongresswahlen terminiert sind. Genuin ökonomische Inhalte spielten in vielen handelspolitischen Abstimmungen des Repräsentantenhauses nur eine untergeordnete Rolle; besonders die „*fast-track*"-Frage sticht hier hervor. Sie ist wiederholt symbolisch aufgeladen und als Grundsatzfrage der Außenwirtschaftspolitik bzw. des Gewaltteilungsprinzips behandelt worden. Zu besonderen Machtproben zwischen dem demokratischen Präsidenten *Clinton* und der republikanischen Mehrheit sind in der zweiten Hälfte der 1990er Jahre unilaterale Sanktionsentscheidungen geworden. Auch wenn einseitigen Sanktionen letztlich mit breiten Mehrheiten zugestimmt worden ist, wurde dort die Handelspolitik von Teilen des Repräsentantenhauses gekapert, um profilbildende Nebenaußenpolitik zu betreiben.

5.2.2 Die Rolle der Exekutive

Verfassungsrechtlich besitzt die Administration in der Außenwirtschaftspolitik und in Handelsfragen keine eigene Zuständigkeit. Handlungsmöglichkeiten sind ihr auf diesem Gebiet erst vom Kongress durch ausdrücklichen Kompetenzverzicht und die Delegation von Entscheidungsbefugnissen eingeräumt worden. Dieser Selbstentpflichtungsprozess dauerte mehrere Jahrzehnte. Die entscheidende Wasserscheide bildete der äußerst restriktive *Smoot-Hawley-Act* aus dem Jahr 1930[87]. *Smoot-Hawley* wurde zum Inbegriff einer überforderten Legislative und beschleunigte die Bereitschaft zum Transfer von Macht und Verantwortung auf die Exekutive im-

---

[85] Vgl. *Gibson* (2000: 148ff). Es ist anzunehmen, dass die Handelspolitik nach dem Mehrheitswechsel im Repräsentantenhaus im November 2006 auch von der demokratischen Mehrheit wieder parteipolitisch ausgeschlachtet wird.

[86] Im Gegensatz zur „centrist voters, polarizing elites"-Annahme von *Fiorina/Abrams/Pope* (2005: 78) erscheinen in der Handelspolitik sowohl die Wählerpotentiale („increasingly polarized constituencies"; Zit. *Gibson* (2000: 189)) als auch die Positionen der politischen Vertreter dramatisch auseinanderzudriften („virtually no ideological common ground"; Zit. *Binder* (2003: 24)). In der bei handelspolitischen Debatten und Entscheidungen besonders starken Fraktionierung des Repräsentantenhaus sind diese Entwicklungen am besten ablesbar.

[87] Vgl. zum Einfluss der Interessengruppen bei *Smoot-Hawley* vor allem *Schattschneider* (1963). Zu den Auswirkungen auf das Machtteilungsarrangement zwischen den beiden Gewalten, beginnend mit dem *Reciprocal Trade Agreements Act* aus dem Jahr 1934, *Medick-Krakau* (1995) sowie *Destler* (2005: 3ff).

mens – zunächst im *Reciprocal Trade Agreements Act* (*RTAA*) aus dem Jahr 1934[88]. Durch die seitdem gepflegte weitgehende Selbstentpflichtung der Legislative in handelspolitischen Fragen – begründet aus der Motivation, den *Capitol Hill* vom direkten Druck der Interessengruppen zu entlasten – wurden wichtige Initiativrechte auf die Administrationen übertragen. International konnten die Präsidenten relativ ungebunden agieren, wenngleich Rücksicht auf die Vermittelbarkeit gegenüber dem Kongress zu nehmen war. Die drei zentralen Aspekte des seit den 1980er Jahren wieder Erosionsprozessen ausgesetzten, aber immer noch belastbaren Machtteilungsarrangements zwischen den Gewalten bilden 1. die präsidentielle Vollmacht zur Aushandlung transnationaler Handelsvereinbarungen, die anschließend vom Kongress im Detail nicht mehr verändert, sondern nur im ganzen abgelehnt oder befürwortet werden können, 2. die Errichtung intermediärer Instanzen zur bürokratischen Behandlung bzw. technokratischen Entsorgung von Beschwerden sowie 3. die Etablierung der *USTR*-Behörde[89].

5.2.2.1 Das Gewicht exekutiver Führerschaft: „*fast track*"

Im Zuge des instituionellen Machtteilungsarrangements entband sich der Kongress selbst weitgehend vom handelspolitischen Tagesgeschäft. Die Administration war und ist im Gegenzug dazu angehalten, legislative Anliegen bei internationalen Vertragsverhandlungen zu berücksichtigen und sich abzeichnendem Widerstand im Kongress zuvorzukommen. Diese Politik der eingeschränkten, in einigen Punkten imperativen Mandatsübertragung, bindet der Exekutive in transnationalen Verhandlungsprozessen die Hände. Die Tatsache, dass dabei die „fesselnden Seile" für andere Staaten sichtbar sind, ist oft als strategischer Vorteil der US-Handelspolitik interpretiert worden[90]. Tatsächlich bildet die Doppelzuständigkeit im US-Entscheidungssystem aber stets eher ein Einfallstor für internationale Irritationen und Konflikte. Der Präsident spielt im handelspolitischen Entscheidungssystem die entscheidende Rolle beim Ausbalancieren starker Einflusskoalitionen bzw. beim Überwinden sich abzeichnender Entscheidungsblockaden. Deshalb ist ein starkes Engagement der Exekutive für Liberalisierungserfolge und multilaterale *compliance* unverzichtbar. In diesem Zusammenhang ist die Administration angehalten, die Rolle eines „Freihandelschampions" zu übernehmen. Führungsstärke erwächst aus einem offensiv kommunizierten Liberalisierungswillen, aus handelspolitischer Konsistenz sowie aus geschicktem *bargaining* der Administration mit Protektionisten im Kongress. Allerdings können Kompetenzstreitigkeiten innerhalb der Administration zu Lasten handelspolitischer Konsitenz gehen; lupenreine *top-down-leadership* des Präsidenten ist in Handelsauseinandersetzungen, für die eher mühsame interministerielle Abstimmungsprozesse und eine inkrementale Entschärfung strittiger Punkte typisch sind, äußerst rar[91].

---

[88] Vgl. besonders *Bailey/Goldstein/Weingast* (1997).
[89] Vgl. *Destler* (2005).
[90] Vgl. *Cowhey* (1993) oder *Reinhard* (2003).
[91] Vgl. *Cohen/Paul/Blecker* (1999: 222ff).

Das selektive Eingehen auf Schutzbedürfnisse als Vorleistung für eine breite Liberalisierungsgefolgschaft bildete lange Zeit ein belastbares Muster im handelspolitischen Entscheidungssystem der USA, solange es sich um *vorübergehende* Einbindung handelte und beide Vetoakteure ihre Rollen kannten und zu spielen bereit waren: Der Kongress als Verteidiger heimischer Wirtschaftsinteressen, die Administration als Wahrer einer langfristig angelegten, außenpolitischen Zielen untergeordneten Freihandelsorientierung[92]. Während der *Clinton*-Administration traten bei beiden Protagonisten zum ersten Mal seit dem 2. Weltkrieg gravierende Schwierigkeiten bei der Rolleninterpretation auf: Im Kongress gewannen nationalistische und protektionistische Argumentationsmuster an Einfluss, während die Administration ein indifferentes, neomerkantilistisch eingefärbtes Verständnis ihrer außenwirtschaftspolitischen Aufgaben offenbarte. Sie war nur halbherzig „Freihandelschampion", weil sie einseitig auf Erfolge bei Exportförderung und Marktöffnung abzielte und Sozial- und Umweltstandards zum Gegenstand der Handelspolitik zu machen versuchte, was ihr gegen den Widerstand der Republikaner nur selten gelang[93]. In Protektionsfragen eindeutig – entsprechende aus dem Stahl- und Textilsektor kommende Anfragen wurden wiederholt zurückgewiesen –, ließ die *Clinton*-Administration Klarheit bei Antidumpingfragen vermissen. Die *Bush*-Administration hat zumindest rhetorisch wieder eindeutiger die Nähe zum Freihandelsparadigma gesucht (aber auch andere Mehrheitsverhältnisse im Kongress vorgefunden).

Besonders bei *Clinton* wurde deutlich, dass die „*fast-track*"-Frage die entscheidende Nagelprobe für eine exekutive Führungsfähigkeit bildet. Seit Mitte der 1970er Jahre mindern zwei Entwicklungen die Führungsleistung der Administrationen in außenwirtschaftspolitischen Angelegenheiten. Zum einen das wieder stärker werdende, aus Misstrauen gegenüber einer exekutiven Übersteuerung erwachsende Kontrollbedürfnis des Kongresses – dies schlägt sich nicht nur in einer stärkeren Mitformulierungabsicht und einer Entmachtung der Fachausschüsse, sondern auch in wachsender Ko-Implementierung von Außenwirtschaftspolitik nieder. Zum anderen ist angesichts wachsender Durchsetzungsschwierigkeiten ein zurückgehendes präsidentielles Engagement in Handelsfragen zu verzeichnen. Nach 1990 hat sich die Tendenz zur handelspolitischen Kurzatmigkeit eindeutig verstärkt. Handelspolitik ist wieder häufiger zur Abgrenzung der Gewalten voneinander sowie zum tagespolitischen Fingerhakeln genutzt worden, wobei Teile des Kongresses geschickt auf der adhocistisch anschwellenden Kritikwelle an zu weitreichender multilateraler Integration surften und die Administration jeweils für negative Liberalisierungsfolgen zur Verantwortung zu ziehen versucht haben. Das Machteilungsarrangement wird damit porös. Die Bereitschaft zur legislativen Selbstentpflichtung sinkt, stattdessen wird immer häufiger versucht, die Exekutive an die kurze Leine zu legen.

Dies zeigen vor allem die Auseinandersetzungen um die Reichweite und Befristung des exekutiven Verhandlungsmandats. Anträge auf „*fast-track*" musste die Administration wegen zu großen Widerstands sowohl 1994 als auch 1997 zurück-

[92] Dazu vor allem *Pastor* (1980).
[93] Vgl. *Gerke-Unger* (2004: 230).

ziehen. *Clintons* Antrag hatte 1994 keine Chance, weil er unter dem Druck seiner eigenen Partei ein Verhandlungsmandat anstrebte, das den Republikanern zu weitreichend erschien[94]. 1997 scheiterten die Bemühungen *Clintons* erneut, diesmal allerdings unter umgekehrten Vorzeichen, weil das beantragte „schlanke" Mandat unter demokratischen Abgeordneten auf breite Ablehnung stieß[95]. Außerdem nutzte die republikanische Kongressmehrheit das Thema, um die skandalgebeutelte Administration vorzuführen, die es ihrerseits in der Endphase der Verhandlungen an dem für die Konsensbildung nötigen Engagement fehlen ließ. Der *Bush*-Administration, die als Gegenleistung eine starke Dosis Protekionismus anbieten musste, wurde die Verhandlungsvollmacht vom Kongress als *Trade Promotion Authority* (*TPA*)[96] 2002 nur stark konditioniert erteilt[97]. Die Gegenstände, über die transnational von der Exekutive verhandelt werden kann, wurden eingegrenzt[98], die Berichts- und Konsultationspflichten der Exekutive erweitert. Außerdem wurde ein starker Akzent auf spürbare Fortschritte bei FTAA sowie bei bilateralen Präferenz-

---

[94] Verschiedentlich wird die freiwillige Preisgabe von „*fast-track*" durch die Administration im Jahr 1994 als notwendige Voraussetzung für die erfolgreiche Ratifizierung der Uruguay-Ergebnisse durch den Kongress dargestellt. Der Verzicht auf die Vollmacht sei gewissermaßen die Morgengabe für die legislative Zustimmung gewesen; vgl. etwa *Preuße* (2000) oder *Destler* (2005: 219f). Tatsächlich aber legen die überwältigenden Abstimmungsmehrheiten in beiden Häusern eher nahe, dass im Kongress nicht der Erfolg der GATT-Runde auf dem Spiel stand, sondern vielmehr das von vielen Abgeordneten als zu ambitioniert empfundene „*fast-track*"-Mandat der Administration zurückgewiesen werden sollte.

[95] *Clinton* zog einen entsprechenden Antrag zurück, weil er den Widerstand aus den eigenen Reihen nicht überwinden konnte und die Republikaner nicht zu Zugeständnissen in den Bereichen Arbeitsschutz und Umwelt bereit waren. Diese „*fast-tr*ack"-Debatte erwies sich als hochpolitisiert und dokumentierte, wie NAFTA, den gestiegenen Einfluss von NGOs sowie eine rapide Verschlechterung der öffentlichen Stimmung. Ein Jahr später brachte der republikanische Mehrheitsführer *Gingrich* noch einmal einen entsprechenden Antrag ins Repräsentantenhaus ein, der mit 243 zu 180 Stimmen klar unterlag. In dem sicheren Wissen der Niederlage sollte im Vorfeld der anstehenden Kongresswahlen provokativ ein Keil zwischen den Präsidenten und seine Partei getrieben und die Handlungsunfähigkeit der Exekutive dokumentiert werden; vgl. *Pfeil* (2000: 209ff), *Shoch* (2001: 198ff), *Destler* (2005: 262ff) sowie die sehr aufschlussreiche Fallstudie von *Devereaux/Lawrence/Watkins* (2006a: 203ff).

[96] Zum Entscheidungsprozess im Vorfeld der *TPA* vgl. vor allem *Destler* (2005: 290ff, 331ff) und *Devereaux/Lawrence/Watkins* (2006a: 229ff). Die veränderte Bezeichnung des Verhandlungsmandats durch die *Bush*-Administration war die unmittelbare Folge des Negativimages, das dem Begriff „*fast-track*" nach der hitzigen Debatte seit 1997 anhaftete; vgl. *Kluttig/Nowrot* (2002: 10).

[97] Die *TPA* wurde auf drei Jahre begrenzt erteilt mit der Möglichkeit einer zweijährigen Verlängerung bis zum 1.7.2007. Eine neue Verhandlungsvollmacht ist angesichts des Ende 2006 zu verzeichnenden Mehrheitswechsels im Repräsentantenhaus fraglich. Insgesamt sind die Berichtspflichten im Vergleich zum Handelsgesetz von 1988 erheblich erweitert worden; vgl. *Gerke-Unger* (2004: 247).

[98] Zur rechtlichen Ausgestaltung des Verhandlungsmandats *Sek* (2003). Entgegen dem Willen vieler Abgeordneter können auch die amerikanischen Antidumping-Gesetze zum Gegenstand multilateraler Verhandlungen werden, was das gescheiterte, aber immerhin von 61 Senatoren unterstützte *Dayton-Craig-Amendment* zu verhindern suchte; vgl. *Bergsten* (2002) und *Falke* (2003). Allerdings sind US-Konzessionen in diesem Bereich gegen Widerstand aus dem Kongress unwahrscheinlich; vgl. *Kluttig/Nowrot* (2002: 33)

abkommen gelegt[99]. Trotz der Zugeständnisse an das Arbeitnehmerlager (Inklusion von Umwelt- und Sozialstandards) und der protektionistischen Maßnahmen im Stahlsektor, offenbarte die *TPA*-Abstimmung tiefe Gräben zwischen den Parteien; Zustimmung gab es nur von 25 Demokraten[100]. Das durch Zielvorgaben eingeschränkte exekutive Verhandlungsmandat und der marginale Stimmvorsprung des Liberalisierungslagers machen eine regelmäßige Abstimmung der Exekutive mit dem Kongress unumgänglich, ohne dass dafür institutionelle Foren existieren. Durch diese Einschränkungen sind dem Präsidenten in multilateralen Verhandlungen die Hände stark gebunden[101].

Bezeichnend ist, dass die Unterstützung für *Clintons* aussichtslose „*fast-track*"-Initiativen durch die multilaterale Integration überwiegend befürwortende *business community* äußerst schwach ausfiel[102]. Gerade die Profiteure globaler Integration vermochten, anders als noch bei NAFTA, kaum unterstützendes Momentum, geschweige denn Druck auf liberalisierungsresistente Abgeordnete zu generieren. Dagegen konnten Gewerkschaften und Umwelt-NGOs ein bemerkenswertes mediales Sperrfeuer inszenieren und übten auch massiven materiellen Druck auf Kongressmitglieder aus[103]. Hier zeigte sich, dass politisch hochsensibilisierte Schutzinteressen tendenziell mobilisierungsfähiger sind als indifferente Liberalisierungsbefürworter. Allerdings war die skandalgeschwächte Exekutive (ohne eigene Mehrheit im Kongress) bei der Entscheidung 1997 auch nur bedingt zu protektionistischem Entgegenkommen bereit. Sie ließ jenen Einsatz vermissen, der, unter anderen Mehrheitsverhältnissen und mit stärkerer Unterstützung der Industrie, maßgeblich für den Erfolg von NAFTA verantwortlich gewesen war[104] und auch 2000 die Gewährung

---

[99] Vgl. *Scherpenberg* (2003: 3).

[100] Das Ausmaß der Ablehnung unter den Demokraten war eindrucksvoll und größer als in der *Clinton*-Phase. Die fortschreitende Polarisierung machte auch die Bezeichnung des *Bipartisan Trade Promotion Authority Act* zur Farce. Von Überparteilichkeit konnte angesichts der geringen Zustimmung unter Demokraten keine Rede sein.

[101] Eine Bilanz der amerikanischen Verhandlungserfolge der letzten Jahre zeigt zwar, dass strenge Auflagen Verhandlungen über bilaterale oder regionale Präferenzabkommen nur wenig belasten, sie dürften sich aber gerade für langwierige WTO-Verhandlungsprozesse, in deren Verlauf umfängliche Konzessionen auf verschiedenen Politikfeldern erforderlich werden, als negativ erweisen. Es bleibt zweifelhaft, ob die Befristung des präsidentiellen Verhandlungsmandats andere Staaten tatsächlich zu einer Beschleunigung der Konsensfindung in der laufenden Doha-Runde wird bewegen können. Der Verweis auf die „gebundenen Hände" stärkt die US-Verhandlungsposition nicht.

[102] Vgl. *Noland* (1999a), oder *Baldwin/Magee* (2000b); der einflussreiche demokratische Kongressabgeordnete *Matsui* hat die fehlende Unterstützung der Unternehmerseite im „*fast-track*"-Verfahren 1997 angeprangert und für die starke Anlehnung der meisten Demokraten an Argumentationsmuster des Arbeitnehmerlagers mitverantwortlich gemacht: „Most members (of the House of Representatives – D.K.) are saying they haven´t heard anything from business. Then you wonder: How important is it to them?"; Zit. in *Fifka* (2005: 332).

[103] Vgl. *Baldwin/Magee* (2000a: 99).

[104] 1993 wurde gerade *Clintons* persönliches Engagement hervorgehoben, das sich in ausgiebigen Gesprächen mit unschlüssigen oder NAFTA-feindlichen Abgeordneten niederschlug. *Clintons* durch Symbolpolitik (Versprechen von *side-agreements*) begleitete Führungsleistung war für die Ratifizierung von NAFTA unverzichtbar. Allerdings untergrub die mangelnde Implementierung

des *PNTR*-Status für China[105] durchzusetzen half. Die exekutive Führungsscheu *Clintons* bei „*fast track*" entsprang politischer Durchsetzungsschwäche und der Furcht vor einer absehbaren Niederlage. Allerdings zeigte der Erfolg der *TPA* 2002 die Unverzichtbarkeit eines vollen präsidentiellen Einsatzes für das Gelingen von Liberalisierungsinitiativen[106], jedoch auch die Notwendigkeit protektionistischer Teilzugeständnisse. *Bush* konnte zumindest die Rolle des „Freihandelschampions", die *Clinton* nur symbolisch gespielt hatte, wieder ausfüllen, auch wenn er es, ebenso wie sein Vorgänger, an multilateraler Eindeutigkeit hat fehlen lassen.

5.2.2.2 Handelsministerium und *USTR*

In handelspolitischen Entscheidungsprozessen spielen zwei bürokratische Behörden eine herausgehobene Rolle. Die Behörde des *United States Trade Representative* (USTR) plant und koordiniert die Handelspolitik, während das Handelsministerium (*Department of Commerce*) seine Aufgabe vordergründig als statistisches Büro bzw. als „Unternehmensberatung bei Auslandsaktivitäten" interpretiert[107]. Mit der Gründung der *USTR*-Behörde strebte der Kongress eine stärkere Berücksichtigung (eigener) handelspolitischer Interessen in internationalen Verhandlungen an. Wirtschaftsinteressen wurden gegenüber außenpolitischen Sicherheitsinteressen gestärkt – unter anderem durch die Einrichtung permanenter Beratungsgremien[108]. Während das Handelsministerium vor allem die außenwirtschaftspolitischen Interessen der Unternehmen vertritt, übernimmt die *USTR*-Behörde inzwischen die zentrale Rolle eines intermediären Maklers zwischen verschiedenen Nachfragekoalitionen und außenhandelspolitischen Zielen und Verpflichtungen[109]. Seine Aufgaben als maßgeblicher außenhandelspolitischer Interessenbroker umfassen nicht nur die alleinverantwortliche Aushandlung transnationaler Verträge, sondern auch die Koor-

---

der angekündigten sozialpolitischen Zusatzvereinbarungen *Clintons* Glaubwürdigkeit insbesondere in seiner eigenen Partei; vgl. *Pfeil* (2000: 150ff), *MacArthur* (2001) sowie *Destler* (2005: 202ff).

[105] Hier hatte Präsident *Clinton* das Thema sehr prominent besetzt und zu seinem wichtigsten außenpolitischen Anliegen gemacht. Der unterstützende Lobbyismus des Unternehmerlagers für *PNTR* lief also nicht ins Leere; vgl. *Kolkmann* (2005).

[106] Der Präsident muss dazu nicht unbedingt in die Rolle eines „Freihandelschampions" schlüpfen, aber zumindest „Lokomotive" im Entscheidungsprozess sein. Die Frage der Durchsetzungsfähigkeit wird nicht unter ideologischen, sondern machtpolitischen Vorzeichen entschieden; vgl. auch *Brainard* (2001).

[107] Vgl. auch *Rode* (1980: 85).

[108] Der formalisierte Zugang der Unternehmerverbände zur US-Handelsbürokratie wurde im *Trade Act* 1974 geregelt. Dazu wurden das *Advisory Committee for Trade Policy and Negotiations* (ACPTN) sowie mehrere *Industry Sector and Functional Advisory Committees* installiert, deren vom Präsidenten ernannte Mitglieder Empfehlungen und Wünsche ökonomischer Akteure in Bezug auf transnationale Verhandlungsprozesse aussprechen. Der *USTR* sucht in der Regel engen Kontakt zu diesen Gremien, in denen privatwirtschaftliche Interessen deutlich überrepräsentiert sind; vgl. *Scherrer* (1999: 122f). Daneben gibt es noch als weiteres Beratergremium, in dem sich Wirtschaftsinteressen maßgeblich wiederfinden, das *National Economic Council*, das allerdings, so die Kritik von *Bergsten* (2004), unter *Clinton* erheblich verkümmerte.

[109] Vgl. zur institutionellen Kompetenzabgrenzung des *USTR* in erster Linie *Schiltz* (1996); zur Rolle in internationalen Verhandlungen siehe vor allem *Dryden* (1995).

dination von Entscheidungsprozessen zwischen den einzelnen Ministerien[110]. Darüber hinaus ist das Amt aber auch in den außenwirtschaftlichen Kurs der jeweiligen Administration eingebunden, was nicht spannungsfrei verläuft, weil der Handelsbeauftragte auch als Interessenvertreter des Kongresses auftreten muss. Insgesamt lassen sich zahlreiche durch die amerikanische Handelspolitik ausgelöste multilaterale Irritationen dadurch erklären, dass der *USTR* in vielen Entscheidungsprozessen nur an der Seitenlinie steht[111] und in internationalen Verhandlungen auf ein quasi-imperatives, die legislative Zustimmungsfähigkeit berücksichtigendes Mandat festgelegt ist. Sowohl vom Handelsministerium als auch seitens der *USTR*-Bürokratie ist aber überwiegend eine eher freihändlerische Grundorientierung vertreten worden. Beide Institutionen haben dämpfend auf isolationistische Stimmungen einzuwirken und protektionistische Präzedenzfälle, die als Gefahr für das Welthandelssystem identifiziert wurden, zu verhindern versucht.

Der *USTR* vertritt die USA als Klageführer[112] in multilateralen Streitschlichtungsgremien und nuss dort auch von anderen Staaten beklagte Handelsrechtsverstöße verteidigen, auch wenn die inkriminierten Entscheidungen, wie die noch näher zu untersuchenden Stahlzölle, gar nicht in seinen Verantwortungsbereich fallen. Neben der Verhandlungsführung auf transnationaler Ebene gehört die Feststellung und Sanktionierung unfairer Handelspraktiken sowie die Koordination der oft stark divergierenden Interessen innerhalb der Exekutive zu seinen Kernaufgaben[113]. Nur bei einer Gefährdung nationaler Sicherheitsinteressen oder bei gravierenden ökonomischen Schäden können *USTR*-Entscheidungen vom Präsidenten kassiert werden. In Handelskonflikten, die als Sicherheitsangelegenheiten perzipiert werden, droht der *USTR* deshalb oft ausgebootet zu werden. Die Befugnisse für Antidumping und Ausgleichszölle liegen jedoch beim Handelsministerium. Weil oft Marktöffnungsmaßnahmen und Ausgleichszoll- bzw. Antidumpingmaßnahmen gleichzeitig verhandelt werden, sind anhaltende Kompetenzstreitigkeiten zwischen Handelsbeauftragtem und Handelsministerium fast vorprogrammiert[114]. Insgesamt

---

[110] Die hohe Responsivität gegenüber dem Privatsektor bringt *Dryden* (1995: 393) folgendermaßen auf den Punkt: „USTR today sometimes acts a lot like a mouthpiece for powerful corporate interests."; ähnlich die Argumentation von *Scherrer* (1999: 123). Andererseits scheint die umfängliche Einbeziehung von Firmen zur Vorbereitung von WTO-Klagen angesichts der fehlenden Kapazitäten des *USTR* bzw. der Komplexität der Fälle sogar unabdingbar und erhöht die amerikanischen Erfolgsaussichten in der Welthandelsorganisation. Die argumentative, bis zur Vorformulierung von Schriftsätzen reichende Schützenhilfe klagewilliger Unternehmen führt aber in der Regel tatsächlich zu einer weitgehend kritiklosen Vertretung von deren Interessen durch den *USTR* auf multilateraler Ebene.

[111] Vgl. *Bergsten* (2004: 99).

[112] Dabei befindet der *USTR* zunächst über die Stichhaltigkeit einer von Unternehmen geforderten Klage. In der Regel scheut die Behörde bei der Fallprüfung Risiken und legt hohe Erfolgsmaßstäbe fest. Aussichtslose Klagen gelangen damit in der Regel nicht vor die WTO.

[113] Bei der Bildung von administrativen *interagency committees* in Außenwirtschaftsfragen kommt dem Handelsbeauftragten die Führungsrolle zu. *Cohen/Paul/Blecker* (1999: 223) sehen in der Koordinierung innerbürokratischer Abstimmungsprozesse sogar die wichtigste Aufgabe des *USTR* („the primary role of creating executive branch consensus"). Dieses Unterfangen dürfte gleichzeitig auch das schwierigste sein.

[114] So *Schiltz* (1996: 379).

könnte der *USTR* mit seinem komplexen Aufgabenfeld langfristig überfordert sein[115]. Die ihm übertragene Führungsrolle in hochsensiblen Verhandlungsprozessen über Präferenzabkommen, in denen starke politische Rücksichtnahmen und US-Sicherheitsinteressen zu beachten sind[116], die Vertretung (widersprüchlicher) privater US-Wirtschaftsinteressen, die erwartete Führungsleistung in multilateralen Handelsrunden und die Konfliktbegleitung in der regelorientierten WTO-Streitbeilegung stürzen die Behörde regelmäßig in Interessenkonflikte. Der *USTR* ist vielfach gezwungen, deklaratorisch in die Rolle eines sturen handelspolitischen „Wadenbeißers“ zu schlüpfen, der Missstände bei Handelpartnern rhetorisch scharf verurteilen, „Prangerlisten“ unfairer Handelspraktiken erstellen[117], amerikanische Maximalforderungen vertreten und nötigenfalls unilaterale Sanktionen androhen muss. Konsensbildende Konzilianz bleibt auf der internationalen Ebene meist dem Präsidenten bzw. Sondergesandten überlassen[118], wenngleich der *USTR* eine wichtige Rolle bei der frühzeitigen Entschärfung von Handelskonflikten übernimmt. Die Rechenschaftsverpflichtung des *USTR* gegenüber dem Kongress, die eine zumindest mittelbare Partizipation der Legislative sicherstellen und Ratifizierungsblockaden vorbeugen soll, beschränkt andererseits die Manövrierfähigkeit und die *bargaining*-Optionen in internationalen Auseinandersetzungen.

5.2.2.3 Politische „Wachhunde“: *ITC* und „*Dole-Commission*“

Im „liberalen Handelskonsens“ entsprach es dem Interesse der Beteiligten, die Machtteilung zwischen Legislative und Exekutive zusätzlich institutionell zu unterfüttern. Dies geschah und geschieht durch „administrative Ersatz-Arenen“[119], die als formal unabhängige Beschwerdeadressaten und Schiedsgerichtsinstanzen einen verregelten Konfliktaustrag außenwirtschaftlicher Verteilungskonflikte ermöglichen und flankieren sollen. Damit wird zum einen Erfordernissen der WTO Genüge getan[120], andererseits sind diese Arrangements Ausdruck des starken legislativen Bemühens um Selbstentpflichtung bzw. der Furcht vor zu starkem *direkten* Druck

---

[115] Vgl. *Schott* (2004: 376).

[116] Vgl. *Rosen* (2004), der einige geopolitische Handlungsimpulse für *FTA* erörtert.

[117] Die praktischen Auswirkungen derartiger schwarzer Listen sind in den letzten 15 Jahren aber massiv gesunken. Weder vermag der Eintrag auf einer *Priority Watch List* des *USTR* andere Staaten von inkriminierten Handelspraktiken abzuschrecken, noch entfaltet er bedeutenden politischen Aktionismus (offizielle Proteste von US-Regierungsvertretern oder bilaterale Marktöffnungsverhandlungen) wie noch Ende der 1980er Jahre; vgl. *Zeng* (2004).

[118] Zu dieser Arbeitsteilung zwischen Präsident und *USTR* auf multilateraler Ebene, die insbesondere für die Administrationen von *Reagan* und *Bush* (d.Ä.) typisch war, ausführlich die Darstellung von *Dryden* (1995).

[119] Zit. *Medick-Krakau* (1995: 341).

[120] Gemäß den WTO-Vereinbarungen über handelspolitisch erlaubte (temporäre) Schutzmaßnahmen (*WTO Agreement on Safeguards*) müssen administrative Untersuchungen, die u.U. zu Ausnahmeregelungen für nationale Industriebranchen führen können, von „kompetenten“ (und unabhängigen) Behörden durchgeführt werden. So soll sichergestellt werden, dass verhängte Handelsbeschränkungen nicht dem politischen Gutdünken der Exekutive oder Legislative überlassen bleiben. Das freilich ist ein frommer Wunsch geblieben.

der Interessengruppen in handelspolitischen Einzelfragen. Die wichtigste zu diesem Zweck geschaffene bürokratische Institution stellt die 1974 gegründete *International Trade Commission* (*ITC*) dar[121]. Durch Importe entstandene Schäden können gemäß *Section 201* der US-Handelsgesetzgebung vor der *ITC* geltend gemacht werden, ohne den Kongress in das Beschwerdeverfahren zu involvieren. Bei festgestellter Schädigung empfiehlt die *ITC* Ausgleichsmaßnahmen – in Form von Zöllen oder Importquoten –, über deren Implementierung nach einer bis zu dreimonatigen Bedenkzeit der Präsident zu entscheiden hat. Entsprechende Schutzklauselverfahren werden von der Industrie immer seltener initiiert, weil aufgrund des finalen präsidentiellen Entscheidungsrechts letztlich nur wenig Aussicht auf Erfolg besteht[122]. Wesentlich häufiger werden vor der *ITC* Ausgleichszoll- und Antidumpingverfahren angestrengt, bei denen das Recht zur Inkraftsetzung von Strafzöllen beim Handelsministerium liegt[123]. Ingesamt sind die Entscheidungen dieser Behörden selten konsistent und reflektieren politischen oder wahltaktischen Opportunismus[124].

Ein wichtiges Indiz dafür, dass der Kongress in der Außenwirtschaftspolitik weniger um konkrete Entscheidungskontrolle bemüht ist als vielmehr um Engagement signalisierende Symbolpolitik[125], die Interessengruppen beruhigen soll, aber folgenlos bleiben kann, ist das Schicksal der sogenannten „*Dole-Commission*". In der Initiative des Senators *Dole* manifestierte sich das Misstrauen des Kongresses gegenüber der Administration. Die gerade in Gründung befindliche WTO weckte vor allem im Lager der Republikaner, die mehrheitlich die Liberalisierungserfolge der

---

[121] Zur Arbeit der von den Parteien paritätisch besetzten *ITC* vgl. unter anderem *Rode* (1980: 139f), eine Ehrenrettung findet sich in *Stern* (2002).

[122] Zwischen 1979 und 2004 hat es zum Beispiel nur 35 Untersuchungen der *ITC* nach *Section 201* gegeben, davon 29 allein bis 1986, demgegenüber aber 1113 Antidumpinguntersuchungen und 532 Ausgleichszollverfahren; vgl. *Destler* (2005: 238). Nach einer Aufstellung der *ITC* waren Ende 2005 insgesamt 342 Antidumpingzollentscheidungen und Ausgleichszollorders in Kraft, darunter 192 Entscheidungen, die nach fünf Jahren erneuert worden waren (*sunset*-Klausel). Insgesamt betrafen die Handelseinschränkungen 46 Staaten, in den letzten Jahren vor allem, durch die gestiegene ökonomische Interaktionsfrequenz nachvollziehbar, China; vgl. *USITC* (2005).

[123] Insgesamt standen zwischen 1983 und 2003 764 vor der *ITC* eröffneten Antidumpingverfahren (*AD*) 382 Festsetzungen von Strafzöllen gegenüber, also in genau der Hälfte der Fälle wurde im Sinn der Antragsteller entschieden. Die Beschwerdekurve stieg in der zweiten Hälfte der 1990er Jahre massiv an, wofür besonders die Stahlindustrie verantwortlich zeichnete; vgl. *Brook* (1998). Bei den durch die *ITC* durchgeführten Ausgleichszolluntersuchungen (*CVD*) im gleichen Zeitraum (175 eröffnete Verfahren, 90 Zollfestsetzungen) ist neben der insgesamt zurückgehenden Verfahrenshäufigkeit vor allem auffällig, dass die Erfolgsquote der Antragsteller seit 1994 auch rasant gesunken ist. Hier scheint, wie später noch auszuführen ist, die Befürchtung multilateraler Sanktionen eine Rolle gespielt zu haben; vgl. zu den Zahlen *USTR* (2004: 220). Allerdings haben Entscheidungen aus alten Verfahren auch eine lange Nachwirkung.

[124] Beispielsweise kam die *ITC* in ihrer Stellungnahme vom 22.8.2002 nach weniger als einem Jahr zu einem völlig anderen Ergebnis als in ihrem Urteil, das Stahlzölle legitimierte; vgl. *USITC* (2003). Diese „Richtigstellung" erfolgte allerdings erst, nachdem Präsident *Bush* zuvor mit den befürworteten Schutzmaßnahmen für die US-Stahlindustrie die Erteilung der *TPA* hatte durchsetzen können; vgl. auch Abschnitt 5.4.4. *Brook* (1998: 118ff) kritisiert, dass auch schon in den 1990er Jahren die Schutzbedürfnisse der Stahlindustrie parteipolitischen Auseinandersetzungen innerhalb der *ITC* zum Opfer gefallen seien.

[125] Vgl. *Pastor* (1980: 179ff).

Uruguay-Runde begrüßten, nationalistisch-souveränistische Reflexe[126]. Die legislative Zustimmung zur WTO war deshalb streng konditioniert. Sie wurde von der Administration nicht nur mit Zugeständnissen in Steuerfragen erkauft, sondern auch mit der Zusicherung, dass der Kongress alle fünf Jahre über den weiteren Verbleib der USA in der WTO abstimmen dürfe. Der Präsident kann die Entscheidung aber per Veto blockieren[127]. Darüber hinaus sollte auf Druck von *Dole*, der ein souveränistisches Signal setzen, aber den WTO-Ratifizierungsprozess insgesamt nicht scheitern lassen wollte, eine Überprüfungskommission etabliert werden. Bestehend aus fünf ehemaligen Bundesrichtern, sollte die geplante *WTO Dispute Settlement Review Commission* alle multilateralen Streitschlichtungsurteile, die die USA betrafen, prüfen. Bei drei Negativbefunden binnen fünf Jahren hätte dann vom Kongress über den Austritt aus der Welthandelsorganisation abgestimmt werden müssen[128].

Der Austritt aus der WTO wurde vom Kongress bei den regulären Abstimmungen zweimal (200 und 2005) mit bemerkenswerter und sonst für Handelsfragen untypischer, überparteilicher Geschlossenheit abgelehnt[129]. In beiden politischen Parteien gab es eine breite Zustimmung für den Verbleib in der Welthandelsorganisation, wahrscheinlich weil die bei einem Austritt drohenden Wohlfahrtsverluste doch zu abschreckend wirkten. Noch eindrucksvoller ist allerdings das Schicksal der „*Dole-Commission*“, die ihre Arbeit nie aufgenommen hat. Die *Clinton*-Administration hat die Installierung nicht weiter verfolgt. Bereits die Ankündigung präsidentiellen Entgegenkommens hatte gereicht, um den Souveränisten den Wind aus den Segeln zu nehmen und eine Kongressmehrheit auf die Linie der Administration zu bringen. Auf einer Etablierung der WTO-Überprüfungskommission wurde nie nachdrücklich insistiert[130]. Eine zu starre Verfahrensfestlegung

---

[126] Vgl. zu dieser Debatte eingehend *Jackson* (1997). Insbesondere die Argumentation, mit der WTO werde eine neue „Weltregierung“ etabliert, die amerikanisches Recht aushebeln und übersteuern könne, verfing und rief nationalistische und isolationistische Stimmungen auf den Plan. Der WTO-Beitritt wurde zur Grundsatzfrage der nationalen Souveränität bzw. des Gewaltenteilungsprinzips. Ähnliche Befürchtungen vor regulativer Übersteuerung bleiben aktuell; vgl. unter anderem *Woolcock* (2001).

[127] Vgl. zum Entscheidungsverfahren über einen Austritt der USA aus der WTO *Pregelj* (2000).

[128] Vgl. *Pfeil* (2000: 208). Allerdings weist *Jackson* (1997: 19) darauf hin, dass die zu etablierende WTO-Überprüfungskommission wegen der unklaren und breiten Interpretationsspielraum einräumenden Kriterien zur Bewertung von „Verstößen“ nur sehr schwer zu einem Urteil hätte gelangen können.

[129] Über den 1. Antrag auf Rückzug aus der WTO stimmte das Repräsentantenhaus am 21.6.2000 ab (*HJR 90, Roll Call 310*). Der Antrag wurde mit 363 zu 56 Stimmen abgelehnt. Unter den Republikanern, die mit 182 zu 33 votierten, fanden sich dabei mehr Gegner der WTO als unter den Demokraten, die mit 181 zu 21 stimmten. Im *Ways and Means* gab es keinerlei Unterstützung für den Austritt, bei 35 Befürwortern einer weiteren WTO-Mitgliedschaft. Der 2. Antrag (*HJR 27*) scheiterte am 9.6.2005 ebenfalls deutlich mit 338 zu 86 Stimmen, wobei das Lager der WTO-Gegner immerhin 30 Stimmen mehr als 2000 verzeichnen konnte. 2005 stimmten die republikanischen Abgeordneten 185 zu 39, die Demokraten mit 153 zu 46. WTO-Gegner hatten also in beiden Parteien Zulauf.

[130] Die von einigen (republikanischen) Abgeordneten zu verschiedenen Gelegenheiten vorgebrachte Forderung nach dieser Kommission (oder Neuverhandlungen von NAFTA), mit der die

im Umgang mit WTO-Urteilen, wie sie mit der „*Dole-Commission*" zu befürchten gewesen wäre, hätte Multilateralismuskritikern und Liberalisierungsgegnern in die Hände gespielt. Sie fand deshalb keine politischen Mehrheiten im m.E. vordringlich um Selbstentpflichtung bemühten Kongress. *Doles* Initiative endete, nachdem sie ihren politischen Profilierungsertrag eingebracht hatte. Anti-multilaterale Ressentiments waren, ohne Hindernisse für die tagespolitische Auseinandersetzung hinterlassen zu haben, allein durch symbolisches Flaggezeigen befriedigt worden. Das Beispiel dieses nie tagenden Phantomgremiums illustriert aus meiner Sicht die drei aktuellen Haupttendenzen in der Befassung des Kapitols mit Handelsfragen, die auch als Impulse für unilaterale Ansätze anzuführen sind, noch einmal sehr deutlich: 1. selektiver und zeitlich begrenzter, gleichwohl oft hysterisch zugespitzter Aktionismus, 2. ein in letzter Konsequenz verantwortungsscheues Kontrollbedürfnis exekutiver Entscheidungen und 3. Halbherzigkeit in der Durchsetzung eigener Steuerungswünsche.

5.2.3 Uneindeutigkeit der US-Handelspolitik nach 1990

In den Nachkriegsjahrzehnten unterlag die Handelspolitik der USA starken sicherheitspolitischen Rücksichtnahmen und war zweigleisig als nationale Zollsenkungs- und multilaterale Liberalisierungsstrategie angelegt. Die herausragende Wettbewerbsposition der US-Industrie erlaubte eine international abgestimmte und reziproke Öffnung heimischer wie fremder Märkte, die bündnispolitische Interessen flankieren sollte. Im Rahmen dieser schrittweisen Liberalisierung konnten selektiver Protektionismus, etwa bei Textilien bzw. im Agrarsektor, aber auch der Schutz bestimmter Problembranchen (über unilaterale Importregulierung) akzeptiert werden[131]. Unilateralismus blieb eine Reservestrategie, auf die zur Verbesserung der Exportchancen und der Durchsetzungsfähigkeit in internationalen Handelskonflikten häufiger zurückgegriffen wurde, ohne die hegemoniale Rolle im GATT aufzugeben[132]. Die durch den legislativen Mitgestaltungswillen vorangetriebene paradigmatische Akzentverschiebung vom „freien" zum „fairen" Handel[133] wurde ergänzt durch die Einführung von Schutzklauseln und institutionalisierten Prüfverfahren. Unilaterale Marktöffnung, bilateral vereinbarte Kontingentierungen und nationale Antidumpingmaßnahmen bzw. Strafzölle sollten die wachsenden Han-

eigenen souveränistischen Überzeugungen ventiliert werden sollen, ohne dass eine realistische Aussicht auf Erfolg besteht, erinnert an das berühmte „Ceterum Censeo" des römischen Senators *Cato* (d.Ä.). Aus der Tatsache, dass die Umsetzung einer weiteren intermediären Kontrollinstanz nur das Steckenpferd einiger verbohrter Souveränisten darstellt, kann eine Grundzufriedenheit des Kongresses mit den bereits zur Verfügung stehenden Kontrollmitteln interpretiert werden. Die Zurückhaltung bei der Implemetierung der „*Dole-Commission*" dokumentiert aber andererseits vielleicht auch nur die Scheu vor einer juristischen Formalisierung einer so heiklen politischen Frage, wie es der Austritt aus der WTO wäre.

[131] Vgl. *Medick-Krakau* (1995) und *Destler* (2005).

[132] Die Prinzipien des GATT (schrittweise und durch Schutzmaßnahmen flankierte Handelsliberalisierung durch reziproke Zollsenkung) sowie dessen institutionelle Ausstattung (Meistbegünstigungsklausel) gehen maßgeblich auf amerikanisches Gründungsdesign zurück; vgl. *Sen* (2003).

[133] Dazu insbesondere *Falke* (1995).

delsbilanzdefizite einzudämmen helfen. Parallel bestand freilich ein dringliches Interesse der US-Handelspolitik an der Erweiterung multilateraler Handlungsmöglichkeiten, insbesondere an einer Verbesserung der Streitschlichtung. Der maßgebliche amerikanische Beitrag zum Erfolg der Uruguay-Runde dokumentierte noch zu Beginn der 1990er Jahre, dass multilaterale Fortschritte und die damit einhergehenden Anpassungsleistungen in den USA nach wie vor mehrheitsfähig waren[134]. Liberalisierung und Multilateralismus waren allerdings nie Synonyme.

Inzwischen aber hat die Zahl der Konflikte im Entscheidungssystem, die sich an außenhandelspolitischen Themen entzünden, massiv zugenommen. Der strukturelle Konflikt zwischen Gegnern einer schrankenlosen Liberalisierung und Gegnern einer ökonomischen Überregulierung durch die multilaterale Hintertür scheint unaufhebbar und erschwert die Bildung von belastbaren Mehrheiten. Diese müssen vielmehr mühsam ad hoc zusammengebracht werden. Wie das Beispiel der 1997 fehlgeschlagenen „*fast-track*"-Initiative zeigt, gelingt dies nicht immer. Als Senkblei für multilaterale Liberalisierungsbemühungen hat sich oft das Fehlen einer eindeutigen handelspolitischen Positionierung der Administrationen erwiesen; deren Rhetorik, wenngleich am Freihandelsparadigma orientiert, blieb zumeist starken innenpolitischen Rücksichtnahmen und kurzfristigen Überlegungen unterworfen. Angesichts dieser Orientierungslosigkeit, die durch die strenge Ausrichtung auf vermittelbare Verhandlungsresultate noch verstärkt wird, hat handelspolitischer, oder zumindest außenwirtschaftlich folgenreicher Aktivismus des Kongresses oder anderer Akteure (beispielsweise Gerichte[135]) zugenommen: Er bildet inzwischen die Hauptursache für Unilateralismus in der US-Handelspolitik. Politisch wurde dieser Entwicklung nicht nur mit protektionistischen Lippenbekenntnissen und Teilzugeständnissen Rechnung getragen, sondern auch mit einem strategischen Mehrebenenansatz in der Außenhandelspolitik.

Die seit *Clinton* offizielle und von der Öffentlichkeit weithin akzeptierte[136] Gleichrangigkeit von Unilateralismus, präferentiellen Handelsabkommen auf bilate-

---

[134] Die Voten über die Ratifizierung der Uruguay-Ergebnisse (1994) und über den WTO-Verbleib (2000 bzw. 2005) waren die letzten außenhandelspolitisch relevanten Abstimmungen, bei denen im Kongress *beide* Parteien mehrheitlich und gemeinsam einen klaren Liberalisierungskurs unterstützen.

[135] Vgl. beispielsweise zur Rolle des *Supreme Court*, wo souveränitätsbeschränkende Auswirkungen internationaler Handelsverträge uneindeutig bewertet worden sind, *Goodman/Frost* (2000).

[136] Alle Versuche, in der öffentlichen Meinung zur Handelspolitik Konsistenz erkennen zu wollen, sind zum Scheitern verurteilt. Immerhin bemüht sich *Holsti* (2004) redlich. Trends gibt es viele, zudem widersprüchliche. Oft scheinen die Ergebnisse zufällig und durch die Art der Frage vorgeprägt: Zum Beispiel wurde NAFTA als Erfolg oder Fehlschlag bewertet (47% Zustimmung und 34% Ablehnung, in einer anderen Erhebung 35% Ablehnung und 28% Befürworter; beide Umfragen aus dem Jahr 2004). Auch die Freihandelsorientierung ist widersprüchlich: die Wachstumschancen durch ungehinderten Handel werden mehrheitlich anerkannt (52% und 49% in Umfragen aus 2002 bzw. 2003). Freihandel wird generell stark befürwortet (64% zu 27% in einer Umfrage aus 2000), gleichzeitig aber wird er auch mehrheitlich (58% gegen 32% in einer Erhebung von 1998) als Bedrohung für US-Jobs und Löhne hervorgehoben. Für die Beseitigung „unfairer" Handelsbedingungen treten ebenfalls Mehrheiten ein (55% in 2003). Exporterweiterung wurde zwar Vorrang vor einer Erhöhung der Importbarrieren eingeräumt (61% gegen 31%), die

raler Ebene, regionaler Integration (NAFTA, APEC, CAFTA und FTAA) und Liberalisierung im WTO-System hat das Leitbild globalen Liberalisierungsfortschritts in den Hintergrund gedrängt und durch das Paradigma einer, wenn nötig, einseitig vorangetriebenen Handelsexpansion mit dem Ziel eines „geebneten Spielfelds" (*level playing field*) ersetzt. Offenkundig wird mit diesem Ansatz – von der *Bush*-Administration rhetorisch mit dem Begriff „kompetitive Liberalisierung"[137] bemäntelt – in der amerikanischen Handelspolitik immer stärker auf kurzfristigen Erfolg in kleinerm Rahmen gesetzt, weniger auf große Würfe, die Rücksichtnahmen auf eine Vielzahl anderer Staaten notwendig machen. Dies scheint angesichts der Durchsetzungsschwierigkeiten und der Verhandlungsblockaden in multilateralen Kooperationen durchaus nachvollziehbar. Hier kommt aber neben dem ohnehin stark instrumentellen Umgang der amerikanischen Außenpolitik mit transnationalen Institutionen auch die Vorstellung zum Tragen, dass bei einer bilateralen Marktöffnung durch *FTA* bessere Resultate erreicht werden können und geringere amerikanische Zugeständnisse nötig sind als bei zeitaufwendigem multilateralen *bargaining*[138]. In den letzten Jahren hat sich auch die Lobbytätigkeit zahlreicher Unternehmen auf die Unterstützung bilateraler Präferenzabkommen konzentriert[139].

Die Bilanz „kompetitiver Liberalisierung" ist bisher jedoch, auch wenn sie unter strategischen Gesichtspunkten im Vergleich zur „postmodernen" Handelspolitik der EU-Staaten erfolgversprechender scheint[140], durchwachsen. So wurde bei-

---

Erteilung der dafür notwendigen präsidentiellen Verhandlungsvollmacht aber abgelehnt (49% gegen 42% im Jahr 2003); alle Daten aus: http://www.pollingreport.com/trade.htm.

[137] Der *USTR* in *Bushs* erster Amtszeit, *Zoellick*, hat damit einen Begriff aufgegriffen, den *Bergsten* (1996) entwickelt hatte. In der *Reagan*-Zeit war der Mehrebenenansatz von *Richardson* als „contigent multilateralism" bezeichnet worden („multilateralism where possible, minilateralism where necessary"); vgl. *Elliott/Hufbauer* (2002: 401).

[138] *FTA* verfolgen in der Regel mehrere Ziele, ökonomische wie außenpolitische: Zum einen sollen Präferenzabkommen beschleunigte Marktöffnung sicherstellen und darüber hinaus als Begleitinstrumente internationaler Verhandlungsprozesse dienen. Zuvorderst aber sollen, ähnlich wie bei NAFTA, die Investitionssicherheit für amerikanische Investoren verbessert, Deregulierungsprozesse verstärkt und gleichzeitig regulative Standards im Umweltbereich, beim Arbeitsschutz und beim Schutz geistiger Eigentumsrechte verbessert werden. Außerdem können geopolitische Erwägungen die Verhandlungen beeinflussen („Entlohnung" und bessere Anbindung von Verbündeten der USA). Nicht zuletzt bilden *FTA*, die unzweifelhaft auch ökonomische Entwicklungsprozesse bei den Vertragspartnern unterstützen sollen, eine handelsdiplomatische Drohkulisse gegenüber Blockierern in WTO-Verhandlungen, jedoch mit insgesamt eher zweifelhafter Wirkung. Im allgemeinen scheinen die politischen Motive für *FTA* wichtiger gewesen zu sein als die ökonomischen, zumal die jeweiligen Partnerländer in der Regel auch stärker wirtschaftlich profitieren konnten als die US-Volkswirtschaft; vgl. *Rosen* (2004: 73ff).

[139] Vgl. *Schott* (2004: 363ff) sowie (2005: 254f). Insgesamt scheinen *FTA* eine der wenigen Möglichkeiten zu sein, um die Wirtschaftsseite zu Gegendruck gegen die Liberalisierungsbremser (Arbeitnehmerorganisationen und Umweltgruppen) mobilisieren zu können: „One of the best means of creating such counterpressure is through negotiations aimed at increasing export opportunities, because these bring the export interests (...) more actively into the political fray."; Zit. *Destler* (2005: 318). Wegen der unklaren Erfolgsaussichten auf multilateraler Ebene scheint Handelsexpansion über Präferenzabkommen besser erreichbar. Deshalb ist mit größerer Mobilisierung zu rechnen.

[140] Vgl. unter anderem *Falke* (2005).

spielsweise der amerikanische Zeitplan für den Abschluss der FTAA-Verhandlungen durch die Blockade der *Mercosur*-Staaten obsolet[141]. Auf bilateraler Ebene konnten bis Mitte 2005 zwar mit 12 Staaten, in der Mehrzahl kleine Entwicklungsländer, Abkommen geschlossen werden, hinzu kommt die CAFTA (mit fünf karibischen Staaten, darunter der Dominikanischen Republik). Indes bleibt die exportgenerierende Wirkung dieser Abkommen vernachlässigbar, solange keine weitergehende Handelsliberalisierung im regionalen oder multilateralen Rahmen erreicht wird. Eine nennenswerte Wohlfahrtssteigerung für die USA durch *FTA* ist (bis jetzt) nicht zu verzeichnen; dazu sind die Staaten, mit denen bilateral verbesserter Marktzugang vereinbart wurde, schlicht zu klein[142]. Deshalb bilden Bilateralismus und Regionalismus, auf die vor allem bei sich abzeichnenden WTO-Blockaden rekurriert wird[143], wohl nur im Bereich handelsdiplomatischer *Rhetorik* gleichwertige Ersatzstrategien zu multilateraler Integration.

Insgesamt verstärkt Mehrgleisigkeit aufgrund der damit verbundenen Irritationen für wichtige Handelspartner[144] Zweifel an der Konsistenz und Richtung amerikanischer Handelspolitik. Hinzu kommt die Überlagerung der Handelsagenda mit „trade and"-Themen, die sich in einer stärkeren Einbeziehung von Sozial- und Umweltthemen und neuerdings in verstärkter Rücksichtnahme auf den Antiterrorkampf niederschlägt[145], sowie die nachlassende Bereitschaft der Administrationen, handelspolitische Global Governance durch Führungsstärke und verantwortungsbewusste Konzessionsbereitschaft der USA gegenüber Handelspartnern zu unterstützen[146]. Um absehbaren Vermittlungsschwierigkeiten von Liberalisierung-

---

[141] Es ist zweifelhaft, ob die Verhandlungen bis zum Auslaufen der *TPA* im Jahr 2007 wieder vom Abstellgleis geholt werden können, auf dem sie sich nach dem IV. Amerikagipfel im Herbst 2005 befinden.

[142] Vgl. die Angaben in *Schott* (2004: 360 und 368). Auch wenn bei erfolgreichem Abschluß aller geplanten Präferenzabkommen prospektiv etwa 40% des US-Außenhandels mit bilateralen Verträgen abgedeckt sein könnten – meist in Ergänzung zu multilateralen Regelungen –, sind die bisherigen Auswirkungen der bestehenden *FTA* auf die Handelsbilanz nur marginal. Langfristig sind bei Entwicklungsländern aber natürlich größere Zollsenkungen möglich als im Handel mit den wichtigsten Industrieländern – einfach aufgrund des höheren Protektionsniveaus. Allerdings zeigen *Brown/Deardorff/Stern* (2002), dass die multilateral erreichbaren Wohlstandseffekte für die USA signifikant höher ausfallen als die Ergebnisse durch *FTA*. Für einen Überblick aller durch die USA eingeräumten Zollkonzessionen *WTO* (2006: 137ff).

[143] Dass Präferenzabkommen und paralleler Regionalismus (APEC oder FTAA) seitens der USA bei Blockaden in Welthandelsrunden als Drohkulisse ins Spiel gebracht werden, hat sich auch nach dem enttäuschenden Gipfel in *Cancun* wieder gezeigt, nach dessen Scheitern *USTR Zoellick* auch mehrfach die Möglichkeit betonte, die USA könnten Märkte zur Not auch bilateral öffnen. Die Bilanz dieses Vorhabens ist aber bis jetzt nicht überzeugend.

[144] Zur Diskussion, ob durch *FTA* außerhalb des multilateralen Rahmens eher Stolpersteine oder Mosaiksteine für „große" Lösungen geschaffen werden, *Bergsten* (1997 und 2002), *Dieter* (2003) und *Rode* (2006: 205ff).

[145] Die *Bush*-Regierung wollte zu Beginn ihrer Amtszeit immerhin „Handelspolitik wieder als Handelspolitik betreiben und nicht als verkappte Sozial-, Umwelt- oder Entwicklungspolitik", wenngleich der gegenüber Protektionsinteressen zu entrichtende Preis sehr hoch ausfiel; Zit. *Falke* (2003: 166).

[146] Selbst die Notwendigkeit der *Trade Promotion Authority* wurde von der *Bush*-Administration nicht mit der Notwendigkeit multilateraler Fortschritte begründet, sondern in erster Linie als

fortschritten im heimischen Entscheidungssystem zuvorzukommen, waren sowohl *Bush* als auch *Clinton* gezwungen, eine streng an Marktzugangsthemen und Reziprozitätserwartungen ausgerichtete Außenhandelsagenda zu verfolgen. Durch diese Einschränkungen ist die Basis für multilateralen Konsens bereits im Vorfeld erheblich verkleinert worden. Mit Regionalismus und Bilateralimsus ist eine gefährliche Relativierung des multilateralen Pfads verbunden, die Unilateralismusvorwürfe anheizt[147]. Die diskriminierende Wirkung von strengen Ursprungsregeln oder sonstigen präferentiellen Marktzugangsregularien ist nicht zu übersehen[148]. Hier bietet sich ein Einfallstor für die minilaterale Aushöhlung multilateraler Regeln und Prinzipien (Meistbegünstigung).

Zusammenfassend lässt sich feststellen, dass sich der institutionelle Rahmen, die funktionalen Mechanismen und ideologischen Paradigmen des handelspolitischen Entscheidungssystems nach 1990 in einigen wesentlichen Punkten erheblich verändert haben und damit auch die Ergebnisse der Handelspolitik uneindeutiger geworden sind. Dabei haben sich die Schwerpunkte des unilateralismusfördernden Aktivismus in den 1990er Jahren verlagert, auch dessen Instrumentarium hat sich differenziert. Die vordergründig erkennbare, auch ausdrücklich als Unilateralismus kommunizierte Aufbrechung ausländischer Märkte ist wegen ihrer multilateralen Auffälligkeit nicht länger tragfähig. *Section 301*-Verfahren, in denen *ITC* und *USTR* die Hauptrollen übernehmen, werden kaum noch angestrengt und bergen nur noch geringes Gefahrenpotential für internationale Handelsbeziehungen. Es sind vielmehr einseitig verhängte Wirtschaftssanktionen und diskriminierende Regulierungspraktiken der USA – in erster Linie auf Kongressinitiativen zurückgehend –, die den Unilateralismusvorwurf haben laut werden lassen. Die Vielfalt handelspolitischer Paradigmen und der erhöhte Zwang zur Rücksichtnahme auf schutzbedürftige Interessengruppen stellen freilich noch keine grundlegende Abkehr vom Multilateralismus dar[149]. Ressentiments gegen die Welthandelsorganisation sollten in erster Linie als innenpolitischer Theaterdonner, nicht als grundsätzliche Infragestellung handelspolitischen Multilateralismus interpretiert werden. Das Verhalten der USA zur WTO bleibt ambivalent[150] – nicht „schizophren“[151]. Als Begleiterscheinung multilateralen Liberalisierungsdrucks sind Mobilisierungseffekte protektionistischer Kräfte fast zwangsläufig[152]. Unilateralismus bildet allerdings nicht mehr nur eine Reserve- oder Notfallstrategie, sondern ist inzwischen zu einem weithin akzep-

---

Voraussetzung bei der Aushandlung bilateraler bzw. regionaler Abkommen (CAFTA und FTAA) kommuniziert.

[147] So merkt *Hockin* (2003: 119) an: „It´s the spirit of unilateralism in multilateral and regional bargaining arenas that trouble other countries. (…) This strategy can undermine the purpose of (…) the WTO.“; ähnlich die Kritik von *Scherpenberg* (2003) und *Koopmann* (2004).

[148] Vgl. *Kwakwa* (2000), *Wilkinson* (2000), *Falke* (2001) sowie *Dieter* (2003 und 2005).

[149] Insofern wird, um eine Einschätzung von *Falke* (1995: 326) aufzugreifen, der Paradigmenwechsel in der amerikanischen Außenhandelspolitik weiter „in der Schwebe gehalten“.

[150] Vgl. *Elliott/Hufbauer* (2002).

[151] So *Krueger* (1995: 6f), die sich damit auf den Gegensatz zwischen der Unterstützung für das Welthandelsregime und kurzfristigen, durch Partikularinteressen motivierte Verstößen gegen multilaterale Regeln bezieht.

[152] Vgl. *Goldstein/Martin* (2000).

tierten und den Hindernissen des nationalen Entscheidungssystems angepassten Baustein der US-Außenwirtschaftspolitik geworden. Aus Unilateralismus erwachsende internationale Konflikte scheinen aber, besser als früher, institutionell kontrolliert werden zu können.

5.3 Handelssanktionen als (legislative) Nebenaußenpolitik

Im Folgenden soll das Unilateralismuspotential von Handelssanktionen analysiert werden. Der in dieser Arbeit entwickelten Defintion zufolge sind außen- bzw. sicherheitspolitisch motivierte Sanktionen dann als unilateralistisch einzustufen, wenn sie eine multilaterale Legitimation nicht anstreben oder nicht erhalten. Ein zweites Unilateralismuskriterium ist erfüllt, sofern auf eine Verhaltensänderung von (unbeteiligten) Drittstaaten abgezielt wird oder multilaterale Regeln bewusst ignoriert bzw. nationalen Regulierungstatbeständen untergeordnet werden. Beschränkungen, die den eigenen Exportunternehmen oder ausländischen Exporteuren beim Zugang auf den US-Markt auferlegt werden, beispielsweise aus Menschenrechts- oder Umweltschutzerwägungen heraus, lassen sich als aktivistischer Unilateralismus kennzeichnen. Einseitige Embargos können, sofern sich keine Folgewirkungen für Dritte ergeben, als attentistischer Unilateralismus typologisiert werden. Dagegen tragen Entscheidungen, die über unilaterale Sanktionsmaßnahmen hinaus einen Sanktionszwang für andere Staaten implizieren, jedoch nicht durch internationale Vereinbarungen unterstützt werden, Züge von intervenierendem Unilateralismus und führen in multilateral institutionalisierten Interaktionen zu Konflikten.

Zu Recht ist darauf hingewiesen worden, dass bei exterritorialen Sanktionen die USA oft unfreiwillig in die Position eines unilateralen Vorreiters hineingedrängt worden sind[153]. Amerika hat sich *nie* gegen eine multilaterale Erweiterung einer einseitigen Embargopolitik gesträubt, aber auch nur selten Schritte zur dazu notwendigen multilateralen Normgenerierung unternommen – besonders deutlich wird dies bei mit Umweltschutz begründeten Handelssanktionen[154]. Unilaterale Phänomene in der US-Handelspolitik waren (und sind) zuvorderst das Ergebnis nationaler Entscheidungen und nationaler Einflusskoalitionen, für die im internationalen Raum selten Gefolgschaft organisiert werden konnte, weil US-Interessen und die Interessen wichtiger Handelspartner nicht übereinstimmten. Unilaterale Sanktionen besitzen in der Regel völkerrechtlich nur eine eingeschränkte Legitimität und entfalten aufgrund vielfältiger Umgehungsmöglichkeiten kaum ökonomische Auswirkungen auf die betroffenen Staaten. Zur Effizienzsteigerung derartiger Maßnahmen wäre ein multilateraler Ansatz (im UN-Sicherheitsrat) angezeigt. Sofern es über-

---

[153] Vgl. *Mastanduno* (2002a: 296). Die USA zeigen in Sanktionsfragen eine deutlich *höhere* Bereitschaft zu multilateraler Zusammenarbeit als in fast allen anderen Bereichen. Die Multilateralismusneigung korrespondiert dabei aber mit einer gewissen Unduldsamkeit, sofern amerikanische Forderungen von anderen Staaten nicht angemessen berücksichtigt werden. Viele Sanktionen sind Alleingänge geblieben, weil von Handelspartnern die bedingungslose Akzeptanz amerikanischer Entscheidungen erwartet wurde und keine Konzessionsbereitschaft bestand. Das hegemoniale Führungsmoment blieb damit auf der Strecke.

[154] Vgl. *Falkner* (2005: 589f).

haupt entsprechende Versuche gegeben hat, ist ihnen wegen des Widerstands anderer Staaten nur wenig Erfolg beschieden gewesen.

5.3.1 Politische und ökonomische Kalküle

In Entscheidungen über einseitige Handelssanktionen überlagern sich ökonomische und sicherheitspolitische Rücksichtnahmen, aber auch umwelt- und sozialpolitische bzw. humanitäre Motive[155]. Sanktionspolitik gegenüber Drittstaaten ermöglicht vor allem der Legilsative Aktionismus, ohne die Leitlinien amerikanischer Außenpolitik infrage zu stellen oder direkt sichtbare Kosten zu verursachen[156]. Im Vergleich mit anderen Optionen fallen die unmittelbaren Sanktionskosten eher gering aus. Dieser Umstand fördert neben dem außenpolitischen Gestaltungswillen die bei vielen Abgeordneten bestehende Vorliebe für einseitige Embargos. Mit sicherheitspolitischen Argumenten begründete US-Boykotts oder Exportkontrollen sollten unter anderem amerikanische Machtinteressen durchsetzen (Irak), Menschenrechtsverletzungen stoppen (Sudan) oder einen politischen Regimewechsel herbeiführen helfen (Afghanistan, Lybien, Kuba)[157]. Trotz absehbarer multilateraler Konflikte hat auch die Exekutive diese Sanktionsentscheidungen oft unterstützt.

Neben politischen Motiven sind selbstverständlich auch ökonomische Anliegen bei Handelssanktionen relevant. Die von *ITC* und *USTR* auf Antrag von US-Unternehmen verhängten Sanktionen sind aufgrund ihrer Unvereinbarkeit mit dem Freihandelsparadigma wiederholt kritisiert worden[158]. Multilaterale Institutionen sind durch diesen US-Unilateralismus zwar herausgefordert worden, gleichzeitig wurden aber, besonders wenn er nur angedroht wurde, liberalisierungsorientierte

---

[155] Vgl. *Lowe* (1997), *Haass* (1998), *Preeg* (1999), *DeSombre* (2000 und 2001), *Malloy* (2001), *Shaffer* (2001) und *Carter* (2002).

[156] Den Kostenaspekt betont insbesondere *Shaffer* (2005: 10f). Tatsächlich dürfte vor allem bei ökologisch motivierten Sanktionsentscheidungen die Intransparenz der damit verbundenen Kosten für die US-Bürger die Zustimmung des Kongresses entscheidend befördern. Wenn statt direkter, US-Haushaltsmittel erfordernder Beihilfen, die Entwicklungsländern bei der Umsetzung höherer Umweltstandards helfen könnten, unter der Flagge des Umwelt- oder Tierschutzes zu Einfuhrsperren gegriffen wird, ersparen sich Politiker unangenehme Fragen. Mit den nicht nur unter Effizienzgesichtspunkten diskussionswürdigen Sanktionen wird in erster Linie Schuldvermeidung betrieben. Der Vorwurf, amerikanische Steuergelder zu verschwenden, kann so nicht aufkommen. Gleichzeitig werden, ohne großes Aufsehen zu erregen, Industrieinteressen bedient, denn von US-Anbietern können im Falle eines Embargos die Preise unmittelbar erhöht werden. Embargos sind also für die Konsumenten keineswegs kostenneutral. Die weitgehend intransparent bleibende Kostensteigerung auf dem US-Markt mobilisiert allerdings kaum Gegenwehr, weniger jedenfalls als direkte Beihilfen für das Ausland. Sanktionsentscheidungen wie „*Tuna/Dolphin*" bzw. „*Shrimp/Turtle*" zeigen dieses Muster besonders deutlich.

[157] Vgl. insbesondere *Malloy* (2001).

[158] Vgl. die besonders prominente Kritik von *Bhagwati* (1991b). Allerdings blieb der Exekutive immer ein gewisser politischer Handlungsspielraum erhalten, um *Section 301*-Verfahren auszusetzen und multilateraler Streitschlichtung anheim zu stellen. Die Erfolgsquote von *Section 301*-Verfahren war sogar signifikant höher, wenn die Untersuchungen in der Androhungsphase endeten; vgl. *Drezner* (2003b: 653).

Verhaltensanpassungen bei anderen Staaten in Gang gesetzt[159]. Durch die erweiterten Streitbeilegungsinstrumentarien der WTO, zu denen – ironischerweise – die Aggressivität der *Section 301*-Regelungen maßgeblich beigetragen hat[160], spielt unilaterale Marktaufbrechung im handelspolitischen Arsenal der USA inzwischen keine nennenswerte Rolle mehr: „(T)he (multilateral) dispute settlement mechanism took the bite out of *Section 301*."[161] Unilateralismus in Form einseitiger Strafzölle ist multilateral gezähmt[162] und nur noch gegenüber Staaten möglich, die nicht WTO-Mitglieder sind, oder auf Politikfeldern, die noch keiner multilateralen Verregelung unterliegen. Gegenüber den wichtigsten Handelspartnern der USA sind *Section 301*-Verfahren keine glaubhaft vermittelbare Reservestrategie, weil Gegenklagen höchstwahrscheinlich Erfolg hätten[163]. Deshalb sind derartige Verfahren in den letzten Jahren auch kaum noch von Unternehmensseite beantragt worden.

Übergeordnete strategische Motive lassen sich bei einseitigen US-Handelssanktionen nur noch selten identifizieren[164]. Sanktionsentscheidungen reflektierten nach dem Ende des Ost-West-Konflikts immer häufiger Versuche legislativer Nebenaußenpolitik, die die außenpolitische Prärogative des Präsidenten infrage stellen. Unilaterale Sanktionen gehen entscheidend auf Kongressaktivismus zurück, in dem sich die bereits beschriebene „Privatisierung der Außenpolitik", also ein wachsender Einfluss von Unternehmen, Wirtschaftsverbänden, Gewerkschaften oder zivilgesellschaftlichen Interessengruppen (Umwelt-NGOs) niederschlägt. Mit Sanktionsentscheidungen versucht vor allem das Repräsentantenhaus, auf innenpolitische Stimmungslagen bzw. Druck von Interessengruppen zu reagieren und gleichzeitig eine „Duftmarke" in der Außenpolitik zu setzen[165]. Außen- und

---

[159] Vgl. *Drezner* (2003b) oder *Destler* (2005).

[160] Hierzu vor allem *Swan* (2001). Auf die Ironie, dass der „aggressive Unilateralismus" der USA mitentscheidend für eine multilaterale Verschärfung der Streitbeilegungsregeln war und gewissermaßen zum institutionellen Kitt der WTO geworden ist, weisen *Elliott/Hufbauer* (2002: 397) hin. Allerdings sollte darüber nicht vergessen werden, dass die *Section 301*-Regelungen zwar als Katalysator für verbesserte Streitbeilegungsmechanismen gedient haben, die Auseinandersetzungen über den „aggressiven Unilateralismus" der USA aber auch lange Zeit den Erfolg der Uruguay-Runde zu unterminieren drohten.

[161] Zit. *Destler* (2005. 243) (Ergänzung D.K.). *Destler* weist außerdem darauf hin, dass zwei Drittel der seit 1995 initiierten Untersuchungsverfahren im Rahmen der WTO weitergeführt worden sind. Ein Großteil der *Section 301*-Verfahren ist damit der alleinigen Zuständigkeit der US-Behörden enthoben.

[162] Vgl. *Chang* (2000) sowie *Swan* (2001).

[163] Seit 1974 sind über 130 Verfahren initiiert worden. Auch wenn *Bayard/Elliott* (1994) den handelsschaffenden Effekt zwischen 1991 und 1994 auf 4-5 Milliarden US-$ schätzen, besteht doch Grund, die *Super 301*-Bestimmungen als handelspolitischen Irrweg und Fehlschlag zu bezeichnen. Insgesamt ist *Super 301*-Verfahren eine äußerst bescheidene Einschüchterungswirkung zu attestieren. Allerdings wurde mit diesen Untersuchungen wohl auch nicht immer auf tatsächliche Exportsteigerung gezielt, sie sollten vor allem politische Signale aussenden und die amerikanische Drohkulisse bei bilateralen Verhandlungen verbessern helfen.

[164] Vgl. für eine Übersicht aller unilateralen Wirtschaftssanktionen der USA *Carter* (2002).

[165] Vgl. etwa *Doherty* (1997), *Haas* (1998), *DeSombre* (2001), *Malloy* (2001) und Shaffer (2005). Andere Autoren betonen stärker die Rolle der Exekutive. So stellt etwa *Mastanduno* (2002a: 317) fest: „Precisely because these sanctions are dramatic and controversial, they send a strong signal to domestic actors that government officials take their problem seriously and are willing to take ac-

sicherheitspolitisch motivierte Ausfuhrkontrollen und eigenmächtig verhängte Strafen gegen Embargobrecher zeigen deshalb immer auch ein politisches Kräftemessen zwischen den Gewalten an. Enggefasste einseitige Wirtschaftssanktionen sollen die außenpolitischen Handlungsmöglichkeiten der Exekutive eingrenzen. Sanktionspolitik bildet eine Spielwiese, auf der verschiedenen Interessengruppen Entgegenkommen signalisiert werden kann, ohne die außenpolitischen Folgen in Betracht ziehen zu müssen. Weil es sich oft um vernachlässigbare „Wohlfühlpolitik"[166] handelt, von der Drittstaaten betroffen sind, zeigt die Exekutive oft nur geringes Interesse, sich dem Kongress entgegenzustellen. Wichtigste Aufgabe der Exekutive bleibt aber die außenpolitische Schadensbegrenzung. Mit exterritorialen Auswirkungen verbundener Unilateralismus fordert aufgrund der außenpolitischen Implikationen deeskalative Signale[167]. Während Sanktionsfragen vom Kongress zur außenpolitischen Profilbildung benutzt werden, fällt der Exekutive in einem „*good cop–bad cop*"-Rollenspiel zumeist die Aufgabe zu, eine nachhaltige Gefährdung der Außenbeziehungen zu verhindern[168].

5.3.2 Schwache Performanz unilateraler Sanktionspolitik

Einseitige Sanktionen, die maßgeblich vom Kongress veranlasst worden sind, um Klientelinteressen zu befriedigen, waren in den meisten Fällen politisch fruchtlos und ökonomisch schädlich. Es handelte sich meistens um Politikinszenierung zur außenpolitischen Profilbildung. Neben den zweifelhaften Erfolgen – intendierte Verhaltensänderungen bei anderen Staaten traten fast nie ein[169] – stand in der Debatte jedoch vor allem die negative Anreizwirkung, die von einem einseitigen Exportverzicht auf die Exporttätigkeit anderer Staaten ausging, in der Kritik[170]. Wenn keine multilaterale Verallgemeinerung der Sanktionen erreicht werden konnte, war zügige Marktsubstitution durch ausländische Anbieter die Folge (zum Beispiel im Iran oder in Libyen). Durch den fast vollständigen Zusammenbruch bilateraler Handelsbeziehungen zwischen den USA und den Zielländern von Wirtschaftssanktionen wurden zuvorderst US-Wirtschaftsinteressen geschädigt. Amerikanische

tion to adress it." Gleichwohl wird in den empirischen Fallbeispielen dieser Arbeit deutlich, dass der Kongress als entscheidender Konfliktkatalysator anzusehen ist.

[166] Vgl. *Preeg* (1999), der von symbolischen, aber politisch weitgehend folgenlosen „*feel-good*"–Ansätzen spricht.

[167] Vgl. *Mastanduno* (2002a: 298f).

[168] So hat *Clinton* maßgeblich auf den im Jahr 2000 in Kraft getretenen und mit einer Steigerung von Exportchancen begründeten *Trade Sactions Reform and Enhancement Act* hingewirkt, durch den einige unilaterale Sanktionen gelockert wurden; vgl. *Teegen/Askari/Forrer/Yang* (2003: 10).

[169] Die politische Folgenlosigkeit einer von den USA isoliert implementierten Sanktionspolitik, die keine multilaterale Unterstützung findet, betonen insbesondere *Preeg* (1999) und *Askari/Forrer/Teegen/Yang* (2003b).

[170] Kritik an unilateralen Außenwirtschaftssanktionen üben mit Verweis auf die negativen volkswirtschaftlichen Folgen, von denen Exportunternehmen betroffen sind, unter anderem *Hufbauer/Elliott/Cyrus/Winston* (1997), *Collins/Bowdoin* (1999), *Preeg* (1999), *Carter* (2002), *Mastanduno* (2002a), *Askari/Forrer/Teegen/Yang* (2003a) sowie *Hufbauer/Oegg* (2003). Die außenpolitischen Verwicklungen werden vor allem von *Haass* (1998) thematisiert.

Firmen mussten auf Exportgeschäfte mit Staaten verzichten oder Embargos durch ausländische Tochterunternehmen zu umgehen versuchen, während ausländische Konkurrenten weiterhin ungehindert lieferten. Selbst nach einer späteren Aufhebung der Sanktionen waren die Märkte für US-Unternehmen weitgehend verloren[171]. Die Angaben über die ökonomischen Schäden durch entgangene Ausfuhren schwanken: In den 1990er Jahren betrugen sie Studien zufolge durchschnittlich etwa 15 Milliarden US-$ pro Jahr (an entgangenen Exporterlösen)[172], was sich in einem Verlust von bis zu 260.000 Arbeitsplätze niederschlug[173]. Die Unternehmen lehnten derartige unilaterale Sanktionsentscheidungen deshalb in den meisten Fällen ab. Ende der 1990er Jahre lag das entgangene Exportvolumen bei über 3% der Gesamtausfuhren[174]. Viel schwerer als entgangene Exporterlöse wog allerdings die multilaterale Auffälligkeit, meist in Form von Klagen vor der Welthandelsorganisation. Der in der WTO erreichte Grad institutionalisierter Interdependenz bildete für unilaterale Sanktionsentscheidungen der USA einen wirksamen Prellbock.

5.4 Eingebetteter handelspolitischer Unilateralismus

Den durch wirtschaftliche Verflechtung und institutionelle Regeln geschaffenen Anpassungszwängen kann sich die Supermacht, und dort vor allem die Exekutive, nicht entziehen. Im Zuge der Weiterentwicklung des Welthandelsregimes mussten beispielsweise die *Super 301*-Bestimmungen entscheidend modifiziert und dem WTO-Recht angepasst werden, auch wenn sie formal weiter in Kraft sind[175]. Die im WTO-System implementierte Rechtsorientierung, die gleichwohl unter strengen Kriterien sektorale Ausnahmen und politische Rücksichtnahmen erlaubt, kommt den US-Interessen insgesamt entgegen. Schließlich lassen sich damit auch Regelverstöße anderer Staaten besser ahnden. Dem für die GATT-Zeit typischen Legitimationsmuster unilateraler Handelspolitik, dass nur die USA Handelsverstöße effektiv ahnden könnten, weil multilaterale Sanktionen „zahnlos“ seien, ist mit der Existenz des *Dispute Settlement Body* der Boden entzogen. Die amerikanische *compliance*-Bereitschaft im WTO-System ist sehr hoch[176]. Gleichwohl wird die amerikanische Handelspolitik auch weiterhin von einem manifesten Unilateralismusvorbehalt geprägt. In ihm zeigt sich das unaufhebbare Spannungsverhältnis zwischen multilateralen Verpflichtungen und nationalen Interessen, die tendenziell eben auch von protektionistischen Einflusskoalitionen mitformuliert werden können.

---

[171] Vgl. *Hufbauer/Elliott/Cyrus/Winston* (1997: 2); *Hufbauer/Oegg* (2003: 5) finden wiederum in ihrem Analysemodell wenig Anhaltspunkte für dieses Muster.
[172] Vgl. *Askari/Forrer/Teegen/Yang* (2003a), während *Hufbauer/Oegg* (2003) das Volumen des durch Sanktionen induzierten Exportverzichts der USA Ende der 1990er Jahre wesentlich geringer, nämlich auf etwa 10 Milliarden US-$ veranschlagen.
[173] Vgl. *Hufbauer/Elliott/Cyrus/Winston* (1997).
[174] *CEA* (2004: 285) sowie *Askari/Forrer/Teegen/Yang* (2003a:19) sowie eigene Berechnungen.
[175] Vgl. *Chang* (2000).
[176] Vgl. *Sen* (2003: 133).

Nunmehr soll anhand von fünf empirischen Falluntersuchungen eingebetteter Unilateralismus in der amerikanischen Handelspolitik dargestellt werden. Die Analyse erstreckt sich jeweils auf nationale Entscheidungsprozesse, die Alleingänge in außenwirtschaftlichen Interaktionen verursacht oder befördert haben, nimmt aber darüber hinaus multilaterale oder bilaterale Maßnahmen zur Streitbeilegung sowie amerikanische Anpassungsleistungen in den Blick. Im Zwei-Ebenen-Ansatz soll verdeutlicht werden, warum in der amerikanischen Handelspolitik Entscheidungen getroffen wurden, deren problematische Implikationen für das Welthandelssystem absehbar waren, und wie stark die multilateralen Streitschlichtungsinstanzen des GATT bzw. der WTO die Rücknahme einseitiger Handelspolitik befördert haben. Insbesondere soll gezeigt werden, wie sich unter dem Druck wichtiger Handelspartner die Einflusskoalitionen im handelspolitischen Entscheidungssystem der USA verändert haben. In allen untersuchten Fällen, die durchweg eine große Resonanz sowohl im amerikanischen Entscheidungssystem als auch im institutionellen Rahmen des Welthandelsregimes gefunden haben[177], wurden diskriminierende Entscheidungen unter dem Eindruck anhängiger oder gewonnener Klagen bzw. angekündigter Sanktionen von Handelspartnern aufgehoben. Die Wechselwirkung der komplex interdependenten Entscheidungsprozesse und die erzwungenen nationalen Anpassungsleistungen sollen in der jeweils für ein analytisches Verständnis der Vorgänge nötigen Tiefenschärfe analysiert werden.

5.4.1 Die Fälle „*Shrimp/Turtle*" und „*Tuna/Dolphin*"

In den beiden verkürzt als „*Shrimp/Turtle*" und „*Tuna/Dolphin*" bekannt gewordenen Fällen ging es im Kern um diskriminierende Handelsbeschränkungen, die einseitige umweltpolitische Entscheidungen der USA auf ausländische Exporteure entfalteten. In der Überschneidung von Umwelt- und Handelspolitik illustrieren beide Fallbeispiele, die wegen ihrer großen Ähnlichkeiten hier parallel dargestellt werden, einen „grünen Unilateralismus", bei dem Importrestriktionen als umweltpolitische Instrumente missbraucht wurden[178]. Dabei handelt es sich keineswegs um Einzelfälle – wie kein zweites Land haben die USA einseitig Umweltschutzstandards zu exportieren versucht. Die beiden zu untersuchenden Handelskonflikte waren jedoch besonders konfliktträchtig. Ökonomische Interessen waren dabei unverkennbar. Der in beiden Fällen maßgebliche Einfluss von Umweltschützern und (im Kielwasser) ökonomischen Interessengruppen im US-Entscheidungsprozess hat Kongress und Administration zu Handlungen veranlasst, die auf multilateraler Ebene später als Protektionismus beklagt worden sind. Wirtschaftliche Interessengruppen haben von Nebeneffekten der Sanktionen profitiert – in erster Linie über eine Aussperrung ausländischer Billigkonkurrenz, die keinen vergleichbaren ökologischen Regulierungsstandards unterworfen war, und, im Anschluss, durch steigende Marktpreise. Die von industrieller Seite vorgebrachten Forderungen nach Handelssanktionen entsprangen konkreten Schutzbedürfnissen und nicht ökologischem

---

[177] Vgl. *Destler* (2005: 244).

[178] Vgl. etwa *DeSombre* (2001), *Biermann* (2001) bzw. *Falkner* (2005).

Idealismus. Die Befriedigung protektionistischer Bedürfnisse und die Durchsetzung ökologischer Standards gingen also Hand in Hand, wobei der von Umweltgruppen verursachte Druck amerikanischen Produzenten eine willkommene Gelegenheit zur Mimikry bot[179]. In beiden Entscheidungen zeigte sich, dass der einseitige Export umweltpolitischer Standards besonders erfolgreich war, weil die Einflusskoalition sowohl Umweltorganisationen als auch Wirtschaftsakteure – zwei eher verfeindete Gruppen, die in der Regel selten an einem Strang ziehen – umfasste[180].

Aus der mit ökologischen Argumenten begründeter US-Regulierungspraxis entstand handelspolitischer Zündstoff und multilateraler Streit, der in einer institutionell unterstützten, aber letztlich bilateral implementierten Streitschlichtung mündete. Die verhängten Embargos schädigten Handelspartner, die den Streit in multilateralem Rahmen zu klären beabsichtigten und dabei letztlich erfolgreich waren. Am Ende stand *compliance* der USA mit den Entscheidungen der GATT- bzw. WTO-Streitschlichtungsorgane. Die Regelungen wurden zurückgenommen, abgeschwächt bzw. ausgesetzt. Unilaterale Handelspolitik unter ökologischen Vorzeichen erschien in der US-Öffentlichkeit akzeptabel. Die handelsrechtliche Argumentation, die überwiegend die multilateralen Regelverstöße kritisierte, hatte dagegen einen schweren Stand[181]. Die multilateralen Streitschlichtungsentscheidungen haben, auch wenn parallel zu den Handelsauseinandersetzungen multilaterale Tierschutzstandards etabliert werden konnten, unter Umwelt- und Tierschützern und allgemein im NGO-Lager die Vorbehalte gegenüber der WTO erheblich anwachsen lassen. Die Entrüstung über die WTO-Urteile war indes ungerechtfertigt, denn tatsächlich hat die Welthandelsorganisation unilaterale Umweltschutzmaßnahmen nicht grundsätzlich verboten, gleichwohl aber auf der Beseitigung unfairer Handelspraktiken bestanden[182]. Insgesamt haben Präsident und Legislative, die sich in der Einhegung der international entstehenden Konflikte weitgehend einig waren,

---

[179] Dazu *Shaffer* (2005: 5): „In both (...) cases, although environmentalists may have had idealist ends, domestic producer interests used environmental concerns to mask self-serving motives."

[180] Dieses Muster hat *DeSombre* (1995) vertiefend untersucht. Industrieunternehmen haben zwar in der Regel ein starkes Interesse an einer Abschaffung von Regulierungsstandards; wenn allerdings ein Export von Standards wieder „Waffengleichheit" (oder das gern zitierte „level playing field") mit ausländischen Anbietern herzustellen vermag, unterstützen sie auch Sanktionen. Die Geschlossenheit der heterogenen Einflusskoalitionen, in denen ideologische und wirtschaftspolitische Erzfeinde („baptists and bootleggers") geeint auftraten, war in den beiden Unilateralismusfällen jedoch nur in der Phase zu beobachten, als es galt, Druck auf Kongressmitglieder auszuüben oder Gerichtsverfahren anzustrengen. Nachdem die mit den Embargos angestrebte wirtschaftliche Entlastung eingetreten war, trat die Unternehmerseite wieder stärker als ökologischer Bremser hervor.

[181] Die Bewertungsunterschiede dokumentieren eine unterschiedliche Einschätzung der Folgewirkungen. Von Umweltschützern sind die diskriminierenden Regelungen typologisch wohl eher als aktivistischer Unilateralismus verortet worden, von dem eine ökologische Vorbildwirkung ausgehen sollte. Die multilateralen Streitschlichtungsorgane bewerteten die US-Entscheidungen dagegen aufgrund ihrer negativen Wirkungen für Handelsbeziehungen als klaren Verstoß gegen die institutionellen Prinzipien und Regeln des Welthandelssystems bzw. als ökologisch bemäntelten protektionistischen Sündenfall und damit als intervenierenden Unilateralismus.

[182] Vgl. zu den Urteilen *Mavroidis* (2000), *Chambers* (2001), *DeSombre/Barkin* (2002) sowie *Howse* (2002).

die umweltpolitische Argumentation gegenüber dem Ausland aber dennoch verteidigten, wenig aktive Überzeugungsarbeit nach innen geleistet. Während die ursprünglichen Weichenstellungen für Unilateralismus unter dem Eindruck starker Kampagnenmobilisierung des Umweltlagers gefallen waren, erfolgten die Anpassungsleistungen später geräuschlos und in sehr nüchterner Atmosphäre. Neben Erfolgen beim multilateralen Umweltschutz konnte angesichts negativer Streitschlichtungsurteile vor allem auf multilaterale Anpassungszwänge verwiesen werden.

5.4.1.1 Konfliktentstehung

Beide Fälle weisen eine ausgedehnte politische und legislative Vorgeschichte auf. Die US-internen Auseinandersetzungen um verschärfte Schutzstandards für Meeressäuger und Seeschildkröten reichen bis in die 1960er Jahre zurück. Den konkreten Unilateralismusentscheidungen ging allerdings kein langwieriger politischer Entscheidungsprozess voraus, in dem eine außenpolitische Folgeabschätzung hätte betrieben werden können. Es waren vielmehr kurzfristige und einander überlagernde Gerichtsentscheidungen und Kongressbeschlüsse, die nationale Umweltgesetze schrittweise konkretisierten und mit Blick auf ausländische Anbieter verschärften. Ausschlaggebend war der Druck von ökologischen und ökonomischen Interessengruppen, der zu einem mehr oder weniger unfreiwilligem politischen Aktionismus der Exekutive führte[183]. In beiden Fällen ist die amerikanische Politik durch selbstbezügliche Entscheidungen, die vor allem von US-Gerichten und nicht im politischen Raum getroffen wurden, in Alleingänge gewissermaßen „hineingestolpert". Entscheidungen der Judikative waren das katalytische Moment bei der Konfliktentstehung; Spannungen zwischen Präsident und Kongress spielten dagegen zunächst nur eine untergeordnete Rolle. Wegen starker innerer Interessengegensätzen gab es auch kein geschlossenes Auftreten der USA nach außen, vielmehr versuchte die Administration zwischen innenpolitischem Druck und den institutionellen Zwängen des Welthandelsregimes zu lavieren, während der Kongress jeweils nur vorübergehend in Erscheinung trat. Schuldvermeidung und umweltpolitische Indifferenz bildeten die Triebfedern legislativer und administrativer Entscheidungen. Vom auf US-Seite zu beobachtenden Mangel an Geschlossenheit haben die in die multilateralen Auseinandersetzungen verwickelten Staaten letztlich profitiert.

Die Auseinandersetzungen um „*Tuna/Dolphin*" waren nur ein Teilaspekt bilateraler Fischereistreitigkeiten zwischen den USA und Mexiko, die erst im Jahr 2002 zu einem vorläufigen Abschluss kommen sollten. Gegenüber ihrem südlichen Nachbarn hatten die USA mit der Begründung fehlender ökologischer Standards bereits ab 1981 ein Einfuhrverbot für Thunfisch verhängt. Dies war der Auftakt zum sogenannten „tuna war", in dem es außerdem um die Auslegung der Hoheitszone bzw. um exklusive Fischereirechte vor der mexikanischen Küste ging[184]. Die US-Administration hatte 1987 das bestehende Embargo gegenüber Mexiko aus au-

---

[183] Zu den Entstehungsmotiven unilateraler Umweltsanktionen vgl. vor allem *DeSombre* (2001: 198ff).

[184] Vgl. *Körber* (1998: 493). Trotz einer von Mexiko vorgeschlagenen Kontingentierung der Thunfischexporte scheiterten die bilateralen Verhandlungen vor allem an amerikanischer Aggressivität.

ßenpolitischen Erwägungen und wegen fehlender Erfolge auslaufen lassen. Die sich danach unmittelbar verstärkenden mexikanische Thunfischexporte in die USA riefen amerikanische Umweltgruppen sowie die Industrie auf den Plan. Ausschlaggebend für die multilateralen Konflikte im Fall „*Tuna/Dolphin*" war die 1988 ergangene Entscheidung eines US-Bundesgerichts – das Verfahren beruhte auf der Klage einer Umwelt-NGO –, in der ein älteres, bereits mehrfach novelliertes Gesetz zum Schutz von Meeressäugern dahingehend konkretisiert wurde, dass Importe von Thunfisch in die USA bei einer zu hohen Delphintötungsrate mit sofortiger Wirkung untersagt wurden. Grundlage der Gerichtsentscheidung (und späterer Klagegegenstand vor den GATT-*Panels*) war der 1972 erlassene *Marine Mammal Protection Act* (*MMPA*) zum Schutz seltener Meeressäuger[185]. Dessen zu diesem Zeitpunkt auf nationaler Ebene bereits 16 Jahre bestehende Regelungen wurden zu einem konkreten Embargogebot gegenüber allen Staaten umgedeutet, die kein vergleichbares umweltpolitisches Schutzniveau aufwiesen. Obwohl Delphine nicht vom Aussterben bedroht waren, sollte von den US-Behörden umgehend ein ökologischer Standard mittels Sanktionen exportiert werden. Die Gerichtsentscheidung erweiterte die zuvor nur für amerikanische Fischer verbindlichen Vorschriften auf alle Anbieter von im Ostpazifik gefangenen Thunfisch[186], hauptsächlich waren davon mexikanische Fischer betroffen. Das Gericht beließ es nicht bei Empfehlungen, sondern verpflichtete die US-Behörden zu verschärfter Regeldurchsetzung: Für ausländische Anbieter sollten durch das Handelsministerium umgehend Richtwerte bei den maximal tolerierbaren Tötungszahlen von Delphinen eingeführt werden, die unmittelbar an die US-amerikanischen gekoppelt waren.

Diese Vorgaben wurden von der Administration – wenn auch mit erheblicher Verspätung – umgesetzt. US-Behörden, insbesondere der *National Marine Fisheries Service* (*NMFS*), eine Unterabteilung des Handelsministeriums, hatten fortan die Fischereipraxis anderer Staaten zu überprüfen. Mexiko stand von Anfang an im Fokus der Regelungen. Das sofortige Importsanktionen einfordernde Gerichtsurteil wurde seitens der US-Administration mit bemerkenswerter Hartnäckigkeit zunächst anderthalb Jahre ignoriert. Zusätzlich wurde jedoch vom Kongress unter dem Eindruck ansteigender Delphintötungszahlen im Ostpazifik und der dadurch verursachten öffentlichen Aufmerksamkeit eine Kennzeichnungspflicht diskutiert, die Thunfischanbietern ohne entsprechendes Zertifikat (*dolphin safe*) den Zugang

---

[185] In ihm war unter anderem festgelegt, dass Fangschiffe über Vorrichtungen verfügen, die diese Tiere und insbesondere Delphine schützen; speziell war ein Verbot von Schlepp- und Ringwadennetzen vorgesehen; vgl. unter anderem *Esty* (1994). Interessanterweise wurden auf Druck des Senats in den 1970er Jahren wiederholt Ausnahmeregelungen für die amerikanischen Thunfischer verabschiedet, weil die vom Gesetz geforderte Nulllösung bei der Tötung von Delphinen (*zero mortality*) nur schwer realisierbar war.

[186] Die Regelungen bezogen sich zunächst nur auf Fischgründe im Ostpazifik vor der kalifornischen und mexikanischen Küste, weil nur dort Delphine als Beifang von Thunfisch auftraten. Außerdem wurde nur eine besonders in Amerika beliebte Thunfischsorte (Gelbflossen-Thunfisch) als gefährdet eingestuft. Diese Tierart war zu diesem Zeitpunkt noch nicht auf einer internationalen Liste gefährdeter Arten verzeichnet. Nicht nur die handelspolitischen Instrumente, sondern auch die ökologischen Bedenken der USA, die diesen zugrunde lagen, sowie die Form der Embargoimplementierung waren also eindeutig „unilateral"; vgl. *Sands* (2000: 295).

zum amerikanischen Markt verwehren sollte[187]. Parallel gab es politischen Druck aus dem Privatsektor: Lebensmittelunternehmen etablierten eine Art Ökosiegel und verzichteten „freiwillig" auf die Verarbeitung von Thunfisch aus dem Ostpazifik[188]. Entscheidend aber blieb der Druck der Umweltgruppen, die sich auf dem Höhepunkt ihres Einflusses befanden[189]. Die zurückhaltend agierenden US-Behörden wurden von den Umweltgruppen in weiteren Gerichtsverfahren auf Implementierung der verschärften Schutzbestimmungen verklagt. Der Druck von Ökogruppen sowie von Fischern und Konservenunternehmen, die mit Preisverfall und Wettbewerbsproblemen konfrontiert waren, verstärkte sich weiter. Der Großteil der Thunfischindustrie verfolgte ein klar protektionistisches Kalkül[190]. Es wurde nicht nur auf die sonst übliche Gegenmobilisierung gegen die Umwelt-NGOs verzichtet, sondern Sanktionen offen unterstützt. Mit vorgeschobenen ökologischen Argumente ging es um Konkurrenzaussperrung in einem Markt, der zu Beginn der 1990er Jahre ein Umsatzvolumen von über einer Milliarde US-$ aufwies.

Eine letzte wegweisende, den Regulierungsexport verbindlich festschreibende Entscheidung fällte ein kalifornisches Gericht im Oktober 1990; demzufolge waren unilaterale Embargos nicht nur legitim, sondern auch *zwingend* zu verhängen – der juristische und argumentative Triumph der Tierschützer bedeutete eine Niederlage für die US-Behörden, die sich bei der Verhängung von Sanktionen zuvor immer auf einen politischen Ermessensspielraum berufen hatten. Angesichts des öffentlichen, juristischen und legislativen Drucks sahen sich US-Behörden schließlich im Februar 1991 gezwungen, ein totales Importverbot auf Thunfisch von Anbietern aus Mexiko, Venezuela und Vanuatu zu verhängen. Von Umwelt- und Tierschützern wurde dieser unilaterale Export ökologischer Standards einhellig begrüßt

[187] Die Kennzeichnungspflicht war als Gesetz zur Konsumenteninformation verpackt. Der *International Dolphin Protection Consumer Information Act* aus dem Jahr 1992, nach seiner Initiatorin, der Abgeordneten *Boxer*, verkürzt „*Boxer Bill*" genannt, etablierte eine Kennzeichnungspraxis, die zur faktischen Diskriminierung aller ausländischen Anbieter führte. Betroffen war also nicht mehr nur Thunfisch aus dem Ostpazifik. Das Embargo richtete sich gegen Produzenten aus allen Fangregionen; die ursprüngliche ökologische (mit spezifischen Bedingungen des Ostpazifik begründete) Schutzargumentation spielte also – bemerkenswerterweise – keine Rolle mehr.

[188] Die thunfischverarbeitende Industrie in den USA hatte bereits während der 1980er Jahre in großem Stil Arbeitsplätze in Billiglohnländer verlagert, vor allem in den Westpazifik. Dadurch fiel ihr der Verarbeitungsverzicht sehr leicht; vgl. die ausführliche Darstellung dieses Zusammenhangs in *Körber* (1998: 481ff).

[189] Federführend bei den Lobbyaktivitäten des Umweltlagers war das *Earth Island Institute*. Insgesamt war die Öko-Koalition sehr bunt; vgl. *DeSombre* (1995 und 2000) oder die Auflistung bei *Körber* (1998: 502, FN 110).

[190] Die ab 1987 rapide ansteigenden Exporte von billigem Thunfisch aus Mexiko in die USA setzten vor allem den in Südkalifornien beheimateten Konservenfabriken und Fischern zu, die daraufhin ihre Lobbytätigkeit für verschärfte Umweltauflagen intensivierten. Tatsächlich profitierten drei große Konservenfirmen, die aufgrund ihrer zu diesem Zeitpunkt bereits fast vollständig nach Amerikanisch-Samoa verlegten Produktionskapazitäten kaum noch auf im Ostpazifik gefangenen Thunfisch angewiesen waren, von dem später gegen Mexiko verhängten Embargo wesentlich stärker als kleine Unternehmen, die überwiegend Bankrott anmeldeten und vom Markt verschwanden; vgl. *Körber* (1998: 479ff) und *Iizuka* (2001: 39ff).

und als Erfolg verbucht. Der US-Fischereiindustrie verschafften die Importverbote (durch unmittelbar darauf steigende Thunfischpreise) willkommene Entlastung[191].

Die handelspolitische Brisanz des Falls wurde, vor allem für Vertreter der Exekutive, schnell deutlich: Faktisch handelte es sich um eine einseitige Exterritorialisierung einer US-Regulierung[192]. Mexiko, dessen Fischereiflotte die Delphintötungsrate zwar in den folgenden Jahren durch verbesserte Technik drastisch senken konnte, ohne jedoch die von US-Behörden verlangten Kriterien zu erfüllen, hatte durch den Ausschluss vom US-Markt mit Exportverlusten und dramatischen wirtschaftlichen Problemen zu kämpfen[193]. Nachdem Bemühungen um Ausnahme- oder Übergangsregelungen für mexikanische Fischer an der Weigerung der US-Administration (*Bush* d.Ä.) gescheitert waren, wurde von Mexiko im September 1991 eine GATT-Klage angestrengt[194]. Auch andere Staaten sahen sich durch die US-Maßnahmen zu Anpassungsleistungen gezwungen. Sie versuchten, mit Embargos konfrontiert, die Delphintötungsrate zu senken, verzichteten aber auf Klagen. Zunächst ging der Konflikt damit nicht über die regionale Dimension hinaus. Später schloss sich jedoch noch die EG der mexikanischen GATT-Klage an. Damit hatten die Auseinandersetzungen die bilaterale Ebene endgültig verlassen.

Im zweiten hier untersuchten Unilateralismusbeispiel, dem 1987 angelaufenen Fall „*Shrimp/Turtle*", ging es um eine ähnlich gelagerte Ausweitung nationalen Umweltrechts in Form eines Embargos für ausländische Anbieter. Auch hier wurde eine bereits bestehende Regulierungspraxis der USA verschärft. Hier allerdings waren Umweltschützer bzw. deren Druck auf den Kongress die treibende Kraft bei der Konfliktentstehung. Von den mit Billigimporten kämpfenden amerikanischen Krabbenfischern und ihren Verbündeten im Kongress kam politischer Flankenschutz[195]. Bei „*Shrimp/Turtle*" ging es um den Schutz von Seeschildkröten, die beim Krabbenfischen gefährdet waren. Die zu schützende Spezies war also eine andere als bei „*Tuna/Dolphin*", das Instrumentarium aber ähnlich: Auch in diesem Fall, der öffentlich noch größere Beachtung fand, handelte es sich um eine ökologisch begründete und an technischen Details festgemachte Diskriminierung. Die USA versuchten zum Schutz von Seeschildkröten einen internationalen Krabbenfischer-TÜV einzuführen. Ausländische Anbieter wurden mit Importsanktionen belegt, sofern sie von der US-Administration kein Zertifikat erhielten, das ihre Fangmethoden als schildkrötenfreundlich (*turtle-friendly*) auswies. Bereits früher hatte es Versuche der amerikanischen, vor allem am Golf von Mexiko (*Louisiana* und *Texas*) konzentrierten Krabbenindustrie[196] gegeben, den Vertrieb von Krabbenprodukten

---

[191] Vgl. *Iizuka* (2001).

[192] Vgl. *Afilalo* (2002: 790).

[193] Mexikos Fischereiindustrie verzeichnete dramatische Einbußen. Die Auslastung der Thunfischfabriken sank nach Verhängung des Embargos auf unter 50%; vgl. *Iizuka* (2001: 45).

[194] Nach Verabschiedung weiterer amerikanischer Diskriminierungsmaßnahmen (*Boxer Bill*) wurde von der mexikanischen Regierung außerdem 1992 eine, allerdings erfolglose, Klage gegen die für alle Thunfischanbieter auf dem US-Markt verpflichtende „*dolphin safe*"-Etikettierung eingereicht.

[195] Vgl. *Shaffer* (1998).

[196] Federführend bei den industriellen Lobbyaktivitäten war das *Shrimp Council* und die *Texas Shrimp Association*; vgl. *DeSombre* (2000).

auf dem US-Markt an technische Vorbedingungen zu knüpfen. Diese industriellen Schutzbemühungen waren vor US-Bundesgerichten wiederholt gescheitert. Insofern ergab sich eine natürliche Interessengemeinschaft von Wirtschafts- und Umweltgruppen, die aus unterschiedlichen Gründen über den gerichtlichen Klageweg Importsanktionen gegen Entwicklungsländer einforderten.

Durch eine 1989 ergangene Kongressentscheidung[197], die von Abgeordneten aus den Südstaaten auf den Weg gebracht worden war und weitere Gesetzesverschärfungen auf bundesstaatlicher Ebene nach sich zog, wurden Krabbeneinfuhren aus allen Ländern untersagt, deren Flotte keine Spezialgeräte zum Schutz von Schildkröten verwendeten. Für amerikanische Fischer waren diese sogenannten *TED*-Vorrichtungen seit 1987 verpflichtend[198]. Weil sie gegen diese nationalen Auflagen vergeblich Sturm gelaufen war, drang die US-Krabbenindustrie verstärkt auf Sanktionen gegen ausländische Anbieter, die den *TED*-Anforderungen zunächst nicht unterlagen. Die Argumentation der Industrielobby, die eine „Diskriminierung" beklagte, solange die eigenen amerikanischen Maßstäbe höher seien als die im Ausland, verfing: Sanktionen richteten sich nunmehr auch gegen technologisch rückständige und billigere Anbieter, die vor allem in Entwicklungsländern beheimatet waren. Ende der 1980er Jahre hielten ausländische Anbieter immerhin einen Anteil von 73% am US-Krabbenmarkt[199], so dass ein nachvollziehbares Ausperrungsinteresse bestand.

Die konservative Haltung der die Gesetzesverschärfung unterstützenden Kongressabgeordneten (überwiegend Republikaner) und der Lobbyismus der Krabbenindustrie verdeutlichten, dass für den plötzlichen politischen Aktionismus und das Embargo nicht in erster Linie umweltpolitische Erwägungen ausschlaggebend waren. Die aktive Unterstützung seitens der Umweltgruppen vergrößerte aber die politische Einflusskoalition im Repräsentantenhaus und lieferte eine neue Legitimation für alte Protektionismusanliegen des Unternehmerlagers. Das *State Department* und der *NMFS* wurde durch die Kongressentscheidung mit konkreten Implementierungsschritten (Aushandlung, Durchsetzung und Überprüfung bilateraler Vereinbarungen zum Schutz von Seeschildkröten) beauftragt. Die US-Administration versuchte allerdings, die legislativen Auflagen zu verzögern und re-

---

[197] Die Grundlage des Einfuhrverbots für Krabben aus bestimmten Staaten (und Klagegegenstand vor der WTO) bildete der *US Endangered Species Act* aus dem Jahr 1973, speziell ein später verschärfter Abschnitt (*Section 609 of Public Law 101-162*).

[198] Bedingung war die Verwendung einer Technologie, die eine Separation von Seeschildkröten ermöglichen sollte. Staaten mussten, um amerikanische Einfuhrhindernisse für ihre Krabbenexporte zu vermeiden, ebenso wie US-Fischer die Verwendung eines *Turtle Excluder Device* (*TED*) in der Fangflotte nachweisen. Diese Vorrichtungen waren in der Anschaffung nicht teuer (maximal 600 US-$) und in der Wirkung sehr effektiv, weil sie die Zahl der Schildkröten, die als Beifang verendeten, um ca. 97 Prozent zu senken vermochten. Sie minderten allerdings auch die Erträge beim Krabbenfang. Auch wegen der geringen Anschaffungspreise war die Empörung über das WTO-Urteil bei Umwelt-NGOs groß. Mit dem Urteil wurde aber nur die handelspolitische Diskriminierungspraxis zurückgewiesen und nicht der ökologische Nutzen der *TEDs* bewertet; vgl. ausführlich *Mavroidis* (2000) und *DeSombre/Barkin* (2002).

[199] Vgl. *DeSombre* (2001: 201). Das von Krabbenprodukten in den USA erzielte Umsatzvolumen wurde 1996 immerhin auf rund eine Milliarde US-$ veranschlagt.

gional zu begrenzen, nämlich zunächst auf Anbieter aus der karibischen Region, also die direkte Konkurrenz für die amerikanischen Krabbenfischer „vor der Haustür", im Golf von Mexiko. Die regionale Begrenzung sollte institutionelle Konflikte im Welthandelssystem verhindern helfen. Ein alle Anbieter auf dem US-Markt umfassendes Embargo stand bis 1995 nur als Drohung im Raum, weil ausländischen Anbietern eine dreijährige Übergangsfrist eingeräumt wurde[200].

Nichtsdestoweniger erntete die US-Regelung bereits vor ihrer Implementierung im Ausland erhebliche Kritik wegen der einseitigen Exterritorialisierung amerikanischen Rechts. Im nationalen Entscheidungssystem ging die Kritik gerade in eine entgegengesetzte Richtung: Umweltgruppen versuchten – politisch und juristisch – gegen die zögerliche administrative Implementierung vorzugehen. Die Verzögerungstaktik, die der Exekutive den nicht unberechtigten Vorwurf der Heuchelei eintrug, machte deutlich, dass man eine schnelle Umsetzung der Sanktionen und die daraus erwachsenden Konfrontation mit Handelspartnern scheute. Auch der Regierung in Washington waren die Parallelen zum „*Tuna/Dolphin*"-Fall, speziell die ähnlichen außenpolitischen Folgewirkungen, klar. Die starke rhetorische Unterstützung *Clintons* für die Anliegen der Tierschützer wirkte angesichts der Versuche, das Embargo zu verzögern und Ausnahmen zu gewähren, unaufrichtig. Sein politischer Symbolismus war letztlich Ausdruck einer Doppelstrategie, die den überspannten Erwartungen auf nationaler und den massiven Bedenken auf internationaler Ebene gerecht zu werden versuchte. Angesichts der schließlich mit sechsjähriger Verzögerung unter dem Druck von Gerichtsklagen verhängten Einfuhrverbote gegen mehr als 70 Staaten, die die US-Zertifizierungsbestimmungen nicht erfüllt hatten, strengten Thailand, Indien, Malaysia und Pakistan ein Verfahren vor der WTO an, das im Oktober 1996 begann. Wenig später reichten die Philippinen noch eine weitere Klage ein[201]. Interessant ist der Umstand, dass sich die meisten Klageparteien parallel zu den WTO-Verfahren auch um einen verbesserten Schildkrötenschutz bemühten und bei den US-Behörden weiterhin eine Zertifizierung zu erreichen suchten, die Krabbenexporte auf den US-Markt erlaubte.

5.4.1.2 Multilaterale Reaktionen

Die Auseinandersetzungen über die „grünen" Unilateralismusfälle sind als Ausdruck eines transnationalen Wertekonflikts über umweltpolitische Grundsatzfragen[202] interpretiert worden. Die Embargos lassen sich jedoch plausibler – unter

---

[200] Vgl. *Howse* (2002: 494f). Die von Ausländern einzuhaltende Deadline für die technologische Umrüstung mit *TED* wurde von den US-Behörden mehrfach verlängert. Außerdem wurde seitens des *State Department* versucht, die Auswirkungen des Embargos auf Anbieter aus der Karibik zu begrenzen, was andere Staaten, die als potentielle Kläger vor der WTO in Betracht gekommen wären, besänftigen sollte. Diese durchsichtigen exekutiven Verzögerungsversuche hielten dem Klagedruck der Umwelt-NGOs vor US-Gerichten allerdings nicht stand. Die US-Behörden mussten deshalb schließlich alle Anbieter zertifizieren.

[201] Die daraus resultierenden WTO-Streitschlichtungsverfahren (*United States – Import Prohibition of Certain Shrimp and Shrimp Products*) trugen die Bezeichnung DS58 bzw. DS61. Die Stellungnahmen der Streitparteien sowie die Urteilsbegründungen der *Panel*- und *Appellate Body*-Entscheidungen finden sich unter: http://www.wto.org/english/tratop_e/dispu_e/cases_e/ds58_e.htm

[202] Vgl. *Sands* (2000: 294ff) sowie *Gelb/Rosenthal* (2003).

ökonomischen Vorzeichen – als Auseinandersetzungen zwischen einem protektionistisch agierenden Industrieland und um ihren komparativen Vorteil fürchtenden Entwicklungsländern analysieren[203]. Die von den US-Embargos betroffenen Staaten, zeigten sich zwar darum bemüht, den amerikanischen Forderungen durch eine bessere technische Ausstattung ihrer Fischereiflotten gerecht zu werden, erkannten aber bald, dass sie in den Konflikten gute Karten hatten, wenn sie die USA aufgrund von Verstößen gegen das Welthandelsrecht verklagten. Sie entschieden sich für diese naheliegende Doppelstrategie. Angesichts der oft anzutreffenden Missverständnisse und Fehlwahrnehmungen ist der Hinweis wichtig, dass vor den multilateralen Streitschlichtungsorganen nicht die Legitimation ökologischer Schutzmaßnahmen zur Debatte stand, sondern die handelsverzerrende, protektionistische Wirkung einseitig verhängter Handelsembargos bewertet wurde. Die Einfuhrverbote hatten wegen ihrer Inkompatibilität mit multilateralen Normen und Regeln keinen Bestand.

Für die vorliegende Untersuchung ist nicht die juristische Grundlage der getroffenen Entscheidungen, mit denen die amerikanischen Begründungsversuche für die Embargopolitik zurückwiesen wurden[204], von Bedeutung, sondern der politisch-diplomatische *Umgang* mit dem Instrument der Streitschlichtung und die Mechanismen bei der Einhegung und Beilegung der aus Unilateralismus entstehenden internationalen Konflikte. Im Kern der im Welthandelsregime ausgetragenen Konflikte ging es um die unterschiedliche Interpretation des GATT (vor allem Artikel III, XI und XX). Im Mittelpunkt der Streits stand Artikel XX[205]; dessen über lange Zeit sehr restriktive Auslegung durch multilaterale Streitschlichtungsorgane war vor allem auf die verbreitete Furcht zurückzuführen, durch das Einräumen von Ausnahmetatbeständen unübersehbare protektionistische Weiterungen befürchten zu müssen. Auch „gutgemeinte" Handelseinschränkungen, sogenannter „wohlwollender Protektionismus"[206], wurden als Verstoß gegen die grundlegende Fairnessdoktrin des GATT, speziell die Meistbegünstigungsklausel, gewertet. Umweltprobleme sollten, so der Tenor der *Panel*-Entscheidungen, besser durch entsprechende multilaterale Verträge oder bilaterale Vereinbarungen, nicht aber im Rahmen des Welt-

---

[203] Unter diesem Aspekt vor allem *Körber* (1998) und *Afilalo* (2002: 791). Beispielsweise hatte die mexikanische Regierung in den 1980er Jahren die Thunfischflotte massiv unterstützt und zu einer Zielindustrie erklärt. In dieser Zeit war es mexikanischen Anbietern auch gelungen, Marktanteile in den USA hinzuzugewinnen. Das Land konzentrierte sich also stark auf einen vermeintlichen ökonomischen Wettbewerbsvorteil. „*Tuna/Dolphin*" wurde deshalb nicht nur in Mexiko als amerikanische „Strafaktion" wahrgenommen, die sich unter ökologischen Vorwänden gegen einen an Boden gewinnenden wirtschaftlichen Konkurrenten richtete.

[204] Dabei ging es um die Klage Mexikos gegen Importverbote aufgrund amerikanischer Kennzeichnungsbestimmungen (*dolphin safe*). Diese hatten in den Augen des GATT-*Panels* aber Bestand; die Klage wurde zurückgewiesen.

[205] Nach Artikel XX des GATT waren Handelseinschränkungen aus humanitären, gesundheitlichen oder ökologischen Gründen erlaubt. Diese weitreichende Formulierung lud geradezu zum Missbrauch ein, weil ausländischen Anbietern leicht (und oft willkürlich) Verstöße nachgewiesen werden konnten.

[206] Vgl. die Formulierung „*benign protectionism*" von *Afilalo* (2002: 789).

handelsregimes gelöst werden. Grundsätzlich erschien (und erscheint) die Handelspolitik Vehikel zur Durchsetzung von Umweltschutz *ungeeignet*[207].

Zunächst zu der ersten Verfahrensrunde im Fall „*Tuna/Dolphin*". Während die USA ihre ökologische Embargopolitik als durch das GATT (Artikel III bzw. XXI) gedeckte, temporäre Importregulierung zu begründen versuchten, reklamierte Mexiko als wichtigster betroffener Staat unter Verweis auf Artikel XI eine ungerechtfertigte Verletzung des Freihandelsprinzips, weil das Embargo vollständig und nicht quotiert war und sich nicht auf ein „Produkt" (Thunfisch), sondern auf ein „Produktionsverfahren" bezog. Die USA betonten die ökologische Vorbildwirkung ihrer Regelungen. Die Mexikaner hoben dagegen die Handelsdiskriminierung hervor und sahen gute Chancen auf einen Erfolg ihrer Klage. Im übrigen standen aber die Zeichen auf beiden Seiten nicht auf Eskalation. Vor einer argumentativen Vergiftung der Atmosphäre schreckten Kläger und beklagte Partei zurück. Beide schienen die Angelegenheit multilateral eher *verlangsamen* zu wollen, die US-Administration wegen der offenkundig schlechten Erfolgschancen, Mexiko aufgrund politischer Rücksichtnahmen, besonders im Hinblick auf die parallel verlaufenden NAFTA-Verhandlungen. Mexiko hoffte offenbar lange auf eine bilaterale Einigung mit der *Bush*-Administration, der die Implementierung der nordamerikanischen Freihandelszone besonders am Herzen lag und die übermäßigen umweltpolitischen Engagements unverdächtig war. Es gab auch, wohl in hinhaltender Absicht ausgesandte, Signale der US-Administration, die mexikanische Hoffnungen nährten. In den USA setzte sich aber der Kongressaktivismus in verschärften Deklarationsanforderungen für Thunfischprodukte fort. Erst als sich eine schnelle bilaterale Einigung zerschlagen hatten, weil das Thema von Umweltgruppen in den USA sehr prominent platziert worden, die Exekutive unter Druck gesetzt worden und damit an eine Rücknahme oder Entschärfung nicht mehr zu denken war, wurde von mexikanischer Seite vor dem GATT Klage erhoben. Damit standen sowohl die amerikanische wie die mexikanische Regierung zuhause unter Druck und drängten auf einen schnellen Abschluss des multilateralen Verfahrens. Das Ergebnis bedeutete für die USA eine schwere Schlappe: Das amerikanische Importverbot wurde als eindeutiger Verstoß gegen die Meistbegünstigungsklausel bewertet[208]. Allerdings

---

[207] Anders *DeSombre* (2001: 205ff), die den unilateralen Standardexport aus einer ökologiegeleiteten Perspektive als vollen Erfolg bewertet. Dabei wird aber nur auf die Verhaltensänderung in den von Embargos betroffenen Staaten abgestellt. Tatsächlich haben die meisten Staaten aufgrund der verhängten oder drohenden Sanktionen Anstrengungen unternommen, um die US-Standards zu erfüllen. Außerdem konnten multilaterale Schutzabkommen unterzeichnet werden. Die handelspolitischen Zerwürfnisse und die aus WTO-Urteilen für die USA abzuleitenden Anpassungszwänge bleiben in der Einschätzung von *DeSombre* jedoch unberücksichtigt. Da in dieser Arbeit die handelspolitische Wirkung des Unilateralismus im Zentrum der Betrachtung steht, werden die beiden Beispiele für „grünen" Unilateralismus als Niederlagen für die USA gewertet. Zum Spannungsverhältnis zwischen Umweltschutzbestimmungen und Welthandelsabkommen außerdem kritisch *Esty* (1994), *Biermann* (1999), *Boisson de Chazournes* (2000) und *Biermann/Simonis* (2000); handelsjuristische Rechtfertigungen der WTO-Entscheidungen finden sich dagegen bei *Mavroidis* (2000), *Chambers* (2001) sowie *Howse* (2002).

[208] Der erste Schiedsspruch im Fall „*Tuna/Dolphin*" *(GATT Dispute Panel Report on U.S. Restrictions on Imports of Tuna)* fiel allerdings sehr salomonisch aus. Eine offen gegen die ökologischen Beden-

blieben politische Konsequenzen zunächst aus, weil die *Panel*-Entscheidung nie angenommen wurde.

Die erste *Panel*-Entscheidung im Fall „*Tuna/Dolphin*" hätte für die an einer geräuschlosen Entsorgung des Falls interessierte US-Administration nicht ungünstiger terminiert sein können; inmitten der ebenfalls auf Hochtouren laufenden NAFTA-Debatte wurden Ressentiments gegen multilaterale Selbstbindung angeheizt – diesmal vor allem im linken Spektrum. Mit dem für die USA negativen Urteil, das die Abschwächung des *MMPA* verlangte, meinten Umweltschützer, exemplarisch die ökologische „Blindheit" von transnationalen Handelsvereinbarungen illustrieren zu können. Die notwendig werdende Unterordnung von nationalen Umweltbestimmungen unter internationale Handelsregeln verschlechterte die Stimmung in der Frage multilateraler Einbindung erstmals auch in der Linken nachhaltig. Diesen anti-multilateralen Ressentiments trug die *Bush*-Administration Rechnung, indem keine Anpassungsbemühungen unternommen wurden. Stattdessen argumentierte man dezidiert gegen die multilaterale Entscheidung und ließ die Sanktionen weiterbestehen bzw. ergänzte sie um weitere Schikanen. Dies fiel umso leichter, als Mexiko als klagende Partei durch die Rücksichtnahme auf NAFTA weiterhin gehemmt agierte und nicht auf eine Implementierung des *Panel*-Urteils drängte[209]. Damit war das Streitschlichtungsverfahren – eine oft benutzte Praxis in der GATT-Zeit – zum vorläufigen Parkplatz der Differenzen zwischen den Streitparteien geworden, ohne den Konflikt dort abschließend lösen zu können.

Bei „*Shrimp/Turtle*" lagen die Positionen der Kläger und den USA im multilateralen Streitschlichtungsverfahren, das im Oktober 1996, also bereits unter den Bedingungen des WTO-Streitbeilegungsmechanismus, anlief, noch weiter auseinander. Während die Kläger, angeführt von Thailand, die Einfuhrverbote als ungerechtfertigtes nichttarifäres Handelshemmnis und Verletzung der Artikel I, XI und XII des GATT beklagten, konzentrierte sich die *Clinton*-Administration auf eine Verteidigungsstrategie, die allein auf Artikel XX des GATT Bezug nahm[210]. Das Embargo stellte der US-Argumentation zufolge eine „notwendige" Maßnahme zum Schutz einer bedrohten Tierart dar. Diese Notwendigkeit war in den Augen der Genfer Richter nicht gegeben. In einer *DSB*-Entscheidung vom Mai 1998 wurde vor der negativen Vorbildwirkung einseitiger nationaler Schutzklauseln gewarnt, die nach Auffassung das Welthandelssystem gefährdeten. Die Verbindung zwischen nationalen Schutzbestimmungen und handelspolitisch wirksamen Sanktionen wurde als unzulässig eingestuft[211]. Wegen der Befürchtung eines „Protektionismus

---

ken gerichtete Argumentationslinie schien den *Panel*-Mitgliedern offenbar nicht vertretbar. Allerdings wurde die einseitige und damit variable amerikanische Standardsetzung als diskriminierendes Element hervorgehoben und zurückgewiesen. Außerdem, so wurde in der *Panel*-Entscheidung argumentiert, hätten die USA nicht nachweisen können, dass gerade die von ihnen eingeführte und auf ausländische Anbieter übertragene Schutzpraxis für das verfolgte Schutzanliegen elementar notwendig sei – eine Grundbedingung für die Anwendung von Artikel XX des GATT. Weiterhin wurde argumentiert, dass ein bilateraler Vertrag mit Mexiko hätte ausgehandelt werden können, um den gleichen ökologischen Effekt zu erzielen; vgl. *Howse* (2002: 490f).

[209] Vgl. *Destler/Balint* (1999: 35).

[210] Vgl. *Howse* (2002: 495).

[211] Vgl. *Howse* (2002) sowie *Shaffer* (2005).

durch die Hintertür" wurden die amerikanischen Argumente zur Begründung des Embargos zurückgewiesen. Das erste *Panel*-Urteil[212] im Fall „*Shrimp/Turtle*" stellte unmissverständlich einen Verstoß gegen Artikel XI des GATT fest.

Durch das WTO-Urteil wurde in den USA erneut eine massive Entrüstungswelle hervorgerufen, wiederum vor allem bei Öko-NGOs. Die öffentliche Ablehnung (auch in der meinungsführenden Presse) war nahezu einhellig; die eingeübten Erregungsmuster griffen, durch grundlegende, globalisierungskritische Ablehnungsreflexe gegenüber der Welthandelsorganisation verstärkt. Zudem lagen der Präsident und die Demokraten im Kongress bei der handelspolitischen Behandlung von Umwelt- und Sozialthemen stark über Kreuz, und die Republikaner waren darauf aus, den Präsidenten als handlungsunfähig vorzuführen[213]. Weil eine Einigung mit der republikanischen Kongressmehrheit kaum erreichbar schien, waren die umweltpolitischen Akzente der *Clinton*-Administration beim Schildkrötenschutz in erster Linie zur Beruhigung und Befriedigung des eigenen Lagers gedacht, verfehlten aber ihre Wirkung: Die harsche öffentliche Kritik und der Druck einzelner Abgeordneter intensivierten sich noch, wurden aber von der Administration geschickt auf die Welthandelsorganisation umgelenkt: Ein Großteil der Kritik richtete sie sich nicht gegen das hinhaltende und zögerliche Verhalten der Administration, sondern vielmehr gegen das „ökologisch blinde" Welthandelssystem insgesamt. Globalisierungskritik und Institutionenschelte vermischten sich. Die WTO-Entscheidung bewies aus Sicht vieler Umweltgruppen die Unzulänglichkeiten der Welthandelsorganisation[214]. Aus dem Kongress kam ebenfalls Ablehnung gegen das *Panel*-Urteil, jedoch kaum offene Kritik. An ein multilaterales Einlenken der Administration war angesichts der öffentlichen Erregung nicht zu denken, das Streitbeilegungsverfahren wurde deshalb fortgesetzt.

In beiden Fällen handelte es sich also nicht allein um einen Streit über die angemessene Auslegung des internationalen Handelsrechts. Politische Rücksichtnahmen prägten das Verhalten der Kläger, die Beilegungsbemühungen der US-Administrationen wurden von der lauten öffentlichen Begleitmusik unübersehbar gestört. Bei „*Tuna/Dolphin*" erfolgte schon die Beschwerde der mexikanischen Regierung über das amerikanische Importverbot mit gewisser Verzögerung, weil die parallel anlaufenden NAFTA-Verhandlungen nicht negativ beeinflusst werden sollten. Eine weitere politische Dimension ergab sich aus der späteren Partizipation der Europäer. Deren Aktionismus war durch die Erweiterung der amerikanischen Einfuhrverbote auf einige europäische Staaten geweckt worden[215], sie benutzten den Fall aber auch, um ein strategisches Gegengewicht zu anderen Streitfällen zu schaffen, bei denen europäische Regulierungspraktiken von den USA beklagt worden waren. Im Fall „*Shrimp/Turtle*" waren ebenfalls politische Rücksichtnahmen der

---

[212] Vgl. ausführlich *Kaczka* (1997), *Mavroidis* (2000), *Chambers* (2001) und *Howse* (2002: 496ff).

[213] Vgl. *Shaffer* (2001).

[214] Vgl. *Destler* (2005: 259).

[215] Nach Verhängung der Einfuhrsperre durch die USA wurde ein Großteil des von mexikanischen Fischtrawlern gefangenen Thunfischs in italienischen und französischen Konservenfabriken weiterverarbeitet und kamen danach auf den US-Markt. Damit waren von der später angeordneten US-Embargoerweiterung auch EG-Staaten unmittelbar betroffen; vgl. *Iizuka* (2001: 42).

Klageparteien und parallele Beschwichtigungsversuche der US-Administration zu konstatieren; so wurden von US-Behörden großzügig Anpassungszeiträume für die Umrüstung ausländischer Fischereiflotten zugesichert. Solange das *State Department* glaubhafte Versuche unternahm, die Umsetzung des Embargos zu verzögern, oder über Verstöße großzügig hinwegzusehen bereit gewesen war, hatten die Hauptbetroffenen (Thailand, Indien, Malaysia) auf rechtliche Schritte im Rahmen der WTO verzichtet[216]. Beide Unilateralismusfälle eskalierten ungeachtet der politischen Einhegungsversuche. Im Anschluss an die ersten *Panel*-Entscheidungen ergab sich eine Verhärtung der amerikanischen Position zuvorderst aus innenpolitischen Gründen. Die öffentlichen Debatten waren durch die rege Mobilisierungswirkung von Umweltgruppen, Konsumentenverbänden und die ökonomischen Argumente der Fischereiindustrie geprägt, auf der anderen Seite aber auch durch Desinteresse der großen Unternehmensverbände und eine von sporadischem Aktionismus durchbrochene Zurückhaltung des Kongresses. In beiden Streitfällen wurde die öffentliche Debatte von Ökogruppen dominiert, denen die handelsdiplomatische Glaubwürdigkeit Amerikas weitgehend egal war. Die deutliche Ablehnung der Sanktionsentscheidungen im Ausland leitete zusätzlich Wasser auf die Mühlen der Umweltgruppen und WTO-Skeptiker. Ein für die Vermeidung von Klagen oder Streitschlichtungsurteilen unabdingbares multilaterales Entgegenkommen war damit für die Exekutive politisch heikel. Dennoch gab es entsprechende Versuche. Die Exekutive versuchte die Auswirkungen der Embargos abzumildern, besonders deutlich im Fall „*Shrimp/Turtle*", wo die starken „grünen" Akzente in der Rhetorik mit ebenso starken Bremsmanövern des Außenministeriums einhergingen. Letztlich aber erwiesen sich die amerikanischen Zugeständnisse und Aussetzungsbemühungen als unzureichend. Der Klagewillen der von amerikanischen Importverboten betroffenen Staaten konnte auch durch diplomatische Rücksichtnahmen nicht wirksam gebremst werden, zumal für die Kläger gute Aussichten in den multilateralen Verfahren bestanden. Angesichts der auf beiden Seiten letztlich fehlenden Kompromissbereitschaft eskalierten daher die Konflikte weiter.

Der hier vertretenen Argumentation zufolge schienen aber drohende Niederlagen in institutionellen Streitschlichtungsverfahren aus Sicht der amerikanischen Exekutive hinnehmbar, weil durch Sturheit nach außen Standfestigkeit nach innen signalisiert werden konnte. Die amerikanische Abwiegelungsstrategie in den Streitverfahren war zuvorderst heimischen Interessengruppen geschuldet, denen Standfestigkeit demonstriert werden sollte. In der Administration, die schon in der Entstehungsphase der Sanktionen zu bremsen versucht hatte[217], wurde andererseits

---

[216] Die von der Administration herangezogenen Begründungen für ihre Zögerlichkeit und die Rechtfertigung für ausländischen Anbietern eingeräumte Ausnahmeregelungen wirkten zum Teil sehr fadenscheinig: Von den US-Behörden wurden Schwierigkeiten bei der Kontrolle der *TED*-Ausrüstung ausländischer Krabbenfischereiflotten hervorgehoben. Diese mit bürokratischen Hindernissen und Personalmangel begründeten Ausreden waren zwar berechtigt, dienten aber vor allem als Vorwand für politische Inaktivität, mit der weitere multilaterale Konflikte verhindert werden sollten.

[217] Dabei handelt es sich um ein durchaus gängiges Verhaltensmuster der Exekutive im Umgang mit umweltpolitischen Auflagen, die auf Gerichts- oder Kongressentscheidungen zurückgehen.

darauf spekuliert, die Legitimität der umweltpolitischen Embargobegründung durch multilaterale Urteile unterhöhlen zu können. Ein Indiz dafür liefert die Inaktivität der Administration auf ökologischem Gebiet: Bei „*Shrimp/Turtle*" wurden parallel zu den Unilateralismusentscheidungen nur halbherzige Bemühungen unternommen, die ökologischen Schutzbestimmungen außerhalb der Handelspolitik zu behandeln und beispielsweise in bilateralen oder internationalen Verträgen zu verankern oder durch Hilfsprogramme voranzutreiben[218]. Entsprechende Vereinbarungen, die es bei „*Tuna/Dolphin*" immerhin ab Mitte der 1990er Jahre gab, hätten die in den Streitverfahren vorgebrachten US-Argumente glaubwürdiger gemacht. Allerdings hätte für eine Fixierung von weitreichenden Umweltstandards oder für an ausländische Anbieter gehende Übergangsbeihilfen die Unterstützungsbasis im US-Entscheidungssystem kaum ausgereicht[219].

Die multilateral klagenden Parteien waren wegen der fehlenden amerikanischen Kompromissbereitschaft und den guten Erfolgsaussichten in den Verfahren nicht zum Einlenken bereit – auch wegen ihrer handelsjuristischen Trumpfkarten. In beiden Fällen wurden die amerikanischen Regelungen in erster Linie deshalb zurückgewiesen, weil sie auf eine „Produktionspraxis" bezogen und nicht auf das „Produkt" selbst gerichtet waren[220]. Eine Verhaltensanpassung der USA ließ nach Urteilen jeweils auf sich warten, wofür in erster Linie die aufgeheizte politische Atmosphäre in den USA verantwortlich war. Letztlich sorgte der innenpolitische Druck dafür, die beklagten Entscheidungen weiterhin verteidigt wurden. Die Administration war nicht zum Einlenken bereit, vielmehr wurde von ihr der Druck aus dem heimischen Entscheidungssystem nach außen geleitet. Mit dieser unnachgiebigen Haltung verhinderte sie multilaterale Kompromisse, die zur Beilegung hätten führen können. Bei „*Tuna/Dolphin*" wurde die *Panel*-Entscheidung von den USA nicht angenommen, bei „*Shrimp/Turtle*" die Umsetzung von Anpassungsleistungen sehr lange aufgeschoben. Deshalb kam es in beiden Fällen zu einer Fortsetzung der multilateralen Streitverfahren.

Es überwogen Unwillen und Verzögerungsversuche. *DeSombre* (2001: 197) bemerkt dazu: „Executive branch agencies typically drag their feet when implementing (environmental sanctions) – interpreting their mandate as narrowly as possible or, when discretion is allowed, refusing to implement restrictions at all." (Ergänzungen D.K.); Außenpolitische Argumentationsmuster haben in den zwei Fällen aber zunächst nicht verfangen, der Spielraum war damit nicht eng genug.

[218] Die Bemühungen der *Clinton*-Administration führten zwar dazu, dass 1994 Verhandlungen über ein interamerikanisches Abkommen zum Schutz von Seeschildkröten begannen. Diese erwiesen sich aber als wenig effektiv und setzten keine Partizipationsanreize für die vom Embargo betroffenen Staaten.

[219] Dass bezüglich der Bereitschaft der amerikanischen Öffentlichkeit bzw. des Kongresses zur Unterstützung entsprechender Vereinbarungen grundlegende Skepsis angebracht war, unterstreicht auch *Shaffer* (2005: 2).

[220] In der Urteilsbegründung des „*Shrimp/Turtle*"-*Panels* wurde aber nahegelegt, dass eine quotierte oder stärker produktbezogene Importbeschränkung Bestand gehabt hätte. Ein abgeschwächtes Embargo, das aber angesichts der Heftigkeit der US-Debatte unwahrscheinlich erschien, wäre vom *Panel* also möglicherweise legitimiert worden; vgl. zu den Urteilsbegründungen ausführlich *Howse* (2002).

5.4.1.3 Streitbeilegung und internationale Parallelaktionen

Die in der ersten *Panel*-Entscheidung im Fall „*Tuna/Dolphin*" geforderten und von den USA abgelehnten Anpassungsleistungen blieben aus. Die multilaterale Entscheidung wurde nie angenommen – dazu hätten gemäß dem Konsenszwang des GATT die USA zustimmen müssen[221]. Bewegung kam in den Fall erst wieder, als die USA die Regelung noch verschärften und die davon betroffenen Europäer „*Tuna/Dolphin*" zu einem transatlantischen Handelskonflikt machten. Das US-Embargo gegenüber Mexiko bestand nicht nur fort, sondern wurde noch zusätzlich auf Staaten erweitert, die nur Zwischenhändler für mexikanischen Thunfisch waren. Diese Verschärfung betraf neben Costa Rica vor allem Frankreich, Italien und Japan. Unter dem Eindruck dieser Entwicklung initiierte die EG 1993 eine zweite Klage gegen das US-Embargo, was ein Jahr darauf zu einem Urteil führte, das von den USA zwar ebenfalls abgelehnt wurde und deshalb nicht in Kraft treten konnte, aber gleichwohl eine Grundlage zur Lösung des Konflikts bot: Im zweiten *Panel*-Report wurde der amerikanischen Argumentation zwar stärker Rechnung getragen, das Embargo aber dennoch untersagt. Die Administration verweigerte erneut die Annahme, drückte sich erfolgreich um eine sofortige Verhaltensanpassung und schob den Fall damit auf die lange Bank[222]. Diese Haltung wurde unter anderem dadurch bestärkt, dass sich in den multilateralen „*Tuna/Dolphin*"-Konflikten 1993/94 das aus der ersten Verhandlungsrunde bekannte Prozessmuster wiederholte. Politische Rücksichtnahmen hemmten die Bereitschaft der in Genf klagenden Staaten, den Handelskonflikt eskalieren zu lassen: Die Europäer behandelten das Thunfischthema auf Sparflamme, weil sie den Erfolg der Uruguay-Runde des GATT nicht gefährden wollten[223], für Mexiko ging es nunmehr um die NAFTA-Ratifizierung; allzu forsches Auftreten hätte zweifellos geschadet. Vor allem aber verlor der Fall durch parallele internationale Verhandlungen zum verbesserten Delphinschutz seine Brisanz. Eine Rücknahme des Embargos durch die USA war dennoch unausweichlich, wenngleich sie noch aufgeschoben wurde. Uneingeschränkten Zugang zum US-Markt erhielten ausländische Anbieter erst Ende der 1990er.

Trotz des erfolgreichen amerikanischen Durchmogelns im Streitschlichtungsverfahren machte sich, nachdem die kurzfristigen Schutzziele erreicht waren und sich die öffentliche Erregung über die multilaterale Zurückweisung gelegt hatte, im nationalen Entscheidungssystem Anpassungsdruck bemerkbar. Dafür sind drei Gründe verantwortlich zu machen. Zum einen spielte der Administration, die

---

[221] Außerdem wären im Rahmen des GATT die mexikanischen Sanktionsmöglichkeiten sehr begrenzt gewesen, weil Gegenmaßnahmen sich nur auf Fischereiprodukte hätten erstrecken können.

[222] Die von den USA gewählte Begründung zur Ablehnung des *Panel*-Beschlusses war aber geradezu lächerlich. Es wurde von amerikanischer Seite nämlich auf einer Vielzahl von Konsultationen argumentiert, dass aus Zeitgründen eine abschließende Bewertung des Reports nicht möglich gewesen sei. Durch diese hinhaltende Positionierung wurde allerdings nur Zeit erkauft, bis sich das Verfahren erübrigt hatte. Auch hier ging es also in erster Linie darum, nichts zu tun, was die Umweltgruppen noch stärker verärgert hätte.

[223] Vgl. *Körber* (1998: 504f).

den Fall ohnehin zu den Akten legen und den institutionellen Fortschritt der neugegründeten WTO nicht durch Hartnäckigkeit belasten wollte, in die Hände, dass die Sanktionen durch den zweiten *Panel*-Report endgültig delegitimiert waren. Außerdem standen Sanktionsdrohungen anderer Staaten im Raum, die von amerikanischer Seite im Rahmen der WTO-Streitschlichtungsverfahren nicht hätten angegriffen werden können[224]. Entscheidend aber war, dass die ursprünglichen US-Anliegen jetzt verstärkt außerhalb der Handelspolitik behandelt wurden – entsprechende Aktivitäten trugen den Wünschen der Umweltgruppen Rechnung und erleichterten somit die Rücknahme der Sanktionen.

Parallel zu den Handelskonflikten hatten die USA einer Empfehlung des GATT-*Panels* folgend ihre internationalen Bemühungen um einen verbesserten Delphinschutz intensiviert: Zum einen wurde im Rahmen des 1992 vom US-Kongress verabschiedeten *International Dolphin Conservation Act* (*IDCA*) ein Moratorium für den Thunfischfang mit Schleppnetzen im Ostpazifik vorgeschlagen; wesentliche Bedingung für das Inkrafttreten des Moratoriums war allerdings die Teilnahme anderer Staaten. Der Vorschlag fand international keine Unterstützung und war damit zum Scheitern verurteilt. Ebenfalls 1992 waren auf amerikanische Initiative von der *Inter-American Tropical Tuna Commission* (*IATTC*) Absichtserklärungen verabschiedet worden[225]. Aufgrund verbesserter Ausstattung der Fangschiffe sank die Delphintötungsrate im Ostpazifik in den Folgejahren erheblich. Die amerikanischen Sanktionen blieben davon jedoch unberührt, was die Vereinbarungen wieder zu gefährden drohte. Unter Federführung von NGOs wurden schließlich 1995 von den *IATTC*-Staaten mit der Deklaration von Panama konkrete Standards verabschiedet. Neben strengeren Auflagen für den Thunfischfang wurde darin ausdrücklich eine Lockerung der US-Kennzeichnungsbestimmungen angemahnt. Entscheidend war, dass die internationalen Bemühungen um einen verbesserten Schutz von Meeressäugern der US-Administration das Einschwenken auf einen handelspolitischen *compliance*-Kurs erleichterten. Die tierschutzpolitischen Parallelaktionen federten den Druck der Umweltgruppen auf die US-Administration ab.

An der handelspolitischen Front war, weil die US-Handelspartner sich nicht länger hinhalten ließen, der Handlungszwang zur Deeskalation noch stärker – die USA mussten Ergebnisse liefern, wollten sie weitere Eskalationen verhindern, auch wenn sich noch keine konkreten Entscheidungen über Gegensanktionen abzeichneten. Mexiko drohte jedoch 1995 konkret mit einer Klage vor der WTO. Daraufhin intensivierte die US-Administration ihre Bemühungen um eine Aufweichung

---

[224] Der für die hier vertretene Argumentation wichtige Punkt besteht darin, dass die Sanktionsdrohungen anderer Staaten, wenngleich nicht implementiert, in einem WTO-Prüfungsverfahren, wie es 1995 von Mexiko auch ernsthaft angestrebt wurde, sicherlich Bestand gehabt hätten. Bei fortgesetzter *noncompliance* mit grundlegenden WTO-Regeln der USA hätten also legitimierte Gegenmaßnahmen ergriffen werden können. Auch die *Androhung* von Klagen konnte (und kann) von Staaten, die mit Sanktionen konfrontiert waren, politisch instrumentalisiert werden und setzte die US-Administration sowie den Kongress unter Handlungszwang.

[225] Das sehr unverbindliche *La Jolla*-Abkommen sah unter anderem eine schrittweise Reduzierung der Delphinmortalität sowie Maßnahmen gegen Überfischung der Thunfischbestände (zunächst beschränkt auf den Ostpazifik und die dortigen Bestände an Gelbflossenthunfisch) vor; vgl. *Körber* (1998: 503f). Am *IATTC* nimmt mit Spanien bisher nur ein EU-Land teil.

oder Rücknahme des Embargos. Mit Verweis auf die verstärkten internationalen Aktivitäten bzw. die in Verhandlung befindlichen Abkommen zum Schutz von Delphinen gelang es schließlich, die Wogen der öffentlichen Erregung in den USA zu glätten und *compliance* durchzusetzen. Bereits 1996 wurde der Kongress von *Clinton* offiziell ersucht, die handelspolitisch beanstandeten Gesetzesteile zurückzunehmen. Die Legislative entschärfte daraufhin die betreffenden Passagen mit großen Mehrheiten[226], wenn auch erst mit fast zweijähriger Verzögerung, die sich mit starkem Widerstand im Senat begründete. Die Abschwächung der inkriminierten Teile des *International Dolphin Conservation Act* durch den Kongress kam faktisch einer Rücknahme des Embargos gleich. In der Folge wurde das Importverbot für mexikanischen Thunfisch aufgehoben – als Gegenleistung begnügte man sich in der Administration mit weitgehend symbolisch bleibenden Zugeständnissen der Mexikaner, ihre Fangmethoden anzupassen[227]. An die Stelle des ursprünglich geforderten harten Überprüfungsmechanismus, mussten die USA mit der wenig belastbaren Zusicherung guten Willens vorlieb nehmen[228]. Daraufhin insistierten die klagenden Parteien im Streitschlichtungsverfahren nicht länger auf einer Fortsetzung des Falls. Andererseits, und das war für die Akzeptanz der Sanktionsrücknahme in der amerikanischen Öffentlichkeit vermutlich entscheidender, kam es im Februar 1998 mit dem *Agreement on the International Dolphin Conservation Program* (*AIDCP*) – es trat ein Jahr darauf in Kraft – zu einer weiteren Verschärfung von Schutzbestimmungen, die alle im Ostpazifik tätigen Thunfischfänger betraf. Dieses internationale Abkommen etablierte erstmals verbindliche Schutzstandards, die von den Signatarstaaten zu implementieren waren[229]. Auch Mexiko trat, nachdem die USA das Importverbot aufgehoben hatten, diesem Abkommen bei. Die US-

---

[226] Nachdem das Repräsentantenhaus den Änderungen im *MMPA* bzw. im *IDCA* bereits im Juli 1996 mit breiter Mehrheit (306 zu 108 Stimmen) zugestimmt hatte, verzögerte der Widerstand einer 44 Senatoren umfassenden Blockadegruppe die Zustimmung des Senats um mehr als ein Jahr – im Raum stand die Androhung eines *filibuster* durch die legislativen Verbündeten der Umweltschützer. Angeführt wurde die Gruppe von der kalifornischen Senatorin *Boxer*, die zu ihrer Zeit als Abgeordnete des Repräsentantenhauses die Delphinschutzgesetze zu Beginn der 1990er Jahre (*Boxer Bill*) auf den Weg gebracht hatte; vgl. *Körber* (1998: 504). Die vom Senat im Juli 1997 endgültig verabschiedete Version sah einen permanenten Überprüfungsmechanismus der US-Behörden, strenge Regeln bei der Herkunftsbezeichnung und einen Übergangszeitraum von 18 Monaten bis zur Sanktionsaufhebung vor.

[227] Allerdings hatte die mexikanische Thunfischindustrie während des Konflikts einen tiefgreifenden Modernisierungsprozess durchlaufen und die Delphintötungsrate durch verbesserte technische Ausstattung tatsächlich stark senken können. Damit war in diesem Konflikt das Tierschutzanliegen letztendlich noch wesentlich besser durchgesetzt worden als bei „*Shrimp/Turtle*".

[228] Um die Delphinschutzauflagen zu erfüllen, reichte nun die Bestätigung eines Beobachters, dass in einem Einzelfall (auf einem Fangschiff) keine Delphine im Beifang zu Schaden gekommen waren. Diese einmalige Überprüfung sicherte dem Anbieter das *dolphin-safe*-Siegel, gleichzeitig wurden damit Auflagen des parallel zu der Embargoaufhebung verabschiedeten *AIDCP*-Abkommens erfüllt; vgl. *Iizuka* (2001).

[229] Ein von den USA gefordertes vollständiges Verbot von Ringwandnetzen wurde nicht vereinbart. Aus technischen Gründen ist die EU bis 2005 noch nicht Mitglied des *AIDCP* geworden, das nur Einzelstaaten ratifizieren können. Das hat zu Problemen bei der Zertifizierung europäischer Anbieter durch US-Behörden geführt.

Schutzbestimmungen waren damit weitgehend internationalisiert, aber – wie bei einem Kompromiss unvermeidlich – auch abgeschwächt, zum Beispiel in der Frage der Ringwandnetze (*purse seine nets*), die nicht mehr ausdrücklich verboten waren. Ab 1999 konnte wieder Thunfisch aus Mexiko in den USA verkauft werden – sogar mit dem Etikett *dolphin-safe*. Einige (der inzwischen jedoch nicht mehr geschlossen auftretenden) Umweltverbände liefen gegen die Aufhebung des Embargos Sturm, ohne im politischen Entscheidungssystem noch einmal soviel Gehör zu finden wie zehn Jahre zuvor. Die Einflusskonstellationen hatten sich inzwischen nicht zuletzt durch den Wegfall industrieller Schutzinteressen[230] verändert.

Der *handelspolitische* Konflikt endete also für die USA mit einer *Niederlage*, gleichwohl hatte die Administration *umweltpolitische Erfolge* vorzuweisen, weil die Zielländer der Sanktionen ihre Standards verbessert hatten und internationale Schutzabkommen erreicht worden waren. Damit konnte die notwendig werdende Befolgung der multilateralen Auflagen durch die USA besser nach innen „verkauft" werden. Die US-Politik verlegte sich in der Folgezeit darauf, die Frage des Delphinschutzes zu entpolitisieren und Marktzugangsbeschränkungen nur noch als bürokratischen Verwaltungsakt zu implementieren. Der Sanktionsvorbehalt konnte aber nicht durchgehalten werden: Nachdem Mexiko 2002 erneut ernsthafte Anstrengungen unternommen hatte, die USA vor der WTO zu verklagen, mussten auch noch die restlichen US-Bestimmungen, die die Einfuhr von Thunfisch (in unzulässiger Weise) konditionierten, aufgehoben werden. Allerdings gab es auch weiterhin Interpretationsdifferenzen zwischen ausländischen Thunfischexporteuren und US-Behörden. Keine dieser Auseinandersetzungen hat aber das multilaterale Konfliktpotential des fast ein Jahrzehnt andauernden „*Tuna/Dolphin*"-Streits erreicht.

Während die Wiederaufnahme der institutionellen Auseinandersetzungen um „*Tuna/Dolphin*" erneut mit einer klaren Zurückweisung der US-Position endeten, fiel die von der WTO geforderte Verhaltensanpassung bei „*Shrimp/Turtle*" in der zweiten multilateralen Konfliktphase weniger gravierend aus. Dieser Umstand war neben den im Raume stehenden Sanktionsdrohungen mitentscheidend dafür, dass die USA schließlich die Embargobestimmungen gegen ausländische Krabbenfischer modifizierten. Die Ablehnung, die dem ersten „*Shrimp/Turtle*"-Urteil in den USA entgegenschlug, verbunden mit den durch die WTO-Entscheidung denkbar gewordenen Gegensanktionen, hatten in der *Clinton*-Administration Betriebsamkeit hervorgerufen, so dass im Gegensatz zum Thunfischstreit die Initiative zur Weiterführung der Streitschlichtungsverhandlungen diesmal von amerikanischer Seite kam. Im Juli 1998 rief die US-Regierung den *Appellate Body* der WTO an. Dort fand die amerikanische Argumentation mehr Gehör als zuvor im *Panel*. Inzwischen hatte auch der Widerstand der anderen Staaten nachgelassen. Die im Oktober 1998 ergangene und einen Monat später angenommene Entscheidung des *Appellate Body*

---

[230] Mitte der 1990er Jahre setzten sich nämlich auch die kalifornischen Thunfischer verstärkt für eine Aufhebung der Sanktionsforderungen ein, um im Gegenzug Fangkonzessionen für die mexikanischen Hoheitsgewässer zu erhalten; zu dieser Verschiebung in der Interessenlage der US-Thunfischindustrie *Körber* (1998: 505). Mexiko setzte die Zugangsfrage während des gesamten Konflikts geschickt ein, um einen Keil in die amerikanische Unterstützungsfront für das Embargo zu treiben. Die ökonomischen Anreize verschafften Mexiko Drohpotentiale.

revolutionierte die Rechtsprechung der WTO im Hinblick auf die Berücksichtigung von Umweltbelangen grundlegend, weil ökologischen Argumenten stärker als in früheren Urteilen Rechnung getragen wurde[231], wies aber dennoch die bestehenden Einfuhrverbote der USA zurück[232]. Der amerikanische Rekurs auf den GATT-Artikel XX hatte in den Augen der Handelsrichter Bestand. Nur die Umsetzung des Embargos galt als diskriminierend: Nicht die ökologische Standardsetzung selbst, sondern die Art und Weise der Umsetzung wurde beanstandet. Darüber hinaus wurden ernsthafte parallele Verhandlungen zur Verbesserung des Umweltschutzes als notwendige Bedingung für unilaterale Sanktionen bezeichnet[233]. Die USA wurden angewiesen, die Ungleichbehandlung pazifischer und karibischer Anbieter abzustellen, was in einer Reihe bilateraler Verhandlungen geschah. Das Ergebnis erwies sich als politisch tragfähig: Die amerikanische Gesetzgebung hatte Bestand, nur die diskriminierenden Elemente mussten entschärft werden.

Allerdings stieß die urteilskonforme Anpassungsleistung in den USA auf Kritik. Wie bereits bei der ersten Streitschlichtungsentscheidung sah sich die WTO massiven Vorwürfen ausgesetzt – oft ohne genauere Kenntnis der Urteilsbegründung. Interessanterweise kam die Kritik diesmal sowohl von Umweltgruppen als auch von Freihandelsbefürwortern[234], die eine Diskriminierung von Entwicklungsländern monierten und in dem Urteil das Menetekel für einen zu starken Einfluss von Umwelt-NGOs auf die Welthandelsorganisation sahen. Zu einer Embargolockerung gezwungen, konnten sich die USA nur als moralischer Sieger fühlen. Aufgrund des im Vergleich zu den beiden „*Tuna/Dolphin*“-Entscheidungen deutlich hervortretenden Paradigmenwechsels in der WTO-Rechtsprechung gegenüber unilateralen Umweltschutzmaßnahmen verbuchte die *Clinton*-Administration das ergangene Urteil aber als Erfolg – ebenso wie die Klageparteien, die ihrerseits den USA bis Dezember 1999 Zeit einräumten, um die *DSB*-Empfehlungen umzusetzen. Den Großteil der Streitpunkte hatte die US-Administration zu diesem Zeitpunkt allerdings bereits beseitigt. Ebenso hatten die Klageparteien beim Schildkrötenschutz nachgebessert. Seit Juni 1998 war die Einfuhr von Krabben in die USA wieder erlaubt, gebunden an zwei Konditionen. Zum einen mussten die Schiffe, auf denen Krabben eingeführt werden sollten, die Verwendung von *TEDs* nachwei-

---

231 Unilaterale Schutzmaßnahmen zu Natur- oder Tierschutzzwecken gelten seitdem unter drei strengen Auflagen als vertretbar: 1. sofern ein Staat ein legitimes Interesse am Schutz einer natürlichen Ressource (oder Spezies) nachweisen kann, 2. wenn zuvor bereits internationale Bemühungen ergriffen wurden, die auf den Schutz abzielen, und 3. wenn zuvor ernsthafte Anstrengungen des sanktionierenden Staates erkennbar waren, zusammen mit potentiell von Embargos betroffenen Staaten Schutzstandards zu entwickeln. Erst wenn alle diplomatischen Mittel ausgeschöpft sind, dürfen Embargos verhängt werden; vgl. *Sands* (2000: 300) sowie *Mavroidis* (2000).

232 Vgl. zur juristischen Argumentation des *Appellate Body*-Urteils und den Implikationen für den Umgang mit handelspolitischem Unilateralismus *Howse* (2002: 502ff).

233 Gemäß der Entscheidung des *Appellate Body* müssen, um Missbräuchen vorzubeugen, einseitige Embargos mit Gesprächen einhergehen, in denen der beklagten Partei guter Wille bei der Erreichung internationaler Übereinkommen bescheinigt werden kann. Hierin liegt sicherlich die wichtigste Weiterentwicklung des Welthandelsrechts und der eigentliche Fortschritt des Urteils im „*Shrimp/Turtle*“-Fall; vgl. auch *Howse* (2002: 505).

234 Vgl. *Howse* (2002: 514).

sen[235]. Zum anderen mussten die Gewässer, aus denen die Fänge stammten, durch US-Behörden als *tuna friendly* zertifiziert worden sein. Mit der Durchsetzung dieser laxen Standards war wiederum das Außenministerium betraut, das bereits seit 1991 eher widerwillig die Implementierung der Sanktionen übernommen hatte.

Trotz der gezeigten Großzügigkeit bei der Zertifizierung hatten auch diese abgeschwächten Bestimmungen vor der WTO keinen Bestand, weil die USA damit weiterhin unilateral über die Qualität ausländischer Schutzmaßnahmen entschieden[236]. Ab August 1998 wurde schließlich nur noch eine Rumpfversion des US-Gesetzes implementiert; danach müssen unabhängige Beobachter den Einsatz von *TED* bei allen Schiffen zertifizieren, die Krabben auf den US-Markt einführen wollen, auch wenn die Fracht aus Staaten kommt, die keine den US-Standards vergleichbaren Schutzmaßnahmen vorweisen können. Diese Auflagen können relativ leicht unterlaufen werden[237]. Sie sind deshalb von anderen Staaten ohne weiteres akzeptiert worden. Die amerikanische Regierung nahm den unter multilateralem Druck abgespeckten Zertifikationsmechanismus zum Anlass, um erneut in großem Stil Unbedenklichkeitserklärungen für Krabbenexporte anderer Staaten auszustellen – eine Praxis, mit der sie bereits zu Beginn der 1990er Jahre operiert und multilaterale Konflikte zu dämpfen versucht hatte. Die Nachlässigkeit bei der Zertifizierung ausländischer Anbieter erzürnte das NGO-Lager.

Bei der Vermittlung des durch das WTO-Urteil gegebenen Anpassungsdrucks im nationalen Entscheidungssystem half der Administration aber ein dem Thunfischkonflikt vergleichbarer Umweltaktivismus, parallel zu den WTO-Auseinandersetzungen: Die *Inter-American Convention for the Protection and Conservation of Sea Turtles* (*IAC*), die unter maßgeblicher Beteiligung der US-Fischereiindustrie im September 1996 verabschiedet wurde und schließlich im Mai 2001 in Kraft trat, trug vielen NGO-Forderungen Rechnung. Andererseits unterstrichen diese internationalen Initiativen zum verbesserten Schutz von Seeschildkröten den „guten Willen“ Amerikas, so dass eine zentrale Auflage des WTO-Urteils erfüllt war. Ein eklatantes Problem bestand darin, dass die Hauptadressaten der amerikanischen Handelssanktionen mit der *IAC*, die nur von Staaten der westlichen Hemisphäre ratifi-

---

[235] Dabei wurde von den US-Behörden großzügig darüber hinweggesehen, dass der von den *TED*-zertifizierten Schiffen transportierte Fang auch von Booten stammen konnte, die selbst keine *TED* verwendeten. Manipulationen waren, wenig überraschend, an der Tagesordnung.

[236] Das US-Embargo basierte damit nunmehr auf der Bewertung politisch-administrativer Maßnahmen anderer Staaten und war nicht mehr auf die Herstellung eines Produkts bezogen; vgl. *Howse* (2002: 512).

[237] Die in Entwicklungsländern am häufigsten genutzte Möglichkeit besteht darin, *TEDs* nur vorübergehend zu installieren und auf mehreren Schiffen zu nutzen. Eine Erfüllung der Auflagen wird durch sporadische Kontrollen nur unzureichend sichergestellt. Nachhaltiger und für die vorgebrachten US-Anliegen wesentlich zielführender wäre deshalb ein Hilfsprogramm zur technischen Nachrüstung von Fischereibooten in Entwicklungsländern gewesen. Dazu allerdings hätte es finanzieller Zusagen bedurft, die im US-Entscheidungssystem nicht durchsetzbar erschienen. Überdies sind andere in Entwicklungsländern weitverbreitete Praktiken, wie der Diebstahl von Schildkröteneiern, für die Erhaltung der gefährdeten Bestände viel gefährlicher als die Beifangproblematik; diese Probleme wurden (und werden) aber von der US-Politik, zumal von einseitigen Embargos, kaum adressiert; vgl. *Shaffer* (2005: 10).

ziert wurde, nicht erfasst wurden. Umweltgruppen kritisierten deshalb, dass ein nachhaltiger Seeschildkrötenschutz in Thailand oder Indien noch nicht erreicht sei und die geschaffenen Überprüfungsmechanismen nicht ausreichten.

Allerdings verlief der handelspolitische *compliance*-Prozess nicht reibungslos. Wiederum gab es politische Begleitmusik, sowohl in den USA als auch bei den Handelspartnern. Im Oktober 2000 rief Malaysia mit Verweis auf fehlende Umsetzung der Urteilsbestimmungen noch einmal den *Appellate Body* an. Das führte zu einem weiteren Urteil, das aber an den Grundzügen der sowohl von der US-Administration als auch von Seiten der anderen betroffenen Handelspartner betriebenen Konflikteinhegung nichts änderte. Malaysias Beschwerde richtete sich gegen die als willkürlich kritisierte Zertifizierungspraxis der US-Behörden, die daraufhin weiter gelockert wurde. Tatsächlich war das erneute Aufrollen des Falls aber in erster Linie eine Retourkutsche für andere außenpolitische Konflikte zwischen Malaysia und den USA[238]. Die WTO-Auseinandersetzungen wurden exemplarisch als Herausforderung der Supermacht durch ein Entwicklungsland inszeniert. Von den anderen Klageparteien wurden den USA bei den anschließenden Konsultationen *compliance*-Fortschritte bescheinigt und die durch die *IAC* dokumentierten multilateralen Tierschutzbemühungen als glaubwürdig bewertet. Weil die amerikanische Argumentation, das Streitschlichtungsurteil umgesetzt zu haben, auf dem abschließenden *DSB*-Treffen im November 2001 bestätigt wurde, verbuchte der *USTR Zoellick* die „*Shrimp/Turtle*"-Auseinandersetzungen als Sieg der USA. Faktisch war jedoch auch in diesem Fall eine handelspolitische Niederlage zu konstatieren, denn die einseitigen Sanktionen waren in entscheidenden Punkten abgeschwächt und zurückgenommen worden. Von der *Bush*-Administration wurden auch keine Anstrengungen unternommen, um über die *IAC* hinausreichend verbindliche und durchsetzungsfähige internationale Abkommen zum Schutz bedrohter Seeschildkröten voranzutreiben, was bei NGOs und auch in Teilen der Legislative auf Kritik gestoßen ist. Starken politischen Handlungsdruck hat diese latente Unzufriedenheit aber nicht entfaltet. Die Mehrheit der Legislative erkannte die Untauglichkeit unilateraler Handelssanktionen bei der Verfolgung ökologischer Anliegen. Insgesamt war bei den USA eine Abkehr vom Unilateralismus zu konstatieren: Die als Reaktion auf das Streitschlichtungsurteil eingeführte großzügige Zertifizierungspraxis der US-Behörden wurde von den Klageparteien kaum beanstandet. Allerdings waren, um Auflagen des WTO-Urteils zu erfüllen bzw. dem Druck der Umweltschützer zu begegnen, abgeschwächte Schutzstandards beim Krabbenfang internationalisiert worden.

---

[238] Der malayische Premierminister *Mohammed*, der bereits in der Asienkrise heftig gegen den vermeintlich hegemonialen Einfluss der USA (und darüber hinaus multilateraler Organisationen wie IWF und Weltbank) gewettert hatte, wollte damit einen Kontrapunkt setzen gegen die starke US-Kritik an dem politischen Schauprozess gegen seinen ehemaligen Vize *Ibrahim*. Dieser war unter fadenscheinigen Anschuldigungen politisch kaltgestellt und zu mehrjähriger Haft verurteilt worden. Außerdem hatte *Mohammed* mit dem wachsenden Einfluss islamistischer Parteien zu kämpfen. Hier bot sich eine aggressive Positionierung gegenüber den USA und die Instrumentalisierung des Handelskonflikts an. Auch hier zeigte sich also eine starke politische Begleitmusik der Handelsauseinandersetzungen.

Ungeachtet des Einschwenkens auf einen multilateralen *compliance*-Kurs sind von amerikanischer Seite auch danach noch wiederholt Sanktionen gegen ausländische Krabbenfischer verhängt worden, jedoch nicht mit Tierschutzargumenten begründet, sondern mit Dumpingvorwürfen[239]. Aufgrund der seit Jahren sinkenden Marktpreise für Krabbenprodukte, die sich inzwischen auf dem Niveau der 1970er Jahre eingependelt haben, kämpft ein Großteil der US-Anbieter ums Überleben. Angesichts einer anhaltenden Pleitewelle und eines fortschreitenden Konzentrationsprozesses ist eine große politische Responsivität gegenüber den Anliegen der Krabbenfischer nicht überraschend. 2003 wurden die *TED*-Anforderungen durch den Kongress 2003 noch einmal verschärft – explizit verbunden mit der Auflage, die Einhaltung von US-Bestimmungen durch andere Staaten notfalls wieder durch einseitige Sanktionen herzustellen. Die Schutzbedürfnisse der amerikanischen Krabbenfischer, die sich einer massiven Importpenetration des US-Markts ausgesetzt sehen[240] und außerdem mit schweren Zerstörungen durch den Hurrikan „Katrina" im Herbst 2005 zu kämpfen haben, schlagen also immer wieder im politischen Entscheidungssystem durch. Unilaterale Impulse und sporadischer handels- oder umweltpolitischer Aktionismus dürften sich damit trotz der insgesamt negativen Erfahrungen im Fall „*Shrimp/Turtle*" auch weiterhin zeigen[241].

Abschließend ist festzustellen, dass bei beiden Embargoentscheidungen der Unilateralismusvorwurf gegenüber den USA insgesamt gerechtfertigt war: Amerika handelte einseitig und etablierte unabgestimmt Tierschutzstandards, die mit Hilfe von Handelssanktionen auf ausländische Anbieter projiziert wurden. Die amerikanischen Ökostandards wurden eindeutig als ungerechtfertigte Handelshemmnisse zurückgewiesen. Insbesondere die selektive und damit diskriminierende Exterritorialisierung nationalen Rechts war nicht mit dem Welthandelsregimes vereinbar. Desweiteren wurden die institutionellen Streitschlichtungsurteile teilweise nicht oder zumindest nur widerwillig akzeptiert, auch wenn am Ende *compliance* mit den Rücknahme- oder Änderungsforderungen der klagenden Staaten stand. Die USA verzichteten in der Anfangsphase der Konflikte auf eine ernsthafte Aushandlung multilateraler Abkommen, mit denen die in Diskussion stehenden ökologischen Anliegen ebenfalls hätten durchgesetzt werden können. Dazu hätte es finanziellen

---

[239] 2004 und 2005 wurden zum Beispiel mit DS324 (*United States – Provisional Anti-Dumping Measures on Shrimp from Thailand*) und DS335 (*United States – Anti-Dumping Measures on Shrimp from Ecuador*) vor dem *DSB* der WTO zwei Verfahren eröffnet, in denen ebenfalls wieder einseitige US-Importbarrieren bei Krabben zur Diskussion stehen.

[240] Die US-Krabbenfischer, zum Großteil am Golf von Mexiko beheimatet, geben insgesamt ein Musterbeispiel ab für die Instrumentalisierung ökologischer Argumente zu protektionistischen Zwecken. Umweltschutzanliegen fanden dort über lange Zeit überhaupt kein Gehör. Mit zunehmenden Wettbewerbsproblemen konfrontiert wurde jedoch in den 1980er Jahren der Schutz von Seeschildkröten als Trumpfkarte entdeckt, um protektionistische Anliegen zu verschleiern. Heute zeigt sich die Furcht vor ausländischer Konkurrenz unter anderem am harten Widerstand der einschlägigen Lobby-Verbände gegen das 2005 ratifizierte CAFTA-Abkommen. Bei einzelnen Krabbensorten kommen inzwischen bis zu 90 % des Angebots aus dem Ausland, vor allem aus lateinamerikanischen Billiglohnländern, deren Konkurrenz man in den 1990er Jahren durch die unilateralen Embargos und später durch internationale Standardsetzung einzudämmen versuchte.

[241] Dazu kritisch *Srinivas* (2003).

Aufwands bedurft, zu dem weder *Bush d.Ä.* noch *Clinton* bereit waren. Statt aufwendiger internationaler Umweltprogramme bestand bei der Bekämpfung ausländischer Umweltsünden der Weg des geringsten Widerstands in der Etablierung einseitiger Embargos, für die auch von Industrieseite Bedarf angemeldet worden war.

Damit lassen sich die Beispiele „*Tuna/Dolphin*" und „*Shrimp/Turtle*" in Bezug auf ihre Motive als aktivistischer, in Bezug auf die institutionellen Auswirkungen allerdings auch als intervenierender Unilateralismus typologisieren. Beide Embargos eigneten sich nur bedingt zur strategischen Nutzenmaximierung. Der „grüne" Unilateralismus Amerikas steigerte den institutionellen Einfluss und die US-Durchsetzungsfähigkeit nicht. Allerdings halfen die multilateralen Entscheidungen – ungeachtet des von ihnen hervorgerufenen Widerstands – der Exekutive bei der Durchsetzung von *compliance*-Notwendigkeiten im US-Entscheidungssystem. Den Administrationen spielte der Umstand in die Hände, dass die Angelegenheiten für die amerikanische Volkswirtschaft insgesamt von geringer ökonomischer Relevanz waren und der Lobbydruck nach Verhängung der Sanktionen merklich nachgelassen hatte. Die ursprüngliche Koalition aus Umweltschützern und Industrieinteressen war zerbrochen, die breite öffentliche Erregung zum Zeitpunkt der Embargoaufhebung verflogen.

Bei den Administrationen bestand insgesamt wenig Interesse am nachdrücklichen Export *harter* ökologischer Standards, auch wenn die ablehnenden Streitschlichtungsentscheidungen (pflichtschuldig) kritisiert und US-Positionen unterstützende Passagen in den multilateralen Urteilen als Erfolg verbucht wurden. Die Exekutive zeigte sich umweltpolitisch nur dann engagiert, wenn großer öffentlicher Druck bestand. In den multilateralen Konflikten konnte sie lange erfolgreich eine Doppelstrategie aus Bedürfnisbefriedigung nach innen und abwiegelnder Politik nach außen verfolgen. Vor allem ging es um die kurzfristige Beschwichtigung protektionistische Anliegen und ökologischer Bedenken. Die Rolle eines internationalen umweltpolitischen Vorreiters übernahm die US-Regierung nur widerwillig. Hierfür kann, auch wenn die unilateralen Entscheidungen vehement verteidigt und die multilateralen Streitschlichtungsverfahren in die Länge gezogen wurden, ein doppeltes Desinteresse der Exekutive verantwortlich gemacht werden: Nach außen sollte die ökologische Argumentation nicht zu weit getrieben werden, nach innen sollte dem Druck von Umweltgruppen nur hinhaltend nachgegeben werden[242]. Durch negative Streitschlichtungsurteile erhoffte sich die Administration eine Schwächung der Umweltschützer. Dieses Kalkül ging auf. Die Vermischung um-

---

[242] Aktivistischer Unilateralismus kann zwar zu einer multilateralen Normgenerierung beitragen, aber nicht auf dem von den USA verfolgten Weg: Die handelsjuristisch fragwürdige Legitimität und Unangemessenheit der Handelssanktionen stand sowohl bei „*Tuna/Dolphin*" als auch bei „*Shrimp/Turtle*" der Akzeptanz verbindlicherer Standards im Weg. Für eine hegemoniale Rolle in der globalen Tier- oder Umweltschutzpolitik sind unilaterale Handelssanktionen eher ungeeignet, selbst wenn damit eine Verbesserung von internationalen Schutzstandards erreichbar ist; vgl. *Falkner* (2005). Wie in den beiden Fallbeispielen gezeigt wurde, bestand aber an dieser Verbesserung des globalen Tierschutzes weder im Kongress noch in der Administration ein nachhaltiges Interesse. Beide konnten deshalb mit den aus Sicht der Umweltschützer negativen Ergebnissen der Handelskonflikte gut leben.

welt- und handelspolitischer Fragen produzierte Ergebnisse, die unter multilateralem Druck zurückgenommen werden mussten.

Mit den jeweils stark verzögert, erst im Anschluss an legislative oder judikative Weichenstellungen, verhängten US-Importbarrieren und mit offiziellen Protesten gegen negativ ausgefallene multilaterale Streitschlichtungsurteile sorgte die Administration für Entlastung im nationalen Entscheidungssystem. Weiter fortgesetzte Regelverstöße hätten indes zu Sanktionen anderer Staaten und zu einer Schädigung der WTO geführt. Daran jedoch hatte die Exekutive kein Interesse. Der Kongress begnügte sich mit symbolischer Unterstützung der ökologischen Forderungen und situationsgebundener rhetorischer Aufwallung; starker Implementierungsdruck kam in der Sanktionsfrage von der Legislative nicht. Weder „*Tuna/Dolphin*" noch „*Shrimp/Turtle*" konnten als legislative „Herzensanliegen" bezeichnet werden, schon gar nicht, nach der „konservativen Revolution" von 1994[243]. Deshalb stießen die hinhaltende Position und die zögerlichen *compliance*-Bemühungen der *Clinton*-Administration im Kongress nur auf geringe Kritik. Den schwarzen Peter bekamen in der öffentlichen Debatte die als Ökosünder gebrandmarkten Schwellenländer, später aber auch zunehmend die WTO zugeschoben.

5.4.2 Das „*Helms-Burton*"-Gesetz

Der *Cuban Liberty and Democratic Solidarity Act* (*LIBERTAD*) aus dem Jahr 1996, mit dem das US-Embargo gegen das sozialistische *Castro*-Regime in Kuba verschärft, jedoch auch Sanktionen gegen alle Handelspartner der Karibikinsel verhängt wurden, entsprang in erster Linie politischem Aktivismus der Legislative. Dieses Gesetz, das unter dem Namen seiner beiden Initiatoren (Senator *Helms* und der Abgeordnete *Burton*) bekannt geworden ist, hatte wenig mit Außenwirtschaftspolitik, aber viel mit Klientelismus zu tun; es ging auf den direkten Einfluss exilkubanischer Interessenverbände zurück und reflektierte den erhöhten außenpolitischen Gestaltungswillen des Kongresses in der Außenpolitik – insbesondere den des (damaligen) Vorsitzenden des Senatskomitees für Außenbeziehungen, *Helms*, der nicht zuletzt ein erklärter Gegner von Handelsliberalisierung und WTO-Bindung war. Die Administration unter Präsident *Clinton* spielte dagegen bei der Konfliktentstehung eine eher passive Rolle. Die konfliktgenerierende Wirkung des parteipolitisch aufgeladenen Gewaltenstreits ist in diesem Zusammenhang unschwer zu übersehen. „*Helms-Burton*" wurde im Entscheidungssystem, wo sich eine überparteiliche Mehrheit fand, als Menschenrechtspolitik verkauft und nach außen mit vitalen amerikanischen Sicherheitsinteressen begründet. Tatsächlich bildet diese Sanktionsentscheidung den Inbegriff eigenmächtiger „Wohlfühlpolitik"[244], die dem Kongress Gelegenheit zur maßgeblichen Partizipation in der Außenpolitik geboten hat. Die einseitig über Kuba verhängte wirtschaftliche Quarantäne verletzte die Interessen wichtiger Handelspartner, wurde in Europa als „Hyper-Unilateralismus"[245] dämoni-

[243] Vgl. etwa *Paarlberg* (1997: 149).
[244] So die Bezeichnung von *Preeg* (1999), der „*Helms-Burton*" als schwerstwiegende der vom Kongress seit Mitte der 1990er Jahre verhängten unilateralen Wirtschaftssanktionen interpretiert.
[245] Vgl. *Mastanduno* (2002a).

siert und musste schließlich auf Druck der EU sowie vor dem Hintergrund anlaufender WTO-Verfahren in wesentlichen Punkten schnell entschärft werden. Das Gesetz ist aber bis heute nicht formal zurückgenommen oder geändert worden, was den hohen Symbolgehalt der Embargoentscheidung unterstreicht.

5.4.2.1 Konfliktentstehung

Ökonomische und politische Sanktionen der USA gegen Kuba gehörten in den vergangenen fünf Dekaden zum festen Inventar der amerikanischen Kuba-Politik, deren Parameter entscheidend geostrategisch und ideologisch determiniert waren[246]. Der Kongress bildete von Anfang an das wichtigste Sprachrohr der rhetorischen Unterstützung eines Regimewechsels auf Kuba: Der Sturz *Castros* war tatsächlich ein legislatives „Herzensanliegen". Bereits kurz nach der Revolution auf der Karibikinsel verfolgte die US-Außenpolitik einen Konfrontationskurs. Ab den 1960er Jahren gewann die Politik gegen das von der Sowjetunion unterstützte Kuba außerdem wegen der Blockkonfrontation an Bedeutung. Zunächst zeigte sich bei Kuba betreffenden Wirtschaftssanktionen der Einfluss von US-Unternehmen, deren Besitz im Zuge der Revolution verstaatlicht worden war. Deren Interessen an der Rückübertragung von Vermögenswerten bzw. an einer Sanktionspolitik, die einen solchen Prozess befördert, ist inzwischen aber erheblich zurückgegangen. Insbesondere von großen Alteigentümern (unter anderem *Coca-Cola*) kam interessanterweise wegen der befürchteten negativen Auswirkungen für die internationalen Handelsbeziehungen Widerstand gegen „*Helms-Burton*"[247]. Seit den 1970er Jahren spielten allerdings die Organisationen der Exilkubaner[248] eine wichtigere Rolle in Sanktionsentscheidungen als die Unternehmen. Ihre politische Bedeutung wuchs in dem Maße, in dem die Exilkubaner in den USA sesshaft und als Wählerreservoir in einigen wahlstrategisch wichtigen Bundesstaaten interessant wurden. Rücksichtnahmen auf diese eher konservative, politisch den Republikanern nahestehende Klientel haben das Verhalten der Supermacht gegenüber dem Nachbarland in wachsendem Umfang geprägt. Die innenpolitische Dimension der amerikanischen Kuba-Politik konnte auch und gerade von der *Clinton*-Administration nicht ausgeblendet werden[249].

---

[246] Vgl. zur Entwicklung des Sanktionsapparats vor allem *Preeg* (1999: 11ff).

[247] Wegen bereits von US-Behörden geleisteten Entschädigungszahlungen war und ist die Rückübertragung ehemaliger (und heute z.T. wertloser) Vermögensbestände auf Kuba aus Sicht vieler Großkonzerne uninteressant. Es gab deshalb kaum Lobbyunterstützung von Großunternehmen für „*Helms-Burton*", allerdings auch kaum Gegenmobilisierung. Diese startete erst 1997, nachdem multilaterale Konflikte entstanden waren.

[248] Als wichtigste Einflussgrößen sind die *Cuban-American National Foundation* (*CANF*) und das von ihr unterstützte *Cuban Free Political Action Committee* zu nennen.

[249] Der Großteil der Exilkubaner ist in *Florida* und *New Jersey* ansässig. Legislativer Aktionismus ging vor allem auf Senatoren und Abgeordnete aus diesen beiden Bundesstaaten zurück, die im Gegenzug großzügige Wahlkampfunterstützung von Exilkubanern verzeichnen konnten. Überdies galten die drei exilkubanischen Abgeordneten im Kongress als härteste Verfechter einer kompromisslosen Linie gegenüber dem *Castro*-Regime. *Florida* war außerdem aufgrund seiner Größe und als *swing-state* (mit knappen Wahlausgängen) in den vergangenen Präsidentschaftswah-

Bereits seit Februar 1962 hatte ein einseitiges US-Wirtschaftsembargo gegen Kuba bestanden, das vor allem amerikanische Firmen und ihre Tochterunternehmen betraf. Nach der Kuba-Krise wurde es in erster Linie sicherheitspolitisch begründet, später traten aber ideologische Motive in den Vordergrund[250]. Das Embargo, das nach 1975 teilweise wieder gelockert, unter *Reagan* aber wieder verschärft worden war, stieß im Ausland – mit Ausnahme des Ostblocks – kaum auf Widerstand, es blieb gewissermaßen eine Privatangelegenheit der Supermacht, an der unter ihren Verbündeten nur Mexiko und Kanada Anstoß nahmen[251]. Nach dem Ende des Ost-West-Konflikts wurde in der Hoffnung, das *Castro*-Regime zügig stürzen zu können, der amerikanische Druck auf Kuba noch einmal erhöht. Die Impulse dazu gingen eindeutig von der Legislative aus, die sich als treibende Kraft in der amerikanischen Kubapolitik positionierte[252]. Die bereits bestehenden Einschränkungen im Warenhandel, bei Investitionen und im Personenreiseverkehr wurden 1992 durch den mit breiter Mehrheit verabschiedeten sogenannten *Toricelli Act* (*Cuban Democracy Act*)[253] verschärft. In diesem zwischen Präsident *Bush* und dem Kongress aufgrund der außenpolitischen Implikationen umstrittenen Gesetz[254] wurde eine offensive Verbreitung von Menschenrechten und Demokratie auf Kuba angestrebt. Die darin verankerten wirtschaftlichen Kontaktverbote richteten sich in erster Linie gegen amerikanische Unternehmen und deren Töchter. Faktisch aber wurde bereits im *Toricelli Act* eine (nicht besonders abschreckende) Kontaktsperre für alle Handelspartner der Karibikinsel verhängt[255]. Daraus ergaben sich, entgegen

---

len von herausgehobener Bedeutung. *Clinton* konnte den Bundesstaat 1992 und 1996 gewinnen. Sowohl 2000 als auch 2004 war der Stimmvorsprung des siegreichen Präsidentschaftsbewerbers nicht größer als zwei Prozentpunkte; 2000 wurden Unregelmäßigkeiten in einigen Stimmbezirken *Floridas* sogar wahlentscheidend. Der Bedeutung der exilkubanischen Gemeinde wurde sowohl von *Clinton* als auch von *Bush* mit zahlreichen Lippenbekenntnissen und symbolischer außenpolitischer Härte gegenüber Kuba Rechnung getragen, wenn auch *Clinton* , von den Republikanern heftig kritisiert, in der Flüchtlingspolitik deutlich andere Akzente setzte.

[250] 1964 schlossen sich die OAS-Staaten unter amerikanischem Druck der Embargopolitik an. Insofern waren die verhängten Sanktionen ab diesem Zeitpunkt nicht mehr unilateral. Europäische Staaten übernahmen die Regeln nicht, sicherten aber informell eine Zurückhaltung im Kuba-Handel zu.

[251] Vgl. dazu vor allem *Preeg* (1999: 12f), *Mastanduno* (2002a: 304) und *Sweeney* (1996).

[252] Diesen Aspekt betonen insbesondere *Haney/Vanderbush* (2002 und 2005)

[253] Namensgeber des Gesetzes war der demokratische Abgeordnete *Toricelli* aus *New Jersey*. Die Zustimmung für den *Cuban Democracy Act* von 1992 lag bei 304 gegen 99 Stimmen.

[254] Der Kongress zeigte wenig Bereitschaft zur außenpolitischen Rücksichtnahme. Präsident *Bush d.Ä.* hatte dagegen ursprünglich wegen der negativen Folgen für die Nachbarstaaten Mexiko und Kanada sowie aufgrund der Negativimplikationen für die NAFTA-Verhandlungen starke Ablehnung signalisiert. Nachdem sein Herausforderer *Clinton* sich als Unterstützer des *Toricelli Act* profiliert hatte und daraufhin einen sprunghaften Anstieg der Wahlkampfunterstützung durch Exilkubaner verzeichnen konnte, wechselte *Bush* seinen Kurs und begann auf der Zielgeraden des Wahlkampfs verstärkt um die Stimmen der Exilkubaner zu buhlen; er signierte das Gesetz im Oktober 1992; vgl. *Preeg* (1999: 14).

[255] So galt etwa für Schiffe, die Kuba angelaufen hatten, danach ein sechsmonatiges Anlaufverbot für amerikanische Häfen, das allerdings durch relativ milde Strafzahlungen unterlaufen werden konnte. Auch die Nutzung ehemals amerikanischen Eigentums auf Kuba durch ausländische Unternehmen (etwa bei Direktinvestitionen) war sanktionsbewehrt.

Bushs Befürchtungen, keine gravierenden außenwirtschaftlichen Verwicklungen. Obwohl der *Toricelli Act*, der für amerikanische Konzerne mit einem Handelsumsatzausfall von fast 700 Millionen US-$ einherging[256], eindeutig unilaterale Züge trug, wurde er nicht zum Konfliktfall für die globalen Handelsbeziehungen. Andere Staaten handelten weiter mit dem *Castro*-Regime. Insofern ließ die Effektivität der Sanktionen in jeder Hinsicht zu wünschen übrig.

Die fehlende Wirkung der Sanktionen, das gestiegene Beteiligungsinteresse des Kongresses in der Kuba-Politik und die Zunahme von Spannungen zwischen den Gewalten führten dann im Frühjahr 1995 zum Entwurf des „*Helms-Burton*"-Gesetzes, der von einer breiten Mehrheit im Repräsentantenhaus unterstützt, von der Administration und Teilen des Senats aber zunächst abgelehnt wurde. Im Entwurf war nicht nur eine Sanktionsverschärfung vorgesehen, sondern erstmals sollten auch direkte und konkrete politische Drohungen für andere Staaten und internationale Institutionen fest verankert werden. Neben zusätzlichen Werkzeugen, die der kubanischen Opposition beim Sturz *Castros* helfen und amerikanische Unternehmen am Handel mit Kuba hindern sollten (*Title I*), wurden die transnationalen Unverträglichkeiten erheblich erweitert: Zum einen sollten ausländische Unternehmen, die mit Kuba Handel trieben und dabei amerikanisches Alteigentum nutzten (*trafficking*), vor US-Gerichten verklagt werden können. Zur Entschädigung der Kläger sollten dabei US-Vermögenswerte dieser ausländischen Firmen herangezogen werden können (*Title III*). Außerdem sollten leitende Angestellte oder sogar Aktionäre dieser Firmen mit einem Einreiseverbot belegt werden können (*Title IV*)[257]. Zum anderen wurde im Gesetz ein Junktim hergestellt zwischen nationalen Außenpolitikinteressen und der Mitgliedschaft in multilateralen Institutionen. Der Verbleib oder Beitragszahlungen der USA in internationalen Organisationen sollten davon abhängig gemacht werden, inwiefern diese die amerikanische Kuba-Politik unterstützten (ebenfalls *Title I*).

Von der republikanischen Mehrheit im Repräsentantenhaus wurde „*Helms-Burton*" als Möglichkeit genutzt, um im anschwellenden Machtkonflikt mit Präsident *Clinton* zu punkten[258]. Die Administration war in der Frage einer Sanktionsverschärfung gespalten, die Haltung des Präsidenten uneindeutig und eher ablehnend[259]. Gleichwohl war das Gesetz keine Privatfehde zwischen dem erzkonservativen Senator *Helms* und dem Demokraten *Clinton*. Dies zeigte die spätere breite überparteiliche Zustimmung für „*Helms-Burton*". Ungeachtet der breiten Unterstützung, stieß der Gesetzentwurf aber zunächst auf erhebliche Probleme, weil der Prä-

---

[256] Vgl. für diese Schätzung *Mastanduno* (2002a: 305). Der Umsatzausfall betraf vor allem Tochterunternehmen der Chemiekonzerne *Dow Chemical* oder *Union Carbide*.

[257] Vgl. *Preeg* (1999: 16f) sowie *Malloy* (2001: 466ff).

[258] *Title II* zielte explizit auf eine festere Bindung der Exekutive an legislative Vorgaben. Es sollte verhindert werden, dass Sanktionsbestimmungen von der Administration einseitig abgemildert werden konnten.

[259] *Clinton* stand im Frühjahr 1995 zwar wegen eines öffentlich gemachten Geheimabkommens mit Kuba unter Druck, in dem die Rückführung kubanischer Flüchtlinge festgelegt wurde, andererseits zeigten Meinungsumfragen, dass diese Praxis in der Flüchtlingsfrage breite öffentliche Zustimmung fand – paradoxerweise besonders stark in *Florida* , dem Schlüsselstaat für die interne Auseinandersetzung über die US-Kubapolitik.

sident sein Veto angekündigt hatte. Ende 1995 verabschiedete der Kongress deshalb nur eine entschärfte Version, in der die Wirkung auf Drittstaaten deutlich minimiert worden war[260]. Selbst diese Rumpfversion wäre aber wahrscheinlich wegen eines von der Administration angekündigten Vetos in der gesetzgeberischen Warteschleife verendet, wenn nicht tagespolitische Ereignisse der Kuba-Politik einen massiven öffentlichen Aufmerksamkeitsanstieg beschert hätten: Unter dem Eindruck des Abschusses zweier von Exilkubanern geflogenen Privatflugzeuge durch die kubanischen Behörden im Februar 1996[261] stand wieder das ursprüngliche Gesamtpaket zur Abstimmung, also auch die Sanktionen für Ausländer. Die außenpolitischen Bedenken der Administration traten in den Hintergrund. Auch von ihr wurde unter dem Druck von Legislative und Öffentlichkeit eine Verschärfung der Kuba-Politik befürwortet. Die kritischen Stimmen aus dem Ausland und von großen Wirtschaftsverbänden fanden kaum Gehör. „*Helms-Burton*" bot sowohl dem Kongress als auch der Exekutive eine willkommene Plattform, um kurzfristig anschwellende Vergeltungsforderungen zu befriedigen bzw. zu kanalisieren. *Clintons* Vetoankündigung wurde auch angesichts des beginnenden Präsidentschaftswahlkampfs, wo Nachgiebigkeit in der Kuba-Politik geschadet hätte, hinfällig. Das Gesetz trat nach der Verabschiedung durch den Kongress[262] mit der unmittelbar folgenden Unterschrift des Präsidenten im März 1996 in Kraft.

5.4.2.2 Multilaterale Reaktionen

Die diplomatischen Reaktionen anderer Staaten auf „*Helms-Burton*" fielen harsch aus, sowohl bei den direkten Nachbarn Kanada und Mexiko als auch in der OAS sowie in der EU. Die im Frühjahr 1996 einsetzende Sanktionsverschärfung war aber insgesamt weniger ein außenpolitisches oder (wegen des geringen Handelsvolumens) außenwirtschaftliches Problem, sondern vielmehr ein politisches und institutionelles. Die multilateralen Konflikte entzündeten sich nicht so sehr an der Selbstbezüglichkeit der Supermacht. Entscheidend war, dass wirtschaftliche Interaktionen und damit, wie schnell klar wurde, das multilaterale Welthandelssystem betroffen waren. Während das *Toricelli*-Gesetz im GATT kaum Anstoß erregt hatte, war „*Helms-Burton*" vor dem Hintergrund der neugegründeten WTO von neuer Qualität. Die unilateral über Kuba verhängte totale wirtschaftliche Kontaktsperre sowie die angedrohten Klagen gegen ausländische Firmen bzw. Einreiseverbote für

---

[260] Das Repräsentantenhaus hatte zwar am 21.9.1995 mit 294 gegen 130 Stimmen für einen ersten Gesetzentwurf gestimmt, der Senat leitete aber nur eine entschärfte Version weiter, in der die am meisten umstrittenen Passagen (*Title III* und *Title IV*) herausgenommen worden waren; vgl. *Haney/Vanderbush* (2002: 175).

[261] Bei dem gezielten Angriff im internationalen Luftraum starben vier Flugzeuginsassen. *Castros* Motive für diesen ungerechtfertigten Gewaltakt, der die Stimmung im US-Entscheidungssystem deutlich zugunsten der Hardliner verschob, blieben unklar. Ein Versehen war ausgeschlossen, eine Eskalationsabsicht der Kubaner wird vielfach unterstellt, unter anderem bei *Frey* (2004: 82).

[262] *LIBERTAD* wurde als *HR 927* im Senat am 5.3.1996 mit 74 gegen 22 Stimmen angenommen, wobei 18 Neinstimmen von demokratischen Senatoren abgegeben wurden, während die Republikaner fast geschlossen für die Sanktionen eintraten. Das Repräsentantenhaus stimmte einen Tag später mit 336 gegen 86 Stimmen zu; auch hier gab es also eine überparteiliche Zustimmung.

ihre Manager weckten – bereits während des laufenden amerikanischen Gesetzgebungsprozesses – entschiedenen Widerstand, vor allem in der EU[263]. Die Ablehnung verschärfte sich nach der Inkraftsetzung ab Mitte 1996 noch, als amerikanische Firmen und Privatpersonen unter Verweis auf die Regelungen des *LIBERTAD* tatsächlich Klagen - mit einem Streitwert von fast 2 Milliarden US-$[264] – gegen kanadische und europäische Unternehmen einreichten. Abgesehen vom Zwang zur indirekten Akzeptanz der amerikanischen Kuba-Politik bzw. zu deren mittelbarer Unterstützung – auch diese Vereinnahmung wurde immer weniger akzeptiert –, nahmen die Beschwerden anderer Staaten vor allem an der Exterritorialisierung amerikanischen Rechts Anstoß. Nicht das Kuba-Embargo an sich, sondern die Verletzung von Handelsregeln und die dadurch implizierten außenwirtschaftlichen Konflikte mit anderen Staaten waren die entscheidenden Punkte. Kanada und Mexiko initiierten als Reaktion 1996 umgehend Vergeltungsmaßnahmen, um eigene Firmen vor amerikanischen Klagen zu schützen[265]. Spätestens ab diesem Moment handelte es sich bei der einseitigen Embargopolitik der USA um eine Herausforderung multilateraler Governance. Als solche wurde sie auch frühzeitig erkannt und behandelt. Dabei ergänzten einseitige Gegenmaßnahmen[266], bilaterale Gespräche und multilaterale Streitschlichtung einander.

„*Helms-Burton*" war in der bis dahin noch sehr jungen Geschichte der WTO-Streitschlichtungsorgane die wohl größte Herausforderung. Im Endeffekt erwies sich das institutionelle Instrumentarium aber als ausreichend robust. Die Auseinandersetzung über das Kuba-Embargo wies Ähnlichkeiten zu den Fällen „*Massachusetts/Myanmar*" [267] und dem *D'Amato Act* auf[268]. Auch diese Fälle waren umstritten, weil nicht nur US-Firmen, sondern alle mit „Schurkenstaaten" Handel treibenden Unternehmen mit Sanktionen bedroht wurden. Dabei ging es vor der WTO um Zielkonflikte zwischen handelspolitischer Angemessenheit und humanitären bzw. Sicherheitsinteressen. Bei „*Helms-Burton*" lag die Brisanz in der entscheidenden Frage, ob die USA mit sicherheitspolitischen Argumenten Einschränkungen für die Handelspolitik anderer Staaten etablieren durften. So fadenscheinig die US-Begründung für die verhängten Wirtschaftssanktionen auch war, denn von Kuba ging offenkundig keine wirksame Bedrohung der amerikanischen Sicherheit aus, so deutlich bestanden die USA dennoch darauf, „*Helms-Burton*" als *sicherheitspolitische* Maßnahme zu bewerten. Aus diesem Grund sprachen sie der WTO die Zuständig-

---

[263] Vgl. *Roy* (1999) sowie *Paemen* (2005: 363).

[264] Vgl. *Mastanduno* (2002a: 309).

[265] Vgl. *Teegen/Askari/Forrer/Yang* (2003: 8f).

[266] Kanada, als zu diesem Zeitpunkt größter Handelspartner Kubas wie kein zweiter Staat betroffen, verbot einheimischen Firmen sogar ausdrücklich, sich der US-Sanktionsgesetzgebung anzupassen; vgl. *Paemen* (2005: 363). Dies war sowohl in der diplomatischen Rhetorik als auch in den juristischen Konsequenzen ein deutlicher Affront gegenüber den USA. Die EU drohte im Verlauf der Verhandlungen ebenfalls mit einer solchen Regelung.

[267] Vgl. *Pollack* (2005: 78) oder *Malloy* (2001: 651ff). Bei „*Massachusetts/Myanmar*" ging es um die exterritoriale Wirkung einer auf bundesstaatlicher Ebene getroffenen Gerichtsentscheidung.

[268] Vgl. *Smis/van der Borght* (1999). Der als *D'Amato Act* bekannt gewordene *Iran and Lybia Sanctions Act* (*ILSA*) von 1996 sollte Investitionen unterbinden und drohte ausländischen Firmen ebenfalls mit Sanktionen.

keit für diesen Fall ab und weigerten sich, die Sanktionen überhaupt als Handelskonflikt zu behandeln und den institutionellen Streitbeilegungsverfahren zu unterwerfen.

Die Administration verfolgte einen Doppelansatz, mit dem sie nach innen und außen das Gesicht wahren wollte: Entschärfung der Sanktionsmaßnahmen und Vermeidung von weiteren eskalativen Impulsen im beginnenden Handelsstreit. Zuvorderst ging es darum, ein Streitschlichtungsverfahren zu verhindern. In den USA anhängige Entschädigungsklagen von Unternehmen wurden mit Hilfe eines präsidentiellen *waiver* zunächst für sechs Monate ausgesetzt; *Title III* war damit wirkungslos geworden. Klagen gegen ausländische Unternehmen, die mit Kuba handelten, waren praktisch ausgeschlossen. Die *waiver*-Entscheidung wurde interessanterweise (wie die ursprünglich ablehnende Haltung *Clintons* zu „*Helms-Burton*") mit der Wahrung nationaler Interessen begründet. In der Folgezeit versuchte *Clinton* mehrfach, sich aus dem engen legislativen Korsett in der Kubapolitik zu befreien, etwa indem er *Title IV* weitgehend ignorierte und nur geringe Antrengungen zur Bestrafung ausländischer Firmen unternahm[269]. Nach außen allerdings wurde kaum Anpassungsbereitschaft gezeigt[270]. Der von *Clinton* berufene Sonderbotschafter *Eizenstat* vermochte auf seiner Vermittlungstour keinerlei Zustimmung für die amerikanische Position zu organisieren[271]; die Ablehnung anderer Staaten war angesichts der hinhaltenden Verhandlungsposition der USA einhellig und nahm weiter zu. Die Legitimationsstrategie der *Clinton*-Administration, die den (von ihr ursprünglich abgelehnten) Gesetzentwurf nun unter dem Druck des Kongresses und angesichts des anlaufenden Präsidentschaftswahlkampfs zu verteidigen versuchen musste[272], beruhte auf einer politischen Ausnahmeklausel des GATT (Artikel XXI), die sicherheitsrelevante Handelseinschränkungen erlaubte. Angesichts der Beschwerden anderer WTO-Mitglieder wurde diese Haltung der USA allerdings schnell obsolet[273]. *Clintons* Sicherheitsargumentation verfing auf multilateraler Ebene nicht. Die US-

[269] Vgl. *Haney/Vanderbush* (2002: 176ff).

[270] Firmen aus Kanada, dem Land, das sich mit Gegenmaßnahmen am weitesten vorgewagt hatte, wurde ab Sommer 1996 vom amerikanischen Außenministerium mit Visaentzug und Klageerhebungen gedroht.

[271] Interessanterweise umfasste *Eizenstats* Vermittlungsmission aber nicht nur Termine auf internationalem Parkett. Die Bundesstaaten *Florida* und *New Jersey* gehörten ebenfalls zu seinen Reisezielen. Hier ging es, wie auch gegenüber den wichtigen Kongressausschüssen, um die Versicherung, in der Kuba-Politik weiterhin Härte zeigen zu wollen. Bemerkenswert ist darüber hinaus, dass die *USTR*-Behörde keine herausgehobene Rolle in der Vermittlung von Konflikten, die sich an „*Helms-Burton*" entzündeten, übernahm. Dieser Umstand unterstrich die US- Auffassung, dass es sich um eine Frage der nationalen Sicherheit und nicht um Handelspolitik handelte.

[272] Insofern waren der Administration, der der Kongress im Nacken saß, die Hände gebunden. Die offenkundige Tatsache gefesselter Hände führte jedoch nicht zu einer Verbesserung der amerikanischen Verhandlungsposition auf multilateraler Ebene. Der Kongress trieb *Clinton* in dieser Frage vor sich her, ohne dass dieser den Druck international hätte nutzen können, um etwa Zugeständnisse der EU zu erreichen. Die Hartnäckigkeit, mit der „*Helms-Burton*" von der Administration nach außen verteidigt wurde, verschlechterte das US-Image vielmehr weiter. Weil die öffentliche Empörung vor allem in Kanada und der EU groß war, zeigten diese nur geringes Entgegenkommen.

[273] Vgl. *Mastanduno* (2002a: 308ff) und *Paemen* (2005).

Bemühungen, die Kuba-Sanktionen nicht zum Gegenstand eines Rechtsstreits zu machen, schlugen fehl. „*Helms-Burton*" war ab Oktober 1996, als die EU offiziell eine *DSB*-Klage einreichte – Mexiko und Kanada waren Nebenkläger –, ein WTO-Fall und hatte damit eine (für die USA folgenschwere) handelspolitische Charakteristik angenommen[274].

5.4.2.3 Transatlantische Deeskalation

Die Handlungsspielräume der US-Administration verringerten sich damit sukzessive. Der Spagat zwischen den exekutiven Abmilderungsversuchen des Kuba-Embargos und der Verteidigung des Unilateralismus kostete Glaubwürdigkeit. Einerseits galt es weiterhin, gegenüber dem Kongress und der Wählerschaft die Vertretung einer entschlossenen Linie in der Kubapolitik zu suggerieren, andererseits suchte man jedoch eine Beschädigung des jungen und nahezu unerprobten WTO-Streitschlichtungsmechanismus zu vermeiden. Dessen Erfolgsversprechen sollten nicht durch amerikanische *noncompliance* in einer handelspolitischen Marginalie infrage gestellt werden. Die offizielle Ankündigung der Administration lautete zwar, kein negatives Urteil akzeptieren zu wollen – dies war allerdings eine leere Drohung. Tatsächlich tat sie angesichts der außenpolitischen Sensibilität des Themas sowohl im Streitschlichtungsverfahren selbst, vor allem aber durch bilaterale Bemühungen alles, um ein abschließendes Urteil zu vermeiden. Deshalb konnte die Aussetzung von *Title III* nach sechs Monaten ohne große Diskussion erneuert werden. Dabei half, dass *Clinton* die Präsidentschaftswahl im November 1996 relativ komfortabel gewonnen und sich der innenpolitische Pulverdampf langsam verzogen hatte. Wenngleich sich an der per Präsidentenerlass verfügten Aussetzung der Klagemöglichkeit gegen ausländische Firmen im Kongress Protest entzündete, gab es keine legislativen Verschärfungen oder „Ermahnungen", die den Kurs der Administration konterkariert hätten. Vor den in diesem Fall zu befürchtenden Sanktionsverschärfungen anderer Staaten schreckte offenkundig auch die Mehrheit der Abgeordneten zurück. Zudem begannen sich die Lobbyaktivitäten exportorientierter Unternehmen gegen „*Helms-Burton*" zu intensivieren. *Clinton* konnte sich mit dem *waiver* aus dem engen Korsett befreien, das ihm der Kongress in der Kuba-Politik anzulegen versucht hatte.

Nach dem in multilateralen Handelskonflikten üblichen Vorgeplänkel und dem Androhen von Gegenmaßnahmen kam es im Fall „*Helms-Burton*" am Ende zu einer außergerichtlichen, bilateralen Einigung zwischen den USA und der EU. Insofern war es ein kontrollierter Konflikt, wie er in transatlantischen Handelsauseinandersetzungen häufiger zu finden ist. Zunächst hatten die Europäer, ähnlich wie Kanada, mit einer Erstellung von Prangerlisten begonnen, die jene US-Firmen erfassen sollten, die unter Rückgriff auf das „*Helms-Burton*"-Instrumentarium Klage

---

[274] Das eingeleitete WTO-Streitschlichtungsverfahren (*United States – The Cuban Liberty and Democratic Solidarity Act*) trug die Bezeichnung DS38. Das Verfahren bildete einen der ersten Streitfälle des noch jungen *DSB* und fand sehr große Beachtung. Die Beschwerde der Europäischen Union und der Konfliktverlauf sind verfügbar unter: http://www.wto.org/english/tratop_e/dispu_e/cases_e/ds38_e.htm

eingereicht hatten. Mit diesen politischen Muskelspielen sollte eine gewisse Abschreckungswirkung erreicht werden. Der europäische Gegendruck verschärfte sich aber noch mehr, als wenige Wochen nach „*Helms-Burton*“ durch den *D´Amato Act* auch die amerikanischen Handelssanktionen gegen Libyen und Iran verschärft wurden – mit ähnlichen Folgen für Drittstaaten. Von dieser Embargopolitik waren europäische Exportinteressen wesentlich stärker betroffen, allerdings war das von amerikanischer Seite vorgebrachte Sicherheitsargument im Fall dieser „Schurkenstaaten“ stichhaltiger als bei Kuba. Die Hauptkritik der Europäer richtete sich deshalb weiterhin gegen die Regelungen von „*Helms-Burton*“. Im Anschluss an die Klage vor der WTO wurde mit einer im November 1996 in Kraft getretenen EU-Verordnung die nächste Eskalationsstufe erreicht: Die EU verbot europäischen Firmen explizit eine Befolgung der US-Exportbeschränkungen bzw. machte es möglich, alle durch US-Strafmaßnahmen anfallenden Kosten durch Klagen gegen amerikanische Firmen vor europäischen Gerichten zu kompensieren. Gleichwohl bestand in Brüssel kein großes Interesse an einer weiteren Konflikteskalation. Zwar hätten sehr gute Chancen auf ein die EU-Position unterstützendes *DSB*-Urteil bestanden, allerdings hätte der Streitwert und damit auch der Umfang möglicher Strafzölle sehr niedrig gelegen[275]. Außerdem hatten bereits die europäischen Muskelspiele und Drohgebärden gewirkt.

Auf dem Scheitelpunkt des multilateralen Konflikts, erkennbar an der scharfen Rhetorik und am Ausmaß der gegenseitig angedrohten Strafmaßnahmen, wurde deshalb damit begonnen, transatlantische Brücken zu bauen. Eine erste Basis für den notwendigen Kompromiss lieferte eine weitgehend floskelhafte „gemeinsame Position“ gegenüber Kuba, auf die sich die EU im Dezember 1996 verständigte[276]. Darüber hinaus anerkannte man seitens der Europäer besondere US-Sicherheitsinteressen in Bezug auf Kuba[277]. Diese Erklärung wurde wiederum von der *Clinton*-Administration als Erfolg verbucht. Darüber hinaus wurde sie zur Begründung der erneuten, von Senator *Helms* (zu Recht) als Verwässerung des Gesetzes kritisierten Aussetzung von *Title III* herangezogen. USA und EU halfen sich auf multilateraler Ebene gegenseitig, das Gesicht zu wahren, indem symbolische Entscheidungen getroffen wurden, die wenig Konzessionsbereitschaft kosteten, den Konflikt jedoch auch nicht zu lösen vermochten[278]. Der transatlantische Verhandlungsfaden riss in der Folge nicht mehr ab. Der Konsens war schließlich vergleichsweise leicht zu erreichen, vor allem weil die Hartnäckigkeit des Kongresses nachzulassen begann. Der legislative Aktionismus in der US-Außenpolitik hatte

---

[275] Weil die EU ihre Klage mit einer Verletzung von *Mode* 4 des GATS begründete, hätte der Streitwert vermutlich nur bei einigen tausend US-$ gelegen (für diesen Hinweis bin ich Andreas Falke sehr verbunden).

[276] Dazu insbesondere *Smis/van der Borght* (1999). Im Dezember 2000 wurde diese gemeinsame Position noch einmal, fast wortgleich, unterstrichen.

[277] Dazu vor allem *Paemen* (2005: 365) und *Frey* (2004: 83f).

[278] Insofern ist der in dieser Arbeit oft verwandte Begriff „Entschärfung“ in diesem Fall durchaus bildlich zu verstehen. Solange ein multilaterales Streitschlichtungsurteil aussteht, wird der Konflikt nicht beigelegt, die „Bombe“ nicht beseitigt. Die ursprüngliche Sprengkraft ist noch vorhanden. Wenn allerdings der „Zünder“ abmontiert, also anstößige Passagen ausgeklammert werden können, ist eine Verständigung der Streitparteien möglich.

sich nach den Kongresswahlen im November 1996 auf andere Felder verlagert[279]. Damit konnte von *Clinton* die Aussetzungsstrategie weiterverfolgt werden, ohne größeren legislativen Widerstand befürchten zu müssen. Gleichzeitig rüstete die Administration rhetorisch ab und bastelte am bilateralen Konsens. Das durch nachlassenden legislativen Druck möglich gewordene Einlenken der Administration entschärfte „*Helms-Burton*" als Problem für die WTO.

In der Folgezeit verstärkten sich die informellen Gespräche und Lösungsbemühungen auf bilateraler Ebene. *Eizenstat* erreichte auf seiner Verhandlungsmission in Brüssel im April 1997 unter Verweis auf die administrative Aussetzung von *Title III*, dass die EU ihre WTO-Klage fallen ließ[280]. Damit war das dringlichste Problem vom Tisch. Weiteres Aufeinanderzugehen brauchte aber Zeit und zusätzliche Zugeständnisse. Die letztlich erst im Mai 1998, also mehr als zwei Jahre nach dem Inkrafttreten des Gesetzes, zwischen der EU und den USA offiziell getroffene Einigung sah vor, dass die EU europäische Firmen an der Nutzung enteigneten US-Eigentums auf Kuba zu hindern versprach, ohne jedoch detaillierte Ausführungsbestimmungen zu erlassen. Diese Ankündigung war also weitgehend unverbindlich. Dennoch sicherte die US-Administration im Gegenzug eine Aussetzung der am stärksten beanstandeten Regelungen (*Title III*) fest zu. Darüber hinaus wurde der Kongress von der Administration um die Rücknahme von *Title IV* ersucht – allerdings, wie sich in bis zum Jahr 2000 andauernden Auseinandersetzungen herausstellen sollte, ohne Erfolg[281]. Freilich führte die Administration *Title IV* nur sehr lax aus, so dass faktisch kaum noch handelspolitische Irritationen auftraten. Um die Ankündigungen *Clintons* zu honorieren, ließ die EU ein Ultimatum an die USA, „*Helms-Burton*" gänzlich zurückzunehmen, folgenlos verstreichen[282]. Die US-Administration, die zwar auch weiterhin ankündigte, ein negatives Votum des *DSB* ignorieren zu wollen, aber auf einen Kompromiss hinarbeitete, unternahm in der Folgezeit nur noch symbolische Anstrengungen zur Rücknahme des Gesetzes. Sie verlegte sich gänzlich auf die *waiver*-Strategie bzw. Verschleppungsmaßnahmen[283]. Dies war ein gangbarer, vom Kongress weitgehend unbeanstandeter und, wie sich zeigte, effektiver Lösungsweg in einem Konflikt, den die *Clinton*-Administration für außenpolitisch schädlich hielt und mit zunehmender Dauer immer widerwilliger

---

279 Hier sind insbesondere das Verhältnis zur UNO sowie zu internationalen Nonproliferationsregimen zu nennen; vgl. dazu *Dembinski* (2002).

280 Die Verhandlungen zwischen *Eizenstat* und dem EU-Handelskommissar *Brittan* dauerten fast 50 Stunden, nur von wenigen kurzen Pausen unterbrochen; vgl. *Frey* (2004: 85). Die Ergebnisse sollten offensichtlich als mühsam erreichter Kompromiss dargestellt werden, um Forderungen nach Nachverhandlungen von vornherein auszuschließen.

281 Vgl. *Mastanduno* (2002a: 311).

282 Vgl. *Smis/van der Borght* (1999).

283 Dies scheint ungeachtet der Parteizugehörigkeit des Präsidenten zu gelten. Zwar wurde bei einem Wahlsieg des republikanischen Bewerbers *Dole* in der Präsidentschaftswahl 1996 eine Rücknahme des *waiver* erwartet; vgl. *Sweeney* (1996: 421). Ähnliches galt im Wahlkampf 2000 als ausgemacht, wo *Bushs* Ankündigung, „*Helms-Burton*" verschärfen zu wollen, ebenfalls als Absage an die Aussetzungsstrategie gewertet wurde. Tatsächlich aber hat *Bush* die außenhandelspolitisch heiklen Passagen bis heute nicht wieder in Kraft gesetzt.

führte[284]. Die formal nicht beigelegte multilaterale Kontroverse schlief ein. Bei dieser Art der Konflikteinhegung vermochten alle Beteiligten das Gesicht zu wahren.

Im amerikanischen Entscheidungssystem vermochte es *Clinton* nicht, den Kongress zur Rücknahme oder Änderung von „*Helms-Burton*" zu bewegen. Daran änderte auch eine 1997 gestartete, gegen das Gesetz gerichtete Lobbykampagne führender Industriekonzerne nichts, die explizit den unilateralen Ansatz infrage stellte[285]. Die legislative Haltung blieb starr – mit einer gewissen Doppelbödigkeit: Im Repräsentantenhaus scheiterten (von Demokraten gestellte) Anträge auf Rücknahme des Gesetzes bereits in den Ausschüssen. Hier spielte der Einfuß der republikanischen Mehrheitsführung eine wesentliche Rolle, die in dieser Frage der Administration einen Triumph (in Form eines Einknickens beim Kuba-Embargo) zu verweigern trachtete. Der Kongress zeigte sich auch unzugänglich bei der Frage einer weitergehenden Aussetzung von Gesetzesteilen (insbesondere *Title IV*). Auf der anderen Seite aber wurde und wird vom Kongress kein Anstoß genommen am von der Administration halbjährlich erneuerten *waiver*. Im Ergebnis kommt es bis heute zu einer temporären, gleichwohl verlässlichen Aussetzung der diskriminierenden Klauseln, die Handelspartnern von Kuba mit US-Sanktionen drohen. Multilateral ist der Streitfall damit erledigt, wenn auch nicht mit einem Urteil beigelegt. Beide Streitparteien scheuten eine Wiederaufnahme, um möglichen antimultilateralen Ressentiments in den USA keinen Raum zu geben[286]. Die wirtschaftlichen Beziehungen anderer Staaten zu Kuba haben zwar unter „*Helms-Burton*" kurzzeitig gelitten, zeigen sich aber inzwischen unbeeinträchtigt[287].

Unter dem Embargo leiden vor allem amerikanische Exporteure. Der ökonomische Schaden für die US-Volkswirtschaft durch entgangene Exporte nach Kuba wurde Ende der 1990er Jahre auf annähernd 2 Milliarden US-$ jährlich geschätzt[288]. Die internen Vorbedingungen der amerikanischen Kubapolitik haben sich jedoch in den letzten zehn Jahren gewandelt. Der Einfluss exilkubanischer Hardliner scheint deutlich zurückgegangen zu sein, wirtschaftliche Interessen, vor allem die von Agrarexporteuren, finden immer stärkere Berücksichtigung[289]. Inzwischen werden die ökonomischen Schäden für die US-Volkswirtschaft und negative Auswirkungen des Embargos auf die kubanische Gesellschaft stärker thematisiert[290]. Antikommunismus und Sicherheitsinteressen bieten nur noch eine einge-

---

[284] Vgl. *Paemen* (2005: 368).

[285] Vgl. *Mastanduno* (2002a: 307). Bemerkenswerterweise kam auch hier die von Großkonzernen (*IBM*, *Exxon*, *General Electric*) intensivierte Lobbytätigkeit erst in Gang, als der außenpolitische Scherbenhaufen bereits entstanden war. Auch in diesem Fall zeigten sich also die begrenzten Präventionsmöglichkeiten des multilateralismusfreundlichen Industrielagers gegenüber mobilisierungskräftigeren ad-hoc-Koalitionen. Ein Gegenhalten und Druck auf den Kongress war erst erfolgreich, nachdem Sanktionsandrohungen des Auslands spürbar waren.

[286] Vgl. *Keohane/Nye* (2001: 19).

[287] Vgl. insbesondere *Teegen/Askari/Forrer/Yang* (2003).

[288] Vgl. *Hufbauer/Oegg* (2003: 8).

[289] Vgl. *Haney/Vanderbush* (2005).

[290] Diese Einschätzung unterstreicht *Preeg* (1999: 35): „The impact of the continued embargo on (american) interests (...) are unambiguously negative on all counts. Impact on U.S. commercial

schränkte Legitimationsgrundlage für eine ausschließlich auf Sanktionen setzende Politik, während humanitäre und ökonomische Aspekte zunehmend in den Vordergrund geraten. Lobbys, die konkrete Exporterleichterungen im Kubahandel anstreben, und humanitäre Erwägungen haben die amerikanische Embargopolitik zum Teil abgeschwächt und ein Umdenken befördert. 2006 beliefen sich die US-Exporte nach Kuba immerhin schon wieder auf rund 350 Millionen US-$. Ungeachtet der Erleichterungen ist der Sanktionsapparat gegenüber Kuba aber weitgehend intakt und unter der *Bush*-Administration erweitert worden[291], die für das WTO-System und Handelspartner entscheidende Teilentschärfung des „*Helms-Burton*"-Gesetzes durch die Aussetzung der Klagemöglichkeit vor amerikanischen Gerichten wird allerdings weiter vollzogen[292]. Gegen WTO-Regeln verstößt das (seiner unverträglichen Teile entkleidete) Sanktionsgesetz nicht mehr.

Zusammenfassend lässt sich feststellen, dass die Konfliktentschärfung auf multilateraler Ebene zum einen deeskalativen Signalen der *Clinton*-Administration zu verdanken war, in erster Linie aber dem Entgegenkommen der EU. Durchsetzungsfähig war der amerikanische Unilateralismus von Anfang an nicht; er konnte nicht verhindern, dass andere Staaten weiter mit Kuba Handel trieben. Auch die Investitionstätigkeit von Ausländern in Kuba ist nur wenig beeinträchtigt worden. Der Zufluss ausländischer Direktinvestitionen sowie der Tourismus haben nach einem kurzen Einbruch 1996 wieder stetig zugenommen[293]. Es zeigte sich deutlich, dass die unilaterale Sanktionsentscheidung weniger auf Effekte in Kuba als vielmehr auf vordergründige politische Bedürfnisbefriedigung im amerikanischen Entscheidungssystem abzielte. Auch ohne WTO-Legitimierung für konkrete Gegenmaßnahmen gegen das US-Embargo sah sich die US-Administration am Ende zur *compliance* genötigt, weil die Wahrscheinlichkeit einer Verurteilung extrem hoch ge-

---

interests (...), the negative effects on U.S. interests in the WTO, and for liberal trade policy in general (are) significant." (Ergänzungen D.K.)

[291] Mit einigen im Rahmen der *farm bill* 2002 erlassenen Erleichterungen für Agrarausfuhren verband sich aber auch erstmals seit 40 Jahren eine Lockerung von US-Sanktionsbestimmungen. Die Ausfuhrverbote für Lebensmittel und Medizin wurden vom Kongress aufgehoben. Insgesamt aber ist die gegen das *Castro*-Regime gerichtete amerikanische Rhetorik unter *Bush* – wenig überraschend – schärfer geworden. Der Präsident wollte gegenüber Kuba unnachgiebig erscheinen, zumal er *Clinton* im Wahlkampf heftig wegen der (formaljuristisch korrekten) Rückführung eines kubanischen Flüchtlingskindes attackiert hatte. Führende Demokraten übten wiederholt Kritik an der Embargoverschärfung und forderten ein Ende des aus ihrer Sicht unproduktiven konfrontativen Kurses gegenüber Kuba. Mit der seit 2007 wieder von den Demokraten gestellten Kongressmehrheit ist es wahrscheinlich, dass die Administration erneut – nunmehr aber unter umgekehrten Vorzeichen – zu einer Änderung (diesmal eine Lockerung) der US-Kubapolitik gedrängt werden könnte.

[292] Vgl. *Paemen* (2005: 369).

[293] Vgl. *Teegen/Askari/Forrer/Yang* (2003) bzw. *Spadoni* (2001); besonders die letztgenannte Studie der *University of Florida* hat auch unter Exilkubanern zum Umdenken beigetragen. Die handelspolitische Problematik und – vor allem – die Ineffektivität des alten Ansatzes waren allzu deutlich geworden. „*Helms-Burton*" hatte sich für die angestrebte Delegitimierung des *Castro*-Regimes bzw. bei der Unterstützung der oppositionellen Demokratisierungsbewegung eindeutig als kontraproduktiv erwiesen. Außerdem hatte der bei einer Aufhebung der Embargobestimmungen auf gute Exportchancen hoffende Agrarsektor mit den Hufen zu scharren begonnen.

wesen wäre. Nach außen war das Embargo also ein klarer Misserfolg, nach innen aber hatte *Clinton* das politische Nahziel erreicht und mit der halbherzigen Unterstützung für ein Gesetz, das er ursprünglich abgelehnt hatte, in der Kuba-Politik Handlungswillen und Entschlossenheit gezeigt. Der Kongress wurde als treibende Kraft der amerikanischen Kubapolitik vorübergehend ausmanövriert, weil die Auseinandersetzungen über „*Helms-Burton*" durch einen symboldiplomatischen Kuhhandel zwischen der an Entschärfung interessierten US-Administration und der EU-Kommission wirksam eingehegt worden waren.

5.4.3 Der transatlantische Dauerbrenner: *DISC*, *FSC* und *ETI*

Im nachstehend untersuchten Fall, der sich an der Vorzugsbehandlung von *Foreign Sales Corporations* (*FSC*) entzündete, wird der gestiegene Einfluss ausländischer Akteure auf die Wirtschaftspolitik der USA ebenfalls sehr nachdrücklich dokumentiert. Bei diesen Auseinandersetzungen ging es um massive Steuererleichterungen für exportorientierte amerikanische Unternehmen. Diese Besteuerungspraxis der USA war seit Anfang der 1970er Jahre international umstritten. Nach langwierigen Konflikten und einer zögerlichen Umsetzung ihrer Forderungen durch die USA kündigte die EU schließlich Strafzölle an, die wiederum den amerikanischen Kongress dazu zwangen, die Regelung mehrfach umzuschreiben und schließlich abzuschaffen. Die im Vergleich zum politischen und medialen Getöse – immerhin sprach der *USTR Zoellick* 2001 in bezug auf die angedrohten Strafmaßnahmen der EU von einer „nuclear weapon"[294] – letztlich fast geräuschlose Verhaltensanpassung der USA überrascht, denn dieser Fall bestätigte alle Vorurteile, die im amerikanischen Entscheidungssystem gegen die Selbstbindung in internationalen Institutionen im allgemeinen und gegen die WTO im besonderen bestehen. Souveränistische Reflexe blieben im Kongress nicht aus, erwiesen sich aber angesichts des starken multilateralen Drucks als nicht mehrheitsfähig. Im Ergebnis musste die Steuergesetzgebung verändert werden, um einen seitens der EU angedrohten Strafenkatalog im Volumen von über vier Milliarden US-$ zu vermeiden. Am Ende stand *compliance* mit der *DSB*-Entscheidung. Im Jahr 2004 wurde die alte, mehrfach angepasste und wiederholt beklagte Gesetzgebung grundlegend geändert: Das novellierte *ETI*-Gesetz (*Extraterritorial Income Exclusion Act*) setzte den vorläufigen Schlusspunkt unter eine insgesamt über drei Jahrzehnte andauernde außenwirtschaftliche Kontroverse. Der älteste und bezüglich des im Raum stehenden Sanktionsvolumens auch heftigste transatlantische Handelskonflikt endete mit einer vollständigen Niederlage der USA. Bei der Lösung der Auseinandersetzungen zeigte sich eindrucksvoll die im Vergleich zum GATT gestiegene Verpflichtungskraft der WTO. Die von der EU aufgebaute Drohkulisse konnte auf amerikanischer Seite letztlich nicht ignoriert werden.

---

[294] Zit. in *Frey* (2004: 161). Diese Bemerkung gehört sicherlich zu den schärfsten, die in internationalen Handelsauseinandersetzungen zu vernehmen waren. Dennoch war der Vergleich zur Abschreckungspolitik irreführend.

Auch wenn die Einordnung dieses Falls als Unilateralismus nicht auf den ersten Blick einleuchten mag, ist sie aus meiner Sicht doch gerechtfertigt. Dafür lassen sich fünf Merkmale anführen: 1. Selbstbezüglichkeit im Entscheidungssystem (besonders der Verweis auf Souveränität in der Steuergesetzgebung), 2. regulative Unverträglichkeit mit multilateralen Normen, 3. institutionelle Konflikte (GATT bzw. WTO), 4. fortgesetzte Ignoranz gegenüber Beschwerden von Handelspartnern und schließlich 5. schleppende Umsetzung von Streitschlichtungsauflagen bzw. eine aus innenpolitischen Gründen aufgeschobene *compliance*. Der *FSC*-Fall war, mehrfach umetikettiert (*DISC*, *FSC*, *ETI*), ein handelspolitischer Dauerbrenner mit hoher Kontinuität in den nationalen und internationalen Konfliktstrukturen. Befürworter und Gegner einer solchen Regelung lassen sich leicht finden[295].

Im Mittelpunkt dieser Fallstudie stehen die nationalen und internationalen Auseinandersetzungen nach dem Ende des Ost-West-Konflikts. Hauptsächlich bezog sich die auf Unilateralismus zielende Kritik des Auslands in diesem Fall nicht vordergründig auf die US-Regulierungspraxis selbst, sondern auf die fehlende Bereitschaft der Amerikaner, auf Beschwerden anderer Staaten adäquat zu reagieren, und auf die Ablehnung von GATT-Urteilen bzw. auf die später gezeigte Zögerlichkeit in der Umsetzung von WTO-Streitschlichtungsentscheidungen. Stein des Anstoßes bildete eine Regelung der amerikanischen Steuergesetzgebung, mit der die Unterschiede zwischen dem amerikanischen Steuersystem und europäischen Staaten ausgeglichen werden sollten. In den USA unterliegen nach dem „Welteinkommensprinzip" alle Einkünfte von US-Steuersubjekten, unabhängig davon, wo Umsätze und Erlöse anfallen, der Besteuerung. Im „Territorialprinzip" vieler europäischer Staaten werden hingegen nur die inländischen Einkünfte erfasst, zudem bestanden und bestehen für Exporte Befreiungsmöglichkeiten von der Umsatzsteuer[296]. Diese grundlegende Diskrepanz in der Steuererhebung – und die regulative Reichweite des Konflikts bis in die nationale Steuergesetzgebung hinein – machten die Brisanz des Falles aus.

5.4.3.1 Exportsteigerung durch Steueranreize

Die Steuererleichterung war ursprünglich konzipiert worden als Kompensation von Nachteilen, die für US-Unternehmen auf dem Weltmarkt gegenüber ihren europäischen Konkurrenten bestanden. Es sollte Waffengleichheit im transatlantischen Handel geschaffen werden. Zur Steigerung amerikanischer Exporte waren von Prä-

[295] Ein eindeutiges Interesse an den eingeräumten Steuererleichterungen lässt sich über die Jahre hinweg bei exportorientierten Großunternehmen feststellen. Es verwundert nicht, dass deren Lobbytätigkeit den wettbewerbspolitisch motivierten, aber insgesamt diffus bleibenden Widerstand von überwiegend auf den heimischen Markt orientierten Anbietern überwinden konnte. Auch alle anderen hier dargestellten Unilateralismusbeispiele zeigen die höhere Durchsetzungsfähigkeit stark interessierter Minderheiten. Die handelspolitische Trumpfkarte Exportsteigerung stach, vor allem wegen der zu Beginn der 1970er Jahre einsetzenden Defizite in der amerikanischen Handelsbilanz.

[296] Vgl. zu den Unterschieden zwischen den Steuersystemen *Brumbaugh* (2004: 4ff) oder *Rhodes* (2005: 177f).

sident *Nixon* bereits 1969 Steuerabzüge für exportorientierte US-Firmen, die den Status einer *Domestic International Sales Corporation (DISC)* nachweisen konnten, vorgeschlagen worden. Die vom Kongress 1971 in Kraft gesetzte Regelung[297] war faktisch nichts anderes als ein Steuerschlupfloch, das US-Unternehmen bis zu einem gewissen Grad Steuerfreiheit im Exportgeschäft einräumte, wenn sie inländische Tochterunternehmen mit *DISC*-Status gründeten. Umsätze, die im Ausland anfielen, mussten dann nur teilweise in den USA versteuert werden[298]. Im Regelfall erhielten Unternehmen von den US-Behörden eine Steuergutschrift für bereits im Ausland geleistete Steuerzahlungen. Handelspartner sahen darin bereits frühzeitig eine ungerechtfertigte und regelwidrige Exportsubvention. Dagegen erfreute sich die missbrauchsanfällige Regelung bei amerikanischen Exportunternehmen, die einen nennenswerten Teil ihrer Gewinne im Ausland erwirtschafteten (zum Beispiel *Boeing*, *IBM* und andere Hochtechnologiekonzerne), sowie bei den führenden US-Unternehmensverbänden großer Beliebtheit. Industrielle Lobbytätigkeit und die handelspolitische Argumentationslinie der *Nixon*-Administration, die das Steuergeschenk als Instrument zur Exportsteigerung verkaufte, konnten schließlich den zunächst eher skeptischen Kongress überzeugen[299]. Dass man nur Begünstigungen einzuräumen vorgab, die europäische Firmen für sich in Anspruch nahmen, war ein Rückgriff auf altbewährte Fairnessargumente. Die späteren Regelungen (*FSC* und *ETI*) hielten im Grundsatz an der steuerlichen Bevorteilung von US-Unternehmen fest. Die ökonomische Wirkung für die USA blieb aber stets vernachlässigbar. Exportgenerierende Effekte waren kaum zu bemerken, der volkswirtschaftliche Nutzen mithin zweifelhaft. Anders sah das für große Exportunternehmen aus, die auf erkleckliche Beträge kamen[300]. Die von den US-Steuerzahlern finanzierten Steuernachlässe konnten von diesen Unternehmen als Preisnachlässe an *ausländische* Konsumenten weitergegeben werden. Die Konsumenten in den USA profitierten dagegen kaum[301].

Ein bemerkenswertes Detail des Falls liegt darin, dass die Exekutive oft intern zerstritten war und daher nach außen selten eine geschlossene Position einnahm – nur konfrontiert mit den Klagen anderer Staaten schlossen sich die Reihen. Innerhalb aller zehn Administrationen, die mit dem Fall beschäftigt waren, haben Vorbehalte gegen die Steuergeschenke bestanden; wiederholt entzündeten sich interministerielle Querelen. Während das Handelsministerium, auch bedingt durch seine Nähe zur Industrie, die exportgenerierende Wirkung betonte, wurde aus dem Finanzministerium regelmäßig auf die damit verbundenen Einnahmeverluste hinge-

[297] Vgl. *Frey* (2004: 156).

[298] Faktisch belief sich der Anteil der Exporterlöse, der von Unternehmen in den USA überhaupt nicht versteuert werden musste, am Anfang auf ungefähr 25%. Ab 1982 wurde dieser „Freibetrag", unter anderem bedingt durch ausländischen Druck und das im Rahmen der GATT-Streitbeilegung erzielte transatlantische *Understanding* von 1981, sukzessive auf 17-18% eingeschmolzen.; vgl. *Brumbaugh* (2004: 3ff), *Chou* (2005: 417f) sowie (*Hudec* (2005: 176f).

[299] Vgl. *Zangl* (2006: 106f).

[300] Vgl. *Frey* (2004: 157); die *FSC*-bedingte, im Exportgeschäft generierte Steuerersparnis von Großunternehmen wie *General Electric* oder *Boeing* wurde Ende der 1990er auf über 130 Millionen US-$ jährlich veranschlagt.

[301] Vgl. *Brumbaugh* (2003: 6).

wiesen. Die Machtverhältnisse zwischen den handelsstrategisch argumentierenden Befürwortern und den fiskalpolitischen Bedenkenträgern blieben über die Jahre stabil – die Handelspolitiker setzten sich durch. Die Administrationen hatten einen Balanceakt zu meistern zwischen multilateralen Anpassungszwängen und der Verteidigung einer Besteuerungspraxis, die zu unmittelbaren Einnahmeausfällen führte, aber überdurchschnittliches Exportwachstum versprach. Zudem war die Position der Exekutive insgesamt schwach, weil die Zuständigkeit für die Steuergesetzgebung im Kongress liegt.

Im Zuge einsetzender multilateraler Konflikte wurde von interessierten Kräften innerhalb der Administration (lange vergeblich) versucht, den Widerstand des Auslands gegen die US-Regelung für deren Änderung zu instrumentalisieren. Die ablehnende Haltung von Präsident *Carter* gegenüber der *DISC*-Regelung trug bereits den Klagen von Handelspartnern Rechnung, die gegen die handelsverzerrende Wirkung zu mobilisieren begonnen hatten. 1976 hatte es im GATT ein erstes für die USA negatives Urteil gegeben. Dennoch unternahm *Carter* nichts Substantielles zur Rücknahme des Gesetzes; ein entsprechender Vorschlag wurde im Jahr 1978 nach starkem Widerstand im Kongress wieder zurückgezogen[302]. *Reagan* schlug erst eine Änderung von *DISC* vor, nachdem der von anderen Staaten ausgeübte Druck zur Änderung der Steuergesetzte durch einen multilateralen Formelkompromiß vom Tisch war. *Bush* mußte nach innen nicht vermittelnd tätig werden, weil die internationalen Streitigkeiten über die *FSC*-Regelung, die *DISC* ersetzt hatte, vorläufig ruhten. *Clinton* drängte erst zum Ende seiner Amtszeit auf eine Änderung. Die veränderte *ETI*-Regelung kam aber ebenfalls erst zustande, nachdem die US-Praxis durch ein WTO-Urteil als regelwidrig eingestuft worden war. *Bush* (d.J.) schließlich unterstützte die Rücknahme von *ETI*, befand sich aber in einer viel besseren Position gegenüber dem Kongress, weil von der EU konkrete Sanktionen verhängt worden waren, die legislative Betriebsamkeit erzeugten. Insgesamt agierten also alle Administrationen in ähnlicher Weise – mit geringem Nachdruck nach innen sowie hinhaltend, weitgehend befolgungsresistent und rhetorisch aggressiv nach außen.

5.4.3.2 Multilaterale Reaktionen in der GATT-Phase

Auch wenn *DISC* und seine Nachfolger in den USA nicht unumstritten waren, hinderte das die Administrationen nicht daran, mit fadenscheinigen Argumenten gegen die Beschwerden der Handelspartner vorzugehen. Allerdings argumentierten auch diese scheinheilig: „faulty reasoning“[303] überwog in der GATT-Phase auf beiden Seiten. Unter den Bedingungen des GATT konnten die USA die Beschwerden anderer Staaten über die amerikanische Steuergesetzgebung noch weitgehend ignorieren bzw. mit Gegenklagen „verrechnen“. Die US-Regierung verfolgte insgesamt einen verfahrensvermeidenden Kurs, ohne jedoch andere Staaten von einem Vorgehen gegen *DISC* abhalten zu können[304]. 1972 wurden aufgrund kanadischer und eu-

---

[302] Vgl. *Brumbaugh* (2004: 8). Der Änderungswunsch *Carters* war, abgesehen von den starken fiskalpolitischen Vorbehalten des Präsidenten gegen *DISC*, offenkundig ein Signal an die Europäer.
[303] Zit. *Jackson* (1978: 781).
[304] Vgl. ausführlich *Zangl* (2006: 102ff).

ropäischer Beschwerden und gegen anfänglichen Widerstand der USA GATT-Konsultationen über die Steuererleichterungen aufgenommen. Nachdem diese wegen fehlender amerikanischer Kompromissbereitschaft ergebnislos geblieben waren, folgte 1974 eine formelle GATT-Klage[305]. Zwei Jahre darauf bewertete ein *Panel DISC* als Verstoß gegen die Richtlinien für Exportbeihilfen[306]. Die USA – vertreten durch das Finanzministerium, wo die Bedenken gegen *DISC* am stärksten waren (was allerdings die Verve der amerikanischen Verteidigungsstrategie nicht beeinträchtigte) – hatten sich zunächst geweigert, den Fall überhaupt multilateral behandeln zu lassen, weil nationale Steuergesetzgebung nicht GATT-Regeln unterlag. Später versuchte man, die Regelung mit Verweis auf europäische Gepflogenheiten zu verteidigen und konterte mit gegen Frankreich, die Niederlande und Belgien gerichteten Gegenklagen. Die EG stimmte angesichts der Konsenserfordernisse des GATT einer Verknüpfung der Fälle zu, um ihre Klage überhaupt aufrechterhalten zu können. 1976 wurde *DISC* in Genf als illegale Exportsubvention (Verstoß gegen Artikel XVI GATT) beurteilt, ebenso die Besteuerungspraxis der drei europäischen Staaten. Das *Panel*-Urteil blieb allerdings zunächst folgenlos, weil die USA seine Annahme verweigerten[307] und die EG von der Angelegenheit ebenfalls Abstand nahm. Die für das GATT nicht untypische Logik der gegenseitigen Abschreckung hatte funktioniert – keine der beiden Konfliktparteien musste klein beigeben. Allerdings versuchten die *DISC*-Gegner in den USA, allen voran Präsident *Carter*, den Bericht des Streitschlichtungspanels zum Anlaß für eine Rücknahme der Steuererleichterungen zu nehmen. Dieser Versuch scheiterte Mitte 1978 am Lobbydruck der Unternehmen und am Kongress. Ungeachtet der haushaltspolitischen Bedenken bestanden die Vergünstigungen fort[308].

---

[305] Das Engagement der Europäer kam zu diesem Zeitpunkt einigermaßen überraschend. Zum einen hatten die EG-Staaten ähnliche steuerliche Regelungen zur Vermeidung von Doppelbesteuerung etabliert, zum anderen hatten sie sich lange gegen die „legalistische" Behandlung von Handelskonflikten durch GATT-Streitschlichtung ausgesprochen. Allerdings waren zunehmende transatlantische Spannungen wohl der Auslöser für die Klage. Die USA hatten Anfang der 1970er Jahre die Nutzung der multilateralen Streitbeilegung intensiviert und unter anderem die gemeinsame Agrarpolitik der Europäer (CAP) im Visier; die EG wollte mit einer Klage gegen *DISC* ein Gegengewicht schaffen und die USA von einer verstärkten Nutzung der GATT-Streitschlichtung abschrecken. Ähnliche Motive lassen sich für die EU-Klage gegen die spätere *FSC*-Regelung identifizieren. Auch dort ging es um Abschreckung der USA vor einer zu aggressiven Nutzung des *DSB*; vgl. *Hudec* (2005: 177 bzw. 203).

[306] Vgl zu den institutionellen GATT-Auseinandersetzungen um *DISC* besonders *Jackson* (1978), *Rhodes* (2005: 178f), *Hudec* (2005: 176ff) und *Zangl* (2006: 107ff).

[307] In den USA brauchte man, so die plausible Argumentation von *Hudec* (1988), offenbar noch mehr Gewöhnungszeit, um die immer größere Reichweite institutioneller Handelsauseinandersetzungen auf nationale Regulierungspraktiken zu akzeptieren. Die Nichtumsetzung der *Panel*-Entscheidung war insofern nicht verwunderlich, sondern reihte sich ein in eine Vielzahl ähnlicher GATT-Fälle, wo Anpassungsleistungen von der beklagten Partei schlicht (und oft ohne negative Folgen fürchten zu müssen) verweigert wurden. *Compliance* war im GATT zwar keine Ausnahme, aber nie selbstverständlich. Gerade die schleppende Akzeptanz multilateraler Streitschlichtungsurteile im GATT hat die spätere Weiterentwicklung der institutionellen Verpflichtungsmechanismen zum *DSU* der WTO vorangetrieben; vgl. auch *Briner* (2001).

[308] Vgl. *Zangl* (2006: 110f).

Auch multilateral war das Problem der US-Steuerbegünstigungen nicht vom Tisch. Eine Annahme des *Panel*-Berichts wurde bemerkenswerterweise auch von der *Carter*-Administration abgelehnt. Annäherungen an eine vertrauliche Verhandlungslösung zwischen den USA und der EG blieben zunächst ergebnislos. Einige Zeit später, 1981, wurde das *Panel*-Urteil von den multilateralen Streitparteien aber schließlich doch noch mit einem gemeinsamen *Memorandum of Understanding* angenommen. Der Streit konnte durch parallele *bargaining*-Prozesse, konkret durch eine im Rahmen der Tokio-Runde erreichte Übereinkunft (vorläufig) beigelegt werden: Ein Kernstück des multilateral vereinbarten *Code on Subsidies and Countervailing Duties* war die Festlegung, dass über *ausländische* Tochterunternehmen getätigte Geschäfte nicht als Exporte gezählt würden, und damit steuerlich begünstigt werden konnten, ohne gegen GATT-Regeln zu verstoßen[309]. Dies schrieb die gängige, von den USA beanstandete, aber als GATT-konform anerkannte europäische Praxis multilateral fest. Die USA mussten ihre Steuergesetzgebung für die angestrebte GATT-Konformität ihrer Gesetzgebung lediglich anpassen. Dies geschah schließlich erst 1984, als mit einem neuen Steuergesetz aus *DISC FSC* gemacht wurden[310].

Die Rücknahme der multilateral anstößigen Passagen war innerhalb der USA unproblematisch. Nach langwierigen Verhandlungen stieß sie letztlich im Kongress und bei den Unternehmen auf breite Zustimmung[311], weil sich faktisch nichts änderte außer dem Rechtsstatus, den die exportorientierten Tochterunternehmen annehmen mussten, um in den Genuss der Steuervergünstigungen zu kommen. Von US-Unternehmen wurden in der Folge massiv *offshore*-Firmen gegründet. Mit diesen in Steueroasen beheimateten, allein zur Abwicklung von Exportgeschäften gegründeten Tochterunternehmen konnten Unternehmen weiterhin 15-30% ihrer Steuerschuld mindern, wenn bei den exportierten Gütern eine Wertschöpfung von mindestens 50% in den USA nachgewiesen wurde[312]. Die GATT-konforme Regelung rief zwar erneut die Haushaltspolitiker in Washington auf den Plan, allerdings stach die Trumpfkarte der Exportförderung noch immer: Eine aggressive Steigerung der Ausfuhren war schließlich angesichts explodierender Handelsbilanzdefizite eines der wenigen Anliegen, das zwischen der *Reagan*-Administration und dem von Demokraten kontrollierten Kongress unumstritten war; die umgegossene *FSC*-Regelung versprach dazu immerhin einen kleinen Beitrag. Interessanterweise wurden die unter *DISC* aufgelaufenen Steuergutschriften der Unternehmen (ca. 10 Milliarden US-$) von den US-Behörden nicht zurückgefordert[313] – auch dies ein Aspekt, der die Zustimmung zur Reform auf Unternehmerseite gefördert haben dürfte. Die Handelspartner beschwerten sich zwar über dieses Vorgehen, nahmen es aber nicht zum Anlass für eine erneute Klage. Das wiederum wurde von den USA als stillschweigende Zustimmung interpretiert.

---

[309] Vgl. *Chou* (2005: 421).

[310] Grundlage war der mit breiten Mehrheiten in beiden Parteien verabschiedete *Tax Reform Act* von 1984; vgl. *Chou* (2005: 418f).

[311] Vgl. *Zangl* (2006: 116f).

[312] Vgl. *Frey* (2004: 156).

[313] Vgl. *Hudec* (2005: 180).

Die Entscheidungen in der GATT-Phase unterlagen bei den Streitparteien klar außenpolitischen Rücksichtnahmen. Die USA verweigerten lange Zeit eine Anpassung, und die klagenden Parteien insistierten mit Rücksicht auf andere Konfliktgegenstände nur schwach auf der Durchsetzung ihrer Forderungen[314]. Vor allem die Europäer wollten die USA nicht übermäßig unter Druck setzen, um die im Rahmen der Tokio-Runde des GATT anvisierten Liberalisierungsfortschritte nicht zu gefährden. *FSC* bildete aber weiterhin einen außenwirtschaftspolitischen Zankapfel; so wurde beispielsweise in der Uruguay-Runde des GATT von der EG mehrfach eine Abschaffung der amerikanischen Praxis zur Vorbedingung für einen erfolgreichen Rundenabschluss gemacht[315]. Das war vermutlich keine substantielle Forderung, sondern ein taktischer Hebel, um EG-Zugeständnisse (etwa bei den Agrarsubventionen) begrenzen zu können. Die USA reagierten ablehnend auf das Junktim der Europäer und die US-Steuererleichterungen blieben bestehen. Der Steuerstreit stand dem Erfolg der Uruguay-Runde letztlich nicht im Weg. Am Ende führte die Abschreckungslogik nicht zur Lösung der Konflikte, sondern zu deren Vertagung. Der 1979 im GATT vereinbarte *Subsidies Code* wurde fast unverändert in das 1994 verabschiedete *WTO Agreement on Subsidies and Countervailing Measures* (*SCM*) übernommen – das 1981 erreichte *MOU* der *DISC*-Streitparteien, das ein gegenseitiges Vorgehen gegen nationale Steuergesetzgebung ausschließen sollte, fand sich dort aber nicht mehr wieder, was sich aus amerikanischer Sicht als folgenschwerer Fehler erweisen sollte.

5.4.3.3 WTO-Streitbeilegung und zögerliche Anpassung

Das *FSC*-Thema war nur vorläufig zu den Akten gelegt. Angesichts der WTO-Streitbeilegungsmechanismen waren die real erreichbaren Sanktionspotentiale gegenüber den USA wesentlich höher, entsprechend stärker wurden die Forderungen von europäischen Unternehmen, erneut gegen die Vorzugsbehandlung der US-Konkurrenz anzugehen. Die außenpolitischen Rücksichtnahmen der EU traten sukzessive in den Hintergrund, verschwanden aber nicht vollständig; noch immer wurde bezweifelt, dass der Kongress angesichts der großen Vorteile für die US-Exportindustrie zu weiteren Veränderungen bei *FSC* zu bewegen sein würde[316]. Ende der 1990er Jahre wurde etwa die Hälfte der US-Warenausfuhren über ca. 6000 *FSCs* abgewickelt[317], die meist in karibischen Steueroasen beheimatet waren. Der Weg für eine zweite multilaterale Streitrunde war dennoch vorgezeichnet –

[314] Dieses Verhalten weist Parallelen zu den „*Tuna/Dolphin*"-Auseinandersetzungen auf: Die Administration *Carter* vertrat wegen interner Auseinandersetzungen den Unilateralismus nach außen nur halbherzig, weigerte sich aber auch, Streitschlichtungsurteile zu akzeptieren, weil man gegenüber den maßgeblichen heimischen Einflusskoalitionen keine Durchsetzungschance sah. Ähnlich wie der Thunfisch-Fall wurde der multilaterale Konflikt von den Kontrahenten aber auch nicht zu stark aufgeblasen, wenngleich es ein sehr prominentes Ärgernis im Welthandelsregime blieb. Eine Fundamentalauseinandersetzung konnte es schon deshalb nicht werden, weil einige EG-Staaten ähnliche Steuerschlupflöcher für ihre Unternehmen aufrechterhalten wollten.

[315] Vgl. *Rode* (2006: 117).

[316] Vgl. *Hudec* (2005: 180f).

[317] Vgl. *WTO* (2003: 72).

diesmal jedoch unter veränderten Bedingungen. Dass es sich bei den Auseinandersetzungen im Kern immer noch um einen politisch-diplomatisch motivierten Konflikt handelte, den US-Administration und EU-Kommission zu kontrollieren und ohne störende Rücksichtnahmen auf innenpolitische Befindlichkeiten auszutragen versuchten, war unter anderem daran erkennbar, dass die EU-Kommission ihr Vorgehen nur wenig mit dem Unternehmerlager oder einzelnen europäischen Regierungen abzustimmen bereit war. Tatsächlich kam die Ankündigung des EU-Außenhandelskommissars *Brittan*, die USA erneut wegen *FSC* verklagen zu wollen, sogar für einen Großteil der EU-Mitgliedsstaaten überraschend.

Der EU-Druck auf die USA verschärfte sich dabei vor allem, weil ein Gegengewicht zu anderen schwelenden Handelskonflikten geschaffen werden sollte. Besonders deutlich war die Verbindung zu drei parallelen Auseinandersetzungen, die das transatlantische Verhältnis belasteten: zum sogenannten „Bananenkrieg“, zu den Auseinandersetzungen um hormonbehandeltes Fleisch und zum Streit um Subventionen für Luftfahrtunternehmen. In den beiden erstgenannten Auseinandersetzungen war die EU, mit Klagen der USA konfrontiert, in einer sehr schwachen Verteidigungsposition (Bananen) oder bereits verurteilt worden (Hormonfleisch). Diese beide Konflikte hatten keinen direkten Bezug zum *FSC*-Fall. Im dritten Streitpunkt gab es dagegen Anknüpfungspunkte: Dem europäischen *Airbus*-Konsortium waren die dem direkten Konkurrenten *Boeing* durch das *FSC*-Gesetz eingeräumten Steuererleichterungen ein Dorn im Auge; ebenso laut wurden jedoch von den Amerikanern die direkten und indirekten Subventionen für das europäische Vorzeigeprojekt *Airbus* moniert. Der *FSC*-Fall ist deshalb auch als stellvertretende Auseinandersetzung für diesen anderen bedeutenden transatlantischen Dauerkonflikt zu interpretieren[318], dessen Streitgegenstände strategische Industrie- bzw. Wettbewerbspolitik waren. Die Komplexität der Auseinandersetzungen um *Airbus/Boeing* könnte die Streitschlichtungsorgane überfordern[319] – bei einer verbindlichen Entscheidung stünde die *compliance*-Bereitschaft der verurteilten Konfliktpartei vermutlich ernsthaft infrage. Ähnlich sah es zunächst auch beim *FSC*-Fall aus[320]; darauf deutete zumindest die Abwehrhaltung der *Clinton*-Administration hin, die die EU mehrfach scharf vor einem Gang nach Genf warnte.

Dennoch begann im November 1997 ein von insgesamt neun Klageparteien angestrengtes *DSB*-Verfahren. Die EU blieb treibende Kraft und Hauptkontra-

---

[318] Vgl. *Frey* (2004: 157), wo der ehemalige EU-Botschafter in den USA, *Paemen*, mit den Worten zitiert wird, der *FSC*-Streit sei “insurance policy“ gewesen, um die USA von einer Klage gegen *Airbus* abzuhalten.

[319] Vgl. zu diesem Konflikt und den potentiellen Folgen eines WTO-Verfahrens *Decker/Mildner* (2005: 208ff) und *Scherpenberg/Hausséguy* (2005).

[320] Nach Einschätzung von *Hudec* (2005: 203) war der *FSC/ETI*-Fall „the wrong kind of case to bring before the WTO“, weil man Gefahr gelaufen sei, die institutionelle Regulierungskraft zu überschätzen und die Widerstände gegen *compliance* zu vernachlässigen. Er befürchtete einen „legal deadlock that would damage the credibility of the WTO dispute settlement system“. Offenkundig hat die von *Hudec* nicht mehr berücksichtigte Novellierung von *ETI* aber gezeigt, dass die Auseinandersetzungen um Industriesubventionen die WTO-Streitbeilegungsmechanismen keineswegs gesprengt, sondern im Gegenteil ihre Leistungsfähigkeit eindrucksvoll unter Beweis gestellt haben.

hent[321]. In den zunächst anberaumten Konsultationen zeigten sich die USA erstaunlich ergebnisorientiert, obwohl der Verhandlungsspielraum gering war und eine Abschaffung der FSC-Regelung stand nicht zur Debatte stand. Andererseits wurde schweres Abschreckungsgeschütz aufgefahren: Die amerikanische Drohung, einige EU-Staaten wegen vermeintlicher fiskalischer Exportsubventionen zu verklagen, hielt die EU aber nicht davon ab, auf die Einsetzung eines *Panels* zu dringen[322]. Im Verfahren, das im Juli 1998 begann, ergänzten beiden transatlantischen Streitparteien ihre bereits im *DISC*-Streit erprobten Argumentationsmuster. Das multilaterale Regelwerk war aber dichter als 20 Jahre zuvor, den rechtlichen Referenzrahmen bildete nunmehr das *SCM*[323]. Von der EU wurde *FSC* unter Verweis auf Artikel 1.1 und 3.1 des *SCM* als ungerechtfertigte Exportsubvention moniert, außerdem beklagte die EU einen Verstoß gegen die Agrarvereinbarung der Uruguay-Runde, weil US-Agrarexporte teilweise über *FSC* abgewickelt wurden. Die USA sahen ihre Steuergesetzgebung als regelkonform an und beriefen sich auf die im *Understanding*, das den *DISC*-Streit beendet hatte, gemachten Ausnahmen sowie auf eine Art Gewohnheitsrecht, weil *FSC* immerhin 16 Jahre unbeanstandet geblieben war. Außerdem wurde auf die aus US-Sicht ebenfalls illegalen Steuerbegünstigungen der EU-Staaten hingewiesen, die mit der *FSC*-Regelung nur kompensiert würden[324].

Bei der *Clinton*-Administration hatte man zunächst wahrscheinlich auf eine Wiederholung des „*Helms-Burton*"-Szenarios gehofft – die heiße Phase dieses Konflikts lag gerade ein paar Monate zurück. Dort hatten die Streitparteien bald nach Eröffnung des Streitbeilegungsverfahrens einen bilateralen Formelkompromiss gefunden, und es war nicht zu einer Verurteilung gekommen. Die angesichts der harten Haltung des Kongresses in der *FSC*-Frage durchaus begründete Erwartung *Clintons* wurde enttäuscht, auch weil die Administration von sich aus keine Kompromissangebote oder Aussetzungsentscheidungen (*waiver*) formulieren konnte[325]. Gleichwohl

---

[321] Neben der EU gab es acht Nebenkläger, darunter Kanada, Japan und Brasilien. Das am 28.11.1997 in Genf eröffnete WTO-Streitschlichtungsverfahren (*United States – Tax Treatment for „Foreign Sales Corporations"*) trug die Bezeichnung DS108. Der zeitliche Ablauf, die Positionen der Streitparteien sowie die *Panel*-Entscheidungen und *Appellate Body*-Urteile können eingehend verfolgt werden unter: http://www.wto.org/english/tratop_e/dispu_e/cases_e/ds108_e.htm

[322] Vgl. *Zangl* (2006: 120f).

[323] Auch hier bestätigt sich also die Feststellung, dass die gestiegene multilaterale Regelungsdichte die Auffälligkeit von Unilateralismus befördert. Eine Kollision von nationalen Regulierungstatbeständen und institutionalisierten Regeln ist viel wahrscheinlicher geworden. *DISC* war, solange ein verbindliches Abkommen über Subventionen fehlte, letztlich in den Augen *beider* Konfliktparteien eine lässliche Sünde, die durch handelspolitische Kompensationen zu beheben war. Die Behandlung des Konflikts war insofern noch wesentlich stärker von der Bereitschaft zu Zugeständnissen geprägt als später in den *FSC*-Auseinandersetzungen. Dort ging es um eindeutig feststellbare Verstöße gegen das Welthandelsrecht – in Form des *SCM* –, die Sanktionen wahrscheinlich (und angesichts des starken europäischen Vergeltungsinteresses auch zwangsläufig) machten.

[324] Vgl. zu den Positionen und Rechtfertigungsstrategien der Streitparteien im *FSC*-Verfahren ausführlich *Chou* (2005: 423f), *Hudec* (2005: 184ff) und *Zangl* (2006: 118ff).

[325] Hier zeigt sich wieder, dass einer der funktionalen Mechanismen, die vom *Putnam* (1988) vermutet werden, möglicherweise auf Annahmen beruht, die in realen politischen Auseinandersetzungen kaum gegeben sind. Bei der Administration besteht in der Regel vermutlich kein gesteigertes Interesse an gebundenen Händen. Der Verlust an internationaler Handlungsfreiheit wiegt

war sie Adressat von Lobbyaktivitäten; die stärksten kamen, wenig verwunderlich, von den größten *FSC*-Profiteuren. Deren Interesse war zweigeteilt: zum einen Erfolg auf der multilateralen Ebene, also die Zurückweisung der EU-Klage, zum anderen möglichst geringe Veränderungen in den Steuergesetzen. Für das erste Ziel galt es, den *USTR* mit Argumenten zu munitionieren (etwa mit Hinweisen auf europäische „Sünden"), beim zweiten stand die Beeinflussung des Finanzministeriums im Vordergrund. Intensivierte Lobbyaktivitäten erstreckten sich bald aber auch auf den Kongress.

In der *FSC*-Auseinandersetzung verhielt sich die EU – auch angesichts der eher frustrierenden GATT-Vorgeschichte – zunächst zwar zögerlich, war am Ende aber bis zum Äußersten entschlossen und aus strategischen Gründen um ein handelsdiplomatisches Gegengewicht zum transatlantischen Bananenstreit bzw. zum Konflikt um das Embargo auf hormonbehandeltes Fleisch bemüht. Als Kompensation für die absehbaren Niederlagen in diesen Auseinandersetzungen sollte nun eine europäische Trumpfkarte voll ausgespielt werden. Das erste *DSB*-Verfahren zog sich hin. Der im Oktober 1999 erschienene *Panel-Report* gab den EU-Beschwerden in vollem Umfang statt, der amerikanische Verweis auf Ähnlichkeiten in der europäischen Steuergesetzgebung wurde nicht berücksichtigt. *Clintons* Verteidigungsstrategie und der Verweis auf die alte GATT-Ausnahmeregelung hatte in den Augen des *Panel* keinen Bestand. Das klare Urteil überraschte selbst die Europäer und sorgte in den USA für Empörung. Zum einen wegen der Verletzung des bilateralen *MOU* von 1981 – die Konfliktparteien hatten sich damals gegenseitig zugesichert, ihre Steuerpolitik nicht zum Streitgegenstand zu machen; die Europäer hatten dennoch geklagt. Zum anderen auch wegen des hohen Streitwerts[326] – die EU forderte rückwirkend bis 1995 Vergeltungsmaßnahmen im Umfang von 26 Milliarden US-$[327]. Die Brisanz des Falls war umso höher, als man in den USA bis dahin kaum von ihm Notiz genommen hatte – der Bananenstreit mit seinem wesentlich geringeren Streitwert hatte viel größeres öffentliches und mediales Aufsehen erregt. Die Anrufung des *Appellate Body* durch die *Clinton*-Administration erwies sich vor diesem Hintergrund als durchsichtiger Versuch, Zeit zu gewinnen, änderte aber an der Streitsubstanz nichts. Daher war die Entscheidung des Schiedsgerichts vom Februar 2000 für die USA vorhersehbar, nichtsdestoweniger ernüchternd. Die

---

schwerer als die Möglichkeiten zur Optimierung von multilateralen Verhandlungsergebnissen. Eingebetteter Unilateralismus bietet aber eine Option, „Fesseln" zu durchschneiden, indem parochiale Handlungszwänge externalisiert und multilaterale *compliance*-Zwänge internalisiert werden.

[326] Vgl. *Frey* (2004: 158f). Der EU-Außenhandelskommissar *Lamy* schien zunächst unschlüssig, was er mit diesem Urteil anfangen sollte. Angesichts der nahenden Abstimmung über die Gewährung der *PNTR* für China im US-Kongress wollte er kein Öl ins Feuer gießen und die Legislative nicht überfordern. In Washington dagegen übte man sich in martialischer Rhetorik. Der US-Sonderbeauftragte *Eizenstat* sprach von „der Mutter aller Handelsdispute", um die Bedeutung des Falls zu illustrieren. Ein amerikanisches Entgegenkommen schien zunächst ausgeschlossen, ebenso eine Verschärfung der Gangart durch die Europäer.

[327] Die US-Behörden selbst veranschlagten das Subventionsvolumen im Jahr 2000 auf 2,55 Milliarden US-$, ein Jahr darauf sollte es bereits 4,16 Milliarden US-$ betragen; vgl. *WTO* (2003: 72). Zur Bemessung der Strafzölle vor allem *Breuss* (2005: 12ff); eine rückwirkende Kompensation ist aber im WTO-Recht nicht vorgesehen; vgl. auch Abschnitt 5.5.2 dieser Arbeit.

FSC-Regelung wurde auch dort als illegal bewertet. Weiterer multilateraler Gegendruck der USA war ohne Aussicht auf Erfolg. Die Administration lehnte Klagen gegen die Steuervergünstigungen in EU-Staaten, die als Kompensation für die *FSC*-Niederlage im Kongress angemahnt worden waren, ab. Das aus der GATT-Phase hinlänglich bekannte *tit-for-tat*-Spiel hätte an der Entschlossenheit der EU nichts geändert – der Streit befand sich bereits in einer Phase, wo Gegendruck kaum möglich war[328]. So musste der multilaterale Anpassungsdruck durch die Administration im vollen Umfang in das US-Entscheidungssystem umgeleitet werden.

Erstaunlicherweise fanden sich die USA zu einer schnellen Umsetzung des Schiedsgerichtsurteils bereit, zum einen, weil die Handelsbeauftragte *Barshefsky* und das Finanzministerium verstärkt Druck auf den Kongress ausübten. Zum anderen, weil die EU für den Fall von *noncompliance* konkret mit Strafzöllen drohte. Als erstes Zeichen des Entgegenkommens kündigte *Clinton* eine zügige Umsetzung des Urteils an, allerdings in einer Form, die eine Benachteiligung der amerikanischen Industrie ausdrücklich ausschließen sollte[329]. Allerdings blieb der Kongress, in dem sich vermehrt souveränistische Reflexe bemerkbar machten, hinter den ursprünglichen Ambitionen der Administration zurück[330]. Am Ende war die Neuregelung durch die einflussreiche Exportlobby, allen voran das *National Foreign Trade Council*, in entscheidenden Punkten verwässert worden. Der Aktionismus der Wirtschaftsunternehmen kam nicht überraschend: Bereits während des laufenden *DSB*-Verfahrens war von vielen Seiten auf eine zügige und pragmatische Änderung der US-Steuergesetzgebung gedrängt worden, um die transatlantischen Handelsstreitigkeiten nicht eskalieren zu lassen und europäische Konzessionen in anderen Streitfällen zu erreichen. Insbesondere von der exportorientierten Agrarlobby wurde ein handelsdiplomatisches Koppelgeschäft favorisiert: Im Gegenzug für den Wegfall der amerikanischen Steuerbegünstigungen, sollte auf europäischer Seite die bis dahin hinausgezögerte Umsetzung der multilateralen Urteile im Bananen- und Hormonstreit vorangetrieben werden. Die großen US-Industriekonzerne signalisierten in dieser Frage jedoch wenig Unterstützung, weil für sie der Verlust der Steuerprivilegien schwerer wog als die Chancen, die eine veränderte EU-Bananenmarktverordnung versprach. Die meisten Industrieverbände und Unternehmen zeigten sich an einer Lösung interessiert, die am *status quo* orientiert war und keine entscheidende Kürzung der Vergünstigungen vorsehen sollte. Deshalb erfreute sich die vergleichsweise schnelle, bereits neun Monate nach dem WTO-Urteil vorgenommene Änderung der US-Steuergesetzgebung durch den Kongress breiter Zustimmung bei den maßgeblichen Interessengruppen. Die Legis-

---

[328] Dennoch wurde die von der EU für eine Rücknahme der *FSC*-Regelung eingeräumte Deadline am Ende um über einen Monat überschritten. Die Europäer hatten auf einer Anpassung bis zum 1.10.2000 bestanden, die Nachfolgeregelung *ETI* trat erst am 15.11.2000 in Kraft. Die EU begleitete den US-Gesetzgebungsprozess mit herber Kritik. Ebenso heftig waren die Reaktionen im Kongress, wo die Beharrlichkeit der EU von vielen als Nötigung empfunden wurde.

[329] Vgl. *Brumbaugh* (2004: 13).

[330] Der damalige *Ways and Means*-Vorsitzende *Archer* nahm das *FSC*-Urteil zum Anlass, eine umfassende Steuerreform vorzuschlagen. Dafür allerdings war das Wahljahr 2000 ein denkbar ungünstiger Zeitpunkt. Immerhin war klar, dass von Unternehmerseite nur für eine Lösung Unterstützung kommen konnte, die materiell alles beim alten beließ. Alles andere wäre im Wahljahr zu einer schweren Hypothek beim *fundraising* im Unternehmerlager geworden.

lative war (zumal in einem Wahljahr) den verstärkten Sirenengesängen des Unternehmerlagers ausgesetzt – sehr zum Leidwesen der Haushaltspolitiker[331]. Die bedeutsame Tatsache, dass erstmals ein amerikanisches Gesetz unter dem direkten Eindruck eines WTO-Urteils geändert wurde, geriet dabei fast in den Hintergrund.

Der *FSC*-Status wurde zwar formal abgeschafft, die Steuerprivilegien aber bestanden fort, sogar in erweitertem Umfang[332]. Nunmehr wurden, um den Vorwurf der Exportsubventionierung zu entkräften, nicht nur den Exportunternehmen, sondern allen im Ausland produzierenden Unternehmen Steuervergünstigungen eingeräumt[333]. Alle Produzenten, die mindestens 50% der Wertschöpfung in den USA erbrachten, kamen in den Genuss von Steuererleichterungen; spezielle Tochterunternehmen mussten nicht mehr gegründet werden. Insgesamt sollte die Neuregelung einerseits zeigen, dass die neue steuerliche Begünstigung keine allein „nationale" Subvention war. Zum anderen sollte die interne Zustimmungsfähigkeit gesichert und das Gewerkschaftslager eingebunden werden; dieses hatte sich gegen eine Lösung gewandt, die ausschließlich den Interessen von „Big Business" gedient hätte. Der im November 2000 verabschiedete und durch präsidentielle Unterschrift umgehend in Kraft getretene *FSC Repeal and Exterritorial Income Exclusion Act*, der Mehrheiten aus beiden Parteien hinter sich versammelte[334], war also letztlich nur alter Wein in neuen Schläuchen. In der Substanz änderte sich nichts. Unverändert war dem Kongress zuvorderst am Wohl der Exportunternehmen gelegen und nicht an multilateraler *compliance*. Die institutionellen Unverträglichkeiten wurden sogar teilweise noch erweitert, worauf die EU bereits während des Gesetzgebungsverfahrens hinwies. Der Umfang der Steuergeschenke stieg um geschätzte 300-400 Millionen US-$ p.a.[335]. Anstatt den formellen Erfordernissen des Urteils zu entsprechen, hatte man in Washington versucht, sie mit juristischen Winkelzügen zu umgehen[336]. Fehlende Anpassungsbereitschaft wurde durch scharfe Warnungen an die Europäer und souveränistische Auslassungen gegen die WTO kompensiert. Interne Umsetzungsschwierigkeiten wurden nach außen kanalisiert. Der externe *compliance*-Druck ließ indes nicht nach. Daher eskalierte die Auseinandersetzung weiter.

5.4.3.4 Stille Einigung statt „Nuklearkrieg"

Die weitere Eskalation der Auseinandersetzungen kam für viele Beobachter einigermaßen überraschend, weil der Konfliktgegenstand so heikel war und starke gegensei-

---

[331] Die zusätzlichen Steuerausfälle durch die *ETI*-Reform wurden vom *Joint Committee on Taxation* des Kongresses auf 4,5 Milliarden US-$ für die Zeit bis 2010 geschätzt; vgl. *Hoagland/Grant* (2004: 1). Einflussreich wurden diese Bedenken aber nicht.

[332] Vgl. *Frey* (2004: 160f).

[333] Vgl. unter anderem *Decker/Mildner* (2005: 213).

[334] Das Votum über *H.R.* 4986 (*Roll Call Vote* 597) am 14.11.2000 fiel mit 316 zu 72 Stimmen eindeutig aus; der Großteil der Gegenstimmen kam von 65 Demokraten. Der Senat stimmte geschlossen zu.

[335] Vgl. *Brumbaugh* (2003: 6).

[336] Eine der definitorischen Spitzfindigkeiten bestand darin, die durch *ETI* eingeräumten Steuergeschenke nicht mehr als „tax exemption" zu deklarieren, sondern als Einkommen „excluded from gross income" zu behandeln; vgl. ausführlich *Hudec* (2005: 192).

tige Rücksichtnahmen nahe zu liegen schienen. Von der EU wurde *ETI* im Dezember 2000 umgehend als unzureichend zurückgewiesen und erneut vor der WTO angefochten[337], diesmal mit dem zusätzlichen Verweis auf eine Verletzung von Artikel III des GATT. Im gleichen Atemzug verständigten sich die EU-Handelsdiplomaten mit der US-Administration jedoch darauf, das *DSB*-Verfahren über die Sanktionserhebung vorerst auszusetzen, um die Rechtmäßigkeit von *ETI* von einem neuen *Panel* prüfen zu lassen[338]. Jedoch war die handelsdiplomatische Verschnaufpause wegen des hohen Symbolwerts, den die Auseinandersetzungen gewonnen hatten, nur kurz. Für die Europäer war der Fall inzwischen zur Nagelprobe geworden für die Fähigkeit des WTO-Systems, Regelbrecher (insbesondere die USA) zu sanktionieren. Abgesehen vom strategischen Gegengewicht, das zu jenen Handelsauseinandersetzungen gebildet werden sollte, in denen sich die EU für eigene Regelwidrigkeiten zu rechtfertigen hatte, ging es der Brüsseler Kommission immer stärker um Prinzipienfestigkeit, zum Teil explizit gegen den US-Kongress und dessen verstärkte Partizipation in der US-Außenwirtschaftspolitik gerichtet. Brücken der Verständigung waren nicht zu erkennen. Die im Raume stehenden Strafzölle schufen auf europäischer Seite zusätzliche Begehrlichkeiten, waren aber nicht das treibende Moment. Die EU, die mit der Erstellung einer 95 Sektoren umfassenden Liste von potentiellen Zielobjekten für Strafzölle begann, war siegesgewiss und unnachgiebig. Hinzu kamen andere Auseinandersetzungen, wie der (noch vertiefend dargestellte) Konflikt über die US-Stahlzölle, die das transatlantische Handelsklima verschlechterten. Die WTO stand damit aus europäischer Sicht in der Pflicht.

Eine im August 2001 ergangene *Panel*-Entscheidung bewertete die *ETI*-Regelung ebenfalls als Verstoß gegen die Artikel 1.1 und 3.1 des *SCM*. Der Tatbestand der illegalen Exportsubventionierung wurde weiterhin als erfüllt angesehen. Außerdem wurde ein Verstoß gegen Artikel III des GATT festgestellt[339]. Wie zu erwarten, fochten die USA das Urteil an, der *Appellate Body* bestätigte es jedoch im Januar 2002, allerdings mit einem leicht veränderten Tenor. Die EU nahm die Entscheidung zum Anlass, ihre Forderungen nach umgehender Rücknahme der amerikanischen Steuerkonzessionen zu erneuern. Außerdem bemühte sich Brüssel um die Legitimation von Strafzöllen in Höhe von über vier Milliarden US-$ für den Fall, dass die USA *compliance* auch weiterhin vermieden. Die Strafforderung umfasste den durch *ETI* verursachten Schaden bei allen Handelspartnern der USA – die EU wollte die Strafe also auch stellvertretend für andere exekutieren. Die US-Administration versuchte vergeblich, eine geringere Bemessungsgrundlage für die Strafmaßnahmen, nämlich den von ihr auf 956 Millionen US-$ veranschlagten Schaden für die EU, durchzusetzen[340]. Die *Panel*-Entscheidung folgte im August

---

[337] Vgl. *Chou* (2005: 229): „The EU response was less than enthusiastic." Tatsächlich sah die *Clinton*-Administration ihre Bemühungen gegenüber dem Kongress um eine schnelle und WTO-kompatible Anpassung nicht ausreichend gewürdigt. Der Fall hatte inzwischen aber eine Eigendynamik entwickelt, so dass auch der zunächst skeptische *Lamy* weiter auf einer vollumfänglichen *compliance* insistierte; vgl. *Frey* (2004: 160f).

[338] Vgl. *Zangl* (2006: 128).

[339] Vgl. *Hudec* (2005: 193) und *Chou* (2005: 430f).

[340] Vgl. *Brumbaugh* (2004: 15).

2002 der europäischen Argumentation und setzte die höchste je in einer Handelsauseinandersetzung verhängte Strafsumme fest: Die EU war ab Mai 2003 autorisiert, jährlich Strafzölle bis zu einem Volumen von 4,043 Milliarden US-$ zu verhängen, falls *ETI* nicht geändert oder zurückgenommen werden sollte.

Die handelsdiplomatische Rhetorik der Kontrahenten hatte trotz deutlicher Signale der US-Regierung, das WTO-Urteil umsetzen zu wollen, zwischenzeitlich wieder an Schärfe gewonnen. In den Augen der *Bush*-Administration hatte die EU sowohl in der Sache als auch in der Höhe des Strafzahlungsantrags überzogen; auch der Kongress zeigte sich (vor den Zwischenwahlen im November 2002) zunächst ausgesprochen unwillig in Bezug auf weitere Anpassungsschritte. Diese Haltung war allerdings spätestens dann nicht mehr durchzuhalten, als die EU – auch aufgrund der amerikanischen Verweigerungshaltung – tatsächlich die Erhebung von Strafzöllen vorzubereiten begann. Die EU, von den amerikanischen Warnungen unbeeindruckt, änderte ihren Konfrontationskurs nicht und bestand auf einer vollständigen Abschaffung der Steuererleichterungen. Zwar signalisierte man in Brüssel Bereitschaft, eine über mehrere Jahre gestreckte Abschmelzung der amerikanischen Subventionen zu akzeptieren, in der Sanktionsfrage blieb man aber ungeachtet der von europäischen Wirtschaftsverbänden geäußerten Bedenken hart. Die Chancen, die USA handelspolitisch vorzuführen und zu Anpassungsleistungen zu zwingen, standen gut. Zudem bestand wegen der Erfahrungen mit den folgenlosen *DISC*- und *FSC*-Urteilen bei den Europäern ein starkes Interesse daran, diesmal Nägel mit Köpfen zu machen. Diese Entschlossenheit war umso erstaunlicher, als die Drohung mit Sanktionen von vielen Beobachtern für nicht umsetzbar gehalten wurde, weil dies zu einer dramatischen Verschlechterung des transatlantischen Wirtschaftsklimas führen müsse[341]. Doch anstelle eines das gesamte WTO-System lähmenden „nuklearen Winters“ wurde es eine immer stärker im Verborgenen und von bemerkenswerter Sachlichkeit geprägte Auseinandersetzung – auch, weil der europäische Sanktionsdruck in den USA von interessierter Seite aufgenommen wurde.

Bei *ETI* kam es erstmals zu einer konkreten Umsetzung von Sanktionen im Anschluss an ein WTO-Streitschlichtungsverfahren. In anderen Handelsauseinandersetzungen hatte zuvor lediglich die *Erlaubnis*, also eine Legitimation durch ein WTO-Urteil, bestanden, Strafzölle zu verhängen. Davon war meist nur zu Drohzwecken Gebrauch gemacht worden, politische Skrupel und verhandlungsstrategische Rücksichtnahmen hatten eine weitergehende Konflikteskalation verhindert. In der *ETI*-Auseinandersetzung wurde dagegen das durch die *Panel*-Entscheidung ermöglichte Vergeltungsarsenal seitens der EU auch genutzt, zunächst aber nur in

[341] Die Äußerung des *USTR Zoellick* („nuclear option”) wurde bereits angeführt. Aber auch auf EU-Seite war ein Denkmuster vorzufinden, das sprachliche Anleihen beim Kalten Krieg nahm und sich eine Konflikteskalation schwer vorstellen konnte. So fand *Frey* (2004: 163) es noch durchaus zweifelhaft, ob die EU ihren multilateralen Sieg in konkrete Anpassungsleistungen der USA würde ummünzen können. Der Autor zitiert in diesem Zusammenhang den ehemaligen EU-Botschafter in Washington, *Paemen*: „It´s like an atomic bomb: The day you use it, the deterrence factor is gone.” Tatsächlich aber brachte die (maßvolle) Umsetzung der Strafzölle durch die EU fast umgehend Erfolge. Insofern war die floskelhafte Beschwörung der nuklearen Abschreckungslogik irreführend.

maßvoller Dosierung. Schließlich war nicht der Ausgleich des wirtschaftlichen Schadens Hauptziel der Strafzölle, vielmehr ging es um die Schaffung eines Anreizes[342] zur regelkonformen Befolgung des *Panel*-Urteils. Adressat der ab Anfang März 2004 einsetzenden Strafmaßnahmen war ausdrücklich die amerikanische Legislative. Gleichwohl war auch eindeutig erkennbar, dass die EU zum einen unnachgiebig bleiben, der Auseinandersetzung aber andererseits auch die Spitze nehmen wollte, darauf deutete allein schon die 10-monatige Verzögerung zwischen der Autorisierung für Strafzölle (Mai 2003) und ihrer Verhängung (März 2004) hin. Im März 2004 war die europäische Geduld allerdings erschöpft, weil die USA bis dahin kaum Entgegenkommen gezeigt hatten. Die Daumenschrauben der Strafmaßnahmen wurden von den Europäern vergleichsweise sanft angezogen: Mit der Vielzahl der ausgewählten Branchen (95), dem niedrigen Anfangsniveau sowie der schrittweisen Erhöhung und Befristung der Zölle beabsichtigte man, so der damalige EU-Handelskommissar *Lamy*, dem Kongress genügend Zeit zur Anpassung einzuräumen[343]. Ausgangspunkt waren Strafzölle in Höhe von 5% der gesamten Schadenssumme. Vorgesehen waren eine Befristung auf zunächst ein Jahr und eine monatliche Erhöhung um einen Prozentpunkt. Im März 2005, als die Strafzölle seitens der EU planmäßig ausgesetzt wurden, war damit erst ein Level von 17% der Schadenssumme (ca. 614 Millionen US-$) erreicht worden[344]. Auf EU-Seite wollte man offenkundig die Eskalationsschraube nicht überdrehen, zumal bereits die Teilimplementierung der Gegenmaßnahmen in den USA Wirkung zeigte. Auf dem *Capitol Hill* wurde mit der Rücknahme von *ETI* im Oktober 2004 deutlich signalisiert, dass man die Zeichen der Zeit erkannt hatte. Die Neuregelung im Rahmen einer umfassenden Unternehmenssteuerreform, die einige Subventionstatbestände abbaute, ansonsten aber wieder nur unzureichend auf die Beschwerden der EU einging, verbarg sich hinter dem euphemistischen Label *American Jobs Creation Act* (*AJCA*).

Auffällig war während dieser Phase der multilateralen Auseinandersetzungen die eingeschränkte Handlungsfähigkeit der *Bush*-Administration, weil die Zuständigkeit für die Veränderung der Steuergesetzgebung allein beim Kongress lag. Somit gab es kaum exekutiven Handlungsspielraum für substanzielle Zugeständnisse, weder auf nationaler noch auf multilateraler Ebene. Im Vergleich zur *Clinton*-Administration verhielt sich *Bush* aber sogar noch passiver, als es der Mangel an nationalen *bargaining*-Instrumenten und institutioneller Kompromissfähigkeit nahe legte. Zwar übernahm die Administration, die den aussichtslosen WTO-Fall zunehmend als lästig zu empfinden schien, wie gewohnt nach außen die Rolle des Verteidigers. Dabei ergab sich jedoch eine bemerkenswerte Arbeitsteilung zwischen Aggressivität und Konzilianz: Während der Handelsbeauftragte *Zoellick* die Europäer wiederholt vor einer „Explosion" des Konflikts warnte, betonte Präsident *Bush*, dass vom *ETI*-Fall keine Verschlechterung der transatlantischen Beziehungen ausgehen dürfe. Für eine *ETI*-Novelle musste aber der Kongress gewonnen werden. *Bush* und führende Mitglieder der Administration drängten zwar den Kon-

---

[342] Vgl. *Breuss* (2005: 13).
[343] Vgl. *Frey* (2004: 163).
[344] Vgl. *Breuss* (2005: 13).

gress, schnellstmöglich eine Lösung zu ererbeiten[345]. Im *compliance*-Prozess hatte aber längst ein anderer Akteur die Federführung übernommen: der (damalige) Vorsitzende des *Ways and Means*, *Thomas*.

Bei den US-Unternehmen hatte zwar ursprünglich wenig Neigung zu einer Neuregelung bestanden, wegen der drohenden Strafzollerhebung durch die EU begannen die Unternehmensverbände aber bald umzudenken. Als prominentester Unternehmensverband sprach sich frühzeitig das *National Foreign Trade Council* für eine Novellierung von *ETI* aus. Im Kongress erschwerten die 2002 einsetzende Rezession der US-Volkswirtschaft, der Widerstand der Interessengruppen gegen den drohenden Verlust von Besitzständen und die beständig wachsenden Handelsbilanzdefizite eine gegen *ETI* gerichtete Argumentation; eine Steigerung der Exporte mittels Steueranreizen schien wünschenswerter denn je, wenngleich sowohl *DISC* als auch *FSC* und *ETI* sich in dieser Hinsicht als Misserfolge erwiesen hatten[346]. Andererseits signalisierte die europäische Unnachgiebigkeit bei der Frage von Gegensanktionen akuten Handlungsbedarf. Der Gesetzgebungsprozess zur Änderung kam allerdings schon einen Monat *vor* der WTO-Strafzollentscheidung in Gang. Dies ist ein deutliches Indiz dafür, dass es durchaus Interessenformationen gab, besonders im *Ways and Means* und der republikanischen Kongressführung, die aus grundsätzlichen Erwägungen heraus auf eine Änderung drängten. Ein erster, im Juli 2002 vom *Ways and Means*-Vorsitzenden *Thomas* eingebrachter Gesetzentwurf stieß im Kongress noch auf große Kritik, weil Interessen der US-Industrie zu wenig berücksichtigt worden seien[347]. Vor den Kongresswahlen bestand ohnehin nur wenig Aussicht, die Subventionspraxis umfassend zu novellieren. *Thomas´* Vorschlag war vor allem als Zeichen an die EU zu interpretieren, dass man es im Kongress diesmal ernst meinte und sich eine Rücknahme von *ETI* grundsätzlich vorstellen konnte. An der Entschlossenheit in Brüssel änderte dies aber nichts.

Für die amerikanischen Befürworter einer *ETI*-Reform bildete nach meinem Dafürhalten die reale Drohkulisse der EU-Strafzölle die wichtigste Argumentationshilfe in dem 2003, also nach den Kongresswahlen, einsetzenden Gesetzge-

---

[345] Allerdings hatte *Bush* durch die starken Aktivitäten der republikanischen Kongressführung auch wenig Veranlassung zum aktiven Eingreifen. Unter *Clinton* war wegen zahlreicher parteipolitisch aufgeladener Konflikte ein größerer Abstimmungsbedarf mit der republikanischen Kongressmehrheit nötig gewesen. Angesichts des sich abzeichnenden Handlungsdilemmas in den WTO-Auseinandersetzungen– keine Konzessionsmöglichkeiten gegenüber der EU und keine Möglichkeit, die Aussetzung der Strafzölle durch Gegenklagen zu erzwingen –, war *Bushs* Taktik auch als Akt der Schuldvermeidung zu interpretieren. Der externe Anpassungsdruck wurde an den Kongress weitergereicht.

[346] *FSC* erweiterte das US-Exportvolumen Ende der 1990er Jahre um geschätzte 0,2-0,4%; vgl. *Brumbaugh* (2003: 5f). Das entsprach einem Warenwert von 2-4 Milliarden US-$. Bei *ETI* dürften die Effekte sogar noch geringer ausgefallen sein. Die Beträge lagen damit paradoxerweise sogar *unter* dem Volumen der durch die Regelungen geschaffenen Steueranreize. Im Prinzip war es also eine Umverteilung amerikanischer Steuergelder an Großunternehmen, von der in erster Linie Konsumenten im Ausland profitierten.

[347] Der Gesetzentwurf (*H.R.* 5095) versandete angesichts des Widerstands; vgl. auch *Brumbaugh* (2004: 16).

bungsprozess[348]. Es gab allerdings auch Trittbrettfahrer, die den unabweisbar gewordenen Veränderungsbedarf in der US-Steuergesetzgebung für sich nutzen wollten: Der *compliance*-Prozess wurde zum Anlass genommen für eine großangelegte Unternehmenssteuerreform. Dabei konkurrierten zwei Gesetzentwürfe, die jeweils sehr unterschiedliche wirtschafts- und steuerpolitische Konzepte vertraten. Der im April 2003 eingebrachte, überparteiliche Entwurf der beiden Abgeordneten *Crane* und *Rangel* war stark nationalistisch orientiert und sollte in erster Linie amerikanische Jobs sichern helfen[349]. Dazu war eine zehnprozentige Kürzung der Körperschaftssteuer für alle US-Unternehmen vorgesehen, Hauptprofiteure wären US-Produzenten ohne Auslandsaktivitäten gewesen. Mit „*Crane-Hagel*" sollte *ETI* also nur kosmetisch novelliert und der Kreis der Profiteure erweitert werden, ohne die entscheidenden Passagen bei den Exportsubventionen zu entschärfen[350]. Multilaterale Inkompatibilitäten wären damit vorprogrammiert gewesen. Die Unterstützer schienen es sogar darauf anzulegen: *Crane* und *Hagel* wollten die Subventionskürzung in der Doha-Runde thematisiert wissen; die EU und auch der US-Handelsbeauftragte machten aber schnell deutlich, dass die erforderliche *compliance* nicht aufgeschoben werden könne[351].

Einen Gegenentwurf legte *Thomas* im Juli 2003 vor[352]. Die überarbeitete Fassung seines ursprünglichen Vorschlags visierte ebenfalls Steuerkürzungen auf breiter Basis an[353]. Davon sollten aber auch multinationale Konzerne und deren Direktinvestitionstätigkeit im Ausland profitieren – der Lobbyeinfluss von Partikularinteressen (Lebensmittelkonzerne und Tabakfarmer) sowie großer Konzerne (unter anderem *General Electric*) war unübersehbar und sorgte (bei den Demokraten) für Kritik. Letztlich ging es *Thomas* um eine Reform, die eine erhebliche Nettoentlas-

---

[348] *Chou* (2005: 435ff) stellt in seiner Darstellung der amerikanischen Anpassungsprozesse an die WTO-Entscheidung zwar ebenfalls den Einfluss der drohenden Strafzölle heraus, für ihn sind diese aber keine entscheidende Determinante. Aus meiner Sicht machten aber gerade sie den Unterschied aus zu den vorhergehenden *compliance*-Prozessen. Bei der Erklärung der Unterschiede zwischen der zögerlichen US-Anpassung zuvor (*DISC* und *FSC*) und der schnellen Rücknahme von *ETI* ist augenfällig, dass die Betriebsamkeit im US-Entscheidungssystem entscheidend durch den externen Druck befördert worden ist.

[349] Der Republikaner *Crane* und der Demokrat *Rangel* tauften ihren Entwurf *Job Protection Act of 2003* (*H.R.* 1769). Der konservative demokratische Senator *Hollings* brachte einen ähnlichen Entwurf ein (S. 970).

[350] Vgl. zum *Crane-Rangel Bill* ausführlicher *Chou* (2005: 435f).

[351] Vgl. *Brumbaugh* (2004: 17).

[352] Der Gesetzentwurf (*H.R.* 2896) fand ebenfalls ein Pendant im Senat in dem vom republikanischen Senator *Hatch* eingebrachten Entwurf. Im Senat gab es aber auch noch konkurrierende Entwürfe der Demokraten, die wie „*Crane-Rangel*" eine stärkere Berücksichtigung der heimischen Industrien befürworteten. Am einflussreichsten war allerdings die Initiative der beiden republikanischen Mehrheitsführer im *Senate Finance*, *Baucus* und *Grassley* (S. 1637); vgl. auch *Brumbaugh* (2004: 16) oder *Decker/Martin* (2005: 213f).

[353] Der Spitzensatz bei der Körperschaftssteuer soll von 35% auf 32% abgesenkt werden. Die Absenkung wird schrittweise bis 2012 vorgenommen werden. Profitieren sollen neben Kleinunternehmen (Umsatz unter 20 Millionen US-$) auch viele Einzelsparten; außerdem sind verschiedene Anreize vorgesehen, beispielsweise eine Steuerbefreiung für ein Jahr, wenn Unternehmen ihre Gewinne wieder verstärkt in den USA versteuern.

tung für alle Unternehmen bedeutete und den Kreis der Profiteure somit erweiterte, aber dennoch den multilateralen Subventionsvorwurf stärker zu entkräften versuchte als „*Crane-Hagel*". Eine steuerliche Besserstellung bestimmter Exportfirmen sollte es nicht mehr geben[354]. Auf Ausschussebene konnte sich *Thomas* mit leichten Abstrichen durchsetzen, allerdings gab es einen Konkurrenzentwurf aus dem *Senate Finance*, der nur direkt in den USA stattfindende Produktionstätigkeit steuerlich entlasten wollte. Das Vermittlungsverfahren im Kongress blieb zunächst erfolglos. Deshalb konnte über die sogenannte *Thomas Bill*, die bereits im Oktober 2003 vom *Ways and Means* verabschiedet worden war, auch erst mit einjähriger Verspätung und nach erheblichen Zugeständnissen an das nationalistische Lager abgestimmt werden. Angesichts der amerikanischen Tatenlosigkeit – *ETI* bestand weiter fort – hatte die EU zwischenzeitlich mit der Erhebung von Strafzöllen begonnen.

Ungeachtet dessen zog sich der Gesetzgebungsprozess fast über das gesamte Jahr 2004 hin, wobei sich die parteipolitischen Gräben immer mehr öffneten. Die *Thomas Bill* war am Ende kein überparteilicher Kompromiss, sondern ein Sieg des unternehmerfreundlichen Liberalisierungslagers[355], während die Demokraten die Neuregelung wegen sozialer Unausgewogenheit mehrheitlich ablehnten. Im Oktober, also ein halbes Jahr nach Beginn der Strafzollerhebung, stand der *American Jobs Creation Act of 2004* zur Abstimmung[356]. Während die Zustimmung im Senat überwältigend und überparteilich ausfiel, öffnete sich im Repräsentantenhaus wieder ein parteipolitischer Graben[357]. Vor allem gewerkschaftsnahe Demokraten lehnten die Neuregelung der Unternehmensbesteuerung, speziell die damit verbundene großzügige Entlastung für Unternehmen, ab; dies kam unter den Vorzeichen des Präsidentschaftswahlkampfs wenig überraschend. Die bewilligten Steuervorteile für US-Unternehmen belaufen sich auf ca. 138 Milliarden US-$ und erstrecken sich über einen Zeitraum bis 2014. Der von den Abgeordneten beschlossene Steuerentlastungskuchen fiel also sehr üppig aus, weil sehr schnell Mehrheiten zusammengebracht werden mussten. Durch die Kongressbeschlüsse wurden die durch *ETI* eingeräumten und multilateral strittigen Steuervergünstigungen nicht sofort abgeschafft, sondern unter Verweis auf eine *Grandfathering*-Klausel nur schrittweise abgeschmolzen: 2004 wurden deshalb Unternehmen, die vor September 2003 bereits der *ETI*-Regelung unterlagen, noch Steuernachlässe in Höhe von schätzungsweise

---

[354] Vgl. *Chou* (2005: 438ff) für eine umfassende Darstellung der Vorschläge der *Thomas Bill*.

[355] Die Partikularinteressen konnten bei der Reform der Unternehmenssteuer vor allem deshalb so massiv Einfluss nehmen, weil eine beschleunigte Behandlung des Themas durch die *compliance*-Erfordernisse gegeben war. Der multilaterale Druck bzw. die Sanktionsdrohung der Europäer verstärkte die Mobilisierungskraft der Verbände und Unternehmen und erhöhte die legislative Responsivität; vgl. *Chou* (2005: 450, FN 224).

[356] Beschlussvorlage zum *American Jobs Creation Act* war der modifizierte Resolutionsentwurf der *Thomas Bill* (*H.R.* 4520).

[357] Im Senat gab es 92 Ja-Stimmen und nur 5 Ablehnungen (2 Demokraten und 3 Republikaner). Bei der Abstimmung im Repräsentantenhaus stimmten 154 Demokraten (mehr als drei Viertel der Fraktion) gegen die Neufassung, während die mehrheitliche Befürwortung von 258 gegen 171 Stimmen vor allem durch 203 republikanische Abgeordnete sichergestellt wurde.

5 Milliarden US-$ eingeräumt[358]; 2005 betrugen diese etwa 4 Milliarden US-$ und im Jahr 2006 sollten es noch immer 3 Milliarden US-$ sein[359].

Bush unterzeichnete die von ihm unterstützte Unternehmenssteuerreform umstandslos. Damit aber war die multilaterale Auseinandersetzung noch lange nicht beigelegt. Zeichen der transatlantischen Annäherung hatte es zwar bereits gegeben, als die *Thomas Bill* auf Ausschussebene Unterstützung gefunden hatte. Gleichwohl beendete die EU nach Inkraftsetzung des refomierten Steuergesetzes die Strafzölle nicht sofort. Begründet wurde die Weiterführung unter anderem mit dem Streit um die Subventionen für Flugzeugbauer. Die Sanktionen erfolgten aus EU-Sicht stellvertretend für die immensen Subventionsvorteile des *Boeing*-Konzerns[360]. Erst im März 2005 wurde die Aufhebung der Strafzölle rückwirkend zum Jahresbeginn beschlossen. Die EU anerkannte damit den amerikanischen Willen zur *compliance*, hegte aber (zu Recht[361]) starke Zweifel, dass den Erfordernissen des WTO-Urteils vollumfänglich Rechnung getragen worden war. Das logische Ergebnis war die vorläufige Aussetzung der Strafzölle bei gleichzeitiger Wiederaufnahme des WTO-Verfahrens, um die Verträglichkeit der US-Reform mit dem Welthandelsrecht erneut prüfen zu lassen. Für den Fall, dass die US-Reform von der WTO als *noncompliance* bewertet würde, behielt sich die EU Strafzölle bis zu 2,4 Milliarden US-$ vor.

Tatsächlich scheint sich der Konflikt ungeachtet der bereits erbrachten Anpassungsleistungen zu einer endlosen Geschichte auszuweiten. Die institutionelle Eigendynamik des Falls ist jedenfalls ungebrochen. Im Januar 2005 gab es erneut eine Beschwerde der EU. Diese Entscheidung wurde seitens der Administration und vor allem im Kongress heftig kritisiert, weil das amerikanische Entgegenkommen nicht angemessen berücksichtigt werde. Das *Panel* stellte in seinem Report im September 2005 fest, dass seinen ursprünglichen Empfehlungen nur unzureichend entsprochen worden war. Auch diesmal wurde von den USA der *Appellate Body* angerufen, dessen Urteil im Februar 2006 erging. Während den USA mehrere schwerwiegende Verstöße nachgewiesen wurden, fand die Argumentation der EU in beiden Entscheidungen große Unterstützung, so dass die europäische Sanktionsdrohung weiter im Raum steht. Die EU-Kommission kann allerdings, entgegen ihrem ursprünglichen Willen, die Sanktionen nicht ohne Zustimmung der EU-Staaten wiederaufleben lassen[362]. Ob die EU-Staaten, nachdem eine erste „erziehe-

---

[358] Vgl. *Gartzke* (2005: 179).

[359] Vgl. *Decker/Mildner* (2005: 213).

[360] Ebd.; *Boeings* Steuerbegünstigung aus den *FSC/ETI*-Regelungen wurde seitens der EU für den Zeitraum von 1992 bis 2003 auf 1,6 Milliarden US-$ geschätzt. Hinzu kamen noch Steuerbegünstigungen durch einzelne Bundesstaaten, in denen sich große Produktionsstätten des Herstellers befinden.

[361] Eine Einschätzung der multilateralen „Anstössigkeit" der Neuregelung liefert unter anderem *Chou* (2005: 445): „(T)here is a significant likelihood that the (...) provisions of the Thomas Bill would be declared subsidies." Diese Einschätzung bezieht sich auf Verstöße gegen Artikel 1.1 des *SCM*, die *Thomas Bill* scheint aber klagefest in den Bestimmungen, die Artikel 3.1 des GATT betreffen.

[362] Die Kommission in Brüssel hatte ursprünglich eine automatische Wiederaufnahme der Sanktionen im Falle eines die EU-Position unterstützenden *Panel*-Urteils gefordert und hätte damit ab

rische" Wirkung der Strafzölle festgestellt werden konnte, in naher Zukunft wieder eine Verhängung unterstützen werden, dürfte erheblich vom handelspolitischen Nutzen abhängen, den eine Aufrechterhaltung des Drucks auf die USA verspricht.

Die langanhaltenden transatlantischen Konflikte über die *DISC*-Regelung und ihre beiden Nachfolger sind also insgesamt eine Geschichte schrittweise erhöhten Druckes: Erst nach 33 Jahren war die von den Handelspartnern aufgebaute Drohkulisse so abschreckend, dass die USA von einer Aufrechterhaltung der Steuerbegünstigungen absehen und zur substanziellen, nicht mehr nur symbolischen Umsetzung multilateraler Entscheidungen übergehen mussten. Die transatlantischen Auseinandersetzungen um *DISC* bzw. *FSC/ETI* dokumentieren damit drei wichtige Aspekte: 1. das gewachsene Sanktionsinstrumentarium im WTO-System, 2. die nach wie vor hohe politische Instrumentalisierbarkeit von Handelskonflikten durch die Staaten und 3. die gewachsenen Möglichkeiten zur Instrumentalisierung externer Handlungszwänge in Auseinandersetzungen des US- Entscheidungssystems. Zum einen ist der institutionelle Fortschritt auf der Ebene der Streitbeilegungsverfahren unübersehbar[363]. Waren die GATT-Beschwerden gegen die amerikanischen Steuererleichterungen im Sande verlaufen, änderte sich die Situation durch eine Verschärfung der Sanktionsdrohungen merklich. Allerdings machte die EU zunächst keinen Gebrauch von den verbesserten Vergeltungsmöglichkeiten. Diese Zurückhaltung entsprang zum Teil strategischem Kalkül. Erst als in anderen Streitfällen von den USA angestrengte *DSB*-Verfahren zu europäischen Niederlagen geführt hatten, „erinnerte" man sich in Brüssel der *FSC*-Problematik. Bei der Ablehnung der *FSC*- und *ETI*-Regelungen ging es den Europäern also mitnichten immer um die Beendigung einer diskriminierenden Regulierungspraxis, sondern vielmehr darum, eigene handelspolitische Niederlagen zu kompensieren und im WTO-Streitschlichtungsverfahren einen vorzeigbaren Triumph über die USA zu feiern. Der Fall wies neben einer erheblichen Eigendynamik vielfältige Verknüpfungen zu anderen transatlantischen Handelsauseinandersetzungen auf, die sowohl in den Phasen der Konflikteskalation als auch in den Phasen gegenseitigen Entgegenkommens deutlich hervortraten. Dennoch saßen die Europäer in jeder Situation des WTO-Verfahrens am längeren Hebel und bestimmten das Tempo der Auseinandersetzungen, weil sie einen multilateralen „Gewinner" hatten. Die Sanktionierung erfolgte maßvoll und kontrolliert. Den USA blieb nur die Rücknahme bestehender Regelungen, um die EU von einer Erhöhung der Strafzölle abzuhalten und die Glaubwürdigkeit des WTO-Streitschlichtungsverfahrens nicht zu gefährden.

Für die in dieser Arbeit vertretende Argumentation besonders hervorzuheben ist der durch die WTO-Streitbeilegungsmechanismen verschärfte Anpassungs-

---

Februar 2006 wieder Strafzölle erheben können. Die Ablehnung dieses Automatismus durch die EU-Staaten spricht für starke politische Rücksichtnahmen auf wichtige EU-Mitglieder. Der EU-Handelskommissar sollte keinesfalls allein über die Wiederaufnahme der Strafmaßnahmen entscheiden. Außerdem gab es während des Konflikts zunehmend Signale aus der Wirtschaft, den Streit gütlich beizulegen. So hatten vor allem viele *europäische* Wirtschaftsverbände die EU-Kommission zu mehr Flexibilität gedrängt, weil sie eine nachhaltige Verschlechterung der transatlantischen Handelsbeziehungen fürchteten; vgl. *Gartzke* (2005: 179).

[363] So auch *Zangl* (2006: 135f).

druck im US-Entscheidungssystem. Wiewohl die rhetorische Schärfe auf Hartnäckigkeit hindeutete, war faktisch gesetzgeberische *compliance* festzustellen, auch wenn dies mit erheblichen Konzessionen an die „Reformverlierer" einherging. Aufgrund fehlender Kompetenzen in der Steuergesetzgebung war eine präsidentielle Aussetzungsstrategie wie bei „*Helms-Burton*" nicht praktikabel. Unter dem Eindruck der immer stärker konkretisierten Sanktionsdrohungen war auch die zweite, in anderen Unilateralismusfällen bewährte Entschärfungsstrategie der Administration, eine Vertagung des Problems und die „Verrechnung" mit anderen Handelsauseinandersetzungen, nicht möglich. Die in der Sache unerbittliche, in der Form gleichwohl konzessionsbereite Implementierung der Strafzölle durch die EU schuf Anpassungszwänge. Die Legislative war ernsthaft gefordert und konnte es nicht bei deklaratorischen Gesten belassen. Gleichzeitig wurden die Vorzeichen im Gesetzgebungsverfahren geschickt geändert: Der Kongress stimmte nicht über multilaterale Anpassung ab, sondern über eine Steuerreform, die US-Arbeitsplätze zu sichern vorgab. So konnte schließlich trotz der scharfen rhetorischen Abwiegelungsversuche des *USTR* der externe Druck im nationalen politischen Entscheidungsprozess internalisiert werden. Mit der *Thomas Bill* erbrachte der Kongress seine multilaterale Bringschuld, wenngleich weitere Verwicklungen in Kauf genommen wurden. Am Ende stand eine Verhaltensanpassung der USA, mit der zumindest das Nahziel, die Aussetzung der EU-Strafzölle, erreicht werden konnte. Insgesamt hatte das Unternehmerlager kaum Einschnitte bei den Subventionsprivilegien hinzunehmen – lediglich die Verteilung und Finanzierung dieser Subventionen hat sich verschoben. Die für die nächsten zehn Jahre der US-Industrie zugesicherte Steuerentlastung in Milliardenhöhe sowie das *Grandfathering* alter Subventionsrechte sind allerdings eine schwere Bürde und dürften für eine Weiterführung der institutionellen Streitverfahren sorgen. Diese bleiben indes vermutlich eingebettet in ein komplexes Geflecht aus parallelen Streitfällen (vor allem *Airbus/Boeing*) und bilateraler handelsdiplomatischer Abstimmung zwischen den transatlantischen Streitparteien. Der Fall schwelt weiter, vorerst allerdings auf geringerem Eskalationsniveau als in den Jahren 1997 bis 2005.

5.4.4 Stahlzölle der *Bush*-Administration

Das letzte hier zu untersuchende Fallbeispiel handelspolitischen Unilateralismus, die von der *Bush*-Administration im Jahr 2002 verhängten Stahlzölle, hat den verbreiteten Verdacht, in der amerikanischen Handelspolitik werde aufgrund innenpolitischer Rücksichtnahmen in steigendem Maße inkonsistent agiert, erhärtet. Die Koinzidenz von multilateralen Liberalisierungsangeboten der *Bush*-Administration zum Start der Doha-Runde und protektionistischem Wankelmut (*farm bill*, Stahzölle) mag erstaunen; gesteigerte Schutzmaßnahmen waren allerdings unabdingbare Voraussetzung der Mehrheitsbeschaffung für das präsidentielle Schnellspurmandat in internationalen Verhandlungen. Jedoch konnte der Schutzbedarf der stahlerzeugenden Industrie – ein beständiger Protektionismusherd in der amerikanischen Handelspolitik – von *Bush* effektiv in eine Liberalisierungsinitiative eingebunden und später über institutionellen Druck durch die WTO ausgehebelt werden.

Die Einordnung dieses Beispiels als Unilateralismus ist unschwer nachzuvollziehen. Die Entscheidung über Strafzölle erfolgte unabgestimmt (auch bei vielen anderen Staaten, insbesondere bei den EU-Staaten und Japan, herrschte um die Jahrtausendwende ein großes Interesse, Überkapazitäten und Strukturprobleme des Stahlsektors zu beheben). Die US-Maßnahmen waren nur nach innen gerichtet und politischen Nahzielen untergeordnet. Es gab kaum Versuche, diese Selbstreferentialität zu kaschieren[364]. Der Verstoß gegen multilaterale Regeln führte zu institutionellen Streitbeilegungsverfahren und wurde von den betroffenen Handelspartnern mit Gegenmaßnahmen beantwortet. Am Ende blieb unter dem Eindruck der von der EU verhängten Gegensanktionen der US-Regierung nur die Aussetzung und Rücknahme der Zölle. Es handelte sich bei diesem Fall um einen kalkuliert-kontrollierten und zeitlich von vornherein begrenzten Verstoß gegen das Welthandelsrecht, dessen Verlauf und für die USA negatives Ergebnis vorhersehbar waren. Ökonomisch schädlich, waren die Stahlzölle nichtsdestoweniger ein politischer Erfolg: Die *Bush*-Administration hatte eine Mehrheit für das präsidentielle Verhandlungsmandat zusammenbekommen und akute Schutzforderungen des Stahlsektors befriedigt, ohne ihre Liberalisierungsrhetorik völlig *ad absurdum* zu führen. Der Vorwurf handelspolitischer Inkonsistenz wurde dabei von *Bush* bewusst in Kauf genommen. Die Zölle waren ein kalkulierter Protektionismusschritt, dessen Folgen zu jedem Zeitpunkt durch die Administration kontrolliert werden konnten.

5.4.4.1 Stahlkrise, Rezession und *TPA*: Das Fenster der Gelegenheiten

Dass in der amerikanischen Stahlindustrie besonders starke Protektionismusbedürfnisse vorherrschen und sich politische Entscheidungsträger dort immer wieder, besonders aber vor Wahlen, zur Bedürfnisbefriedigung bereit finden, ist ein altbekanntes Muster. „Schutzsünden" zugunsten heimischer Stahlerzeuger sind – von Zeit zu Zeit als politische Beruhigungspillen im Rahmen freihandelsorientierter Außenwirtschaftspolitik verabreicht – als Erfolgsvoraussetzung für Liberalisierungsschritte nicht neu und fast unumgänglich[365]. Die Wettbewerbsprobleme der US-Stahlindustrie haben eine lange Vorgeschichte – die Mehrzahl der Stahlerzeuger hatte bereits seit den 1970er Jahren hart mit Preisverfall und Produktivitätsproblemen zu kämpfen. Eine immer stärkere Importpenetration des US-Markts und Probleme beim Export verschärften den Wettbewerbsdruck bei gleichzeitig explodierenden Kosten für einige Großunternehmen. Hinzu kamen bei diesen Unterkapitalisierung und, als Folgen, unzureichende Modernisierung und Investitionsstau. Wachsende Wettbewerbsprobleme, durch ausgebliebene Restrukturierungsschritte ausufernde Sozialkosten und eine Tendenz zur Überproduktion überlagerten einander. Verschärft durch den Preisverfall für Stahlprodukte nach der Asienkrise

---

[364] Dazu die Einschätzung von *Ho* (2003: 826): „The steel tariffs represent an unabashed unilateralist approach to trade policy."

[365] Vgl. etwa *Brook* (1998) oder *Rode* (2006: 144). Auch *Reagan* und *Bush* (d.Ä.) hatten insbesondere vor anstehenden Wahlen oft ein offenes Ohr für die Schutzanliegen des Stahlsektors gezeigt; vgl. *Stern* (2002: 5). Dieser affektiv-situative Protektionismus zur politischen Gefolgschaftssicherung bildete also keinen Widerspruch zur sonst üblichen Freihandelsrhetorik.

1997, litten viele US-Stahlerzeuger zur Jahrtausendwende unter hohen Versorgungslasten (Pensionszusagen sowie explodierende Krankenversicherungskosten für die Beschäftigten, die die Unternehmensgewinne schmälerten). Von der Steigerung der Sozialausgaben und den Produktivitätsproblemen waren in erster Linie Großbetriebe (*Integrated Mills*) betroffen, kleinere Unternehmen (*Mini Mills*) agierten fast durchweg erfolgreicher und wiesen eine bessere Kostenstruktur auf. Großbetriebe, die unter ihren Altlasten zusammenzubrechen drohten, sahen sich zunehmend gezwungen, ihre Produktion zu Dumpingpreisen in den Markt zu drücken[366]. Der Preisverfall für Stahl auf dem US-Markt hatte also nicht zuletzt endogene Ursachen. Freilich hatte die US-Stahlindustrie zur Jahrtausendwende die schwerste Krise bereits hinter sich.

Wichtig und für das Verständnis des Falls unabdingbar ist der Hinweis, dass die interne Zersplitterung des Stahlsektors und die hohe Konkurrenz zwischen traditionellen Stahlkochern und moderneren Kleinbetrieben ein geschlossenes Auftreten der Stahlindustrie verhinderte[367] – Einigkeit bestand nur bei der Forderung nach Importzöllen. Andere Schutzmaßnahmen bestanden allerdings auch schon in nicht unerheblichem Umfang – über die Hälfte aller im Jahr 2000 wirksamen Antidumpingmaßnahmen und Ausgleichszölle betrafen Stahlimporte[368]. Um die Jahrtausendwende verstärkten sich die Initiativen von Gewerkschaften und traditionellen Großunternehmen allerdings noch einmal[369]. Als größte Protektionismusanhänger erwiesen sich dabei jene Unternehmen, die den Strukturwandel verschlafen und wegen eines starken gewerkschaftlichen Einflusses ihre Altlasten nicht abgebaut hatten. Konfrontiert mit baldigem Bankrott erschienen massive Schutzmaßnahmen gegen ausländische Anbieter notwendiger denn je. Der angeschlagene Stahlsektor, in seiner ökonomischen Bedeutung immer stärker marginalisiert – 2002 arbeiteten dort gerade noch etwa 170.000 Beschäftigte[370] –, blieb (gerade wegen der akuten Probleme) politisch einflussreich und artikulierte Schutzbedürfnisse wiederholt sehr lautstark[371]. Ein Großteil der seit den 1980er Jahren durchgeführten Antidumping-

---

[366] Vgl. zu den strukturellen Problemen des Stahlsektors *Hufbauer/Goodrich* (2003), *Read* (2005: 136ff), *WTO* (2003: 115) sowie *Devereaux/Lawrence/Watkins* (2006b: 197ff). Allein zwischen 1997 und 2002 gingen mehr als 35 bedeutende Firmen im Stahlsektor bankrott. Rund ein Fünftel der amerikanischen Stahlerzeuger produzierte 2003 bereits unter Gläubigerschutz (*Chapter 11*).

[367] Interessanterweise ergab sich eine regionale Konfliktlinie im nationalen Konkurrenzkampf. *Integrated Mills* waren vor allem in den klassischen „Stahlstaaten", also im Nordosten der USA beheimatet. Dagegen waren in den 1990er Jahren vor allem in den Südstaaten zahlreiche *Mini Mills* entstanden – begünstigt durch Ansiedlungs- und Investitionsbeihilfen der Bundesstaaten.

[368] Zwischen 1980 und 2000 unterlag bei Stahlerzeugnissen ein Importvolumen von 10 Milliarden US-$ *CVD*- oder *AD*-Maßnahmen; vgl. unter anderem *Hufbauer/Goodrich* (2003: 15).

[369] Als wichtige Einflussgrößen der Stahlbranche sind neben einzelnen Unternehmen und den Gewerkschaften – dort vor allem die mobilisierungsstarke *USWA* –, die direkten Druck auf einzelne Abgeordnete bzw. die Administration auszuüben vermögen, auch noch Branchenverbände zu nennen, zuvorderst das *American Iron and Steel Institute* (*AISI*).

[370] Vgl. zu den Angaben unter anderem *WTO* (2003: 115).

[371] Dass Marginalisierung nicht zu Einflusslosigkeit führt, sondern oft zur paradoxen Einflussmaximierung, hat schon *Olson* (1993) gezeigt. Auch der Entscheidungsprozess in der Stahlzollfrage zeigt dieses Muster: Die Stahlerzeuger mit ihrem geringeren Wertschöpfungsbeitrag und einer viel geringeren Beschäftigtenzahl erwiesen sich mit ihrer sehr spezifischen Interessenstruktur als wesentlich durchsetzungsstärker als die stahlverarbeitende Industrie, wo 60

klagen und Ausgleichszolluntersuchungen ging auf Initiativen dieses Industriezweigs zurück[372]. Außerdem wurde in der 1998 gestarteten, über vier Millionen teuren Kampagne *Stand Up for Steel* der Verfall der Stahlindustrie in direkten Zusammenhang mit Stahlimporten gebracht[373].

Gleichwohl ist es erklärungsbedürftig, warum gerade Präsident *Bush*, der ansonsten kaum protektionistisch agierte, sich gegenüber Forderungen nach verstärktem Schutz der Stahlproduzenten aufgeschlossen zeigte – im Gegensatz zu seinem Vorgänger, der zwar 1999 auch eine steuerliche Entlastung der Stahlproduzenten angeregt[374], ansonsten aber mit ordnungspolitischen Argumenten verschiedenen legislativen Schutzbemühungen getrotzt[375] und durch seine Hartnäckigkeit die Wahlchancen von *Gore* wahrscheinlich auch entscheidend geschwächt hatte[376]. Aus meiner Sicht sind für die größere Responsivität der *Bush*-Administration gegenüber den Schutzbedürfnissen der Stahlhersteller drei Hauptgründe in Feld zu führen, in denen sich ökonomische und politische Motive verbanden: 1. die dramatische Verschlechterung der Wettbewerbssituation der *Integrated Mills*, 2. die Aussicht der

---

sentlich durchsetzungsstärker als die stahlverarbeitende Industrie, wo 60 mal mehr Arbeitnehmer beschäftigt waren als bei den Stahlerzeugern. Der Widerstand des verarbeitenden Gewerbes gegen die Stahlzölle war durch zwei Rücksichtnahmen geschwächt: 1. galt es, den Erfolg der *TPA*-Abstimmung sicherzustellen, wozu der „Einkauf" protektionistischer Abgeordneter unabdingbar war, und 2. war der zu erwartende Schaden zu abstrakt, um einen Mobilisierungseffekt zu haben.

[372] Dazu vor allem *Brook* (1998).

[373] Vgl. *Devereaux/Lawrence/Watkins* (2006b: 200f).

[374] Der steuerliche Entlastungsvorschlag belief sich auf 300 Millionen US-$; vgl. *Ho* (2003: 837). Allerdings hatte es auch schon unter *Clinton* multilaterale Streitfälle gegeben, die sich an US-Entscheidungen zum Schutz des Stahlsektors (insbesondere Antidumpingmaßnahmen) entzündeten. In diesem Zusammenhang sind etwa die 1999 bzw. 2000 initiierten WTO-Streitschlichtungsfälle DS179 (Streit mit Korea), DS184 (Streit mit Japan), DS206 (Streit mit Indien) und DS212 (Streit mit der EU) anzuführen; vgl. für Kurzporträts dieser Fälle *Read* (2005: 137ff). Gegen Korea, die EU und Japan unterlagen die USA und mussten die Antidumpingentscheidungen zurücknehmen, was allerdings nicht vollständig realisiert wurde.

[375] Einer dieser Versuche war der Beschluss des Repräsentantenhauses vom 17.3.1999 zur Limitierung von Stahlimporten. Dort waren feste Einfuhrkontingente, die Installierung eines Überwachungsmechanismus (*monitoring program*) sowie fester Berichtspflichten vorgesehen. Dem von beiden Parteien getragenen und vom *steel caucus* maßgeblich unterstützen Gesetzentwurf (*H.R.* 975) stimmten 289 Abgeordnete zu – überwiegend Republikaner –, 141 lehnten ihn ab. Seine Weiterbehandlung wurde allerdings vom Senat am 22.6.1999 mit 57 gegen 42 Stimmen zurückgewiesen; vgl. *Devereaux/Lawrence/Watkins* (2006b: 209) Zwei Jahre später bot sich allerdings Gelegenheit für einen neuen Anlauf.

[376] In der *Clinton*-Administration hatte es bis in das Wahljahr 2000 hinein Auseinandersetzungen darüber gegeben, ob der Präsident dem Druck der Stahllobby nachgeben und eine Zolluntersuchung bei der *ITC* beantragen solle oder nicht. Die Stahllobby bevorzugte dieses Vorgehen, weil sie mit signifikant höheren Bewilligungschancen vor der *ITC* rechnete, wenn die Administration mit im Boot saß. Die mit Freihandelsargumenten begründete Weigerung der *Clinton*-Administration sorgte bei den Demokraten in den Stahlstaaten und noch stärker bei der Stahlgewerkschaft für heftigen Verdruss und sorgte für politischen „Liebesentzug"; vgl. dazu vor allem *Devereaux/Lawrence/Watkins* (2006b: 211ff). Im Präsidentschaftswahlkampf 2000 half *Bushs* Versprechen „to do something about steel" vor allem in *West Virginia*, das zuvor überwiegend für demokratische Bewerber gestimmt hatte. Dort gab es sogar eine Wahlempfehlung einiger Demokraten für *Bush*; vgl. *Stern* (2002: 5).

Administration, mit Konzessionen in der Stahlfrage den Erfolg der *Trade Promotion Authority* sicherstellen zu können, und 3. der Druck von republikanischen Abgeordneten aus „Stahlstaaten", die ihren Wahlkampf mit Schutzversprechen bestritten hatten und um ihre Chancen bei den Kongresswahlen 2002 fürchteten. Nicht zuletzt sollten auch *Bushs* eigene Wiederwahlchancen durch den Stahlprotektionismus verbessert werden: Im Präsidentschaftswahlkampf 2000 gegen *Gore* hatte er mit dem (unverbindlichen) Versprechen entscheidend punkten können, ein offenes Ohr für die Anliegen der Stahlindustrie zu entwickeln.

All diese Handlungsimpulse verursachten zusätzlich zur andauernden Kampagne der Stahllobby akute politische Betriebsamkeit. Eine beispiellose Pleitewelle bedeutender Stahlunternehmen gab der *Bush*-Administration Anlass und Gelegenheit, protektionistischen Gruppierungen Anteilnahme und Entgegenkommen zu demonstrieren[377], um sich im Gegenzug deren politische Gefolgschaft zu sichern. Der politische Druck schlug auch deshalb massiv ins Gewicht, weil es sich bei den von der Stahlkrise besonders stark betroffenen vier Bundesstaaten (*West Virginia*, *Ohio*, *Pennsylvania* und *Michigan*) um sogenannte „*swing states*" handelte, in denen die Ergebnisse der Präsidentschaftswahlen in der Regel sehr knapp ausfallen und die von entscheidender Bedeutung für den Wahlausgang sein können – in den Wahlgängen von 2000 und 2004 hat sich dieses Muster bestätigt[378]. Von der Bevölkerung dieser Staaten wurde lautstark eine Reaktion auf die ökonomischen Probleme und die gravierenden Arbeitsplatzverluste gefordert. Meinungsumfragen zufolge befürwortete dort eine Dreiviertelmehrheit Schutzzölle und Antidumpingmaßnahmen[379]. Die Kongressabgeordneten aus den vier „Stahlstaaten" – zumeist Republikaner – bildeten ein politisches Sprachrohr für diese Forderungen – und entscheidendes Blockadepotential in der *TPA*-Frage. Die im Vergleich zu den Stahlerzeugern wesentlich größere stahlverarbeitende Industrie zeigte sich von den Schutzforderungen keineswegs begeistert; sie war allenfalls für direkte Beihilfen in geringem Umfang, aber dezidiert gegen Stahlzölle, weil dadurch die Erzeugerpreise unmittelbar zu steigen drohten. Die verarbeitende Industrie konnte sich allerdings gegen die Mobilisierungskraft der Stahlzollkampagne nicht durchsetzen. Auf die Probleme der Stahlindustrie antwortete *Bush*, dessen freihändlerische Grundorientierung durch ein Vorgehen gegen „unfaire Dumpingimporte" nicht in Zweifel ge-

[377] In diesem Zusammenhang sollte darauf hingewiesen werden, dass *Bush* sich im Wahlkampf 2000 um konkrete sozialpolitische Aussagen herumgedrückt und das eher blutarme Konzept eines „mitfühlenden Konservatismus" vertreten hatte. Die Stahlkrise bot also auch eine Gelegenheit, das soziale Profil der Administration zu schärfen.

[378] Sowohl bei der Präsidentschaftswahl 2000 als auch 2004 verbuchte *Bush* knappe Siege in *Ohio* und *West Virginia*, während *Michigan* und *Pennsylvania* jeweils an die demokratischen Bewerber (*Gore* bzw. *Kerry*) fielen. Bei beiden Wahlgängen lagen in den Staaten Demokraten und Republikaner fast gleichauf – der Abstand betrug maximal 3 Prozentpunkte. 2000 sicherte der knappste Sieg aller Zeiten im Bundesstaat *West Virginia Bush* 5 entscheidende Wahlmännerstimmen; diese verhalfen ihm, neben den Unregelmäßigkeiten in *Florida*, zur Präsidentschaft. 2004 bildete *Ohio*, wo *Bushs* Vorsprung weniger als 200.000 Stimmen betrug, mit 21 Wahlmännerstimmen das wahlentscheidende Zünglein an der Waage.

[379] Vgl. *Fifka* (2005: 193).

zogen werden konnte[380], wie im Wahlkampf versprochen: Mit einem Programm, das gleichermaßen eine Stärkung der Wettbewerbsfähigkeit der Stahlunternehmen, Schutz vor Importen und sozialpolitische Übergangszahlungen vorsah.

Die von US-Präsident *Bush* verhängten Zölle auf Stahlimporte beruhten auf einem Importschutzverfahren nach *Section 201* des US-Handelsgesetzes, nach welchem bei einer akuten Gefährdung heimischer Unternehmen (im Falle eines rapiden Importanstiegs) Einfuhrbeschränkungen erhoben werden können[381]. Die Wahl dieser Schutzoption, mit der die Kosten für die Strukturanpassung auf das Ausland abgewälzt wurden, anstatt direkte staatliche Restrukturierungshilfen für die Unternehmen bereitzustellen, trug ordnungspolitischen und handelsdiplomatischen Erwägungen Rechnung; es sollte allenfalls einen *handelspolitischen* Sündenfall darstellen und keinen wirtschafts- oder wettbewerbspolitischen. Vertreter der *Integrated Mills* drängten neben Importzöllen auch auf staatliche Restrukturierungsbeihilfen, womit die überbordenden Kosten von Pensionsverpflichtungen oder Krankenversicherungen vom Staat übernommen worden wären. Das Gewerkschaftslager hatte sich allerdings dagegen ausgesprochen, weil dieses Vorgehen den überfälligen Fusionsprozess der Unternehmen beschleunigt und damit Arbeitsplatzverluste in großem Stil bedeutet hätte – die Pensionszusagen galten als größte Barriere bei Fusionen[382]. Direkte Staatsbeihilfen für den Restrukturierungsprozess der Stahlunternehmen waren innerhalb der Stahlindustrie selbst umstritten. Wichtige Handelspartner hätten indes an dieser Schutzvariante kaum Anstoß genommen – zumindest signalisierten sie das[383]. Die *Bush*-Administration lehnte die staatliche Übernahme von *lega-*

---

[380] Diesen Umstand gewichten *Devereaux/Lawrence/Watkins* (2006b: 219) besonders hoch. Tatsächlich hatte die *Clinton*-Administration sich in der Stahlzollfrage gerade deshalb so verschlossen gezeigt, weil sie in erster Linie Vorwürfe der Freihandelsbefürworter fürchtete und keine Möglichkeit sah, aus einer protektionistischen „Schutzsünde" politisches Kapital zu schlagen.

[381] Die Bilanz der nach *Section 201* initiierten *ITC*-Verfahren war für den Stahlsektor sehr ernüchternd. Einerseits hatten sich in den 1990er Jahren parteipolitische Kontroversen auch in *ITC*-Entscheidungen niedergeschlagen, und es war zu einer willkürlichen Ablehnung von Schutzanliegen gekommen – so (klagend) *Brook* (1998: 139). Zum anderen waren durch die Vetomöglichkeit des Präsidenten selbst bei affirmativen *ITC*-Urteilen Schutzmaßnahmen keineswegs sicher. Deshalb waren Stahlunternehmen verstärkt auf *CVD*- und *AD*-Verfahren ausgewichen, wo die Erfolgschancen wesentlich größer waren. Vor diesem Hintergrund schien tatsächlich nur ein durch die Administration eingebrachtes *ITC*-Verfahren sinnvoll.

[382] Bei Insolvenz der großen traditionellen Stahlerzeuger droht(e) für die Angestellten und ihre Familien der Verlust der Krankenversicherung sowie der betrieblichen Pensionszusagen. Für die gut organisierte Stahlgewerkschaft und die Politiker in den „Stahlstaaten" verursachte die Aussicht auf die sozialen Folgen der Insolvenzwelle deshalb erheblichen Handlungsdruck. Nach Gewerkschaftsschätzungen beliefen sich die gefährdeten Pensionsverpflichtungen auf rund 13 Milliarden US-$, rund 600.000 ehemalige Stahlarbeiter und ihre Familien wären betroffen gewesen; vgl. *Cooney* (2002: 4f).

[383] Direkte Beihilfen wären von wichtigen Handelspartnern (zum Beispiel der EU oder Japan) vermutlich akzeptiert worden; vgl. dazu *Prestowitz* (2003: 65), der sich auf ein Gespräch mit dem damaligen Außenhandelskommissar der EU *Lamy* beruft. Die EU hatte angesichts der niedrigen Weltmarktpreise ein nachhaltiges Interesse an der konzertierten (transatlantischen) Rückführung von Überkapazitäten im Stahlsektor. Entsprechende Bemühungen im Rahmen der OECD kamen aber über das Stadium lockerer Sondierungsgespräche nicht hinaus; vgl. *Read* (2005: 139).

cy costs allerdings entschieden ab[384]. Sie fürchtete einen negativen Präzedenzfall, der ähnlichen Subventionsforderungen anderer Industriezweige Vorschub geleistet hätte. Ein anderer Grund für die Skepsis bestand in prozeduralen Hindernissen; für sozialpolitische Programme hätte der Kongress stärker einbezogen werden müssen. Die Festsetzung der Zölle lag, nachdem die *ITC* Stellung bezogen hatte, dagegen allein beim Präsidenten. Möglicherweise spielte bei der Auswahl der Schutzoption auch schon die Erwägung eine Rolle, dass die (letztlich unvermeidliche) Rücknahme der Zölle ebenfalls vom Präsidenten allein vorgenommen werden konnte, ohne den Kongress konsultieren zu müssen[385] – angesichts der bereits dargestellten Unilateralismusbeispiele ein Umstand, der die *compliance*-Bedingungen entscheidend verbesserte. Mit multilateralen Klagen gegen direkte Subventionen oder Fusionsbeihilfen hätte man im US-Entscheidungssystem wesentlich schwerer umgehen können.

Das *ITC*-Verfahren, mit dem die Strafzölle legitimiert werden sollten, war vom *USTR Zoellick* zügig nach der Amtsübernahme veranlasst worden, auch um einer Initiative der Demokraten im Kongress zuvorzukommen[386]. Das Verfahren wurde vor allem deshalb gewählt, weil die Schutzmaßnahmen nur vorübergehend gewährt und die Wettbewerbsfähigkeit der Unternehmen direkt gesteigert werden konnten. Damit konnte noch am besten dem Eindruck begegnet werden, es gehe allein um aussperrenden Protektionismus. Tatsächlich hob die Administration immer wieder hervor, dass der Schutz nur vorübergehend gewährt werden solle, um den Stahlherstellern Zeit zur Restrukturierung zu geben. Weiterhin sollte die Anrufung der *ITC* im Juni 2001 den Vorgang einen bürokratisch-technokratischen Anstrich verleihen und schließlich sollte die festgelegte Befristung der Schutzmaßnahmen helfen, den absehbaren multilateralen Konsequenzen vorzubeugen und dem Widerstand der verarbeitenden Industrie den Wind aus den Segeln zu nehmen. Für die Administration bestand das größte Problem bei der offiziellen Legitimation der Zölle jedoch darin, dass die *ITC* die Schädigung der US-Produzenten als *direkte* Folge eines plötzlichen Importanstiegs nachweisen musste. Angesichts der 2001 bereits zurückgehenden Stahlimporte – der Scheitelpunkt der Importkurve war 1998 – und altbekannten Probleme der *Integrated Mills* waren diese Nachweise schwer zu führen; die Preisprobleme auf dem US-Markt waren weitgehend hausgemacht[387]. Die eingeleiteten bürokratischen Verfahren waren daher von Anfang an

---

[384] Vgl. *Cooney* (2002: 5).

[385] Im Vergleich zu den sonst im Stahlsektor üblichen, oft überbürokratisierten *CVD*- und *AD*-Verfahren, hatten die Stahlzölle den Vorteil, dass das Management der multilateralen Folgen allein der Administration überlassen blieb; vgl. die ähnliche Argumentation von *Read* (2005: 150).

[386] Vgl. *Devereaux/Lawrence/Watkins* (2006b: 220). Die Administration konnte damit das politische Verdienst, endlich etwas Substanzielles für den Stahlsektor getan zu haben, ganz allein für sich reklamieren.

[387] Sowohl die importierte Stahlmenge als auch der Importwert hatte sich zwischen 2000 und 2001 bereits um über 20 % verringert; vgl. *WTO* (2003: 116). Allein das US-Preisniveau blieb durch die zu Schleuderpreisen in den Markt gedrückten Überkapazitäten der *Integrated Mills* weiterhin niedrig. Dem Nachweis einer direkten Verbindung zu einer rapiden und „unvorhergesehenen" Importsteigerung war damit der Boden entzogen. Nichtsdestoweniger schaute die *ITC* vor allem auf die Produktlinien, wo die ausländische Konkurrenz am stärksten bzw. die Wettbe-

dubios und hatten sich heftiger Kritik in den USA selbst und im Ausland zu erwehren. Insgesamt unterlagen zu Jahresbeginn 2002 rund 70% aller Stahlimporte im Wert von 8,4 Milliarden US-$ Prüfverfahren gemäß *Section 201*[388].

Ursprünglich waren vom *USTR* Strafzölle auf 33 Produktlinien gefordert worden, die Gewerkschaften und die großen Stahlhersteller hatten als Beschwerdeführer in den Prüfverfahren Zollforderungen von 40-50% erhoben[389]. Empfohlen wurden von der *ITC* im März 2002 allerdings nur Zölle in Höhe von 20-40% auf 16 Produktlinien. Die Zölle sollten über einen Zeitraum von vier Jahren verhängt werden[390]. Im Kongress wurden parallel Forderungen nach Einfuhrquoten für Stahlerzeugnisse laut, die von der Administration allerdings zurückgewiesen wurden, weil derartige Abkommen international kaum erreichbar schienen. Der Präsident fühlte sich an die *ITC*-Untersuchungsergebnisse und die legislativen Forderungen nicht gebunden und verhängte, entgegen der Empfehlung seiner wichtigsten Wirtschaftsberater[391], Importzölle in Höhe von bis zu 30% auf 14 Produktlinien[392]; damit lagen die Sätze teilweise sogar höher als von der *ITC* vorgeschlagen. Allerdings war vom Präsidenten die Befristung auf drei Jahre verkürzt worden – dies war auch die im *Safeguards Agreement* der WTO eingeräumte Maximaldauer derartiger Schutzmaßnahmen. Die Zollsätze sollten außerdem schrittweise abgeschmolzen werden[393].

Etwa ein Viertel der US-Stahlimporte unterlag ab März 2002 erheblichen Einfuhrbeschränkungen. Auf der anderen Seite wurden aber ausländischen, vor allem europäischen Anbietern freie Kontingente und Ausnahmeregelungen gewährt oder in Aussicht gestellt[394]. Umfangreiche Ausnahmen waren in jenen Fällen vorgesehen, wo US-Anbieter ausländische Produkte nicht in ausreichender Menge ersetzen konnten. Diese Konzession sowie die klare Befristung sollten multilateralen Widerständen die Spitze nehmen und den Modernisierungsdruck auf die US-Stahlindustrie erhöhen. Eine Überprüfung der Maßnahmen war – auch dies ein politisches Signal zur Beruhigung der Zollgegner – routinemäßig nach 18 Monaten fällig. Insgesamt wurde nur ein Teil der Umstrukturierungskosten des Stahlsektors

---

werbsprobleme der *Integrated Mills* am größten waren. Tatsächlich fielen die verhängten Stahlzölle dort am höchsten aus, wo das Importwachstum in der Tendenz am *schwächsten* war – ein klarer Verstoß gegen die multilateral erforderlichen Legitimationskriterien und ein deutlicher Hinweis auf den Alibi-Charakter der *ITC*-Verfahren insgesamt.

388 Vgl. *WTO* (2003: 115).

389 Vgl. *Cooney* (2002: 2).

390 Vgl. ausführlich *USITC* (2003) und *Read* (2005: 146ff); die Zölle traten mit der Entscheidung des Präsidenten am 5.3.2002 in Kraft.

391 Auch in diesem Fall ergaben sich also beachtliche interne Differenzen innerhalb der Administration, wobei ökonomische Argumente stets hinter denen politischer Opportunität zurückzustehen hatten. Der Wahlstratege *Rove* durfte als wesentlich einflussreicher gelten als die ökonomischen Beratergremien des Präsidenten.

392 Vgl. *Hufbauer/Goodrich* (2003: 2).

393 Viele Beobachter sahen angesichts der massiven Forderungen aus den Lobbygruppen und dem Kongress in der Entscheidung einen ausgewogenen Kompromiss; vgl. *Devereaux/Lawrence/Watkins* (2006b: 222).

394 Vgl. *WTO* (2003: 117).

über Importzölle externalisiert. Den anderen Teil hatten die großen Stahlerzeuger durch Kapazitätsreduktionen, Insolvenzen und Fusionen selbst zu schultern. Die Stahllobby zeigte sich sehr zufrieden, auch weil zusätzlich zu den Zöllen ein Teil der *legacy costs*, die Pensionspläne von drei in Insolvenz befindlichen Großkonzernen durch eine Sicherungsbehörde übernommen wurden[395]. Insgesamt aber blieben die Probleme gefährdeter Pensionsverpflichtungen dem Kongress überlassen[396]. Von der Administration wurde unter Verweis auf die *ITC*-Entscheidungen klar kommuniziert, dass die Aussperrung ausländischer Anbieter nur vorübergehender Natur sein konnte und keine weiteren Haushaltsmittel kosten durfte[397]. Außerdem zeigte die Zollfestsetzung durch den Präsidenten deutliche außenpolitische Rücksichtnahmen. Ausnahmen wurden von Anfang Staaten eingeräumt, mit denen Freihandelsabkommen bestanden. Nicht betroffen waren auch Staaten, die als wichtige Verbündete im Krieg gegen den Terrorismus nicht verprellt werden sollten (Türkei und ehemalige GUS-Republiken).

Die politische Gegenleistung für die Gewährung der Stahlzölle wurde bald darauf eingefordert. Mit dem kalkulierten Protektionismusschritt öffnete sich für die *Bush*-Administration das Fenster der Gelegenheiten, um Liberalisierungsakzente zu setzen oder zumindest die wichtigste Vorbedingung dafür zu erfüllen. Die Verknüpfung der Stahlzollfrage mit der von *Bush* angestrebten *Trade Promotion Authority* war von Anfang an unübersehbar[398]. Hier ergab sich ein Koppelgeschäft zwischen dem Präsidenten und Kongressabgeordneten, die sonst fest im protektionistischen Lager verankert waren. Immerhin gelang es *Bush* durch die Stahlzölle 55 Mitglieder des *steel caucus* im Repräsentantenhaus, darunter 24 republikanische Abgeordnete aus drei der vier wichtigen „Stahlstaaten", als Befürworter der *TPA* „einzukaufen". Diese Abgeordneten waren angesichts der knappen Mehrheit (drei Stimmen bei der entscheidenden Abstimmung über *TPA* im Repräsentantenhaus) unabdingbar[399]. Nur das Entgegenkommen im Agrarsektor (*farm bill*), Schutzmaßnahmen für die Textilindustrie sowie protektionistische Zugeständnisse im Stahlbereich und bei sozialpolitischen Ausgleichszahlungen (*Trade Adjustment Assistance*) – mit *TAA*-

[395] Dabei ging es immerhin um die Summe von 7,1 Milliarden US-$; *Devereaux/Lawrence/Watkins* (2006b: 226).

[396] Vgl. *Read* (2005: 145).

[397] Dazu die Einschätzung von *Read* (2005: 149): „Safeguard Action, in the form of a unilateral tariff (...), was therefore an attractive policy option. It offered a fiscally neutral strategy to provide the domestic US steel industry with a temporary reprieve by targeting low cost imports."

[398] Diese Verknüpfung politischer Kernanliegen ist von der Mehrzahl der Autoren betont worden, vgl. unter anderem *Bergsten* (2002), *Stern* (2002), *Hufbauer/Goodrich* (2003), *Ho* (2003), *Schott* (2005), *Read* (2005) oder *Destler* (2005).

[399] Vgl. *Ota* (2002), *Hufbauer/Goodrich* (2003: 3) sowie eigene Berechnungen. 2002 stimmten 31 Abgeordnete, die 1998 *Clinton* das „*fast-track*"-Mandat verweigert hatten, für die *TPA*, zehn davon waren Mitglieder des *steel caucus*. Von den aus den vier „Stahlstaaten" kommenden 28 republikanischen Abgeordneten stimmten insgesamt nur vier gegen *TPA*, darunter die beiden Abgeordneten aus *West Virginia*, während die *TPA* von den 20 demokratischen Abgeordneten dieser Staaten geschlossen abgelehnt wurde. Angesichts der letztlich knappen *TPA*-Mehrheit ging es der Administration buchstäblich um jede einzelne Stimme im eigenen Lager und einige notwendige Ergänzungsstimmen von den Demokraten, die mit Entgegenkommen in anderen Bereichen geködert wurden.

Versprechen wurden immerhin vier demokratische Abgeordnete aus dem Ablehnungsblock der Demokraten herausgebrochen[400] – verschafften *Bush* letztlich die erforderliche Mehrheit. Protektionistische Zugeständnisse waren, so wurde es weithin gesehen, die Voraussetzung für den Erfolg bei der Bildung der Unterstützungskoalition für das präsidentielle Verhandlungsmandat. Für viele liberalisierungsfreundliche Beobachter entschuldigte das den Stahlprotektionismus zwar nicht vollständig, dieser erschien aber im Licht von *Bushs* Erfolg bei *TPA* als lässliche Sünde. Erst nach der entscheidenden *TPA*-Abstimmung im Repräsentantenhauses Ende Juli 2002, intensivierten sich die Bemühungen der verarbeitenden Industrie um Ausnahmen bzw. um die zügige Rücknahme der Zölle. Die Konzessionsbereitschaft der US-Administration erhöhte sich nach dem *TPA*-Erfolg signifikant, während die US-Position in den multilateralen Handelsauseinandersetzungen hart blieb. Insofern waren die externen, multilateralen Widerstände nicht der Hauptgrund, sondern vielmehr der *Anlass* für die spätere Abschwächung des Unilateralismus. Spätestens nach dem Erfolg bei den Zwischenwahlen 2002 besaßen die Stahlzölle für die *Bush*-Administration kaum noch einen politischen Wert. Dennoch wurden sie nach außen vehement verteidigt.

5.4.4.2 Multilaterale Reaktionen und US-Zugeständnisse

Im Ausland wurden die unilateral festgesetzten Stahlzölle als Verstoß gegen die Regeln der Welthandelsordnung, speziell gegen das *Agreement on Safeguards*, kritisiert. Auch wenn die politische Verbindung der Stahlzölle zur *TPA*, an der auch bei den Handelspartnern großes Interesse bestand, durchaus gesehen wurde, erfolgte die Reaktion betroffener Staaten auf die einseitige Zollfestlegung prompt. Bereits als sie sich anzudeuten begannen, wurden die Maßnahmen der USA als unangemessen bezeichnet; Die Verhängung der Zölle wurde umgehend mit Klagen beantwortet. Die vagen und unverbindlichen Ankündigungen der *Bush*-Administration aus dem Jahr 2001, mit anderen Staaten gemeinsam Überkapazitäten bei der Stahlproduktion abbauen zu wollen, konnten, weil ihnen keine substantiellen Taten folgten[401], die Empörung der Handelspartner nicht abschwächen. Die Europäer hatten während des *ITC*-Verfahrens ein konzertiertes Subventionsprogramm zur Abmilderung der strukturellen Probleme im US-Stahlsektor vorgeschlagen. Dieses gemeinsame transatlantische Vorgehen war jedoch an den ordnungspolitischen Bedenken der *Bush*-Administration gescheitert. Nach der Zollfestsetzung durch den US-Präsidenten wurden daher von den betroffenen Staaten umgehend die institutionellen Mühlen der Welthandelsgerichtsbarkeit in Gang gesetzt.

---

[400] Vgl. dazu *Destler* (2005: 328), der die Praxis sozialpolitischer Zugeständnisse zum Stimmenkauf in Handelsentscheidungen kritisiert: „For many, *TAA* is viewed as a backwater government program that gets attention only when an administration needs votes for trade legislation."

[401] Gemeinsame Beratungen über die Rückführung der globalen Überkapazitäten, die im Herbst 2001, noch vor der Verhängung der Stahlzölle in der OECD stattfanden, blieben ergebnislos; *Devereaux/Lawrence/Watkins* (2006b: 225).

Die Kläger im WTO-Verfahren, das im März 2002 begann[402], ergriffen umgehend eigene Schutzmaßnahmen und drohten den USA mit Sanktionen. Die Klage wurde von der EU und dreizehn weiteren Staaten, darunter Japan und Brasilien, angestrengt. Ein längeres diplomatisches Vorgeplänkel, wie in den anderen untersuchten Fällen, gab es nicht, allein schon deshalb, weil die von Importzöllen betroffenen Produzenten sofort Marktanteile auf dem US-Stahlmarkt zu verlieren begannen. Der Umstand, dass von den US-Behörden vor allem für EU-Exporteure Zollbefreiungen eingeräumt worden waren, minderte den Klagewillen der EU kaum. Es zeichnete sich nämlich eine zweite Entwicklung ab, die in ihren Auswirkungen noch gravierender war als der Verlust von Marktanteilen in den USA: Stahlprodukte anderer (vor allem asiatischer) Staaten, die in den USA nicht mehr abgesetzt werden konnten, begannen auf andere Exportmärkte auszuweichen. Von diesem Umleitungseffekt waren zwar auch andere Regionen betroffen, die EU-Staaten jedoch weitaus am stärksten. Der durch die US-Stahlzölle entstandene direkte und indirekte Schaden für die EU wurde in den ersten 12 Monaten (Mitte 2002 bis 2003) auf annähernd drei Milliarden Euro geschätzt. Die Europäer erhöhten ab dem Frühjahr 2003 wegen der einsetzenden Importschwemme von Billigstahl ihrerseits die Einfuhrzölle auf bestimmte Stahlprodukte aus Drittländern[403] und forderten von den USA Kompensationen für die Verluste europäischer Anbieter auf dem US-Markt. Konkret waren die Verringerung von Zollschranken auf andere Produkte (Textilien) und zusätzliche Ausnahmeregelungen für einzelne europäische Stahlexporteure im Gespräch.

Ab Mai 2002 drohte die EU, ohne das Ende des laufenden WTO-Verfahrens bzw. der vorgeschalteten Konsultationen mit der US-Regierung abzuwarten, bereits offen mit Sanktionen: Strafzölle auf ausgewählte US-Produkte im Volumen zwischen 379 und 606 Millionen US-$ standen im Raum[404]. Dies war zu diesem Zeitpunkt aber wohl vor allem ein taktisches Mittel, um die USA zu Konzessionen für europäische Anbieter zu zwingen. Dass vor den Kongresswahlen 2002 keine Rück-

---

[402] Das zentrale WTO-Streitschlichtungsverfahren (*United States – Definitive Safeguard Measureson Imports of Certain Steel Products*) trug die Bezeichnung DS248 und wurde am 7.3.2002 eröffnet. Die EU war klageführende Partei, insgesamt gab es 13 Nebenkläger, die teilweise später noch ergänzende Einzelklagen erhoben (unter anderem Japan bei DS249, Südkorea bei DS251, China bei DS252 und Brasilien bei DS259). Ein Überblick über den zeitlichen Verlauf, die Stellungnahmen der Streitparteien sowie die Urteile des *Panels* bzw. des *Appellate Body* im EU-USA-Verfahren findet sich unter: http://www.wto.org/english/tratop_e/dispu_e/cases_e/ds248_e.htm.

[403] Ab Ende März 2003 wurden von der EU vorläufige (zunächst auf 200 Tage befristete) Importzölle verhängt, die allerdings „wasserdicht" in Hinblick auf die *Safeguard*-Bestimmungen der WTO sein sollten – vor allem musste tatsächlich ein plötzlicher Importanstieg festgestellt werden. Im September 2003 wurden die Zölle um weitere 18 Monate (bis März 2005) verlängert. Von den EU-Produzenten wurden die US-Stahlzölle als Vorwand benutzt, um das europäische Protektionsniveau zu erhöhen. Gleichzeitig war von der EU eine Aussetzung der Zölle vorgesehen, sobald die US-Einfuhrbeschränkungen aufgehoben würden. Das geschah im Dezember 2003; unmittelbar nachdem Präsident *Bush* die Aufhebung der US-Stahlzölle festgesetzt hatte, liefen auch die EU-Zölle aus; vgl. *Breuss* (2005: 15).

[404] Die Verhängung der Zölle war ab Dezember 2002 angekündigt und zielte auf US-Hersteller und Bundesstaaten, die für *Bushs* Wiederwahlbemühungen eine zentrale Rolle spielten; vgl. *Read* (2005: 162).

nahme der Zölle durch den Präsidenten erfolgen würde, war auch in Brüssel klar. Gleichwohl bestand in Anbetracht der internen US-Konflikte eine begründete Aussicht auf massive Zugeständnisse der amerikanischen Seite bei den Ausnahmeregelungen. Eine „Verrechnung" mit anderen multilateralen Konflikten scheint von den Konfliktparteien nicht ernstahft erwogen worden zu sein und wäre wohl insgesamt auch aussichtslos gewesen: Zum einen war der Kreis der Kläger gegen die Stahlzölle zu heterogen, so dass eine transatlantische Einigung zwischen der EU und den USA allein nicht ausgereicht hätte; zum anderen waren die transatlantischen Streitfälle, in denen Entgegenkommen hätte gezeigt werden können, festgefahren: *FSC/ETI* und die Auseinandersetzung um genmanipulierte Lebensmittel waren für sich genommen schon hoch konfliktiv und heikel, Kompensationspotentiale ergaben sich nicht. Vielmehr verhärteten sich die multilateralen Auseinandersetzungen über die Stahlzölle noch zusätzlich, weil ein Teil der Einnahmen aus den Stahlzöllen, gemäß dem *Byrd-Amendment*, direkt an die US-Stahlunternehmen weitergereicht wurde. Diese Subventionspraxis wurde von den Europäern scharf kritisiert und war selbst seit 2001 zum Gegenstand eines WTO-Verfahrens geworden. Um ein Gegengewicht zu schaffen, strengten die USA im September 2002 eine Klage gegen *Safeguard*-Maßnahmen der EU an. Dieses Vorgehen konnte den internen und externen Druck gegen die US-Stahlzölle aber nicht nachhaltig dämpfen.

Stärker noch als in den bereits untersuchten Unilateralismusfällen war die Administration also mit divergenten ökonomischen und handelsdiplomatischen Forderungssträngen konfrontiert: Auf der einen Seite standen die dringlichen Schutzbedürfnisse der Stahlerzeuger und die politischen Rücksichtnahmen im Vorfeld der *TPA*-Entscheidung, auf der anderen Seite drängten die einheimischen Stahlverarbeiter und die Handelspartner nach der Zollfestlegung auf eine baldige Rücknahme. Um beide Forderungsstränge befriedigen zu können, wurde seitens der Administration die bereits in anderen Unilateralismusbeispielen deutlich gewordene Doppelstrategie verfolgt: Nach außen wurden die Maßnahmen als legitim verteidigt und eine Aussetzung abgelehnt – dies war Flaggezeigen für den Stahlsektor und wichtig in der *TPA*-Frage – , auf der anderen Seite wurde versucht, den ökonomischen Schaden für die stahlverarbeitende Industrie durch Ausnahmeregelungen abzufedern, um die Unterstützung der Unternehmensverbände nicht einzubüßen und internationalem Druck zuvorzukommen. Mit der einsetzenden Kritik und Empörung auf multilateraler Ebene schien die *Bush*-Administration leben zu können. Überschießen durfte der Gegendruck aus dem Ausland aber nicht, weshalb es in Hunderten Fällen zu einer großzügigen Zollaufhebung durch die US-Behörden für ausländische Anbieter kam. Dieses Vorgehen sowie die Weigerung der Administration zu weitergehenden Schutzmaßnahmen für die Stahlunternehmen – die direkte Übernahme von Krankenversicherungskosten wurde von *Bush* ausdrücklich abgelehnt – empörten zwar das Gewerkschaftslager sowie dessen politische Verbündete, insbesondere die Demokraten in den Stahlstaaten. Deren Widerstand war für *Bush* aber vernachlässigbar, weil von dieser Seite ohnehin keine Unterstützung für die *TPA* zu erwarten stand. Nach innen trat die Administration also durchaus konfrontativ auf, in den multilateralen Verfahren verteidigte sie ihr Vorgehen dagegen, wenn auch nicht so vehement wie aus anderen Fällen gewohnt.

Für die Handelspartner waren von Anfang an kleinere Abschwächungen des US-Unilateralismus erreichbar: Der EU-Stahlsektor bemühte sich (mit politischem Flankenschutz durch die EU-Staaten) sofort nach Inkrafttreten der Zölle bei der US-Administration um produkt- bzw. herstellerbezogene Ausnahmen. Weil auch die stahlverarbeitende Industrie in den USA – den Stahlzöllen ohnehin abgeneigt – diese Anträge stark unterstützte und sich die *Bush*-Administration nach außen um Schadensbegrenzung bemüht zeigen wollte, konnten in mehreren Runden bis März 2003 insgesamt 1022 Ausnahmeregelungen erreicht werden; sie umfassten am Ende etwa 25% des ursprünglichen Sanktionsvolumens und betrafen vor allem Spezialprodukte[405]. Damit waren zum einen dringliche Forderungen der stahlverarbeitenden Industrie, die Lieferengpässe und steigende Preise auf dem US-Markt monierte, befriedigt, und zum anderen der unmittelbare Schaden für die EU-Exporteure weitgehend abgemildert. In der Folge ließ die EU, die *Bushs TPA*-Erfolg nicht gefährden wollte, ihre scharfe Drohung mit Handelssanktionen vorübergehend fallen. Im Herbst 2002 waren die Gegenmaßnahmen vorerst vom Tisch, weil fast 50% der EU-Stahlexporte wieder ohne Strafzölle in die USA eingeführt werden konnten. Als Hauptproblem blieb der Umleitungseffekt von Stahlexporten aus Drittstaaten auf den EU-Markt. Hier hatte die EU aber mit eigenen Zöllen zumindest vorläufig Abhilfe geschaffen.

Weil erste Schlichtungsversuche der Streitparteien erfolglos geblieben waren, wurde im Juni 2002 ein *DSB-Panel* etabliert. Die Hauptargumente der Kläger bestanden darin, dass verschiedene, gemäß den *Safeguard*-Vereinbarungen zwingend notwendige Voraussetzungen bei den US-Schutzmaßnahmen nicht gegeben gewesen und die US-Maßnahmen mithin sowohl in ihrer Form als auch in der Sache nicht zu rechtfertigen seien[406]: 1. hatte es im fraglichen Zeitraum keinen massiven und unvorhersehbaren Importanstieg gegeben, 2. bildeten die Importe nicht die Ursache der Probleme vieler amerikanischer Stahlfirmen, und 3. würden die verhängten Zölle in Verbindung mit den bereits bestehenden anderen Zugangsbarrieren (*CVD*- und *AD*-Maßnahmen) den US-Markt zu stark abschotten. Eine unvor-

---

[405] Vgl. *WTO* (2003: 117). Es lassen sich zwei interessante Indizien für starke politische Kalküle bei den Aussetzungsentscheidungen identifizieren: 1. ging es um schnelle Befriedigung dringlicher Produzentenbedürfnisse, um den durch die Stahlzölle entstandenen Aufruhr im verarbeitenden Gewerbe zu begrenzen – deshalb wurde in der Anfangsphase fast allen Bitten von US-Produzenten oder ausländischen Stahllieferanten stattgegeben, wenn Stahlerzeugnisse nicht oder nicht in ausreichendem Umfang durch US-Produzenten hergestellt werden konnten; 2. bezeichnenderweise endete dieses Entgegenkommen der US-Behörden vorübergehend, als die multilaterale Eskalation nicht verhindert werden konnte und die Kongresswahlen 2002 ihren Schatten vorauswarfen – ab September 2002 wurde ein Moratorium bis März 2003 verkündet, in dem keine weiteren Ausnahmeanträge bearbeitet werden sollten. Diese Ankündigung verfolgte in erster Linie den Zweck, im Wahlkampf den von den Demokraten geäußerten Vorwürfen, die Stahlmaßnahmen würden verwässert, besser begegnen zu können. Im März 2003 wurden dann aber wieder zusätzliche Ausnahmen gewährt, weil der politische Druck der Stahlzollbefürworter merklich nachgelassen hatte.

[406] Vgl. zur handelsrechtlichen Auseinandersetzung, die zentral auf Artikel XIX des GATT bzw. Artikel 2.1 des *Safeguard-Agreement* basierten, *Read* (2005: 147f). Schwer nachzuweisen war seitens der USA, wie erwähnt, in erster Linie das Vorliegen eines plötzlichen, durch Importe verursachten Notfalls (*Emergency*).

hergesehene, importinduzierte Notlage war offenkundig nicht gegeben. Außerdem wurde die Selektivität in der Verhängung der Zölle kritisiert, also der Umstand, dass für Importe aus dem NAFTA-Raum keine Barrieren bestanden. Auch wenn das Eskalationsniveau des Handelskonflikts zur Jahreswende 2002/03 wegen der zahlreichen Ausnahmegenehmigungen für EU-Anbieter deutlich zurückgegangen und die Drohung sofortiger Gegenmaßnahmen erst einmal vom Tisch war, wurde der multilaterale Klagedruck seitens der Europäer weiter aufrechterhalten.

Die Verteidigungsstrategie des *USTR* im WTO-Verfahren war durchsichtig, nämlich von Anfang an auf Hinhalten abgestellt: Es ging in erster Linie darum, Zeit zu gewinnen, wobei zwei Termine besonders im Blickpunkt standen, zum einen die *TPA*-Abstimmung und die Kongresswahlen im November 2002. Vorher war nicht mit einem amerikanischen Einlenken zu rechnen. Ausdrücklich wurde vom US-Handelsbeauftragten auf die Möglichkeit zur Umgehung der Zölle hingewiesen und die Einreichung von Ausnahmeanträgen angeregt. *Zoellick* verteidigte wiederholt die Zölle als Weichenstellung für Liberalisierungsschritte und warnte die EU oder Brasilien vor Gegenmaßnahmen, weil dadurch protektionistische Kräfte gestärkt würden[407]. Diese verständnisheischende Argumentation verfing nicht. Die US-Verteidigung auf multilateraler Ebene stand auf wackeligen Beinen, weil die Verhängung der Zölle auf sehr fadenscheinigen Begründungen beruhte.

Gleichwohl wurden Verhandlungen über die Rücknahme von US-Seite abgelehnt – gleichzeitig machten die großzügige Bewilligungspraxis bei den Ausnahmeanträgen ausländischer Unternehmen ebenso wie die im März 2003 vorgenommene Absenkung der Zollsätze um durchschnittlich 20% deutlich, dass die Haltung der Administration nicht auf Eskalation angelegt war. Sie reagierte deutlich auf internen und internationalen Druck, was ihr von heimischen Protektionismusbefürwortern und vor allem von demokratischen Abgeordneten übelgenommen wurde; diese beklagten bereits im Herbst 2002 – die Kongresswahlen standen vor der Tür – lautstark eine Verwässerung der Schutzmaßnahmen[408]. Diese Vorwürfe waren nicht unbegründet; tatsächlich sollten die großzügig gewährten Ausnahmen ein diskretes Schlupfloch bieten, mit dem ausländische Anbieter und das verarbeitende Gewerbe die Zölle unkompliziert umgehen konnten. Die (aus Sicht der verarbeitenden Industrie gleichwohl unzureichenden) Ausnahmen hatten außerdem den Charme, die Standfestigkeit des Präsidenten bei den Stahlzöllen nicht offen infrage zu stellen, denn schließlich erfolgte die Bewilligung auf subalterner Behördenebene – in Zusammenarbeit von Handelsministerium und *USTR*[409].

---

[407] Vgl. unter anderem *Ho* (2003: 833).

[408] *Zangl* (2006: 160) spricht in Bezug auf die kurz vor den Kongresswahlen durch die Administration eingeräumten Ausnahmen richtigerweise von einem „komplizierten Balanceakt".

[409] Hier liegt also einer der seltenen Fälle vor, wo dem Kompetenzgerangel der beiden für die Außenhandelspolitik zuständigen Behörden durch eine Doppelzuständigkeit Rechnung getragen wurde. Die enge Zusammenarbeit war allerdings strukturell geboten, weil das Handelsministerium die Interessen des verarbeitenden Gewerbes gut zu bündeln vermochte und der *USTR* die Ausnahmeangebote in den multilateralen Verhandlungen als Offerte einsetzen konnte. Die Gewährung von Ausnahmen sollte dabei an ebenso streng bürokratisierten Kriterien festgemacht werden wie die Zollentscheidung selbst: 1. signifikanter Bedarf bei US-Produzenten an dem jeweiligen Produkt, 2. mangelnde Bedarfsdeckung durch US-Anbieter und 3. keine Unterminierung

Bei der Bewilligung half auch das Ergebnis einer zweiten *ITC*-Untersuchung, das im August 2002 vorlag, unmittelbar nachdem die *TPA* für *Bush* über die Bühne des Repräsentantenhauses gegangen war. Darin wurden auf der Basis „neuer" Daten die Befunde der ersten Untersuchung weitgehend aufgehoben; die Stahlimporte hätten demnach nur einen „vernachlässigbaren" Effekt auf die einheimischen Stahlprobleme gehabt[410]. Dieser *ITC*-Bericht ließ sich als Signal der US-Behörden an die Stahlerzeuger interpretieren, dass der Schutzbedarf wohl etwas zu hoch veranschlagt worden war und die ergriffenen Maßnahmen in ihren Auswirkungen abgemildert werden müssten. Vor der WTO blieb die US-Position indes hart, weil ein multilaterales Einknicken zu diesem Zeitpunkt wahrscheinlich die Position der Administration geschwächt hätte. Nachdem sich das WTO-Verfahren über ein Jahr hingezogen hatte, wurden die USA durch das im März 2003 ergangene *Panel*-Urteil zur vollständigen Rücknahme der Zölle aufgefordert[411]. Den Argumenten der Kläger wurde in vollem Umfang stattgegeben. Die unterlegene US-Administration verwies auf die bestehenden Ausnahmen und zeigte darüber hinaus kein Entgegenkommen, sondern schöpfte den Weg über alle Instanzen aus, indem sie den *Appellate Body* anrief[412]. Zwischenzeitlich hatte der Druck im US-Entscheidungssystem für die Rücknahme der Zölle zwar weiter zugenommen, nach außen blieb das Visier aber dennoch geschlossen. Im April 2003, ein halbes Jahr früher als ursprünglich vorgesehen, begann die *ITC* auf Veranlassung des *Ways and Means*, in dem sich die kritischen Stimmen aus dem verarbeitenden Gewerbe immer stärker Gehör verschaffen konnten[413], eine Untersuchung über die Wirksamkeit der Stahlzölle (gemäß *Section 332*). In diesem Bericht wurde der positiv bewertete Absatzanstieg der heimischen Stahlproduzenten hervorgehoben, aber auch schon auf eine Schädigung der US-Volkswirtschaft durch die Zölle hingewiesen. Wirtschaftsinstitute und Unternehmensverbände schätzten den Gesamtschaden auf beachtliche 120 Milliarden US-$. Vor dem Hintergrund dieser negativen Auswirkungen und massiver multilateraler Schwierigkeiten gab es im US-Diskurs immer weniger unterstützende Argumente für die Stahlzölle. Der anschwellende Lobbyismus der verarbeitenden Betriebe machte eine baldige Rücknahme der Zölle wahrscheinlich. Noch mehr Anpassungsdruck entwickelte sich aber aus dem WTO-Verfahren heraus.

Das Urteil des *Appellate Body* im November 2003 fiel ebenso eindeutig aus wie die *Panel*-Entscheidung. Die US-Argumente wurden vollständig zurückgewiesen,

---

der *Safeguard*-Maßnahmen. Insbesondere der letzte Punkt war angesichts des am Ende gewährten Volumens der Ausnahmen ein reines Lippenbekenntnis. Der Präsident selbst konnte sich nichtsdestoweniger offiziell immer auf diese Maßgabe berufen und eine Unterhöhlung des Zollschutzschildes durch die Hintertür verneinen.

[410] Vgl. *USITC* (2003) und *Ho* (2003: 834).

[411] Für eine vertiefende Analyse des *Panel*-Urteils vgl. *Read* (2005: 163ff).

[412] Vgl. zu den Rechtfertigungsversuchen der USA unter anderem *Read* (2005: 167f).

[413] Federführend bei den Lobbyaktivitäten gegen die Stahlzölle war in diesem Fall die *Motor and Equipment Manufacturers Association*, ein Dachverband der Automobilhersteller, sowie die breiter angelegte *Consuming Industries Trade Action Coalition (CITAC)*. Das von den Gegnern vorgebrachte und schwer zu entkräftende Hauptargument waren die gestiegenen Stahlpreise auf dem US-Markt, die weitere Preissteigerungen zu Lasten der amerikanischen Konsumenten (etwa Autokäufer) nach sich zogen; vgl. *Hufbauer/Goodrich* (2003: 6) sowie *Read* (2005: 151f).

die beantragten Gegenmaßnahmen der Handelspartner ausdrücklich erlaubt. Die EU erneuerte daraufhin im Dezember 2003 ihre Drohung mit Strafzöllen. Der Umfang sollte nunmehr bei 2,2 Milliarden US-$ liegen. Die Sanktionen richteten sich gegen eine sehr heterogene Gruppe von Produzenten[414], die nur zwei Gemeinsamkeiten aufwiesen: Eine große *politische Nähe* zur *Bush*-Administration und ein starkes *Desinteresse* an den Stahlzöllen. Beides sollte sich, so das Kalkül der EU, in gesteigertem Lobbyismus für die Abschaffung der Zölle niederschlagen. Soweit kam es indes nicht. Bereits die europäische Drohung entfaltete (neben rhetorischer Entrüstung) bei Präsident *Bush* ausreichenden Handlungsdruck. Am Ende blieb nur Einlenken, weil die EU nur eine Frist bis Mitte Dezember 2003 gesetzt hatte. Selbst aus dem US-Stahlsektor wurde, um dem wachsenden Widerstand aus dem In- und Ausland zu begegnen, im Herbst 2003 eine vorzeitige Beendigung der Zölle befürwortet – statt im März 2005 sollten sie nunmehr bereits im September 2004 auslaufen; außerdem wurde eine vorzeitige Absenkung der Zollsätze vorgeschlagen. Dieses Entgegenkommen des protektionistischen Lagers war jedoch unzureichend. Die EU bestand auf der vollständigen und sofortigen Aussetzung, die auch nicht lange auf sich warten ließ[415]. Im Fall der Stahlzölle kam es zu einem rechtzeitigen Einlenken der USA. Im Gegensatz zu den anderen Fällen kam hier die Aussetzungsentscheidung durch die US-Administration sehr prompt.

5.4.4.3 Streitbeilegung und Rücknahme der Zölle

Es waren nach meinem Dafürhalten vier ineinandergreifende Faktoren, die zur schnellen Beilegung des Handelskonflikts beitrugen: 1. das nach dem *TPA*-Erfolg immer stärker zutage tretende politische Desinteresse der US-Administration an einer Fortsetzung der Stahlzölle, 2. der Druck der verarbeitenden Industrie auf eine Rücknahme der Zölle, 3. die durch die Zölle hervorgerufenen multilateralen Schwierigkeiten und 4. das durch eine anziehende Stahlkonjunktur, Importrückgang und gesunkenen Dollarkurs gestiegene Preisniveau für Stahlprodukte in den USA. Während das verarbeitende Gewerbe die Zollfestlegungen im März 2002 weitgehend untätig begleitet hatte, verfingen die Gegenargumente anderthalb Jahre später wegen der immer deutlicher zu Tage tretenden negativen wirtschaftlichen Folgen bzw. der drohenden Strafmaßnahmen anderer Staaten wesentlich stärker. Wichtigstes Argument war der massive Schaden für die amerikanische Volkswirt-

---

[414] Vorgesehen waren unter anderem Strafzölle gegen Textilunternehmen aus *North* und *South Carolina*, einen Motorradhersteller aus *Wisconsin*, verschiedene Stahlhersteller, Reisproduzenten aus *Louisiana* und Orangenbauern aus *Florida*; vgl. unter anderem *Breuss* (2005: 15) sowie *Read* (2005: 168). Die *Bush*-Administration, insbesondere der Wahlkampfstratege *Rove*, verstand die von der EU-Kommission gesetzten Signale durchaus richtig als direkten Angriff auf loyale Unterstützer der republikanischen Wahlplattform, zuvorderst auf *Bushs* Bruder, den Gouverneur von *Florida*. *Wisconsin, North* und *South Carolina* sowie *Florida* waren überdies Schlüsselstaaten für die Wiederwahlbemühungen *Bushs* 2004. *Rove*, ursprünglich ein Unterstützer der Stahlzölle, setzte sich am Ende sehr stark für deren Rücknahme ein – unter dem Eindruck der EU-Sanktionsdrohungen und der Forderungen aus der stahlverarbeitenden Industrie; vgl. *Zangl* (2006: 165, FN 186).

[415] Vgl. *Zangl* (2006: 163).

schaft. Die Gegenmaßnahmen der EU leiteten, auch wenn sie im US-Diskurs selbst kaum erwähnt wurden, zusätzlich Wasser auf die Mühlen der Zollgegner. Allerdings lag die Stoßrichtung der von der EU geplanten Strafen weniger im Wirtschaftsbereich, sondern zielte auf die Unterhöhlung der politischen Unterstützung für *Bush*. Der multilaterale Druck wurde bei der Entscheidung der US-Regierung rhetorisch sogar völlig ausgeblendet: Präsident *Bush* nahm die Zölle im Dezember 2003 mit der lapidaren Begründung zurück, sie hätten ihren wirtschaftspolitischen Zweck bereits nach 20 Monaten erreicht; auf das WTO-Verfahren sowie die von der EU verhängten Strafmaßnahmen ging er mit keiner Silbe ein[416]. Diese Argumentation ergänzend und gestützt auf einen neuen Bericht der *ITC* (der ihren ursprünglichen Befunden deutlich widersprach), betonte *USTR Zoellick*, dass eine Fortsetzung der Maßnahmen zu schweren Schäden bei den Stahlverarbeitern geführt hätte. Eine Beendigung sei angesichts der erreichten Restrukturierungserfolge vertretbar und ökonomisch sinnvoll[417].

Der externe Druck bildete also nur den Anlass, um seitens der Administration, nachdem die politischen Früchte der Stahlzölle eingefahren waren, ohne Gesichtsverlust auf einen *compliance*-Kurs einschwenken zu können. Für eine Weiterführung der Zölle *nach* dem negativen Streitschlichtungsurteil fehlten Wille und Geschlossenheit; dieses Vorgehen wäre angesichts der drohenden Strafzölle politisch vor allem deshalb riskant gewesen, weil von den Gegenmaßnahmen zentrale Teile der politischen Unterstützungsplattform für *Bush* betroffen gewesen wären. Die EU-Sanktionen, die bei *FSC/ETI* einen weiten Kreis von Interessengruppen betroffen hatten, waren im Stahlfall wesentlich fokussierter und hätten, sofern implementiert, durchaus schmerzhafte Wirkung entfalten können. Widerstand gegen die Entscheidung des Präsidenten kam lediglich von Seiten der oppositionellen Demokraten, während die republikanischen Unterstützer der Stahlzölle deren Rücknahme als unvermeidlich darzustellen bemüht waren.

Auch in der Bewertung der Stahlzölle ist zwischen ökonomischem Nutzen und politischer Nützlichkeit zu differenzieren. Der durch die Einfuhrbeschränkungen entstandene ökonomische Schaden für die amerikanische Volkswirtschaft war immens. Angesichts der übrigen rezessionsbedingten Probleme der US-Volkswirtschaft bildeten die getroffenen Maßnahmen eine doppelt schwere Bürde. Der ökonomische Gesamtschaden überstieg bei weitem den Nutzen für die Stahlerzeuger. Abgesehen von den volkswirtschaftlichen Einbußen konnte die Administration aber auch nicht alle angestrebten Steuerungsziele im Stahlsektor erreichen. Weder kam es zu nennenswerten Kapazitätsreduktionen, noch wurde die Wettbewerbsfähigkeit der *Integrated Mills* nachhaltig gesteigert – selbst 2002 operierten etliche Großhersteller noch immer mit Verlust, und es gab weiterhin spektakuläre Konkurse. Die Stahlzölle nutzten den wettbewerbsschwachen Stahlproduzenten, die sie am stärksten befürwortet hatten, kaum, während sie den ohnehin hochproduktiven kleineren Stahlerzeugern Extraprofite verschafften[418]. Insolvenzen un-

416 Vgl. *Destler* (2005: 245).

417 Vgl. *Devereaux/Lawrence/Watkins* (2006b: 228).

418 Vgl. *Hufbauer/Goodrich* (2003: 9ff).

ter *Chapter 11*, das eine Weiterführung der Produktion ermöglicht, bildeten für viele Großhersteller den Weg zur Anpassung an den Wettbewerbsdruck. Daneben setzte sich aber auch der Konsolidierungsprozess fort. Außerdem verschaffte die auf externe Effekte – vor allem die rasant wachsende chinesische Nachfrage nach Stahl – zurückzuführende allgemeine Preissteigerung Entlastung[419]. Die ab 2002 allgemein anziehende Stahlnachfrage erwies sich im Vergleich zu den Effekten der Zölle als wesentlich wirksamer – die Preiserhöhungen hatten einen stärkeren Einfluss auf die Bereitschaft, eine Rücknahme der Zölle zu akzeptieren, als die geringen Produktivitätssteigerungen. Bei der Lösung des Kernproblems, das im Umgang mit den Altlasten der Großhersteller (Pensionszusagen und Krankenversicherungskosten) bestand, halfen die Zölle dagegen nur wenig weiter. Staatliche Hilfsprogramme waren im Kongress nicht durchsetzbar und hätten Begehrlichkeiten bei anderen Industriezweigen geweckt. Insofern war die Externalisierung der Wettbewerbsprobleme des Stahlsektors zu Lasten Dritter nicht nur naheliegend, sondern der einzige Punkt, in dem Einmütigkeit herrschte.

So negativ die ökonomische Bilanz der Stahlzölle ausfiel, so überzeugend war die politische: „The US steel action (...) probably achieved its initial political objectives."[420] Insbesondere der instrumentelle Wert, den die Stahlzölle für die Administration hatten, ist schwer zu übersehen. Die Entscheidungsprozesse in diesem Unilateralismusbeispiel dokumentieren, sowohl in der Entstehungsphase als auch bei der späteren *compliance*, mindestens ebenso stark wie bei *„Helms-Burton"* ausgeprägte Rücksichtnahmen auf Partikularinteressen und starke wahltaktische Handlungsmotive. Die Stahlzölle waren die Einlösung eines Wahlversprechens und außerdem ein unabdingbarer Baustein bei der Koalitionsbildung für das präsidentielle Schnellspurmandat. Sie erwiesen sich unter beiden Aspekten als zinsträchtige politische Investition – sowohl für den Präsidenten, der sich durch die protektionistische Bedürfnisbefriedigung bei der Präsidentschaftswahl 2004, wenn auch knapp, den letztlich entscheidenden Stahlstaat *Ohio* sicherte[421], als auch für etliche republikanischen Abgeordneten aus den Stahlstaaten, die trotz ihrer Zustimmung zur umstrittenen *TPA* wiedergewählt wurden. Der mit den Zöllen verbundene Bruch des Welthandelsrechts wurde sehenden Auges in Kauf genommen[422]. Die Beendigung der Zölle war, nachdem sich ihr politischer Nutzen erschöpft hatte,

---

[419] Zu den Auswirkungen der globalen Markterholung insbesondere *Blecker* (2005).

[420] Zit. *Read* (2005: 170).

[421] *Bushs* rege Reisetätigkeit nach *Ohio* und *Pennsylvania* – beide Staaten besuchte er während seiner ersten Präsidentschaft rund 40 mal und damit so oft wie sonst nur seinen Heimatstaat *Texas* – zeigte die Sensibilität, die seine Wahlkampfstrategen frühzeitig den Wiederwahlbemühungen entgegenbrachten. Diese Reisen und die Befassung mit Stahlangelegenheiten unterstreichen eindrucksvoll das politische Nutzenkalkül in der Entscheidung über Stahlzölle. Der kalkulierte (und kontrollierte) Bruch mit der freihändlerischen Grundhaltung fiel der Administration nicht schwer, weil absehbar war, dass die Entscheidung später unter dem Druck der WTO würde kassiert werden müssen. Handlungswillen an der „Stahlfront" hatte man zwischenzeitlich dennoch nachdrücklich demonstrieren können. Auch hier zeigten sich also die Handlungsmuster um Schuldvermeidung bemühter Symbolpolitik recht deutlich.

[422] Vgl. *Devereaux/Lawrence/Watkins* (2006b: 231f), die in diesem Vorgehen ein „rational breach"-Strategie erkennen.

leicht zu begründen. Der protektionistische „Ausrutscher" in der Stahlfrage vom März 2002 beschädigte den Präsidenten kaum, ebensowenig wie die Rücknahme der Zölle anderthalb Jahre später[423].

Mit politischer Mehrheitsbeschaffung lässt sich das US-Verhalten in diesem Unilateralismusbeispiel konsistenter erklären als mit ökonomischen Gründen. Der *Bush*-Administration war es möglich, wachsende protektionistische Impulse, innenpolitische Rücksichtnahmen und einen außenhandelspolitischen Liberalisierungskurs zu verbinden, ohne das Einfallstor für andere Schutzinteressen allzu weit zu öffnen. Die multilateral von Anfang an umstrittenen und von anderen Staaten umgehend mit Klagen und Sanktionsdrohungen beantworteten Stahlzölle sicherten politische Gefolgschaft und verschafften den amerikanischen Stahlerzeugern eine dringend benötigte Verschnaufpause – dies alles ging zu Lasten ausländischer Stahlunternehmen und amerikanischer Konsumenten. Die 20 Monate, die von anderen Staaten zur offiziellen, also durch die WTO legitimierten Feststellung der Rechtswidrigkeit benötigt wurden, konnten zur Restrukturierung des Sektors genutzt werden. Letztlich sorgten die wieder anspringende Binnenkonjunktur und die im Verlauf des Konflikts weltweit gestiegenen Stahlpreise für eine spürbare ökonomische Entlastung. Protektionismus war zwar noch immer ein Hauptanliegen der traditionellen Stahlerzeuger, der externe und interne Widerstand gegen die Stahlzölle erlaubte der Administration aber, diesen Forderungen nicht länger entgegenzukommen, nicht zuletzt, weil sich „aufgrund der durch die WTO (...) legitimierten Sanktionsdrohungen (...) die innenpolitischen Kräfteverhältnisse zugunsten einer Abschaffung der Sanktionen verschoben" hatten[424]. Weil von den drohenden Gegenmaßnahmen der EU wichtige politische Klientelinteressen geschädigt worden wären, war *Bush* zur vorzeitigen Beendigung der Zölle bereit, auch wenn bis zuletzt massiver US-Widerstand im multilateralen Streitverfahren zu verzeichnen war. Für die präsidentielle Aussetzungsentscheidung gab es im US-Entscheidungssystem hohe Akzeptanz, weil damit zum einen Forderungen der stahlverarbeitenden Industrie und ihrer politischen Verbündeten entsprochen wurde und zum anderen eine weitere multilaterale Konflikteskalation vermieden werden konnte. Außerdem gab es nur noch geringen Druck aus dem Kongress. Nach *Bushs* Rücknahme der Zölle gab es zunächst keine weiteren gesetzgeberischen Aktivitäten, in denen auf stärkeren Schutz des Stahlsektors gedrängt worden wäre.

Die im Vergleich zu den anderen Unilateralismusbeispielen ausgesprochen geringe Resonanz, die das negative WTO-Urteil im US-Entscheidungssystem fand, demonstriert, dass es in erster Linie um eine temporäre Befriedigung und Einbindung einiger Erzprotektionisten mit erheblichem politischen Blockadepotential[425]

[423] Dazu *Destler* (2005: 303): „The decision cost the president little if anything politically, and he maintained a free trade posture throughout the election year".

[424] Zit. *Zangl* (2006: 164).

[425] In den auf die *TPA* folgenden handelspolitisch relevanten Abstimmungen reihten sich die meisten Abgeordneten aus den Stahlstaaten wieder im Lager der Protektionisten ein (beispielsweise bei der CAFTA-Abstimmung). Dies war folgerichtig und wenig überraschend, nachdem sie ihren Gewinn aus dem Koppelgeschäft gezogen hatten. Bei den Zwischenwahlen 2002 wurde interessanterweise kein Kongressabgeordneter aus den Stahlstaaten, egal ob Unterstützer oder

ging. Die *compliance* der USA war am Ende handelsdiplomatisch und ökonomisch alternativlos. An den strukturellen Wettbewerbsproblemen der *Integrated Mills* hat sich freilich durch die Zölle (und auch nach deren Aufhebung) wenig geändert, auch wenn der Konzentrationsprozess in der Branche vorangeschritten ist. Weiterhin besteht großer Bedarf an staatlicher Unterstützung, sei es durch Einfuhrrestriktionen oder direkte Beihilfen. Deshalb ist hier auch in den nächsten Jahren ein beständiger Herd für multilaterale Auseinandersetzungen zu vermuten, wenn Schutzbedürfnisse ein politisches Fenster der Gelegenheiten aufstoßen können. Ein wichtiger Lerneffekt des untersuchten Unilateralismusbeispiels dürfte allerdings darin bestehen, dass bei der Einhegung protektionistischer Handelspolitik die Lobbytätigkeit von geschädigten US-Interessengruppen und der Gegendruck des Auslands immer stärker Hand in Hand gehen.

5.5 Unilateralismus als Ergebnis handelspolitischer Indifferenz

Im Folgenden sollen die Ergebnisse der Fallstudien in einen analytischen Zusammenhang gestellt werden mit den eingangs dargelegten Bedingungen des handelspolitischen Entscheidungssystems der USA. Außerdem wird der US-Unilateralismus begrenzende Einfluss der WTO diskutiert. Mit den veränderten Streitbeilegungsmechanismen der Welthandelsorganisation haben sich die Bedingungen des multilateralen Konfliktaustrags nachhaltig verändert, dennoch schimmern immer noch politische Verfahrensmuster der GATT-Ära durch: Die Einzelstaaten sind nach wie vor Herren der Verfahren. Indes hat die WTO auch für größeren *compliance*-Druck auf nationaler Ebene gesorgt. Die höhere Verbindlichkeit institutioneller Entscheidungen und die verbesserte Legitimation von Gegensanktionen machen die Anpassung an institutionelle Streitschlichtungsurteile wahrscheinlicher als im GATT. Dies ist aus meiner Sicht vor allem damit zu begründen, dass die WTO brauchbare „institutionalisierte Ausreden" liefert.

Im US-Entscheidungssystem haben seit Beginn der 1990er Jahre offen zutage tretende Interessenkonflikte den Umgang mit handelspolitischen Herausforderungen erschwert. Die nachlassende und für eine konsistente Außenhandelspolitik unabdingbare Bereitschaft zum Kompromiss ist vielfach der parteipolitischen und ideologischen Überhitzung von Handelsfragen und einer fehlenden Bereitschaft zu exekutiver Führung geschuldet. Auseinandersetzungen betreffen in steigendem Maße auch nachgelagerte Themenbereiche der Außenwirtschaftspolitik, vor allem nationale Regulierungskompetenzen[426]. Vor dem Hintergrund ökonomischer Interdependenz, wachsender transnationaler Vernetzung im Zuge von Globalisierungsprozessen und multilateraler Institutionalisierung mit weitreichenden ökonomi-

Gegner der *TPA*, abgewählt. Die durchaus eindrucksvollen Mehrheiten bei der Wiederwahl erhärten den Verdacht, dass die Befürworter der *TPA* den Protektionismusanliegen der Stahlhersteller vielleicht auch in viel geringerem Umfang hätten entgegenkommen können. Diese ex-post-Betrachtung ist gleichwohl ein Privileg akademischer Analyse.

[426] Die amerikanische Handelspolitik wird deshalb immer stärker von regulativen *policies* geprägt als von distributiven, wenngleich sich nur das Mischungsverhältnis der beiden Ansätze ändert, nicht aber der Policy-Typus; vgl. *Christe* (1995: 197).

schen Konsequenzen bleibt die politische Rücksichtnahme auf Integrationsverlierer weiterhin geboten[427]. Dieser Umstand kann als prozeduraler Hauptimpuls und Katalysator für Selbstreferentialität angesehen werden. Die Nachfrage nach unilateralen und damit tendenziell WTO-inkompatiblen Politikansätzen ist seit der erbitterten Auseinandersetzung um NAFTA signifikant gestiegen. Seitdem haben US-Präsidenten, die sich in der Regel aufgrund ihrer liberalisierungsfreundlichen Grundhaltung an offenen Märkten interessiert zeigen, handelspolitisch eher defensiv agiert. In Anbetracht der gestiegenen Mobilisierungsbereitschaft der Liberalisierungsgegner wurde vielfach bereits die Vermeidung von Aufsehen in der Außenwirtschaftspolitik als Erfolg bewertet. Geräuschlosigkeit und die selektive Befriedigung von Protektionismus mindern zwar die Vehemenz politischer Auseinandersetzungen in den USA, verschaffen der Exekutive jedoch kein überzeugendes handelspolitisches Mandat. Außerdem ist der von der Exekutive zu entrichtende Preis für Liberalisierungsfortschritte gestiegen. So waren etwa massive Subventions- und Zollversprechen (und Geschäftsordnungstricks bei Kongressabstimmungen) notwendig, um der *Bush*-Administration die *TPA* zu sichern[428]. Die exekutive Handlungsfähigkeit in regionalen und multilateralen Verhandlungen scheint ungeachtet aller offensiven Liberalisierungsrhetorik geschwächt. Gleichzeitig ist zweifelhaft, ob das von der Exekutive ins Schnellspurmandat investierte politische Kapital ausreichend außenwirtschaftspolitische Zinsen abzuwerfen vermag. Die in Aussicht gestellten Verhandlungserfolge (in Form von Exportsteigerungen, verbesserter Investitionssicherheit für US-Unternehmen im Ausland oder eines höheren Schutzniveau bei geistigen Eigentumsrechten) stehen bislang aus, die vor allem mit kleineren Staaten abgeschlossenen Präferenzabkommen sind allenfalls Trostpflaster mit vernachlässigbarer handelsexpansiver Wirkung. Zur paradigmatischen Uneindeutigkeit kommt hinzu, dass unilaterale Sanktionspolitik als klassisches Mittel politischer Gefolgschaftsmobilisierung multilateral Anstoß erregt. Die Auswirkungen von Embargos auf Drittstaaten machen Unilateralismus, der politischen und wahltaktischen Motiven entspringt, aber multilaterale Konflikte entfacht oder anheizt, zu einer Herausforderung für die Welthandelsorganisation. Gleichzeitig steigt das exekutive Interesse an einer verregelten Austragung transnationaler Handelsauseinandersetzungen, die nicht unbedingt immer an multilaterale Institutionen gebunden sein muss[429]. Eingebetteter Unilateralismus ist eine Begleiterscheinung inkon-

---

[427] Ähnlich *Goldstein/Martin* (2000), allerdings liefert Multilateralismus nach meinem Dafürhalten gute instrumentelle Möglichkeiten zum Umgang mit den Schutzbedürfnissen der Globalisierungsverlierer.

[428] Dazu ausführlich *Destler* (2005: 292ff).

[429] Gerade in transatlantischen Wirtschaftsbeziehungen, die durch starke gegenseitige Abhängigkeit und ungefähr gleich starke Streitparteien gekennzeichnet sind, haben sich einige bilaterale Abstimmungsforen etabliert, neben den informell-bürokratischen Kanälen zwischen den USA und Einzelstaaten oder zwischen *USTR* und EU-Handelskommissariat etwa die 1995 gegründete *New Transatlantic Agenda* sowie die 1998 ins Leben gerufene *Transatlantic Economic Partnership*, denen unter anderem *Decker/Mildner* (2005: 216f) eine große Bedeutung zumessen. Diese Institutionen stehen allerdings nicht im Licht der Öffentlichkeit und dienen eher zur Verständigung und intellektuellen Unterstützung bestimmter Initiativen. Ihre Belastbarkeit bei der Streitbeilegung bleibt dagegen unklar; vgl. *Frey* (2004: 67ff) sowie *Pollack* (2005: 81ff).

sistenter US-Handelspolitik und verspricht aus Sicht der Exekutive einen hohen politischen Ertrag.

5.5.1 Nachlassende Verpflichtungskraft des „liberalen Handelskonsenses"

Angesichts der für die Initiatoren amerikanischer Alleingänge offensichtlich unbefriedigenden Ergebnisse unilateraler Politik besteht Anlass zu der Annahme, dass die liberale Grundorientierung in der Handelspolitik weiterhin belastbar ist, solange keine substantielle Verschlechterung materieller Interessen der USA im Welthandelssystem zu konstatieren ist. Selbst bei einer nachhaltig negativen Entwicklung würden protektionistische Ideen wohl nur sehr zögerlich die institutionelle Balance im Entscheidungssystem und damit die Richtung der amerikanischen Außenwirtschaftspolitik verändern können[430]. Berichte über das Ende des Freihandelskonsenses[431] erscheinen deshalb verfrüht und übertrieben, auch wenn die Unerbittlichkeit, mit der handelspolitische Auseinandersetzungen inzwischen geführt werden, berechtigterweise Besorgnis hervorruft[432]. Tatsächlich hat die normative Verpflichtungskraft des Freihandelsparadigmas in den letzten drei Jahrzehnten deutlich nachgelassen. Parallel dazu hat der präsidentielle Führungsanspruch in der Außenwirtschaftspolitik unter dem steigenden legislativen Partizipationswillen und der parteipolitischen Polarisierung gelitten. Die negativen Rückkopplungseffekte dieser Entwicklungen sind unübersehbar. Handlungsmuster des liberalen Handelskonsenses schimmern jedoch ungeachtet wachsender Spannungen noch immer durch.

Die US-Handelspolitik hat es nach dem Ende des Ost-West-Konflikts an multilateraler Eindeutigkeit fehlen lassen, dennoch ist *keine* globale Liberalisierungsinitiative an amerikanischem Widerstand gescheitert, und die Bereitschaft zu multilateraler *compliance* fällt sehr hoch aus – wie die Fallstudien gezeigt haben – auch bei für die USA negativen Streitschlichtungsentscheidungen. Allerdings ist die multilaterale Konzessionsbereitschaft der USA zurückgegangen, weil die Außenwirtschaftspolitik immer weniger hinter geostrategischen oder außenpolitischen Rücksichtnahmen zurücksteht und von *domestic issues* maßgeblich überformt wird. Selbstbezüglichkeit, Indifferenz und Unerbittlichkeit bei der Verfolgung nationaler Interessen mindern zwar die amerikanische Konsensfähigkeit nach außen, sind aber eine wichtige Bedingung für die Akzeptanz transnationaler Verhandlungsergebnisse und multilateraler Verpflichtungen. Der schizophrene Widerspruch zwischen liberalisierungsfreundlichem Schein und tendenziell protektionistischem Sein scheint jedoch weder für amerikanische Politiker noch für die Öffentlichkeit ein größeres

---

[430] Fundamentale Wendungen der Handelspolitik erfolgen nicht abrupt, sondern inkremental; vgl. *Goldstein* (1993: 259): „(T)here is still no reason to believe that a significant alteration in policy is imminent. Changing interests alone do not explain the course of policy. (...) American policy is immune to all but radical shifts in market conditions. (...) A trade policy shift can occur only after some new economic policy idea has become politicized." Das Paradigma offener Märkte scheint also bis auf weiteres politisch handlungsleitend zu sein.

[431] Vgl. *Gerke/Medick-Krakau* (1999).

[432] Vgl. stellvertretend *Gerke-Unger* (2004) sowie *Pfeil* (2000).

Problem darzustellen[433]. Protektionismus und Neomerkantilismus sind keine bloßen Reservestrategien mehr, die ab und zu aus der handelspolitischen Mottenkiste geholt werden, sondern in steigendem Umfang konsensfördernde Bausteine der Außenwirtschaftspolitik, die auch von Liberalisierungsbefürwortern akzeptiert werden müssen, um mehrheitsfähig zu sein. Der liberale Handelskonsens kann hier offenbar nicht mehr präventiv, sondern nur noch reaktiv wirken – seine Konfliktregulierungsfähigkeit erscheint gleichwohl immer noch belastbar: „(T)he bipartisan consensus on liberal trade did not crack (...), it certainly suffered a number of significant stress fractures."[434].

Die hohe Verpflichtungskraft liberaler Ideen und der weiterhin durchsetzungsfähige Einfluss von Freihandelsbefürwortern zeigt sich nach meinem Dafürhalten weniger in der Verhinderung von Unilateralismus als vielmehr darin, dass getroffene protektionistische Maßnahmen im Zaum gehalten und in ihren (schädlichen) Auswirkungen begrenzt werden. Nicht der schrille Lobbyismus des antimultilateralen Lagers, sondern der stille, weitgehend verborgene Lobbyismus der Freihändler hat sich am Ende als durchsetzungsfähig erwiesen – unter Zuhilfenahme multilateralen Drucks. Freihandel scheint zwar immer noch einen handlungsleitenden Fixpunkt im nationalen Entscheidungssystem bilden zu können[435]. Dennoch zeigt die unilateralen Ansätzen im Ergebnis zu bescheinigende Erfolglosigkeit weniger die Macht des Freihandelsparadigmas als vielmehr die Resultate multilateraler Bindung. Multilaterale Selbstbindung erleichtert jedoch auch – paradoxerweise – Versuche zu unilateralem Eskapismus, mit dem der Weg des geringsten Widerstands gegangen werden soll. Multilaterale Bindung kann im Zustand institutionalisierter Interdependenz nicht ignoriert werden. Das scheint im übrigen auch die amerikanische Öffentlichkeit zu wissen, die eine Regelorientierung auch bei negativen Entscheidungen der WTO befürwortet[436].

Die drei Kernelemente des liberalen Handelskonsenses – umfassende Freihandelsorientierung, formalisiertes Machtteilungsarrangement zwischen den Gewalten und Einbindung der Handelspolitik in internationale Organisationen – bleiben,

---

[433] Umfragen ergeben, wie bereits mehrfach erwähnt, ein sehr diffuses Bild. Mehrheiten befürworten unter Verweis auf drohende Arbeitsplatzverluste Schutzmaßnahmen, *compliance* mit WTO-Entscheidungen wird aber wiederum auch von einer Zweidrittelmehrheit angemahnt, selbst bei für die USA negativen Urteilen. Diese Widersprüchlichkeit ist bemerkenswert, aber, wie dargelegt wurde, auch folgerichtig.

[434] Zit. *Shoch* (2001: 263). Dieser Aussage ist angesichts der Ergebnisse der Fallstudien sowie des positiven Kongressvotums für die *TPA* zuzustimmen.

[435] Von hegemonialer Dominanz liberaler Ideen, wie sie *Sjolander* (1994) und *Scherrer* (1999) auf neogramscianische Argumente zurückgreifend feststellen, kann keine Rede sein. Dazu sind die globalisierungskritischen Stimmen inzwischen zu laut geworden. Auch haben die durch Alleingänge und Bilateralismus entstehenden Irritationen für multilaterale Handelsbeziehungen zugenommen. Eine unilateralismusverhindernde Wirkung kann dem liberalen Paradigma nicht zugeschrieben werden.

[436] Einer Umfrage aus dem Jahr 1999 zufolge sprachen sich 65% der Befragten für eine bedingungslose Befolgung multilateraler Entscheidungen aus. Nur 24% waren dagegen; http://www.pollingreport.com/trade.htm. Der Anteil der *compliance*-Befürworter ist in einer Umfrage aus dem Jahr 2004 sogar noch etwas gestiegen – auf 67%; vgl. *Destler* (2005: 245, FN 22).

wenn auch abgeschwächt, erkennbar. Der im handelspolitischen Entscheidungssystem zu verzeichnende Minimalkonsens erlaubt weiterhin Mehrheiten, wenngleich die Beschaffung von Zustimmung für Liberalisierungsinitiativen bzw. Konzessionen beim Subventionsabbau über die Parteigrenzen hinweg schwieriger geworden[437] ist und eine stärkere exekutive Führungsleistung erfordert als früher. Eine mehrheitlich geteilte Liberalisierungsüberzeugung bleibt aber weiterhin notwendige Vorbedingung für eine aktive Rolle der USA im Welthandelssystem. Stärker als früher fällt die exekutive Bereitschaft zur Übernahme von Führungsverantwortung ins Gewicht, um Blockadekoalitionen im Entscheidungssystem einzubinden und eine multilaterale Bindung sicherzustellen. Wo die exekutive Führung aus Angst vor negativen Folgen (drohende Abstimmungsniederlagen, Lobbykampagnen und NGO-Aktivismus) verweigert wurde, blieb die amerikanische Handelspolitik uneindeutig und wankelmütig. Forderungen nach einer dauerhaft durchsetzungsfähigen Freihandelskoalition im Entscheidungssystem[438] erscheinen angesichts der angespannten Atmosphäre in Handelsauseinandersetzungen, der „Privatisierungstendenzen" in der gesamten Handelspolitik und wegen der tiefen Gräben zwischen den Parteien unrealistisch. Tatsächlich scheint handelspolitische Eindeutigkeit auch gar nicht notwendig zu sein, um Liberalisierungsfortschritte erzielen zu können.

Die US-Handelspolitik wird aus meiner Sicht zukünftig in steigendem Maße unklare und widersprüchliche Signale aussenden. Eine Rückkehr zu den geordneten Verhältnissen des alten und in seiner Stabilität oft überschätzten Machtteilungsarrangements zwischen den Gewalten scheint ausgeschlossen. Dafür ist die auf die Handelspolitik einflussnehmende außerparlamentarische Opposition aus Umwelt-NGOs und Arbeitnehmervertretern zu stark, die institutionelle Kohäsion des liberalen Handelskonsenses dagegen zu schwach geworden. Der Druck auf das handelspolitische Entscheidungssystem hat zugenommen. Auf der anderen Seite haben sich jedoch durch die WTO auch neue Möglichkeiten ergeben, Handelsfragen mit gehörigem Theaterdonner auszutragen, ohne den Liberalisierungspfad verlassen zu müssen. Gegner multilateraler Einbindung werden durch institutionelle Bindung ausgebremst. Protektionismus hat, wenn wichtige Handelspartner davon betroffen sind, keinen Bestand. Die dargestellten Alleingänge liefern durchweg aussagekräftige Indizien dafür, dass in multilaterale Interaktionen eingebetteter und in seinen eskalativen Auswirkungen kontrollierter Unilateralismus ein wirksames Muster zur Durchsetzung eines Liberalisierungsprogramms bzw. zur Vermittlung von Anpassungszwängen bilden kann. Durch eingebetteten Unilateralismus ist, so mein Argument, ein spannungsärmerer Umgang mit Globalisierungsfolgen möglich.

Wegen der regulativen Reichweite vieler Handelsdispute, die nationale Umwelt-, Gesundheits- oder Sozialstandards tangieren, angesichts des Widerstreits der

---

[437] *Pfeil* (2000: 230) hat argumentiert, dass, weil zukünftig nicht mehr ohne weiteres von einer freihandelsunterstützenden Mehrheit ausgegangen werden könne, bereits die Herbeiführung und Aufrechterhaltung eines entsprechenden Konsenses zum Ziel des handelspolitischen Entscheidungsprozesses werde. Dies scheint aber angesichts der nach wie vor herrschenden Selbstentpflichtungstendenzen der Legislative eher überzeichnet.

[438] Vgl. *Bergsten* (2004) und *Destler* (2005) sowie die Mehrzahl der Beiträge in *Schott* (2004) bzw. *Bergsten* (2005).

Interessengruppen und in Anbetracht der Komplexität multilateraler Streitbeilegungsmechanismen scheint Flexibilität ein vordringliches Handlungsgebot für die Politik. Das Bedürfnis, durch Adhocismus, der sich in Form von Unilateralismus gegen ausländische Handelspartner richtet, aus der Schusslinie tagespolitischer Auseinandersetzungen zu kommen, *kann* die Neigung zu handelspolitischer Eigenmächtigkeit erhöhen. Damit lassen sich eindeutige Entscheidungen vermeiden bzw. verzögern. Klare handelspolitische Festlegungen, die vor allem von der Exekutive erwartet werden, dürften mehr Widerstand wecken als unspezifische, notfalls auch widersprüchliche Positionierungen, deren Legitimität und Verträglichkeit mit multilateralen Regeln in langwierigen institutionalisierten Verfahren oder in bilateralen Auseinandersetzungen „getestet" werden kann[439]. Multilateral eingebetteter Unilateralismus hilft, Druck zu kanalisieren und Anpassungsleistungen zu verschieben. Für dieses auf Vertagung bindender Entscheidungen abzielende Vorgehen, das deutliche Züge von Selbstentpflichtung und Schuldvermeidung (*blame avoidance*) trägt, liefern meine Fallstudien zahlreiche Indizien. Unilateralismus erscheint vielfach als lässliche Sünde, gerade weil der politische Symbolgehalt oft höher liegt als der materielle Ertrag. So ist auch die große Zustimmung für „Wohlfühlpolitik" mittels unilateraler Handelssanktionen zu erklären, die sogar mit eindeutigen wirtschaftlichen Schäden für US-Exporteure einhergehen: Den geschädigten Unternehmen fällt es ausgesprochen schwer, gegen den vorgeblich „guten" Sanktionszweck (Menschenrechtsschutz, Regimewechsel oder Wahrung von US-Sicherheitsinteressen) zu argumentieren. Auch bei umweltpolitisch begründeten Sanktionen kann nur sehr schwer gegen das ökologisch Wünschbare argumentiert werden[440]. Damit bestehen im US-Entscheidungssystem kaum Anreize zur freiwilligen Rücknahme unilateraler Sanktionsentscheidungen.

5.5.2 Politisches Interesse an der Befolgung von WTO-Normen

Die Ergebnisse der oben untersuchten Alleingänge zeigen dennoch, entgegen mancher Befürchtung[441], eine durchweg hohe Neigung der USA zu multilateraler *compliance*, allerdings nehmen die Umwege zu. Multilaterale Institutionen helfen in erster Linie der Administration, weil „institutionalisierte Ausreden" zur Verfügung stehen, bei der prädisponierenden Weichenstellung in nationalen Entscheidungsprozessen. Freihändlerisch orientierte Interessengruppen können durch den Verweis auf eine zu befürchtende transnationale Konflikteskalation oder die Kosten von Gegensanktionen mobilisiert werden. Die zeitlich eng befristeten und nur durch negativen Konsens, also Einmütigkeit in der Ablehnung von Entscheidungen, auszuhebelnden Schiedssprüche des WTO-Streitschlichtungssystems[442] lassen sich von

[439] Vgl. für einen Überblick aller WTO-Streitverfahren mit US-Beteiligung *WTO* (2006: 132ff).
[440] Außerdem ist der über steigende Produktpreise entstehende Schaden von den amerikanischen Konsumenten kaum zu spüren; vgl. *DeSombre* (2001: 211).
[441] Vgl. etwa *Goldstein/Martin* (2000), die argumentieren, dass eine steigende Regelorientierung zur Verringerung der Freihandelsunterstützung führen könne; ähnlich auch *Shaffer* (2001).
[442] Vgl. zur Evolution und Funktionsweise der multilateralen Streitbeilegungsverfahren im Rahmen der WTO vor allem *Hudec* (1999), *Briner* (2001), *Chang* (2002) und *Matsushi-*

der Exekutive gut zur Disziplinierung von Schutzforderungen verwenden – wenn oft auch erst im Nachhinein. Der feste Terminplan des *DSU* erlaubt eine sehr berechenbare Streitbeilegung. Im Gegensatz zum GATT kann *compliance* nach einem WTO-Urteil nicht mehr verschoben werden, wenn andere Staaten wirksame Sanktionsinstrumentarien haben und bereit sind, von diesen Gebrauch zu machen[443]. Auf der anderen Seite reflektieren die in der Regel großzügig bemessenen Übergangsfristen bei der Umsetzung von *Panel*-Urteilen, die Akzeptanz von verschleppter Liberalisierung[444] und das Rückwirkungsverbot von Strafzöllen politische Rücksichtnahmen der Staaten, die auch im stärker legalistischen WTO-System mit seiner nahezu obligatorischen Gerichtsbarkeit weiter gültig sind. Parallel zu den Streitverfahren sind diplomatische Koppelgeschäfte gang und gäbe. Die Staaten agieren also nicht in einem völlig judizialisierten Umfeld[445], vielmehr ist immer noch oft „bar-

---

ta/Schoenbaum/Mavroidis (2003); zur politischen Ökonomie der Durchsetzungsfähigkeit von WTO-Urteilen vor allen *Chang* (2004) und zur Effektivität von Streitverfahren *Busch/Reinhard* (2005) bzw. *Zangl* (2006).

[443] Zum Verpflichtungsmechanismus der WTO-Streitschlichtung vor allem *Grossman/Helpman* (1995), *Chang* (2004), *Jackson* (2004), *Pauwelyn* (2004), *Breuss* (2005) und *Zangl* (2006: 95ff). Die weiterhin maßgebliche Rolle der Staaten droht bei Autoren, die vor allem die Regelbindung und Legalisierungswirkung der WTO-Verfahren betonen, in Vergessenheit zu geraten. Letztlich kann die WTO selbst keine Strafen verhängen, vielmehr werden Staaten autorisiert, Gegenmaßnahmen zu ergreifen – in der Regel Strafzölle. Der Entzug von Zugeständnissen und der Aufbau von Zöllen schädigt aber nicht nur ausgesperrte Exporteure, sondern auch Importeure (und Konsumenten), auch wenn vorgeblich die heimische Industrie geschützt wird. Damit sind Strafzölle von vornherein kein optimales Disziplinierungsinstrument. In jedem Fall bilden Staaten das entscheidende Scharnier zwischen institutionellen Entscheidungen und ihrer Umsetzung. Staaten warten bei Gegensanktionen auch nicht immer auf die Legitimierung durch die WTO. Die Fähigkeit, multilateral legitimierte Sanktionen glaubwürdig zu machen, bleibt aber für die Erzwingung von *compliance* entscheidend. Nur bei starker Interdependenz ist davon auszugehen, dass die Befolgung multilateraler Regeln durchgesetzt werden kann. Gleichzeitig verbleibt gerade dominanten Akteuren aber auch ein größerer politischer Handlungsspielraum, um WTO-Urteile gegebenenfalls als strategisches Druckmittel einzusetzen. Kleine Staaten ohne wirksame Sanktionsmacht werden damit aber deutlich benachteiligt. *Chang* (2004: 22) macht, nach meinem Dafürhalten etwas vereinfachend, die *compliance* eines Akteurs mit Streitschlichtungsurteilen unmittelbar an den Sanktionspotentialen anderer Staaten fest: „The WTO enforcement mechanism will fail if the complainant has no retaliation capacity." Noch eindeutiger in diese Richtung weist das Verdikt von *Breuss* (2005: 17): „Trade wars can only be won by large (and hence powerful) countries." Die im Rahmen dieser Arbeit untersuchten umweltpolitischen Unilateralismusfälle zeigen aber etwas anderes. Dort waren nämlich Entwicklungsländer wie Indien, Mexiko oder Thailand durchsetzungsfähig, allerdings erwies sich die US-Administration auch als ausgesprochen unwillig, die in den Konflikten als Handelshemmnisse beklagten Umweltanliegen nachdrücklich nach außen zu vertreten.

[444] Alles in allem erscheinen die von Befürwortern multilateraler Handelspolitik oft implizit mitgedachten Annahmen, dass die WTO-Mitgliedschaft bei Staaten unmittelbar zu einer liberalisierungsorientierten Handelspolitik führe und die WTO damit zur globalen Handelsausweitung beitrage, nicht belastbar. In beiden Dimensionen ist der Welthandelsorganisation nur ein sehr geringer Effekt zuzuschreiben. Liberalisierungstendenzen werden viel stärker durch nationale ökonomische Interessen und politisches Opportunitätsdenken befördert. Die Bilanz der globalen Handelserweiterung durch die WTO fällt bisher ebenfalls bescheiden aus; vgl. hierzu vor allem *Rose* (2002 und 2004).

[445] Von *Zangl* (2006) wird vor allem dieser Judizialisierungsaspekt betont.

gaining in the shadow of the law"[446] an der Tagesordnung. Freilich ist der Schatten, den die WTO-Gerichtsbarkeit wirft, sehr lang.

Die politisch motivierten Einschränkungen des Multilateralismus bleiben aus meiner Sicht, auch wenn die Effizienz der WTO-Verfahren darunter leiden könnte, für die Akzeptanz des Streitbeilegungsmechanismus bei den wichtigsten politischen Akteuren des Welthandelssystems unabdingbar[447]. Der Streitlösung durch Konsultationen wird ausdrücklich Vorrang eingeräumt. Geduldiges Zeitspiel („patient temporizing"[448]), mit dem ein gesichtswahrendes Einvernehmen von den Streitparteien schrittweise erarbeitet werden kann, scheint auch in der WTO noch immer die *wirkungsvollste* Streitbeilegung zu sein. Dieses Verhaltensmuster wird durch die höhere Verbindlichkeit des *DSU* sogar erleichtert. Nicht zuletzt hat sich auch im WTO-System bei der Beilegung von Handelskonflikten ein Verhaltensmuster bewährt, das auch aus der GATT-Geschichte bereits hinlänglich bekannt ist und in dem politische Rücksichten besonders deutlich sind: „Early settlement" zwischen den Hauptakteuren. Bei einer frühzeitigen Einigung der Streitparteien wird eine bilateral abgestimmte Lösung angestrebt, die bevorstehende Streitschlichtungsurteile überflüssig macht und den betroffenen Staaten Manövrierfähigkeit lässt[449]. Dieses Verhaltensmuster scheint in WTO-Streitverfahren ebenso häufig praktiziert zu werden wie früher im GATT[450]. In den untersuchten Unilateralismusbeispielen lässt

---

[446] Zit. *Devereaux/Lawrence/Watkins* (2006b: 27).

[447] Insbesondere das Rückwirkungsverbot steht bei Handelsrechtlern oder Volkswirtschaftlern immer wieder in der Kritik, weil dadurch zum Missbrauch der politischen Handlungsspielräume eingeladen werde (vgl. *Breuss* (2005: 17ff)). Der Umstand, dass nicht der durch einen Verstoß gegen das Welthandelsrecht bereits entstandene Schaden, sondern das zukünftige Schadensvolumen (nach dem Entscheidungszeitpunkt) zur Bemessungsgrundlage für legitimierte Strafzölle gemacht wird, ist aus ökomisch-rationaler Sicht tatsächlich missbrauchsanfällig. Außerdem werden Staaten motiviert, so früh wie möglich Gegensanktionen zu verhängen, um die Handelsverstöße zu beenden. Auch der untersuchte Fall der amerikanischen Stahlzölle zeigt, dass die davon betroffenen Staaten nicht bis zur Legitimation von Strafmaßnahmen durch ein *DSB-Panel* oder den *Appellate Body* gewartet haben. Insofern kann das Rückwirkungsverbot tatsächlich sogar noch konfliktsteigernd wirken. Multilaterale Streitschlichtungsurteile bilden allerdings aus guten Gründen keine Sanktionen im eigentlichen Sinn wie etwa Strafzahlungen. Sie sind vielmehr nur ein „Schuss vor den Bug", durch den vor der Fortsetzung einer beklagten Handelspraktik gewarnt werden soll. Gemäß der *politischen* Logik multilateraler Systeme, auf die in dieser Arbeit bereits mehrfach Bezug genommen wurde, verlangen dominante Staaten Handlungsspielraum, der ein Lavieren ermöglicht und die institutionelle Bindungswirkung dämpft. Wird dieser nicht eingeräumt, geht das zu Lasten der Verpflichtungskraft von Institutionen.

[448] Vgl. *Hudec* (2005: 204).

[449] Vgl. *Busch/Reinhardt* (2005: 480): „(A)ll of the "real action" in US-EC disputes is in early settlement. (...) The propensity to settle early simply reflects the logic of bargaining in the shadow of "strong" law, in that defendants plead good cases and complainants withdraw weak ones. (...) Yet there is no evidence that compliance is in any way more likely under the WTO than under GATT."; ähnlich die Argumentation von *Goldstein/Martin* (2000).

[450] Als Stolperstein für eine konzertierte Einigung oder „Verrechnung" von Konflikten, die zu einem Abbruch der multilateralen Verfahren führt, könnten sich allerdings die immer häufiger zu beobachtenden Kollektivklagen erweisen. Gegenüber einer Vielzahl von Klägern wird ein Entgegenkommen der beklagten Partei schwieriger, weil der Verhandlungskuchen größer ausfällt. Der

es sich allerdings nur im „*Helms-Burton*"-Fall und bei „*Tuna/Dolphin*" identifizieren – und auch dort nur schwach. In den anderen Beispielen erwies sich die politische Begleitmusik als zu laut für eine frühzeitige und stillschweigende Lösung der Auseinandersetzungen.

M.E. erlaubt nur eine Ambiguität aus Regelorientierung und Akzeptanz politischer Handlungsspielräume eine Internalisierung bindender Handlungszwänge in nationalen Entscheidungssystemen. Uneindeutigkeit verbunden mit dem Umstand, dass Konflikte bisweilen auch wieder aus der mutlilateralen Arena herausgenommen und bilateral weiterbehandelt werden, mögen der WTO als Schwäche ausgelegt werden, tatsächlich steigern sie aber die Utilität, die ihr von politischen Entscheidungsträgern zugewiesen wird[451]. Beim optionalen Rückgriff auf die eher intransparenteren NAFTA-Streitschlichtungsorgane ist der im US-Entscheidungssystem zu vermittelnde Druck dagegen eindeutig geringer – dort droht Regelorientierung hinter Machtdemonstration zurückzustehen, handelspolitische Anpassungszwänge ergeben sich aufgrund der geringeren Verbindlichkeit nur bedingt[452]. Die immer häufiger drohende Umgehung multilateraler Institutionen durch regionale Streitbeilegungsmechanismen könnte deshalb auf lange Sicht die Bändigung von Handelskonflikten erschweren.

Intensiver politischer Flankenschutz von Handelskonflikten lässt sich beobachten, wenn mehrere Streitfälle gegeneinander aufgerechnet werden. Handelspolitisches *tit-for-tat* , wie es insbesondere für transatlantische Interaktionen typisch ist, kann zwar zu einem Aufschaukeln der Konflikte beitragen[453], faktisch aber wird nur die *bargaining*-Masse zu erhöhen versucht. Klagen gegebenenfalls mit Gegenklagen zu beantworten ist ein Gebot diplomatischer Geschicklichkeit. Zur vollständigen Kollision der Konfliktparteien kommt es allerdings fast nie. *Compliance* kann im Einzelfall, sofern ein verbindliches Urteil vorliegt, letztlich nicht verweigert werden. Gerade zwischen USA und EU verlaufen die Auseinandersetzungen oft als kontrolliertes, habitualisiertes Schattenboxen. Auch hier zeigt sich aber, wie stark das vermeintlich regelförmige WTO-System noch immer von politischen Rücksichtnah-

---

Fall der US-Stahlzölle zeigt, dass die Möglichkeit einer transatlantischen Einigung für sich genommen noch keine Gewähr für ein Ende der Auseinandersetzungen bietet.

[451] Die Nützlichkeit der WTO-Streitbeilegung wurde beispielsweise von der amerikanischen Exekutive als wesentliches Instrument zur Ahndung „unfairer" ausländischer Handelspraktiken bzw. zur Exportsteigerung dargestellt. Auf der anderen Seite können sich aber auch die USA nicht den *compliance*-Erfordernissen verschließen, wenn US-Regulierungstatbestände vor der WTO erfolgreich beklagt worden sind. *Hudec* (2005: 182) weist darauf hin, dass es US-intern zu einem „overselling" des *DSU* gekommen ist, indem die positiven Aspekte hervorgehoben, die notwendig werdenden Anpassungsleistungen aber (von der *Clinton*-Administration) verschwiegen wurden.

[452] Vgl. *Kerr* (2005) und insbesondere *Dieter* (2005: 3ff), wo die „systemische Konkurrenz" paralleler Streitschlichtungsinstitutionen anhand des Streits um kanadische Bauholzexporte, auf die amerikanische Antidumpingzölle erhoben werden, illustriert wird. Die USA verweigern eine Aufhebung oder Rückzahlung der Zolleinnahmen und, unter Verweis auf NAFTA-Streitschlichtungsinstanzen, eine Streitbeilegung vor der WTO. Ungeachtet dieses Falls ist aber augenfällig, dass auch NAFTA-Auseinandersetzungen bevorzugt in der multilateralen Arena des *DSU* ausgetragen werden, wenn Kanada oder Mexiko die klageführenden Parteien sind.

[453] So etwa die Befürchtung von *Decker/Mildner* (2005: 205).

men und Kalkülen geprägt bleibt: Ob und (vor allem) *zu welchem Zeitpunkt* eine Entscheidung oder ein nationaler Regulierungstatbestand zum multilateralen Streitgegenstand werden, entscheiden die betroffenen Konfliktparteien je nach Nützlichkeit – ebenso darüber, wie lange die Auseinandersetzungen fortgesetzt werden und zu welchem Zeitpunkt Sanktionen verhängt werden. Das *DSU* ist, auch wenn es die Richtung und den Ablauf der Verfahren stark prädisponiert, keine Einbahnstraße. Staaten können Verfahren ins Leere laufen lassen, wenn sie sich bilateral einigen, wie bei „*Helms-Burton*" geschehen. Freilich entscheiden Politiker nicht autonom; gesellschaftlicher Druck und Lobbyinteressen können u.U. eine Fortsetzung der institutionellen Auseinandersetzungen erzwingen. Mit Konfliktentschärfung durch bilaterale Eindämmung unter Verzicht auf endgültige Lösungsversuche sollen juristisch „feste" Urteile vermieden werden. Dieses Vorgehen reflektiert politische Rücksichtnahmen der Konfliktparteien aufeinander. Gerade weil bei vielen transnationalen Regulierungskonflikten, die das WTO-System in steigendem Maße herausfordern, eine tendenzielle Unvereinbarkeit nationaler Regulierungstatbestände zu vermuten ist, bildet die Akzeptanz multilateraler Urteile eine große Herausforderung – Beispiele sind unter anderem der diskutierte „*Helms-Burton*"-Fall und der Streit über gentechnisch veränderte Nahrungsmittel. Deshalb ist die Prognose naheliegend, dass bei hoher regulativer Unverträglichkeit oft Zeitspiel zu beobachten sein dürfte[454]. Eine spätere Wiederaufnahme von Verhandlungen kann damit jedoch sogar befördert werden[455].

Handelskonflikte werden also nicht immer (nicht einmal überwiegend) multilateral gelöst, aber durch das *DSU* und den Zwang zur gegenseitigen Rücksichtnahme immerhin entscheidend abgedimmt. Das handelspolitische Tagesgeschäft der Streitparteien wird durch schwelende Konflikte kaum tangiert und nicht nachhaltig beeinträchtigt. Angesichts der starken politisch-institutionellen Einhegung von Auseinandersetzungen sind Begriffe wie „Handelskrieg" in der Regel keine angemessene Beschreibung. Wie die untersuchten Unilateralismusbeispiele zeigen, können Auseinandersetzungen, gerade weil sie einen institutionellen Hintergrund haben, sehr kontrolliert eskalieren. Ihre Konsequenzen können abgeschätzt und nötigenfalls entschärft werden – vor allem, wenn handelspolitische Parität zwischen den Streitparteien besteht. Eine bilateral oder multilateral „kontrollierte" Fortsetzung von Unilateralismus erfüllt in erster Linie *politische* Zwecke. Durch Vertagung bzw. bilaterale „Verrechnung" der Konflikte verbleibt die finale Entscheidungshoheit bei den Streitparteien.

Die genannten ökonomischen, strategischen und funktional-politischen Kalküle dürften das starke Interesse von US-Administrationen an der WTO unterstrei-

---

[454] Dazu *Pollack* (2005: 73): „(M)ost regulatory disputes are allowed to simmer indefinitely, with periodic consultations and exchange of information (…), but no resolution of the resulting trade tensions.".

[455] Vgl. insbesondere *Hauser/Roitinger* (2005: 506), die konstatieren: „Non-compliance need not necessarily be analyzed under the perspective of an inadequate rule orientation. It can also be interpreted as part of renegotiation. (...) The WTO D(ispute) S(ettlement) process *primarily* has the role of *shaping a new bargaining environment* by *attributing costs to the continuing violation* of contract." (Ergänzungen und Hervorhebung D.K.).

chen. Die Wohlfahrtseffekte sowie die Erfolgsbilanz multilateraler Streitschlichtung werden aber auch vom Kongress ganz überwiegend anerkannt, wobei vor allem die Ergebnisse der von den USA initiierten Verfahren hervorgehoben werden[456]. Die Unterstützung von Selbstbindung ist gleichwohl nicht vorbehaltlos, sondern in erster Linie interessengeleitet. Die WTO „lohnt sich" aus Sicht der USA bzw. ihres politischen Establishments: Die Welthandelsorganisation senkt (und maskiert) hegemoniale Steuerungskosten[457], erweitert wirkungsvoll die US-Sanktionsmöglichkeiten gegenüber „unfairen" Handelspraktiken anderer Staaten, etabliert funktionale Verpflichtungsmuster und lässt trotzdem politischen Manövrierspielraum, der im heimischen Entscheidungssystem Strategien der Schuldvermeidung ermöglicht. Die oben untersuchten Unilateralismusfälle dokumentieren eher defensive Versuche, nationale Regelungen und multilaterale Verpflichtungen in Einklang zu bringen. Trotz der verlangten Regelorientierung bleibt die WTO indes als Staatenorganisation (natürlich) in erster Linie den politischen Gestaltungsansprüchen ihrer Mitglieder unterworfen und eignet sich hervorragend für Zwei-Ebenen-Spiele. Der Streitbeilegungsmechanismus ist ein effektiver Transmissionsriemen bei der Internalisierung und Implementierung bindender Regeln. Ob dieser Mechanismus allerdings in Gang gesetzt und wie stark er befolgt wird, entscheiden die beteiligten Streitparteien. Die von der WTO ausgehenden Verpflichtungsmechanismen steigern darüber hinaus die Durchsetzungsfähigkeit der Exekutive gegenüber dem Kongress. Das Interesse an Selbstbindung und „institutionalisierten Ausreden" sowie die *compliance*-Neigung ist bei der Administration durchweg höher als in der Legislative, wo oft betont wird, dass von der WTO keine Schwächung oder Aushebelung amerikanischer Handelsgesetze ausgehen dürfe[458]. Faktisch aber geschieht genau das.

---

[456] In einem durch ein kongressnahes Forschungsinstitut erstellten Bericht wurden 2003 die Streitschlichtungsverfahren der WTO unter die Lupe genommen. In der Auswertung von 42 Fällen des *DSB* mit amerikanischer Beteiligung wird festgestellt: „(O)verall, the results of the dispute settlement process have been positive for the United States. (...) None of the changes the United States has made in response to the WTO disputes have had major policy or commercial impact."; Zit. in *Hoagland/Grant* (2004: 1). Ähnlich positiv fällt die Einschätzung eines anderen Reports aus, in dem im Auftrag der demokratischen Minderheit im *Senate Finance* anhand von 25 Fällen die Gleichbehandlung der Mitglieder in WTO-Verfahren über *trade remedies* überprüft und bestätigt wurde. Die Reaktionen auf diesen Bericht (*GAO* (2003)) waren zwar verhalten, aber nur in der Minderheit kritisch.

[457] Ein entscheidender Vorteil multilateral institutionalisierter Regeln besteht darin, dass Verpflichtungsmechanismen nicht länger allein von den daran interessierten Staaten durchgesetzt werden müssen. Die Welthandelsorganisation dient unter anderem auch zur Verschleierung des Einflusses der großen Handelsstaaten bzw. zur Maskierung ihrer Macht. Die Selbstbindung an das von ihr maßgeblich mitgestaltete und ihren Interessen entgegenkommende WTO-System fällt den USA umso leichter, als die Kosten von Konflikten mit anderen Staaten jetzt nicht mehr allein von den Amerikanern getragen werden müssen. Handelspolitische Anliegen und Beschwerden der USA geraten nicht so schnell in den Verdacht, egoistischen Motiven zu entspringen, wenn sie im Rahmen der WTO eine legitime Grundlage haben: „U.S. accusations were now WTO accusations as well.", Zit. *Thompson* (2003: 23). Außerdem steigt in einem regelorientierten Streitbeilegungsmechanismus auch die *compliance*-Neigung anderer Staaten.

[458] Ein gutes Beispiel für diese legislative Urangst ist ein vom Senator *Baucus* verfasster und von 61 Senatoren unterzeichneter, an Präsident *Bush* gerichteter Brief vom Mai 2003, in dem noch

5.5.3 Unilateralismus als Beschwichtigungsstrategie

Auch in der WTO verbleibt den Nationalstaaten – in guter Tradition des GATT– ein Minimum an (politisch vermutlich unabdingbarem) Handlungsspielraum in Form von Antidumpingverfahren, *Safeguards* oder temporären Zollbarrieren[459]. Derartige Maßnahmen dürften neben konkreter politischer Gefolgschaftssicherung auch die allgemeine Anpassungsbereitschaft der amerikanischen Bevölkerung im Zuge verstärkter weltwirtschaftlicher Integration erhöhen[460]. Allerdings wird die großzügige Inanspruchnahme solcher Schutzmaßnahmen durch die USA von Handelspartnern auch zunehmend als diskriminierend und handelsverzerrend beklagt. In den letzten Jahren betrafen fast alle WTO-Verfahren, in denen sich die USA als beklagte Partei für Handels- oder Regulierungspraktiken rechtfertigen mussten, derartige *trade-remedy*-Fälle. Die daraus erwachsenden Konflikte waren für die USA in keinem Fall zu gewinnen. Unilateralismus dokumentiert in den oben untersuchten Fällen den (überwiegend erfolgreichen) Versuch der temporären Beschwichtigung einflussreicher Interessengruppen mit hoher Mobilisierungskraft. Eigenmächtigkeiten bildeten die Reaktion auf anschwellende Lobbytätigkeit und Kampagnenmobilisierung; als Instrumente zur strategischen Einflussmaximierung im Welthandelssystem waren sie nicht konzipiert.

Angespannte Beziehungen zwischen Kongress und Präsident, wirkten bei den Handelskonflikten in der Regel katalytisch, ohne dass die Führungsrolle der Exekutive in der Außenwirtschaftspolitik völlig infrage gestellt wurde[461]. Damit schimmern noch immer die funktionalen Mechanismen des in der Nachkriegsphase etablierten Machtteilungsarrangements durch; insbesondere das „*cry-and-sigh*"-Muster, bei dem im Kongress protektionistische Forderungen erhoben werden, denen die Exekutive mit partiellen, oft symbolisch bleibenden Konzessionen begegnet[462]. Schutzforderungen werden zur „Erleichterung" der Freihändler von der Exekutive nicht in vollem Umfang befriedigt, so dass schließlich alle Seiten mit einem erreichten Kompromiss leben können. Dabei hilft das fortschreitende Verschwinden des klassischen, durch materielle Notwendigkeiten (Wettbewerbsschwierigkeiten) begründeten Protektionismus[463]. Oft reichen vage Zusicherungen

---

einmal auf die drohende Übersteuerung von US-Gesetzen durch die WTO hingewiesen wurde; vgl. *Thompson* (2003: 11). Aus meiner Sicht bediente aber auch diese Geste nur symbolisch antimultilaterale Bedenken. Einen förmlichen Beschluss gegen die WTO hat der Kongress jedenfalls nie gefasst. Das Schicksal der „*Dole-Commission*" spricht Bände.

[459] Hier erweist sich das Prinzip des *embedded liberalism*, also eines politisch weitgehend unterstützten Liberalisierungsansatzes mit begrenzten, die Anpassungsprozesse erleichternden Ausnahmen als weiterhin tragfähig; vgl. dazu *Ruggie* (1982 und 1991).

[460] Zu diesem Zusammenhang etwas apologetisch *Mastel* (1998: 140ff) oder *Stern* (2002), die als ehemalige Vorsitzende der *ITC* dieses Gremium sehr affirmativ als unabdingbaren „Sicherheitsgurt" liberalisierungsorientierter Handelspolitik darstellt.

[461] Hier zeigen sich Handlungszusammenhänge reaktiver *policies*, wie sie *Christe* (1995: 199f) ausgemacht hat.

[462] Vgl. *Pastor* (1980: 158ff) und *Göll* (1994).

[463] Ähnlich *Destler* (2005: 309ff).

der Administration, ein Thema im Rahmen von Prüfverfahren bürokratisch untersuchen zu lassen bzw. bei Verhandlungen mit Handelspartnern zur Sprache zu bringen, um legislativen Druck abzubauen bzw. um antiprotektionistischen Interessengruppen Zeit zur Gegenmobilisierung zu geben. Den gleichen Effekt hat die Ankündigung nationaler Schutzmaßnahmen; auch diese mindern den Druck unmittelbar und kurzfristig und schaffen Luft für eine (spätere) Lösung. Damit erweist sich das arbeitsteilige Muster, das der Legislative gegenüber den protektionistisch gesinnten Adressaten die Rolle des Beschwerdeführers zuweist (*good cop*) und die Exekutive als liberalisierungswilligen Gegenspieler (*bad cop*) positioniert, noch immer als belastbar. Die oben untersuchten Fallbeispiele von Unilateralismus waren das Ergebnis von Auseinandersetzungen, mit deren interner Behandlung das institutionelle Gefüge des handelspolitischen Entscheidungssystems überfordert war. Allerdings konnte der „Umweg" über multilaterale Institutionen gegangen werden.

Es steht nicht zu erwarten, dass steigende weltwirtschaftliche Integration handelspolitische Alleingänge der USA in Zukunft wirksam verhindern könnte – im Gegenteil: Ökonomische Globalisierung schafft Verlierer, die sich gegen weitere Liberalisierungsschritte oder im WTO-System zu erbringende regulative Anpassungsleistungen wenden werden. Wenngleich der dabei zu erwartende Erfolg gering sein dürfte, können isolationistisch-protektionistische oder neomerkantilistische Strömungen dennoch negative Interferenzen bilden. Eingebetteter Unilateralismus ist vor dem Hintergrund einer aufgrund ideologischer und parteipolitischer Auseinandersetzungen immer schwieriger werdenden politischen Mehrheitsbeschaffung eine wirksame Möglichkeit, Anpassungsdruck kurzfristig abzumildern und Liberalisierungszwänge gegenüber den Interessengruppen und Wählern zu „verkaufen"[464]. Die verstärkte institutionelle Einbindung im WTO-System verteuert zwar einerseits Strategien des „selective exit"[465], also der partiellen und temporären Verletzung multilateraler Regeln durch Nationalstaaten. Auf der anderen Seite wird aber der Exekutive durch die multilaterale Selbstbindung die Möglichkeit zum Doppelspiel in Außenwirtschaftsfragen eröffnet: Beschwichtigung von schutzinteressierten Lobbys und Befriedigung der Freihändler durch Entschärfung multilateraler Konflikte, entweder durch bilateral ausgehandelte Vertagung oder eine Verhaltensanpassung. Multilaterale Verpflichtungen verhindern (ökonomisch wie außenpolitisch) desaströse Konfliktverläufe. Der durch „institutionalisierte Ausreden" ermöglichte Entpflichtungseffekt kann zur Aushebelung von Zwängen herangezogen werden. Insofern wird das Instrumentarium zum Umgang mit Protektionismus durch effektive multilaterale Institutionen, wie die WTO, die auf Regelorientierung angewiesen ist und diese durchzusetzen vermag, eben gerade *nicht verringert*[466]. Vielmehr wird mit der WTO das exekutive Arsenal an handelspolitischen Blitzableitern oder

[464] Dieses scheinbar widersprüchliche Verhaltensmuster trägt dem Einfluss von Vetospielern Rechnung und erweitert das handelspolitische Instrumentarium politischer Akteure; vgl. zu diesem Zusammenhang *Gibson* (2000) und allgemeiner *Tsebelis* (2002).

[465] Vgl. *Afilalo* (2002).

[466] Eine in diese Richtung gehende, die gestiegenen politisch-institutionellen Verpflichtungsmechanismen des WTO-Systems allerdings fast vollständig ausblendende Argumentation findet sich unter anderem bei *Goldstein/Martin* (2000).

oder „Überdruckventilen“ [467] entscheidend erweitert. Das erklärt den hohen Rückhalt, den die WTO in der US-Regierung findet.

Die Ergebnisse eigenmächtiger Ansätze sind aufgrund des bei Vergeltungsmaßnahmen wichtiger Handelspartner zu erwartenden Drucks heimischer Interessengruppen sehr berechenbar: Am Ende eines durch US-Unilateralismus verursachten Handelskonflikts dürfte in den meisten Fällen amerikanisches Einlenken stehen. Ungerechtfertigte und selbstreferentielle Schutzmaßnahmen der USA haben den Klagen vor der WTO nicht standgehalten. In *allen* durch die WTO untersuchten *safeguard*-Fällen (bisher über 30) musste die inkriminierte Praxis abgeschwächt oder zurückgenommen werden. Dies verursacht zwar (ohnmächtigen) rhetorischen Widerstand bei den Befürwortern von Schutzmaßnahmen, bleibt ansonsten jedoch folgenlos. Die öffentliche und legislative Erregungswoge ist bei der finalen Anpassungsentscheidung zumeist schon erheblich abgeebbt. Eine Fortsetzung unilateraler Handelspolitik gegen den Widerstand sanktionsbereiter Staaten kann sehr teuer werden. Nicht die normative Verpflichtungskraft des „liberalen Handelskonsenses“, sondern die realen Zwänge symmetrischer Interdependenz drängen protektionistische Interessen in den Hintergrund. Ein möglicher Stolperstein bei der Internalisierung multilateraler Handlungserfordernisse wäre die „*Dole-Commission*“ gewesen. Die geräuschlose Entsorgung dieses Anliegens liefert einen Fingerzeig, dass weder in den seit 1995 amtierenden Administrationen noch in weiten Teilen der Legislative ein Interesse an dieser zusätzlichen *compliance*-Hürde bestand[468]. Die Mehrheit der Entscheidungsträger lehnt die Einrichtung einer zusätzlichen intermediären Kontrollinstanz nach wie vor ab, weil der politische Handlungsspielraum *verkleinert* würde. Multilaterale Entscheidungen wären Gefahr gelaufen, von der „*Dole-Commission*“ diskreditiert zu werden. Dadurch wären Strategien der Schuldvermeidung und geräuscharmen Anpassung erheblich erschwert worden: Das „*cry-and-sigh*“-Muster hätte entscheidende Einschränkungen erfahren.

5.6 Zusammenfassung: Unilaterale US-Handelspolitik und der Einfluss multilateraler Institutionen

Unilaterale Politikansätze in der US-Handelspolitik haben in den oben untersuchten Fallbeispielen nur geringe Durchschlagskraft gewonnen und können dennoch, so meine Argumentation, als Erfolg liberalisierungsorientierter Außenwirtschafts-

---

[467] Zit. *Christe* (1995: 173).

[468] Ein Überprüfungsausschuss, der aus US-Sicht „Verfehlungen“ der WTO-Streitschlichtungsorgane formaljuristisch bewertet und bei wiederholter Nichtberücksichtigung amerikanischer Positionen einen WTO-Austritt nahegelegt hätte (über den freilich noch der Kongress hätte abstimmen müssen), wäre in der Tat ein beträchtliches Hindernis bei der Anpassung an multilaterale Schiedsgerichtsentscheidungen gewesen. Allerdings ist die Gründung dieser Kommission zwar als Thema aus der aktuellen Handelsdebatte verschwunden, könnte aber, sofern es Fürsprechern gelänge, Mehrheiten zu organisieren, wieder auf die Tagesordnung gelangen. Auch ein anderes Gremium zur Überprüfung der Ergebnisse multilateraler Selbstbindung, die vom Kongress eingesetzte *US Trade Deficit Review Commission*, hat eine eher schwache Performanz aufzuweisen. Durch parteipolitischen Streit belastet, werden ihre Berichte regelmäßig durch Sondervoten begleitet; vgl. *Hoagland/Grant* (2004: 2).

politik bezeichnet werden. An dieser Stelle soll kurz dargelegt werden, wie dieser scheinbar widersprüchliche Befund zu erklären ist: Die US-Außenhandelspolitik unterliegt, weil sie geradezu idealtypisch eine Nahtstelle von Innen- und Außenpolitik bildet[469], traditionell sehr stark der Rücksichtnahme auf das nationale Entscheidungssystem. Sie ist deshalb als Politikfeld gerade in den USA maßgeblich durch *domestic issues* geprägt und überformt. Sie reflektiert außerdem die auf diesem Gebiet nahezu paritätische Machtverteilung zwischen Präsident und Kongress und hat den Gestaltungsansprüchen beider Gewalten Rechnung zu tragen. Für Vertreter der amerikanischen Administration gilt in der Handelspolitik: „Often the bargaining at home is more difficult than dealing whith other trade officials in Geneva or elsewhere."[470] Bei der Formulierung unilateraler Politik spielten Handelspartner, die absehbare Beeinträchtigung von Exportinteressen oder mögliche Auswirkungen auf transnationale Entscheidungsarenen nur eine untergeordnete Rolle. Die dargestellten Unilateralismusfälle waren vordergründig durch innenpolitische Rücksichtnahmen motiviert. und durch die Bedingungen des amerikanischen Entscheidungssystems determiniert. Sie sind nach meiner Interpretation zuvorderst als Ergebnis der Mobilisierungskraft von Interessengruppen aufzufassen, die mit (alt)protektionistischen, umweltpolitischen oder allgemeinen außenpolitischen Forderungen Druck auf das politische System entfalten. Dieses erweist sich dabei gerade gegenüber spezifischen Schutzinteressen aufgeschlossen, zumal – als unerwünschter Folgeeffekt vergangener Liberalisierungserfolge – die *aktive* Unterstützung einer Freihandelsorientierung durch amerikanische Unternehmen und Wirtschaftsverbände stärker als zuvor einer *passiven* Orientierung am *status quo* gewichen zu sein scheint[471].

Dass Unilateralismus in der amerikanischen Handelspolitik nach 1990 nur in Einzelfällen aufgetreten ist und sich daraus – das wird auch von der WTO bestätigt[472] – kein allgemeines Handlungsmuster herausgebildet hat, bedeutet nicht, dass Alleingänge zufällige Ergebnisse von Entscheidungsprozessen sind. Sie stellen keinen „Betriebsunfall" in einem ansonsten liberal und multilateral-institutionalistisch orientierten Verhaltensmuster dar, wie von vielen Autoren suggeriert wird[473]. Der partielle „Rückfall" in unilaterales Vorgehen dokumentiert den wachsenden Einfluss von Partikularinteressen, die nicht dauerhaft in den „liberalen Handelskonsens" eingebunden sind und diesen mit Hilfe politischer Verbündeter verstärkt attackieren, wobei sie auf anti-multilaterale Ressentiments zurückgreifen können. Alleingänge sind deshalb nach meinem Dafürhalten vor allem als Resultat wachsender Indifferenz im US-Entscheidungssystem aufzufassen: Multilateralismus und un-

---

[469] Vgl. *Rogowski* (1989), *Cohen/Paul/Blecker* (1999), *Falke* (1995) oder *Goldstein/Martin* (2000).

[470] Zit. *Schott* (2004: 364). Diese Schwierigkeiten dürften auch auf anderen Politikfeldern zu beobachten sein.

[471] Diesen Aspekt der saturierten Zurückhaltung betont *Frey* (2004: 218): „With most internationally oriented business interests generally satisfied with the status quo, they are spending less effort on trade policy, leaving more room for lobbys whith a protectionist agenda."

[472] Vgl. die regelmäßigen Evaluationen der US-Handelspolitik im Rahmen des *Trade Policy Review Mechanism*.

[473] Darunter zum Beispiel *Hiscox* (1999), *Gibson* (2000) oder *Bailey* (2001).

konditionierte Marktöffnung scheinen nicht mehr ohne weiteres nach innen vermittelbar zu sein. Freihandelsorientierung und Internationalisierung stoßen in steigendem Maß auf öffentliche Ablehnung und den Widerstand von Kongressmitgliedern, die Handelspolitik zur parteipolitischen oder ideologischen Profilierung missbrauchen bzw. für wahltaktische Manöver zu nutzen verstehen. Tatsächlich scheint sich ein solches Verhalten für Abgeordnete auszuzahlen[474], auch wenn es rein deklaratorisch motiviert sein sollte. Dass neben Multilateralismus, Bilateralismus und Regionalismus in den 1990er Jahren auch wieder verstärkt unilaterale Strömungen in der amerikanischen Handelspolitik zu bemerken waren, sollte mithin als Ergebnis vielfältiger und einander überlagernder Einflüsse interpretiert werden. Unipolarität spielt dabei die geringste Rolle, Wettbewerbsprobleme einzelner Branchen sicherlich eine wesentlich größere. Entscheidenden Einfluss aber hat der gestiegene *politische Ertrag* von Alleingängen, die sich in ihrer Instrumentalisierbarkeit in Entscheidungsprozessen entfaltet. Alleingänge haben sich zwar aufgrund der multilateralen Konsequenzen in den meisten Fällen als außenpolitisch wie ökonomisch suboptimal erwiesen, weil ihre Durchsetzungsfähigkeit gering blieb. Andererseits konnten damit hohe politische Erträge erzielt werden. Bei den untersuchten Beispielen handelte es sich weitgehend um Symbolpolitik, deren materielle Auswirkungen für multilaterale Interaktionen niedrig und berechenbar waren. Meiner Interpretation zufolge sollte damit protektionistisch (Stahlzölle) oder zur außenpolitischen Profilierung („*Helms/Burton*") bzw. umweltpolitisch („*Tuna/Dolphin*" oder „*Shrimp/Turtle*") Flagge gezeigt werden, um politische Nachfragekoalitionen einzubinden. Mit diesem Vorgehen wurde situationsbezogen politische Unterstützung organisiert oder gesichert[475].

Die untersuchten US-Alleingänge spiegeln fast durchweg Kurzsichtigkeit, hektischen Adhocismus und Desinteresse an den verursachten multilateralen Folgeproblemen wider – besonders deutlich bei der Legislative. Ein weitergehendes, offen anti-multilaterales Gestaltungsinteresse verband sich damit nicht, vielmehr waren im Verlauf Anpassungsleistungen unvermeidbar. Institutionell eingebetteter Unilateralismus lässt sich deshalb als eine spezifische Weiterentwicklung der bereits seit den 1930er Jahren bekannten Ansätze zu legislativer Selbstentpflichtung interpretieren. Mit dem Eingehen auf entsprechende Schutzforderungen kann gegenüber Interessengruppen politischer Handlungswille signalisiert oder demonstriert werden, ohne unmittelbar für die Folgen in Haftung genommen zu werden. Die durch multilaterale Rückkopplung gesicherte Folgenlosigkeit unilateraler Ansätze

---

[474] Von den dadurch zu generierenden Spenden im Gewerkschaftslager oder bei protektionistischen Industriezweigen einmal abgesehen – diesen Zusammenhang beleuchtet *Noland* (1999a) –, verschafft eine protektionistische Grundhaltung aufgrund der knappen Mehrheitsverhältnisse zwischen den Lagern gute *bargaining*-Optionen, wie das Fallbeispiel der Entscheidung über Stahlzölle gezeigt hat. Außerdem wird dadurch politische Unterstützung in den Wahlkreisen gesichert, gerade wenn diese in Regionen mit gravierenden ökonomischen Schwierigkeiten liegen.

[475] Ein ähnliches Muster in der US-Handelspolitik identifiziert *Nivola* (1990).

zeigt, wie effektiv das von *Pastor* identifizierte „*cry-and sigh*"-Muster[476] der neuen handelspolitischen Komplexität angepasst und weiterentwickelt worden ist. Durch das WTO-System werden die Instrumentarien der Selbstentpflichtung des Kongresses, aber auch die Schuldvermeidungsmöglichkeiten der Administration erweitert. Durch intergouvernementale Zusammenarbeit bei der Entschärfung von Handelskonflikten im Rahmen der WTO können heimische Interessengruppen nur teilweise ruhiggestellt, im Fall einer multilateralen Konflikteskalation aber letztlich effektiv diszipliniert werden: Beide Gewalten können sich zunächst als kompromisslose Sachwalter von US-Interessen profilieren, am Ende von Handelsdisputen, die für die USA negativ ausgegangen sind, aber auch erleichtert „aufseufzen" und unter Verweis auf drohenden Schaden Anpassungsleistungen an multilaterale Urteile einfordern und durchsetzen. Indes liegt das Management der Folgewirkungen von Alleingängen fast gänzlich bei der Administration. In der *compliance*-Phase der WTO-Fälle konnte die Administration eine wirksame funktionale Rückkopplung der Konsequenzen von Unilateralismus im nationalen Entscheidungsprozess sicherstellen. Die durch multilaterale Streitbeilegungsurteile legitimierte Androhung von Gegenmaßnahmen anderer Staaten half dabei.

In diesem Zusammenhang ist vor allem der Umstand bemerkenswert, dass es in keinem Fallbeispiel tatsächlich zur *vollständigen* Umsetzung der Gegenmaßnahmen kam, weil bereits die Drohkulisse von Klagebereitschaft, konkrete Sanktionsdrohungen oder eine selektive Umsetzung von Sanktionen politische Betriebsamkeit in den USA verursachten. Das Sanktionsarsenal musste also von den Klageparteien nicht ausgeschöpft werden. Bereits unter dem Druck im Raume stehender Verfahren („*Helms-Burton*" und „*Shrimp/Turtle*", bei „*Tuna/Dolphin*" wurde eine Klage von Mexiko ernsthaft in Erwägung gezogen) oder angesichts klarer und durch Streitschlichtungsurteile legitimierter Sanktionsdrohungen (Stahlzölle) konnte die US-Exekutive durch Aussetzungsentscheidungen bzw. die Rücknahme unilateraler Maßnahmen entschärfend eingreifen – der Kongress nahm an diesem Vorgehen wenig Anstoß und verweigerte nur beim Kuba-Embargo die Änderung beanstandeter Gesetzespassagen. Allerdings hatten die Europäer als klagende Partei hier trotz guter Aussichten nicht auf einer Beendigung des multilateralen Streitschlichtungsverfahrens insistiert. Dennoch erwies sich der externe Handlungszwang auch in diesem Fall als verhaltensprägend: Der Kongress bestand nicht auf einer weiteren Implementierung jener Kuba-Sanktionen, die Drittstaaten betrafen. Einen weiteren Pfad der Funktionalisierung von externem Gegendruck bildete die Weiterreichung von Anpassungsproblemen von der Exekutive an die Legislative, die dann diskriminierende Regulierungen abschwächen musste (etwa bei den Steuersubventionen für Exportunternehmen). Diese Verlagerung des *compliance*-Drucks erwies sich auch im Fall „*Tuna/Dolphin*" als effektiv. Die Internalisierung multilateraler Handlungserfordernisse erfolgte auf drei verschiedenen *compliance*-Pfaden – am Ende stand immer das Einlenken der USA.

---

[476] Vgl. *Pastor* (1980: 191ff); wie *Kramer* (1989) und *Göll* (1994) nachweisen, hat dieses Muster auch in der Handelspolitik unter der *Reagan*-Administration schon Verfeinerungen erfahren. Die multilaterale Dimension ist jedoch erst Ende der 1990er Jahre hinzugekommen.

Schaubild 5: Internalisierung negativer Streitschlichtungsurteile

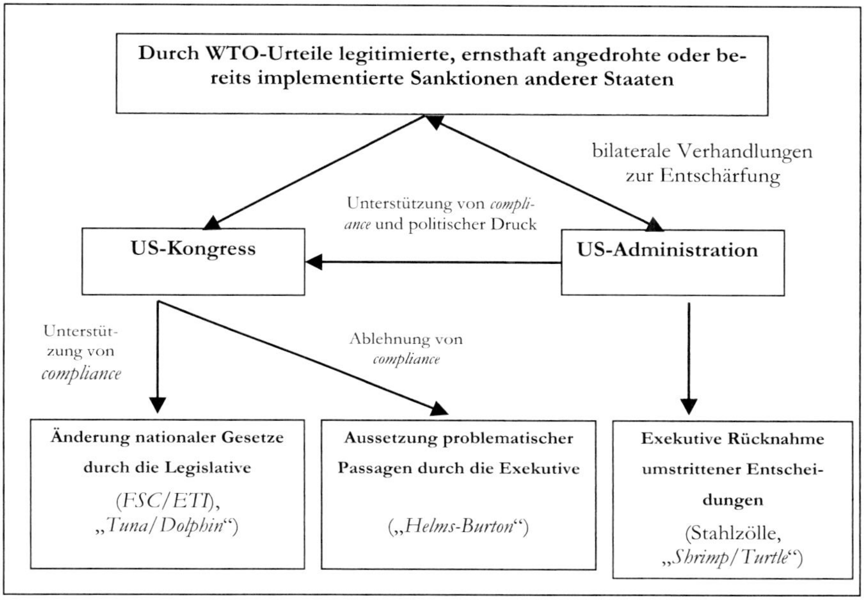

Bei „*Helms-Burton*" gelang zwar die Vermeidung multilateraler Streitschlichtungsurteile und im alten GATT-Fall „*Tuna/Dolphin*" wurden die *Panel*-Entscheidungen von den USA nicht angenommen. Dennoch vermittelte sich Druck im US-Entscheidungssystem bereits durch die von Mexiko angedrohte Klage. Lagen allerdings, wie in den anderen drei Fällen, Urteile eines WTO-*Panel*s vor, die Gegensanktionen legitimierten, waren Anpassungsleistungen für die USA außenwirtschaftspolitisch alternativlos, auch wenn die Befolgung im *FSC/ETI*-Fall einige Jahre in Anspruch nahm. Bei den Stahlzöllen hingegen erfolgte sie prompt, bei „*Shrimp/Turtle*" immerhin zügig, unter anderem auch, weil die Administration nur noch geringes Interesse an der Fortsetzung des „grünen" Unilateralismus zeigte. Fortgesetzte Verstöße gegen multilaterale Handelsregeln hätten in allen Fällen eine Konflikteskalation heraufbeschworen und zu ökonomischen Weiterungen geführt, deren Kosten für Mehrheiten im US-Entscheidungssystem nicht tragbar erschienen. Vertreter der Exekutive und der *USTR*-Behörde haben die mit Alleingängen und einer transnationalen Konflikteskalation verbundenen Kosten in drei der untersuchten Fälle als außenpolitisch schädlich betrachtet und sich im Vorfeld – manchmal sehr vernehmlich (bei „*Shrimp/Turtle*" und „*Helms-Burton*"), in einem anderen Fall („*Tuna/Dolphin*") äußerst zurückhaltend – *gegen* die geplanten unilateralen Maßnahmen gewandt bzw. sie nur zögerlich implementiert und sich auch im weiteren Verlauf der Konflikte (wie auch in den anderen beiden Unilateralismusbeispielen) für *compliance* mit multilateralen Regeln eingesetzt. Das heißt aber nicht, dass sie unilaterale Impulse grundsätzlich bekämpft hätten.

Das funktionale Muster eingebetteten Unilateralismus erlaubte vielmehr das Doppelspiel zwischen zumeist aber nur symbolischer Befriedigung von Schutzforderungen nach innen und der Akzeptanz dadurch verursachter, institutionell unterfütterter Sanktionsentscheidungen. Dieses Doppelspiel war möglich, weil die einseitige Durchsetzung von Regulierungspraktiken („grüner Unilateralismus"), Sanktionsdrohungen („*Helms-Burton*") oder Antidumpingmaßnahmen (Stahlzölle bzw. das im Rahmen dieser Arbeit nicht näher untersuchte *Byrd-Amendment*[477]), die offenkundig nicht mit WTO-Recht kompatibel waren, eine starke multilaterale Resonanz hervorgerufen haben. In den untersuchten Fallbeispielen triumphierten politische Rücksichtnahmen im nationalen Entscheidungssystem nur *vorübergehend* über ökonomische Vernunft – die Administration verhielt sich, auch wenn sie Bedenken anmeldete, bei der Politikformulierung zurückhaltend und scheute eine zu starke Positionierung *gegen* den Unilateralismus. Außenwirtschaftsfragen sind häufig ideologisch „vermint" und erfahren souveränistische, soziale und nationalistische Konnotationen, die nicht mehr wirksam durch außenpolitische Rücksichtnahmen eindämmen sind. Oft bleibt der Administration in der Handelspolitik nichts anderes übrig als handelspolitisches Fahren auf Sicht. Sie verwies in einigen Fällen immerhin deutlich auf die negativen außenpolitischen Folgen. Dennoch gab sie dem innenpolitischen Druck jeweils nach; allerdings in einer Weise, die multilateralen Gegendruck heraufbeschwor. Weil andere Staaten unter Verweis auf die Streitschlichtungsverfahren glaubhaft mit Sanktionen für US-Unilateralismus drohen konnten, vermochte die Exekutive die Alleingangsbefürworter letztlich zu disziplinieren.

Multilateral eingebettete Alleibgänge in der Handelspolitik bieten, wie in den Fallstudien gezeigt, hervorragende Gelegenheiten zur *blame avoidance*. In dem Wissen, dass als Folge eigenmächtiger Politik andere Staaten aktiv werden, und die multilateral legitimierten Sanktionsmechanismen wiederum Veränderungen in der heimischen Interessenkonfiguration bewirken können, besteht für politische Ent-

---

[477] Auch beim sogenannten *Byrd-Amendment* zeigt sich der Mechanismus eingebetteten Unilateralismus. Das Gesetz wurde, nachdem 2001 insgesamt 11 Staaten dagegen geklagt hatten (WTO Streitschlichtungsfälle DS217 und DS234), im Dezember 2003 für unzulässig erklärt. Die im Raum stehenden Sanktionen anderer Staaten – die EU verhängte ab 2005 Strafzölle, aber in sehr geringer Dosis und einem sehr großen Adressatenkreis –veranlassten das Liberalisierungslager und konkret von Sanktionen bedrohte Industriezweige zur Mobilisierung gegen die Regelung. Die Administration verlegte sich auf die hinlänglich bekannte Doppelstrategie. Nach außen verteidigte man vehement die Praxis, dass die Strafzolleinnahmen direkt an „geschädigte" Unternehmen ausgezahlt wurden. Nach innen versuchte *Bush* durch symbolischen und letztlich erfolglosen Aktionismus vor der WTO, die legislative Zustimmung zur Änderung des Gesetzes zu erreichen. Nachdem der Präsident bereits seit 2004 gegenüber dem Kongress auf eine Rücknahme gedrängt hatte, um die von der WTO gesetzte Deadline einhalten zu können, stimmte das Repräsentantenhaus schließlich im November 2005, also fast zwei Jahre später als von der WTO gefordert, mit knapper Mehrheit (217 zu 215 Stimmen) für eine Veränderung der Gesetzespassagen, die multilateral auf Kritik gestoßen waren. Insofern ergab sich auch hier eine Anpassung – befördert durch institutionell legitimierte Strafandrohungen anderer Staaten. Durch *Grandfathering*-Klauseln, die eine Weitergabe von Zolleinnahmen bis 2007 ermöglichen, gibt es aber weiterhin multilaterale Auseinandersetzungen, allerdings auf geringem Eskalationsniveau.

scheidungsträger die (oft willkommene) Gelegenheit zur Vermeidung politischer Schuldzuweisungen. Die Konfliktgegenstände kamen durch das gegenüber Unilateralismusbefürwortern gezeigte affirmative Entgegenkommen zunächst zu Hause vom Tisch. Andererseits konnten multilaterale *compliance*-Zwänge wirkungsvoll internalisiert werden, ohne direkt der Administration angekreidet zu werden. Sanktionsdrohungen und der Druck von Handelspartnern leiteten Wasser auf die Mühlen der Unilateralismusgegner – in den Interessenverbänden, der Administration, der Öffentlichkeit sowie im Kongress. Der innenpolitische Widerstand der *compliance*-Verlierer war dabei weitgehend vernachlässigbar. Die Verhaltensanpassung, die abseits der (ohnehin abgekühlten) öffentlichen Auseinandersetzungen (per Gesetzänderung oder Präsidentenerlass) vollzogen wurde, verlief nahezu reibungsfrei, weil Präsident und Kongress sich einig waren. Dabei war das politische Establishment offenkundig um Geräuschlosigkeit bemüht. Auch die Handelspartner spielten, um US-*compliance* nicht zu gefährden, mit und verzichteten auf die Inszenierung ihrer handelspolitischen Triumphe.

Handelspolitischer US-Unilateralismus entspringt weniger einem ideologischen, gegen die liberale Welthandelsordnung gerichteten Programm, sondern bildet zumeist das Ergebnis von regulativen Inkompatibilitäten zwischen nationalen Steuerungserwartungen und multilateralen Regeln. Die in diesem Kapitel untersuchten Fallbeispiele geben daher wenig Anlass zu jener ins Grundsätzliche gehenden Besorgnis, die US-Unilateralismus bei vielen Autoren hervorgerufen hat[478]. Im Gegenteil: Sowohl offensive Wirtschaftssanktionen zu Lasten Dritter als auch defensive Schutz- und Anpassungsmaßnahmen haben sich (in der bestehenden Form) als unvereinbar mit den Regeln des multilateralen Welthandelsregimes herausgestellt. In allen Fällen haben erfolgreiche Klagen oder Klageandrohungen durch betroffene Staaten zu einer Verhaltensänderung in der amerikanischen Außenwirtschaftspolitik geführt. Die Unilateralismusansätze haben die Leistungsfähigkeit der im Rahmen der WTO etablierten Streitbeilegungsmechanismen eindrucksvoll unter Beweis gestellt. Das von Konflikten betroffene Handelsvolumen spielte dabei ebenso eine Rolle wie der Kreis der Betroffenen; ebenbürtige Handelspartner erhöhen kraft ihrer Drohpotentiale die Wahrscheinlichkeit, dass eine Lösung gefunden wird[479]. Der in den untersuchten Fällen als Antwort auf den amerikanischen Unilateralismus entwickelte und durch multilateral-institutionalisierte Verregelung legitimierte Gegendruck betroffener Handelspartner hat im Entscheidungssystem der USA zu Lerneffekten und Anpassung geführt. Die amerikanischen Regelverstöße, aus der Beschwichtigung kurzfristig anschwellender Forderungen erwachsen, blieben temporär begrenzt und wurden später zurückgenommen oder abgemildert.

Für die Fähigkeit des Welthandelssystems, mit Konflikten umzugehen, ist immer noch die Interessenlage seiner wichtigsten Akteure entscheidend. Es erscheint angesichts des durch nationale Interessen nach wie vor gegebenen Steuerungswillens von Staaten wenig verwunderlich, dass der Transformationsprozess von machtbasierter zu ausschließlich regelorientierter Streitbeilegung im Welthan-

---

[478] Vgl. *Afilalo* (2002), *Prestowitz* (2003), *Sen* (2003) oder *Wijkman* (2003).
[479] Ähnlich *Frey* (2004: 217).

delssystem bisher unvollendet geblieben ist[480]. Die starke institutionalisierte Interdependenz fördert wegen gestiegener Kosten[481] entweder eine Streitaustragung im Rahmen der WTO, mit der verbindliche Resultate erreicht werden können, oder sorgt dafür, dass Handelskonflikte bilateral abgedimmt und auf unbestimmte Zeit vertagt werden. Multilateralismus mit sanktionsbewehrten Streitbeilegungsmöglichkeiten bildet damit gewissermaßen die Kulisse, vor der Nationalstaaten weiterhin als maßgeblich handelnde Protagonisten globale Handelspolitik betreiben. Gleichwohl hat sich die Gerichtsbarkeit der WTO in den Fallstudien als wirkungsvoller Prellbock für Unilateralismus erwiesen. Insofern ist die Welthandelsorganisation, auch wenn offene Handelskonflikte und Streitigkeiten über unterschiedliche Regulierungstatbestände weiterhin zunehmen sollten, keineswegs Opfer des eigenen Erfolgs. Die größere thematische Bandbreite, der sich WTO-Governance zu stellen hat, schafft zwar neues Störpotential, gleichzeitig aber werden durch die Streitbeilegungsmechanismen auch Wege eröffnet, besser mit den Blockadeimpulsen wirtschaftsnationalistischer oder anti-multilateraler Interessengruppen umzugehen.

Bei allen untersuchten Beispielen von Unilateralismus handelte es sich *ausschließlich* um Ergebnisse nationaler Bedürfnisbefriedigung. Durch die multilateralen Folgen geriet Amerika allerdings in einen institutionellen Rechtfertigungszwang, der im Gegenzug Anpassungsdruck im nationalen Entscheidungssystem erzeugte. Erfolgreiches Konfliktmanagement muss jedoch nicht zwingend in der WTO stattfinden, sondern ist auch durch bilaterale Abstimmung möglich. Nur in wenigen Fällen sind hochsensitive Streitigkeiten tatsächlich durch Streitschlichtungsentscheidungen gelöst worden[482]. Etliche transatlantische Handelskonflikte schwelen bereits seit langer Zeit, werden aber aus guten Gründen außerhalb oder parallel zu WTO-Streitverfahren ausgetragen. Der multilaterale Hintergrund, eine hohe gemeinsame Problembetroffenheit und starkes Interesse an der Konfliktlösung auf beiden Seiten sind für kontrollierte Einigungsversuche jedoch unabdingbar, weil erst durch sie die hohen Kosten von regelwidrigem Fehlverhalten transparent gemacht werden. Zwischenstaatliche Streitbeilegung dürfte besonders dann gewählt werden, wenn durch die Konflikt*struktur* eine Überforderung der institutionellen Kapazitäten der Welthandelsorganisation zu befürchten ist[483] oder eine Stärkung anti-multilateraler Ressentiments verhindert werden soll[484]. Außerdem verbleibt auf diese Weise das finale Entscheidungsrecht in der Sphäre der Politik: Entscheidungen werden *nicht endgültig* an eine neutrale, aber ausschließlich legalistisch argumentierende, multilaterale Gerichtsinstanz delegiert.

Damit ergeben sich Anhaltspunkte für ein politisches Verhaltensmuster, das eine bemerkenswerte Innovation gegenüber dem GATT darstellt: Ein gegebenen-

---

[480] Vgl. *Wilkinson* (2000: 136).

[481] Die durch Handelskonflikte entstehenden Kosten sind höher als zu Beginn der 1990er Jahre und immer stärker immaterieller Art, beziehen sich also auf außenpolitische Nebenwirkungen oder diplomatische Verwicklungen; vgl. *Woolcock* (2001), *Frey* (2004: 49).

[482] Vgl. etwa die instruktive Auflistung von Konfliktverläufen transatlantischer Auseinandersetzungen im GATT und in der WTO in *Busch/Reinhardt* (2005).

[483] Ähnlich *Swan* (2001) oder *Steinberg* (2002).

[484] Vgl. *Keohane/Nye* (2001).

falls institutionell kontrollierbares Weiterköcheln von Auseinandersetzungen um Regulierungsfragen, an dessen Ende, nach geduldigem Zeitspiel, die Anpassung der unterlegenen Partei steht. Viele transatlantische Handelskonflikte mit hoher Intensität bzw. ideologischer Sprengkraft sind, um die Schärfe zu mindern, den institutionellen und störungsarmen Mechanismen der Welthandelsorganisation zur Verarbeitung überantwortet worden, ohne dort jedoch auf eine abschließende Lösung zu dringen. Oft werden multilaterale Handelskonflikte einfach ausgesessen. Der „*Helms-Burton*"-Fall zeigte dieses Muster besonders deutlich. Dort waren beide Konfliktparteien (insbesondere die amerikanische Exekutive sowie die EU-Kommission) bereit, einander goldene Brücken zu bauen, so dass der Konflikt zwar nicht gelöst, aber in seiner handelspolitischen Brisanz entschärft werden konnte. Die WTO-Verfahren zur Streitschlichtung scheinen also auch eine gerade von dominanten Akteuren begrüßte Möglichkeit zum Parken und weitgehend folgenlosen Vertagen schwieriger Auseinandersetzungen zu sein[485]. Den gleichen Zweck verfolgten die großzügigen Übergangsfristen für die Rücknahme von US-Entscheidungen und der Verzicht auf die volle Implementierung von Gegensanktionen[486]. In der Regel arbeiteten *alle* Seiten aktiv an der Entschärfung der Konflikte. Dieser Befund ist deutlich hervorzuheben, weil außerhalb der Handelspolitik andere Verhaltensmuster im Umgang mit US-Unilateralismus festzustellen waren[487].

Allerdings hat das WTO-System nicht nur als Abklingbecken für heißgelaufene Konflikte fungiert. Beim *FSC*-Fall sowie bei den US-Stahlzollentscheidungen bildete der multilaterale Streitschlichtungsmechanismus vielmehr eine Bande, über die mittelbar, aber dennoch wirksam, Anpassungsdruck im amerikanischen Entscheidungssystem vermittelt werden konnte. Für die letztlich geringe Außenwirkung unilateraler Handelspolitik der USA ist zuvorderst das erfolgreiche Konfliktmanagement der Administration verantwortlich zu machen ist – auch dies ein Befund, der die allgemeine Negativwahrnehmung des US-Unilateralismus zu relativieren helfen sollte. Der politische Beilegungswille und das diplomatische Geschick der Exekutive erwiesen sich als entscheidend für die Konfliktbeilegung; nach außen, um Handelspartner zu beruhigen, und nach innen, um am Ende Mehrheiten für eine Befolgung multilateraler Regeln zu organisieren. Nur in einem Fall, der Anpassung der *FSC*-Gesetzgebung, war der Kongress allein für die *compliance* verantwortlich, wenngleich rhetorischer Druck von der Administration zu verzeichnen war. Gleichwohl lassen sich divergente Handlungsmuster identifizieren: Die *Clinton*-Administration versuchte im Fall „*Helms-Burton*" durch zeitnahes Entgegenkommen auf bilateraler Ebene und exekutive *waiver*-Anordnungen die Auswirkungen eines

---

485 Vgl. *Paemen* (2005).

486 Diese Feststellung bezieht sich auf die beiden Fälle „*Tuna/Dolphin*" und „*Shrimp/Turtle*". Dort war sicherlich auch der Umstand entscheidend, dass die materiellen Auswirkungen der US-Importsanktionen für die Hauptbetroffenen sich in Grenzen hielten. Dadurch verminderte sich der Handlungsdruck auf die politischen Entscheidungsträger in Mexiko oder Indien; Malaysia bildete eine Ausnahme. Im *FSC*-Fall, bei „*Helms-Burton*" sowie bei den Stahlzöllen bestand bei den gegnerischen Konfliktparteien dagegen stärkerer politischer Handlungsdruck, vor allem aufgrund der größeren ökonomischen Konsequenzen, die der US-Unilateralismus verursacht hatte.

487 Vgl. ausführlich *Voeten* (2004) und *Fehl* (2005).

als außenpolitisch schädlich angesehenen Gesetzes zu begrenzen. Die *Bush*-Administration hat dieses Handlungsmuster übernommen. In anderen Fällen, wie „*Tuna/Dolphin*“, „*Shrimp/Turtle*“ oder den Stahlzöllen, wurde dagegen die unter innenpolitischem Druck zustande gekommene Entscheidung von den Administrationen bis zuletzt aggressiv nach außen kommuniziert und eine Anpassung bis zu einer Verurteilung durch GATT bzw. WTO-Gremien aufgeschoben. Unterschiede gab es freilich auch dort im Umgang mit den Handelspartnern, die von amerikanischer Seite zwar hingehalten, aber nicht zum Verzicht auf multilaterale Streitbeilegung bewegt werden konnten. Dafür waren politische Gegenleistungen zu erbringen. In allen untersuchten Fällen stand am Ende *compliance* der USA, mit der weitere multilaterale Irritationen und eine Implementierung von Strafmaßnahmen vermieden werden sollten.

Sowohl bei der Entstehung als auch bei der Rücknahme von Unilateralismus kann Schuldvermeidung betrieben werden: Alleingänge finden zuhause meist Beifall und wenig Ablehnung, können im Zustand institutionalisierter Interdependenz aber nur vorübergehend aufrechterhalten werden. Die bei einschlägig bekannten Interessengruppen sowie in Teilen der Öffentlichkeit entstehende Ablehnung von Anpassungsleistungen trifft die Administration oder den Kongress in der Regel kaum. Handelspartner und Welthandelsorganisation geben dagegen brauchbare Blitzableiter für die öffentliche Unzufriedenheit bei der Umsetzung von Streitschlichtungsurteilen ab. Die kaum gebändigte Entrüstung der US-Öffentlichkeit über für die USA negative WTO-Entscheidungen könnte langfristig die Zustimmungsrate für Liberalisierungsanliegen vermindern. Bei den beiden Vetoakteuren im US-Entscheidungssystem dürfte dagegen auch weiterhin ein signifikantes und belastbares Interesse an multilateraler Einbettung der amerikanischen Handelspolitik zu beobachten sein, nicht zuletzt, weil ihr Arsenal symbolpolitischer Instrumente damit erheblich erweitert und die Bemühungen um Schuldvermeidung unterstützt werden.

6. US-Unilateralismus in der internationalen Klimaschutzpolitik

„The Kyoto Protocol is widely seen as somewhere between troubled and terminal. (...) Even if the current Protocol is extended (...) (it) threatens to be seen as a monument to institutional overreach."
William D. Nordhaus

„The Kyoto Protocol was a political agreement. It was not based on science."
Harlan Watson

„Only after executive branch leaders in Washington have developed a sufficiently unified and supportive domestic policy consensus (...) will they be well positioned to offer effective environmental policy leadership abroad."
Robert Paarlberg

In diesem Kapitel soll Amerikas Unilateralismus in der internationalen Klimaschutzpolitik untersucht, seine Motive erklärt und seine Reichweite vermessen werden. In der zum Thema vorliegenden Literatur[1] wird allgemein ein unzureichendes Engagement und eine fehlende Führungsleistung der USA beim globalen Klimaschutz beklagt. Die Nichtpartizipation Amerikas am Kyoto-Protokoll wird von vielen Autoren pauschal als unangemessenes und unverantwortliches Vorgehen kritisiert. Ich werde dagegen im Folgenden unter Verwendung eines Zwei-Ebenen-Ansatzes argumentieren[2], dass im nationalen Entscheidungsprozeß sowie angesichts der schleppenden und teilweise dysfunktionalen multilateralen Institutionalisierung kein anderes Ergebnis zu erwarten war. Angesichts hoher Implementierungskosten, unzureichender institutioneller Anreize (im Klimaschutzregime) sowie starken Widerstands im US-Entscheidungssystem war die Chance einer US-Partizipation von vornherein äußerst gering. Auch der klimapolitische Unilateralismus soll also als Funktion nationaler Entscheidungsprozesse dargestellt werden. Trotz eines geringen multilateralen Institutionalisierungsgrads, lässt sich allerdings auch hier eine, wenngleich schwache Rückkopplung multilateraler Entscheidungen im US-Entscheidungssystem feststellen, die im Endeffekt zu einer Abschwächung und Anpassung des amerikanischen Unilateralismus geführt hat.

Umweltpolitik bietet strukturell zahlreiche Anhaltspunkte für Alleingänge; auf kaum einem anderen Politikfeld zeigen sich die Inkompatibilitäten nationaler Regulierungsstandards so unverhüllt – Unilateralismus ist deshalb kein sonderlich überraschendes Phänomen[3]. Für die – je nach Präsident unterschiedlich starke – Ablehnung der US-Politik gegenüber Ansätzen zum globalen Klimaschutz findet sich allerdings kaum internationales Verständnis. Vor allem für europäische Betrachter geben die USA in vielerlei Hinsicht den klimapolitischen Sündenbock ab. Dieser Eindruck, der sich durch die Politik der *Bush*-Administration verfestigt hat, ist

---

[1] Vgl. *Assuncao* (2003), *Bang/Tjernshaugen/Andresen* (2005), *Brühl* (2000), *Esty* (2005), *Griffin* (2003), *Holtrup* (2003), *Hopgood* (2003), *Jacobson* (2002), *Luterbacher/Sprinz* (2001), *Michel* (2004), *Oberthür/Ott* (2000), *Paarlberg* (1997 und 2002), *Payne* (2005) oder *Victor* (2001).

[2] Ähnliche Ansätze sind von *Sprinz/Weiß* (2001), *Jacobson* (2002) und *Hopgood* (2003) verwendet worden. Erstaunlicherweise beschränkt sich die meisten anderen Debattenbeiträge auf Kritik am fehlenden Engagement der USA im Klimaschutz, ohne dessen strukturelle Ursachen im Entscheidungssystem ausreichend zu würdigen.

[3] Vgl. die ähnliche Argumentation von *Boisson de Chazournes* (2000).

fragwürdig und überzogen, denn die USA stehen in ihrer Ablehnung des Kyoto-Protokolls weder allein, noch haben sie ihre Bemühungen um internationalen Klimaschutz völlig eingestellt. Insofern ist die Frage zu klären, welches US-Verhalten tatsächlich als unilateral zu charakterisieren ist. Der in dieser Arbeit entwickelten Argumentation folgend, sollen jene klimapolitischen Entscheidungen als Ausdruck von Unilateralismus verstanden werden, die eigenmächtig und ohne Rücksichtnahme auf (oder unter Verletzung von) Interessen anderer Interaktionspartner zustande gekommen sind und von denen multilaterale Instititutionen tangiert wurden. Es geht im Folgenden also vor allem um das Verhalten der Supermacht im Prozess, der zum Kyoto-Protokoll geführt hat sowie um den Umgang mit dem multilateralen Klimaregime. Aber auch die nach der Implementierung des Kyoto-Protokolls vorangetriebene parallele Gründung eines minilateralen Klimapakts wird, weil dadurch das multilaterale Regime unterhöhlt wird, in dieser Studie als Unilateralismus eingestuft. Auch hier finden sich also drei Unilateralismustypen. Die Bandbreite aus Desinteresse und Bummelantentum (*Laggard*), offensiver Ablehnung und parallelem klimapolitischem Engagement soll mit dem Begriff Semi-Isolationismus beschrieben werden.

Klimapolitischer US-Unilateralismus wird im allgemeinen mit allgemeiner Indifferenz gegenüber globalen Klimaproblemen, mit Widerstand im politischen System gegen die Übernahme bindender Verpflichtungen oder mit der Ablehnung der hohen volkswirtschaftlichen Kosten von Klimaschutzmaßnahmen erklärt. Außerdem ist auf den Lobbyismus der Energieindustrie bzw. die anti-multilaterale Ideologie der Republikaner (speziell das Desinteresse der *Bush*-Administration bzw. ihre Ablehnung internationaler Institutionen) hingewiesen worden[4]. Ich möchte in diesem Kapitel neben diesen *innenpolitischen Restriktionen* auch die *fehlenden institutionellen Anreize* auf multilateraler Ebene als zweite entscheidende Einflussgröße für die unilaterale US-Klimaschutzpolitik in den Blick nehmen. Deshalb sollen die Mängel des multilateralen Klimaschutzregimes analysiert werden, die verhindert haben, dass die USA, ähnlich wie in der Handelspolitik, wirksam mit den Kosten unilateralen Vorgehens konfrontiert werden konnten. Das Kyoto-Protokoll war ein politischer Governanceerfolg, der zuvorderst ein EU-Steuerungsinteresse dokumentierte, insgesamt jedoch nur wenig Verbindlichkeit erzeugte. Deshalb konnten und können im US-Entscheidungssystem auf dem Gebiet der Umwelt- und Klimaschutzpolitik externe Handlungszwänge nur in geringem Maße instrumentalisiert werden. Das Spiel über Bande und die Verwendung „institutionalisierter Ausreden" fällt damit wesentlich schwerer.

Für die Nichtpartizipation der USA am Kyoto-Protokoll sind in erster Linie nationale Weichenstellungen, aber eben auch Unzulänglichkeiten und (vorerst unüberwindbare) Interessengegensätze im multilateralen Institutionalisierungsprozess verantwortlich zu machen. Die vor allem in Europa verbreitete positive Haltung gegenüber dem Klimaschutzregime neigt dazu, dessen Defizite zu übersehen[5]. Die

[4] Vgl. unter anderem *Paarlberg* (1997 und 2001), *Jacobson* (2002), *Sussman* (2004), *Busby/Ochs* (2004), *Payne* (2005) und *Harris* (2001).

[5] In der öffentlichen Wahrnehmung gilt der Kyoto-Prozess gemeinhin als Erfolg internationaler Zusammenarbeit, beispielsweise bezeichnen *Oberthür/Ott* (2000: 347) das Klimaschutzregime als

(auch wegen der US-Zurückhaltung) schleppende multilaterale Institutionalisierung lieferte eine für viele US-Politiker nicht unwillkommene Ausrede für ausbleibendes US-Engagement und gegen das Kyoto-Protokoll gerichtete Rhetorik. Das multilaterale Abkommen von Kyoto war in den USA zwar vor allem wegen seiner Reduktionsverpflichtungen (und der zu gewärtigenden volkswirtschaftlichen Kosten), aber eben auch aufgrund seiner von vornherein *geringen* regulativen Reichweite nicht vermittelbar: für Klimaschutz ohne Einbeziehung der Entwicklungs- und Schwellenländer gab es im amerikanischen Entscheidungssystem keine Zustimmung[6]. Gleichzeitig wurde im US-Entscheidungsprozeß eine Vorreiterrolle im globalen Klimaschutz klar abgelehnt. Unterstützung für einen offensive Ablehnungshaltung kommt zwar nur von einer Minderheit der amerikanischen Öffentlichkeit[7], aus deren diffus-indifferenter Positionierung in Klimaschutzfragen erwächst aber kaum politischer Handlungsdruck. In den US-Wahlkämpfen sind Umweltthemen nur nachgeordnet und im Hinblick auf schädliche ökonomische Nebenwirkungen behandelt worden, Klimaschützer sahen sich oft *negative campaigning* ausgesetzt. Bei der Suche nach den Determinanten der amerikanischen Klimaschutzpolitik steht ebenfalls wieder das Verhältnis von Präsident und Kongress im Mittelpunkt der Betrachtung, weil es die Reichweite multilateraler Selbstbindung im Rahmen von Umweltabkommen entscheidend bestimmt[8]. Machtkonflikte zwischen Exekutive und Legislative bilden neben interministeriellen Spannungen das Hauptproblem bei der Internalisierung multilateraler Verpflichtungen, gerade im Umweltbereich[9]. Andere Hindernisse erwachsen aus den ökonomischen Folgen von internationalen

---

„Meilenstein". In Europa dominieren die positiven Perzeptionen vermutlich vor allem deshalb, weil die EU– gegen den Widerstand der USA – Durchsetzungsfähigkeit bewiesen hat und schließlich auch Russland ins Boot geholt werden konnte. Kritik an den Defiziten des internationalen Klimaschutzregimes, wie sie etwa *Nordhaus* (2005) oder *Victor* (2001). formuliert haben, findet sich im europäischen Diskurs kaum. Dies erstaunt, weil 1. die im Protokoll festgeschriebenen Reduktionsverpflichtungen weit von den ursprünglich avisierten Zielmarken entfernt und nur etwa 40% der weltweiten Emissionen bzw. 20% der Weltbevölkerung von Reduktionsverpflichtungen betroffen sind, 2. die durch die vereinbarten Klimaschutzmaßnahmen zu erzielende Bremswirkung bei der Erderwärmung absehbar marginal sein wird (bei voller Implementierung wird der bis zum Ende des 21. Jahrhunderts prognostizierte globale Temperaturanstieg lediglich um sechs Jahre aufgeschoben), und 3. selbst die Hauptunterstützer – die „Musterknaben" beim Klimaschutz gewissermaßen – Gefahr laufen, ihre Reduktionsziele für 2012 zu verfehlen. Die starke rhetorische Unterstützung der EU für das Kyoto-Protokoll kann die bisher dürftige Bilanz internationaler Klimaschutzanstrengungen kaum verdecken. Nicht umsonst wird gebetsmühlenartig darauf hingewiesen, beim Kyoto-Protokoll könne es sich „nur um einen ersten Schritt" beim (vielleicht gar nicht zu gewinnenden) Kampf gegen den Klimawandel handeln. Außerdem wird immer wieder die Notwendigkeit viel weitreichenderer Schritte für die Zeit „nach Kyoto" betont, beispielsweise von *Bodansky* (2001), *Pew Center on Global Climate Change* (2003) oder *Bang/Tjernshaugen/Andresen* (2005).

[6] Auch *Paarlberg* (2002: 331f) hebt den Aspekt der fehlenden Einbeziehung der Schwellenländer als wesentliches Hindernis bei der Akzeptanz des Kyoto-Protokolls in den USA hervor.

[7] Vgl. grundlegend *Davis/Wurth* (2003) oder *Brewer* (2005b).

[8] Zu den Restriktionen des politischen Entscheidungssystems, die einer Führungsrolle der USA in globalen Umweltangelegenheiten entgegenstehen, ausführlich *Paarlberg* (1997 und 2002), *Holtrup* (2003), *Harris* (2001b), *Sussman* (2004) und *Falkner* (2005).

[9] Vgl. *Jacobson* (2002).

Reduktionsvereinbarungen, die von den USA meistens abgelehnt werden. Die für einen verbesserten Umweltschutz notwendigen Aufwendungen müssen gegenüber Unternehmen und Bevölkerung vertretbar erscheinen[10].

Der institutionelle Rückkopplungseffekt multilateraler Klimapolitik fällt zwar deutlich geringer aus als in den handelspolitischen Unilateralismusbeispielen, ist aber dennoch inzwischen immer deutlicher erkennbar. Die multilateralen Bindungsanreize waren schwach, Partizipationsdruck konnte sich nicht entfalten[11]. Die Implementierung des Protokolls versetzte das politische Entscheidungssystem der USA nichtsdestoweniger in einen *mittelbaren* Zugzwang, wie die jüngeren Entwicklungen zeigen. Ein unbeeindruckter Vetospieler war und ist die Supermacht im internationalen Klimaschutz nicht. Allerdings fehlt ein konkreter institutioneller Verpflichtungsmechanismus, der die USA *gegen* ihren Willen zur Partizipation am Kyoto-Protokoll hätte zwingen können. Im Klimaschutz war damit ein wesentlich niedrigerer *compliance*-Druck zu verzeichnen. Mit dem Inkrafttreten des Kyoto-Protokolls im Jahr 2005 und dem damit ermöglichten Emissionshandel scheint jedoch auch in den USA – im Kongress, in der Administration und im Unternehmerlager – ein Prozess des Umdenkens in Gang gekommen zu sein. Dafür ist das Kyoto-Protokoll freilich nur mittelbar verantwortlich zu machen. Stärkere Veränderungsimpulse haben Standardverschärfungen von Bundesstaaten entfaltet, außerdem hat der Druck von Industrieunternehmen zugenommen. Die Ablehnungsfront gegen multilaterale Einbindung ist zwar immer noch stark, aber längst nicht mehr so geschlossen wie Mitte der 1990er Jahre.

Im Folgenden sollen zunächst die nach 1990 zu verzeichnenden Institutionalisierungstendenzen im internationalen Klimaschutz sowie die amerikanische Position in den multilateralen Verhandlungen dargestellt werden, um die geringe institutionelle Attraktivität des Kyoto-Protokolls aus amerikanischer Sicht zu erklären. Danach wird auf die prominente Rolle von „Klima-Skeptikern" im nationalen Klimadiskurs der USA ebenso einzugehen sein, wie auf die politischen Ziele der Administrationen *Clinton* und *Bush* sowie die Partizipationsversuche des Kongresses im Kyoto-Prozess. Im Anschluss wird dargestellt, welche Rückwirkung die Implementierung des Kyoto-Protokolls entfaltet hat. Ungeachtet der harschen Kritik am Kyoto-Protokoll sitzen die USA – dies droht oft vergessen zu werden – weiterhin am multilateralen Verhandlungstisch.

---

[10] Zum Motivbündel für die US-Zurückhaltung bei internationalen Umweltvereinbarungen *Harris* (2001b: 18): „One of the primary goals of U.S. foreign policy in the environmental issue area (and in others) is to protect or promote the U.S. economy. The U.S. government seeks to limit requirements (...), thereby protecting U.S. independence and limiting harm to American businesses. It also prefers that other countries act first, that international actions have limited or no negative impact on Americans, and that these actions not require noticeable changes in American lifestyles and consumption patterns. (...) The United States also consistently opposes international environmental agreements that require it to transfer funds to developing countries."

[11] Ähnlich *Jakobeit* (1998) und *Sands/Lineham* (2004).

6.1 Internationale Klimaschutzpolitik: Governance mit niedriger institutioneller Verpflichtungskraft

Klimaschutz kann möglicherweise helfen, ein zentrales meritorisches Gut (Klimastabilität) bereitzustellen, dessen Herstellung von Marktakteuren nicht und von politischen Akteuren nur unter bestimmten Bedingungen erwartet werden kann. Die Zweckdienlichkeit politischer Governanceleistungen bei der Bereitstellung dieses Guts ist allerdings zweifelhaft, die damit verbundenen Kosten zudem kaum abschätzbar. Mithin bewegen sich die USA beim Klimaschutz in einem Spannungsfeld: Zwischen einer erwarteten klimapolitischen Führungsleistung einerseits und eigenen Wirtschaftsinteressen, die angesichts der zu erwartenden Kosten Zurückhaltung bei der Vereinbarung von Reduktionszielen nahe legen, andererseits. Als größte Volkswirtschaft der Welt und Hauptemittent von Treibhausgasen sind und bleiben sie wichtig für eine effektive globale Umwelt-Governance[12]. Daraus lässt sich eine (moralische) Global- bzw. eine konkrete Führungsverantwortung in klimapolitischen Governanceprozessen normativ *konstruieren*. Kritik an der zurückhaltenden US-Position beruht zuvorderst auf der *Erwartung*, dass die USA als einer der Hauptverursacher von Klimaproblemen[13] auch einen wesentlichen Beitrag zum Zustandekommen multilateraler Lösungsansätze leisten müssten. Für die Supermacht haben aber auch Umweltvereinbarungen in erster Linie instrumentellen Charakter[14]. Die US-Klimaschutzpolitik wird bis heute vor allem unter ökonomischen Aspekten konzipiert und an vielen Stellen von den Interessen der Energieindustrie vorgeprägt. Parochialer Lobbyismus und die fehlende Attraktivität (und Verbindlichkeit) des Kyoto-Protokolls standen einer klimapolitischen Selbstbindung der Supermacht entgegen. Unabdingbar erscheinen deshalb der Hinweis auf den (bisher) geringen multilateralen Institutionalisierungsgrad und eine kurze Analyse der dafür verantwortlichen Gründe.

Klimaschutzpolitik ist analytisch auf der dritten Ebene des internationalen Systems zu verorten: Auf der Ebene transnationaler Interdependenz ist die multilaterale Verpflichtungskraft in der Regel niedrig. Die fehlende institutionelle Verbindlichkeit ergibt sich aus der (oft) unzureichenden Kommunalität multilateraler Prinzipien[15]. Aufgrund asymmetrischer Interdependenz fallen gemeinsame Problembetroffenheit und diffuse Reziprozitätserwartung in der Regel niedriger aus als auf der

---

[12] In diesem Punkt herrscht nahezu Einmütigkeit; vgl. unter anderem *Bang/Tjernshaugen/Andresen* (2005), *Brühl* (2000), *Esty* (2005), *Falkner* (2001 und 2005), *Harris* (2001b), *Holtrup* (2003), *Hovi/Skodvin/Andresen* (2003), *Luterbacher/Sprinz* (2001), *Nordhaus* (2005), *Oberthür/Ott* (2000), *Paarlberg* (1997 und 2002) oder *Victor* (2001).

[13] Neben dem US-Anteil an den globalen Gesamtemissionen bei Treibhausgasen, der auf 22-25% zu veranschlagen ist (vgl. unter anderem *Müller* (2005b: 4)), ist wiederholt der auf die amerikanischen Konsumgewohnheiten zurückzuführende hohe Pro-Kopf-Ausstoß bei CO2 kritisiert worden. In dieser Hinsicht sind die USA unangefochten Spitzenreiter: 1998 betrug der CO2-Ausstoß pro Kopf 20,1 t – in der EU lag der Vergleichswert bei 8,5 t, in China bei 2,3 t und in Indien bei gerade einmal 0,9 t; vgl. unter anderem *Assuncao* (2003: 303).

[14] Vgl. *Falkner* (2005: 596): „(T)he United States is willing and able to view environmental multilateralism as a tool rather than as a guiding principle."

[15] Vgl. unter anderem *Knothe* (2007a).

Systemebene ökonomischer Globalisierung; es lassen sich deshalb schwerer gemeinsame Schnittmengen zwischen divergierenden nationalen Interessen bilden. Dadurch leidet Multilateralismus oft darunter, dass Institutionen nur in geringem Umfang Regelorientierung und Streitschlichtungsmechanismen sicherstellen können[16]. Nach der hier vertretenen Argumentation haben im internationalen Klimaschutz die Heterogenität der Interessen, das oft mangelnde Problembewusstsein und die bei vielen Interaktionsteilnehmern fehlende Perzeption einer globalen Interessengemeinschaft zu Problemen bei der Bildung effektiver multilateraler Institutionen geführt, zumal wenn diese hohe Anpassungsleistungen erforderlich machten. Internationaler Umweltschutz hat bisher nur dann Verbindlichkeit erzeugen können, wenn die Staaten keine oder nur sehr geringe materielle Lasten zu gewärtigen hatten. Insofern war der Kyoto-Prozeß von vornherein sehr ambitioniert, weil er hohe ökonomische Anpassungskosten in Aussicht stellte. Außerdem tritt beim globalen Klimaschutz das ohnehin kaum zu behebende *free-rider*-Problem in besonderer Deutlichkeit zutage: Auch unilateral agierende Verweigerer profitieren von den multilateral vereinbarten Schutzmaßnahmen und dem Engagement von Vorreiterstaaten, die von ihren Bemühungen vermutlich auch nicht ablassen werden, wenn sie mit Unilateralismus konfrontiert sind[17].

Beim internationalen Klimaschutz, der seit 1988 Gegenstand intergouvernementaler Verhandlungen ist, wird vielfach ein politischer Voluntarismus vorausgesetzt, die in den meisten Staaten (bis heute) kaum vorhanden ist. Inzwischen gibt es eine Reihe von nichtstaatlichen Akteuren, allen voran wissenschaftliche Netzwerke[18], die den Bedarf globaler Steuerung deutlich beschrieben und wiederholt politische Schritte in diese Richtung gefordert haben. Eine zentrale Rolle spielte dabei das *Intergovernmental Panel on Climate Change (IPCC)*, der sogenannte Weltklimarat[19]. Der stark moralisierende akademische Konsens für ein schnelles klimapolitisches Gegensteuern und die Einführung von Reduktionszielen hat politisch nur die ohnehin Überzeugten zu bekehren vermocht. Die auf technologische Fortschritte, Flexibilität und vor allem Reziprozität, also die Einbeziehung der Entwicklungslän-

---

[16] Vgl. insbesondere *Esty* (2005: 376).

[17] Diese Konstellation ist im Rambo-Spiel illlustriert worden. Der verhandlungsunwillige Unilateralist profitiert von der unerschütterlichen Multilateralismusfixierung seiner Interaktionspartner.

[18] Zum Einfluss transgouvernementaler Netzwerke auf Klimagovernance *Nagata* (2003).

[19] Das im 1988 ins Leben gerufene *IPCC*, das inzwischen über 2500 Wissenschaftler umfaßt, leistet wissenschaftliche Aufklärungsarbeit für die Zusammenhänge des Klimawandels und bildete den intellektuellen und institutionellen Nukleus der später gegründeten UN-Klimarahmenkonvention sowie des Klimaschutzregimes auf Basis des Kyoto-Protokolls. Mittlerweile fungiert das *IPCC* aber nicht nur als unterstützendes Expertennetzwerk, sondern versucht mit seinen Berichten nicht unerheblichen politischen Handlungsdruck zu erzeugen. Ob allerdings durch die technokratische Expertise und die (oft sehr mühsamen) Konsensbildungsprozesse im *IPCC* die Staaten als Hauptakteure im internationalen Regime tatsächlich marginalisiert werden, wie es *Agrawala* (1998), *Raustiala* (2001) oder *Siebenhüner* (2003) nahe legen, bleibt aus meiner Sicht zu bezweifeln. Die Meinungsbildungs- und Entscheidungsfindungsprozesse im *IPCC* versuchen zwar immer stärker, sich von politischen Rücksichtnahmen abzukoppeln, die Ergebnisse bedürfen aber weiterhin der Unterstützung von Führungsstaaten, um klimapolitisch wirksam zu sein. Der wissenschaftliche Konsens ist noch immer politischen Rücksichtnahmen unterworfen und würde ohne politische Unterstützung folgenlos bleiben.

der, drängende US-Position fand dagegen international wenig Verständnis[20]. Insgesamt sin die Bedrohungen des Klimawandels tatsächlich nur für wenige Akteure politisch handlungsleitend geworden[21]. Anderthalb Jahrzehnte nach der Initialzündung für weltweiten Klimaschutz, dem Weltumweltgipfel in Rio 1992, haben zwar 189 Signatarstaaten die dort verabschiedete UN-Klimarahmenkonvention (*United Nations Framework Convention on Climate Change*) akzeptiert, deren unverbindliches Hauptziel in einer Senkung der globalen Treibhausgasemissionen auf das Niveau von 1990 bestand. In vielerlei Hinsicht leidet das multilaterale Klimaschutzregime aber noch heute unter seinen Geburtsfehlern. Der für gemeinsame Aktionen notwendige Konsens war in Rio nur unter großen Mühen hergestellt worden. Die meisten Entwicklungs- und Schwellenländer betrachteten auch in der Folgezeit Treibhausgasemissionen vorrangig als Problem der Industriestaaten und lehnten Emissionsbeschränkungen, die sie als Anschlag auf ihre wirtschaftliche Entwicklung empfanden, rundweg ab. Das (insgesamt keineswegs geschlossene) Lager der Entwicklungs- und Schwellenländer hatte wenig Interesse an einer starken Institution mit bindenden Implementierungsmechanismen.

Hinzu trat ein schwerwiegender Konflikt im Lager der Industrieländer, vor allem zwischen europäischen Staaten und den USA: Während der Großteil der Europäer weitreichende Schritte in Form von konkreten Treibhausgasbeschränkungen und Zeitplänen befürwortete, zog die US-Administration unter Präsident *Bush* (d.Ä.) wissenschaftliche Expertisen über den Klimawandel in Zweifel und setzte auf Unverbindlichkeit und Flexibilität – dieser von den USA gesetzte Akzent hatte auch schon zuvor internationale Umweltkonferenzen belastet[22]. Nachdem *Bush* im Vorfeld des Rio-Gipfels Forderungen nach Treibhausgasreduktionen zurückgewiesen hatte (obwohl dieses Ziel zu diesem Zeitpunkt noch leicht erreichbar schien) und mit einem Boykott drohte, agierte er in den Gipfelverhandlungen kompromisslos[23]. Die Europäer knickten ein und akzeptierten, um die USA ins Boot holen zu können, die Schwächung des Regimes. Vorerst wurden nur die Regimeprinzipien (gemeinsamer Schutz der Erdatmosphäre) und einige Regimenormen („Stabilisie-

---

[20] Dass die USA tatsächlich den Hauptteil der ökonomischen Anpassungskosten zu schultern gehabt hätten, wurde von vielen Klimaschützern als unumgänglich angesehen, die bei diesen Aussichten erwachsenden amerikanischen Widerstände als unangemessene Eigennutzorientierung wahrgenommen, ohne die innenpolitischen Bedingungen zu betrachten. Für die politische Vermittlungslogik, der sich amerikanische Entscheidungsträger ausgesetzt sehen, zeigte der verantwortungsethische Argumentationsstrang der Kyoto-Befürworter kaum Verständnis.

[21] Neben der EU drängte vor allem die *AOSIS*-Gruppe (*Alliance of Small Island States*) auf rasches Gegensteuern gegen die Erderwärmung. Natürlich war dafür *unmittelbare* Problembetroffenheit verantwortlich – die Gruppenmitglieder haben als Folge des globalen Temperaturanstiegs ökologische Schäden und steigende Meeresspiegel zu gewärtigen.

[22] Vgl. *Bodansky* (2001: 28ff).

[23] *Bushs* Argumentation betonte die negativen Auswirkungen von restriktiven Umweltschutzauflagen auf die rezessionsgeschwächte US-Volkswirtschaft. Deshalb wurden von US-Seite die Vereinbarung über den Schutz der Biodiversität ebenso abgelehnt wie verbindliche Reduktionsvorgaben und Zeitpläne im Klimaschutz.

rung" der Treibhausgasemissionen auf dem Niveau von 1990[24]) definiert. Auf eine Konkretisierung von Regeln und Verfahren (verbindliche Termine, Mengenziele, Anpassungszeiträume und Instrumente zur Treibhausgasreduktion) musste dagegen verzichtet werden.

Aus meiner Sicht war die allgemeine Überzeugung, die USA einbinden zu müssen, ein entscheidender verhandlungsstrategischer Webfehler, der sich später wiederholen sollte. Bis zur Konferenz von Marrakesch 2001 gelang es den USA, mit einer starren Verhandlungsposition die Verhandlungsergebnisse zu verwässern. Reduktionsunwilligen Entwicklungsländern lieferte das US-Verhalten einen willkommenen Vorwand, abseits zu stehen. Der kleinste gemeinsame Nenner, der mit der Klimarahmenkonvention zu erreichen war, erwies sich am Ende als zu klein. Es blieb es bei Absichtserklärungen und freiwilligen Selbstverpflichtungen der Industrieländer, die zwar einen gewissen Symbolwert haben mochten, politisch jedoch kaum belastbar waren. Als schwerwiegendes Problem der weiteren Verhandlungen erwies sich das konsenssichernde Freiwilligkeitsprinzip, das für Beliebigkeit bei der Übernahme konkreter Verpflichtungen sorgte[25]. Immer wieder kam es zu Zugeständnissen an Bremser. Die Schwierigkeiten bei der Konsensbildung hielten bei den folgenden Vertragsstaatenkonferenzen (*Conference of the Parties* (*COP*)) an. Auf der *COP* 1 in Berlin misslang die Einigung auf Reduktionsgrößen und Terminpläne. Der regulative Rahmen blieb damit sehr unkonkret: Unverbindlichkeit bestimmte das Verhandlungsgeschehen. Um breite Akzeptanz sicherzustellen, kam es zu „problematischen Weichenstellungen"[26] wie dem Berliner Mandat, wonach die Entwicklungsländer zunächst von Reduktionsverpflichtungen ausgenommen bleiben sollten. Allerdings zeigte sich bereits auf der *COP* 2in Genf (1996), dass die Konsensorientierung, die einigen Staaten eine faktische Vetoposition einräumte, sukzessive durch den Führungswillen ambitionierter Staaten ersetzt wurde[27]. Dies geschah allerdings um den Preis, dass auch nur die an einer Regelverschärfung interessierten Vorreiterstaaten (nach dem Berliner Mandat die Industriestaaten) sich ehrgeizige Reduktionsziele setzten – die Bremser waren kaum in Zugzwang zu versetzen. Vor allem auf die USA wurde weiterhin viel Rücksicht genommen.

Erst 1997 kam es auf der *COP* 3 in Kyoto zu einem Abkommen, das verbindliche Reduktionsleistungen anstrebte. Das Kyoto-Protokoll[28] war ein politi-

---

[24] Die Zustimmung *Bushs* zur Klimarahmenkonvention lag unter anderem auch darin begründet, dass die vage Zusage einer Stabilisierung des US-Treibhausgasausstoßes auf dem 1990er-Niveau problemlos erreichbar schien. Überdies sicherte sich die Administration nach innen politisch ab, indem versichert wurde, dass alle konkreten klimapolitischen Schritte im US-Entscheidungssystem getroffen werden müssten; vgl. auch *Hopgood* (2003: 149f).

[25] In diesem Zusammenhang ist vor allem auf Artikel 4 der *UNFCCC* hinzuweisen, in dem das Prinzip der „common but differentiated responsibilities" verankert ist. Zu gemeinsamer Verantwortung für den Kampf gegen den anthropogenen Klimawandel haben sich viele Staaten nur bereitgefunden, weil sie im Gegenzug für sich beanspruchen konnten, kaum in die Reduktionsverantwortung genommen zu werden; vgl. auch *Müller* (2005b).

[26] Vgl. *Müller* (2003a: 9ff).

[27] Vgl. *Bodansky* (2001: 25).

[28] Vgl. zum regulativen Rahmen des Kyoto-Protokolls grundlegend *Oberthür/Ott* (2000), *Victor* (2001), *Bodansky* (2001), *Müller* (2003b) oder *Nordhaus* (2005).

scher Teilerfolg auf dem Weg zu globalem Klimaschutz, jedoch kein Glanzstück multilateraler Governance[29]. Erst nach langem Gezerre verabschiedet, sah es für die Industrieländer ursprünglich bis 2012 eine durchschnittliche Emissionsreduktion von 5,2% unter das Niveau von 1990 vor, Russland und die wichtigen Schwellenländer Indien und China wurden dagegen nicht zu Minderungen im Treibhausgasausstoß angehalten. Nach etlichen weiteren Konferenzen haben sich mittlerweile 178 Staaten zur Umsetzung von verschiedenen im Kyoto-Protokoll vorgesehenen Maßnahmen bereit erklärt. Allerdings sind diese Zusagen nur für wenige Staaten mit konkreten Reduktionsverpflichtungen verbunden[30]. Einigen Staaten war es sogar gelungen, im Gegenzug für die politische Unterstützung des Protokolls, Steigerungen ihrer Treibhausgasemissionen auszuhandeln. Angesichts seiner absehbar geringen Effekte auf das Klima – bis 2012 ist nach den Vereinbarungen der Vertragsstaatenkonferenz von Marrakesch 2001 eine Reduktion der Treibhausgase in den Industrieländern (nicht global) um 1,8% im Vergleich zu 1990 vorgesehen – und aufgrund seiner mangelnden Reziprozität hat das multilaterale Regime, das jetzt immerhin regulativ verdichtet war, sowohl von Klimaschützern wie von (zuvorderst in den USA beheimateten) Kyoto-Skeptikern berechtigte Kritik erfahren. Die USA sind dem Abkommen bis heute nicht beigetreten. Ein Wiederaufschnüren des mühsam erreichten Verhandlungspakets wurde nach 2001 von den Vorreiterstaaten abgelehnt, der Ratifizierungsprozess[31] erfolgreich vorangetrieben. Das Inkrafttreten des Protokolls im Februar 2005 dokumentiert in erster Linie die Durchsetzungsfähigkeit der Europäer. Harte Reduzierungsauflagen und Sanktionen im Fall von verfehlten Zielen sind indes nicht vorgesehen. Voluntarismus ist weiterhin das grundlegende Prinzip internationalen Klimaschutzes. Das Kyoto-Protokoll ist auf die Bereitschaft weniger Staaten angewiesen, aktive Reduktionsanstrengungen zu übernehmen[32]. Es wurde zuvorderst von der Führungsbereitschaft der EU am Leben gehalten.

---

[29] Vgl. unter anderem *Esty* (2005: 375), der das Klimaschutzregime als „seriously flawed" bezeichnet; ähnlich die Einschätzung von *Victor* (2001).

[30] Die in Kyoto vereinbarten, aber erst auf den drei folgenden *COP* konkretisierten Flexibilisierungsmechanismen sollten Anreize schaffen für eine Einbindung möglichst vieler Staaten, andererseits boten sie auch ein Einfallstor für Bremser. Das multilateral notwendige Entgegenkommen gegenüber einer diffusen Koalition von wenig handlungsbereiten Staaten bedeutete immer auch Abstriche bei den klimapolitischen Ambitionen. Gemeinsame Aktionspläne wie der 1998 verabschiedete verkleisterten die fortbestehenden Differenzen nur.

[31] Die Bedingungen für das Inkrafttreten waren erst Ende November 2004 gegeben, also fast genau sieben Jahre nach der Verabschiedung. Das notwendige Quorum von 55 Staaten wurde mit der Ratifikation Islands im Frühjahr 2002 erfüllt. Das andere Quorum, wonach durch die teilnehmenden Staaten 55% der CO2-Missionen (Stand 1990) abgedeckt werden mussten, war wesentlich schwieriger zu erreichen. Erst durch die Teilnahme Russlands konnte das Kyoto-Protokoll am 16.2.2005 in Kraft treten. Vorher hatten sich die EU-Staaten allerdings darauf verständigt, zur Not auch ohne die Implementierung des Kyoto-Protokolls an ihren Reduktionszielen festzuhalten.

[32] Wie *Müller* (2005b) argumentiert, gilt es für ein multilaterales Regime nach 2012 diesen minilateralen Aktivismus zu überwinden und auf eine breitere Grundlage zu stellen, weil der Anteil der Annex-I-Staaten an den Gesamtemissionen relativ zurückgeht und 95% des globalen Emissions-

Nachdem die USA danach in den Verhandlungen nur noch als Beobachter, faktisch also als multilateraler Bremser aufgetreten waren und sich zwischenzeitlich durch den Nachdruck der EU-Staaten brüskiert fühlten, hat die *COP* 11, die im Dezember 2005 in Montreal stattfand, den Startschuss für weitergehende Verhandlungen gegeben, die den Zeitraum nach 2012 betreffen sollen. Inzwischen ist auf der Basis dieses Minimalkonsenses zumindest wieder eine schleppende Annäherung zwischen Vorreiterstaaten und Bremsern zu verzeichnen: Die Ergebnisse von Montreal zeigten, dass ein Mindestmaß an Kohäsion im Regime noch vorhanden ist und man sich auf prozedurale Mindestanforderungen verständigen konnte. Die Vorstellungen allerdings, was „nach Kyoto" an die Stelle des alten regulativen Rahmens treten soll, gehen nach wie vor weit auseinander[33]. Als entscheidende Einschränkung multilateraler Verpflichtungskraft dürfte sich auch zukünftig der Umstand erweisen, dass internationale Umweltzusammenarbeit in der Sache oft unverbindlich bleibt – ein fortwährendes Strukturproblem, das die Klimarahmenkonvention seit ihrer Unterzeichnung mit sich herumschleppt und das auch mit einer wiederholt vorgeschlagenen, stärker in das UN-System eingebunden Weltumweltorganisation[34], vermutlich nicht aufzulösen wäre. Die institutionelle Reichweite und der Anspruch auf Regeleinhaltung werden unverändert durch starke Interessendivergenzen zwischen den Staaten begrenzt.

Das Inkrafttreten des Kyoto-Protokolls ist zwar – allein wegen der dazu nötig gewordenen diplomatischen Fingerhakeleien – durchaus als Institutionalisierungsfortschritt zu bewerten, dennoch mangelt es dem Regime aus drei Gründen an politischer Verpflichtungskraft: 1. die wenig ausgeprägte Wahrnehmung einer globalen Interessengemeinschaft, 2. geringe (bzw. enttäuschte) Reziprozitätserwartungen und 3. schwache institutionelle Sanktions- und Streitschlichtungsmechanismen. Die drei elementaren Grundlagen multilateraler Zusammenarbeit sind hier also nur schwach ausgeprägt. Der Verzicht auf harte Sanktionsinstrumente[35] war

---

wachstums nach 1990 auf Entwicklungs- bzw. Schwellenländer entfällt. Deren Nichtteilnahme in zukünftigen Vereinbarungen würde alle Anstrengungen zur Makulatur machen.

[33] Vgl. unter anderem *Bang/Tjernshaugen/Andresen* (2005) oder *Müller* (2005a).

[34] Vgl. zu dieser Diskussion ausführlicher *Biermann/Simonis* (2000), *Gering/Oberthür* (2000) und *Rechkemmer* (2004). Aus meiner Sicht wären die Haupthindernisse für Global Governance im Klimaschutz durch eine neue Institution nicht zu beheben. Verbindlichkeit erwächst aus Problembetroffenheit und der Akzeptanz von Regeln. Es ist deshalb unklar, wie eine Weltumweltorganisation, die die politischen Limitierungen und Entscheidungssklerosen der UNO widerspiegeln würde, eine größere Verbindlichkeit als die bisherigen Ansätze erzeugen können sollte.

[35] Das Fehlen von institutionellen Sanktionsinstrumenten ist von vielen Seiten kritisiert worden. Im Hinblick auf die hier vertretene Argumentation über die Attraktivität internationaler Institutionen erscheint es überaus bemerkenswert, dass das grundlegende Dilemma zwischen ökonomischen Anreizen und ökologischem Zwang im Kyoto-Protokoll selbst kaum adressiert wird. *Compliance* mit den Kyoto-Regeln blieb auf Freiwilligkeit angewiesen. An diesem Prinzip hat sich bis jetzt im Grundsatz nichts geändert, auch wenn auf der Vertragsstaatenkonferenz von Montreal 2005 eine Androhung von Konsequenzen vereinbart wurde. Der dort verabredete Mechanismus sieht vor, bis 2012 nicht erreichte Emissionsreduktionen den Teilnehmern in der Nach-Kyoto-Phase zusätzlich zu den dann zu leistenden Reduktionsauflagen aufzubürden. Außerdem kommt eine „Strafe" von 30% zusätzlicher Reduktion hinzu. Es ist zwar möglich, dass mit diesen unausgegorenen Zwangsmitteln die *compliance*-Anreize für die Staaten, die bisher Reduktionszusa-

eine wesentliche Voraussetzung für die Akzeptanz des Regimes bei der Mehrheit seiner Teilnehmer, zugleich wurde dadurch die regulative Reichweite aber erheblich limitiert. Wie weit das Prinzip freiwilliger Reduktionszusagen trägt, ist derzeit zu beobachten: Die globalen Treibhausgasemissionen steigen nahezu ungebremst, auch in den meisten jener Staaten, die sich zu Senkungen bis 2012 verpflichtet haben[36]. Amerikanische Konservative argumentieren daher nicht ganz zu Unrecht, beim Kyoto-Protokoll handele sich in erster Linie um ein politisches Abkommen, das kaum messbare Ergebnisse liefern könne. Multilateraler Handlungsdruck lässt sich in Bezug auf internationalen Klimaschutz im US-Entscheidungssystem kaum internalisieren[37]. Im Hinblick sowohl auf die globalen Steuerungsergebnisse als auch auf die politische Instrumentalisierbarkeit im US-Entscheidungssystem – ist das internationale Klimaschutzregime von geringer Utilität.

6.2 Ursachen und Formen des US-Unilateralismus

Von der bis in die 1980er Jahre hinein bestehenden amerikanischen Vorreiterrolle im internationalen Umweltschutz ist bei Klimaschutzfragen nicht mehr viel zu spüren. Amerikas Klimaschutzpolitik zeigte sich zu keinem Zeitpunkz von den Erfordernissen des Klimawandels angeleitet, sondern war unverkennbar von industriellem Lobbydruck geprägt. Vor allem Energie- und Erdölunternehmen befürchteten durch multilaterale Reduktionsverpflichtungen ökonomische Schäden. Für die Industrie bildete lange Zeit der Kongress (wie auch beim handelspolitischen Unilateralismus) das Haupteinfallstor. Dagegen spielte die Lobbyarbeit von Umweltorganisationen in den politischen Entscheidungsprozessen nur eine untergeordnete Rolle[38]. Hinzu kamen einige der bereits erschöpfend analysierten Katalysatoren für Unilateralismus: Inneradministrative Auseinandersetzungen, Machtkonflikte zwischen Legislative und Exekutive, Skepsis gegenüber UN-Institutionen im allgemeinen sowie eine Indifferenz der US-Öffentlichkeit gegenüber globalen Klimaproblemen im besonderen.

Das zögerliche Verhalten von *Bush* (d.Ä.) 1992 in Rio, die Symbolpolitik der *Clinton*-Administration in den multilateralen Klimaschutzverhandlungen bzw. die nach 2001 unverhüllte Ablehnung des Kyoto-Protokolls durch die jetzige *Bush*-Administration sind dabei keine singulären Phänomene. Auch in zahlreichen anderen ökologiebezogenen Governanceprozessen gab es seitens der USA Blockadever-

---

gen bereits *gemacht* haben, steigen. Die Staaten, die erst noch ins Reduktionsboot geholt werden sollen, also vor allem die USA, China und Indien, dürften allerdings von diesen „Strafen" eher abgeschreckt werden.

[36] Vgl. unter anderem *Müller* (2005b: 4).

[37] *Hopgood* (2003: 151ff) dagegen identifiziert in dem die USA verstärkt umgebenden Netz multilateraler Umweltverpflichtungen einen beständig größer werdenden Partizipationsanreiz, der durch Verschiebungen in der ökonomischen Interessenstruktur und NGO-Aktivismus unterstützt werde. Auch wenn dieser Argumentation, die eher einen indirekt wirkenden Anpassungsdruck identifiziert, durchaus zuzustimmen ist, fehlt es dem Klimaschutzregime aus meiner Sicht doch an politisch-instrumenteller Utilität, so dass sich kaum *direkte* Anreize für die Exekutive bieten, multilateralen Druck zu internalisieren.

[38] Vgl. vor allem *Levy/Egan* (1998) und *Carpenter* (2001).

suche und Verhandlungsboykotts, die die Grundlagen für gemeinsame Anstrengungen unterminiert haben[39]. Eindeutig ist, dass der hier zu untersuchende US-Unilateralismus nicht auf den *Export ökologischer Regulierungsstandards* zielte, wie bei „*Tuna/Doplhin*" bzw. „*Shrimp/Turtle*"[40], vielmehr war das Gegenteil zu beobachten: *Vermeidung internationaler Verpflichtungen* durch die USA. Es ging nicht um den Versuch unilateraler Normgenerierung, sondern um die Verweigerung eines über die bestehende Klimarahmenkonvention hinausreichenden Institutionalisierungsschritts. Die Klimaschutzpolitik der *Bush*-Administration ging über bloßes *Laggard*-Verhalten hinaus und war anfangs dezidiert gegen das Kyoto-Protokoll gerichtet. *Clintons* Ansatz bestand am Ende vor allem in symbolischer Klimapolitik auf Sparflamme, sein Nachfolger positionierte sich dagegen klar gegen die multilaterale Vereinbarung. 2005 gab es jedoch mit einer ausdrücklich auf Partnerschaft angelegten, *multilateralen* Initiative der USA, die zum Abschluss des Asiatisch-Pazifischen-Klimapakts (mit bisher sechs Teilnehmern) geführt hat, noch eine weitere Akzentverschiebung. Damit lassen sich in der internationalen US-Klimaschutzpolitik sowohl Elemente attentistischen, wie intervenierenden und aktivistischen Unilateralismus´ finden. Die verschiedenen Ansätze sollen unter dem Begriff Semi-Isolationismus subsummiert werden: die Verweigerung multilateraler Selbstbindung ging, wenn auch stark verzögert, mit parallelen internationalen Steuerungsbemühungen einher.

6.2.1 Kompetenzgerangel, Interessengruppen und öffentlicher Klimaschutzdiskurs

Bei umweltpolitischen *policies* ist der strukturelle Kompetenzkonflikt zwischen Präsident und Kongress besonders stark ausgeprägt – hinzu kommt die konkurrierende Zuständigkeit der Bundesstaaten, was Entscheidungsprozesse zusätzlich verkompliziert. Aufgrund ihrer gesetzgeberischen Kompetenzen sitzt die Legislative in Auseinandersetzungen mit der Exekutive, die sich nur auf Initiativrechte berufen kann, meist am längeren Hebel. Dies führt nicht nur zu erheblicher legislativer Blockademacht bei der Internalisierung internationaler Verpflichtungen, sondern bleibt auch nicht folgenlos für die Positionierung der USA in multilateralen Verhandlungen. Die schwache Stellung der für Umweltschutzbelange zuständigen Behörde *EPA* (*Environmental Protection Agency*)[41] innerhalb der Administration tut ein Übriges;

[39] Unter anderem ist als weiterer prominenter (und vielfach kritisierter) Fall ökologischen Unilateralismus die amerikanische Verweigerung der Teilnahme an der internationalen Konvention über Biodiversität zu nennen; vgl. dazu *Paarlberg* (1997 und 2002) bzw. *Falkner* (2005).

[40] *Falkner* (2005: 590) sieht in diesem Standardexport sogar den stärksten Indikator für US-Hegemonie in der globalen Umweltpolitik.

[41] Die schwachen inneradministrativen Stellung der *EPA* wird auch dadurch demonstriert, dass die US-Chefunterhändler in den internationalen Klimaschutzverhandlungen seit Mitte der 1990er Jahre aus dem Außenministerium kamen (beispielsweise *Wirth*, *Eizenstat* oder *Watson*). Die *EPA*-Vertreter waren oft in der eigenen Verhandlungsdelegation isoliert und mußten nach externen Verbündeten Ausschau halten. Die „grüne" Komponente in den US-Verhandlungspositionen ist damit schon von vornherein oft sehr stark eingeschränkt gewesen. Gerade zu Beginn der intergouvernementalen Klimaschutzverhandlungen Ende der 1980er Jahre hatte oft Konsens ge-

als Unterabteilung des Innenministeriums sind ihre Aufgabenfelder überwiegend auf nationale Natur- und Tierschutzmaßnahmen ausgerichtet. Ihre kärgliche Finanz- und Personalausstattung – in Folge von Kongressbemühungen nach 1990 immer stärker beschnitten – erlaubt kaum eigene Akzentsetzungen[42]. Das *State Department* sowie das Handels- und vor allem das Energieministerium – die beiden letztgenannten werden weithin als Sprachrohr von Industrieinteressen wahrgenommen – haben in den letzten beiden Jahrzenten die amerikanische Umweltpolitik wesentlich stärker akzentuiert als die fast immer randständige *EPA*. Hinzu kommt der bei der ökonomischen Folgeabschätzung von Klimaschutzmaßnahmen kaum zu überschätzende Einfluss von Energiepolitikern, Wirtschaftsberatern (*Council of Economic Advisers*) und Finanzpolitikern (*Office of Management and Budget*)[43]. Insgesamt finden Advokaten eines stärkeren klimapolitischen Engagements der USA innerhalb der Administration oft nur strukturell schwache Ansprechpartner – der einflussreiche Vizepräsident *Gore* bildete in dieser Hinsicht eine Ausnahme. Die Gegner von Reduktionszielen und verbindlichen Abkommen haben dagegen in der Regel sowohl in den wirtschaftsfreundlichen Teilen der Administration als auch im Kongress offene Ohren gefunden. Die (nahezu unvermeidlichen) Streitigkeiten innerhalb der Exekutive haben auch auf die Position der USA auf internationaler Ebene durchgeschlagen: Vertreter der *EPA* und anderer Ministerien haben in multilateralen Verhandlungsprozessen oft gegenläufige Ansichten vertreten, wobei sich die *EPA* oft in der Allianzbildung mit Vertretern *anderer* Staaten versucht hat, um interne Widerstände auszumanövrieren. Entsprechende Bemühungen waren selten erfolgreich und haben besonders ab 1998 die Umweltbehörde im US-Entscheidungssystem zum klimapolitischen Geisterfahrer werden lassen.

Der wichtigste funktionale Blockadeimpuls im nationalen Entscheidungssystem, der einer Führungsrolle der USA beim internationalen Klimaschutz nachhaltig im Wege steht, liegt indes in der Zustimmungspflicht des Senats zu multilateralen Vereinbarungen begründet. Die gerade bei Umweltthemen und Fragen internationaler Zusammenarbeit inzwischen nur noch selten erreichbare *supermajority* stellt den zentralen Stolperstein für eine institutionelle Selbstbindung der USA bzw. die Akzeptanz weitreichender Verpflichtungen dar[44]. Die mit der verbreiteten UN-

---

herrscht zwischen der damals noch vom *EPA*-Direktor geleiteten US-Delegation und anderen Staaten. Widerstand gegen die Verhandlungsergebnisse kam dagegen von anderen Teilen der US-Administration und vom Kongress; vgl. unter anderem *Bodansky* (2001: 30).

[42] Vgl. unter anderem auch *Holtrup* (2003: 203). Bezeichnenderweise sah sich die *EPA* auch bei den bereits dargestellten Unilateralismusbeispielen „*Tuna/Dolphin*" und „*Shrimp/Turtle*" in eine sehr randständige Rolle gedrängt; mit der Überwachung und Zertifizierung ausländischer Fischereipraktiken war nicht sie, sondern das Außenministerium bzw. der *NMFS* befaßt.

[43] Zu den inneradministrativen Konfliktlinien ausführlicher *Sprinz/Weiß* (2001), *Jacobson* (2002) und *Whitman* (2005), die ihre Isolation als ehemalige *EPA*-Direktorin in der *Bush*-Administration sehr drastisch beschreibt. Ihr wichtigster interner Gegenspieler war Vizepräsident *Cheney* als Vorsitzender der *Energy Task Force*, die wesentlichen Einfluss bei der Gestaltung der US-Klimaschutzpolitik für sich reklamieren konnte.

[44] Die Schere zwischen exekutivem Handlungswillen und legislativer Zögerlichkeit in der Unterstützung multilateraler Verpflichtungen ist gerade in den *Clinton*-Jahren erheblich auseinandergegangen, was nicht zuletzt parteipolitischen Auseinandersetzungen zuzuschreiben ist: Von 28 in-

Skepsis unterlegten Vorwürfe, die Administration überschreite mit internationalen Umweltvereinbarungen ihre Kompetenzen zu Lasten des Kongresses und vernachlässige amerikanische Interessen, sind Legion. Hinzu tritt eine parteipolitische Konfliktlinie, die sich insbesondere nach der republikanischen Eroberung des *Capitol Hill* 1994 vertieft hat[45] – zwischen Demokraten, die sich Umweltanliegen und NGO-Aktionismus mehrheitlich aufgeschlossen zeigen, und den in ihrer Mehrheit ökoskeptischen und wirtschaftsnahen Republikanern. Die parteipolitischen Konflikte sind zwar bei Klimaschutzfragen nicht so stark ausgeprägt wie in der Handelspolitik, erweisen sich aber dennoch als massiver Hemmschuh für internationales US-Engagement[46]. Überparteiliche Initiativen konnten lange nur *gegen* eine aktive Rolle im globalen Klimaschutz zustande kommen, dagegen wird eine aktive US-Führungsrolle nur von einer Minderheit (vorwiegend demokratischer Abgeordneter) unterstützt. Damit sind die klimapolitischen Weichen vom Kongress oft in Richtung Attentismus und *Laggard*-Verhalten gestellt, auch wenn in den letzten Jahren von einer Minderheit verstärkt auf ein aktiveres Engagement der USA gedrängt wurde. Die Klimadebatte im Entscheidungssystem wird bis heute sehr stark unter parteipolitischen, aber auch unter geographischen Vorzeichen geführt. Während die Ost- und Westküstenstaaten, die ein starkes demokratisches Wählerreservoir aufweisen, Umweltschutzanliegen gegenüber eher aufgeschlossen sind, bildet das amerikanische „Herzland" eine starke konservative Bastion. Zudem erweisen Vertreter aus „Auto-", „Öl-" oder „Kohlestaaten" sich mit signifikant hoher Wahrscheinlichkeit als Gegner von restriktivem Umweltschutz[47]. Dies reflektiert in der Regel sowohl ideologische Vorbehalte als auch Druck von wirtschaftlichen Interessengruppen[48]. Wirtschaftsunternehmen (vorrangig aus den Sektoren Energie und Chemie) verfügen über bessere Einflusskanäle als ihre Gegner aus dem Umweltlager[49]. Auch die Gewerkschaften haben wegen der befürchteten negativen Auswirkungen auf die Wirtschaft verschiedentlich härtere Umweltauflagen abgelehnt und gegen das Kyoto-Protokoll mobilisiert[50]. Bis Ende der 1990er Jahre verhinderte die große Blockadekoalition im US-Entscheidungssystem wirkungsvoll alle Versuche, verbindliche Klimaschutzauflagen zu etablieren. Mittlerweile sind zwar, wie noch

---

ternationalen Umweltabkommen, die die *Clinton*-Administration unterzeichnete, ratifizierte der Senat 12; vgl. *Sussman* (2004: 357).

[45] Vgl. dazu insbesondere *Paarlberg* (1997). Der von *Gingrich* propagierte *Contract for America*, Leitfaden der Republikaner nach 1994, war prononciert antiökologisch. Die „konservative Revolution" führte in den Kongressausschüssen für Umweltangelegenheiten zu einem folgenschweren Revirement, dessen Ergebnis darin bestand, dass alle Schlüsselpositionen in die Hände ausgewiesener Gegner der Umweltbewegung gefallen waren. Möglicherweise kann das Ergebnis der Zwischenwahlen vom November 2006 und die Übernahme der Ausschussvorsitze durch Demokraten die Akzente in der Klima- bzw. Umweltpolitik auch wieder in die andere Richtung verändern.

[46] Vgl. *Paarlberg* (2002), *Assuncao* (2003) und *Sussmann* (2004).

[47] Dazu ausführlich *Sussmann* (2004: 358f).

[48] Vgl. *Falkner* (2005: 593ff).

[49] Vgl. unter anderem *Carpenter* (2001).

[50] Neben der Autogewerkschaft *UAW* war es vor allem die Bergarbeitergewerkschaft *UMW*, die effektiv gegen Kyoto operierte. 1996/97 wurden immerhin 1,5 Millionen US-$ für Lobbykampagnen gegen das Kyoto-Protokoll aufgewandt.

näher auszuführen ist, Interessenverschiebungen im Wirtschaftslager feststellbar, allerdings sind diese fast ohne Auswirkungen auf die Akzeptanz von Reduktionsverpflichtungen geblieben.

Die widersprüchliche Positionierung der amerikanischen Öffentlichkeit in Klimaschutzfragen leistete der Einflussnahme „klimaskeptischer" Interessengruppen sowie der lange dominierenden Ablehnungshaltung im Kongress Vorschub. Klimafragen waren über lange Zeit hinweg randständig[51], zum einen, weil der vom Menschen verursachte Beitrag zum Klimawandel seitens der „Klimaskeptiker" geleugnet wurde[52], zum anderen, weil Klimaschutz stets in erster Linie unter ökonomischen Vorzeichen behandelt wurde. Deshalb kann auch in diesem Zusammenhang ein für die Entstehung von Unilateralismus typisches Indifferenzphänomen beobachtet werden: Mehrheiten der US-Öffentlichkeit begrüßen die *Idee* multilateraler Klimaschutzmaßnahmen und sprechen sich ausdrücklich für verstärkten Klimaschutz (auch eine Ratifizierung des Kyoto-Protokolls) aus, lehnen aber konkrete Verpflichtungen ab, also etwa Reduktionsziele oder die damit verbundenen Einschränkungen in den Konsumgewohnheiten bzw. Steuererhöhungen auf Energieträger[53]. Außerdem wurde das politische Establishment von den Wählern lange Zeit nicht für seine deutlich abweichende Positionierung in Klimaschutzfragen bestraft[54]. Als reale, handlungsleitende Bedrohung wird Klimawandel nur von einer verschwindenden Minderheit empfunden, die Unterstützung für vorbeugende Maßnahmen oder damit einhergehende finanzielle Aufwendungen fiel damit allenfalls lauwarm aus. Vor diesem Hintergrund haben in der Klimadebatte immer wieder Argumentationsmuster verfangen, die eine Verminderung der Treibhausgase zwar als notwendig, aber nicht vordringlich bezeichnen und bei der Bewältigung der Folgen des Klimawandels nicht auf Prävention, sondern Anpassung vertrau-

---

[51] Vgl. *Harris* (2001a).

[52] *McCright/Dunlap* (2003) zeigen die diskursiven Einflusskanäle der „Klimaskeptiker". Der gewichtigste Unterschied zur europäischen Debatte besteht darin, dass die konservativ-wirtschaftsfreundlichen Positionen, die den Klimawandel negieren, unterstützt von konservativen *Think Tanks*, sowohl in der öffentlichen Berichterstattung als auch bei Anhörungen im Kongress stets auf paritätische Behandlung ihrer Argumente drängen konnten – vgl. dazu auch *Müller* (2000). Für Fairness und Ausgewogenheit plädierend, relativierten sie die Argumente ihrer Diskursgegner wirksam. Klimawandel konnte deshalb in einem Großteil der medialen Berichterstattung lange Zeit als unbewiesen hingestellt werden, auch wenn die „Klimaskeptiker" eine verschwindend kleine Minderheit unter den Naturwissenschaftlern bildeten, national wie international.

[53] Vgl. unter anderem *Holsti* (2004), *Brewer* (2005b), *Page* (2007) oder besonders eindrucksvoll *Leiserowitz* (2003), der eine (diffuse) Zustimmungsrate für das Kyoto-Protokoll von 88% ermittelt, und eine Dreiviertelmehrheit für aktive Klimaschutzmaßnahmen der USA, unabhängig davon, welche Maßnahmen von anderen Staaten ergriffen werden. Bemerkenswert ist, dass den Republikanern nahestehende Wähler ebenfalls mehrheitlich aktive Klimaschutzmaßnahmen unterstützen. Ähnlich wie in der Handelspolitik ergibt sich aber ein völlig anderes öffentliches Meinungsbild, wenn nicht nach der Unterstützung für intensivierten nationalen oder globalen Klimaschutz gefragt wird, sondern die ökonomischen Folgen, also etwa der Verlust von Arbeitsplätzen, thematisiert werden: 78% der Befragten lehnten eine Benzinsteuer, 60% eine Energiesteuer für Unternehmen ab.

[54] Vgl. unter anderem *Busby/Ochs* (2005: 56).

en[55]. Die gegen zeitnah zu erbringende und ökonomisch kostspielige Anpassungsleistungen gerichtete Argumentation trägt sehr deutlich der politischen Schuldvermeidungslogik Rechnung: Untätigkeit und eine Vertagung verbindlicher Entscheidungen – zumeist mit dem Schutz von Arbeitsplätzen oder der Abwendung ökonomischer Schäden begründet –, werden von den Wirtschaftslobbys und den Wählern eher honoriert als die Unterstützung eines klimapolitischen Aktivismus.

Letztlich aber steht und fällt globales US-Engagement mit dem internen Führungswillen und der Durchsetzungsfähigkeit der Exekutive. In Umweltangelegenheiten waren beide Aspekte nach 1990 kaum gegeben. Der auf seine Beteiligungsrechte pochende Kongress konnte die Administrationen politisch an der kurzen Leine halten; unter *Clinton* gab es seitens der Exekutive zwar Widerstand dagegen, allerdings kapitulierte sie am Ende vor der legislativen Ablehnungsfront gegen das Kyoto-Protokoll. Ende der 1990er Jahre war durch das quasiimperative Verhandlungsmandat auf internationaler Ebene viel Porzellan zerschlagen, ohne dass die Administration im Gegenzug die Entscheidungsblockaden im US-Entscheidungssystem hätte aushebeln können; dazu fehlte es dem ausgehandelten Kyoto-Protokoll an institutionellen Befolgungsanreizen. Präsident *Bush*, von vornherein wenig engagiert in ökologischen Fragen, ging noch mehrere Schritte weiter als *Clinton*, indem er, der Kongressmehrheit folgend, eine US-Führungsrolle im internationalen Klimaschutz und insbesondere einseitige Treibhausgasreduktionen strikt ablehnte. Politisches Kapital wurde in der Klimapolitik von beiden Präsidenten nicht investiert. Das von der *Clinton*-Administration angestrebte Spiel über eine internationale Bande funktionierte nicht, weil der Kongress durch die internationalen Verhandlungsergebnisse nicht unter Druck gesetzt werden konnte. Dies vor allem erklärt die Janusköpfigkeit in der amerikanischen Klimaschutzpolitik ab Mitte der 1990er Jahre: Nach außen konnte *Clinton* seinem internationalem Führungsversprechen nur noch symbolisch gerecht werden. Faktisch manövrierten ihn die zum Teil selbstproduzierten internen Blockaden immer stärker ins multilaterale Abseits[56]. Die *Bush*-Administration wiederum sah sich zwar durch die Eigendynamik des multilateralen Implementierungsprozesses zunehmend in einem Rechtfertigungszwang

---

[55] Diese Argumentationsmuster haben sich immer auch der für den US-Konservatismus nahezu klassischen Staatsskepsis bedient, um Klimaschutzmaßnahmen zu diskreditieren. Das Vertrauen auf den Markt und die Absage an bürokratische Überregulierung oder die Furcht vor zu hohen Steuern konnten von „Klimaskeptikern" stets sehr effektiv im Klimadiskurs instrumentalisiert werden; vgl. Müller (2000) oder *McCright/Dunlap* (2003). Argumentative Unterstützung ergab sich verlässlich aus dem gegenüber Umweltschützern erhobenen Vorwurf, zu staatsgläubig zu sein und die Belange der Wirtschaft zu vernachlässigen. Parteipolitische Polemik und doktrinäre Marktgläubigkeit vermischten sich oft. Besonders drastisch dokumentiert wird der konservative Argumentationsstrang durch eine Bemerkung des republikanischen Abgeordneten *Young*, der 1994 zum Vorsitzenden des *Ressources Committee* im Repräsentantenhaus geworden war: „Environmentalists are a socialist group of individuals that are *a tool of the Democratic Party. They are not Americans.*"; Zit. nach *Prestowitz* (2003: 129) (Hervorhebung D.K.).

[56] Dass erfolgreiche heimische Konsensbildung die entscheidende Vorbedingung für eine aktive internationale Rolle bildet, unterstreicht Paarlberg (1997: 152): „Only after executive branch leaders in Washington have developed a sufficiently unified and supportive domestic policy consensus (...) will they be well positioned to offer effective environmental policy leadership abroad."

– gegenüber den Kyoto-Befürwortern im Ausland und in steigendem Maße auch gegenüber ökonomischen Interessengruppen in den USA. Aus ideologischen Gründen verzichtete sie jedoch darauf, die internationalen Entwicklungen, in denen die USA immer stärker marginalisiert wurden, als Handlungszwänge zu internalisieren und den Kongress unter Druck zu setzen. Die Teilnahme der USA am Kyoto-Protokoll wurde von *Bush*, der sich in diesem Punkt mit der Kongressmehrheit einig war, vehement abgelehnt.

6.2.2 Verzagter Symbolismus: *Clintons* halbherzige Ambitionen

Zu Beginn ihrer Amtszeit positionierte sich die *Clinton*-Administration sehr ökofreundlich. Das zeigte sich deutlich in personellen Weichenstellungen – so rekrutierte sich die neue Führungsebene der *EPA* fast komplett aus „grünen" *Think Tanks*; die Kaperung der Umweltpolitik durch die Ökobewegung wurde jedoch am stärksten durch Vizepräsident *Gore* dokumentiert[57]. Besonders nachdrücklich zeigte sich die selbstpropagierte klimapolitische Wende daran, dass der Kampf gegen den Klimawandel zu einem zentralen außenpolitischen Anliegen erklärt wurde. Auch sonst verbuchte die Umweltbewegung große Erfolge beim *agenda-setting*: multilaterale Anstrengungen sollten nicht länger verlangsamt, sondern intensiviert werden, nachhaltige Entwicklungskonzepte und Treibhausgasreduktionen galten als das politische Gebot der Stunde. Bei der Ratifizierung der Klimarahmenkonvention im Oktober 1992 durch den Senat wurde der *Verzicht* auf international verbindliche Emissionslimits sogar ausdrücklich kritisiert[58]. *Gores* ein Jahr darauf, im Oktober 1993, vorgestellter *Climate Change Action Plan* ging unter anderem mit der ambitionierten Zielsetzung in die Offensive, die amerikanischen Treibhausgasemissionen auf das Niveau von 1990 zurückzuführen. Mit dem neuentflammten klimapolitischen Enthusiasmus stieß die Administration bald auf erste Vermittlungsschwierigkeiten im US-Entscheidungssystem. Pläne zur Einführung einer allgemeinen Verbrauchssteuer auf Kraftstoffe scheiterten 1993 – interessanterweise also schon vor der „konservativen Revolution" –, obwohl *Clinton* die (geringfügige) Steuererhöhung dem Kongress als Instrument zur Haushaltskonsolidierung und nicht als ökologischen Steuerungshebel schmackhaft zu machen versucht hatte[59]. Widerstand kam in erster Linie von den Republikanern, aber auch von der Mehrheit demokratischer Abgeordneter.

---

[57] *Gore* galt als ausgewiesener Klimaexperte und hatte in seinem Bestseller *Earth in Balance* die ökologische Marschrichtung der neuen Administration sehr konkret vorgezeichnet; unter anderem hatte er eine CO2-Steuer gefordert, die den Energiekonsum verteuern sollte.

[58] Vgl. *Jacobson* (2002: 420). Diese zum Teil auch wahlkampfbedingten Vorwürfe gingen an die Adresse der *Bush*-Administration, die sich für ihr intransingentes Auftreten in Rio rechtfertigen musste.

[59] Im Vorfeld der Kongressentscheidung vermieden es Vertreter der Exekutive sogar auffällig, die Verwendung der Steuer als Instrument zur Verbesserung des Klimaschutzes auch nur zu erwähnen. Die misslungene Einführung der sogenannten *BTU tax* dämpfte die klimapolitischen Ambitionen der *Clinton*-Administration nachhaltig. Vgl. ausführlich *Paarlberg* (1997: 140ff).

Diese Nadelstiche zu Hause hinderten die Administration aber nicht daran, die Verhandlungen auf internationaler Ebene forsch voranzutreiben. Auf der *COP* 1 in Berlin 1995 räumte man zwar ein, aufgrund des starken Wirtschaftswachstums und der fehlenden Kongressunterstützung, bis zum Jahr 2000 eine Reduktion auf das Emissionsniveau von 1990 voraussichtlich nicht erreichen zu können[60]. Gleichwohl zog *Gore* aus diesem sich abzeichnenden Scheitern die Konsequenz, umso nachdrücklicher international zu Ergebnissen kommen zu müssen. Der globale Einigungsdruck sollte heimische Widerstände überwinden helfen, die internationale Führungsrolle einen Zustimmungssog im Kongress erzeugen. Nachdem man das „Berliner Mandat" auf amerikanischer Seite zunächst abgelehnt hatte, gab man schließlich nach. Somit konnten sich die Industrieländer darauf verständigen, Reduktionsanstrengungen notfalls auch ohne die Partizipation von Entwicklungsländern voranzutreiben. Mit der Unterstützung für dieses Abweichen vom Reziprozitätsgedanken lehnte sich die US-Administration weit aus dem Fenster, blieb aber trotz massiver Kritik aus dem Kongress auf Kurs: Obwohl der Wahlkampf seine Schatten vorauswarf und der administrative Umweltaktivismus stark in der Kritik stand, drängte die *Clinton*-Administration bei der *COP* 2 in Genf (1996) auf konkrete Zielvereinbarungen und Zeitpläne[61]. Ausdrücklich wurde auf die Dringlichkeit von harten Reduktionsschritten hingewiesen. Die *Clinton* forcierte den Abschluss eines verbindlichen Abkommens auf der *COP* 3 in Kyoto. Faktisch aber sollte er dort nur noch leere Führungsversprechen machen können.

6.2.3 Fundamentalblockade im Kongress und limitierte Verhandlungsmöglichkeiten

Die entscheidende Vorfestlegung, die das Verhalten der US-Administrationen in internationalen Klimaschutzverhandlungen ab 1997 nachhaltig prägen sollte, ging auf eine *überparteiliche* Kongressinitiative zurück. Diese bildete den wichtigsten Blockadeimpuls – auf nationaler Ebene, wie auch später in den internationalen Verhandlungen. Das Scheitern der multilateralen Ambitionen *Clintons* lässt sich nur aus dieser Limitierung heraus analysieren; zu diesen Beschränkungen hatte er allerdings durch sein zu forsches Verhalten nicht unmaßgeblich beigetragen. Auf die in den Verhandlungen der *COP* 2 offen zutage tretenden Versuche der Administration, die USA in eine internationale Führungsverantwortung hineinzumanövrieren und den Kongress vor vollendete Tatsachen (Reduktionsziele) zu stellen, reagierte die Legislative allergisch. Dem administrativen Drängen auf ein verbindliches multilaterales Klimaschutzregime sollte ein legislativer Riegel vorgeschoben werden. Ende Juli 1997, also fast ein halbes Jahr vor der dritten Vertragsstaatenkonferenz des Klimaschutzregimes in Japan, verabschiedete der Senat die nach ihren Initiatoren benannte „*Byrd-Hagel*"-Resolution mit der Zustimmung von 95 Senatoren und ohne

[60] Vgl. *Paarlberg* (1997: 143).
[61] Vgl. *Prestowitz* (2003: 131) bzw. *Sussmann* (2004: 363).

Gegenstimme[62]. Seitens der Administration drängte man zwar auf eine rhetorische Entschärfung, verzichtete aber aufgrund innenpolitischer Rücksichtnahmen auf einen Konfrontationskurs gegenüber dem Senat[63]. Im Vorfeld der Entscheidung hatten sich die Lobbyaktivitäten amerikanischer Großunternehmen, darunter vor allem die Auto- und Energiekonzerne intensiviert. Unter dem Dach der bereits 1989 ins Leben gerufenen *Global Climate Coalition* (*GCC*)[64] hatten die Kyoto-Gegner in der Industrie eine Kampagne gestartet, deren Argumente (schwache wissenschaftliche Begründung des Klimawandels, schädliche volkswirtschaftliche Wirkung von fest fixierten Schutzzielen) bereits bekannt waren – neu war jedoch die Massivität der Einflussnahme auf die beiden Hauptadressaten: Öffentlichkeit und Kongress. Umweltschützer und Unterstützer stärkerer Klimaschutzanstrengungen aus der Wirtschaft[65] kamen dagegen kaum zu Wort[66].

Der überparteilich gefasste Senatsbeschluss stellte zwar nur eine *unverbindliche* Meinungsäußerung dar, formulierte aber ein imperatives Verhandlungsmandat. Der Administration waren in Kyoto die Hände gebunden[67]. Zwei Vetopositionen waren entscheidend: Der Senat erklärte, keinem internationalen Klimaschutzabkommen

---

[62] Die einmütige Abstimmung über *S. R.* 98 fand am 25.7.1997 statt. Bekannt geworden ist die Resolution unter den Namen der Senatoren, die sie eingebracht hatten, des Demokraten *Byrd* aus *West Virginia*, einem wichtigen „Kohlestaat" und des Republikaners *Hagel* aus *Nebraska*.

[63] Vgl. *Jacobson* (2002: 422).

[64] Diese einflussreichste industrielle Lobbygruppe, bestehend aus über fünfzig Firmen, suchte auch international aktiv nach Verbündeten in der Ablehnung verbindlicher internationaler Reduktionsziele. Dazu wurde vor allem der Kontakt zu OPEC-Staaten intensiviert, die ihrerseits bereits die UN-Klimarahmenkonvention bekämpft hatten und ein Kliamschutzabkommen massiv ablehnten. Während *Clinton* die arabischen Staaten als Bremser betrachtete und ihren Widerstand Mitte der 1990er Jahre mit Hilfe der Europäer auszumanövrieren versucht hatte, suchte die *Bush*-Administration, offenkundig eng beraten von der *GCC*, später wieder den Schulterschluss mit den arabischen Staaten. Vgl. etwa *Paarlberg* (2002: 328f), der den von der *GCC* betriebenen Lobbyaufwand im Vorfeld von „*Byrd-Hagel*" auf 13 Millionen US-$ veranschlagt.

[65] Die Gegenorganisation zur *GCC*, das *US Council for Sustainable Development*, wurde vor allem von Versicherungsunternehmen unterstützt; vgl. *Paterson* (2001). Gegenüber dem politischen Druck der Erdölunternehmen sowie der energieintensiven Industriezweige (Kohle, Auto und Stahl) war der Lobbyismus der Versicherungsbranche zunächst wenig durchsetzungsfähig.

[66] Dabei ist nicht nur die direkte Verbindung zwischen der hohen Wahlkampfunterstützung des Energiesektors für republikanische Kandidaten einerseits und dem wirtschaftsfreundlichen Abstimmungsverhalten republikanischer Abgeordneter in Umweltschutzangelegenheiten andererseits von Interesse; vgl. dazu vor allem *Carpenter* (2001). Wie *McCright/Dunlap* (2003: 362ff) zeigen, hatten sich mit den neuen Mehrheitsverhältnissen im Kapitol auch die umwelt- und klimapolitischen Kongressanhörungen nachhaltig verändert: „klimaskeptische Positionen" von Industrievertretern und „kritischen Wissenschaftlern" waren ab 1994 viel häufiger anzutreffen, während wissenschaftliche Erkenntnisse über den Klimawandel nur als Außenseitermeinungen Gehör fanden – eine groteske Verdrehung der tatsächlichen Mehrheitsverhältnisse im akademischen Diskurs. Auch Vertreter der Administration wurden Ende der 1990er Jahre kaum noch geladen – entsprechend einseitig gestalteten sich die Anhörungen.

[67] Die Motivation der Senatsresolution erklärte *Byrd* einige Jahre später in einer nachträglichen Rechtfertigung als „an effort to strengthen the hand of the administration as it undertook international negotiations (...) to ensure that the interests of the U.S. would be protected in any agreement"; Zit. nach *Müller* (2005a: 3). Im Senat wurde also auf eine die Exekutive in den multilateralen Verhandlungen bindende Wirkung von „*Byrd-Hagel*" vertraut.

beitreten zu wollen, bei dem 1. Entwicklungs- und Schwellenländer von Reduktionsverpflichtungen befreit wären, und das 2. der US-Volkswirtschaft ernsthaften Schaden zufügen könnte. „*Byrd-Hagel*" sollte für die US-Administration, aber auch für das Klimaschutzregime insgesamt, eine schwere Bürde darstellen. Einerseits adressierte die Kongress-Entscheidung klar ein multilaterales Defizit und *Clinton* hoffte vermutlich sogar, (unter Verweis auf seine gebundenen Hände) in den internationalen Verhandlungen eine stärkere Einbeziehung der Schwellenländer durchsetzen zu können[68]; andererseits legte der Senatsbeschluss die USA auf Unnachgiebigkeit fest. *Clintons* eingeschränkte Spielräume zeigten sich bei den Verhandlungen in Kyoto[69], die sich sehr mühsam gestalteten und mehrfach vor dem Scheitern standen. Der US-Chefunterhändler *Wirth* verlangte unter Verweis auf die Vermittelbarkeit zuhause von den Verhandlungspartnern „realistische" Reduktionsziele. Vor allem die Partizipation der Schwellenländer wurde zur ultimativen Vorbedingung für eine US-Teilnahme gemacht – eine deutliche Referenz an das von „*Byrd-Hagel*" aufgestellte Junktim und eine klare Absage an die Forderung einiger EU-Staaten (und einiger Ökoaktivisten in der *Clinton*-Administration) nach einer bedingungslosen Vorreiterrolle der Industriestaaten. Die amerikanischen Vetopositionen wurden, vor allem in Europa, als schwerer Angriff auf Grundprinzipien des Regimes empfunden. Gleichzeitig zeichnete sich bei den Verhandlungen in Kyoto auch immer deutlicher ab, dass *Clinton* bei einer Vereinbarung über Emissionsziele keine *Minderung* unter das Niveau von 1990 würden akzeptieren können – und selbst dieses Ziel schien wegen des starken US-Wirtschaftswachstums kaum erreichbar. Weil auch andere Staaten Schwierigkeiten einräumten, lag ein Verschiebung der Reduktionsziele auf den Zeitraum 2008-2012 nahe (zuvor war das Jahr 2000 als Ziel genannt worden). Diese von den meisten Umweltaktivisten hart kritisierte Verschiebung wurde auch mit der vagen Hoffnung auf technologischen Fortschritt begründet – auch dies eine zentrale Argumentationslinie der USA.

Zusätzlich intensivierte die US-Delegation ihre Bemühungen um ein System zum Emissionshandel. Die Europäer witterten in dieser Frage eine Verwässerung des Klimaregimes und waren gegen einen Mechanismus, der die aus ihrer Sicht unerwünschte Möglichkeit zum „Freikauf" von Reduktionsanstrengungen bot. Aus meiner Sicht wollte *Clinton* mit dem Insistieren auf Flexibilisierungsmechanismen vor allem die zwei vom Kongress aufgestellten Vetopositionen umschiffen: 1. wurden mit dem Emissionshandel Entwicklungsländern stärkere Partizipationsanreize geboten, und 2. wären die Reduktionsziele für die US-Volkswirtschaft durch den Ankauf von „Verschmutzungsrechten" mit geringeren Kosten erreichbar gewesen. Auch wenn es in Kyoto[70] am Ende ein Ergebnis gab, das von den Unterstützern

---

[68] Ähnlich *Jacobson* (2002: 432).

[69] Das Verhandlungsmandat der US-Administration war im Vergleich aller Annex-I-Staaten das am stärksten eingeschränkte, so *Falkner* (2001: 167). Diesen Aspekt betont auch *Jacobson* (2002: 425). Dessen Argumentation zufolge mußte die US-Administration den nationalen Ratifizierungsprozeß viel stärker im Auge behalten als die Verhandlungsdelegationen anderer Staaten.

[70] Nachdem in der ersten Verhandlungswoche von Kyoto die starre amerikanische Position (vor allem gegenüber den Entwicklungsländern) fast für ein Scheitern gesorgt hatte, reiste *Gore* nach, um seine Delegation zu mehr Flexibilität zu bewegen und den hohen Stellenwert zu doku-

des Regimes im Vergleich zur drohenden Blockade sogar als sehr ambitioniert dargestellt werden konnte, ging es – im Windschatten des US-Widerstands – für viele Staaten in erster Linie darum, Zeit zu gewinnen. Die US-Administration und viele andere Staaten, die nicht für die ambitionierten Ziele der Vorreiter zu begeistern waren (darunter auch einige europäische Länder), stimmten dem Protokoll nur deshalb zu, weil es zu einer Verringerung der Reduktionsziele und zur Verschiebung der Implementierung gekommen war. Was die Umwelt-NGOs als politischen Kuhhandel zu Lasten des Weltklimas kritisierten, war in Wirklichkeit das politisch notwendige Konsensminimum. Der durch die hinhaltende Verhandlungsstrategie der USA befeuerte Widerstand wichtiger EU-Staaten zeigte jedoch nachdrücklich, dass die USA in Kyoto nicht mehr führungsfähig waren. In den multilateralen Verhandlungsergebnissen spiegelte sich zwar noch eine gewisse Rücksichtnahme anderer Staaten auf die Vermittlungsschwierigkeiten *Clintons* gegenüber dem Kongress wider, indem es kleine Zugeständnisse in technischen Fragen[71] und bei den Implementierungszeiträumen gab. Bei den Kernanliegen, der Vermeidung weitreichender Reduktionsziele *unter* das Niveau von 1990 und der Etablierung eines Emissionshandelsmechanismus unterlagen die USA jedoch[72].

Allerdings stellte das vereinbarte US-Reduktionsziel die *Clinton*-Administration zuhause vor eine sehr schwierige Vermittlungsherausforderung. Noch stärkere Kongresskritik entzündete sich aber am Freifahrschein für die Entwicklungs- und Schwellenländer. Die klimapolitischen Ambitionen der Administration zerschellten an der mangelnden Durchsetzungsfähigkeit im US-Entscheidungssystem und an den internationalen Blockaden[73]. Die „gefesselten Hände" der Administration hatten im Verhandlungsprozess kaum Entgegenkommen bewirkt. Viel schwerer aber wog, dass das Kyoto-Protokoll in den USA zum Scheitern verurteilt war. In ihrer bestehenden Form konnten die multilateralen Verhandlungsergebnisse im Senat nicht auf Zustimmung rechnen[74]. Die Administration hatte die heimische Konsensbildung vernachlässigt; ihr Versuch, den Kongress vor vollendete Tatsachen zu stellen, misslang gründlich – eben weil die Verhandlungsergebnisse von Kyoto zu

---

mentieren, den die *Clinton*-Administration einem Erfolg des internationalen Klimaschutzregimes zuwies; vgl. *Prestowitz* (2003: 136). Bezeichnend ist, dass *Gore* in Kyoto ein Ergebnis brauchte und auf einen Kompromiss hinarbeitete, mit dem er zuhause Druck auf die „Klimaskeptiker" in den eigenen Reihen sowie unter den Republikanern ausüben zu können hoffte.

[71] Es wurden auf maßgeblichen Wunsch der US-Delegation noch fünf weitere Gase neben CO2 als klimaschädigend definiert, bei denen der US-Ausstoß geringer ausfiel. Die US-Reduktionsleistung beim CO2 konnte dadurch insgesamt kleiner ausfallen.

[72] Die vereinbarten und bis 2012 zu erreichenden Zielmarken betrugen: für Japan 6% Treibhausgasreduktion unter das Niveau von 1990, für die USA 7% und für die EU 8%. Von einigen EU-Staaten war der US-Widerstand zum Anlass genommen worden, um vom ursprünglich sehr ambitionierten EU-Ziel (15% bis 2010) abzurücken.

[73] Dazu *Paarlberg* (2002: 327): „The result was the worst of both worlds for U.S. negotiators: a promised cut larger than congress had anticipated and without any guarantee of the developing country participation Congress had warned would be necessary."

[74] Senator *Hagel* äußerte sich unmittelbar nach dem Ende der Konferenz von Kyoto unmissverständlich: „ (I)f the President signs this (...) we will kill this bill." Auch der einem aktiven Klimaschutz wesentlich aufgeschlossenere Senator *Kerry* nannte die Ergebnisse „not ratifiable"; Zit. nach *Jacobson* (2002: 417).

viele Angriffsflächen für Kritik aus dem Kongress boten. Vermittlungsprobleme gab es indes nicht nur zuhause, sondern auch international. Dort waren die USA von einer Führungsrolle in die eines zunehmend selbstbezüglich agierenden *Laggard* geraten. Die US-Politik zeigte in der Folge immer stärker unilateralistische Züge. Die US-Administration strebte zwar noch immer Reduktionsvereinbarungen an, allerdings drängte sie wesentlich stärker als zuvor auf Flexibilisierungsmechanismen und eine Einbeziehung der Entwicklungsländer. Die spätere Unterschrift der Administration unter das Kyoto-Protokoll im November 1998 war eine rein symbolische und nicht bindende Geste[75], um nach außen den weiter hohen Handlungswillen der Administration in Klimaschutzfragen zu demonstrieren[76]. Dennoch mehrten sich angesichts des Lavierens der US-Administration und ungeachtet ihrer (vom Kongress massiv kritisierten und eingeschränkten) Versuche, durch nationale Klimaschutzprogramme das Kyoto-Protokoll doch noch zu erfüllen[77], die Vorwürfe eines unangemessenen Unilateralismus. Die US-Forderung nach Nachverhandlungen und das Drängen auf die Einbeziehung der Schwellenländer wurde von den meisten Staaten nachdrücklich abgelehnt, weil man eine Schwächung des Regimes fürchtete. Auch die Initiative *Clintons*, einige Schwellenländer zur (symbolischen) Übernahme von Reduktionsverpflichtungen zu animieren, stieß nur bei den argentinischen Gastgebern der *COP* 4 in Buenos Aires auf Gegenliebe[78]. Das Signal der Administration an den Senat, das Abkommen erst zur Ratifizierung vorlegen zu wollen, wenn auch die Entwicklungsländer zu Reduktionsleistungen bereit seien, konnte die Gemüter vor allem unter den republikanischen Hardlinern nicht beruhigen und war das unverblümte Eingeständnis fehlender exekutiver Durchsetzungsfähigkeit. Die Unterschrift unter das multilaterale Vertragswerk verärgerte den Kongress und war aufgrund des reinen Symbolismus nicht geeignet, die Tür für eine Nachverhandlung der Kyoto-Ergebnisse aufzustoßen.

---

[75] Die amerikanische Unterschrift unter das Kyoto-Protokoll wurde am 12.11.1998 vom Leiter der US-Vertretung bei der UNO, *Burleigh*, in New York geleistet. Einen Tag vor Beginn der *COP* 4 in Buenos Aires sollte damit ein, von vielen anderen Delegationen begrüßtes, Signal für weitere multilaterale Anstrengungen gegeben werden.

[76] *Lutzenhiser* (2001) verwendet für die immer stärker symbolisch und widersprüchlicher werdende Positionierung der *Clinton*-Administration im Klimaschutz den Begriff „non-policy". Die implizierte harsche Kritik von *Lutzenhiser* bezieht sich freilich zuvorderst auf den sich abschwächenden Elan *Clintons* auf multilateraler Ebene. Um überhaupt Hoffnung auf eine Akzeptanz des Kyoto-Protokolls im Senat haben zu können, konnte sich die Administration international nur auf eine Verwässerungsstrategie einlassen. *Clintons* halbherzige Verhandlungsangebote stießen auf internationalen Widerstand. Die Vehemenz, mit der die Themen Emissionshandel und Technologieförderung von amerikanischer Seite vorangetrieben wurden, dokumentierte zuvorderst den langen Hebel der Legislative.

[77] Bei *Clintons* nationalen Initiativen Ende der 1990er Jahre, die in erster Linie auf freiwillige Reduktionsverpflichtungen und die Entwicklung alternativer Energien setzten, machte der Kongress sehr umfänglich von seinen haushaltsrechtlichen Obstruktionsmöglichkeiten Gebrauch; vgl. unter anderem *Jacobson* (2002: 432) und *Holtrup* (2003: 201).

[78] Die klimapolitisch völlig unerhebliche Zusage des argentinischen Präsidenten *Menem*, der damit unter anderem die angestrebte OECD-Mitgliedschaft seines Landes zu fördern hoffte, bot der US-Administration den willkommenen *Anlass* zur Unterzeichnung des Kyoto-Protokolls; vgl. *Bang/Tjernshaugen/Andresen* (2005: 288).

Auch die Anstrengungen *Clintons*, die von Kyoto ausgehenden Anpassungskosten[79] für die USA herunterzurechnen, verfehlten ihr Ziel. Der Verweis auf die Chancen des Emissionshandels und die stärkere Einbeziehung der Entwicklungsländer durch den *Green Development Mechanism*, überzeugte den Senat nicht, zumal die dafür notwendigen Verhandlungen auf internationaler Ebene noch gar nicht abgeschlossen waren[80]. Der gegenüber der Regierung argwöhnische Kongress unterband durch seine Haushaltskontrolle alle exekutiven Bemühungen, Kyoto-Ziele gewissermaßen „durch die Hintertür" zu erreichen[81]. Angesichts der Doppelblockade in den internationalen Klimaschutzverhandlungen und im heimischen Entscheidungssystem verzichtete die *Clinton*-Administration bis zum Ende ihrer Amtszeit darauf, das Kyoto-Protokoll dem Senat zur Abstimmung zuzuleiten. Das multilaterale Regime war aufgrund der legislativen Vetohaltung als politischer Fixpunkt klimapolitischen US-Engagements bereits Ende 1997 praktisch gestorben – also lange, bevor es von der *Bush*-Administration für „tot" erklärt wurde.

Clintons Bemühungen, das in Kyoto verabschiedete Verhandlungspaket im Ratifizierungsprozess noch einmal aufzuschnüren, um den Kongress vielleicht doch noch ins Boot holen zu können, wurden von vielen anderen Annex I-Staaten als Brüskierung empfunden – einge von ihnen zeigten allerdings an einer (weiteren) Aufweichung der Reduktionsziele durchaus interessiert. Für den Großteil der Kyoto-Unterstützer bildete das Protokoll dagegen einen mühsam erreichten Minimalkompromiss, der schon weit hinter den ursprünglichen Ambitionen zurückgeblieben war und nicht mehr nachverhandelt werden konnte. *Clintons* eingeschränkte Verhandlungsposition wurde bei den weiteren Vertragsstaatenkonferenzen, vor allem auf der *COP* 6 in Den Haag 2000 deutlich[82]. Das Lavieren der US-Delegation, besonders aber das Insistieren auf dem Emissionshandel sowie auf der Anrechnungsmöglichkeit von Wäldern als CO2-Senken – die amerikanische Reduktionslast wäre dadurch massiv gesunken – wurde vom Großteil der EU-Staaten als Blockadeversuch bewertet. Die EU-Staaten waren in der Frage des Emissionshandels zwar nunmehr zum Entgegenkommen bereit waren, lehnten die Anrechnung von Senken aber kategorisch ab. Dass die US-Delegation keine Reduktionsverringerung erreichen konnte, schwächte das amerikanische Interesse an einer Erhöhung der

[79] Vgl. zu den Implementierungskosten unter anderem *Parker* (2002) und *Fletcher* (2005). Wie *Nordhaus* (2005: 25) zeigt, hätten die USA über vier Fünftel des globalen Anpassungsbedarfs zu erbringen gehabt. Dass dies zu unüberwindlichen innenpolitischen Hindernissen geführt hätte, ist evident.

[80] Mit einem offiziellen Report vom zentralen ökonomischen Beratungsgremium des Präsidenten (*CEA* (1998)), in dem die Chancen des Emissionshandels herausgestellt, außerdem aber auch die Implementierungskosten sehr niedrig angesetzt wurden (weniger als 1 Prozent des BIP p.a.), sollten die Bedenken der Großindustrie entkräftet werden. Zum Leidwesen der Klimaschutzbefürworter in der Administration veröffentlichte zeitgleich das Energieministerium eine Studie, in der die ökonomischen Folgekosten mehr als doppelt so hoch geschätzt wurden. Verschiedene Teile der Administration argumentierten hier also heftig gegeneinander. Außerdem gab es noch konkurrierende Studien des *Congressional Research Service*, die ebenfalls von sehr hohen Anpassungskosten (bis zu 4 Prozent des BIP p.a.) ausgingen; vgl. unter anderem *Fletcher* (2005).

[81] Vgl. unter anderem *Ochs/Schaper* (2005: 250).

[82] Vgl. zur Konferenz von Den Haag grundlegend *Grubb/Yamin* (2001).

Regimeverbindlichkeit[83]. Allerdings ist durchaus fraglich, ob nach den Präsidentschaftswahlen[84] auf Seiten der Administration tatsächlich noch ein ernsthaftes Interesse an multilateralen Fortschritten bestand. Das wegen der Unvereinbarkeit der Positionen[85] letztlich unvermeidbare Scheitern der Konferenz von Den Haag zeigte, dass die Administration das politische Kräftemessen mit dem Senat zu diesem Zeitpunkt bereits verloren gegeben hatte. Auf internationaler Ebene konnte die *Clinton*-Administration keine Rücksichtnahme auf interne Handlungszwänge und die Vermittelbarkeit multilateraler Ergebnisse im US-Entscheidungssystem mehr erwarten[86]. Sie nährte mit ihrem Verhalten vielmehr weiter den Vorwurf, rücksichtslos zu handeln – die Administration wurde Opfer ihrer Versprechungen: Je stärker die USA in den Augen der Europäer in ihren klimapolitischen Ambitionen zurückfielen, desto unerbittlicher wurde die EU-Verhandlungsstrategie. Nach der Vorstellung vieler EU-Vertreter sollten die USA als klimapolitischer Sündenbock vorgeführt werden[87]. Dennoch waren die USA im Verhandlungsprozess nicht isoliert. Unterstützung für die US-Forderungen kam von der *umbrella-group*, der neben Kanada, Japan und Australien unter anderem noch Russland angehörte.

---

[83] Vgl. *Fletcher* (2005: 8). *Eizenstats* Drängen auf eine *Erhöhung* der *compliance*-Anreize zeigte deutlich das Bestreben nach „gebundenen Händen". Tatsächlich sah der US-Vorschlag bei der Nichterreichung von Reduktionszielen aber keine Geldbußen vor, sondern höhere Auflagen in Folgevereinbarungen. Dies war aus EU-Sicht unbefriedigend, wurde am Ende aber so übernommen.

[84] Der klimapolitische Ehrgeiz *Gores* war indirekt auch für sein Scheitern bei den Präsidentschaftswahlen mitverantwortlich. Unabhängig vom Wahlergebnis in *Florida* hätte *Gore* die Wahlen mit den fünf Wahlmännerstimmen aus dem stark demokratisch geprägten „Kohlestaat" *West Virginia*, der Heimat des Senators *Byrd*, für sich entscheiden können.

[85] Die niederländischen Gastgeber hatten zu Beginn der Konferenz 39 zentrale Streitthemen identifiziert; vgl. *Assuncao* (2003: 305) und *Grubb/Yamin* (2001). Während einige Staaten auf eine Verschärfung und Konkretisierung der Regimeregeln drängten, zogen andere immer noch grundlegende Regimeprinzipien in Zweifel; während den meisten Umwelt-NGOs die Reduktionsziele nach wie vor als viel zu niedrig erschienen, stellten OPEC-Staaten immer noch den Bedarf globalen Klimaschutzes grundsätzlich infrage.

[86] Mit der multilateralen Erfolglosigkeit *Clintons* bei den Bemühungen um Nachverhandlungen des Kyoto-Protokolls haben die „gefesselten Hände" der Exekutive Konzessionen der Verhandlungspartner auf internationaler Ebene keineswegs befördert. Im internationalen Klimaschutz bot sich kein strategischer Hebel. Der Verweis auf den in Reduktionsfragen renitenten Kongress (und den „*Byrd-Hagel*"-Beschluss) hatte zwar vor und in Kyoto zu einem deutlichen Entgegenkommen anderer Staaten geführt – die Vorreiter (vor allem die EU-Staaten) hatten große Abstriche bei den US-Reduktionszielen hingenommen, um überhaupt ein Ergebnis erreichen zu können. Nach der Verabschiedung des Kyoto-Protokolls sahen sie sich allerdings außerstande, den US-Forderungen weiter entgegenzukommen. Die Revisionsbemühungen der USA (und anderer Staaten) stießen weitgehend auf Granit, weil sonst nach allgemeiner Auffassung die gerade aus der Taufe gehobene multilaterale Institution irreparabel geschädigt worden wäre. Nach 1997 ließen *Clintons* Vermittlungsprobleme zuhause die meisten Annex I-Staaten kalt.

[87] Diese *ideologische* Verschärfung der ohnehin schwierigen Auseinandersetzungen resultierte unter anderem daraus, dass in der EU-Delegation immer mehr „grüne" Umweltminister den Ton angabe; dazu *Prestowitz* (2003: 138). Auch *Esty* (2005: 372ff) führt die transatlantischen Differenzen in Umweltfragen auf ideologische Gründe zurück. Aus US-Sicht erscheine die „grün" eingefärbte EU-Position oft unrealistisch, während die zuvorderst wirtschaftspolitisch motivierte US-Zurückhaltung bei den Europäern moralische Empörung wecke.

Angesichts der Tatsache, dass die im Kyoto-Protokoll für die USA vorgesehenen Reduktionsziele bereits bei ihrer Vereinbarung Makulatur waren[88], war die Argumentation der Kyoto-Gegner in den USA, dass *Clintons* Zusagen unrealistisch seien und ihre Implementierung zu scharfen wirtschaftlichen Einschnitten führe, nicht wirksam zu entkräften. Daher waren die administrativen Versuche, den Eindruck klimapolitischen Engagements trotzdem aufrechtzuerhalten, unglaubwürdig – tatsächlich entfernte man sich immer mehr von den (bereits mehrfach zurückgeschraubten) eigenen Zielmarken. Das politisch heikle Thema Klimaschutz (und speziell das stark negativ besetzte, fast tabuisierte „K-Word"[89] – damit war das Kyoto-Protokoll gemeint) wurde von *Clinton* zunehmend gemieden, weil die multilateralen Verhandlungsergebnisse im Kongress nur Widerstand weckten[90] und auch unter den ursprünglichen Verbündeten aus dem Umweltlager immer stärkere Vorwürfe laut wurden, er sei in Kyoto zu kurz gesprungen[91]. Angesichts dieser doppelten Unzufriedenheit und der fehlenden Aussicht auf eine Nachbesserung der Kyoto-Ergebnisse, erlahmte der klimapolitische Aktionismus *Clintons* zum Ende seiner Amtszeit merklich. Die Administration verlor zusehends das Interesse. *Gore* versuchte im Präsidentschaftswahlkampf 2000, das Thema Klimaschutz niedrig zu hängen und verteidigte das Kyoto-Protokoll nur halbherzig. Gleichwohl bot sein Engagement im Kyoto-Prozeß zahlreiche Angriffsflächen.

6.2.4 Offensives Desinteresse und Parallelaktionen: die *Bush*-Administration

Für die Akzentsetzungen der *Bush*-Administration in Fragen des internationalen Klimaschutzes war maßgeblich, dass die Kosten einer Umsetzung des Kyoto-Protokolls als nicht akzeptabel erschienen. *Bush* war auf eine Ablehnung des Kyoto-Protokolls in der bestehenden Form festgelegt. Dennoch schien nach der von Klimaaktivisten und Beobachtern als traumatisch bezeichneten Konferenz von Den Haag die Tür für weitere multilaterale Verhandlungen zunächst noch nicht zugeschlagen – viele erhofften einen Neuanfang[92]. Im Wahlkampf hatte *Bush* vor den Kosten des Kyoto-Protokolls gewarnt und sich allgemein gegen eine zu starke staatliche umweltpolitische Regulierung ausgesprochen; zudem hatte es Versprechen an Energieunternehmen und Kohleproduzenten gegeben, keine ökologischen Standards zu verschärfen[93], allerdings war eine Emissionsgrenze für Kraftwerke ins Spiel gebracht worden. Im Ausland gab es zu Beginn der Präsidentschaft

[88] Angesichts der volkswirtschaftlichen Hochkonjunktur in den *Clinton*-Jahren waren die Treibhausgasemissionen erheblich gestiegen, vor der Jahrtausendwende lagen sie 13% über dem Niveau von 1990, was zur Einhaltung des Kyoto-Ziels eine Emissionsreduktion um 25% notwendig gemacht hätte; vgl. unter anderem *Jacobson* (2002: 423).

[89] Vgl. *Hopgood* (2003).

[90] Dies alles vollzog sich vor dem Hintergrund des parteipolitisch und ideologisch aufgeladenen Amtsenthebungsverfahrens und scharfer Auseinandersetzungen über die Außenpolitik – mit der Folge, dass multilaterale Initiativen insgesamt zurückgingen; vgl. unter anderem *Hersman* (2000).

[91] Bezeichnenderweise richtete sich die Schelte der Umwelt-NGOs überwiegend gegen die Administration und kaum gegen den Kongress; vgl. auch *Jacobson* (2002: 429).

[92] Vgl. unter anderem *Halper/Clarke* (2004: 124f).

[93] Vgl. dazu *Prestowitz* (2003: 139f).

die Hoffnung, dass, nachdem sich der Pulverdampf des Wahlkampfs verzogen hatte, die Bedingungen des wiederhergestellten *unified government* für eine Überwindung der klimapolitischen Blockade im US-Entscheidungssystem sorgen und neuen Schwung in die festgefahrenen Verhandlungen bringen könnten. Diese Hoffnungen zerschlugen sich allerdings schnell: Bereits zwei Monate nach seiner Amtseinführung lehnte der Präsident bindende Reduktionsziele und verschärfte Emissionsrichtlinien für US-Kohlenkraftwerke ausdrücklich ab. Diese Maßnahmen waren unter anderem auch von der neuernannten Direktorin der *EPA*, *Whitman*, unterstützt und gegenüber der EU bereits in Aussicht gestellt worden[94]. Die auf maßgeblichen Druck einiger republikanischer Senatoren zustande gekommene deutliche Absage des Präsidenten an nationale CO2-Emissionsgrenzen kam einer faktischen Aufkündigung der multilateralen Bemühungen gleich[95]. Offiziell wurde die neue Marschrichtung als die Administration das Kyoto-Protokoll im März 2001 für „tot" erklärte[96] und später bekannt gab, es dem Senat nicht zur Ratifizierung vorlegen zu wollen. Bei der Zurückweisung nahm die Administration ausdrücklich Bezug auf die „*Byrd-Hagel*"-Resolution[97].

Bushs Position in der Klimaschutzdiskussion war das Eingeständnis einer klaren, zum Teil durchaus ideologisch begründeten Ablehnungshaltung. Andererseits dokumentierte sie ehrlicher als *Clintons* Symbolismus die fehlenden Durchset-

---

[94] Vgl. *Whitman* (2005: 168ff) und *Ochs/Schaper* (2005: 251); Im ersten Regierungsprogramm der *Bush*-Administration war das Ziel eines nationalen Reduktionsziels verankert, außerdem war CO2 explizit als klimaschädliches Treibhausgas benannt worden. Auf dieser Basis sicherte *Whitman* beim G-8-Treffen der Umweltminister in Triest (im Februar 2001) verstärkte Anstrengungen beim Kampf gegen die Erderwärmung zu. Währenddessen hatten allerdings republikanische Senatoren mit der Gegenmobilisierung begonnen. In einem Brief an *Bush* drohten sie mit Blockade, falls der Präsident nicht unmißverständlich klarstellte, dass er die Kyoto-Mechanismen ablehne. Der Forderung entsprechend machte *Bush* einen Rückzieher, negierte die Klimaschädlichkeit von CO2 wieder und lehnte Emissionsgrenzen ab. Das desavouierte die *EPA*-Direktorin international und machte erneut das hohe Obstruktionspotential des Senats deutlich.

[95] Vgl. *Pope/Rauber* (2004: 161ff).

[96] Dieser Ausdruck bezog sich allerdings nicht auf die multilateralen Verhandlungen, sondern auf die *fehlende Vermittelbarkeit* im US-Entscheidungssystem. Bemerkenswerterweise fiel der *EPA*-Direktorin *Whitman*, die sich zuvor für Reduktionsverpflichtungen auf nationaler Ebene ausgesprochen hatte und damit gescheitert war, die Aufgabe zu, die Absage an das Kyoto-Protokoll offiziell zu machen. Man darf angesichts von *Whitmans* zuvor und auch später gezeigten Drängen auf nationale und multilaterale Klimaschutzanstrengungen durchaus begründet vermuten, dass die Aufkündigung aller multilateralen Bemühungen nicht der Position der eher „grünen", vorrangig in der *EPA* konzentrierten Teile der Administration entsprach. Hier zeigt sich eine Parallele zur Handelspolitik – auch dort mußte der *USTR*, der in der Regel als Verfechter einer liberalen Handelsordnung gelten darf, mitunter protektionistische Politikansätze gegen seinen Willen nach außen (und vor der WTO) verteidigen.

[97] Indes betonte der demokratische Senator *Byrd* anlässlich der von ihm kritisierten Absage des Präsidenten an multilaterale Klimaschutzbemühungen, dass die Resolution nicht als ausdrückliche Absage an das Kyoto-Protokoll, sondern als instrumentelle Verbesserung der US-Verhandlungsposition in Kyoto konzipiert worden sei; vgl. *Müller* (2005a: 3).

zungsmöglichkeiten der Administration gegenüber dem Kongress[98], war aber natürlich in erster Linie der Ausweis von *Bushs* fehlenden Willen überhaupt klimapolitisch aktiv zu werden. Vor dem Hintergrund, dass vor allem die Republikaner immer auf einer kostenneutralen Lösung der Klimaprobleme ohne negative Folgen für die US-Volkswirtschaft beharrt hatten, war *Bushs* Verhalten konsequent. Seine rhetorische Relativierung, dass die ablehnende Haltung der USA ausschließlich auf ökonomische Bedenken zurückgehe und bei einer stärkeren Einbeziehung von China, Indien oder Mexiko überdacht werden könne, war daher auch nur als diplomatische Augenwischerei zu interpretieren. In der Sache hatte sich *Bush* die Vetopositionen von „*Byrd-Hagel*" zu eigen gemacht – *Clinton* hatte dagegen stets versucht, sich über diese hinweg zu setzten, um im Gegenzug von den EU-Staaten Zugeständnisse in den Klimaschutzverhandlungen erreichen zu können. Der das multilaterale Grundprinzip gemeinsamer Anstrengungen offen infrage stellende US-Unilateralismus wies in den ersten *Bush*-Jahren sehr aggressive Züge auf. Die schroffe und undiplomatische Absage an multilaterale Klimaschutzbemühungen – *Bush* hatte das Kyoto-Protokoll als „fatally flawed" bezeichnet – entsprang auch einer grundlegenden Skepsis gegenüber multilateralen Institutionen. Die Unzulänglichkeiten des Kyoto-Protokolls lieferten lediglich den *Vorwand* für die endgültige Absage an eine multilaterale Führungsrolle der USA im globalen Klimaschutz.

Die US-Entscheidung sorgte vor allem in Europa für massive Empörung, erst recht nachdem die Vermittlungsmission einer hochrangig besetzten EU-Delegation im Sommer 2001 an der harten Haltung Washingtons gescheitert war. In den Augen der ausländischen Kritiker reihte sich *Bushs* Widerstand gegen das Klimaschutzregime in eine Vielzahl anderer, für die Außendarstellung der USA insgesamt verheerender Unilateralismusentscheidungen ein. Tatsächlich handelte es sich nach meinem Dafürhalten jedoch *nicht* um eine klimapolitische Kehrtwende unter ideologischen Vorzeichen: *Bush* hatte lediglich eine neue Tonart angeschlagen, in der Sache aber den Kurs des administrativen Wegduckens angesichts starker legislativer Widerstände fortgesetzt[99]. Wie *Clinton* wusste er, dass die entscheidenden Stolpersteine gegen Reduktionsverpflichtungen im Kongress lagen. Hier wollte und konnte der Präsident nicht gegensteuern, auf der anderen Seite fiel die, mit den bekannten Argumenten des konservativen Diskussionsstrangs[100] vorgebrachte Kritik am Kyoto-Protokoll aber erheblich schärfer aus als bei seinem Vorgänger, der es gegenüber dem Kongress im Grundsatz immer verteidigt und schließlich auch unterzeichnet hatte. Der stärkste Kontrast zur affirmativen Haltung der Vorgängeradministration lag deshalb in *Bushs* Rhetorik. Gleichwohl zeigte

---

[98] Dazu *Schelling* (2002: 2): „Bush (…) had some choices (…). But the one option he did not have was to submit the protocol to the Senate for ratification. (…) (I)n stating that he would not submit the treaty (…), (he) at least avoided hypocrisy." (Ergänzung D.K.)

[99] *Assuncao* (2003: 314) vermutet, dass *Bushs* Ablehnung des Kyoto-Protokolls den strategischen Zweck verfolgt habe, Zeit zu gewinnen und die US-Industrie auf den „Kyoto-Schock" vorzubereiten. Dazu passt allerdings die scharfe anti-multilaterale Rhetorik der Administration nur bedingt. Zwar war die Ablehnung nicht vordergründig ideologisch begründet, wohl aber dominierte das klimapolitische Desinteresse.

[100] Vgl. *McCright/Dunlap* (2003: 369f).

sich die Administration von den harschen Reaktionen im Ausland überrascht und gab später verschiedentlich zu, Fehler gemacht zu haben[101] – allerdings nur in der Form der Vermittlung nach außen, nicht in der Sache selbst.

Im Vorfeld der nächsten Vertragsstaatenkonferenz, die im November 2001 in Marrakesch stattfand, wurde die internationale Empörung über die endgültige amerikanische Absage an das Protokoll offenkundig. Die US-Position zeigte sich vor Marrakesch wenig kompromissbereit; im Grunde ging es nicht um eine Revision der Kyoto-Ergebnisse, vielmehr wurde mehr oder weniger offen auf ein Scheitern des Ratifikationsprozesses hingearbeitet[102]. Die Hürden im Ratifikationsprozess, vor allem das Quorum (auf die ratifizierenden Staaten mussten mindestens 55% der Treibhausgasemissionen entfallen), schienen den USA in die Hände zu spielen. Ohne und gegen die USA, Kanada, Japan und Australien sowie das zu diesem Zeitpunkt noch sehr desinteressierte Russland war nicht mit einem Inkrafttreten des Protokolls zu rechnen. Während sich die großen Schwellenländer in Marrakesch, wie gehabt, einer stärkeren Einbeziehung verweigerten – ohne gemeinsamen Druck der Industriestaaten bestand für China oder Indien auch keinerlei Veranlassung, von ihren Positionen abzurücken –, waren die EU-Staaten zu Abstrichen bereit, um den Ratifikationsprozesses vor dem Aus zu bewahren. Von einer Blockade konnten aus EU-Sicht nur die Kyoto-Gegener profitieren – die Furcht vor dem sich immer realer abzeichnenden Ende des multilateralen Projekts erklärte die weitreichenden Zugeständnisse der Europäer: Die Vereinbarung von Marrakesch sah nur noch eine verringerte Emissionsreduzierung um 1,8% bei den Industrieländern und die Möglichkeit eines Emissionshandelssystems vor. Damit waren viele amerikanische Flexibilisierungsforderungen erfüllt, die von den Europäern in Den Haag noch als unverhandelbar bezeichnet worden waren. Der gerade durch seine Passivität sehr aggressive Unilateralismus der USA – der Rückzug in den Beobachterstatus war faktisch eine Blockadehaltung – und die abwartende Haltung vieler anderen Staaten hatten Entgegenkommen erzwungen – allerdings, wie sich bald zeigen sollte, auch Lernprozesse in Gang gesetzt.

Die Ergebnisse von *Bushs* Unilateralismus waren letztlich ambivalent. Einen Sogeffekt auf andere Staaten entwickelte sich nicht, denn der Ratifizierungsprozess kam nicht zum Erliegen, andererseits mussten noch einmal Abstriche in der regulativen Reichweite hingenommen werden. Die in Marrakesch zutage getretene amerikanische Kompromisslosigkeit verhärtete die Front der Europäer, die Lehren aus dem permanenten Nachgeben zogen. Die Verwässerung des Protokolls schuf starke Impulse für verstärkte Ratifizierungsanstrengungen unter Umgehung der USA[103]. Die US-Administration zeigte sich von diesen Entwicklungen ostentativ unbeeindruckt und diskreditierte die europäischen Bemühungen als vordergründig politisch motiviert. Das Klimaschutzprotokoll wurde weiter als für die US-Volkswirtschaft schädlich zurückgewiesen, seine wissenschaftliche Fundierung in Zweifel

[101] Vgl. *Müller* (2003a: 13).

[102] *Holtrup* (2003: 205) argumentiert, dass es nach 9/11 gar kein Interesse an den Verhandlungsergebnissen von Marrakesch gegeben habe, weil der Kampf gegen den internationalen Terrorismus alle Aufmerksamkeit auf sich zog.

[103] Vgl. unter anderem *Hovi/Skodvin/Andresen* (2003) und *Müller* (2003a und 2003b).

gezogen. In Washington fühlte man sich vom EU-Aktivismus zunächst keineswegs brüskiert und gab sich in Anbetracht der zu erwartenden Schwierigkeiten im Ratifikationsprozess gelassen. Offiziell bildeten die multilateralen Mängel die Legitimationsgrundlage für *Bushs* aggressive Zurückhaltung, mit der sich die USA immer weiter ins Abseits manövrierten, tatsächlich waren sie nur der Vorwand für fehlenden Handlungswillen.

Mit dem 2002 vorgestellten, unter Federführung der *EPA* entstandenen *Climate Action Report* wurde immerhin die Notwendigkeit weitergehender Schritte erstmals auch von der republikanischen Administration explizit anerkannt. Auch die im Februar 2002 von *Bush* auf den Weg gebrachte *Clear Skies Initiative*, die den Ausstoß von Kraftwerken senken sollte, betonte die Notwendigkeit von Klimaschutzmaßnahmen, jedoch in verklausulierter Form, indem eine allgemeine Schadstoffreduktion als Ziel ausgegeben wurde und der Klimawandel keine Erwähnung fand[104]. Außerdem wurde auch dort Anreizmechanismen Vorrang eingeräumt gegenüber verbindlichen Verboten. Eine eindeutige Absage an multilaterale Klimaschutzabkommen enthielt auch der aggressive US-Unilateralismus zu keinem Zeitpunkt; freilich wurden stets die Hürden für eine US-Partizipation am Kyoto-Protokoll herausgestellt. Insgesamt war die US-Klimaschutzpolitik unter *Bush* kaum an substantiellen Ergebnissen interessiert, sondern sollte vor allem Alibis für das multilaterale Desinteresse liefern. Über das Kyoto-Protokoll selbst wollte man seit 2001 nicht mehr verhandeln. Um diese einmal eingenommene und gewissermaßen betonierte Position rhetorisch zu unterstützen wurde vom US-Präsidenten, die Unzulänglichkeiten des Kyoto-Protokolls geschickt thematisierend, für drei alternative Ansätze geworben: 1. Anpassung (an die Folgen des Klimawandels), 2. technologische Innovation und 3. neue „freiwillige" Formen multilateraler Initiativen.

Die Klimapolitik der *Bush*-Administration weigert sich nach wie vor strikt, verbindliche Reduktionsziele zu akzeptieren und setzt fast vollständig auf Effizienzsteigerungen beim Energieverbrauch. Diese zurückhaltende Position ist zuvorderst mit der Lobbytätigkeit des Energiesektors zu erklären[105]. Damit vertritt *Bush* in der Reduktionsfrage einen fundamentalen Gegenentwurf zur Vorgänger-

---

[104] Gleichwohl spiegelten die demonstrative rhetorische Bezugnahme auf die Klimarahmenkonvention und die ausdrückliche Unterstützung ihrer Prinzipien durch die Administration den Druck aus dem Kongress und den weniger „klimaskeptischen" Teilen der Wirtschaft wider; vgl. *Hopgood* (2003: 140). Zum Leidwesen der zunehmend frustrierten *EPA*-Direktorin *Whitman* blieb *Bushs* Engagement bei der *Clear Skies Initiative* rein symbolisch, während die Demokraten im Kongress kaum kooperationswillig waren, um einen klimapolitischen Erfolg des Präsidenten zu verhindern; vgl. *Whitman* (2005: 185ff).

[105] Vgl. *Fisher* (2006). Im Sommer 2005 sorgte ein von Zeitungen veröffentlichtes Dankschreiben des Außenministeriums für große öffentliche Kritik, in dem der Ölfirma *Exxon* für ihren „aktiven Beitrag" bei der Formulierung der US-Klimaschutzpolitik gedankt wurde. *Exxon* hatte diese Einmischung zuvor immer geleugnet. Hier schien sich, auch wenn konkrete politische Gegenleistungen nicht nachgewiesen werden konnten, die verbreitete Wahrnehmung zu bestätigen, dass die US-Politik gegenüber dem Kyoto-Protokoll maßgeblich durch die Energiekonzerne vorformuliert worden sei. Die enge persönliche Verquickung des Präsidenten mit dem Ölsektor und die massive Wahlkampfunterstützung, die er von dort erhalten hatte (fast 2 Millionen US-$ im Wahlkampf 2000 allein von *Exxon*), leistete dieser Perzeption Vorschub.

administration und zu den Kyoto-Befürwortern – unter Verweis auf die wirtschaftlichen Implikationen geht es um verbesserte Energienutzung, nicht um die Senkung von Treibhausgasemissionen. Von *Bush* wird eine Senkung der „CO2-Intensität" (Verbrauch von fossilen Energieträgern im Vergleich zum BIP) und eine Verringerung des Ölverbrauchs angestrebt – freilich ohne schädliche Folgen für das US-Wirtschaftswachstum[106]. Hier wird – ganz im Sinne der unterstützenden Interessengruppen, die in der *Alliance for Climate Strategies*[107] oder im *American Council for Capital Formation* versammelt sind – eine Strategie verfolgt, die Aktionismus vorgaukelt, aber zu wenig verpflichtet und auf Freiwilligkeit setzt. Die Zurückhaltung gegenüber strikten Reduktionsvereinbarungen speist sich neben der ideologischen Kritik am Kyoto-Protokoll, der Einflussnahme einiger Energiekonzerne – vor allem die Rolle des Exxon-Konzerns steht allgemein in der Kritik – und einer nach wie vor durchschimmernden Skepsis gegenüber den Wirkungszusammenhängen des Klimawandels[108] auch aus einer Vielzahl praktischer Implementierungshindernisse, für deren Überwindung ein starkes präsidentielles Engagement nötig wäre. Ein industriefreundliches Minimum klimapolitischen Aktivismus stellt die Unterstützung von Forschungsprogrammen dar, mit denen neue Technologien zur wachstumsneutralen Abschneidung und Versenkung von Treibhausgasen bzw. zur Umrüstung von Kraftwerken vorangetrieben werden sollen[109]. Darüber hinaus wurden für industrielle Emissionssenkungen und erneuerbare Energien Steueranreize gewährt. Damit sollten verstärkte Investitionen in „saubere" Technologien vorangetrieben werden[110], wobei Freiwilligkeit im Vordergrund steht. Die Subventionen sollen vermutlich auch ein Gegengewicht bilden zu den massiven Investitionen der EU-Staaten in erneuerbare Energien.

Das – ungeachtet aller angekündigten Initiativen – noch immer durchscheinende Desinteresse der derzeitigen Administration an Klimaschutzangelegenheiten und der Widerstand im Kongress dürften sich auch in absehbarer Zukunft als Senkblei für ein multilaterales Engagement der USA mit dem Ziel gemeinsamer Reduktionsvereinbarungen erweisen. Die Furcht vor der durch den

---

[106] In der präsidentiellen *Clear Skies Initiative* von 2002 ist lediglich das Ziel verankert, die „CO2-Intensität" der US-Volkswirtschaft bis 2012 um 18% zu senken. Nach den (optimistischen) Projektionen der Administration werden die US-Emissionen 2010 28% über dem Niveau von 1990 liegen, aber immerhin 4,5% unter dem Niveau, das ohne verstärkte Klimaschutzmaßnahmen erreicht worden wäre; Vgl. unter anderem *Parker* (2002: 14).

[107] Diese klimapolitische Plattform mehrerer industrieller Dachverbände aus der Stahlindustrie, dem Energiesektor und der chemischen Industrie vertritt einen strikt voluntaristischen Ansatz bei Emissionszielen.

[108] Wiederholt hat die *Bush*-Administration versucht, kritische Stimmen aus der Wissenschaft mundtot zu machen und aus ideologischen Gründen Nachweise für den menschlichen Beitrag zum Klimawandel ignoriert. Die Kritik an dieser bewussten Ingnoranz der *Bush*-Administration gegenüber wissenschaftlich gesicherten Erkenntnissen zum Klimawandel hat auch eine massive Gegenmobilisierung akademischer Dachorganisationen provoziert.

[109] Beispielsweise waren 2004 von der Administration 5,8 Milliarden US-$ für Forschungsprogramme vorgeschlagen worden. Von Umwelt-NGOs wurde aber moniert, dass vielfach nur die Ursachen des Klimawandels näher untersucht würden, was letztlich nur die administrativen Zweifel am Klimawandel wissenschaftlich übertünchen solle.

[110] Vgl. *Bang/Tjernshaugen/Andresen* (2005: 289ff)

„Durst nach Öl" hervorgerufenen Abhängigkeit der USA von Energieimporten aus tendenziell instabilen Regionen und das absehbare Ende der US-Ölvorkommen haben jedoch auch in der konservativen Administration zumindest zu einer rhetorischen Kehrtwende beigetragen[111]. Inzwischen bezeichnet *Bush* den Klimawandel als „ernsthafte" Gefahr, allerdings sei dieser – darin liegt die Kontinuität der Argumentation – besser durch technologische Innovation als durch unflexible Emissionsgrenzen zu bekämpfen. Unter „geo-grünen" Vorzeichen werden Energieeffizienz und verbesserter Klimaschutz inzwischen als Anliegen mit höchster Priorität definiert, die den wirtschaftlichen und geostrategischen Interessen der USA *entgegenkommen*. Auch die staatliche Unterstützung für erneuerbare Energien hat in den letzten Jahren wieder zugenommen. Umweltschutz lässt sich angesichts rasant gestiegener Energie- und Benzinpreise nur noch mit Mühe als Sargnagel für das Wirtschaftswachstum bezeichnen; deshalb bilden Appelle zum nachhaltigen Umgang mit Ressourcen *kein* politisches Tabuthema mehr und sind inzwischen auch im republikanischen Lager zu vernehmen, weil sie (aus religiösen Gründen) bei evangelikalen Christen und (aus ökonomischen Gründen) bei immer mehr Verbrauchern Gehör finden.

Die Implikationen dieser durchaus bemerkenswerten Akzentverschiebung der „konservativen" Positionen im US-Klimaschutzdiskurs für den multilateralen Klimaschutz bleiben aber vorerst offen. Denn mit dem Argument der Energiesicherheit wird im gleichen Atemzug auch die Nutzung des langfristig bedeutendsten heimischen Energieträgers, der Steinkohle, verteidigt. Eine verstärkte Nutzung der (reichlich vorhandenen) heimischen Kohlebestände stünde aber, selbst wenn sie sich zunehmend in „sauberen" Kohlenkraftwerken vollziehen sollte, Bemühungen um eine Verminderung der CO2-Emissionen entgegen. Für die Um- und Nachrüstung von „schmutzigen" Kraftwerken sind in den letzten Jahren massive steuerliche Investitionsbeihilfen geleistet worden, allerdings haben auch Wind- und Solarenergie sowie die Entwicklung alternativer Antriebstechnologien (Brennstoffzellen, Biosprit) von Steueranreizen profitiert[112]. Umwelt- und energiepolitische Haushaltsmittel wurden unter *Bush* überwiegend zur Technologieförderung im Kohlesektor, zur Steigerung der Produktion von Bioethanol und nicht zuletzt zur Finanzierung von konservativen, „klimaskeptischen" Forschungsinstitutionen verwendet. Damit sollten nicht nur Unterstützungskoalitionen (Agrarsektor, Bergbau, Energieunternehmen) bedient, sondern – als programmatischer Konkurrenzentwurf zum von den Europäern favorisierten Reduktionsansatz – technologische Innovationen, unter anderem bei der Versenkung von CO2, gefördert werden. Erste Erfolge sind sichtbar. Immerhin sind die US-Treibhausgasemissionen im Jahr 2006 trotz starken Wirtschaftswachstums erstmals um 1,3% gesunken. Die USA weisen seit 2000 einen geringeren Anstieg beim Treibhausgasausstoß auf als die meisten anderen OECD-Länder. Freilich steht zu vermuten, dass der Anteil der *Bush*-Administration an dieser vergleichsweise positiven Entwicklung gering ist. Vielmehr haben Unternehmen und Bundesstaaten, wie unten noch zu erläutern, das

[111] Entscheidende (rhetorische) Wendepunkte waren die *State of the Union*-Reden 2006 und 2007.
[112] Vgl. *Brewer* (2005c) oder *Pew Center on Global Climate Change* (2004).

Heft des Handelns in der US-Klimapolitik an sich gerissen und Reduktionsleistungen angeregt. Im zweiten für den Ausstoß von Treibhausgasen wichtigen Bereich, bei den US-Konsumenten, bleibt die vage Hoffnung auf ein durch Benzin- und Energiepreissteigerungen induziertes Effizienzinteresse und wachsendes Umweltbewusstsein. Höhere Steuern auf Energieträger werden allerdings von einem Großteil der politischen Entscheidungsträger offenkundig noch immer als nicht durchsetzbar angesehen; sie fallen als potentieller Steuerungshebel aus; die Erinnerung an *Clintons* politisches Debakel bei der Einführung einer Energiesteuer 1993 ist noch sehr lebendig. Vor diesem Hintergrund erscheint die Teilnahme der USA an bindenden Reduktionsvereinbarungen auch in den nächsten Jahren ausgeschlossen.

Allerdings lassen sich die internationalen Entwicklungen immer weniger ausblenden. Trotzdem die *Bush*-Administration auf eine Ablehnung des Kyoto-Protokolls festgelegt ist, konnte das multilaterale Klimaschutzregime nicht vollständig ignoriert werden. Der Beitritt Russlands zum Kyoto-Protokoll und die bereits vorher von Japan und Kanada gezeigte Bereitschaft zur Umsetzung der Kyoto-Verpflichtungen gemeinsam mit der EU – unabhängig davon, ob das Protokoll auch in Kraft treten würde – sorgte für eine Strategieanpassung und minilateralen Aktionismus. Die US-Position des Nichtstuns hatte die multilaterale Dynamik des Ratifizierungsprozesses sowie die Dynamik der Interessenverschiebungen in der US-Wirtschaft unterschätzt und in eine klimapolitische Sackgasse geführt. Vor allem die russische Teilnahme war ein Menetekel für die mangelnde amerikanische Durchsetzungskraft auf internationaler Ebene; die diplomatischen Instrumente der Supermacht waren wirkungslos angesichts der Vorteile und materiellen Anreize, die für Russland, ehemals eher im Lager der „Klimaskeptiker", aus der Teilnahme am Emissionshandel erwuchsen[113]. Das Inkrafttreten des Kyoto-Protokolls wurde von den USA mit einer Doppelstrategie aus Verhandlungsbereitschaft und parallelem Aktionismus beantwortet. Dabei wurde vor allem versucht, wieder Führungsfähigkeit zu demonstrieren. Das *Carbon Sequestration Leadership Forum*[114] ist bisher jedoch ins Leere gelaufen. Auch der von *Bush* 2005 initiierte Asiatisch-Pazifische Klimapakt, der gemeinsame Anstrengungen der USA mit den Schwellenländern China und Indien vorsieht[115] und sich aus US-Sicht zu einer politischen Alternative zum

---

[113] Die Motivation Russlands, das lange Zeit das Zünglein an der Waage bildete, zur Teilnahme am Kyoto-Protokoll war nicht nur materiell begründet – Russland ist größter Exporteur von „Verschmutzungsrechten" –, sondern sicherlich auch entscheidend politisch: Zum einen sollte die Unterstützung der EU für einen zügigen russischen WTO-Beitritt gewonnen werden, zum anderen ging es – nach einer Reihe außenpolitischer Demütigungen (Kosovo) – um das Signal, dass Russland weiterhin als wichtiger Akteur internationaler Beziehungen auftreten kann.

[114] Vgl. *Bang/Tjernshaugen/Andresen* (2005: 299).

[115] Neben diesen drei Staaten nehmen noch Australien, Japan und Südkorea an dem zu keinen konkreten Maßnahmen verpflichtenden Abkommen teil. Der Kreis der Mitglieder und die auf Freiwilligkeit und technologische Innovation Grundprinzipien adressieren klar die in „*Byrd-Hagel*" manifestierten Bedenken: 1. werden die wichtigen Schwellenländer Indien und China einbezogen und 2. wird der US-Widerstand gegen bindende Reduktionsziele internationalisiert. Die zeitliche Nähe zum Inkrafttreten des Kyoto-Protokolls ist bemerkenswert, der neuentfachte Aktionismus stand in krassem Gegensatz zum vorher ostentativ demonstrierten Desinteresse an multilateralem Klimaschutz.

Kyoto-Protokoll entwickeln soll, schafft bisher nur unzulängliche Befolgungsanreize. Australien, lange Zeit engster Verbündeter der USA im „Klub" der auf Unverbindlichkeit setzenden Staaten, hat im Frühjahr 2007 seine Bereitschaft erklärt, über Emissionsziele zu verhandeln. Als einziger substantieller Kooperationsschritt könnte sich die von *Bush* initiierte bilaterale Zusammenarbeit zwischen den USA und Brasilien bei der Ethanolproduktion erweisen. *Bush* hat eine Verringerung des Ölverbrauchs im US-Autoverkehr um 20% bis 2020 angekündigt. Dies soll durch Effizienzsteigerungen, aber auch durch einen massiven Produktionsanstieg von Biotreibstoffen erfolgen.

Im multilateralen Regime ist auf US-Seite immerhin wieder Verhandlungsbereitschaft erkennbar. Noch 2004 hatte der US-Chefunterhändler *Watson* auf der Vertragsstaatenkonferenz in Buenos Aires (*COP* 10), Gespräche über ein „Kyoto II" als verfrüht bezeichnet und vehement abgelehnt, weil die Kyoto-Mechanismen grundsätzlich ungeeignet seien. Mit ihren Forderungen nach flexiblen Anpassungsstrategien und dem Vertrauen auf technologische Innovationen (bei der Versenkung von Emissionen) sahen sich die USA aber zunehmend isoliert. Die amerikanische Blockadehaltung gegen ein neues Klimaschutzabkommen hat sich nicht durchhalten lassen – in erster Linie wegen der noch näher zu beleuchtenden Interessenverschiebungen in den USA. Bereits bei der Ende 2005 in Montreal stattfindenden *COP* 11 änderte die US-Regierung ihre Position entscheidend. Der erreichte multilaterale Minimalkompromiss sieht zumindest Verhandlungen über ein Nachfolgeregime für die Zeit ab 2012 vor. In eine ähnliche Richtung weisen die Signale das G8-Gipfels in Heiligendamm 2007[116]. Die *Bush*-Administration hat inzwischen nicht nur die elementare Notwendigkeit gemeinsamer Anstrengungen explizit anerkannt (und damit ein Grundprinzip des multilateralen Regimes akzeptiert), sondern auch (seit *Clinton* erstmals wieder) einen *aktiven* amerikanischen Beitrag in Aussicht gestellt. Inwieweit diese neue Verhandlungsbereitschaft zu verbindlichen Ergebnissen beitragen kann ist fraglich – die *COP* 12 Ende 2006 in Nairobi hat (nicht nur wegen der US-Zurückhaltung) erst einmal keinen klimapolitischen Durchbruch gebracht. Jedoch muss angesichts der vierjährigen US-Blockade von Marrakesch 2001 bis Montreal 2005 die amerikanische Bereitschaft zur Beteiligung am Verhandlungsprozess als wichtige Weichenstellung interpretiert werden.

Insgesamt hat sich gezeigt, dass das offensive Desinteresse die multilateralen Ergebnisse nicht im Sinne der *Bush*-Administration hat beeinflussen können. Zum Scheitern des Kyoto-Prozesses ist es nicht gekommen, weil das Steuerungsinteresse anderer Staaten groß genug war, um den US-Attentismus zu umschiffen[117]. Mit der Verwässerung der ursprünglichen Reduktionsziele – für notwendig gehalten, um

---

[116] Bei genauerem Hinsehen setzte die als „Durchbruch" oder „Rückkehr der USA zum multilateralen Klimaschutz" gefeierte klimapolitische Einigung der G8 in Heiligendamm nur die unverbindliche Ankündigungspolitik *Bushs* fort. Bereits zwei Jahre davor hatte er seine Bereitschaft erklärt, über einen multilateralen „Post-Kyoto"-Vertrag zu verhandeln. Diese Verhandlungsbereitschaft ist zwar eine deutliche Abkehr vom vorherigen Blockadekurs, aber keine verlässliche Grundlage für Zugeständnisse oder substanzielle Reduktionszusagen. Bei denen käme wieder der feste Zielmarken (noch) ablehnende Kongress ins Spiel.

[117] Vgl. vor allem *Hovi/Skodvin/Andresen* (2003).

die USA ins Boot zu holen – ist gleichzeitig der symbolische Wert des Klimaschutzregimes massiv gestiegen. Für die Teilnehmer scheint es Verbindlichkeit entwickelt zu haben, auch wenn die Reduktionsverpflichtungen von vielen Staaten wahrscheinlich verfehlt werden. Aber gerade weil die multilateralen Defizite offenkundig sind, sollten nach Ansicht der Unterstützer die gemeinsamen Anstrengungen intensiviert werden. Die Mehrheit der Annex-I-Staaten bleibt dabei ausdrücklich dem Ansatz verbunden, Emissionsgrenzen zu setzen – umso mehr, als dies die einzige Möglichkeit scheint, konkrete Ergebnisse vorzuweisen. Der amerikanische Ansatz, durch technologische Entwicklung die Anpassungsfähigkeit an die Folgen des Klimawandels zu verbessern, hat trotz seiner Attraktivität[118], bisher bei den Kyoto-Unterstützern keine Abkehr vom Reduktionspfad erreichen können.

6.3 Interessenverschiebungen im Kongress, in der US-Wirtschaft und in den Bundesstaaten

Für die in den letzten drei Jahren zu beobachtende klimapolitische Positionsverschiebung der *Bush*-Administration sind neben der Erfolglosigkeit bei der Bekämpfung des Kyoto-Protokolls auch (inzwischen fast als erosionsartig zu bezeichnende) Umdenkprozesse im US-Entscheidungssystem verantwortlich zu machen. Externe Faktoren und heimische Lernprozesse haben die Ablehnungsfront gegen Reduktionsvereinbarungen zwar nicht aufgelöst, aber zumindest aufgebrochen. Der Rückhalt für einen starren Unilateralimusansatz ist erheblich geschwunden, die ursprüngliche Unterstützungskoalition hat sich fast vollständig aufgelöst. Die Implementierung des Kyoto-Protokolls, wachsender Konsens über die negativen Folgen des Klimawandels und die Furcht, technologische Entwicklungen zu verpassen, haben in der Öffentlichkeit, bei Wirtschaftsakteuren, im Kongress und in vielen Einzelstaaten einen klimapolitischen Paradigmenwechsel bewirkt. Das schlägt sich nicht nur in einer Veränderung der offiziellen Stellungnahmen zur Klimapolitik nieder, sondern auch in konkreten Programmen auf bundesstaatlicher Ebene, die deutlich andere Akzente setzen als die *Bush*-Administration. Bei dieser wiederum sind unter dem Eindruck der Entwicklungen verstärkt Anstrengungen zu erkennen, das schlechte Erscheinungsbild der USA in der globalen Klimaschutzpolitik zu verbessern.

Bei den Veränderungen im US-Entscheidungssystem ist die massive Zunahme überparteilicher Kongressinitiativen, in denen Klimaschutzprobleme adressiert werden, besonders hervorzuheben. Dabei hat sich, auch wenn der Senat die „*Byrd-Hagel*“-Resolution im Grundsatz noch immer unterstützt[119], zum Teil eine der Situation vor zehn Jahren völlig entgegengesetzte Konfliktlinie zwischen den Gewalten

---

[118] Es ist klar, dass Nichtstun verbunden mit der Hoffnung, dereinst die drängenden Treibhausgasprobleme mittels verbesserter Technologien lösen zu können, als klimapolitische Strategien gegenüber Maßnahmen, die mit konkreten Einschnitten einhergehen, politisch hochattraktiv sind. Ein Problem zu vertagen, ist schließlich kein seltenes Handlungsmuster. Umso erstaunlicher ist, wie beharrlich die EU-Staaten weiter an der Idee von Reduktionszielen festhalten. Dies ist wahrscheinlich mit den umweltfreundlichen Werthaltungen in den EU-Staaten zu erklären.

[119] Vgl. *Müller* (2003a: 14ff).

gezeigt: die Administration bremst, während ein Teil der Legislative in wachsendem Umfang auf Klimaschutzaktivitäten drängt – unter anderem auf eine Obergrenze bei nationalen CO2-Emissionen. Seit Ende der 1990er Jahre hat es nicht nur zahlreiche Versuche gegeben, Klimaschutzanliegen stärker in der US-Gesetzgebung zu verankern[120], vor allem der Senat hat darüber hinaus die Exekutive in einigen Fällen zu *stärkerem* klimapolitischen Engagement zu bewegen versucht. Beispielsweise forderte der Senatsausschuss für auswärtige Angelegenheiten im Juli 2001 (nach der Erklärung *Bushs*, das Kyoto-Protokoll sei „tot") einmütig die *Weiterführung* der internationalen Klimaschutzverhandlungen, an deren Ende die Aushandlung verbindlicher Treibhausgasbeschränkungen stehen müsse[121]. Der mehrfach gescheiterte *Climate Stewardship Act* ist als wichtigster Ausdruck des verstärkten legislativen Engagements im Klimaschutz zu nennen. Unter dem Namen seiner Initiatoren bekannt geworden als „*McCain-Lieberman*"-Entwurf[122], sieht dieser überparteiliche Vorschlag die Einführung eines nationalen Emissionshandelssystems mit festen Reduktionsverpflichtungen vor; er wird mit den Erfordernissen des Klimawandels, aber auch mit strategischen Argumenten (Verringerung der Importabhängigkeit bei Energieträgern) begründet. Bezeichnenderweise wird aber auch von den Befürwortern des Entwurfs ein Beitritt zum Kyoto-Protokoll *nicht* angestrebt. Die überparteiliche Koalition der Gegner einer aktiven Klimaschutzpolitik ist also weiterhin mehrheitsfähig[123], wenngleich die Ablehnung nach dem Mehrheitswechsel im Kongress 2006 weniger deutlich ausfällt, einige Inititativen sind anhängig. Multilateral hat sich der Handlungsdruck aus dem Kongress aber bisher nur wenig bemerkbar gemacht – im US-Entscheidungssystem ist er freilich unübersehbar. Die neue demokratische Kongressmehrheit hat beispielsweise im Januar 2007 mit einem Gesetzespaket im Umfang von 14 Milliarden US-$ die Förderung alternativer Energien massiv verstärkt – zu Lasten der Ölmultis, denen von *Bush* konzedierte Steuererleichterungen teilweise gestrichen wurden.

Durch fortschreitende Erkenntnisse über den Klimawandel und angesichts eines zwar schwachen, aber dennoch funktionierenden und von der EU massiv unterstützten multilateralen Regimes zur Reduktion von Treibhausgasen haben sich in

[120] Vgl. vor allem *Pew Center on Global Climate Change* (2004).
[121] Vgl. *Hopgood* (2003: 152).
[122] Die Allianz der unterstützenden Senatoren ist sehr bemerkenswert: *McCain*, der gegen *Bush* im Präsidentschaftswahlkampf 2000 unterlegen war, und *Lieberman*, der unter einem Präsidenten *Gore* Vizepräsident geworden wäre, vertraten beide in Klimaschutzfragen einen klaren Kurs und wandten sich klar gegen die multilateralen Bremsversuche der *Bush*-Administration. Ihr Entwurf sah bindende Emissionsreduktionen vor, gleichzeitig wurde auf eine Erhöhung der Anreize (Technologieförderung und Emissionshandel) gesetzt. Im September 2003 als *S. 139* erstmals eingebracht, scheiterte ihr Entwurf bereits im Oktober, weil er im Senat nicht weiterbehandelt und mit 55 gegen 43 Stimmen an das *Senate Committee on Environment and Public Works* zurückverwiesen wurde. Das Ergebnis und die Tatsache, dass sechs republikanische Senatoren den Vorschlag unterstützten, zeigte immerhin eine wachsende überparteiliche Basis für stärkere Klimaschutzanstrengungen. Im März 2004 wurde ein ähnlicher Entwurf (*H.R. 4067*) erfolglos im Repräsentantenhaus eingebracht. Im Mai 2005 erlebte der Entwurf als *S. 1151* eine Wiederauflage, verharrt aber nach zweimaliger Lesung immer noch auf Ausschußebene.
[123] Vgl. unter anderem *Bang/Tjernshaugen/Andresen* (2005: 293).

den letzten Jahren auch Verschiebungen in der Interessenstruktur der US-Wirtschaftsunternehmen ergeben. Die ursprünglich fast geschlossene Ablehnungsfront gegen das Kyoto-Protokoll hatte schon zu bröckeln begonnen, als mehrere multinationale Konzerne ihren Austritt aus der *Global Climate Coalition* (*GCC*) erklärten. Inzwischen wird deren Rückgrat nur noch von den Kohleproduzenten und Ölkonzernen gebildet[124], daneben sind mit dem *American Council for Capital Formation* und der *Alliance for Climate Strategies* weitere Kyoto-kritische Konkurrenzorganisationen entstanden. Die Zerfallsprozesse in den Reihen der Klimaschutzgegner begannen bereits im Herbst 1997: die Ablehnung der Wirtschaftsakteure war im Vorfeld von Kyoto nahezu einhellig gewesen, aber nicht alle Unternehmen, insbesondere solche mit starken Verbindungen nach Europa, wollten als Bremser eines multilateralen Prestigeprojekts auftreten[125]. So verweigerten sich die großen US-Autokonzerne zwar der Einführung von nationalen Emissionsgrenzen, investierten auf der anderen Seite aber massiv in umweltfreundliche Technologien und reduzierten ihre „klimaskeptische" Rhetorik[126]. Im Agrarsektor wiederum wird die durch umweltpolitische Weichenstellungen massiv steigende Nachfrage nach Biosprit als Chance gesehen, der Landwirtschaft neue Perspektiven zu eröffnen.

Ein wichtigtes Konkurrenzgremium zur 2002 zerbrochenen *GCC*, das *Business Environmental Leadership Council* (*BELC*), vereinigt industrielle Schwergewichte, vor allem große TNK[127], die zwar für den Klimaschutz bisher kaum mehr als deklaratorische Gesten zu bieten hatten (in der Regel freiwillige Selbstverpflichtungen), immerhin aber den Klimawandel nicht mehr in Zweifel ziehen und inzwischen verstärkt auf die Festsetzung von Reduktionszielen und die Einführung eines nationalen Emissionshandelssystems dringen[128]. In eine ähnliche Richtung zielen die Lobbyinitiativen der *Climate Action Partnership (CAP)*, in der sich Großunternehmen sowie NGOs zusammengefunden haben. Auch dieses Lobbygremium, dessen Teil-

---

[124] Vgl. auch *Hopgood* (2003: 152).

[125] Bis 2000 hatten beispielsweise die europäischen Ölfirmen *BP* und *Royal Dutch/Shell* sowie die drei großen US-Autokonzerne *Ford*, *General Motors* und *Daimler-Chrysler* die *GCC* verlassen.

[126] Vgl. ausführlicher *Meckling* (2005). Die Doppelstrategie der großen US-Autokonzerne, die bis auf Honda in der *Autoalliance* vertreten sind, erwächst dabei aus sehr konkreten Inderdependenzzwängen und der Einführung von Reduktionsauflagen durch einzelne Bundesstaaten. Ab Mitte der 1990er Jahre haben alle Firmen verstärkt in alternative Technologien (Wasserstoff-, Brennstoffzellen- und Hybrid-Antriebe) investiert und sich sowohl in Europa (1995) als auch in den USA (2002) zur freiwilligen Senkung der durchschnittlichen Flottenemissionen bereiterklärt (in der EU um 25% bis 2008, in den USA um 10% bis 2012). In der US-Autoindustrie scheint es einen gewissen Handlungsdruck zu geben, der durch japanische Technologievorreiter (Honda, Toyota) und bundesstaatliche Reduktionsvorgaben (vor allem in Kalifornien) verursacht sowie durch die Verbindung zu den europäischen Absatzmärkten verstärkt wird. Eine Verweigerungshaltung würde die Wettbewerbs- und Absatzproblemen verschärfen. Feste Emissionsvorgaben und Verbrauchsziele für Automodelle innerhalb der USA wurden von den Herstellern aber lange attackiert, weil dies den Absatz der profitträchtigsten Modelle (*light trucks*) erheblich geschmälert hätte. Inzwischen treten aber auch die führenden US-Hersteller für verbindliche Verbrauchsvorgaben ein.

[127] Unter den 40 Mitgliedern des *BELC* befinden sich mit *General Electric*, *United Technologies*, *Alcoa* oder *DuPont* durchaus sehr prominente Unternehmen. *Toyota* ist als einzige Autofirma vertreten.

[128] Vgl. unter anderem *Bang/Tjernshaugen/Andresen* (2005: 292).

nehmerzahl rasant wächst (im Frühjahr 2007 auf 20), tritt verstärkt mit Forderungen nach einem verbindlichen Emissionshandelssystem hervor und weist auf die wirtschaftlichen Chancen „grüner" Technologieführerschaft hin. Ausbleibende Investitionen in Klimaschutz erscheinen als immer stärker als Nachteil im globalen Wettbewerb um Zukunftstechnologien.

Im Hinblick auf die ökonomischen Anreize umweltfreundlicher Technologien und des Emissionshandels scheinen sich also in Wirtschaftskreisen die Interessen erheblich zu differenzieren[129]. Für viele US-Firmen schlägt die fehlende Möglichkeit zur Teilnahme am Emissionshandel – in dem Maße, wie europäische Firmen davon profitieren – als Schaden im ökonomischen Wettbewerb zu Buche. Bei der Entwicklung von alternativen Energiekonzepten drohen sie ohne staatliche Förderprogramme ins Hintertreffen zu geraten, auch wenn die USA einen rasanten und im Vergleich zu Europa wesentlich höheren Zufluß von Wagniskapital in erneuerbare Energien verzeichnen. 2006 wurden die von amerikanischen Unternehmen getätigten Investitionen in Maßnahmen zur Reduktion von Treibhausgasen auf etwa 70 Milliarden US-$ geschätzt. Großunternehmen wie *DuPont* und *General Electric* etablieren sich als Vorreiter im Klimaschutz. Außerdem spielt auf Seiten der US-Finanzindustrie die Befürchtung eine Rolle, Europa könne bei der Entwicklung eines globalen Emissionshandelssystems uneinholbar in Führung gehen. Politischer Aktionismus wird also von vielen Seiten gefordert – und trägt erste (bescheidene) Früchte. Das 2001 ins Leben gerufene Pilotprojekt eines regionalen Emissionshandelssystems, die *Chicago Climate Exchange*, sollte bis 2006 eine Reduktion der Treibhausgase um 4% (unter das Niveau von 2001) ermöglichen[130]. Neben diesen konkreten Aktivitäten scheint aber vor allem die Tatsache bedeutsam, dass Engagement im Klimaschutz und Forderungen nach verbindlichen Emissionsgrenzen, anders als Mitte der 1990er Jahre, kaum noch Angriffsflächen für *negative campaigning* bieten; vielmehr ist im Gegenteil angesichts der Verschiebungen in der öffentlichen Wahrnehmung des Klimawandels eine ökonomische Gruppendynamik zu verzeichnen, die das Lager der „Klimaskeptiker" nachhaltig schwächt. Im Präsidentschaftswahlkampf 2008 wird Klimaschutz vermutlich ein sehr prominentes Thema werden. Es ist durchaus damit zu rechnen, dass die erklärten Unterstützer eines Emissionshandelssystems mehr Wahlkampfspenden werden einsammeln können als die wenigen verbliebenen „Klimaskeptiker".

Schließlich sind auch auf der Ebene der Bundesstaaten massive klimapolitische Anstrengungen zu verzeichnen[131]. Die Bundesstaaten werden, indem sie verschärfte Umweltvorschriften erlassen und eine aktive Rolle bei der Reduktion von Treibhausgasen anstreben, wieder einmal ihrer Rolle als politische „Versuchslabore" gerecht, die Blockaden in Washington umgehen oder aufbrechen. Besonders hervorstechend sind die Bemühungen in Kalifornien. Dort wurde bereits im Juli 2002 gegen den massiven Widerstand der Autohersteller und der *Bush*-Administration eine Abgasreduktion bei allen Automodellen um 30% bis 2014 vor-

---

[129] Diese Entwicklung betont unter anderem *Bodansky* (2002).
[130] Dazu *Bang/Tjernshaugen/Andresen* (2005: 292).
[131] Vgl. *Rabe* (2004), *Pew Center on Global Climate Change* (2006) und *Selin/VanDeveer* (2007).

geschrieben[132]. Die Regelungen der *Pavley Bill* sind mittlerweile von einigen anderen Bundesstaaten übernommen worden. Von verschärften Emissionsgesetzen sind inzwischen über 30% des US-Automarkts betroffen, so dass für die Hersteller, die erfolglos gegen die Gesetzgebung geklagt haben, technologische Anpassungen und die Einführung verbrauchsarmer Modelle zwingend sein dürften. Anfang 2007 wurde die *Western Regional Climate Action Initiative* (*WRCAI*) gegründet, der neben Kalifornien auch noch die Bundesstaaten Oregon, Washington, Arizona und New Mexiko angehören. Darin sind Obergrenzen für alle CO2-Produzenten vorgesehen. Erste konkrete Vorschläge für die Ausgestaltung eines regionalen Emissionshandelssystems sind für Ende 2008 geplant. Außerdem ist wiederholt eine Verkopplung mit dem EU-Emissionshandelssystem sowie eine intensive technische Zusammenarbeit mit den Europäern ins Spiel gebracht worden. Wegen der *Bush* vorgeworfenen Tatenlosigkeit geht es bei diesem Annäherungsversuch aber wohl zuvorderst um ein politisches Signal an die Administration.

Ein weiteres wichtiges Projekt bildet die im November 2004 gegründete *Regional Greenhouse Gas Initiative* (*RGGI*). Über die symbolische Unterstützung des Kyoto-Protokolls hinaus soll damit bis 2009 eine Stabilisierung des regionalen Treibhausgasausstoßes (allerdings nur der Energieversorger) erreicht werden[133]. Außerdem haben im Rahmen des *U.S. Climate Protection Agreement* Ende 2005 die Bürgermeister von inzwischen mehreren hundert amerikanischen Großstädten symbolisch ihren Beitritt zum Kyoto-Protokoll erklärt. Dabei handelt es sich freilich um eine Geste ohne materiellen Gehalt. Außerdem haben sieben US-Gouverneure (sowie vier kanadische Provinzregierungen) einen *Climate Change Action Plan* vereinbart, der für den Zeitraum 2015-2020 eine Verringerung des Emissionsvolumens um 10% unter das Niveau von 1990 vorsieht. Daneben gibt es noch zahlreiche andere Initiativen, die meisten auf kommunaler Ebene. Allen gemeinsam ist, dass ihre Ziele (im Vergleich zu den ursprünglichen amerikanischen Reduktionszielen des Kyoto-Protokolls) nicht sehr ambitioniert sind. Gleichwohl sind sie wohl kaum zu erreichen[134]. Vermutlich legen es die Bundesstaaten aber auch vordergründig auf eine symbolische Politikinszenierung an, um Aufmerksamkeit zu erzeugen und Druck auf Washington auszuüben. Vor allem der Gouverneur von Kalifornien, *Schwarzenegger*, hat sich in jüngster Zeit mit Forderungen nach proaktiver Klimapolitik und stärkerem multilateralem Engagement profiliert. Kalifornien geriert sich mit dem landesweit rigidesten Emissionsgesetz als Vorreiter im Klimaschutz und hat die *EPA* wegen unzureichenden Umweltschutzes zu verklagen versucht. Tatsächlich sind grenzüberschreitende Vereinbarungen ein klarer Affront gegenüber *Bush*, weil damit die Kompetenzen der Bundesregierung infrage gestellt und explizit auf jene

[132] Vgl. *Meckling* (2005: 20f).

[133] Aus den Teilnehmerstaaten der *RGGI* kam auch fast einmütige Unterstützung für den „*McCain-Lieberman*"-Entwurf. Bemerkenswert ist, dass es zu einer weitgehend spannungsarmen Zusammenarbeit republikanischer und demokratischer Gouverneure gekommen ist. Klimaschutzpolitik wird auf Ebene der Bundesstaaten weitgehend überparteilich implementiert; vgl. auch *Pew Center on Global Climate Change* (2006).

[134] Skepsis äußert etwa *Shanahan* (2006).

Klimaschutzinstrumente zurückgegriffen wird, die von der US-Exekutive abgelehnt oder sogar bekämpft worden sind.

Die Hauptemittenten von Treibhausgasen, insbesondere die kohleverarbeitenden US-Kraftwerke, lehnen strenge Auflagen dagegen weiterhin ab und werden verbindliche Reduktionszusagen der USA auf multilateraler Ebene auch zukünftig zu torpedieren versuchen[135]. Gleichwohl kann kein Zweifel darüber bestehen, dass der Aktionismus der *Bush*-Administration vor allem auf die politischen Sogwirkung regionaler Vorreiterinitiativen der Bundesstaaten zurückzuführen ist. Handlungsdruck in der Klimapolitik entsteht für die Administration dadurch, dass eine indirekte Harmonisierung von Umweltschutzstandards in Gang gesetzt wurde und viele Unternehmen, die auf einheitlichen Standards bestehen (und eine „Balkanisierung“ fürchten), sich sukzessive verschärften Auflagen unterwerfen, selbst wenn sie diese bisweilen gerichtlich anfechten. Immer mehr ehemalige Unterstützer eines aggressiven Unilateralismus in der Klimapolitik haben dessen begrenzte Durchsetzungsfähigkeit erkannt. Zahlreiche Unternehmen und Wirtschaftsverbände, die noch vor 10 Jahren Emissionsbegrenzungen als Anschlag auf ihre Wettbewerbsfähigkeit abgelehnt haben, begrüßen nunmehr aus ökonomischen Motiven heraus die Einführung von Reduktionszielen und fordern einen nationalen Emissionshandelsmechanismus[136].

Mithin ist die Ablehnungsfront gegen die Instrumente des Kyoto-Protokolls erheblich ins Wanken geraten – in Wirtschaftskreisen ebenso wie im politischen Entscheidungssystem und in der Öffentlichkeit. Die Administration konnte sich vor diesem Hintergrund argumentativ nicht länger hinter Zweifeln an den Folgen des Klimawandels verschanzen, sondern wurde in Zugzwang versetzt – der Asiatisch-Pazifische Klimapakt, die neuerdings demonstrierte Verhandlungsbereitschaft im multilateralen Klimaschutzregime und die im G8-Rahmen zugesicherte aktive Führungsrolle der USA sind die (voerst noch wenig belastbaren) Ergebnisse[137]. *Bush*, der zuhause die Federführung in der Klimaschutzpolitik längst verloren hat, versucht in jüngster Zeit mit internationaler *Leadership* aus der Defensive zu kommen. Die im Vorfeld des G8-Gipfels 2007 lancierte Klimaschutzinitiative der USA und *Bushs* Konzilianz in Heiligendamm zeigen deutlich, dass die US-Administration die Politik des Abseitsstehens und auch versteckte Blockadeversuche endgültig aufgegeben hat, auch wenn die Kyoto-Mechanismen von ihr weiterhin abgelehnt werden und eine substantielle US-Reduktonszusage ohne eine verbindliche Einbezie-

---

[135] Vgl. *Falkner* (2001: 168f).

[136] Die Positionierung im Klimaschutzdiskurs hängt (wenig überraschend) entscheidend mit den zu erwartenden ökonomischen Gewinnen oder Verlusten zusammen. Versicherungsunternehmen halten die Risiken von durch den Klimawandel verstärkten Naturkatastrophen für zunehmend unkalkulierbar und sprechen sich deshalb bereits seit den 1990er Jahren für drastische Klimaschutzmaßnahmen aus. Auch in der verarbeitenden Industrie könnten technologische Vorreiter vom Verkauf von Emissionsrechten erheblich profitieren; vgl. dazu grundlegend *Brewer* (2005a) oder *Fisher* (2006).

[137] Diese Indizien reflektieren Entwicklungen im US-Entscheidungssystem und auf internationaler Ebene, die *Hopgood* (2003: 164) sehr hellsichtig mit dem Hinweis prognostizierte, dass auch die „Klimaskeptiker“ in steigendem Maße eine „multilaterale“ Strategie benötigten, um im Diskurs argumentativ ernst genommen zu werden.

hung der Schwellenländer ausgeschlossen scheint. Nach wie vor setzt das multilaterale Klimaschutzregime in der bestehenden Form nur unzulängliche Partizipationsanreize[138]. Die für eine Zustimmung der USA notwendigen Durchbrüche im internationalen Klimaschutz müssen deshalb mindestens ebenso erdrutschartig ausfallen wie die Veränderungen in der US-Klimadebatte.

6.4 Zusammenfassung: Performanz semi-isolationistischer US-Klimapolitik

In diesem Kapitel wurden die politischen Ursachen unilateraler US-Klimapolitik und die Rückwirkung multilateraler Institutionalisierungsprozesse auf die USA analysiert. Die Frage, ob die Klimaschutzpolitik der USA insgesamt problemadäquat[139] ausfiel, konnte und sollte an dieser Stelle allerdings nicht beantwortet werden. Das zunächst abwartende und später offen ablehnende Verhalten der USA im Kyoto-Prozess war auf Vorfestlegungen im nationalen Entscheidungssystem, vor allem im Kongress, zurückzuführen. Eine vielfach erwartete und von *Clinton* auch wiederholt zugesicherte Führungsrolle im globalen Klimaschutz konnten die USA nicht übernehmen. Im US-Verhalten zeigte sich deutlich, was auch für andere Beispiele attentistischen Unilateralismus typisch ist: dass nämlich die US-Regierung multilaterale Verpflichtungen nur einzugehen bereit ist, wenn sie hoffen kann, diese später auch einhalten zu können[140]. Die Notwendigkeit der Ratifizierung internationaler Verträge durch den Senat sticht als zentrales strukturelles Hemmnis hervor, hinzu kam der durch die indifferente Öffentlichkeit begünstigte, gegen Reduktionsvereinbarungen argumentierende Industrielobbyismus. Zudem fehlte der Exekutive die Bereitschaft, für eine schwache multilaterale Institution politisches Kapital zu investieren und den Machtkonflikt mit der Legislative zu suchen – bei *Bush* gab es diese Bereitschaft gar nicht, bei *Clinton* blieb sie auf reinen Symbolismus beschränkt. An der zentralen Rolle des Reziprozität bei Reduktionsverpflichtungen einfordernden Kongresses kamen beide Präsidenten nicht vorbei. Für Klimaschutzmaßnahmen, die das US-Wirtschaftswachstum bedroht hätten und ohne die Mitwirkung führender Schwellenländer hätten implementiert werden müssen, gab (und gibt) es in den

---

[138] Dazu auch *Tamura* (2006).

[139] Der Beitrag des Menschen zum Klimawandel ist mittlerweile nicht mehr zu bestreiten – auch nicht durch jene „Skeptiker“, die lange die klimapolitische Positionierung der *Bush*-Administration dominierten. Offen und weiterhin umstritten allerdings ist, *wie* der absehbaren Erderwärmung politisch begegnet werden soll, *welche* nationalen Anstrengungen (technische Innovation oder bindende Reduktionsverpflichtungen) unternommen und welche internationalen Verpflichtungen durch Regierungen eingegangen werden können und sollten; vgl. *Müller* (2005a) oder den aktuellen *IPCC*-Bericht. Weitreichende internationale Reduktionsvereinbarungen bei Treibhausgasen bremsen den Temperaturanstieg zunächst kaum, ihre langfristige Wirkung ist zumindest umstritten – zumal das für effektive Gegenmaßnahmen zur Verfügung stehende Zeitfenster sehr klein ist (wahrscheinlich müssen substanzielle CO2-Reduktionen bis 2015 oder spätestens 2020 erfolgen). Vor diesem Hintergrund dürften Anpassungstrategien und Hilfen für die Bewältigung der Folgen des Klimawandels in jedem Fall unumgänglich werden. Die Verpflichtung auf abstrakte (Emissions)Ziele ist schwierig, wenn konkrete Betroffenheit fehlt und Nichtumsetzung kaum geahndet wird; vgl. *Schelling* (2006: 36ff)

[140] Vgl. auch *Schelling* (2002: 4).

USA keine politischen Mehrheiten. Eine multilaterale Vorreiterrolle stand und steht nicht zur Debatte.

Die US-Position im Kyoto-Prozess war entscheidend determiniert durch Präferenzbildungsprozesse im amerikanischen Entscheidungssystem, insbesondere die „*Byrd-Hagel*"-Resolution, aber eben auch durch die mangelnde Attraktivität des multilateralen Klimaschutzregimes. Wäre eine der beiden Bedingungen von „*Byrd-Hagel*", nämlich die Selbstverpflichtung von Schwellenländern zu Treibhausgasreduktionen, multilateral durchsetzbar gewesen, hätte das Regime wesentlich stärkeren Handlungsdruck im US-Entscheidungssystem verursacht als die in Kyoto verabschiedete Rumpfversion (vor allem, weil die USA nicht die Hauptlast der Reduktionsanstrengungen hätten tragen müssen). Vom Kyoto-Protokoll gingen aber nur geringe *compliance*-Anreize aus, nichtsdestoweniger verursachte es Betriebsamkeit im amerikanischen Entscheidungssystem. Wenn überhaupt, dürften sich ohnehin nur durch die Aussicht auf konkrete materielle Vorteile langfristig die Gewichte im US-Entscheidungssystem verschieben können, wenngleich eine Reihe von entscheidenden Kostenargumenten nur schwer zu entkräften ist. Aktive Klimaschutzpolitik ist mit Wohlstandseinbußen verbunden[141].

In amerikanischen Klimaschutzpolitik waren, nachdem die frühen *Clinton*-Jahre durch multilaterale Führungsversuche gekennzeichnet waren[142], alle drei Erscheinungsformen von Unilateralismus zu identifizieren – in verschiedenen Phasen in jeweils unterschiedlicher Ausprägung. Das jeweilige Mischungsverhältnis der Unilateralismustypen ist mit Kräfteverschiebungen im amerikanischen Entscheidungssystem zu erklären. Während das Verhalten der USA in den Verhandlungen über das Kyoto-Protokoll und unmittelbar danach eher durch Zurückhaltung und Skepsis, also attentistischen Unilateralismus, geprägt war, ist die Position der *Bush*-Administration in den Jahren 2001 bis 2003 als Manifestation aggressiven Unilateralismus zu interpretieren. Die *Bush*-Administration wollte keine Revision des Kyoto-Protokolls, sondern versuchte seine Implementierung zu torpedieren. Vor allem die rhetorische Begleitmusik der republikanischen Klimaschutzpolitik und der phasenweise Boykott der multilateralen Verhandlungen hatte aggressive Untertöne. Ab 2004, als mit dem sich abzeichnenden Beitritt Russlands die Erfolglosigkeit der amerikanischen Außenpolitik offenkundig geworden war, gab es

---

[141] Dazu *Busby/Ochs* (2004: 56): „Environmental advocates in the US never had an effective counterargument to their opponents." In den USA fallen die ökonomischen Anpassungskosten, die mit Emissionssenkungen einhergehen, erheblich höher als in vielen EU-Staaten aus. Aufgrund des Widerstands in Öffentlichkeit und Kongress ist in absehbarer Zeit weder mit bundesweiten Energiesteuern zu rechnen. Die stärksten Anreize zur Treibhausgasreduktion dürften deshalb auch in Zukunft vor allem aus der marktbedingten Verteuerung fossiler Energieträger erwachsen. Möglicherweise finden aber derzeit gerade Akzentveränderungen im Klimaschutzdiskurs statt, so dass Kostenargumente in den Hintergrund geraten könnten und stattdessen die (von einer großen Koalition aus Umweltschützern, Unternehmen und Kirchen betonte) moralische Verantwortung in den Vordergrund rückt.

[142] Die uneingeschränkte Unterstützung *Clintons* und *Gores* für Reduktionsvereinbarungen Mitte der 1990er Jahre sowie die (politisch folgenlose) Unterschrift unter das Kyoto-Protokoll zeigen, dass die US-Klimaschutzpolitik nicht durchgängig unilateral ausgerichtet war und zumindest unter der demokratischen Administration symbolisch dem Vorwurf der Eigenmächtigkeit und multilateraler Rüpelhaftigkeit zu begegnen trachtete.

merikanischen Außenpolitik offenkundig geworden war, gab es erneut eine Akzentverschiebung: In den Vordergrund trat nunmehr aktivistischer Unilateralismus, mit dem eine klimapolitische „Koalition der Willigen" etabliert wurde. Der Asiatisch-Pazifische Klimapakt harrt bisher noch einer regulativen Konkretisierung, die jedoch vermutlich von den Teilnehmern gar nicht ernsthaft angestrebt ist. Der Klimapakt hat ebenso wie das Kyoto-Protokoll vor allem symbolischen Wert. Gleichwohl wird durch die deklaratorischen Führungsbemühungen der *Bush*-Administration die klimapolitische Aggressivität in den Hintergrund gedrängt. Attentismus besteht aber solange fort, wie die USA dem Kyoto-Protokoll nicht beitreten, zu intervenierendem Unilateralismus könnte es wieder kommen, wenn weitreichende Reduktionsschritte „nach Kyoto" vereinbart werden sollen.

In allen Erscheinungsformen war der amerikanische Unilateralismus auf internationaler Ebene nur bedingt durchsetzungsfähig. Entgegen der ab Ende der 1990er Jahre verbreiteten Befürchtung, dass ohne die USA alle klimapolitischen Governanceprozesse zum Scheitern verurteilt seien, konnte sich die Supermacht in den Klimaschutzverhandlungen nicht, wie von *Bush* mit seinem revisionistischen Rückzugsmanöver angestrebt, als Vetoakteur profilieren. Die multilateralen Institutionalisierungsfortschritte konnten weder in die von den US-Entscheidungsträgern gewünschte Richtung gelenkt, noch aufgehalten werden. Der Ratifikationsprozess kam mit Verzögerungen in Gang. Als unverzichtbar galten die USA nur solange, bis die Enttäuschung anderer Industriestaaten über die mangelnde amerikanische Kooperationsbereitschaft so groß geworden war, dass eine Ratifizierung auch ohne (und gegen) die Supermacht angestrebt wurde. Die fehlende Folgebereitschaft der USA verlangsamte den Institutionalisierungsprozess also, blockierte ihn aber nicht[143]. In jenen Bereichen, in denen US-Positionen Einfluss auf die Verhandlungsergebnisse hatten, konnten die USA kaum Nutzen daraus ziehen: Gegen den anfänglichen Widerstand der Europäer wurden auf amerikanisches Drängen hin zahlreiche Flexibilisierungsmechanismen vereinbart und nationale Reduktionsziele verringert; vor allem der Emissionshandel ist zu einem zentralen Bestandteil des Klimaschutzregimes geworden. Paradoxerweise lieferte aber diese US-Vorbedingung nur den *Teilnehmerstaaten* des Kyoto-Protokolls starke materielle Partizipationsanreize[144]. Der amerikanische Druck hat die Reduktionsvereinbarungen des Kyoto-Protokolls zwar verwässert, es aber durch die Einführung von Flexibilisierungsmechanismen aber auch attraktiver gemacht und damit indirekt die Teilnahme Russlands sichergestellt. Ironischerweise hat das amerikanische Beharren auf einem marktbasierten Emissionshandel auch die Interessenstruktur in den USA selbst verschoben. Viele ehemalige Kyoto-Gegner aus dem Unternehmerlager spre-

[143] Diesen Aspekt hebt auch *Paarlberg* (2002: 341) hervor: „Holding the status (of an „essential" country) is anything but a guarantee of political success. (…) Nor does being essential mean the same thing as being unavoidable. (...) If U.S. disengagement gives (other countries) the opportunity to go ahead on their own, they may well do so." (Ergänzungen D.K.).

[144] Hier bestätigt sich also sehr eindrucksvoll die Vermutung von *Hirschman* (1974), dass durch den *exit* eines dominanten Akteurs die output-Qualität einer Institution insgesamt verbessert werden kann.

chen sich inzwischen für die Teilnahme am globalen Regime aus oder unterstützen die regionalen Bemühungen zum Aufbau eines Emissionshandelssystems[145].

Die US-Klimaschutzpolitik war insgesamt nicht vordergründig um die Verbesserung von Verhandlungsergebnissen auf internationaler Ebene bemüht, sondern musste in erster Linie interne Entscheidungsblockaden ausagieren. Diese Selbstbezüglichkeit stand und steht der Übernahme einer Führungsverantwortung im globalen Klimaschutz entgegen, begrenzte aber auch die Möglichkeiten, andere Staaten auf die Seite der USA zu ziehen. Insgesamt blieb die amerikanische Unilateralismusperformanz mager, freilich gab es Abstufungen, je nachdem, wie geschlossen die US-Position war. Dass die Entwicklungsländer im Kyoto-Prozess nicht mit ins Boot geholt werden konnten (um das Reziprozitätskriterium des US-Kongresses zu erfüllen), zeigt die Erfolglosigkeit des in der *Clinton*-Ära dominierenden attentistischen Unilateralismus, der auf unterschiedliche klimapolitische Präferenzen bei Präsident und Kongress zurückzuführen war. In dieser Phase gelang es nicht, eine Nachverhandlung der Kyoto-Ergebnisse durchzusetzen. Dies war freilich in erster Linie dem klimapolitischen Handlungswillen einiger EU-Staaten geschuldet. Auch die Grenzen der aggressiven Strategie der ersten *Bush*-Jahre sind offenkundig. Die Geschlossenheit in der US-Klimaschutzpolitik war der amerikanischen Durchsetzungsfähigkeit nur bedingt förderlich. Spätestens im Jahr 2001, nach der klaren Gegenpositionierung der *Bush*-Administration, war das Kyoto-Protokoll für die Europäer zu einem Herzstück außenpolitischer Identitätsbildung geworden. Die Europäer verbuchten es als außenpolitischen Erfolg, ein von der *Bush*-Administration totgesagtes Regime doch noch aus der Taufe gehoben zu haben – freilich breitete man über dessen Geburtsfehler auch gern den Mantel des Schweigens. Der Asiatisch-Pazifische-Klimapakt ist eine Geste klimapolitischen Aktivismus, dürfte aber die Koalition der Kyoto-Befürworter kaum aufbrechen[146].

Abschließend sollen kurz die theoretischen Implikationen der empirischen Erkenntnisse verdeutlicht werden. Es dürfte deutlich geworden sein, dass die ohnehin oft divergierenden Handlungslogiken auf nationaler und multilateraler Ebene im Fall globalen Klimaschutzes besonders stark auseinanderdriften. Unter anderem deshalb gab es im untersuchten Fall nur eine schwache Verbindung zwischen den beiden Handlungsarenen: Durch die fehlende Möglichkeit zur Verknüpfung nationaler und multilateraler Handlungszwänge sah sich die Administration (national und international) in die Defensive gedrängt. Die internen Widerstände konnten von der Administration in multilateralen Verhandlungen nicht fruchtbar gemacht werden. Die durch legislative Vorfestlegungen stark „gefesselten" Hände der Exekutive sorgten im multilateralen Rahmen kaum für Entgegenkommen. Die US-Verhandlungsposition war zu starr, um multilaterale Verhandlungsprozesse in die gewünschte Richtung zu lenken. Auf der anderen Seite scheiterte auch die Suche der Administrationen nach „institutionalisierten Ausreden". Aus dem Ratifizierungsprozess heraus erwuchs nur geringer Anpassungsdruck. Gleichwohl gab es

[145] Vgl. dazu allgemein *Bodansky* (2002) oder *Meckling* (2005: 25).

[146] Auch wenn Japan am Asiatisch-Pazifischen Klimapakt teilnimmt, bemüht es sich doch weiter um die Erreichung seiner Reduktionsverpflichtungen aus dem Kyoto-Protokoll.

eine schwache mittelbare Rückwirkung auf das nationale Entscheidungssystem, allerdings keinen belastbaren *compliance*-Zwang, wie er im WTO-System identifiziert wurde. Das Klimaschutzregime hat kaum einen instrumentellen Wert bei der Einhegung des US-Unilateralismus entfalten können – es erweist sich bei näherer Betrachtung tatsächlich als vordergründig symbolpolitisch motiviert und entfaltet wegen fehlender Sanktionsinstrumente auch für seine stärksten Befürworter kaum Bindungswirkung. Asymmetrische Interdependenz, fehlender Konsens über die gemeinsame Problembetroffenheit, Machtkonflikte und die sehr konkrete Reziprozitätserwartung der USA minderten die institutionelle Verpflichtungskraft entscheidend. Das Verhalten der USA kam vielen Staaten gelegen[147]. Wie allerdings angesichts dieser geringen Verpflichtungskraft langfristig die amerikanische Vetoposition und das Desinteresse führender Schwellenländer (vor allem der zukünftigen Hauptemittenten China und Indien) überwunden werden können, bleibt unklar[148]. Eine effektive Selbstbindung *aller* relevanter Staaten im Rahmen eines neuen multilateralen Klimaschutzregimes wird meines Erachtens nur dann ins Auge gefasst werden können, wenn die Defizite des Kyoto-Protokolls klar adressiert und *effektivere* sowie *attraktivere* Mechanismen zur Reduktion von Treibhausgasen entwickelt werden[149]. Das Fernbleiben eines Hauptakteurs hat den Finger in die offene Wunde des bestehenden Klimaschutzregimes gelegt. Insofern kann aus dieser Fallstudie geschlossen werden, dass unilaterales Abseitsstehen wichtiger Akteure die Nemesis *schwacher* Institutionalisierung bleiben wird.

---

[147] Die starre Verhandlungsposition und spätere Blockade der USA im Kyoto-Prozess hat zur Verringerung der ursprünglich sehr ambitionierten europäischen Reduktionsziele beigetragen.

[148] Vgl. für einige Vorschläge *Müller* (2005b: 9ff), der unter anderem darauf hinweist, dass der Verhandlungsspielraum sehr weitgefasst werden muss, um alle interessierten Staaten einbeziehen zu können. Diese Voraussetzung dürfte allerdings nur durch Entgegenkommen der ambitionierten Annex-I-Staaten herzustellen sein, was wiederum eine Aufweichung der Reduktionsziele zur Vorbedingung hätte.

[149] Vermutlich wird dies nur über eine Ausweitung marktwirtschaftlicher Instrumente zu bewerkstelligen sein; vgl. die verschiedenen Vorschläge von *Schelling* (2002) oder *Nordhaus* (2005).

7. Schluss: Macht und Möglichkeit

"The Americans will always do the right thing (...) after they've exhausted all the alternatives."
Winston Churchill

"We all have to recognize (...) that we must deny ourselves the license to do always as we please."
Harry S. Truman

„Eine Nation, deren Außenpolitik darauf ausgerichtet ist, Macht zu erhalten, nicht aber die Machtverteilung zu ihren Gunsten zu ändern, verfolgt eine Politik des Status quo."
Hans Morgenthau

In dieser Arbeit ging es um den bisher nur in Ansätzen erforschten Zusammenhang zwischen transnationalen Institutionen und Alleingängen der Supermacht USA, also das Spannungsverhältnis zwischen multilateralen Erfolgsversprechen und den Unilateralismusoptionen von dominanten Staaten. Dieses schwer überwindbare Spannungsverhältnis wird dadurch gekennzeichnet, dass die Interessen dominanter Akteure unzweifelhaft eine Herausforderung für zwischenstaatliche Institutionen darstellen – unter diesem Aspekt ist Unilateralismus nicht ohne Berechtigung, aber oft ohne nähere Untersuchung seiner tatsächlichen Konsequenzen, als Bedrohung für transnationale Governance angesehen worden[1]. Wie ich gezeigt habe, beschränken unter umgekehrten Vorzeichen funktionsfähige multilaterale Entscheidungssysteme aber auch die Durchsetzungsfähigkeit unilateraler Strategien entscheidend. Die Machtposition der USA ist trotz einer unipolaren Systemkonfiguration nicht so stark wie vielerorts angenommen. Der Diskurs darüber, ob Amerika als Imperium zu bezeichnen sei, erweist sich, weil dabei Institutionalisierungsprozesse auf multilateraler Ebene weitgehend ausgeblendet werden, als unterkomplex und oft auch realitätsfern[2]. Auf der anderen Seite stellt sich jedoch auch das Axiom, dass die Proliferation multilateraler Normen unter den beteiligten Staaten eine Art Beißhemmung in Bezug auf die unilaterale Durchsetzung politischer Interessen verursacht, in Anbetracht der wachsenden Präferenz wichtiger Staaten für uni- oder minilaterale Lösungsansätze als eingeschränkte Analyse politischer Realitäten dar. Offenkundig ist die multilaterale Verpflichtungskraft nicht so groß und so tiefgreifend wie von liberaler und konstruktivistischer Seite angenommen, aber auch nicht so gering, wie Neorealisten behaupten.

Meine forschungsleitenden Untersuchungsfragen zielten zentral auf die Motive der USA, multilaterale Vereinbarungen und Institutionen durch Alleingänge zu umgehen oder multilaterale Selbstbindung zu vermeiden, obwohl in der Handels- und Klimaschutzpolitik selbstreferentielles Handeln sowohl aus ökonomischer wie außenpolitischer Sicht mit eher geringen Erfolgsaussichten verbunden ist. Anderer-

[1] Vgl. *Hippler/Schade* (2003) sowie *Malone* (2003).

[2] Es ist sicherlich kein Zufall, dass kaum ein Beitrag zur amerikanischen Außenwirtschaftspolitik (außer einigen neomarxistisch inspirierten) den *Empire*-Diskurs auch nur aufgegriffen, geschweige denn zum Ausgangspunkt seiner Analyse gemacht hat. Der Begriff eines Imperiums lässt sich nämlich in den stark interdependenten Interaktionsstrukturen der internationalen Handelspolitik nicht sinnvoll benutzen.

seits aber ging es darum, die Rückwirkung transnationaler Institutionen auf die Supermacht zu vermessen. Der analytische Fokus war somit auf nationale Entscheidungsprozesse in den USA und auf multilaterale Institutionen bzw. die von ihnen unterstützten Möglichkeiten zur Einflussnahme anderer Staaten gerichtet.

7.1 Fallbasierte Überprüfung der Arbeitshypothesen

An dieser Stelle folgt eine kursorische Überprüfung der Arbeitshypothesen. Zunächst zu Hypothesen, die das Machtpotential der einzig verbliebenen Supermacht und die Reichweite von ihr verfolgter unilateraler Politikansätze erfassen sollten. Hier sollte der Einfluss der unabhängigen Variablen (Interdependenz, Institutionalisierung, Interessenkonfiguration im nationalen Entscheidungssystem) auf die erste abhängige Variable (Durchsetzungsfähigkeit von Alleingängen) benannt werden. Dabei wurde vermutet, dass *die Durchsetzungsfähigkeit unilateraler Ansätze umso geringer ausfällt, je höher der auf einem Politikfeld erreichte Grad von Interdependenz ausfällt* (**H1**). Diese Hypothese hat sich mit kleinen Einschränkungen sehr stark bestätigt. In allen untersuchten Beispielen stieß US-Unilateralismus auf Hindernisse und Widerstand. Die handelspolitischen Auseinandersetzungen endeten alle mit multilateralen Niederlagen für die USA, weil der institutionelle Streitbeilegungsmechanismus der WTO den von unilateralen US-Maßnahmen betroffenen Staaten Möglichkeiten zu Klagen und Gegensanktionen bot. Weil diese in allen Streitigkeiten legitimiert worden wären – in einigen Fällen verzichteten die Konfliktparteien darauf, den Streit soweit eskalieren zu lassen –, mussten die beanstandeten Regelungen zurückgenommen oder reformiert werden. *Compliance* mit den Regeln des multilateralen Welthandelsregimes konnte letztlich immer durchgesetzt werden, weil die ökonomischen Auswirkungen der im Raum stehenden Gegensanktionen nicht vertretbar erschienen. Die WTO-Beispiele weisen dabei ein durchweg höheres Verpflichtungsniveau auf als die älteren GATT-Fälle. Im Gegensatz dazu entbehrte es im Rahmen des institutionell schwachen Kyoto-Protokolls Gegenmaßnahmen anderer Staaten an einer multilateralen Grundlage. Hier ging es nicht um die Herstellung von *compliance*, sondern um die Ahndung von US-Attentismus. Es existierten keine institutionellen Vergeltungsmöglichkeiten, mit denen andere interessierte Staaten die USA für ihre Nichtteilnahme hätten maßregeln können. Insofern bestätigte sich beim klimapolitischen Unilateralismus die Vermutung, dass bei geringem Institutionalisierungsgrad unilaterale Ansätze dominanter Akteure etwas durchsetzungsfähiger sind als in einem engeren multilateralen Korsett.

Die von multilateraler Institutionalisierungsprozessen ausgehenden Anpassungszwänge ließen sich in allen Unilateralismusbeispielen deutlich nachweisen. Der multilaterale Institutionalisierungsgrad war für den Misserfolg der Alleingänge dabei durchweg gewichtiger als die Geschlossenheit im nationalen Entscheidungssystem. Es war in diesem Zusammenhang vermutet worden, dass *unabhängig von den jeweiligen Mehrheiten im amerikanischen Entscheidungssystem und den dort formulierten außenpolitischen Präferenzen, eine angestrebte Verhaltensänderung bei anderen Staaten nicht erreicht wird, wenn ein hoher Grad institutionalisierter Interdependenz festzustellen ist* (**H2**). Allgemein wird in Zwei-Ebenen-Ansätzen implizit davon ausgegangen, dass die Geschlossenheit auf nationaler Ebene den außenpolitischen Anliegen eines Staates besonderes Gewicht verleiht: Je geschlossener die eigenen Reihen, so die landläufige Argumentation, desto wahrscheinlicher, dass sich andere Staaten in die gewünschte Richtung bewegen. Dieser Zusammenhang konnte empirisch nicht beobachtet werden, stattdessen bestätigte sich die oben angeführte Arbeitshypothese weitgehend. Für die Durchsetzungsfähigkeit des handelspolitischen Unilateralismus spielte es keine Rolle, ob er halbherzig und mit deutlichem Widerwillen der Administration (etwa bei „*Tuna/Dolphin*"), oder unterstützt von breiten Mehrheiten im Entscheidungssystem (etwa bei den Stahlzöllen) implementiert wurde. Gerade die beiden Fälle, in denen die größte interne Geschlossenheit und kaum Differenzen zwischen Präsident und Kongress festzustellen waren, die Stahlzölle und *FSC/ETI*, endeten mit den eindeutigsten Niederlagen; die Gegensanktionen (der EU) gingen hier besonders weit und veranlassten zügige *compliance*, wenn auch bei *FSC/ETI* erst nach sehr langwierigen multilateralen Auseinandersetzungen. Ungeachtet der Tatsache, dass in allen Fällen die bestehenden Regulierungstatbestände zurückgenommen und Importbeschränkungen oder Embargostrafen seitens der USA aufgehoben werden mussten, lief der handelspolitische Unilateralismus nicht immer ins Leere, bestimmte außenpolitische Steuerungsziele konnten, auch wenn es sich nur um vorgeschobene Gründe handelte, erreicht werden: Bei den ökologisch bemäntelten Protektionismusmaßnahmen „*Tuna/Dolphin*" und „*Shrimp/Turtle*" kam es beispielsweise zu internationalen Schutzabkommen und zu einer nachhaltigen Verbesserung der Fischereimethoden. Im „*Helms-Burton*"-Fall akzeptierte die EU letztlich die Sonderstellung Kubas in der US-Außenpolitik und daraus abgeleitete unilaterale Handelsbeschränkungen. Beim politischen Tauziehen während des Kyoto-Prozesses zogen Präsident *Clinton* und der Kongress an entgegengesetzten Enden, die US-Position war also nicht geschlossen. Dennoch erwies sich die Nichtteilnahme als „wirkungsvoll", weil sie von anderen Staaten aufgrund des schwachen Institutionalisierungsgrads nicht sanktioniert werden konnte; auf der anderen Seite erschien das Kyoto-Protokoll zahlreichen anderen Staaten nützlich genug, um seine Implementierung auch gegen amerikanischen Widerstand voranzutreiben. Ein Ende des Kyoto-Prozesses, ein von weiten Teilen der Legislative bzw. der industriellen Lobbys unterstütztes Anliegen der *Bush*-Administration, war durch das unilaterale Vorgehen der USA nicht zu erreichen. Vom klimapolitischen Katzentisch aus ließ sich kein steuernder Einfluss auf die Kyoto-Befürworter ausüben.

In der dritten Arbeitshypothese wurde vermutet, dass *eine Umgehung oder Vermeidung multilateraler Bindung durch die USA andere Staaten nur geringfügig unter Druck setzt, wenn diese eigene Durchsetzungsinteressen institutionell geltend machen können* (**H3**). Diese Vermutung hat sich in allen empirischen Beispielen stark bestätigt. Der Verstoß gegen GATT-Regeln, die Nichtbeachtung von WTO-Auflagen, die Verschiebung bzw. Ignoranz von *compliance*-Zwängen oder die Nichtteilnahme an multilateraler Klimaschutzpolitik fielen (in sehr unterschiedlichem Maße) auf die USA selbst zurück, ohne die Effektivität multilateraler Steuerung selbst zu berühren. Unilateralismus in Form von serieller *noncompliance* oder verweigerter Kooperation sind zwar unzweifelhaft als Herausforderungen für die WTO oder das multilaterale Klimaschutzregime zu interpretieren, die größten Schwierigkeiten ergaben sich aber zweifellos immer für den Verursacher, die USA. Kurz gesagt, hat US-Unilateralismus eher institutionelle Stärken zum Vorschein gebracht, als multilaterale Probleme: Handelspolitische Alleingänge beispielsweise waren in keinerlei Hinsicht auf eine Revision oder Schädigung des WTO-Systems gerichtet; sowohl die USA als auch die Handelspartner hatten ein fundamentales Interesse am Fortbestand einer effektiven Welthandelsgerichtsbarkeit. *Compliance* konnte deshalb nicht umgangen werden, sondern war eine notwendige Bedingung, um die *DSU*-Mechanismen in anderen Streitfällen auch von amerikanischer Seite vollumfänglich nutzen zu können. Negative Streitschlichtungsurteile bildeten in zwei Fällen („*Tuna/Dolphin*", „*Shrimp/Turtle*") einen willkommenen Anlass, „unbequeme" und intern umstrittene Regulierungen aufzuheben. Die Evolution der Verpflichtungskraft der Streitschlichtungsmechanismen des Welthandelssystems ist durch die Beilegung jener Fälle, die schon im GATT Ärgernisse waren (*FSC/ETI*, „*Tuna/Dolphin*"), gut zu dokumentieren. Auf dem anderen untersuchten multilateralen Interaktionsfeld zeigt sich ein ähnlicher Befund: Das Kyoto-Protokoll hat durch die Nichtpartizipation der USA nicht gelitten, vielmehr sahen sich durch den Attentismus der USA andere Staaten noch mehr in der Pflicht. Das Klimaschutzregime, ohnehin eine schwächere Institution als die Welthandelsorganisation, hätte entscheidend verwässert werden müssen, um eine Zustimmung des US-Kongresses sicherzustellen. Zu einer völligen Verwässerung der Mechanismen kam es wegen der Implementationsinteressen der Kyoto-Befürworter nicht. Zusammenfassend lässt sich also festhalten, dass die ersten drei Arbeitshypothesen sich weitgehend bestätigt haben: Sowohl eine effektive Institution wie die WTO und auch die bescheidenen Governanceerfolge des Klimaschutzregimes konfrontierten unilaterale Politikansätze der USA mit handfesten Durchsetzungsproblemen. Externe Interessenformationen und strake Interdependenz waren für die geringe Implementationskraft des Unilateralismus wesentlich stärker verantwortlich, als interne Faktoren, also etwa mangelnde Geschlossenheit im US-Entscheidungssystem.

Im Hinblick auf den zweiten Erkenntnisschwerpunkt meiner Arbeit wurden die Auswirkungen der drei intervenierenden Variablen auf die zweite abhängige Variable (Typus unilateralen Handelns) untersucht. Dabei ging es vor allem um die Frage, welche Form Alleingänge bedingt durch interne Weichenstellungen und multilaterale Beschränkungen angenommen haben und welche Bedingungen ihrer Rücknahme förderlich waren. Alle untersuchten Unilateralismusbeispiele haben sich als Mischformen der drei Unilateralismustypen erwiesen, nichtsdestoweniger geht es bei der folgenden Einordnung um dominierende Charakteristika. Zunächst war zu untersuchen, inwiefern *interne Konflikte im Entscheidungssystem über außenpolitische Ziele und Interessen, vor allem Blockaden zwischen Exekutive und Legislative, die Wahrscheinlichkeit intervenierender Unilateralismusansätze erhöhen und eine umstandslose compliance verhindern* (**H4**). Diese Vermutung hat sich empirisch nur teilweise bestätigt. Dass interne Konflikte für die Durchsetzungsfähigkeit von Unilateralismus fast vernachlässigbar sind, wurde soeben bereits dargestellt. Gleichwohl haben Konflikte zwischen Exekutive und Legislative für die *Erscheinungsform* von Alleingängen eine prädisponierende Wirkung. Der in dieser Arbeit beleuchtete Interessengegensatz zwischen Präsident und Kongress zeigt sich in allen sechs empirischen Beispielen. Außenwirtschaftspolitisch ziehen die beiden Gewalten nur selten an einem Strang. Parteipolitische Differenzen über Liberalisierungsschritte, unterschiedliche Regulierungsvorstellungen und ein permanentes Kompetenzgerangel zwischen den Gewalten beeinträchtigen vor allem die Konsistenz der US-Handelspolitik. Alle handelspolitischen Unilateralismusfälle hatten eine intervenierende Wirkung, weil es in allen Fällen es zu einer Verletzung grundlegender GATT-Prinzipien bzw. von WTO-Übereinkommen kam. Am stärksten fiel diese Verletzung bei „*Helms-Burton*", „*Shrimp/Turtle*" und „*Tuna/Dolphin*" aus, weil hier eine offensive, sanktionsgestützte Exterritorialisierung nationaler Regulierungsstandards bezweckt war. In diesen drei Fällen gab es, wie es die Arbeitshypothese nahe legt, auch die größten Differenzen zwischen Präsident und Kongress. Die Administration zeigte sich ausgesprochen unwillig in der Ausführung dieser drei Alleingänge, während im Kongress auf eine strenge Umsetzung gedrängt wurde. Die Rücknahme (oder Aussetzung) der Maßnahmen verzögerte sich in diesen Fällen ebenfalls aufgrund stark divergierender exekutiver und legislativer Interessen. Dagegen ergab sich bei den Stahlzöllen und bei *FSC/ETI*, die zwischen den Gewalten fast unumstritten waren, kaum institutionelle Sprengkraft für das Welthandelssystem. In der Frage der amerikanischen Exportsubventionen kam es allerdings zu einer längeren Phase der *noncompliance* kam, weil der Kongress nicht so schnell zur Abschaffung bereit war, wie die *Clinton*- bzw- *Bush*-Administrationen. Hier mussten die Sanktionen der EU „nachhelfen". Auf dem anderen Interaktionsfeld verhärteten die klimapolitischen Differenzen zwischen *Clinton* und dem Kongress die amerikanische Verhandlungsposition im Kyoto-Prozess ebenfalls erheblich. Die harte Haltung der Administration in den Klimaschutzverhandlungen und die spätere Nichtteilnahme der USA gingen ganz entscheidend auf Widerstand und Vorfestlegungen im Kongress zurück. Das legislative Faustpfand des Ratifizierungszwangs im Senat wog hier besonders schwer. Auf diesem Politikfeld konnte der Kongress die Administration vor sich hertreiben und selbst kaum in Zugzwang versetzt werden, da die multilateralen Ergebnisse wenig überzeugend ausfielen. Allerdings ist die Blockadehaltung des Kongresses inzwischen kaum noch zu beobachten. Vielmehr tritt nunmehr vor allem die *Bush*-Administration selbst auf die Bremse.

Weiterhin wurde vermutet, dass *bei einer verengten Definition nationaler Interessen und einer programmatischen Betonung nationaler Entscheidungssouveränität intervenierender und attentistischer Unilateralismus wahrscheinlich werden* (**H5**). Auch für diesen Zusammenhang ergaben sich einige empirische Hinweise. Durch eine verengte Definition nationaler Interessen wird der exekutive Verhandlungsspielraum auf multilateraler Ebene beträchtlich eingeschränkt. Vorfestlegungen auf nationaler Ebene begrenzen den internationalen Verhandlungsspielraum – gemeinsame Problemwahrnehmung, Konsensbereitschaft und die Möglichkeiten für Zugeständnisse sind damit nur eingeschränkt erreichbar. Unflexible Politikansätze mit stark souveränistischen Zügen erhöhen deshalb die multilaterale Spannungen. Wo aufgrund hochpolitisierter Entscheidungsprozesse und eines starken Kongressengagements das nationale Interesse besonders groß geschrieben wurde, erwies sich die US-Verhandlungsposition als verhärtet. Der Handelskonflikt, der sich aus dem „*Helms-Burton*"-Fall ergab, und die Auseinandersetzungen in den internationalen Klimaschutzverhandlungen zeigen dies besonders deutlich. Die vom Kongress angedies besonders deutlich. Die vom Kongress angedrohten amerikanischen Sanktionen für Akteure, die das einseitige Kuba-Embargo verletzten, verstießen so offenkundig gegen Welthandelsregularien, dass sie zunächst sogar von *Clinton* abgelehnt worden waren. Unter dem Druck der öffentlichen Erregung unterstützte er sie aber später (vorübergehend), was umgehend zu harten internationalen Auseinandersetzungen führte. In einem ähnlichen Prozessmuster erwies sich die Vorfestlegung des Senats vor den Kyoto-Verhandlungen als Grundstein des US-Attentismus beim globalen Klimaschutz: Mit „*Byrd-Hagel*" war die amerikanische Vetoposition (ebenfalls gegen den Willen der *Clinton*-Administration) zementiert und eine Schädigung des multilateralen Klimaschutzregimes zwangsläufig. In den anderen empirischen Fallstudien lässt sich der Zusammenhang zwischen verengten nationalen Interessen und multilateraler Aggressivität nur ansatzweise erkennen: Beim Export ökologischer Schutzstandards und den Stahlzöllen relativierte die Administration ihre harte Verhandlungsposition in den Streitschlichtungsverfahren durch Flexibilität und Konzilianz in der Gewährung von Ausnahmen für ausländische Anbieter. Im Fall *FSC/ETI* ergaben sich jedoch keine Anhaltspunkte für den in der fünften Arbeitshypothese vermuteten Zusammenhang[3].

Mit der sechsten Arbeitshypothese sollte untersucht werden, inwiefern *US-Administrationen auf durch institutionalisierte Interdependenz gekennzeichneten Interaktionsfeldern darum bemüht sind, intervenierenden Unilateralismus zu vermeiden oder institutionell abzumildern* (**H6**). Die Vermutung, dass die Exekutive ein hohes Abschwächungsinteresse zeigt, wenn aufgrund institutionalisierter Abhängigkeit und multilateraler Einbindung unangenehme diplomatische Konsequenzen oder (von der Exekutive unerwünschte) Streitigkeiten drohen, hat sich im allgemeinen bestätigt, in drei Fällen sogar sehr stark. Alle empirischen Beispiele haben gezeigt, dass der Exekutive eine zentrale Rolle zukommt – sowohl bei der Umsetzung (und Verteidigung) von Alleingängen bzw. Verstößen gegen multilaterale Regeln als auch für *compliance*. Das exekutive Wissen um die negativen Konsequenzen von multilateralen Konflikten hat sich gleichwohl selten in der Entscheidungsphase als handlungsleitend erwiesen. Für die unilaterale Positionierung der USA gaben parochiale Entscheidungen den Ausschlag. Bei handelspolitischem Unilateralismus zeigte sich ein hohes exekutives Einhegungs- und Kontrollinteresse, auch wenn man bei *FSC/ETI* das Streitverfahren aus taktischen Gründen – um ein Gegengewicht zu den *Airbus/Boeing*-Auseinandersetzungen zu schaffen – sehr stark in die Länge zog. Die Administrationen waren sich der außenpolitischen „Nebenkosten" unilateraler Außenwirtschaftspolitik in allen untersuchten Fällen durchaus bewusst. Aus ideologischen und handelsdiplomatischen Gründen wehrte sich die *Clinton*-Administration lange, den gerichtlich erzwungenen Export von Ökostandards bzw. die vom Kongress

[3] Zwar gab es auch dort in der Debatte stark souveränistische Untertöne, die eine Unterordnung der amerikanischen Steuergesetzgebung unter WTO-Regularien strikt ablehnten. Verhärtet war die US-Verhandlungsposition dadurch aber nicht, obwohl man die Subventionierungspraxis in den diversen Streitschlichtungsverfahren vehement verteidigte. In der Phase aber, in der die multilateralen Spannungen am größten geworden waren (2002-2005), wurde eine Lösung gefunden, die, wenngleich den WTO-Erfordernissen nicht vollumfänglich entsprechend, eine weitere Konflikteskalation zunächst verhinderte. Hier ergab sich also keine Unilateralismusverschärfung.

gewünschte Verschärfung des Kuba-Embargos zu implementieren. Von administrativer Seite wurde der Unilateralismus in diesen drei Fällen durch Ausnahmeregelungen entscheidend abgeschwächt oder eingeschränkt. Auch die Regierung *Bush* (d.Ä.) hatte im „*Tuna/Dolphin*"-Fall vergleichbare Zurückhaltung gezeigt. Bei den Stahlzöllen dokumentierten die Entscheidungsprozesse und die gewährten Ausnahmen ebenfalls, dass die Administration darum bemüht war, Druck aus dem Ausland präventiv zu begegnen; allerdings wurde, wie auch beim *FSC/ETI*-Fall, eine multilaterale Konflikteskalation in Kauf genommen, weil andernfalls das Umschwenken auf einen *compliance*-Kurs zuhause kaum vermittelbar gewesen wäre. Die drohenden (bzw. bei *FSC/ETI* sogar verhängten) Strafmaßnahmen anderer Staaten und sonstige negative Auswirkungen von Unilateralismus halfen in allen WTO-Auseinandersetzungen entscheidend bei der Internalisierung von Anpassungszwängen. Im internationalen Klimaschutz fehlte dieser Druck aus dem Ausland. Der *Bush*-Administration lag allerdings auch nichts am Erfolg des Klimaschutzregimes, weshalb die internationalen Konflikte von ihrer Seite kaum eingedämmt, sondern noch verschärft wurden. *Bush* war nicht nur für eine Fortsetzung des amerikanischen Attentismus, sondern arbeitete (erfolglos) auf ein Scheitern des Kyoto-Protokolls hin. *Clinton* dagegen hatte noch bis 1998 versucht, ungeachtet der Widerstände im Kongress eine multilaterale Führungsrolle zu spielen und war nach der „*Byrd-Hagel*"-Resolution, die ihm ein quasiimperatives Verhandlungsmandat beschert hatte, auf internationaler Ebene deeskalativ aufgetreten. Das zeigte sich an der von *Gore* geleisteten Unterschrift unter das Protokoll und dem zunächst demonstrierten Willen zur Fortsetzung der internationalen Verhandlungen. Allerdings sorgten Widerstand im Kongress und die fehlende Bereitschaft der EU-Staaten, der angeschlagenen Administration in Klimaschutzfragen entgegenzukommen, zum Ende der *Clinton*-Jahre dafür, dass die Administration Abstand von einer Führungsrolle im Kyoto-Ratifizierungsprozess nahm. Insofern ergibt sich im klimapolitischen Unilateralismusfall nur eine eingeschränkte Bestätigung der sechsten Arbeitshypothese.

Zusammenfassend lässt sich feststellen, dass sich auch die Arbeitshypothesen vier bis sechs, mit denen der Einfluss der unabhängigen Variablen auf den Typus und die Verlaufsform von Unilateralismusansätzen vermessen werden sollte, weitgehend bestätigt haben: Interne Konflikte und Entscheidungsblockaden sowie eine verengte Definition nationaler Interessen haben in den meisten Fällen, wie vermutet, multilaterale Konflikte angefacht oder verschärft. In der Handelspolitik, wo von einem sehr hohen Grad institutionalisierter Interdependenz ausgegangen werden kann, haben aber die negativen multilateralen Folgewirkungen sowie Veränderungen in den heimischen Unterstützungskoalitionen deeskalative Verhandlungsstrategien und zügige *compliance* nahegelegt. In der Klimaschutzpolitik war dieser Effekt geringer – hier konnte die Ablehnungsfront gegen das als ungerecht angesehene Klimaschutzregime nicht ins Wanken gebracht werden, wenngleich sich die Ablehnung – vor allem bedingt durch eine Interessenveränderung im Wirtschaftslager – inzwischen abschwächt hat.

Schließlich sollte im Hinblick auf den dritten Erkenntnisschwerpunkt meiner Arbeit mit drei Hypothesen die institutionelle Bindungswirkung von transnationalen Interaktionssystemen vermessen werden. Zunächst wurde vermutet, *dass bei stark institutionalisierten Interaktionsfeldern ein hohes exekutives Interesse an der Befolgung multilateraler Regeln besteht* (**H7**). In den untersuchten Fällen waren die Administrationen intern oft zerstritten, weshalb ein „exekutives Interesse" konstruiert wurde – in der Regel wurde von mir darunter die Position des Präsidenten gefasst. Ideologische Differenzen haben zudem das Verhalten verschiedener Administrationen unterschiedlich akzentuiert – besonders deutlich in der Klimaschutzpolitik sowie bei den Handelsauseinandersetzungen mit umweltpolitischen Bezügen. Setzt man in den handelspolitischen Fallbeispielen Regeleinhaltung mit der Befolgung von multilateralen Streitschlichtungsurteilen gleich, zeigt sich in dieser Hinsicht tatsächlich eine durchweg hohe Bereitschaft der US-Administrationen zur *compliance*. Das WTO-System schafft einen Rahmen, in dem dauerhafte Verstöße von anderen Staaten wirkungsvoll sanktioniert werden können. Bei *FSC/ETI* und den Stahlzöllen waren die drohenden Strafzölle anderer Staaten zu umfangreich, um ignoriert zu werden. Die Drohkulisse von Gegensanktionen, Veränderungen in den heimischen Unterstützungskoalitionen und außenpolitische Rücksichtnahmen haben auch in den anderen drei Fällen *compliance* mit den multilateralen Regeln nahegelegt. Nur in den Fällen „grünen" Unilateralismus und bei „*Helms-Burton*" haben sich die Administrationen auch schon im Vorfeld der Entscheidungen argumentativ gegen die Implementierung als schädlich angesehener unilateraler Maßnahmen gewandt, freilich ohne sie zu verhindern. Gegenüber dem stärker auf unilaterale Durchsetzung von US-Interessen dringenden Kongress trat die Exekutive als Bremser auf. Absehbare multilaterale Schwierigkeiten haben jedoch in keinem handelspolitischen Fall den Abbruch der Alleingänge durch die Administrationen bewirkt – dem standen innenpolitisches Opportunitätsdenken, beim Export der Ökostandards auch fehlende Kompetenzen im Weg. In allen fünf Beispielen hat die Administration aber den Verlauf und die Ergebnisse der Streitverfahren in den nationalen Entscheidungsprozessen manipulativ zu instrumentalisieren versucht. Die multilateralen Anpassungszwänge spielten ihr zumeist argumentativ in die Hände. Widerstand gegen *compliance*, der zumeist aus dem Kongress kam, konnte vergleichsweise leicht überwunden werden. Gerade diese Instrumentalisierbarkeit war beim Kyoto-Protokoll wegen dessen geringerer instrumenteller Attraktivität nicht gegeben. Zudem schlugen weltanschauliche Unterschiede durch: Während die *Clinton*-Administration eine Führungsrolle im multilateralen Klimaschutzregime anstrebte und zu gewissen Reduktionsleistungen bei Treibhausgasen bereit war, zeigte *Bushs* Haltung klare anti-multilaterale Züge. Forderungen nach einer Teilnahme am Kyoto-Protokoll und nach strikten Emissionszielen erteilte er stets eine Absage. Insofern bestätigt sich die siebte Hypothese im Klimaschutzfall nur schwach.

Mit der achten Arbeitshypothese sollte untersucht werden, ob *ein hoher Grad multilateraler Institutionalisierung intervenierenden Unilateralismus wirksam unterbindet und ob eher Attentismus zu erwarten ist, wo die Befolgungsanreize aufgrund geringer institutionalisierter Interdependenz niedrig ausfallen* (**H8**). Wie aus allen handelspolitischen Beispielen ersichtlich, kann auch starke Institutionalisierung Unilateralismus nicht verhindern, prägt jedoch deutlich seine Erscheinungs- und Verlaufsformen. Das Welthandelsregime bildet einen regulativen Rahmen von hoher politischer Attraktivität – die fortschreitende Verdichtung dieses Rahmens im Verlauf der letzten Jahrzehnte und der inzwischen erreichte Grad institutionalisierter Interdependenz haben allerdings auch zu einer Erhöhung der Spannungen zwischen nationalen Interessen und multilateralen Befolgungserfordernissen geführt. Handelskonflikte sind deshalb unvermeidlich, in ihren Auswirkungen aber nicht systemgefährdend. Nach der hier vertretenen Überzeugung ermöglicht der hohe Grad institutionalisierter Interdependenz im Welthandelssystem eine (von den Beteiligten meist gewünschte) kontrollierte Austragung von Streitigkeiten. Die gleichzeitige Aufrechterhaltung politischer Manövrierspielräume führte in den dargestellten Fällen zu Konfliktverläufen und Lösungen, die in der Form – als diplomatischer Kuhhandel oder bei der „Verrechnung" von Rechtsverstößen – zwar Rücksichtnahmen der Streitparteien aufeinander zeigten, in der Sache aber auf die Anpassung an multilaterale Erfordernisse hinausliefen. Nur durch die Entschärfung oder Beendigung intervenierender Alleingänge konnten die USA eine weitere Konflikteskalation verhindern. Insofern hat sich die oben angeführte Vermutung in den fünf handelspolitischen Beispielen stark bestätigt. Auch in der Klimaschutzstudie hat sich gezeigt, dass intervenierender Unilateralismus ins Leere läuft und die Implementierungsbereitschaft anderer Staaten sogar noch anfachen kann. Für die Wirkungslosigkeit des US-Unilateralismus war in erster Linie das multilaterale Führungsinteresse anderer Staaten verantwortlich. Gleichwohl verfügt das erst spät konkretisierte (und immer wieder verwässerte) Klimaschutzregime nur über niedrige institutionellen Befolgungsanreize, so dass der US-Unilateralismus über weite Strecken, wie vermutet, stark attentistisch geprägt war.

Mit der letzten Hypothese schließlich wurde folgender Zusammenhang geprüft: *Je stärker und belastbarer institutionelle Streitbeilegungsmechanismen eingeschätzt werden können, desto größer ist die Wahrscheinlichkeit der Befolgung und Umsetzung multilateraler Verpflichtungen (compliance) durch die beteiligten Staaten* (**H9**). Für diese Vermutung haben sich nur in den handelspolitischen Untersuchungsfällen starke bestätigende Indizien finden lassen, insbesondere in den beiden Unilateralismusbeispielen mit einer GATT-Vorgeschichte („*Tuna/Dolphin*" und *DISC/FSC/ETI*). Die sehr konkreten Handlungserfordernisse des WTO-Streitbeilegungsmechanismus, haben in allen fünf Fällen zur (manchmal auch schleppenden) Anpassung der USA geführt. Auf der Basis von die US-Position zurückweisenden *Panel*-Entscheidungen oder angesichts einer hohen Verurteilungswahrscheinlichkeit (bei „*Helms-Burton*" bzw. „*Tuna/Dolphin*") und vor allem wegen drohender oder verhängter Sanktionen von Handelspartnern wären die USA bei einer Fortsetzung der Verstöße gegen das Welthandelsrecht mit sehr hohen Kosten konfrontiert gewesen. Rücknahme, symbolische Entschärfung oder Anpassung waren deshalb Handlungsgebote politischer Klugheit. Multilaterale Streitschlichtungsergebnisse bewirken aber *compliance* nicht umstandslos, sondern bedürfen zu ihrer Durchsetzung interessierter Akteure auf nationaler Ebene. Insofern ist das Beilegungsmanagement des *DSU* nicht unausweichlich, aber doch stark handlungsleitend. Insbesondere das Verhalten der USA zur Klimarahmenkonvention und zum Kyoto-Protokoll zeigt, wie wichtig verpflichtende Streitbeilegungsmechanismen für die Attraktivität einer multilateralen Institution sind: Wo Governanceprozesse allein auf Voluntarismus gründen und die notwendige Konsensfindung kaum durch institutionelle Regeln flankiert wird, ergeben sich nur geringe *compliance*-Anreize. Nur dort, wo multilaterale Grenzen deutlich hervortreten, effektive Streibeilegungsregularien existieren und aufgrund von Sanktionsdrohungen ein hohes Interesse an Regeleinhaltung festgestellt werden kann – in erster Linie bei der Exekutive, gegebenenfalls auch erst am Ende von langwierigen Auseinandersetzungen –, fällt Unilateralismus mittelbar auf den Verursacher zurück. Die Existenz belastbarer Streitbeilegungsstrukturen hat sich dabei als entscheidender Faktor bei der institutionellen Einhegung unilateraler Politikansätze herausgestellt; ihr Fehlen im Klimaschutzregime bestätigt also die oben angeführte Arbeitshypothese ebenfalls. In der nebenstehenden Tabelle sollen meine empirischen Ergebnisse noch einmal komprimiert dargestellt werden.

Tabelle 5: Fallbasierte Überprüfung der Arbeitshypothesen

	„Shrimp/ Turtle", „Tuna/ Dolphin"	*„Helms-Burton"*	*DISC/ FSC/ ETI*	**Stahlzölle**	**Kyoto-Protokoll**
H1: Geringe unilaterale Durchsetzungsfähigkeit wegen hoher Interdependenz	+	++	++	++	+
H2: US-Präferenzen scheitern an Entschlossenheit anderer Staaten	+	+	+	+	++
H3: Starke (institutionalisierte) Steuerungsinteressen anderer Staaten	++	++	++	++	++
H4: Interne Konflikte verschärfen unilaterales Vorgehen bzw. verhindern umstandslose *compliance*	++	++	+	-	++
H5: Verengte Interessendefinition oder Souveränismus verschärfen Unilateralismus	+	++	-	+	++
H6: Exekutives Deeskalationsinteresse	++	++	+	+	+
H7: Exekutives Interesse an multilateraler *compliance*	++	++	++	+	+
H8: Intervenierender Unilateralismus scheitert	++	++	++	++	+
H9: Effektive Streitbeilegungsmechanismen dämpfen Unilateralismus	++	++	++	++	+

Legende: (-) keine Bestätigung, (+) schwache Bestätigung, (++) starke Bestätigung

7.2 Theoriebildender Ertrag I: Zur Verpflichtungskraft multilateraler Institutionen

An dieser Stelle sollen kurz die Implikationen meiner empirischen Ergebnisse für die institutionalistische Debatte diskutiert werden. Wie im dritten Kapitel dargestellt, leiten liberal-institutionalistische und konstruktivistische Theorieansätze aus der Zunahme komplexer Interdependenz und häufiger werdender multilateraler Zusammenarbeit eine fundamental hohe und außenpolitisch handlungsleitende multilaterale *compliance*-Bereitschaft der Saaten ab. Weil diese Ansätze Institutionen eine eigene Akteursqualität zuerkennen, wurden sie unter dem Begriff Multilateralisten zusammengefasst. Neorealisten argumentieren dagegen, dass Staaten im internationalen System im Prinzip stets selbstreferentiell und tendenziell unilateral agieren. Multilaterale Institutionen seien in erster Linie als Arenen zwischenstaatlicher Kooperation zu interpretieren, mit stark eingeschränkten Handlungsoptionen und keiner eigenen Akteursqualität. Sie müssten befriedigende Ergebnisse erreichen, weil ihnen ansonsten Legitimität verloren ginge. *Compliance* mit multilateralen Normen und Regeln erwachse nicht als Zwangsläufigkeit aus wachsenden transnationalen Steuerungsproblemen, sondern bleibe den Zweckmäßigkeitspostulaten der Nationalstaaten unterworfen: Gerade, wenn Staaten über großen Einfluss verfügten, würden sie die Effizienz von Organisationen sehr kritisch evaluieren. Machtorientierte Alleingänge dominanter Akteure seien dort zu erwarten, wo zwischenstaatliche Zusammenarbeit nur unzureichende Resultate verspricht oder handlungseinschränkend zu wirken droht.

Mit dem in dieser Arbeit verwendeten Zwei-Ebenen-Ansatz wurde die starre Dichotomie zwischen Multilateralisten und Neorealisten aufgebrochen. Analytisch fruchtbringend ist weder die idealisierende Machtvergessenheit der Multilateralismusapologeten, die die Gestaltungschancen des Multilateralismus überhöhen, noch die Machtversessenheit der Neorealisten, die das politische Interesse an einer effektiven institutionellen Selbstbindung (verbunden mit der Preisgabe staatlicher Souveränität) kaum erklären können. Beide Theoriestränge haben keinen Blick entwickelt für die *innenpolitische* Utilität multilateraler Institutionen. Um die Verpflichtungskraft zwischenstaatlicher Kooperationsforen ermitteln zu können, gilt es, Gewinner und Verlierer unilateralistischer Außenpolitik und multilateraler Selbstbindung herauszuarbeiten. Nur ein Blick in die nationalen Entscheidungssysteme offenbart, dass *Profiteure* und *Gegner* institutioneller Bindung die Teilnahme an transnationalen Kooperationsbeziehungen jeweils für ihre Zwecke zu instrumentalisieren versuchen. Die einen entschuldigen die resultierenden Anpassungszwänge mit erhofften Kooperationsgewinnen oder mit drohenden Gegenmaßnahmen anderer Staaten, andere lehnen die Vorstellung einer weitreichenden Selbstbindung ab, weil sie Gestaltungsmöglichkeiten auf nationaler Ebene einschränke.

Es konnte gezeigt werden, dass amerikanischer Unilateralismus unabhängig vom Grad multilateraler Institutionalisierung auftritt, wenngleich die Erfolgsaussichten von Alleingängen entscheidend durch diesen bzw. die Durchsetzungschancen anderer Staaten determiniert werden. Um die beiden zentralen Forschungsgegenstände dieser Untersuchung analysieren zu können – Amerikas wachsenden Unilateralismus in internationalen Interaktionen und dessen durch multilaterale Instanzen gesetzte Implementationsgrenzen –, musste die systemische Analyseebene, auf der sich die Großtheorien der IB-Disziplin bewegen, verlassen und um subsystemische Erklärungsfaktoren ergänzt werden. Die Fallbeispiele haben deutlich die Grundannahme bestätigt, dass die USA im System internationaler Beziehungen nicht als geschlossener Akteur (*unitary actor*) auftreten; vielmehr versuchen je nach Politikfeld sehr unterschiedlich zusammengesetzte Interessenkoalitionen die amerikanische Außenpolitik in ihrem Sinne zu beeinflussen. Dies resultiert oft in einem janusköpfigen Erscheinungsbild der US-Außen- und Außenwirtschaftspolitik. Interne Zerstrittenheit und divergierende Interessen einer Vielzahl von politischen und ökonomischen Akteuren verhinderten in allen untersuchten Fällen ein geschlossenes Auftreten.

Ich habe deshalb vorgeschlagen, Multilateralismus in einem komplexen Zusammenspiel aus nationalen und transnationalen Entscheidungsprozessen vornehmlich als von interessierten Akteuren funktionalisierbare *Interaktionsbande* aufzufassen, die politische Handlungen der Nationalstaaten nicht vordergründig bindet und determiniert – schon gar nicht von allein. Multilateralismus ermöglicht es, die Folgen unilateraler Außenpolitik im Zustand institutionalisierter Interdependenz sichtbar zu machen. Daran dürften sich Interaktionspartner im Ausland, aber auch mit diesen verbündete Einflusskoalitionen im Inland, die von Multilateralismus profitieren, interessiert zeigen. Erst durch die Existenz multilateraler Institutionen und die von ihnen reklamierte Steuerungsfähigkeit wird Unilateralismus auffällig; erst durch die Verletzung transnationaler Entscheidungsprozesse werden selbstreferentielle Alleingänge zur Herausforderung für Global Governance, können damit aber auch wirkungsvoll in nationale Entscheidungsprozesse rückgekoppelt werden. Viele multilateralen Steuerungsangebote sind zu attraktiv, als dass sie ignoriert werden könnten, gleichzeitig aber auch zu verbindlich, um sich den daraus erwachsenden Handlungszwängen entziehen zu können. In dieser unumgänglichen Attraktivität äußerst verbindlicher multilateraler Zwänge liegt das eigentliche Paradox der herausragenden US-Stellung im unipolaren System. Selbstbindung und *compliance* werden aufgrund der multilateralen Governanceerfolge nicht nur notwendig und nützlich, sondern auch unabwendbar. *Politisch* attraktiv erscheint ein solches Verhalten überdies, weil interne Handlungsblockaden, die nach 1990 zugenommen haben, damit besser überwunden werden können. Effektiver Multilateralismus ermöglicht Politikern Selbstentpflichtung im heimischen Entscheidungssystem.

Die mit Selbstbindung in institutionalisierten Interaktionszusammenhängen einhergehenden Handlungserfordernisse auf der einen und die Formulierung nationaler Interessen auf der anderen Seite bilden ein permanentes Spannungsfeld. Insgesamt hat sich die grundlegende Vermutung bestätigt, dass multilaterale Interaktionen in zunehmendem Maße einen prägenden Einfluss auf außenpolitische Entscheidungen nehmen können – allerdings nicht im Sinne einer grundlegenden Unilateralismusprävention. Vielmehr wurde der Blick insbesondere auf die Instrumentalisierbarkeit multilateraler Handlungszwänge in nationalen Entscheidungsprozessen der USA gerichtet. Effektive multilaterale Institutionen können einen wirksamen Verpflichtungsrahmen etablieren, der oft von der Exekutive aufgegriffen wird, um abweichendes Verhalten einzuhegen – jedoch gelang dies in den untersuchten Fallbeispielen nur mit durchwachsenem Erfolg. In der Handelspolitik zeigten die Administrationen sich fast immer daran interessiert, die Schäden für das multilaterale Welthandelsregime, das nie ernsthaft infrage gestellt wurde, in Grenzen zu halten. Gleichwohl erwies sich der Druck im US-Entscheidungssystem als so stark, dass die Administration klein beigeben musste und Unilateralismus nach außen implementiert wurde. In der Klimaschutzpolitik determinierte der Einfluss von Kongress und Interessengruppen die US-Position auf internationaler Ebene noch stärker. Multilateralismus bewirkt also, so meine Schlussfolgerung, selbst dort, wo er unausweichlich erscheint, keinen durchweg belastbaren Konformitätszwang, denn gerade effektive Institutionen bieten Möglichkeiten zur politischen Selbstentpflichtung und zum selektiven Eskapismus, also zu (kontrollierten) Verstößen gegen multilaterale Normen und Regeln.

Das in diesem Zusammenhang entwickelte Argument lautet verkürzt: Effektive multilaterale Institutionen helfen dabei, die Kosten von Alleingängen in den nationalen Entscheidungsprozessen transparenter zu machen. Multilateralismus ist kein Mechanismus der antagonierende nationalstaatliche Interessen vollständig einhegen oder unilaterale Neigungen von vornherein ganz unterbinden könnte; vielmehr werden – mal mehr, mal weniger erfolgreich – Instrumente zur Dämpfung und, sofern institutionell vorgesehen und strukturell möglich, Beilegung von Streitigkeiten bereitgestellt. Im kalkulierten Rückgriff exekutiver Akteure auf die Verpflichtungsmuster multilateraler Institutionen liegt eine funktional-taktische und originär politische Dimension unilateraler Impulse. Der kalkulierte und zeitlich begrenzbare Verstoß gegen multilaterale Regeln erzeugt in der Regel Reaktionen anderer Staaten, die sich ihrerseits wieder als Handlungszwänge in nationalen Entscheidungsprozessen instrumentalisieren lassen – sofern ein starkes mehrheitliches Interesse der Entscheidungsträger an multilateral institutionalisierten Steuerungsleistungen besteht. Im funktionalen Muster eingebetteten Unilateralismus können multilaterale *compliance*-Zwänge von den Entscheidungsträgern als „institutionalisierte Ausreden“ benutzt werden, um zuhause Handlungs-, in der Regel Anpassungsdruck zu erzeugen. In der Handelspolitik gelang der Exekutive die Internalisierung multilateraler Handlungszwänge; in der Klimaschutzpolitik dagegen kaum, was vor allem mit dem geringeren Institutionalisierungsgrad zu begründen ist. Hier zeigt sich also eine unterschiedlich hohe institutionelle Verpflichtungskraft.

Institutioneller Kitt entsteht weniger durch die Macht des Völkerrechts oder die Macht dominanter Akteure, weder durch die Zwangsverpflichtung auf konsensorientierte Rollenmuster noch durch die selbstlose Übernahme von Führungsverantwortung durch einen wohlwollenden Hegemon (oder mehrere). All die angeführten Faktoren können zwar helfen, multilaterale Institutionen funktionsfähig zu halten und ihr Instrumentarium zu erweitern. Zusammenhalt und Verpflichtungskraft einer Institution beruhen aber meines Erachtens zuvorderst auf der Akzeptanz und Attraktivität, das ein Regelsystem unter seinen Teilnehmern findet – auf der Basis gemeinsamer Problembetroffenheit und einer wahrgenommenen, akzeptierten und ernsthaft verfolgten Interessengemeinschaft zwischen Staaten. Diese stellt sich am ehesten ein in Interaktionen symmetrischer Interdependenz. Hinzukommen müssen die Erwartung diffuser Reziprozität und die Perzeption verbindlicher Rollenmuster, die eine politische Utilität von Institutionen sicherstellen. Die beste Rückversicherung für Reziprozität und Regelbindung bilden effektive Streitbeilegungsmechanismen. Dies konstituiert einen harmonischen Dreiklang institutioneller Verpflichtungskraft, durch den multilaterale Disharmonien in den meisten Fällen aufgelöst werden dürften.

7.2.1 Symmetrische Interdependenz

Die Bindungswirkung von Multilateralismus basiert auf Grundlagen, die dieser nur zu einem geringen Teil selbst schaffen kann. Eine sehr ausgeprägte komplexe Interdependenz, die von den handelnden Akteuren wahrgenommen und in politische Kalküle einbezogen wird, bildet den Ausgangspunkt und die fortwährende Grundlage belastbarer Kooperationsbeziehungen. Sie ist gewissermaßen der Grundton des Dreiklangs multilateraler Verpflichtungskraft. Institutionelle Erfolgsgeschichten sind meines Erachtens nur dort denkbar, wo Staaten auf die Definition gemeinsamer Interessen dringen – freilich bedeutet dies keine komplette Interessenkonvergenz, sondern lediglich große gemeinsame Schnittmengen. Grundsätzlich scheint aber auch, wie von mir im dritten Kapitel vorgeschlagen, eine grundlegende Unterscheidung zwischen der Wirkung von komplexen Abhängigkeitsbeziehungen und der Verpflichtungskraft von Institutionen notwendig: Interdependenz legt multilaterale Handlungsmuster nahe, gemeinsame politische Steuerungsinteressen müssen sich aber nicht zwingend in multilateralen Strukturen niederschlagen, sondern können auch in bilateraler, gruppenhegemonial-informeller bzw. schwach institutionalisierter Form verfolgt werden. Ob Staaten über einen Vorrat an Gemeinsamkeiten hinaus eine für multilaterale Zusammenarbeit unabdingbare Regelorientierung entwickeln, hängt entscheidend davon ab, wie stark sie mit den Folgen abweichenden Verhaltens konfrontiert werden können.

Deshalb besteht in Interaktionen, die sich auf eine Basis symmetrischer Interdependenz stützen können, eine größere Chance auf institutionelle Regelungsdichte und Regeleinhaltung durch die Akteure als in Beziehungen von asymmetrischer Interdependenz. Die beiden Untersuchungsfelder der vorliegenden Arbeit haben eine erhebliche Differenz der multilateralen Bindungswirkung gezeigt, die nach meinem Dafürhalten in erster Linie auf den unterschiedlichen Interdependenzgrad in der globalen Handels- bzw. Klimaschutzpolitik zurückzuführen ist. Symmetrischen Abhängigkeit zwischen Akteuren, wie sie auf der Ebene ökonomischer Globalisierung vor allem im transatlantischen Verhältnis festzustellen ist, führt schneller zu einer gemeinsamen Problemwahrnehmung und verstärkt die Reziprozitätserwartung, außerdem werden die Einflusshebel für direkte Vergeltungsmaßnahmen größer. Während hier amerikanischer Unilateralismus gegen sehr elaborierte multilaterale Regeln verstieß sowie unmittelbare Effekte auf andere Staaten entfaltet und auch im US-Entscheidungssystem ökonomische Umverteilungsfolgen gezeitigt hat – beides hat Gegenmobilisierung zur Folge gehabt –, konfrontierte der klimapolitische US-Attentismus die Supermacht selbst kaum mit Kosten – erhebliche Kosten wären vielmehr bei einer Teilnahme am Kyoto-Protokoll entstanden.

Auch viele andere Staaten haben das US-Verhalten zum Vorwand für eigene Untätigkeit genommen, obwohl wahrscheinlich *alle* Staaten von den negativen Folgen zu laxer Reduktionsziele betroffen sein werden.

Diffuse oder asymmetrische Abhängigkeit erschwert offenkundig das Erkennen gemeinsamer Interessen und führt, wenn positive Anreize oder Sanktionsinstrumente fehlen, tendenziell zu einem schwer lösbaren *free-rider*-Problem. Lastenteilungsargumente verfangen dann nur in geringem Umfang, Lerneffekte aus unkooperativ-selbstreferentiellem Verhalten stellen sich, wenn überhaupt, nur sehr spät ein. Es steht zu vermuten, dass wirksame Sanktionsinstrumente nur auf der Grundlage symmetrischer Interdependenz mit direkten Verwundbarkeitseffekten[4] entstehen können – möglicherweise werden auch nur dort stark judizialisierte Streitverfahren entwickelt werden und auf Akzeptanz rechnen können. Entscheidend erscheint der Aspekt der Betroffenheit, d.h. Staaten müssen die Handlungen (oder Unterlassungen) anderer Staaten direkt spüren. Bei unkonkreten, allgemeinen Regelverletzungen ist die Bereitschaft zur „Bestrafung" gering[5]. Die in dieser Arbeit untersuchten Politikfelder unterstreichen diese Vermutung: Die Vergeltungsmöglichkeiten für klimapolitischen Unilateralismus sind nicht zuletzt deshalb sehr beschränkt, weil ein reziproker Entzug von Vergünstigungen, wie er in handelspolitischen Konflikten vorgenommen werden kann, den Adressaten kaum trifft. Letztlich bleibt in der Klimapolitik nichts anderes übrig, als auf „freiwilliges" oder durch diplomatischen Druck verursachtes Einlenken der Akteure zu hoffen. Ein rechtlicher oder funktionaler Hebel, um Regelverletzungen wirksam einzudämmen, fehlt[6].

7.2.2 Instrumentelle Nützlichkeit von Institutionen

Als zweiter, auf den Interdependenzzwängen aufbauender Ton im Dreiklang kommt die politische Utilität hinzu, die Institutionen von politischen Entscheidungsträgern zugeschrieben werden kann. Dieser Nützlichkeitsaspekt umfasst nach meinem Dafürhalten zwei Dimensionen: 1. die multilaterale Governancefähigkeit, also die zugeschriebenen und erwartbaren Steuerungsleistungen bei der Lösung transnationaler Probleme, und 2. die Instrumentalisierbarkeit multilateraler Handlungszwänge in nationalen Entscheidungsprozessen. Es dürfte einigermaßen klar sein, dass nur solche Institutionen auf ein hohes Maß an Regeleinhaltung rechnen können, die von ihren Mitgliedern bei der Erreichung internationaler Steuerungsergebnisse als nützlich angesehen werden[7]. Dysfunktionalität geht, wie das Kyoto-Protokoll zeigt, notwendig zu Lasten der Teilnahme- und Befolgungsbereitschaft. In der amerikanischen Handelspolitik wird dagegen die WTO mehrheitlich (und

[4] Vgl. dazu auch grundlegend das Konzept der *vulnerability interdependence* von *Keohane/Nye* (1983).

[5] Vgl. *Schelling* (2006: 38).

[6] An dieser Stelle sei wieder auf die spieltheoretische Situation des Rambo-Spiels verwiesen. Dort koexistieren unilaterale und multilaterale Handlungsorientierungen, ohne dass es „erzieherische" Instrumente gäbe.

[7] Natürlich dürfen auch Institutionen, die sehr laxe Regeln aufstellen, auf Regeleinhaltung hoffen; allerdings ist deren Governancenützlichkeit zweifelhaft, Eskapismus und Attentismus sind wahrscheinlich.

parteiübergreifend) als nützliches und US-Interessen unterstützendes Instrument angesehen, das überwiegend gute Governanceergebnisse produziert.

Der zweite Aspekt politischer Utilität scheint mir aber noch schwerwiegender: der Verweis auf multilaterale Handlungszwänge ist ein entscheidender Hebel für Einflussmaximierung auf nationaler Ebene; das Vorhandensein „institutionalisierter Ausreden" erhöht die Durchsetzungsfähigkeit von Akteuren[8], vor allem der Exekutive. Die aus den Erfordernissen multilateraler *compliance* erwachsenden Anpassungsleistungen lassen sich in Auseinandersetzungen auf nationaler Ebene instrumentalisieren, interne Widerstände werden damit ausmanövriert. Wie die untersuchten Fälle aus der US-Außenwirtschaftspolitik gezeigt haben, funktioniert der für den Zwei-Ebenen-Ansatz zentrale Verweis auf „gefesselte Hände" nur in diese Richtung – Interessengruppen und Kongress wurden mit den Folgen von Unilateralismus konfrontiert, während parochiale Handlungszwänge, unter denen die US-Administration stand, kaum Entgegenkommen auf multilateraler Ebene erzeugen konnten. Unter den Bedingungen der WTO führten US-Alleingänge zu Streitbeilegungsverfahren, in deren Ergebnis die Unilateralismusbefürworter klein beigeben mussten. Die amerikanischen Erfolge beim Rückgriff auf die WTO-Streitschlichtung wurden von der Exekutive als Legitimationsgrundlage für die Akzeptanz „negativer" Urteile herangezogen. Fortgesetzte Verstöße gegen ein Regelwerk, das ganz entscheidend durch die USA mitverfasst wurde und insgesamt hohe Wohlfahrtsgewinne verspricht, erschienen nicht tolerierbar. Das WTO-System erweitert außerdem wirksam die im handelspolitischen Entscheidungssystem der USA bereits seit Jahrzehnten erprobten Mechanismen politischer Selbstentpflichtung, weshalb auch im Kongress ungeachtet der gravierenden parteipolitischen Fragmentierung die Befolgungsnotwendigkeiten der Welthandelsorganisation mehrheitlich akzeptiert werden. In der Klimaschutzpolitik standen dagegen keine brauchbaren „institutionalisierten Ausreden" zur Verfügung. Damit fehlte ein Hebel, mit dem Anhänger von Alleingängen auf einen multilateralen *compliance*-Kurs hätten gebracht werden können.

7.2.3 Effektivität institutioneller Regeln: Zwischen Rollenzwang und politischem Manövrierspielraum

Als drittes Element institutioneller Verpflichtungskraft ist die politische Effektivität multilateraler Regeln zu nennen. Dabei geht es nicht nur um die ausführlich gewürdigten funktionalen und normativen Rollenzuschreibungen, die einen regulativen Erwartungsrahmen umreißen, sondern auch um die (selten untersuchten) Möglichkeiten zu selektiver *noncompliance* – ein Verhaltensmuster, das für politische Entscheidungsträger hochattraktiv sein kann. Unter Aspekten politischer Instrumentalisierbarkeit dürfen vermutlich zuvorderst solche Institutionen als nützlich angesehen werden, die ihren Mitgliedern zum einen relativ feste Grenzen setzen („gefesselte Hände"), zum anderen jedoch politische Handlungsspielräume belassen. Multilateralismus ist notwendig mit einer Konkretion von Handlungszwängen verbun-

---

[8] Vgl. dazu ausführlicher *Knothe* (2007c).

den und erzeugt nur dann Verbindlichkeit, wenn zwischen den Teilnehmern eine verregelte Austragung von Konflikten möglich ist. Dies wird am besten über standardisierte Streitbeilegungsverfahren erreicht. Multilaterale Systeme, in denen Streitparteien in einem überschaubaren Zeitrahmen zu verbindlichen Lösungen gelangen können, setzen starke *compliance*-Anreize. Die in dieser Arbeit gezeigten Unterschiede zwischen der Welthandelsorganisation und dem internationalen Klimaschutzregime zeigen die Relevanz von verregelter Konfliktbeilegung.

Gleichzeitig widerspricht die bei vielen Theoretikern anzutreffende Vorstellung, dass Multilateralismus einen Befolgungsautomatismus in Gang setze, der Vertretungslogik in innenpolitischen Entscheidungsprozessen. Ein solcher Automatismus hat sich in den Fallbeispielen nicht finden lassen: Multilaterale Regeln konnten nur dann auf Akzeptanz hoffen, wenn sie normativ anschlussfähig und von US-Entscheidungsträgern innenpolitisch instrumentalisierbar waren. Von US-Politikern ist die *compliance* mit multilateralen Handlungserfordernissen nicht oder nur in geringem Umfang unterstützt worden, wenn sie dafür zu hohe politische Kosten befürchten mussten – am deutlichsten in der Ablehnung des Kyoto-Protokolls. Allerdings ist es bei einigen Handelsauseinandersetzungen zur Verschiebung bzw. zur rein deklaratorischen Erfüllung von Anpassungsleistungen gekommen, ohne dass die grundlegende *compliance*-Bereitschaft der USA dadurch infrage gestellt wurde. Dieses Verhalten wurde dadurch begünstigt, dass von anderen Staaten bei der Durchsetzung von Streitschlichtungsurteilen Rücksicht auf andere außenpolitische oder außenwirtschaftliche Interaktionszusammenhänge genommen wurde. Der Rückgriff auf das von der WTO zur Verfügung gestellte Sanktionsinstrumentarium hatte vor allem bei den transatlantischen Handelsauseinandersetzungen wenig mit dem multilateralen Rollenverständnis, umso mehr aber mit *bargaining*-Nützlichkeit zu tun. Auch wenn die Konfrontationen bisweilen (etwa bei *FSC/ETI*) zur politischen Profilbildung bzw. zur Schaffung von handelsdiplomatischen Gegengewichten herangezogen wurden, arbeiteten die Konfliktparteien nicht auf einen Eklat, sondern auf einen Deal hin. Bei der Klimaschutzpolitik bestand dagegen von vornherein wenig Aussicht auf Einigung. Auf der Basis dieser Ergebnisse steht zu vermuten, dass sich Politiker bei der Suche nach „institutionalisierten Ausreden" an multilateralen Strukturen interessiert zeigen werden, die wegen ihrer Governanceattraktivität einerseits Schuldvermeidung ermöglichen, gleichzeitig aber durch ausreichende Manövrierspielräume die *politische* Einhegung oder Beilegung zwischenstaatlicher Differenzen sicherstellen – auch in dieser Hinsicht sind in dieser Arbeit bemerkenswerte Unterschiede zwischen der WTO und dem Kyoto-Protokoll zutage getreten.

7.3 Theoriebildender Ertrag II: Eingebetteter Unilateralismus als kontrollierter Regelverstoß und Beschwichtigungsstrategie

Multilaterale Institutionen bilden einen Hebel, der in die Staaten hineinwirken und ihr Verhalten verändern *kann*, allerdings in anderer Form als von liberalen Institutionalisten angenommen: Multilateralismus wirkt weniger konfliktverhindernd als vielmehr konflikteinhegend; er hält politische Akteure nicht von Alleingängen ab, sondern eröffnet ihnen – über den Rückkopplungsmechanismus institutioneller Sanktionen und durch antizipierbare, regelgeleitete Verhaltensprinzipien – Möglichkeiten, Konfliktverläufe berechenbar zu gestalten (und Interessenkonflikte kontrolliert auszutragen). Unilateralismus einzelner Interaktionsteilnehmer stellt die Legitimität oder Existenz multilateraler Institutionen nicht notwendig infrage, vielmehr fordert er ihr Instrumentarium zur Streitschlichtung heraus. Im Fall starker Interdependenz und bei funktionsfähigen Institutionen mit belastbaren Konfliktregelungsmechanismen können Alleingänge durch Vergeltungsmaßnahmen anderer Staaten beantwortet werden – unabhängig davon, ob es sich bei den Unilateralisten um große oder kleine Akteure handelt. Gerade weil multilaterale Institutionen die Machtinteressen ihrer dominanten Mitglieder bis zu einem gewissen Grad widerspiegeln und eine befriedigende Governancefähigkeit unter Beweis stellen müssen – sonst stünden Abwanderung oder fortdauernde *noncompliance* zu erwarten – darf bei symmetrischer Interdependenz davon ausgegangen werden, dass Institutionen sehr effektiv sind, eine hohe Verpflichtungskraft entwickeln, und auch dominante Akteure ein starkes Interesse an Regeleinhaltung entwickeln.

Eigenmächtigkeiten oder Attentismus können zwar die Antwort auf institutionelles Versagen sein, bringen aber vermutlich meist nur parochiale Handlungszwänge zum Ausdruck – unabhängig von der multilateralen Performanz. Unilaterale Politikansätze sind deshalb *nicht zwingend* als Misstrauensvotum gegen multilaterale Institutionen zu werten. Phänomene eigenmächtiger Außenpolitik treten keineswegs nur bei ausgebliebener oder unzureichender Institutionalisierung auf, sondern sind gerade auch auf solchen Politikfeldern zu beobachten, die sich durch einigermaßen erfolgreiche Bemühungen um gemeinsame Problemsteuerung auszeichnen[9]. Fortschreitende Institutionalisierung kann die Anreize für Unilateralismus nicht vollständig unterbinden, eröffnet allerdings anderen Staaten – und das ist nach meinem Dafürhalten entscheidend – exzellente Möglichkeiten zum Umgang mit selbstreferentiellen Akteuren. Gleichwohl ist darauf hinzuweisen, dass der zähmende Einfluss effektiver Institutionen nicht direkt in die nationalen Entscheidungssysteme hineinwirkt, sondern dort von interessierten Akteuren (Normunternehmer oder politikfeldspezifischen Koalitionen von Interessengruppen) aufgegriffen und zur Durchsetzung politischer Ziele instrumentalisiert werden *muss*. Über die dabei

---

[9] Vgl. *Ethier* (2002). Ganz abgesehen davon, heben sich Alleingänge vor einem multilateralen Hintergrund stärker ab und stoßen bei den davon betroffenen Kooperationspartnern auf größere Resonanz.

zu erzielenden Erfolge entscheidet maßgeblich der Grad der Interdependenz mit anderen Staaten. Institutionelle Zwänge vermögen erst dann die Außenpolitik eines Staates zu *beeinflussen*, wenn sie von extern agierenden Staaten oder intern agierenden Interessengruppen in Entscheidungsprozessen instrumentalisiert werden.

In dieser Untersuchung wurde eingebetteter Unilateralismus als funktionales, auf der Verkopplung nationaler und internationaler Entscheidungsarenen beruhendes und in zwei Richtungen wirkendes politisches Interaktionsmuster dokumentiert. Mit dem Modell sollte auf die erweiterten exekutiven Handlungsspielräume im Zustand institutionalisierter Interdependenz hingewiesen werden. Vor allem in den handelspolitischen Fallstudien hat sich gezeigt, wie stark die US-Administrationen multilaterale Sachzwänge in innenpolitischen Auseinandersetzungen tatsächlich zur Durchsetzung ihrer politischen Ziele verwendet haben. Einerseits konnten dadurch zunächst institutionelle Blockaden im nationalen Entscheidungssystem leichter überwunden werden, indem responsiv auf isolationistische Stimmungen und protektionistische Interessen im Kongress reagiert wurde. Andererseits konnte später durch Sanktionen und Vergeltungsmaßnahmen anderer Staaten, auch wenn sie nur angedroht worden waren, die Unterstützung multilateraler Kräfte mobilisiert werden. Die Umsetzungsprobleme und Kosten von Unilateralismus rufen in der Regel den Widerspruch anderer ideologischer Angebote bzw. betroffener ökonomischer Interessengruppen hervor[10]. Eingebetteter Unilateralismus ist also unter Aspekten politischer Durchsetzungsfähigkeit attraktiv, weil er die flexible und weitgehend folgenlose Einbindung multilateralismusskeptischer Interessengruppen ermöglicht. Er kann als Strategie des „rationalen Rechtsbruchs" (*rational breach*) interpretiert werden, die kurzfristige politische Gewinne höher diskontiert als drohende ökonomische Verluste[11]. Die Voraussetzung dafür ist allerdings, dass zu einem späteren Zeitpunkt institutionelle Befolgungsanreize durch die Exekutive und interessierte Einflussgruppen politisch instrumentalisiert werden können, was nur bei nützlichen und effektiven Institutionen möglich scheint. Wie gezeigt, schafft das globale Welthandelsregime stärkere Befolgungsanreize und Anpassungszwänge als das Klimaschutzregime.

Eingebetteter Unilateralismus eröffnet damit die von politischen Entscheidungsträgern hochgeschätzte Möglichkeit zur *blame avoidance*[12]. Durch ihre Existenz vermitteln multilaterale Entscheidungssysteme verbunden mit – dies gerät oft in Vergessenheit – den Zwängen transnationaler Interessenkonvergenz Anpassungsdruck im nationalen Entscheidungssystem; diesem können und wollen sich Politiker vermutlich oft auch nicht entziehen, weil die Aufkündigung multilateraler Verpflichtungen und der Interessengemeinschaft mit anderen Staaten beträchtliche Folgekosten verursachen dürfte – auf nationaler wie auf internationaler Ebene. Anderseits erscheint aber auch der politische Widerstand gegen internationale Selbstbindung und die Folgen globalisierten Wettbewerbs zuzunehmen[13]. Nationalistische, isolationistische oder protektionistische Stimmungen, die multilaterale Anpas-

[10] Vgl. *Lieber* (2004), *Bergsten* (2004) und *Destler* (2005).
[11] Dazu ausführlicher *Devereaux/Lawrence/Watkins* (2006b: 26f).
[12] Zu diesem Konzept *Weaver* (1986).
[13] Vgl. etwa *Goldstein/Martin* (2000).

sungszwänge ablehnen, stellen auch in hochentwickelten und wettbewerbsfähigen Industrienationen eine Herausforderung dar, die schwer zu ignorieren ist. Eingebettete Alleingänge, so meine Schlussfolgerung auf der Basis der empirischen Ergebnisse, bieten Möglichkeiten zur Einbindung und Mobilisierung dieser anti-multilateralen Kräfte, ohne die multilaterale *compliance* grundsätzlich infrage zu stellen, sofern es – und dieser Punkt ist entscheidend – auf dem betreffenden Politikfeld belastbare multilaterale Strukturen gibt. Nur dann kann auf nationaler Ebene das Argument „gebundener Hände" glaubhaft vorgebracht werden. Bei einem geringeren Grad multilateraler Institutionalisierung kann Unilateralismus von anderen Interaktionsteilnehmer dagegen nicht wirksam sanktioniert werden; deshalb dürfte es unter diesen Bedingungen, wie in der US-Klimaschutzpolitik gezeigt, eher zu semi-isolationistischen Politikansätzen kommen.

7.4 Motive für Unilateralismus und Semi-Isolationismus der USA

Die Besonderheit der Position der USA im internationalen System nach 1990 besteht darin, dass ihre überragenden und historisch einzigartigen Machtmöglichkeiten mit steigenden Einflusschancen anderer Akteure einhergehen[14]. Die erste echte und auf absehbare Zeit wohl auch einzige Supermacht zu sein[15], bedeutet für Amerika nicht, seine Machtinstrumente auch wirkungsvoll zur Geltung bringen zu können[16]. Die Supermacht verfügt zwar über die notwendigen Arsenale, ihre geostrategischen Interessen imperial durchzusetzen, kann diese aber nicht immer mit hegemonialen Mitteln erreichen. Trotz überragender Möglichkeiten, militärischen Druck auszuüben, sinken ihre Chancen, unter anderen Staaten Gefolgschaft zu organisieren, weil die internationale Zustimmung für Amerikas geostrategische Agenda nachlässt. Eine konsistent imperiale Außenpolitik erweist sich unter den Bedingungen eines permanenten Zwangs zu demokratischer Legitimation nach Innen und Außen als Wunschdenken. Die ideologische Fiktion eines amerikanischen *Empire* dürfte meist bereits an den komplexen Entscheidungsbedingungen des Washingtoner Politikbetriebs bzw. an den Stimmungsumschwüngen der öffentlichen Meinung scheitern[17]. Noch stärker ist die Einschränkung amerikanischer Hegemoniefähigkeit auf den durch Institutionalisierung und Interdependenz gekennzeichneten Systemebenen zu beobachten. Durch Interdependenz geschaffene Restriktionen hinterlassen deutliche Spuren in der Fähigkeit, amerikanische Wirtschaftsinteressen oder Wertvorstellungenauf internationaler Ebene wirkunsgvoll durchzusetzen: „America

---

[14] Vgl. auch *Ikenberry* (2003b).

[15] Vgl. *Brzezinski* (1997).

[16] Vgl. *Brown* (2003b: 58f). Die Idee einer aus der amerikanischen Dominanz abgeleiteten vollständigen Kontrolle des internationalen Systems erscheint *Brown* als überwiegend akademisch ventilierte und in konkreten außenpolitischen Entscheidungssituationen wenig belastbare Illusion. Tatsächlich wird schon aufgrund der großen Kosten, kaum ein amerikanischer Politiker der Omnipotenzvorstellungen eines *Kagan* (2003) zur Handlungsmaxime seines Außenpolitikkonzepts machen können, selbst wenn er dessen ultra-suprematistische Annahmen teilen sollte.

[17] „Der Glaube an die Demokratie setzt der amerikanischen Macht Grenzen."; zit. *Lieven* (2004: 2); ähnlich die Argumentation von *Snyder* (1994).

cannot lead unless others follow, and its partners will not follow unless the United States takes them where they are willing to go."[18] Für eine alleinige Führung fehlen in vielen Zusammenhängen die Ressourcen, und zunehmend auch der Wille der US-Öffentlichkeit zu internationalem Engagement.

Für die Alleingänge lassen sich vor allem wachsende strukturelle und prozedurale Hindernisse bei der Formulierung außenpolitischer Entscheidungen verantwortlich machen. Mit dem Ende der Blockkonfrontation haben sich die Bedingungen, unter denen die US-Außenpolitik formuliert wird, erheblich verändert. Die außenpolitische Prärogative des Präsidenten wird durch den Kongress verstärkt infrage gestellt. Hinzu kommen ideologische Auseinandersetzungen zwischen den politischen Parteien – die ideologischen Gräben sind in Fragen der Außen-, vor allem aber in der Außenwirtschaftspolitik sehr tief. Auseinandersetzungen über außenpolitische Themen werden immer öfter zur Fortsetzung innenpolitischer und in steigendem Maß doktrinär geführter Kontroversen. Heimische Problemlagen werden zunehmend mit internationalen Fragen verquickt (*intermestics*), multilaterale Institutionen oft nur im Hinblick auf ihre negativen Auswirkungen auf nationale Regulierungstatbestände perzipiert. Strukturelle Machtverschiebungen in den außen- und außenwirtschaftspolitischen Präferenzbildungsprozessen und Irritationen über das Selbstverständnis der Supermacht konnten als Hauptquelle für amerikanische Alleingänge identifiziert werden. Der Anspruch auf Exzeptionalismus ist in allen außenpolitischen Paradigmen der USA nicht zu übersehen; das erhöht die fundamentale Neigung, unilaterales Vorgehen als unumgänglich zu verteidigen, wenn US-Interessen dadurch befördert werden. Angesichts dieser passiv-skeptischen Grundhaltung, liegen für politische Entscheidungsträger Strategien der Schuldvermeidung nahe; bei komplexen außenpolitischen Entscheidungen geht es, so die in dieser Arbeit entwickelte Argumentation, in erster Linie darum, Vorwürfe auszuschließen, amerikanische Interessen würden durch internationale Bindung behindert, verletzt oder aufgeweicht. Außerdem sind souveränistische Argumentationsmuster und Widerstand gegen eine weitreichende institutionelle Einbindung als natürliche Handlungsimpulse des Kongresses anzusehen, der um politische Partizipationschancen fürchtet. Diese mit einer gewissen Zwangsläufigkeit auftretenden Strukturkonflikte im Entscheidungssystem können sich im Falle von *Divided Government* verschärfen. Alleingänge stehen vor allem dann zu erwarten, wenn die Exekutive im Umgang mit unilateralen Impulsen überfordert ist, und parochiale Differenzen ungefiltert ins internationale System exportiert werden.

Alle empirisch untersuchten Alleingänge bildeten das Ergebnis nationaler Präferenzbildungsprozesse, in denen breite politische Einflusskoalitionen weniger um globale Politiksteuerung, als vielmehr um Entlastung und Schuldvermeidung im nationalen Entscheidungssystem bemüht waren. Es wurden vordergründig innenpolitische Motive verfolgt, der (oftmals unklare) ökonomische Nutzen bzw. die (negativen) Folgekosten von Alleingängen oder die außenpolitischen Implikationen spielten bei der Entscheidungsfindung nur eine untergeordnete Rolle. Schon aus diesen Gründen heraus waren die untersuchten Alleingänge ungeeignet für eine

---

[18] Zit. *Lake* (1999: 298).

strategische Nutzenmaximierung der USA auf internationaler Ebene. Eine ideologische Konnotation wiesen nur zwei der untersuchten Beispiele auf: „*Helms-Burton*" und der klimapolitische Unilateralismus. In keinem der empirisch untersuchten Unilateralismusfälle entsprangen die Alleingänge einer festen außenpolitischen Strategie, die etwa von der Administration konzipiert und vom Kongress vorbehaltlos unterstützt worden wäre. Vielmehr bildeten die Erscheinungsformen amerikanischen Unilateralismus *immer* das Ergebnis interner Zwistigkeiten (besonders deutlich bei den Ökoembargos „*Tuna/Dolphin*" und „*Shrimp/Turtle*" sowie bei „*Helms-Burton*" und bei *Clintons* Verhalten im Kyoto-Prozess) oder das Ergebnis kurzfristig auftauchender endogener Handlungszwänge (ebenfalls besonders deutlich bei allen Embargos sowie bei den Stahlzöllen). Alle drei analysierten handelspolitischen Sanktionsentscheidungen („*Tuna/Dolphin*", „*Shrimp/Turtle*" und „*Helms-Burton*") und der Unilateralismus in der Klimaschutzpolitik reflektierten den starken Partizipationswillen des Kongresses und eine hohe legislative Responsivität gegenüber durchsetzungsfähigen Partikularlobbies. US-Handelssanktionen – das wichtigste Betätigungsfeld legislativer Nebenaußenpolitik – waren durchweg stärker politisch als ökonomisch motiviert. Unilateralismus war (in den untersuchten Fällen) jedoch intern nie unumstritten und hatte seine stärksten Befürworter im Kongress, während die entschiedensten Gegner (und Befürworter einer zügigen *compliance*) meist in der Administration zu verorten waren. Starke Differenzen gab es auch zwischen verschiedenen Interessengruppen (Unternehmen, Wirtschaftsverbände, Umweltaktivisten); freilich blieb die geäußerte Kritik an unilateralen Vorhaben oft fruchtlos – die von den negativen Folgen unilateraler Maßnahmen betroffenen Interessengruppen (und die fast immer indifferenten Konsumenten) drangen in keinem Fall durch. In allen handelspolitischen Fällen haben kleine, aber mobilisierungsstarke und einflussreiche Minderheiten den US-Alleingängen programmatisch ihren Stempel aufdrücken können.

Daneben ließ sich eine weiterer Konfliktkatalysator identifizieren: Gerade dort, wo multilaterale Steuerung starken Harmonisierungsdruck entfaltet, kommt es sehr oft zu Unverträglichkeiten von nationalen und transnationalen Regulierungstatbeständen. Die (im Vergleich zum GATT) höhere regulative Reichweite der WTO-Vereinbarungen hat die Wahrscheinlichkeit transnationaler Konflikte erhöht[19] und kann, sofern die Friktionen wachsen, tendenziell zur Überforderung politischer Systeme führen – die Verschärfung der Auseinandersetzungen über US-Exportsubventionen (*DISC*, *FSC* und *ETI*) dokumentiert das deutlich. Aber auch in anderen Bereichen ist durch die verbesserten Streitschlichtungsmechanismen die Neigung von Staaten gewachsen, gegen ungerechtfertigte Zollentscheidungen, einseitige US-Sanktionen oder ausgebliebene Anpassungsleistungen der USA mit Klagen und Gegensanktionen vorzugehen. Dabei bestehen nicht nur für ebenbürtige Handelspartner, sondern auch für Entwicklungs- und Schwellenländer gute Chancen, US-Unilateralismus zu maßregeln. Auch wenn politische Rücksichtnahmen im

[19] Gleichzeitig aber besteht auch im WTO-System noch genügend politischer Manövrierspielraum. Gerade im transatlantischen Verhältnis werden Handelskonflikte, wie dargestellt, oft politisch instrumentalisiert und gegeneinander aufgerechnet, aber eben auch oft bilateral beigelegt oder kontrolliert weitergeführt.

Umgang mit US-Alleingängen unverkennbar sind, darf bezweifelt werden, dass Spannungen allein durch den Verweis auf die überlegenen amerikanischen Machtarsenale beigelegt werden. Durch die Verbreitung multilateraler Regeln im Welthandelssystem, denen sich in den weitaus meisten Fällen auch die USA unterwerfen, führen Verstöße oder schleppende *compliance* fast unweigerlich zu multilateralen Klagen. Konfrontiert mit handfesten ökonomischen Folgekosten, waren die Alleingänge deshalb auf Dauer nicht tragfähig.

Die aus souveränistisch-ideologischen oder ökonomischen (zumeist protektionistischen) Motiven gespeiste Ablehnung institutioneller Selbstbindung durch einige Interessengruppen, der versuchte Export von Regulierungsstandards oder die verzögerte Anpassung an multilaterale Streitschlichtungsurteile haben keine gegen multilaterale Governance gerichtete Grundhaltung der Supermacht erkennen lassen und diese auch nicht befördert. Zwar wurden multilaterale Regeln missachtet oder eine Schädigung bewusst in Kauf genommen, gleichwohl haben die multilateralen Grenzen in allen handelspolitischen Beispielen Anpassungsdruck erzeugt sowie in der Klimaschutzpolitik immerhin taktische Positionsänderungen nötig gemacht. Angesichts dieses Befunds sind die untersuchten Unilateralismusphänomene nicht als offensive Durchsetzung amerikanischer Interessen, sondern als eher defensiver Versuch der materiellen oder ideologischen Besitzstandswahrung zu charakterisieren. In den untersuchten multilateralen Beziehungszusammenhängen sind von den USA keine imperialen Interventionen, ja nicht einmal hegemoniale Steuerungsversuche zur *Erweiterung* der amerikanischen Machtstellung unternommen worden. Es ging vielmehr um die Verteidigung amerikanischer Forderungen, die Vermeidung multilateraler Vorfestlegungen, die Verweigerung von Entgegenkommen und die Ablehnung von Verhandlungskompromissen, die im nationalen System nicht vermittelbar schienen. In vielen Fällen (besonders deutlich beim „grünen" Unilateralismus sowie bei den Stahlzöllen) handelte es sich um ein bloßes Ausagieren unilateraler Impulse. Gerade weil US-Unilateralismus wiederholt als Ergebnis eines imperialen Machtübergewichts und als Gefahr für multilaterale Zusammenarbeit interpretiert worden ist, muss die Feststellung unterstrichen werden, dass eine Vielzahl von Interessengruppen *gegen* die Alleingänge Stellung bezogen und sich multilaterale Zusammenarbeit, ungeachtet ihrer Mängel, als belastbar erwiesen hat; besonders nachdrücklich haben das die handelspolitischen Untersuchungen unter Beweis gestellt.

Komplexe Interdependenz und wachsende multilaterale Institutionalisierung führen zu einem eher defensiv-attentistischen Charakter vieler US-Alleingänge. Unilateralismus verbessert die Implementationschancen in der Regel nicht, sondern führt in die Isolation. Deshalb dürften selbstreferentielle Alleingänge dort, wo anderen Akteuren ebenbürtige Steuerungsmöglichkeiten eröffnet werden, die amerikanische Machtbasis letztlich schwächen. Auch wenn die Optionsmachtpotentiale der US-Außenpolitik zurückgegangen sind, verhindern die multilateralen Handlungseinschränkungen aber nicht zwingend eigenmächtige Impulse, weil diese vorrangig Funktionen der nationalen Willensbildung sind. Als entscheidende Impulse für die Formulierung unilateraler Ansätze haben sich in den Fallstudien prozedurale Blockaden und die jeweiligen politikfeldspezifisch durchsetzungsfähigen Akteurskonstellationen im politischen System der USA identifizieren lassen. Der US-Unilateralismus bildete in diesen Fällen *nicht* die direkte Folge der unipolaren Machtkonfiguration. Die veränderten Koordinaten des Internationalen Systems hatten lediglich einen *mittelbaren* Einfluss auf die US-Entscheidungsprozesse, indem sie parochiale Kritik an internationaler Zusammenarbeit, eine Neigung zum Isolationismus sowie verstärkten machtpolitischen Auseinandersetzungen zwischen den Gewalten befördert haben.

Vor allem die amerikanische Klimaschutzpolitik dokumentiert aufgrund der vergleichsweise geringen multilateralen Verpflichtungskraft und der stärker fragmentierten nationalen Interessenstruktur eine defensive Erscheinungsform von Solipsismus, die ich als Semi-Isolationismus bezeichnet habe. Semi-Isolationismus zeigt eine selbstbezügliche Vertretung nationaler Interessen in internationalen Institutionen, die auf einer Souveränitätsorientierung der US-Politik beruht und amerikanisches Sendungsbewusstsein[20] zum Teil konterkariert. Hinter solchen Politikansätzen dürfte sich die oftmals widersprüchliche Haltung verbergen, einerseits in das internationale System hineinwirken zu wollen, und andererseits durch fehlende oder mangelhafte Anerkennung einbindender Zwänge, Einflusschancen preisgeben zu müssen. Mit Semi-Isolationismus werden die *Voice*-Instrumente in Instituionen vernachlässigt, ohne eine wirkliche *Exit*-Strategie verfolgen zu können. Wenn die Mittel der amerikanischen Außenpolitik aber nur noch ausreichen, sich einer allzu starken Bundungswirkung multilateraler Abkommen und Organisationen zu entziehen, deren Zustandekommen und die Partizipation anderer Staaten aber nicht verhindert werden können, laufen unilaterale Politikansätze tendenziell ins Leere. Die Verbreitung multilateraler Werte und Normen entkoppelt sich damit zunehmend von der Notwendigkeit einer Beteiligung oder Einbeziehung der USA[21]. In einer Situation der Nicht-Hegemonie versuchten andere Staaten das entstandene Führungsvakuum auszufüllen.

Semi-isolationistisch geprägter Unilateralismus scheint in der Außenpolitik der USA vor allem dann aufzutreten, wenn US-Interessen in multilateralen Arenen nur unzureichend berücksichtigt werden. Weitreichende Regelungsansprüche transnationaler Arrangements, die nicht durch überzeugende multilaterale Governancefähigkeit unterfüttert sind, führen vermutlich zur Zurückhaltung der Supermacht. Eine aus US-Sicht als effektiv wahrgenommene, erfolgreiche Institution wie die WTO kann dagegen nicht nur schwer umgangen werden, sondern ermöglicht es auch, amerikanische *compliance* einzuklagen. Entscheidend ist die Feststellung, dass

---

[20] Vgl. unter anderem *Lieven* (2004: 2), der Isolationismus als komplexes Phänomen bezeichnet, das eine andere Seite des amerikanischen Nationalismus bzw. Messianismus darstelle. Letztgenannte sind sicherlich in entscheidender Weise mitverantwortlich für das große „Selbstbewusstsein“, das amerikanischer Außenpolitik oft zu Grunde liegt, stehen aber meines Erachtens mit isolationistischen Tendenzen nicht in direktem Zusammenhang. Deshalb scheint der Begriff Semi-Isolationismus für die Bezeichnung der komplex-widersprüchlichen Beziehungen der USA zu einbindenden Institutionen angemessener.

[21] So hat zum Beispiel *Scott* (2003) festgestellt, dass die Nichtbefolgung internationalen Rechts durch die USA eine äußerst geringe Wirkung gehabt und die Verpflichtungskraft internationaler Vertragswerke für andere Akteure nicht infrage gestellt hat. Ähnlich argumentiert *Stoll* (2003).

weder amerikanisches *Laggard*-Verhalten in der Klimaschutzpolitik, noch aktivistischer oder intervenierender Unilateralismus in Handelskonflikten die strategischen oder taktischen Optionen der US-Außenpolitik positiv befördert haben. Die empirisch untersuchten Eigenmächtigkeiten waren als Governanceinstrumente untauglich, andererseits aber ging von ihnen auch wenig Gefahr für den Fortbestand der Institutionen aus. Zugespitzt formuliert handelt es sich bei den analysierten handelspolitischen Alleingängen, von ihren negativen Folgen für das multilaterale Prestige der Supermacht einmal abgesehen, um Nichtereignisse mit vernachlässigbarem materiellem Gehalt, die ungeachtet allen rhetorischen Säbelrasselns nahezu folgenlos verpufften.

Auf die Ambiguität von Macht im Zustand institutionalisierter Interdependenz ist wiederholt hingewiesen worden[22]. Amerika befindet sich zwar in der (komfortablen) Lage, weitgehend tun zu können, was es möchte, scheint dabei jedoch immer weniger gewillt, sein Gewicht für übergeordnete, globale Ziele auf die weltpolitische Waagschale zu legen – sieht man einmal vom Krieg gegen den internationalen Terrorismus ab. Das zwischen Mission und Enthaltung changierende Rollenverständnis wird von nationalen Interessen überlagert und entscheidend determiniert. Der US-Außenpolitik mangelt es erheblich an Geschlossenheit, Konsistenz und Führungsverlässlichkeit, in erster Linie, weil Rücksichtnahmen auf den Kongress ihren Tribut fordern. Die Neigung zur Nabelschau, legislative Kirchturmpolitik, institutionelle Blockaden und sich ausweitende parteipolitische Konflikte im Entscheidungssystem befördern unilaterale Impulse. Dadurch wird multilaterale Selbstbindung erschwert, was wiederum bei anderen Staaten Irritationen, Besorgnis oder Kritik hervorruft. Die negative Resonanz auf die außenpolitischen Alleingänge Amerikas deutet auf einen durch geostrategische Veränderungen veranlassten, politischen Entfremdungsprozesses zwischen der Supermacht und ihren Partnern hin[23]. Indes besteht zu Negativperzeptionen in den meisten Fällen wenig Anlass. Transnationale Institutionalisierung leistet einen entscheidenden Beitrag zur Relativierung und Einhegung amerikanischer Alleingänge, weil die Folgen des Handelns mittelbar wieder im US-Entscheidungssystem spürbar werden. Die amerikanischen Machtpotentiale gehen vor allem dort zurück, wo keine Möglichkeiten bestehen, den mit Alleingängen verbundenen multilateralen Konsequenzen auszuweichen. Das hohe Ausmaß der amerikanischen Außenwirtschaftsverflechtung senkt die Erfolgsaussichten, jedoch nicht die Wahrscheinlichkeit unilateraler Politikansätze. In der Klimaschutzpolitik war dieser Effekt dagegen nur sehr schwach zu spüren – die Verpflichtungskraft des dysfunktionalen Klimaschutzregimes ist, wie mehrfach diskutiert, nur mangelhaft.

Aus den Ergebnissen dieser Arbeit kann gefolgert werden, dass die USA in Interaktionen, die durch Interdependenz und starke multilaterale Institutionalisierung gekennzeichnet sind, mit unilateralen Ansätzen immer seltener Zählbares werden erreichen können. Die außenpolitischen Kosten von isolationistischem Exzeptiona-

[22] Vgl. etwa *Nye* (2002), wo eine stärkere Berücksichtigung der amerikanischen *soft power* gefordert wird bzw. *Czempiel* (1999), der auf die gestiegenen Einflussmöglichkeiten „kluger", konsensorientierter Macht hinweist.

[23] Diese Haltung vertreten besonders prononciert *Kagan* (2003), *Gaddis* (2004) und *Mead* (2004).

lismus oder Versuchen imperialen Solipsismus steigen, wohingegen die durch derartiges Verhalten erreichbaren Governanceergebnisse vermutlich immer weniger Interessengruppen im nationalen Entscheidungssystem werden überzeugen können. Insbesondere die ökonomischen Folgekosten von Absentismus oder mangelhafter *compliance* mit multilateralen Normen können in Interaktionen komplexer Interdependenz durchaus beachtlich sein. Die in den letzten Jahren wiederholt erfolgreichen Versuche diverser *like-minded groups*, multilaterale Fortschritte auch explizit gegen erklärte US-Interessen zu erreichen (Internationaler Strafgerichtshof, Kyoto-Protokoll, Internationale Landminenkonvention), sind eher Anzeichen amerikanischer Ohnmacht als Indizien von Empire-Dominanz. Der Supermacht bleibt im Fall durchsetzungsfähigen Multilateralismus, sofern eine Ratifizierung aus geostrategischen Interessen oder innenpolitischen Rücksichtnahmen heraus nicht opportun erscheint, oft nur das Beharren auf der Verweigerungshaltung. Das allerdings demonstriert einen defensiven Unilateralismus[24], der zwar Nachahmer finden kann, aber keine Gestaltungskraft entwickelt. Auftrumpfender Isolationismus mit anti-multilateralen Untertönen bildet vermutlich ein untaugliches Hegemonieangebot und vermag wenig Gefolgschaft oder Sogwirkung zu organisieren.

Die nach 1990 zwischen Isolationismus, Unilateralismus, multilateralem Führungswillen, missionarischem Exzeptionalismus und neoimperialistischen Neuordnungsversuchen schwankende amerikanische Außenpolitik zeigt, dass die einzig verbliebene Supermacht den Prozess der Neudefinition ihrer globalen Rolle noch längst nicht abgeschlossen hat. Auch in Zukunft dürfte angesichts des fortwährenden Paradigmenstreits über die multilaterale Selbstbindung der USA und ihre globalen Aufgaben einerseits sowie den Durchsetzungsproblemen, die durch steigende Verflechtung und vertiefte Abhängigkeiten entstehen, andererseits, wenig Stringenz und Kohärenz in der amerikanischen Außenpolitik zu erwarten sein. Aus den sich abzeichnenden strategischen Schwierigkeiten unilateraler Politikansätze sollte freilich nicht gefolgert werden, dass die US-Außenpolitik zukünftig weniger unilateral ausgerichtet sein wird. Eher steht angesichts wachsender Spannungen im nationalen Entscheidungssystem, und der sich häufenden geostrategischen Kommunikationsprobleme zwischen Amerika und seinen Verbündeten bzw. zukünftigen Herausforderern seiner Macht eine zumindest gleichbleibende Unilateralismusfrequenz zu erwarten. Auch eine von verschiedener Seite prognostizierte Zunahme und Verschärfung von US-Alleingängen ist nicht unwahrscheinlich[25]. Wo die Wahrnehmung gemeinsamer Interessen im internationalen System zurückgeht oder dar nicht bestanden hat, nimmt die Selbstbezüglichkeit von Staaten, insbesondere durchsetzungsstarker, zu – die Frage ist lediglich, ob diese Skepsis sich aktivistisch oder defensiv-enthaltend äußert. In jedem Fall ist US-Unilateralismus, wie am Beispiel des Kyoto-Protokolls gezeigt, auch immer als Indikator fehlender oder dysfunktionaler institutioneller Anreize zu interpretieren.

---

[24] Vgl. *Van Oudenaren* (2004).

[25] Vgl. *Malone/Khong* (2003) sowie *Skidmore* (2005).

7.5 Eingebetteter Unilateralismus, institutionelle Stabilität und Schuldvermeidung

Die aus den Ergebnissen der vorliegenden Untersuchung abzuleitende Annahme in Bezug auf die Erfolge von Global Governance ist also eine optimistische: Unilateralismus führt in einem Zustand stark institutionalisierter Interdependenz nicht in eine multilaterale Sackgasse. Transnationale Kooperationsstrukturen werden nicht zerstört, vielmehr werden Anpassungsprozesse in Gang gesetzt. Für die von Negativperzeptionen unilateralen Vorgehens dominierte Debatte ist diese anhand der diskutierten Fallbeispiele begründungsfähige Prognose von entscheidender Bedeutung. Die amerikanische Außenpolitik hat sich in den untersuchten Fällen tatsächlich nicht nur als wenig schädlich für multilaterale Problemlösung herausgestellt, sondern auch die Verpflichtungskraft einer *starken* transnationalen Institution eindrucksvoll dokumentiert. Die aus ökonomischen Wohlfahrtsinteressen gespeisten *compliance*-Anreize des WTO-Systems sind unübersehbar und erwiesen sich als politisch belastbar. Dies ist umso erstaunlicher, als gerade der regulative Rahmen der Welthandelsorganisation sehr *eng* ist und Fragen nationaler Souveränität tendenziell sehr stark tangiert. Multilateralismus als verbreitete Verhaltensroutine im internationalen System prädisponiert die amerikanischen Handlungsmöglichkeiten. US-Unilateralismus facht, wenn die Interessen anderer einflussreicher Staaten verletzt zu werden drohen, empfindliche Gegenmaßnahmen an. Amerikanisches *Laggard*-Verhalten erweist sich zunehmend als kontraproduktiv, weil es u.U. sogar für andere Akteure die Anreize erhöht, Institutionalisierungsprozesse voranzutreiben[26], wobei US-Interessen dann oft aus ideologischen oder pragmatischen Durchsetzungsinteressen heraus nur noch marginale Beachtung geschenkt wird. Multilaterale Bummelei verbaut den Zugang zu Entscheidungsprozessen und erhöht damit auch die Kosten für eine eventuelle spätere Partizipation erheblich.

Unilateralismus ist freilich kein alleiniges Problem der einzig verbliebenen Supermacht. Selbstbezüglichkeit, die multilateral negativ auffällt, ist auch der EU nicht fremd. Auch europäische Regulierungstatbestände, in denen sich die Rücksichtnahme auf spezifische Interessengruppen ausdrückt, wirken nach außen oft diskriminierend[27]. Auch hier zeigt sich: Unilateralimus soll in erster Linie Interessengruppen bedienen, Globalsteuerung wird dagegen kaum angestrebt. Gleichwohl gibt einen gestiegenen internationalen Rechtfertigungszwang für unilateral agierende Staaten. Dabei liegt klar auf der Hand, dass paradoxerweise internationale Governanceerfolge ganz maßgeblich zum „Problem" Unilateralismus beigetragen haben, denn erst multilaterale Institutionen schaffen eine gesteigerte Sensibilität für Alleingänge und unkooperative Außenpolitik. Starke Selbstreferentialität wird vor dem Hintergrund multilateraler Harmonieerwartungen als schriller, abweichender Ton empfunden. Der Unilateralismusvorwurf beschränkt sich im Zustand institutionalisierter Interdependenz allerdings nicht mehr nur auf außen- oder außenwirtschaftspolitische Zusammenhänge, sondern auch auf Politikbereiche, die nach klas-

[26] Vgl. etwa die Argumentation von *Fehl* (2005).
[27] Vgl. insbesondere *Calster* (2000).

sischem Staatsverständnis in die originäre Zuständigkeit des Nationalstaates fallen. Transnationale Steuerung und internationale Verträge hebeln in immer mehr Politikfeldern nationale Regulierungsansätze aus und erhöhen die Gefahr von Inkompatibilitäten oder Spannungen in multilateralen Interaktionen.

Attentistischer Unilateralismus und intervenierender Unilateralismus sind meist Ausdruck eines tatsächlich vorhandenen oder eingebildeten Machtpotentials. Unilateralismus entsteht aber auch, wenn Selbstbezüglichkeit zum Kernelement nationaler Außenpolitik wird. Die Frage ist dann, wie andere Staaten und Institutionen damit umgehen können. Während dysfunktionale internationale Organisationen – also die meisten – mit Unilateralismus überfordert sein dürften, sind einige Institutionen aufgrund ihrer hohen Verpflichtungskraft und der ihnen von den Mitgliedern entgegengebrachten Wertschätzung offenkundig sehr gut in der Lage, abweichendes Verhalten einzugrenzen. Diese Institutionen ermöglichen effektives Konfliktmanagement und stellen im Endeffekt die Befolgung multilateraler Regeln mit erstaunlicher Effektivität sicher. Wie erörtert, reicht aber die Analyse systemischer Interaktionen und die in ihnen identifizierbaren Nutzenkalküle zum Verständnis verkoppelter Entscheidungsprozesse, von denen multilaterale Interaktionen in steigendem Maß geprägt sind, nicht aus. Die *nationale* Akteurskonstellation beeinflusst die Nachfragekurve nach eigenmächtiger Politik, die *internationale* entscheidet dagegen über die Verlaufsform (also den Unilateralismustyp) sowie den außenpolitischen Erfolg.

Die Arbeit war darum bemüht, Indizien für die paradox erscheinende Vermutung zu liefern, dass gerade die durch institutionalisierte Interdependenz massiv *gesunkene Durchsetzungsfähigkeit* von Alleingängen *politische Anreize für Unilateralismus* verstärkt. Wo „kontrolliert" und ergebnissicher unilateral agiert werden kann, weil „institutionalisierte Ausreden" zur Verfügung stehen, erweitern sich die Handlungsmöglichkeiten politischer Entscheidungsträger erheblich. Eine Anregung dieser Arbeit besteht also darin, die von Institutionen ausgehende Bindungswirkung deutlich anders zu interpretieren als bisher in der Debatte geschehen. Die Bindungswirkung multilateraler Verpflichtungen erweist sich vor allem in den Möglichkeiten zur kontrollierten Einhegung von Alleingängen. *Effektive* Institutionen können zu eingebettetem Unilateralismus geradezu einladen, weil transnationale Handlungszwänge, einmal in Gang gesetzt, fast unabweisbar eine disziplinierende *compliance* nahe legen. US-Administrationen, aber auch die politisch Verantwortlichen anderer Akteure des internationalen Systems – allen voran der EU –, bei denen ein starkes Interesse an institutionell „gebundenen Händen" vermutet werden darf, dürften in Zeiten wachsenden Globalisierungsdrucks vermutlich gern auf diese Einladung zurückkommen. Eingebetteter Unilateralismus bietet zahlreiche Möglichkeiten zur außen- oder innenpolitischen Profilbildung und Schuldvermeidung, ohne die Effektivität multilateraler Institutionen zu beschädigen. Mit diesem Prozessmuster wird das politische Handlungsinstrumentarium also um ein wichtiges Werkzeug symbolischer Interessenbefriedigung erweitert.

Literaturverzeichnis*

Aaronson, Susan Ariel (2001), Redefining the Terms of Trade Policymaking, Washington (DC)

Abbott, Kenneth W./Robert O. *Keohane*/Andrew *Moravcsik*/Anne-Marie *Slaughter*/Duncan *Snidal* (2000), The Concept of Legalization, in: *International Organization*, 54 (3), S. 401-419

Abbott, Kenneth W./Duncan *Snidal* (2000), Hard and Soft Law in International Governance, in: *International Organization*, 54 (3), S. 421-456

Adler, Emanuel/Beverly *Crawford* (1991), (Hrsg.), Progress in Postwar International Relations, New York

Afilalo, Ari (2002), Not in My Backyard: Power and Protectionism in U.S. Trade Policy, New York, http://www.nyu.edu/pubs/jilp/main/issues/34/pdf/34_4_p.pdf

Aghion, Philippe/Jeffrey G. *Williamson* (1998), (Hrsg.), Growth, Inequality and Globalization: Theory, History and Policy, Cambridge

Agrawala, Shardul (1998), Structural and Process History of the Intergovernmental Panel on Climate Change, in: *Climatic Change*, 39, S. 621-642

Ders./Steinar *Adresen* (2001), Two Level Games and the Future of the Climate Regime, Editorial, in: *Energy and Environment*, 12 (2/3), S. V-XI

Ahern, Raymond J./Vivian C. *Jones* (2001), Trade Legislation in the 106th Congress: an Overview, *CRS Report* RL30227, Washington (DC)

Allenby, Braden (2001), New Priorities in U.S. Foreign Policy: Defining and Implementing Environmental Security, in: Paul G. *Harris* (Hrsg.), The Environment, International Relations, and US Foreign Policy, S. 45-67

Ansell, Amy E. (1998), (Hrsg.), Unraveling the Right: The New Conservatism in American Thought and Politics, Boulder (CO)

Arce, Hugh M./Christopher T. *Taylor* (1997), The Effects of Changing U.S. MFN Status for China, in: *Weltwirtschaftliches Archiv*, 133 (4), S. 737-753

Askari, Hossein/John *Forrer*/Hildy *Teegen*/Jiawen *Yang* (2003a), U.S. Economic Sanctions: an Empirical Study, *Occasional Papers Series* CSGOP 03-01, http://gwcsg.gwu.edu/gwcsg/OPS/yang.pdf

Dies. (2003b), Using Unilateral Sanctions Effectively: A Grounded Theory, Washington (DC), *Occasional Paper Series* CSGOP 03-02, http://gwcsg.gwu.edu/gwcsg/OPS/yang2.pdf

Assuncao, Lucas (2003), Turning Its Back to the World?: The United States and Climate Change Policy, in: David M *Malone*/Yuen Foong *Khong* (Hrsg.), Unilateralism and U.S. Foreign Policy: International Perspectives, S. 297-317

Auclair, Denise (1999), Unilateral Economic Sanctions and the U.S. Constitution, in: Ernest H. *Preeg*, Feeling Good or Doing Good with Sanctions: Unilateral Economic Sanctions and the U.S. National Interest, S. 229-248

Bailey, Michael A./Judith *Goldstein*/Barry *Weingast* (1997), The Institutional Roots of American Trade Policy: Politics, Coalitions and International Trade, in: *World Politics*, 49 (3), S. 309-338

Bailey, Michael A. (2001), Quiet Influence: the Representation of Diffuse Interests on Trade Policy 1983-1994, in: *Legislative Studies Quarterly*, 26 (1), S. 45-80

Bailin, Alison (2001), From Traditional to Institutionalized Hegemony: *G8 Governance Papers* Nr. 6, http://www.g7.utoronto.ca/scholar/bailin/bailin2000.pdf

* Hochgestellte Zahlen hinter den Erscheinungsjahren geben eine Folgeauflage an; sonst ist immer die Erstauflage gemeint. Bei Sammelbänden werden die Einleitungs- oder Schlusskapitel der Herausgeber nicht gesondert aufgeführt, auch wenn aus ihnen zitiert wurde. Alle angegebenen Internetlinks wurden am 20.4.2007 überprüft. Bei eventuell auftretenden Unstimmigkeiten ist der Rückgriff auf Internet-Suchmaschinen zu empfehlen.

Baldwin, David A. (1993), (Hrsg.), Neorealism and Neoliberalism: the Contemporary Debate, New York

Baldwin, Robert E. (1998), U.S. Trade Policies: The Role of the Executive Branch, in: Alan V. *Deardorff*/Robert M. *Stern* (Hrsg.), Constituent Interests and U.S. Trade Policies, S. 65-87

Ders./Christopher S. *Magee* (2000a), Is Trade Policy for Sale?: Congressional Voting on Recent Trade Bills, in: *Public Choice*, 105 (1/2), S. 79-101

Dies. (2000b), Congressional Trade Votes: From NAFTA Approval to Fast-Track Defeat, Washington (DC)

Bang, Guri/Andreas *Tjernshaugen*/Steinar *Andresen* (2005), Future U.S. Climate Policy: International Re-engagement?, in: *International Studies Perspectives*, 6 (2), S. 285-303

Barbieri, Katherine (2002), The Liberal Illusion: Does Trade Promote Peace?, Ann Arbor (MI)

Barnett, Michael N./Martha *Finnemore* (1999), The Politics, Power and Pathologies of International Organizations, in: *International Organization*, 53 (4), S. 699-732

Barnett, Jon (2001), Environmental Security and U.S. Foreign Policy: A Critical Examination, in: Paul G. *Harris* (Hrsg.), The Environment, International Relations, and US Foreign Policy, S. 68-91

Barnett, Michael N./Raymond *Duvall* (2005), Power in International Politics, in: *International Organization*, 59 (1), S. 39-75

Bauer, Raymond A./Ithiel de Sola *Pool*/Lewis A. *Dexter* (1972[2]), American Business and Public Policy: the Politics of Foreign Trade, New York

Bayard, Thomas O./Kimberly Ann *Elliott* (1994), Reciprocity and Retaliation in U.S. Trade Policy, Washington (DC)

Beise, Marc/Thomas *Oppermann*/Gerald G. *Sander* (1998), Grauzonen im Welthandel: Protektionismus im GATT als Herausforderung an die neue WTO, Baden-Baden

Bender, Peter (2004[4]), Weltmacht Amerika: Das neue Rom, Stuttgart

Bennett, Andrew/Alexander *George* (2005), Case Studies and Theory Development in the Social Sciences, Cambridge (MA)

Berg, Manfred/Michaela *Hönnicke*/Raimund *Lammerdorf*/Anneke *de Rudder* (1999), (Hrsg.), Macht und Moral: Beiträge zur Ideologie und Praxis amerikanischer Außenpolitik im 20. Jahrhundert, Münster

Bergsten, Fred C. (1992), The Primacy of Economics, in: *Foreign Policy*, 87, S. 3-24

Ders. (1996), Competitive Liberalization and Global Free Trade: A Vision for the Early 21st Century, Washington (DC), *Working Paper Series on Asia Pacific Cooperation* 96-15

Ders. (1997), Open Regionalism, Washington (DC), *Institute for International Economics Working Paper* 97-3, http://www.iie.com/publications/wp/1997/97-3.htm

Ders. (2002), A Renaissance for U.S. Trade Policy?, in: *Foreign Affairs*, 81 (6), S. 86-98

Ders. (2004), Foreign Economic Policy for the Next President, in: *Foreign Affairs*, 83 (2), S. 88-101

Ders. (2005), (Hrsg.), The United States and the World Economy: Foreign Economic Policy for the Next Decade, Washington (DC)

Bhagwati, Jagdish N. (1991a), The World Trading System at Risk, Princeton (NJ)

Ders. (1991b), (Hrsg.), Aggressive Unilateralism: America´s 301 Trade Policy and the World Trading System, New York u.a.

Ders., (1993), The Diminished Giant Syndrome: How Declinism Drives Trade Policy, in: *Foreign Affairs*, 72 (2), S. 22-26

Ders. (2000), The Wind of the Hundred Days: How Washington Mismanaged Globalization, Cambridge (MA)

Ders. (2002), (Hrsg.), Going Alone: the Case for Relaxed Reciprocity in Freeing Trade, Cambridge (MA), London

Bierling, Stephan G. (1991), Partner oder Kontrahenten?: Präsident und Kongreß im außenpolitischen Entscheidungsprozeß der USA (1974-1988), Frankfurt am Main u.a.

Ders. (2003), Geschichte der amerikanischen Außenpolitik: Von 1917 bis zur Gegenwart, München

Biermann, Frank (1999), Internationale Umweltverträge im Welthandelsrecht, *Discussion Paper FSII* 99-403, Berlin, http://www.boell.de/downloads/Internationale_Umweltvertraege.pdf

Ders. (2001), The Rising Tide of Green Unilateralism in World Trade Law: Options for Reconciling the Emerging North-South Conflict, in: *Journal of World Trade*, 35 (3), S. 421-448

Ders./Udo E. *Simonis* (2000), Institutionelle Reform der Weltumweltpolitik?: Zur politischen Debatte um die Gründung einer „Weltumweltorganisation", in: *Zeitschrift für Internationale Beziehungen*, 7 (1), S. 163-183

Binder, Sarah A. (2003), Stalemate: Causes and Consequences of Legislative Gridlock, Washington (DC)

Blecker, Robert A. (2005), U.S. Steel Import Tariffs: The Politics of Global Markets, in: Ralph G. *Carter* (Hrsg.), Contemporary Cases in US Foreign Policy: From Terrorism to Trade, S. 249-278

Bloomfield, Lincoln P. (2002), (Hrsg.), Global Markets and National Interests: the New Geopolitics of Energy, Capital and Information, Washington (DC)

Bodansky, Daniel (2001), The History of the Global Climate Change Regime, in: Urs *Luterbacher*/Detlef F. *Sprinz* (Hrsg.), International Relations and Global Climate Change, S. 23-40

Ders. (2002), Implications for U.S. Companies of Kyoto´s Entry into Force without the United States, http://www.pewclimate.org/docUploads/Kyoto%2DUSBusiness%2Epdf

Börzel, Tanja/Thomas *Risse* (2002), Die Wirkung Internationaler Institutionen: Von der Normanerkennung zur Normeinhaltung, in: Markus *Jachtenfuchs*/Michele *Knodt* (Hrsg.), Regieren in Internationalen Institutionen, S. 141-181

Bohara, Alok K./Alejandro *Islas Camargo*/Therese *Grijalva*/Kishore *Gawande* (2005), Fundamental Dimension of U.S. Trade Policy, in: *Journal of International Economics*, 65 (1), S. 93-125

Boisson de Chazournes, Laurence (2000), Unilateralism and Environmental Protection: Issues of Perception and Reality of Issues, in: *European Journal of International Law*, 11 (2), S. 315-338

Bond, John R./Richard *Fleisher* (2000), (Hrsg.), Polarized Politics: Congress and the President in a Partisan Era, Washington (DC)

Borosage, Robert L. (2000), Money Talks: the Implications of U.S. Budget Priorities, in: Martha *Honey*/Thomas *Berry* (Hrsg.), Global Focus: U.S. Foreign Policy at the Turn of the Millennium, S. 1-19

Brady, David/Morris P. *Fiorina* (2000), Congress in the Era of Permanent Campaign, in: Norman J. *Ornstein*/Thomas E. *Mann* (Hrsg.), The Permanent Campaign and Its Future, S. 134-161

Brainard, Lael (2001), Trade Policy in the 1990s, Washington (DC), http://www.brookings.edu /views/papers/brainard/20010629.htm

Brawley, Mark R. (1989), Challenging Hegemony: How Cycles of Hegemony, Hegemonic Decline, Major War and Hegemonic Transitions are Linked, Los Angeles (CA)

Ders. (1993), Liberal Leadership: Great Powers and their Challengers in Peace and War, Ithaca (NY), London

Breuss, Fritz (2005), Economic Integration, EU-US Trade Conflicts and WTO Dispute Settlement, *European Integration Online Papers*, 9 (12), http://eiop.or.at/eiop/pdf/2005-012.pdf

Brewer, Thomas L. (2005a), (Hrsg.), The Political Economy of US Responses to Climate Change Issues, Tokio

Ders. (2005b), US Public Opinion on Climate Change Issues: Implications for Consensus Building and Policymaking, in: *Climate Policy*, 5 (1), S. 2-18

Ders. (2005c), Climate Change in the US Government Budget: Funding for Technology and Other Programmes, *CEPS Policy Brief* 77

Briner, Robert (2001), (Hrsg.), Law of International Business and Dispute Settlement in the 21st Century, Köln u.a.

Brook, Douglas A. (1998), Steel: Trade Policy in a Changed Environment, in: Alan V. *Deardorff*/ Robert M. *Stern* (Hrsg.), Constituent Interests and U.S. Trade Policies, S. 133-144

Brooks, Stephen G./William C. *Wolforth* (2002), American Primacy in Perspective, in: *Foreign Affairs*, 81 (4), S. 20-33

Broomhall, Bruce (2003), International Justice and the International Criminal Court, Oxford

Brown, Andrew (2003a), Reluctant Partners: A History of Multilateral Trade Cooperation, 1850-2000, Ann Arbor (MI)

Brown, Bartram S. (2002), Unilateralism, Multilateralism and the International Criminal Court, in: Stewart *Patrick*/Shepard *Forman* (Hrsg.), Multilateralism and U.S. Foreign Policy: Ambivalent Engagement, S. 323-344

Brown, Drusilla K./Alan V. *Deardorff*/Robert M. *Stern* (2002), Multilateral, Regional and Bilateral Trade-Policy Options for the United States and Japan, *RSIE Discussion Paper* Nr. 490, http://www.fordschool.umich.edu/rsie/workingpapers/Papers476-500/r490.pdf

Brown, Seyom (2003b), The Illusion of Control: Force and Foreign Policy in the 21st Century, Washington (DC)

Brühl, Tanja (2000), Verweigerung statt Führung: Die internationale Umweltpolitik der USA, in: Peter *Rudolf*/Jürgen *Wilzewski* (Hrsg.), Weltmacht ohne Gegner: Amerikanische Außenpolitik zu Beginn des 21. Jahrhunderts, S. 363-394

Brumbaugh, David L. (2003), Export Tax Benefits and the WTO: Foreign Sales Corporations and and the Extraterritorial Replacement Provisions, *CRS Report* RS20746, Washington (DC), http://www.fas.org/asmp//resources/govern/crs-RS20746.pdf

Ders., (2004), A History of the Extraterritorial Income (ETI) and Foreign Sales Corporation (FSC) Export Tax-Benefit Controversy, *CRS Report*, Washington (DC), http://www.taxhistory.org/thp/readings.nsf/cf7c9c870b600b9585256df80075b9dd/d1e0dcc337b8048385256f860068159e?OpenDocument

Brzezinski, Zbigniew (1997), Die einzige Weltmacht: Amerikas Strategie der Vorherrschaft, Weinheim

Ders. (2004), The Choice: Global Domination or Global Leadership, New York

Bueno de Mesquita, Bruce (2003²), Principles of International Politics: People´s Power, Preferences and Perceptions, Washington (DC)

Burgin, Eileen (1991), Representatives´ Decisions on Participation in Foreign Policy Issues, in: *Legislative Studies Quarterly*, 16 (4), S. 521-546

Busby, Josh/Alexander *Ochs* (2004), From Mars and Venus Down to Earth: Understanding the Transatlantic Climate Divide, in: David *Michel* (Hrsg.), Climate Policy for the 21st Century, S. 35-76

Busch, Marc L./Eric *Reinhardt* (2005), Transatlantic Trade Conflicts and GATT/WTO Dispute Settlement, in: Ernst-Ulrich *Petersmann*/Mark A. *Pollack* (Hrsg.), Transatlantic Economic Disputes: The EU, the US, and the WTO, S. 465-485

Byers, Michael (1999), Custom, Power and the Power of Rules, Cambridge

Ders. (2000a), International Law and the American Interest, in: *Chicago Journal of International Law* 1 (1), S. 257-261

Ders. (2000b), (Hrsg.), The Role of Law in International Politics: Essays in International Relations and International Law, Oxford

Ders./Georg *Nolte* (2003), (Hrsg.), United States Hegemony and the Foundations of International Law, Cambridge

Calleo, David P. (1987), Beyond American Hegemony: the Future of the Western Alliance, New York

Ders. (2002), Reflections on American Hegemony in the Postwar Era, in: Patrick Karl *O´Brien*/Armand *Clesse* (Hrsg.), Two Hegemonies: Britain 1846-1914 and the United States 1941-2001, S. 248-257

Calster, Geert van (2000), The EU, Trade, Environment and Unilateralism: Passing the Buck, in: *European Foreign Affairs Review*, 5 (1), S. 9-34

Campell, John L. (2003), States Politics and Globalization: Why Institutions Still Matter, in: Thahza V. *Paul*/G. John *Ikenberry*/John A. *Hall* (Hrsg.), The Nation-State in Question, S. 234-259

Caporaso, James A. (1993), International Relations Theory and Multilateralism: the Search for Foundations, in: John G. *Ruggie* (Hrsg.), Multilateralism Matters: the Theory and Praxis of an Institutional Form, S. 51-90

Carpenter, Chad (2001), Businesses, Green Groups and the Media: The Role of Non-Governmental Organizations in the Climate Change Debate, in: *International Affairs*, 77 (2), S. 313-328

Carter, Ralph G. (1998), Congress and Post-Cold War U.S. Foreign Policy, in: James M. *Scott* (Hrsg.), After the End: Making U.S. Foreign Policy in the Post-Cold War World, S. 109-137

Ders. (2003), Leadership at Risk: The Perils of Unilateralism, in: *Political Science & Politics*, 36 (1), S. 17-22

Ders. (2005^2), (Hrsg.), Contemporary Cases in US Foreign Policy: From Terrorism to Trade, Washington (DC)

Carter, Barry (2002), Study of New U.S. Unilateral Sanctions 1997-2001, Washington (DC), http://www.usaengage.org/literature/2002/2002sanctions/index.html

Cavanagh, John (2000), U.S. Leadership in the Global Economy, in: Martha *Honey*/Thomas *Berry* (Hrsg.), Global Focus: U.S. Foreign Policy at the Turn of the Millennium, S. 55-72

Cerny, Philip G. (1997), Paradoxes of the Competition State: The Dynamics of Political Globalization, in: *Government and Opposition*, 32 (2), S. 251-274

Chambers, Paul E. (2001), Environmental Barriers to Trade: The Case of Endangered Sea Turtles, in: *Review of International Economics*, 9 (1), S. 123-132

Chang, Sheung Wha (2000), Taming Unilateralism under the Trading System: Unfinished Job in the WTO Panel Ruling on United States Sections 301-310 of Trade Act of 1974, in: *Law and Policy in International Business*, 31 (4), S. 1151-1226

Chang, Pao-Li (2002), The Evolution and Utilization of the GATT/WTO Dispute Settlement Mechanism, *RSIE Discussion Paper* Nr. 475, Ann Arbor (MI), http://www.fordschool.umich.edu/rsie/workingpapers/Papers451-475/r475.pdf

Ders. (2004), The Politics of WTO Enforcement Mechanism, Singapur, www.research.smu.edu.sg/or/pdfs/ChangPaoLi_PoliticsWTOEnforceMech.pdf

Chayes, Abram/Antonia Handler *Chayes* (1993), On Compliance, in: *International Organization*, 47 (2), S. 175-205

Dies. (1995), The New Sovereignty: Compliance with International Regulatory Agreements, Cambridge (MA)

Checkel, Jeffrey T. (1998), The Constructivist Turn in International Relations Theory, in: *World Politics*, 50 (2), S. 324-348

Ders. (2005), It´s the Process Stupid!: Process Tracing in the Study of European and International Politics, *Arena Working Paper* 26/2005

Chou, William (2005), The $4 Billion Question: An Analysis of Congressional Responses to the FSC/ETI Dispute under WTO Export Subsidy Standards, in: *Northwestern Journal of International Law and Business*, 25 (2), S. 415-452

Christe, Hans-Joachim (1995), Die USA und der EG-Binnenmarkt: Die amerikanische Außenwirtschaftspolitik gegenüber der EG 1985-1992: Strukturen, Entwicklungen, Entscheidungsprozesse, Baden-Baden

Cohen, Stephen D. (2000^5), The Making of United States International Economic Policy: Principles, Problems and Proposals for Reform, Westport (CT)

Ders./Joel R. *Paul*/Robert A. *Blecker* (1999), Trade Policy Decisionmaking: Competing Explanations, in: Eugene R. *Wittkopf*/James M. *McCormick* (Hrsg.), The Domestic Sources of American Foreign Policy: Insights and Evidence, S. 217-229

Cohn, Theordore H. (2002), Governing Global Trade: International Institutions in Conflict and Convergence, Aldershot

Collins, Joseph J./Gabrielle D. *Bowdoin* (1999), Beyond Unilateral Economic Sanctions: Better Alternatives for U.S. Foreign Policy, *CSIS Report*, http://www.csis.org/pubs/beyondsancsexec.html

Colman, Andrew. M. (1982), Game Theory and Experimental Games: the Study of Strategic Interaction, Oxford u.a.

Conybeare, John A. (2002), Leadership by Example?: Britain and the Free Trade Movement of the Nineteenth Century, in: Jagdish *Bhagwati* (Hrsg.), Going Alone: the Case for Relaxed Reciprocity in Freeing Trade, S. 33-60

Conzelmann, Thomas (2004), Hauen und Stechen oder Vertrauen und Sprechen?: Interessen und Ideen in internationalen Verhandlungssystemen, in: Franz Urban *Pappi*/Eibe *Riedel*/Paul W. *Thurner*/Roland *Vaubel* (Hrsg.), Die Institutionalisierung internationaler Verhandlungen, S. 69-89

Cooney, Stephen (2002), Steel: Key Issues for Congress, *CRS Report* RS21152, vom 7.10.2002

Cooper, Richard N./Barry *Eichengreen*/C. Randall *Henning*/Gerard *Holtham*/Robert D. *Putnam* (1989), Can Nations Agree?: Issues in International Economic Cooperation, Washington (DC)

Cooper, William H. (2001), Trade Remedy Law Reform in the 107th Congress, *CRS Report* RL30461, Washington (DC),

Cortell, Andrew P./James W. *Davis* (1996), How Do International Institutions Matter?: The Domestic Impact of International Rules and Normes, in: *International Studies Quarterly*, 40 (4), S. 451-478

Dies. (2000), Understanding the Domestic Impact of International Norms: A Research Agenda, in: *International Studies Review*, 2 (1), S. 65-87

Council of Economic Advisors (CEA) (1995), Economic Report of the President 1995, Washington (DC)

Dass. (1998), The Kyoto Protocol and the President´s Policies to Address Climate Change, Washington (DC)

Dass. (2004), Economic Report of the President 2004, Washington (DC), http://www.gpoaccess.gov/usbudget/fy05/pdf/2004_erp.pdf

Cowhey, Peter F. (1993), Elect Locally - Order Globally: Domestic Politics and Multilateral Cooperation, in: John G. *Ruggie* (Hrsg.), Multilateralism Matters: the Theory and Praxis of an Institutional Form, S. 157-200

Cowling, Keith/Roger *Sudgen* (1998), Strategic Trade Policy Reconsidered: National Rivalry vs. Free Trade vs. International Cooperation, in: *Kyklos*, 51 (3), S. 339-358

Cox, Robert W. (1997), (Hrsg.), The New Realism: Perspectives on Multilateralism and World Order, London

Ders./Michael G. *Schlechter* (2002), Political Economy of a Plural World: Critical Reflections on Power, Morals and Civilization, London, New York

Cronin, Bruce (2001), The Paradox of Hegemony: America´s Ambigious Relationship with the United Nations, in: *European Journal of International Relations*, 7 (1), S. 103-130

Cronin, Patrick (2003), The Doha-Round: Prospects for the Rule-Based Trading System, in: C. Roe *Goddard*/John T. *Passe-Smith*/John G. *Conklin* (Hrsg.), International Political Economy: State-Market Relations in the Changing Global Order, 369-390

Czempiel, Ernst-Otto (1996), Rückkehr in die Führung: Amerikas Weltpolitik im Zeichen der konservativen Revolution, *HSFK-Report* 4/1996, Frankfurt a. M.

Ders. (1999), Kluge Macht: Außenpolitik für das 21. Jahrhundert, München

Ders. (2003a[2]), Weltpolitik im Umbruch: Die Pax Americana, der Terrorismus und die Zukunft der internationalen Beziehungen, München

Ders. (2003b), Die stolpernde Weltmacht, in: *APuZ* Beilage zur Zeitschrift *Das Parlament*, 53 (46), S. 7-15

Daalder, Ivo H. (2001), Are the United States and Europe Heading for Divorce?, in: *International Affairs*, 77 (3), S. 553-567

Ders./James M. *Lindsay* (2003), America Unbound: the Bush Revolution in Foreign Policy, Washington, (DC)

Dahl, Robert A. (1957), The Concept of Power, in: *Behavioral Science*, 2 (2), S. 201-205

Davis, Frank L./Albert H. *Wurth* (2003), Voting Preferences and the Environment in the American Electorate: The Discussion Extended, in: *Society and Natural Resources*, 16 (8), S. 729-740

Decker, Claudia (2002), Handelskonflikte der USA mit der EU seit 1985: Eine Studie des Reziprozitätsprinzips in der US-Außenhandelspolitik, Berlin

Dies./Stormy *Mildner* (2005), Die USA und EU auf Kollisionskurs?: Neue Entwicklungen in den transatlantischen Handelsbeziehungen, in: Thomas *Jäger*/Alexander *Höse*/Kai *Oppermann* (Hrsg.), Transatlantische Beziehungen: Sicherheit – Wirtschaft – Öffentlichkeit, S. 203-215

Deibel, Terry L. (2000), Clinton and Congress: the Politics of Foreign Policy, New York

Ders. (2002), The Death of a Treaty, in: *Foreign Affairs*, 81 (5), S. 142-161

Deardorff, Alan V./Robert M. *Stern* (1998), (Hrsg.), Constituent Interests and U.S. Trade Policies, Ann Arbor (MI)

Deitelhoff, Nicole (2002), Angst vor Bindung?: Das ambivalente Verhältnis von Demokratien zum Internationalen Strafgerichtshof, *HSFK-Standpunkte* Nr. 5/2002, Frankfurt a.M.

Deller, Nicole/Arjun *Makhijani*/John *Burroughs* (2003), (Hrsg.), Rule of Power or Rule of Law?: An Assessement of U.S. policies and Actions Regarding Security-Related Treaties, New York

Dembinski, Matthias (2002), Unilateralismus versus Multilateralismus: Die USA und das spannungsreiche Verhältnis zwischen Demokratie und Internationaler Organisation, *HSFK-Report* 4/2002, Frankfurt a.M.

DeSombre, Elizabeth R. (1995), Baptists and Bootleggers for the Environment: The Origins of United States Unilateral Sanctions, in: *Journal of Environment and Development*, 4 (1), S. 53-75

Dies. (2000), Domestic Sources of International Environmental Policy: Industry, Environmentalists, and US Power, Cambridge (MA)

Dies. (2001), Environmental Sanctions in US Foreign Policy, in: Paul G. *Harris* (Hrsg.), The Environment, International Relations, and US Foreign Policy, S. 197-216

Dies./J. Samuel *Barkin* (2002), Turtles and Trade: The WTO´s Acceptance of Environmental Trade Restrictions, in: *Global Environmental Politics*, 2 (1), S. 12-18

Destler, Irving M./Leslie H. *Gelb*/Anthony *Lake* (1984), Our Own Worst Enemy: The Unmaking of American Foreign Policy, New York

Destler, Irving M. (1997), Renewing Fast-Track Legislation, Washington (DC)

Ders. (1998), Congress, Constituencies and U.S. Trade Policy, in: Alan V. *Deardorff*/Robert M. *Stern* (Hrsg.), Constituent Interests and U.S. Trade Policies, S. 93-108

Ders. (1999), Trade Policy at a Crossroads: an Approach for 1999 and Beyond, in: *Brookings Review*, 17 (1), S. 26-30

Ders. (2005[4]), American Trade Politics, Washington (DC)

Ders./Peter J. *Balint* (1999), The New Politics of American Trade: Trade, Labor and the Environment, Washington (DC)

Deutsch, Karl (1969), Politische Kybernetik: Modelle und Perspektiven, Freiburg

Devereaux, Charan/Robert Z. *Lawrence*/Michael D. *Watkins* (2006a), Case Studies in US Trade Negotiation: Vol. 1: Making the Rules, Washington (DC)

Dies. (2006b), Case Studies in US Trade Negotiation: Vol. 2: Resolving Disputes, Washington (DC)

Diehl, Paul F. (1997), (Hrsg.), The Politics of Global Governance: International Organizations in an Interdependent World, Boulder (CO), London

Dieter, Heribert (2003), Abschied vom Multilateralismus?: Der neue Regionalismus in der Handels- und Finanzpolitik, *SWP-Studie* 2/2003, Berlin

Ders. (2005), Letzte Chance in Hongkong?: Überwindbare Hindernisse auf dem Weg zum Abschluß der Doha-Runde, *SWP-Aktuell* 52/2005, Berlin

Dittgen, Herbert/Michael *Minkenberg* (1996), (Hrsg.), Das amerikanische Dilemma: Die Vereinigten Staaten nach dem Ende des Ost-West-Konflikts, Paderborn

Doherty, Carroll J. (1997), Proliferation of Sanctions Creates A Tangle of Good Intentions, in: *Congressional Quarterly Weekly Report*, 55 (36), S. 2113-2120

Doran, Charles F.S./Gregory P. *Marchildon* (Hrsg.) (1994), The NAFTA Puzzle: Political Parties and Trade in North America, Boulder (CO) u.a.

Downs, George W./David M. *Rocke* (1995), Optimal Imperfection?: Domestic Uncertainty and Institutions in International Relations, Princeton (NJ)

Dies./Peter M. *Barsoom* (1996), Is the Good News About Compliance Good News About Cooperation, in: *International Organization*, 50 (3), S. 379-406

Downs, George W./Andrea W. *Trento* (2004), Conceptual Issues Surrounding the Compliance Gap, in: Michael W. *Doyle*/Edward C. *Luck* (Hrsg.), International Law and Organization: Closing the Compliance Gap, S. 19-40

Doyle, Michael W./Edward C. *Luck* (2004), (Hrsg.), International Law and Organization: Closing the Compliance Gap, Lanham (MD)

Drezner, Daniel W. (2003a), (Hrsg.),Locating the Proper Authorities: The Interaction of Domestic and International Institutions, Ann Arbor (MI)

Ders. (2003b), The Hidden Hand of Economic Coercion, in: *International Organization*, 57 (3), S. 643-659

Druwe, Ulrich/Volker *Kurz* (1994), (Hrsg.), Rational Choice in der Politikwissenschaft: Grundlagen und Anwendungen, Opladen

Dryden, Steve (1995), Trade Warriors: USTR and the American Crusade for Free Trade, New York, Oxford

Eckes, Alfred E. (1995), Opening America´s Market: U.S. Foreign Trade Policy since 1976, Chapel Hill (NC), London

Ders. (2004), U.S. Trade History, in: William A. *Lovett*/Alfred E. *Eckes*/Richard L. *Brinkman* (Hrsg.), U.S. Trade Policy: History, Theory and the WTO, S. 36-92

Ehrenzeller, Bernhard (1993), Legislative Gewalt und Außenpolitik: Eine rechtsvergleichende Studie zu den parlamentarischen Entscheidungskompetenzen des deutschen Bundestages, des amerikanischen Kongresses und der schweizerischen Bundesversammlung im auswärtigen Bereich, Basel, Frankfurt a. M.

Elliott, Kimberly Ann/Gary Clyde *Hufbauer* (2002), Ambivalent Multilateralism and the Emerging Backlash: the IMF and WTO, in: Stewart *Patrick*/Shepard *Forman* (Hrsg.), Multilateralism and U.S. Foreign Policy: Ambivalent Engagement, S. 377-413

Elwell, Craig (2001), Trade, Trade Barriers and Trade Deficits: Implications for U.S. Economic Welfare, *CRS Report* RL30226, Washington (DC)

Esser, Hartmut (2004), Die "Logik" der Verständigung: Zur Debatte um „Arguing“ und „Bargaining“ in internationalen Verhandlungen, in: Franz Urban *Pappi*/Eibe *Riedel*/Paul W. *Thurner*/Roland *Vaubel* (Hrsg.), Die Institutionalisierung internationaler Verhandlungen, S. 33-68

Esty, Daniel C. (1994) Greening the GATT: Trade, Environment, and the Future, Washington (DC)

Ders., (2005), Strengthening the International Environmental Regime: A Transatlantic Perspective, in: Ernst-Ulrich *Petersmann*/Mark A. *Pollack* (Hrsg.), Transatlantic Economic Disputes: The EU, the US, and the WTO, S. 371-384

Ethier, Wilfred J. (2002), Unilateralism in a Multilateral World, in: *The Economic Journal*, 112 (479), S. 266-292

Evans, Peter B./Harold K. *Jacobson*/Robert D. *Putnam* (1993), (Hrsg.), Double-Edged Diplomacy: International Bargaining and Domestic Politics, Berkeley (CA) u.a.

Falke, Andreas (1995) Abkehr vom Multilateralismus: Der Kongress, die amerikanische Handelspolitik und das Welthandelssystem. Von der Reagan-Administration bis zum Abschluss der Uruguay-Runde, Habilitationsschrift der Georg-August-Universität Göttingen

Ders. (2001), It´s Politics Stupid: Why Fundamentals Do Not Always Matter, in: Klaus-Günter *Deutsch*/Bernhard *Speyer* (Hrsg.), The World Trade Organization Millenium Round: Freer Trade in the Twenty-First Century, S. 17-36

Ders. (2003), New Thinking?: Außenhandelspolitik der USA im Licht der neuen Bedrohung, in: Jürgen *Wilzewski*/Werner *Kremp* (Hrsg.), Weltmacht vor neuer Bedrohung: Die Bush-Administration und die US-Außenpolitik nach dem Angriff auf Amerika, S. 157-184

Ders. (2005), EU-USA Trade Relations in the Doha Development Round: Market Access versus Post-modern Trade Policy Agenda, in: *European Foreign Affairs Review*, 10 (3), S. 339-357

Falkner, Robert (2001), Business Conflict and US International Environmental Policy: Ozone, Climate, and Biodiversity, in: Paul G. *Harris* (Hrsg.), The Environment, International Relations, and US Foreign Policy, S. 157-177

Ders. (2005), American Hegemony and the Global Environment, in: *International Studies Review*, 7 (4), S. 585-599

Fehl, Caroline (2005), Leben mit dem widerspenstigen Hegemon: Europäische Reaktionen auf den Unilateralismus der USA, Papier für die offene Sektionstagung der DVPW, http://www.mzes.uni-mannheim.de/konf/dvpw2005/Papers/Caroline_Fehl.pdf

Ferguson, Niall (2001), Politik ohne Macht: Das fatale Vertrauen in die Wirtschaft, Stuttgart, München

Ders. (2004a), Das verleugnete Imperium: Chancen und Risiken amerikanischer Macht, Berlin

Ders. (2004b), A World Without Power, in: *Foreign Policy*, 143, S. 32-39

Fifka, Matthias S. (2005), Unternehmensverbände in den USA: Interessenvermittlung im pluralistischen System, Heidelberg

Finnemore, Martha (1996), National Interests in International Society, Ithaca (NY)

Fiorina, Morris P./Samuel J. *Abrams*/Jeremy C. *Pope* (2005), Culture War?: The Myth of a Polarized America, New York

Fisher, Dana R. (2006), Bringing the Material Back In: Understanding the U.S. Position on Climate Change, in: *Sociological Forum*, 21 (3), S. 467-494

Fletcher, Susan R. (2005), Global Climate Change: The Kyoto Protocol, *CRS Report* RL30692

Foot, Rosemary/Neil *MacFarlane*/Michael *Mastanduno* (2003), (Hrsg.), US Hegemony and International Organizations: the United States and Multilateral Institutions, Oxford, New York

Fordham, Benjamin O./Timothy J. *McKeown* (2003), Selection and Influence: Interest Groups and Congressional Voting on Trade Policy, in: *International Organization*, 57 (3), S. 519-549

Frankel, Jeffrey A. (1997), Regional Trading Blocs in the World Economic System, Washington (DC)

Freeman, Charles W. (1997), The Arts of Power: Statecraft and Diplomacy. Washington (DC)

Frey, Eric (2004), Feuding Friends: U.S.-European Trade Relations in the Clinton Era 1992-2000, Frankfurt a.M. u.a.

Frieden, Jeffrey R. (1999), Actors and Preferences in International Relations, in: David A. *Lake*/Robert *Powell* (Hrsg.), Strategic Choice and International Relations, S. 39-76

Fröhlich, Stefan (1992), Die USA und die neue Weltordnung: zwischen Kontinuität und Wandel, Bonn u.a.

Ders. (2002), Zwischen Multilateralismus und Unilateralismus: Eine Konstante amerikanischer Außenpolitik, in: *APuZ* Beilage zur Zeitschrift *Das Parlament*, 52 (25), S. 23-30

Gaddis, John Lewis (2004), Surprise, Sequirity, and the American Experience, Cambridge (MA)

Gadzey, Anthony Tuo-Kofi (1994), The Political Economy of Power: Hegemony and Economic Liberalism, New York

Gallarotti, Guilio M. (1997), The Limits of International Organization: Systemic Failure in the Management of International Relations, in: Paul F. *Diehl* (Hrsg.), The Politics of Global Governance: International Organizations in an Interdependent World, S. 375-414

Garrett, Geoffrey (1996), Capital Mobility, Trade and the Domestic Politics of Economic Policy, in: Helen *Milner*/Robert O. *Keohane* (Hrsg.), Internationalization and Domestic Politics, S. 79-107

Ders. (1998), Global Markets and National Politics: Collision Course or Virtuous Circle?, in: *International Organization*, 52 (4), S. 787-824

Garten, Jeffrey E. (1995), Is America Abandoning Multilateral Trade?, in: *Foreign Affairs*, 74 (6), S. 50-62

Garton Ash, Timothy (2004), Freie Welt: Europa, Amerika und die Chance der Krise, München, Wien

Gartzke, Ulf (2005), Die transatlantischen Wirtschaftsbeziehungen: Ein Pfeiler in der Krise?, in: Thomas *Jäger*/Alexander *Höse*/Kai *Oppermann* (Hrsg.), Transatlantische Beziehungen: Sicherheit – Wirtschaft – Öffentlichkeit, S. 173-185

Gehring, Thomas/Sebastian *Oberthür* (2000), Was bringt eine Weltumweltorganisation?: Kooperationstheoretische Anmerkungen zur institutionellen Neuordnung der internationalen Umweltpolitik, in: *Zeitschrift für Internationale Beziehungen*, 7 (1), S. 185-211

Gelb, Leslie H./Justine A. *Rosenthal* (2003), The Rise of Ethics in Foreign Policy: Reaching a Values Consensus, in: *Foreign Affairs*, 82 (3), S. 3-7

General Accounting Office (GAO) (2003), World Trade Organization: Standard of Review and Impact of Trade Remedy Rulings, GAO-03-824, http://www.gao.gov/new.items/d03824.pdf

Gerke, Kinka/Monika *Medick-Krakau* (1999), Wandel in der amerikanischen Außenhandelspolitik, in: Monika *Medick-Krakau* (Hrsg.), Außenpolitischer Wandel in theoretischer und vergleichender Perspektive: Die USA und die Bundesrepublik Deutschland, S. 227-253

Gerke-Unger, Kinka (2004), Paradigmenwechsel?: Die Außenwirtschaftspolitik der USA unter Clinton und Bush, in: Hans-Jürgen *Puhle*/Söhnke *Schreyer*/Jürgen *Wilzewski* (Hrsg.), Supermacht im Wandel: Die USA von Clinton zu Bush, S. 222-262

Gholz, Eugene/Daryl G. *Press*/Harvey M. *Sapolsky* (1997), Come Home, America: The Strategy of Restraint in the Face of Temptation, in: *International Security*, 21 (4), S. 5-48

Gibson, Martha L. (2000), Conflict amid Consensus in American Trade Policy, Washington (DC)

Gilligan, Michael J. (1997), Empowering Exporters: Reciprocity, Delegation and Collective Action in American Trade Policy, Ann Arbor (MI)

Gilpin, Robert (1981), War and Change in World Politics, Cambridge

Ders. (1987), Political Economy of International Relations, Princeton (NJ)

Ders. (2001), Global Political Economy: Understanding the International Economic Order, Princeton (NJ)

Glennon, Michael J. (2003), Der Traum, in: *Frankfurter Allgemeine Zeitung*, Nr. 144, 25.06.2003, S. 7

Goddard, C. Roe/John T. *Passe-Smith*/John G. *Conklin* (Hrsg.) (2003[2]), International Political Economy: State-Market Relations in the Changing Global Order, Boulder (CO)

Göll, Edgar (1994), Vom Aufschrei zum erleichterten Seufzen?: Handelspolitische Entscheidungsprozesse und Akteursstrategien im US-Kongreß während der zweiten Administration Reagans (1985-1988), Frankfurt a.M. u.a.

Goldstein, Joshua S. (1988), Long Cycles: Prosperity and War in the Modern Age, New Haven (CT)

Goldstein, Judith L. (1993), Ideas, Interests and American Trade Policy, Ithaca (NY). London

Dies. (1996), International Law and Domestic Institutions: Reconciling North American "Unfair" Trade Laws, in: *International Organization*, 50 (4), S. 541-564

Dies./Lisa L. *Martin* (2000), Legalization, Trade Liberalization and Domestic Politics: A Cautionary Note, in: *International Organization*, 54 (3), S. 603-632

Goldstein, Judith/Robert O. *Keohane* (1993), (Hrsg.), Ideas and Foreign Policy: Beliefs, Institutions and Political Change, Ithaca (NY)

Goodman, Richard M./John M. *Frost* (2000), International Economic Agreements and the Constitution, *IIE Working Paper* 00-2, http://www.iie.com/publications/wp/2000/00-2.pdf

Gordon, Bernard K. (2001), America´s Trade Follies: Turning Economic Leadership into Strategic Weakness, London, New York

Ders. (2003), A High-Risk Trade Policy, in: *Foreign Affairs*, 82 (4), S. 105-118

Gourevitch, Peter Alexis (1999), The Governance Problem in International Relations, in: David A. *Lake*/Robert *Powell* (Hrsg.), Strategic Choice and International Relations, S. 137-164

Gowa, Joanne (1989), Bipolarity, Multipolarity and Free Trade, in: *American Political Science Review*, 83 (4), S. 1245-1256

Grieco, Joseph M. (1988), Anarchy and the Limits of Cooperation: A Realist Critique of the Newest Liberal Institutionalism, in: *International Organization*, 42 (3), S. 485-507

Ders. (1993a[2]), Cooperation Among Nations: Europe, America and Non-Tariff Barriers to Trade, Ithaca (NY)

Ders. (1993b), (Hrsg.), The International System and the International Political Economy (Bd.1): Hegemony and Cooperation in the International Economy

Ders. (1993c), (Hrsg.), The International System and the International Political Economy (Bd. 2): State Structures and Strategies

Griffin, James M. (2003), (Hrsg.), Global Climate Change: The Science, Economics and Politics, Cheltenham

Grimmett, Jeanne J. (2001), Why Certain Trade Agreements Are Approved as Congressional-Executive Agreements Rather Than as Treaties, *CRS Report* 97-896, Wahington (DC)

Grossman, Gene M./Elhanan *Helpman* (1995), Trade Wars and Trade Talks, in: *Journal of Political Economy*, 103 (4), S. 675-708

Grubb, Michael/Farhana *Yamin* (2001), Climatic Collapse at The Hague: What Happened, Why, and Where Do We Go From Here?, in: *International Affairs*, 77 (2), S. 261-276

Gruber, Lloyd (2000), Ruling the World: Power Politics and the Rise of Supranational Institutions, Princeton (NJ)

Gstöhl, Sieglinde/Robert *Kaiser* (2004), Vernetztes Regieren in der globalen Handelspolitik: Zur Rolle internationaler Standards in der Welthandelsorganisation, in: *Zeitschrift für Internationale Beziehungen*, 11 (2), S. 179-202

Guzzini, Stefano (1993), Structural Power: The Limits of Neorealist Power Analysis, in: *International Organization*, 47 (3), S. 443-478

Haas, Ernst B. (1994), Why Collaborate?: Issue Linkage and International Regimes, in: Friedrich *Kratochwil*/Edward D. *Mansfield* (Hrsg.), International Organization: A Reader, S. 364-384

Haass, Richard N. (1997), Fatal Distraction: Bill Clinton´s Foreign Policy, in: *Foreign Policy*, 108, S. 112-123

Ders. (1998), (Hrsg.), Economic Sanctions and American Diplomacy, New York

Ders. (1999), (Hrsg.), Transatlantic Tensions: The United States, Europe, and Problem Countries, Washington (DC)

Ders. (2001), Multilateralism for a Global Era, Carnegie Endowment for International Peace Conference: "After September 11th. American Foreign Policy and the Multilateral Agenda", Washington (DC)

Hacke, Christian (1997), Zur Weltmacht verdammt: Die amerikanische Außenpolitik von Kennedy bis Clinton, Berlin

Ders. (1998), Amerika first - aber wohin?, in: *APuZ* Beilage zur Zeitschrift *Das Parlament*, 48 (19), S. 3-11

Haggard, Stephan/Beth A. *Simmons* (1987), Theories of International Regimes, in: *International Organization*, 41 (3), S. 491-517
Hall, Peter A./Rosemary C.R. *Taylor* (1996), Political Science and the Three New Institutionalisms, in: *Political Studies* 44, S. 936-957
Hall, Richard L. (1998), Heterogeneous Preferences and the Practice of Group Representation in U.S. Trade Policy, in: Alan V *Deardorff*/Robert M. *Stern* (Hrsg.), Constituent Interests and U.S. Trade Policies, S. 109-119
Halper, Stefan/Jonathan *Clarke* (2004), America Alone: The Neo-Conservatives and the Global Order, Cambridge
Hampson, Fen Osler/Michael *Hart* (1995), Multilateral Negotiations: Lessons from Arms Control, Trade and the Environment, Baltimore (MD). London
Haney, Patrick J./Walt *Vanderbush* (2002), Clinton, Congress, and Cuba Policy Between Two Codifications: The Changing Executive-Legislative Relationship in Foreign Policy Making, in: *Congress & the Presidency*, 29 (2), S. 171-194
Dies. (2005), The Helms-Burton Act: Congress and Cuba Policy, in: Ralph G. *Carter* (Hrsg.), Contemporary Cases in US Foreign Policy: From Terrorism to Trade, S. 279-301
Hargreaves Heap, Shaun P./Yanis *Varoufakis* (2004[2]), Game Theory: A Critical Text, London. New York
Harris, Paul G. (2001a), (Hrsg.), The Environment, International Relations, and US Foreign Policy, Washington (DC)
Ders. (2001b), International Environmental Affairs and U.S. Foreign Policy, in: *Ders.* (Hrsg.), The Environment, International Relations, and US Foreign Policy, S. 3-42
Hart, Jeffrey A. (1976), Three Approaches to the Measurement of Power in International Relations, in: *International Organization* 30 (2), S. 289-308
Hasenclever, Andreas/Peter *Mayer*/Volker *Rittberger* (1996), Interests, Power, Knowledge: the Study of International Regimes, in: *Mershon International Studies Review*, 40, S. 177-228.
Dies. (1997), Theories of International Regimes, Cambridge
Hauser, Heinz/Alexander *Roitinger* (2005), Renegotiation in Transatlantic Trade Disputes, in: Ernst-Ulrich *Petersmann*/Mark A. *Pollack* (Hrsg.), Transatlantic Economic Disputes: The EU, the US, and the WTO, S. 487-506
Hellmann, Gunther/Reinhard *Wolf* (1993), Systemische Theorien nach dem Ost-West-Konflikt: Bilanz und Perspektiven der Neorealismus-Institutionalismus-Debatte, in: *Österreichische Zeitschrift für Politikwissenschaft*, 22 (2), S. 153-167
Hersman, Rebecca K.C. (2000), Friends and Foes: How Congress and the President Really Make Foreign Policy, Washington (DC)
Hils, Jochen/Jürgen *Wilzewski* (2004), Zwischen Republik und Imperium: Die Außenpolitik der USA von Clinton zu Bush, in: Hans-Jürgen *Puhle*/Söhnke *Schreyer*/Jürgen *Wilzewski* (Hrsg.), Supermacht im Wandel: Die USA von Clinton zu Bush, S. 193-221
Hippler, Jochen/Jeanette *Schade* (2003), US-Unilateralismus als Problem von internationaler Politik und Global Governance, *INEF-Report* Nr. 70, Duisburg
Hirschman, Albert O. (1974), Abwanderung und Widerspruch: Reaktionen auf Leistungsabfall bei Unternehmungen, Organisationen und Staaten, Tübingen
Hirst, Paul/Graham *Thompson* (1999[2]), Globalization in Question: the International Economy and the Possibilities of Governance, Cambridge
Hiscox, Michael J. (1999), The Magic Bullet?: The RTAA, Institutional Reform and Trade Liberalization, in: *International Organization*, 53 (4), S. 669-698
Ders. (2002), International Trade and Political Conflict: Commerce, Coalitions and Mobility, Princeton (NJ)
Ho, Kevin K. (2003), Trading Rights and Wrongs: The 2002 Bush Steel Tariffs, in: *Berkeley Journal of International Law*, 21 (3), S. 825-846

Hoagland, G. William/Alice *Grant* (2004), US-EU Trade Wars: Bananas, FSCs, Food Safety and Data Privacy: Implications on US National Politics toward the WTO and its consequences, Berlin, http://www.weltpolitik.net/print/1618.html

Hocking, Brian/Stephen *McGuire* (1999), (Hrsg.), Trade Politics: International, Domestic and Regional Perspectives, London, New York

Hockin, Thomas A. (2003), The American Nightmare: Politics and the Fragile World Trade Organization, Lanham (MD)

Hönicke Moore, Michaela (2003), Divided Government: The Democratic Dilemma of Making U.S. Foreign Policy, in: Bernhard *May*/Michaela *Hönicke Moore* (Hrsg.), The Uncertain Superpower: Domestic Dimensions of U.S. Foreign Policy after the Cold War, S. 29-40

Hoffmann, Stanley (1980), Primacy or World Order: American Foreign Policy since the Cold War, New York

Holloway, Steven (2000), US Unilateralism at the UN: Why Great Powers Do Not Make Great Multilateralists, in: *Global Governance*, 6 (3), S. 361-372

Holsti, Ole R. (2004), Public Opinion and American Foreign Policy, Ann Arbor (MI)

Holtrup, Petra (2003), The Lack of U.S. Leadership in Climate Change Diplomacy, in: Bernhard *May*/Michaela *Hönicke Moore* (Hrsg.), The Uncertain Superpower: Domestic Dimensions of U.S. Foreign Policy after the Cold War, S. 185-207

Honey, Martha/Thomas *Berry* (2000), (Hrsg.), Global Focus: U.S. Foreign Policy at the Turn of the Millennium, New York

Hopgood, Stephen (2003), Looking Beyond the "K-Word": Embedded Multilateralism in American Foreign Environmental Policy, in: Rosemary *Foot*/Neil *MacFarlane*/Michael *Mastanduno* (Hrsg.), US Hegemony and International Organizations: The United States and Multilateral Institutions, S. 139-164

Hovi, Jon/Tora *Skodvin*/Steinar *Andresen* (2003), The Persistence of the Kyoto Protocol: Why Other Annex I Countries Move on Without the United States, in: *Global Environmental Politics*, 3 (4), S. 1-23.

Howse, Robert (2002), The Appellate Body Rulings in the *Shrimp/Turtle* Case: A New Legal Baseline for the Trade and Environment Debate, in: *Columbia Journal of Environmental Law*, 27 (2), S. 489-519

Hudec, Robert E. (1988), Reforming GATT Adjudication Procedures: The Lessons of the DISC Case, in: *Minnesota Law Review*, 72, S. 1443-1487

Ders. (1999), The New WTO Dispute Settlement Procedure, in: *Minnesota Journal of Global Trade*, 8 (1), S. 1-53

Ders. (2005), Industrial Subsidies: Tax Treatment of "Foreign Sales Corporations", in: Ernst-Ulrich *Petersmann*/Mark A. *Pollack* (Hrsg.), Transatlantic Economic Disputes: The EU, the US, and the WTO, S. 176-205

Hudson, Michael (2003), Super Imperialism: The Origin and Fundamentals of U.S. World Dominance, London

Hufbauer, Gary Clyde/Kimberly Ann *Elliott* (1994), Measuring the Costs of Protection in the Untited States, Washington (DC)

Hufbauer, Gary Clyde/Kimberly Ann *Elliott*/Tess *Cyrus*/Elizabeth *Winston* (1997), US Economic Sanctions: Their Impact on Trade, Jobs and Wages, *IIE Working Paper Special*, http://www.iie.com/publications/wp/ 1997/sanction-wp.htm

Hufbauer, Gary Clyde/Barbara *Oegg* (2003), The Impact of Economic Sanctions on US Trade: Andrew Rose´s Gravity Model, *International Economics Policy Briefs* PB 03-4, http://www.ciaonet.org/pbei/iie/hug08/hug08.pdf

Hufbauer, Gary Clyde (2004), Lessons from NAFTA, in: Jeffrey J. *Schott* (Hrsg.), Free Trade Agreements: US Strategies and Priorities, S. 37-50

Ders./Ben *Goodrich* (2003), Steel Policy: The Good, the Bad, and the Ugly, *International Economics Policy Brief*, PB 03-01, http://www.iie.com/publications/pb/pb03-1.pdf

Huntington, Samuel P. (1988), The U.S. - Decline or Renewal?, in: *Foreign Affairs*, 67 (2), S. 76-96

Ders. (1999), The Lonely Superpower, in: *Foreign Affairs*, 78 (2), S. 35-49

Hurd, Ian (1999), Legitimacy and Authority in International Politics, in: *International Organization*, 53 (2), S. 379-408

Iida, Keisuke (1993), When and How Do Domestic Constraints Matter?: Two-Level Games with Uncertainty, in: *International Studies Quarterly*, 37 (3), S. 403-426

Iizuka, Michiko (2001), New Challenges for Environmental Conservation and Market Liberalisation in Latin American Context: Case of Tuna and Dolphin, *IDIJ Working Paper Series* 56, Tokio, http://www.idcj.or.jp/4Publications/wp56.pdf

Ikenberry, G. John (1993), Creating Yesterday´s New World Order: Keynesian "New Thinking" and the Anglo-American Postwar Settlement, in: Judith *Goldstein*/Robert *Keohane* (*Hrsg.*), Ideas and Foreign Policy: Beliefs, Institutions and Political Change, S. 57-86

Ders. (2001a), After Victory: Institutions, Strategic Restraint and the Rebuilding of Order after Major Wars, Princeton (NJ)

Ders. (2001b), American Grand Strategy in the Age of Terror, in: *Survival*, 43 (4), S. 19-34

Ders. (2002), (Hrsg.), America Unrivaled: The Future of the Balance of Power, Ithaca (NY)

Ders. (2003a), America´s Imperial Ambition, in: *Foreign Affairs*, 81 (5), S. 44-60

Ders. (2003b), State Power and the Institutional Bargain: America´s Ambivalent Economic and Security Multilateralism, in: Rosemary *Foot*/Neil *MacFarlane*/Michael *Mastanduno* (Hrsg.), US Hegemony and International Organizations: The United States and Multilateral Institutions, S. 49-70

Ders. (2003c), What States Can Do Now, in: Thahza V. *Paul*/G. John *Ikenberry*/John A. *Hall* (Hrsg.), The Nation-State in Question, S. 350-371

Ders. (2004), Illusions of Empire: Defining the New American Order, in: *Foreign Affairs*, 83 (2), S. 144-154

Iriye, Akira (2002), Global Community: The Role of International Organizations in the Making of the Contemporary World, Berkeley (CA)

Irwin, Douglas A. (2002), Free Trade under Fire, Princeton (NJ)

Jachtenfuchs, Michael/Michele *Knodt* (2002), (Hrsg.), Regieren in Internationalen Institutionen, Opladen

Jackson, John H. (1978), The Jurispundence of International Trade: The DISC Case in GATT, in: *American Journal of International Law*, 72 (4), S. 747-781

Ders., (1997), The Great 1994 Sovereignty Debate: United States Acceptance and Implementation of the Uruguay Round Results, in: *Columbia Journal of Transnational Law*, 36, http://www.worldtradelaw.net/articles/jacksonsovereignty.pdf

Ders. (2004), International Law Status of WTO Dispute Settlement Reports: Obligation to Comply or Option to "Buy Out"?, in: *American Journal of International Law*, 98 (1), S. 109-125

Jacobson, Harold K. (2002), Climate Change: Unilateralism, Realism and Two-Level Games, in: Stewart *Patrick*/Shepard *Forman* (Hrsg.), Multilateralism and U.S. Foreign Policy: Ambivalent Engagement, S. 415-434

Jäger, Franz (2001), Hypermacht und Unilateralismus: Aussenpolitik unter George W. Bush, in: *Blätter für deutsche und internationale Politik*, 46 (7), S. 837-846

Jäger, Thomas /Alexander *Höse*/Kai *Oppermann* (2005), (Hrsg.), Transatlantische Beziehungen: Sicherheit – Wirtschaft – Öffentlichkeit, Wiesbaden

Jakobeit, Cord (1998), Wirksamkeit in der internationalen Umweltpolitik, in: *Zeitschrift für Internationale Beziehungen*, 5 (2), S. 345-366

Jansen, Bernhard (2000), The Limits of Unilateralism from a European Perspective, in: *European Journal of International Law*, 11 (2), S. 309-313

Jawara, Fatoumata/Aileen *Kwa* (2003), Behind the Scenes at the WTO: The Real World of International Trade Negotiations, London, New York

Jervis, Robert (1976) Perception and Misperception in International Politics, Princeton (NJ)

Johnston, Alastair Iain (2003), The Social Effects of International Institutions on Domestic (Foreign Policy) Actors, in: Daniel W. *Drezner*, (Hrsg.), Locating the Proper Authorities: The Interaction of Domestic and International Institutions, S. 145-196

Junker, Detlef (1995), Von der Weltmacht zur Supermacht: Amerikanische Außenpolitik im 20. Jahrhundert, Mannheim

Ders. (2003), Power und Mission: Was Amerika antreibt, Freiburg

Kaczka, David E. (1997), A Primer on the Shrimp-Turtle Controversy, in: *Review of European Community and International Environmental Law*, 6 (2), S. 171-180

Kahler, Miles (1992), Multilateralism with Small and Large Numbers, in: *International Organization*, 46 (3), S. 681-708

Ders. (1995a), Regional Futures and Transatlantic Economic Relations, New York

Ders. (1995b), International Institutions and the Political Economy of Integration, Washington (DC)

Kagan, Robert (2003), Macht und Ohnmacht: Amerika und Europa in der neuen Weltordnung, Berlin

Kapstein, Ethan B./Michael *Mastanduno* (1999), Unipolar Politics: Realism and State Strategies After the Cold War, New York

Karns, Margaret P./Karen A. *Mingst* (1990), (Hrsg.), The United States and Multilateral Institutions: Patterns of Changing Instrumentality and Influence, Boston (MA)

Dies. (2004), International Organizations: The Politics and Processes of Global Governance, Boulder (CO), London

Katzenstein, Peter J. (1996), (Hrsg.), The Culture of National Security: Identity and Norms in World Politics, New York

Keck, Otto (1995), Rationales kommunikatives Handeln in den internationalen Beziehungen: Ist eine Verbindung von Rational-Choice-Theorie und Habermas´ Ansatz des kommunikativen Handelns möglich?, in: *Zeitschrift für Internationale Beziehungen*, 2 (1), S. 5-48

Kelemen, R. Daniel/Eric C. *Sibbitt* (2004), The Globalization of American Law, in: *International Organization*, 58 (1), S. 101-136

Keller, Morton/R. Shep *Melnick*, (1999), (Hrsg.), Taking Stock: American Government in the Twentieth Century, Cambridge (MA)

Kennedy, Graig/Marshall M *Bouton* (2002), The Real Trans-Atlantic Gap, in: *Foreign Policy*, 132, S. 66-74

Keohane, Robert O. (1984), After Hegemony: Cooperation and Discord in the World Political Economy, Princeton (NJ)

Ders. (1986), Reciprocity in International Relations, in: *International Organization*, 40 (1), S. 1-27

Ders. (1990), Multilateralism: An Agenda for Research, in: *International Journal*, 45 (4), S. 731-764

Ders. (1998), International Institutions: Can Interdependence Work?, in: *Foreign Policy*, 110, S. 82-96

Ders. (2002), Power and Governance in a Partially Globalized World, London, New York

Ders./Lisa L. *Martin* (1995), The Promise of Institutionalist Theory, in: *International Security*, 20 (1), S. 39-51

Keohane, Robert O./Joseph S. *Nye* (1983^3), Power and Interdependence: World Politics in Transition, Boston

Dies. (2001), Between Centralization and Fragmentation: The Club Model of Multilateral Cooperation and Problems of Democratic Legitimacy, *Faculty Research Working Paper Series* RWP01-004, http://ksgnotes1.harvard.edu/Research/wpaper.nsf/rwp/RWP01-004/$File/rwp01_004_nye_rev1.pdf

Keohane, Robert O./Andrew *Moravcsik*/Anne-Marie *Slaughter* (2000), Legalized Dispute Resolution: Interstate and Transnational, in: *International Organization*, 54 (3), S. 73-104

Kerr, William A. (2005), Trade Dispute Settlement Mechanisms: the NAFTA versus the WTO, in: Nicholas *Perdikis*/Robert *Read* (Hrsg.), The WTO and the Regulation of International

Trade: Recent Trade Disputes between the European Union and the United States, S. 49-61

King, Gary/Robert O. *Keohane*/Sidney *Verba* (1994), Designing Social Inquiry: Scientific Inference in Qualitative Research, Princeton (NJ)

Kirchlechner, Anja-Susan Carolin (1996), Legitimation hegemonialer Macht: Am Beispiel der Rolle der Vereinigten Staaten bei der Errichtung der internationalen Wirtschaftsordnung der Nachkriegszeit (1940-1955), München

Kirste, Knut (1998), Rollentheorie und Außenpolitikanalyse: Die USA und Deutschland als Zivilmächte, Frankfurt a.M. u.a.

Kissinger, Henry (2001), America at the Apex: Empire or Leader?, in: *National Interest*, 64, S. 9-18

Ders. (2002), Die Herausforderung Amerikas: Weltpolitik im 21. Jahrhundert, München u.a.

Klein, Pierre (2003), The Effects of US Predominance on the Elaboration of Treaty Regimes and on the Evolution of the Law of Treaties, in: Michael *Byers*/Georg *Nolte* (Hrsg.), United States Hegemony and the Foundations of International Law, S. 363-391

Kluttig, Bernhard/Karsten *Nowrot* (2002), Der „Bipartisan Trade Promotion Authority Act of 2002": Implikationen für die Doha-Runde der WTO, *Arbeitspapiere aus dem Institut für Wirtschaftsrecht (der Martin-Luther Universität Halle-Wittenberg)* Heft 7, Halle

Knorr, Klaus (1975), The Power of Nations: The Political Economy of International Relations, New York

Knothe, Danko (2000), Ökonomische Globalisierung und politischer Wettbewerb: Über die Politik von Wettbewerbsstaaten in den Internationalen Wirtschaftsbeziehungen – untersucht am Beispiel der Triade USA, Japan und Bundesrepublik Deutschland, Diplomarbeit am Institut für Politikwissenschaft der Martin-Luther-Universität, Halle (Saale),

Ders. (2002), Die unilaterale Versuchung: Spieltheoretische Darstellungen zur Erklärung eines strategischen Unilateralismus in den internationalen Beziehungen, *Hallenser IB-Papier* 3/2002, Halle (Saale), http://www2.politik.uni-halle.de/rode/IBFor3-02.PDF

Ders. (2003), Der eingeschränkte Blick der Institutionalisten: Machtfaktoren bei der Entstehung internationaler Institutionen, *Hallenser IB-Papier* 2/2003, Halle (Saale), http://www2.politik.uni-halle.de/rode/IBFor2-03.PDF

Ders. (2005), Macht, Machtperzeption und die Grundlagen gruppenhegemonialer Governance, *Hallenser IB-Papier* 1/2005, Halle (Saale), http://www2.politik.uni-halle.de/rode/IBFor1-05.PDF

Ders. (2007a), Unipolarität und unechte Hegemonie: Durchsetzungschancen der USA im internationalen System, Hallenser IB-Papier 1/2007, Halle (Saale), http://www2.politik.uni-halle.de/rode/IBFP1-07.PDF

Ders. (2007b), Eingebetteter Unilateralismus zwischen multilateraler Illoyalität und institutioneller *Compliance*: Anregungen für eine erweiterte Multilateralismusdebatte, i.E.

Ders. (2007c), Multilaterale Institutionen als Vereine: Nützlichkeit und Bindung durch institutionalisierte Ausreden am Beispiel der WTO, Papier für die 2. Offene Sektionstagung Internationale Politik der DVPW in Darmstadt, 13./14.7. 2007, i.E.

Koch, Jutta (1998), Zur sicherheitspolitischen Kultur der Vereinigten Staaten von Amerika: Eckpunkte, Möglichkeiten, Grenzen, Baden-Baden

Körber, Achim (1998), Why everybody loves Flipper: The political-economy of the U.S. dolphin-safe laws, in: *European Journal of Political Economy*, 14 (3), S. 475-509

Kohler-Koch, Beate (1989), (Hrsg.), Regime in den internationalen Beziehungen, Baden-Baden

Dies. (1998), (Hrsg.), Regieren in entgrenzten Räumen, Opladen

Kolkmann, Michael (2005), Handelspolitik im US-Kongress: Die Normalisierung der US-Chinesischen Handelsbeziehungen, Wiesbaden

Koopmann, Georg (2004), The EU, the USA and the WTO – an Uneasy Relationship, in: *Intereconomics*, 39 (2), S. 58-59

Koremenos, Barbara/Charles *Lipson*/Duncan *Snidal* (2001), The Rational Design of International Institutions, in: *International Organization*, 55 (4), S. 761-799

Kramer, Ferdinand (1989), Protektionismus in den Reagan-Jahren: Der Einfluß protektionistischer Interessen auf U.S.-Kongreß und -Regierung zur Zeit der Überbewertung des Dollars (1982-1986), Frankfurt a.M. u.a.

Krasner, Stephen D. (1976), State Power and the Structure of International Trade, in: *World Politics*, 28 (3), S. 317-347

Ders. (1983), (Hrsg.), International Regimes, Ithaca (NY)

Ders. (1991), Global Communications and National Power: Life on the Pareto Frontier, in: *World Politics*, 43 (3), S. 336-366

Ders. (1994), Structural Causes and Regime Consequences: Regimes as Intervening Variables, in: Friedrich *Kratochwil*/Edward D. *Mansfield* (Hrsg.), International Organization: A Reader, S. 97-109

Ders. (1995), Power Politics, Institutions and Transnational Relations, in: Thomas *Risse-Kappen* (Hrsg.), Bringing Transnational Relations Back In: Non-State Actors, Domestic Structures and International Institutions, S. 257-279

Krause, Joachim (2004), Multilateralism: Behind European Views, in: *Washington Quarterly*, 27 (2), S. 43-59

Kratochwil, Friedrich V./John G. *Ruggie* (1986), International Organization: A State of the Art or an Art of the State?, in: *International Organization*, 40 (4), S. 753-775

Kratochwil, Friedrich V. (1999^2) Rules, Norms and Decisions: on the Conditions of Practical and Legal Reasoning in International and Domestic Affairs, Cambridge u.a.

Ders. (2000), How Do Norms Matter?, in: Michael *Byers* (Hrsg.), The Role of Law in International Politics: Essays in International Relations and International Law, S. 35-68

Ders./Edward D. *Mansfield* (1994), (Hrsg.), International Organization: A Reader, New York

Krell, Gerd (2003), Arroganz der Macht, Arroganz der Ohnmacht: Der Irak, die Weltordnungspolitik der USA und die transatlantischen Beziehungen, *HSFK-Report* 1/2003, Frankfurt a.M.

Krisch, Nico (2003a), More Equal than the Rest?: Hierarchy, Equality and US Predominance in International Law, in: Michael *Byers*/Georg *Nolte* (Hrsg.), United States Hegemony and the Foundations of International Law, S. 135-175

Ders. (2003b), Weak as Constraint, Strong as Tool: The Place of International Law in U.S. Foreign Policy, in: David M *Malone*/Yuen Foong *Khong* (Hrsg.), Unilateralism and U.S. Foreign Policy: International Perspectives, S. 41-70

Krueger, Anne O. (1995), American Trade Policy: A Tradegy in the Making, Washington (DC)

Kubbig, Bernd W./Matthias *Dembinski*/Alexander *Kelle* (2000), Unilateralismus als alleinige außenpolitische Strategie: Die amerikanische Politik gegenüber UNO, NATO und der Chemiewaffen-Organisation in der Ära Clinton, *HSFK-Report* 3/2000, Frankfurt a.M.

Kull, Steven (2002), Public Attitudes Toward Multilateralism, in: Stewart *Patrick*/Shepard *Forman* (Hrsg.), Multilateralism and U.S. Foreign Policy: Ambivalent Engagement, S. 99-120

Ders./Irving M. *Destler* (1999), Misreading the Public: The Myth of a New Isolationism, Washington (DC)

Kupchan, Charles A. (2002), Hollow Hegemony or Stable Multipolarity?, in: G. John *Ikenberry* (Hrsg.), America Unrivaled: The Future of the Balance of Power, S. 68-97

Ders. (2003), Die europäische Herausforderung: Vom Ende der Vorherrschaft Amerikas, Berlin

Kwakwa, Edward (2000), Regulating the International Economy: What Role for the State?, in: Michael *Byers* (Hrsg.), The Role of Law in International Politics, S. 227-246

Ders. (2003), The International Community, International Law and the United States: Three in One, Two against One, or One and the Same?, in Michael *Byers*/Georg *Nolte* (Hrsg.), United States Hegemony and the Foundations of International Law, S. 25-56

Lake, David A. (1993), Leadership, Hegemony and the International Economy: Naked Emperor or Tattered Monarch with Potential?, in: *International Studies Quarterly*, 37, S. 459-489

Ders. (1999), Entangling Relations: American Foreign Policy in Its Century, Princeton (NJ)

Ders./Robert *Powell* (1999), (Hrsg.), Strategic Choice and International Relations, Princeton (NJ)

Lange, Andreas/Carsten *Vogt* (2004), Institutionenentstehung am Beispiel des Kyoto-Protokolls, in: Franz Urban *Pappi*/Eibe *Riedel*/Paul W. *Thurner*/Roland *Vaubel* (Hrsg.), Die Institutionalisierung internationaler Verhandlungen, S. 109-131

Lawrence, Robert Z., (2006), US Trade Policy: The Exeption to American Exceptionalism?, http://www.securitypeace.org/pdf/lawrence.pdf

Layne, Christopher (1993), The Unipolar Illusion: Why New Great Powers Will Rise, in: *International Security*, 17 (4), S. 5-51

Leiserovitz, Anthony (2003), American Opinions on Global Warming, Eugene (OR), http://www.decisionresearch.org/pdf/554.pdf

Levinson, Marc (1996), Kantor´s Cant: the Hole in Our Trade Policy, in: *Foreign Affairs*, 75 (2), S. 2-7

Levy, David L./Daniel *Egan* (1998), Capital Contests: National and Transnational Channels of Corporate Influence in the Climate Change Negotiations, in: *Politics and Society*, 26 (3), S. 337-361

Lieber, Robert J. (1995[3]), No Common Power: Understanding International Relations, New York

Ders., (1997),(Hrsg.), Eagle Adrift: American Foreign Policy at the End of the Century, New York

Ders. (2002), (Hrsg.), Eagle Rules?: Foreign Policy and American Primacy in the Twenty-first-Century, Upper Saddle River (NJ)

Ders. (2004), Die amerikanische Ära: Die „Grand Strategy" der USA nach dem 11. September 2001, in: *Internationale Politik*, 59 (10), S. 49-61

Lieven, Anatol (2004), Der Kampf um Amerikas Seele, in: *Internationale Politik*, 59 (10), S. 1-12

Lindsay, James M. (1994), Congress and the Politics of U.S. Foreign Policy, Baltimore (MD)

Ders. (1999), End of An Era: Congress and Foreign Policy after the Cold War, in: Eugene R. *Wittkopf*/James M. *McCormick* (Hrsg.), The Domestic Sources of American Foreign Policy: Insights and Evidence, S. 173-184

Ders. (2000), The New Apathy: How an Uninterested Public is Reshaping Foreign Policy, in *Foreign Affairs*, 79, S. 2-8

Ders. (2003), Apathy, Interest and the Politics of American Foreign Policy, in: Bernhard *May*/Michaela *Hönicke Moore* (Hrsg.), The Uncertain Superpower: Domestic Dimensions of U.S. Foreign Policy after the Cold War, S. 41-55

Lindsey, Brink (1998), A New Track for U.S. Trade Policy, *Trade Policy Analysis* Nr. 4, Washington (DC), http://www.cato.org/pubs/pas/tpa-004.pdf

Link, Werner (1998), Die Neuordnung der Weltpolitik, München

Lovett, William A./Alfred E. *Eckes*/Richard L. *Brinkman* (2004[2]), (Hrsg.), U.S. Trade Policy: History, Theory and the WTO, Armonk (NY), London

Lovett, William A. (2004), Rebalancing U.S. Trade, in: *Ders.*/Alfred E. *Eckes*/Richard L. *Brinkman* (Hrsg.), U.S. Trade Policy: History, Theory and the WTO, S. 130-180

Low, Patrick (1993), Trading Free: The GATT and U.S. Trade Policy, New York

Lowe, A. Vaughan (1997), United States Extraterritorial Jurisdiction: the Helms-Burton and D´Amato Acts, in: *International and Comparative Law Quarterly*, 46, S. 378-390

Lowry, Richard (2003), Legacy: Paying the Price for the Clinton Years, Washington (DC)

Luck, Edward C. (1999), Mixed Messages: American Politics and International Organization 1919-1999, Washington (DC)

Ders. (2002), The United States, International Organizations and the Quest for Legitimacy, in: Stewart *Patrick*/Shepard *Forman* (Hrsg.), Multilateralism and U.S. Foreign Policy: Ambivalent Engagement, S. 47-74

Ders. (2003a), American Exceptionalism and International Organization: Lessons from the 1990s, in: Rosemary *Foot*/Neil *MacFarlane*/Michael *Mastanduno* (Hrsg.), US Hegemony and International Organizations: The United States and Multilateral Institutions, S. 25-48

Ders. (2003b), False Choices: Unilateralism, Multilateralism and U.S. Foreign Policy, in: Bernhard *May*/Michaela *Hönicke Moore* (Hrsg.), The Uncertain Superpower: Domestic Dimensions of U.S. Foreign Policy after the Cold War, S. 161-183

Lukes, Steven (1974), Power: A Radical View, London

Luterbacher, Urs /Detlef F. *Sprinz* (2001), (Hrsg.), International Relations and Global Climate Change, Cambridge (MA) u.a.

Lutzenhiser, Loren (2001), The Contours of U.S. Climate Non-Policy, in: *Society and Natural Resources*, 14 (6), S. 511-523

Lyman, Princeton N. (2002), The Growing Influence of Domestic Factors, in: Stewart *Patrick*/Shepard *Forman* (Hrsg.), Multilateralism and U.S. Foreign Policy: Ambivalent Engagement, S. 75-97

MacArthur, John R. (2001²), The Selling of "Free Trade": NAFTA, Washington and the Subversion of American Democracy, Berkeley (CA) u.a.

Macdonald, Laura/Mildred A. *Schwartz* (2002), Political Parties and NGOs in the Creation of New Trading Blocs in the Americas, in: *International Political Science Review*, 23 (2), S. 135-158

Madison, Angus (2002), The Nature of US Economic Leadership: A Historical and Comparative View, in: Patrick Karl *O'Brien*/Armand *Clesse* (Hrsg.), Two Hegemonies: Britain 1846-1914 and the United States 1941-2001, S. 183-198

Malloy, Michael P. (2001), United States Economic Sanctions: Theory and Practice, Den Haag, Boston (MA)

Malone, David M. (2003), A Decade of Unilateralism?, in: *Ders.*/Yuen Foong *Khong* (Hrsg.), Unilateralism and U.S. Foreign Policy: International Perspectives, S. 19-38

Ders./Yuen Foong *Khong* (2003), (Hrsg.), Unilateralism and U.S. Foreign Policy: International Perspectives, Boulder (CO), London

Mann, Thomas E. (1990), (Hrsg.), A Question of Balance: The President, the Congress and Foreign Policy, Washington (DC)

Mansfield, Edward D. (1994), The Concentration of Capabilities and International Trade, in: Friedrich *Kratochwil*/Edward D. *Mansfield* (Hrsg.), International Organization: A Reader, S. 174-189

Ders./Brian M. *Pollins* (2003), (Hrsg.), Economic Interdependence and International Conflict: New Perspectives on an Enduring Debate, Ann Arbor (MI)

Mansfield, Edward D./Eric *Reinhard* (2003), Multilateral Determinants of Regionalism: The Effects of GATT/WTO on the Formation of Preferential Trading Arrangements, in: *International Organization* 57 (4), S. 829-862

March, James G./Johan P. *Olson* (1998), The Institutional Dynamics of International Political Orders, in: *International Organization*, 52 (4), S. 943-969

Martin, Lisa L. (1993), The Rational State Choice of Multilateralism, in John G. *Ruggie* (Hrsg.), Multilateralism Matters: The Theory and Praxis of an Institutional Form, S. 91-124

Dies. (2000), Democratic Commitments: Legislatures and International Cooperation, Princeton (NJ)

Dies./Beth A. *Simmons* (1998), Theories and Empirical Studies of International Institutions, in: *International Organization*, 52 (4), S. 729-757

Mastanduno, Michael (1997), Preserving the Unipolar Moment: Realists Theories and U.S. Grand Strategy after the Cold War, in: *International Security*, 21 (4), S. 49-88

Ders. (2002a), Extraterritorial Sanctions: Managing "Hyper-Unilateralism" in U.S. Foreign Policy, in: Stewart *Patrick*/Shepard *Forman* (Hrsg.), Multilateralism and U.S. Foreign Policy: Ambivalent Engagement, S. 295-322

Ders. (2002b), Incomplete Hegemony and Security Order in the Asia-Pacific, in: G. John *Ikenberry* (Hrsg.), America Unrivaled: The Future of the Balance of Power, S. 181-212

Mastel, Greg (1996), American Trade Laws after the Uruguay Round, Armonk (NY), London

Ders. (1998), Antidumping Laws and the U.S. Economy, Armonk (NY), London

Mathews, Jessica T. (2001), Estranged Partners, in: *Foreign Policy*, 127, S. 48-53

Matsushita, Mitsuo/Thomas J. *Schoenbaum*/Petros C. *Mavroidis* (2003), (Hrsg.), The World Trade Organization: Law Practice, and Policy, Oxford u.a.

Mavroidis, Petros C. (2000), Trade and Environment after the Shrimp-Turtles Litigation, in: *Journal of World Trade*, 34 (1), S. 73-88

May, Bernhard/Michaela *Hönicke Moore* (2003), (Hrsg.), The Uncertain Superpower: Domestic Dimensions of U.S. Foreign Policy after the Cold War, Opladen

Maynes, Charles William (1999), US Unilateralism and Its Dangers, in: *Review of International Studies*, 25 (3), S. 515-518

Ders. (2000), America´s Fading Commitment to the World, in: Martha *Honey*/Thomas *Berry* (Hrsg.), Global Focus: U.S. Foreign Policy at the Turn of the Millennium, S. 85-106

Mazarr, Michael J. (2002), Acting like a Leader, in: *Survival*, 44 (4), S. 107-120

McCright, Aaron M./Riley E. *Dunlap* (2003), Defeating Kyoto: The Conservative Movement´s Impact on U.S. Climate Change Policy, in: *Social Problems*, 50 (3), S. 348-373

McKeown, Timothy J. (1993), Decision Processes and Co-operation in Foreign Policy, in: Janice Gross *Stein*/Louis W. *Pauly* (Hrsg.), Choosing to Co-operate: How States Avoid Loss, S. 202-219

McNamara, Kathleen R. (2004), The Instituional Dilemmas of Market Integration: Compliance and International Regimes for Trade and Finance, in: Michael W. *Doyle*/Edward C. *Luck* (Hrsg.), International Law and Organization: Closing the Compliance Gap, S. 41-59

Mead, Walter Russell (2001), Special Providence: American Foreign Policy and How it Changed the World, New York

Ders. (2004), Power, Terror, Peace, and War: America´s Grand Strategy in a World at Risk, New York

Meckling, Jonas (2005), Transatlantic Interdependence in US Climate Change Policy: Cross-Border State-Business Relations Challenging State Autonomy, *Global Governance Working Paper* 16, http://www.glogov.org/upload/public%20files/pdf/publications/working%20papers/GlobalGovernanceWorkingPaper16MecklingClimatePolicy.pdf

Medick-Krakau, Monika (1995), Amerikanische Außenhandelspolitik im Wandel: Handelsgesetzgebung und GATT-Politik 1945-1988, Berlin

Dies. (1999), (Hrsg.), Außenpolitischer Wandel in theoretischer und vergleichender Perspektive: Die USA und die Bundesrepublik Deutschland, Baden-Baden

Meier-Walser, Reinhard C./Susanne *Luther* (2002), (Hrsg.), Europa und die USA: Transatlantische Beziehungen im Spannungsfeld von Regionalisierung und Globalisierung, München

Meyer, John W./Brian *Rowa* (1977), Institutionalized Organizations: Formal Structure as Myth and Ceremony, in: *American Journal of Sociology*, 83 (2), S. 340-363

Michel, David (2004), (Hrsg.), Climate Policy for the 21st Century, Washington (DC)

Miller, Steven E. (2001), The End of Unilateralism or Unilateralsm Redux?, in: *The Washington Quarterly*, 25 (1), S. 15-29

Mills, C. Wright (1940), Situated Actions and Vocabularies of Motive, in: *American Sociological Review*, 5 (6), S. 904-913

Milner, Helen V./Robert O. *Keohane* (1996), Internationalization and Domestic Politics, Cambridge (MA)

Milner, Helen V. (1988), Resisting Protectionism: Global Industries and the Politics of International Trade, Princeton (NJ)

Dies. (1997), Interests, Institutions and Information: Domestic Politics and International Relations, Princeton (NJ)

Dies. (1998), International Political Economy: Beyond Hegemonic Stability, in: *Foreign Policy*, 110, S. 112-123

Mitchell, David (2003), Do International Institutions Matter?, in: *International Studies Review*, 5 (3), S. 360-363

Mittendorf, Marcus (2004), Ökonomie der internationalen Klimapolitik: Die besondere Herausforderung durch den Clean Development Mechanism, Münster

Mondré, Aletta (2005), Zwischen Venus und Mars liegt die Erde: Wie unilateral handeln die USA wirklich?, Papier für die offene Sektionstagung der DVPW, Sektion Internationale Politik, http://www.mzes.uni-mannheim.de/konf/dvpw2005/Papers/Aletta_Mondre.pdf

Monten, Jonathan (2007), Primacy and Grand Strategic Beliefs in US Unilateralism, in: *Global Governance*, 13 (1), S. 119-138

Moravcsik, Andrew (1993a), Integrating International and Domestic Theories of International Bargaining, in: Peter B. *Evans*/Harold K. *Jacobson*/Robert D. *Putnam* (Hrsg.), Double-Edged Diplomacy: International Bargaining and Domestic Politics, S. 3-42

Ders. (1993b), Preferences and Power in the European Community: A Liberal Intergouvernementalist Approach, in: *Journal of Common Market Studies*, 31 (4), S. 473-524

Ders. (1997), Taking Preferences Seriously: A Liberal Theory of International Politics, in: *International Organization*, 51 (3), S. 513-553

Ders. (1999), A New Statecraft?: Supranational Entrepreneurs and International Cooperation, in: *International Organization*, 53 (2), S. 267-306

Morgenthau, Hans J. (1963), Macht und Frieden: Grundlegung einer Theorie der internationalen Politik, Gütersloh

Morris, Peter (2002[2]), Power: A Philosophical Analysis, Manchester, New York

Morrow, James D. (1999), The Strategic Setting of Choices: Signaling, Commitment, and Negotiation in International Politics, in: David A. *Lake*/Robert *Powell* (Hrsg.), Strategic Choice and International Relations, Princeton (NJ); S. 77-114

Müller, Benito (2000), Congressional Climate Change Hearings: Comedy or Tragedy, Oxford, http://www.wolfson.ox.ac.uk/~mueller/OCP/primer.pdf

Ders., (2005a), Climate Change post-2012: Transatlantic Consensus and Disagreements, in: *Journal for Energy Literature*, 11 (1), http://www.oxfordenergy.org/pdfs/JEL_Review_2005.pdf

Müller, Friedemann (2003a), Kyoto-Protokoll ohne USA - wie weiter?, *SWP-Studie* 7/2003, Berlin

Ders. (2003b), Kyoto-Protokoll vor dem Aus?, *SWP-Aktuell* 40/2003, Berlin

Ders. (2005b), Kyoto´s Grandfathering Principle as an Obstacle to be Overcome, *SWP Working Paper* FG 8/2005, Berlin

Müller, Harald (1993), Die Chance der Kooperation: Regime in den internationalen Beziehungen, Darmstadt

Ders. (1995), Spielen hilft nicht immer: Die Grenzen des Rational-Choice-Ansatzes und der Platz der Theorie kommunikativen Handelns in der Analyse der internationalen Beziehungen, in: *Zeitschrift für Internationale Beziehungen*, 2 (2), S. 371-391

Ders. (2003c), Amerika schlägt zurück: Die Weltordnung nach dem 11. September, Frankfurt a.M.

Ders./Thomas *Risse-Kappen* (1993), From the Outside In and From the Inside Out: International Relations, Domestic Politics and Foreign Policy, in: David *Skidmore*/Valerie M. *Hudson* (Hrsg.), The Limits of State Autonomy: Societal Groups and Foreign Policy Formulation, S. 25-48

Nagata, Tatsuya (2003), Transgovernmental Networks and Global Climate Change: Understanding the Cross-Border Dynamics in the Global Climate Change Regime, http://www.isanet.org/noarchive/nagata.html

Nau, Henry R. (1995), Trade and Security: U.S. Policies at Cross Purposes, Washington (DC)

Ders. (2002), At Home Abroad: Identity and Power in American Foreign Policy, Ithaca (NY), London

Nelson, Douglas (1989), Domestic Political Preconditions of US Trade Policy: Liberal Structure and Protectionist Dynamics, in: *Journal of Public Policy*, 9 (1), S. 83-108

Neyer, Jürgen/Dieter *Wolf* (1996), Zusammenfügen was zusammengehört!: Zur Notwendigkeit eines Brückenschlags zwischen alten und neuen Fragestellungen der Integrationsforschung, in: *Zeitschrift für Internationale Beziehungen*, 3 (2), S. 399-423

Nielson, Daniel L./Michael J. *Thierney* (2003), Delegation to International Organizations: Agency Theory and World Bank Enviromental Reform, in: *International Organization*, 57 (2), S. 241-276

Nivola, Pietro S. (1990), Trade Policy: Refereeing the Field, in: Thomas E. *Mann* (Hrsg.), A Question of Balance: The President, the Congress and Foreign Policy, S. 201-253

Ders., (1993), Regulating Unfair Trade, Washington (DC)

Noland, Marcus (1999a), The New Protectionists: The Privatisation of US Trade Policy, *IEA Studies in Trade and Development* Nr. 3, London, http://accessible.iea.org.uk/files/upld-publication27pdf?.pdf

Ders. (1999b), Learning to Love the WTO, in: *Foreign Affairs*, 78 (5), S. 78-92

Nolte, Georg (2003), The United States and the Criminal Court, in: David M *Malone*/Yuen Foong *Khong* (Hrsg.), Unilateralism and U.S. Foreign Policy: International Perspectives, S. 71-93

Nordhaus, William D. (2005), Life After Kyoto: Alternative Approaches to Global Warming Policies, http://www.econ.yale.edu/~nordhaus/kyoto_long_2005.pdf

Nuscheler, Franz (2001), Multilateralismus vs. Unilateralismus: Kooperation vs. Hegemonie in den transatlantischen Beziehungen, *SEF-Policy-Paper* Nr. 16, Bonn

Nye, Joseph S. (1999), Redefining the National Interest, in: *Foreign Affairs* 78 (4), S. 22-35

Ders. (2002), The Paradox of American Power: Why the World´s Only Superpower Can´t Go it Alone, Oxford

Ders. (2004), Soft Power: the Means to Succes in World Politics, New York

O´Brien, Patrick Karl/Armand *Clesse* (2002), (Hrsg.), Two Hegemonies: Britain 1846-1914 and the United States 1941-2001, Aldershot

Oberthür, Sebastian/Hermann E. *Ott* (2000), Das Kyoto-Protokoll: Internationale Klimapolitik für das 21. Jahrhundert, Opladen

Ochs, Alexander/Marcus *Schaper* (2005), Konflikt statt Kooperation?: Die transatlantischen Umweltbeziehungen, in: Thomas *Jäger*/Alexander *Höse*/Kai *Oppermann* (Hrsg.), Transatlantische Beziehungen: Sicherheit – Wirtschaft – Öffentlichkeit, S. 235-252

O´Halloran, Sharyn (1994), Politics, Process and American Trade Policy, Ann Arbor (MI)

Olson, Mancur (1993[3]), Die Logik des kollektiven Handelns: Kollektivgüter und die Theorie der Gruppen, Tübingen

Orentlicher, Diane F. (2004), Unilateral Multilateralism: United States Policy Toward the International Criminal Court, in: *Cornell International Law Journal*, 36 (3), S. 415-434

Ornstein, Norman J./Thomas E. *Mann* (2000), (Hrsg.), The Permanent Campaign and Its Future, Washington (DC)

Ota, Alan K. (2002), Exemptions From Imported Steel Tariffs. Political Tightrope for White House, in: *Congressional Quarterly Weekly Report*, 60 (31), S. 2124-2126

Owen, John M. (2002), Transnational Liberalism and American Primacy; or, Benignity Is in the Eye of the Beholder, in: G. John *Ikenberry* (Hrsg.), America Unrivaled: the Future of the Balance of Power, S. 239-259

Oye, Kenneth A. (1986), (Hrsg.), Cooperation Under Anarchy, Princeton (NJ)

Paarlberg, Robert (1995), Leadership Abroad Begins at Home: U.S. Foreign Economic Policy After the Cold War, Washington (DC)

Ders. (1997), Earth in Abeyance: Explaining Weak Leadership in U.S. International Environmental Policy, in: Robert J. *Lieber* (Hrsg.), Eagle Adrift: American Foreign Policy at the End of the Century, S. 135-160

Ders., (2002), The Eagle and the Global Environment: The Burden of Being Essential, in: Robert J. *Lieber* (Hrsg.), Eagle Rules?: Foreign Policy and American Primacy in the Twenty-first-Century, S. 324-341

Paemen, Hugo (2005), Avoidance and Settlement of "High Policy Disputes": Lessons from the Dispute over "The Cuban Liberty and Democratic Solidarity Act", in: Ernst-Ulrich *Pe-*

tersmann/Mark A. *Pollack* (Hrsg.), Transatlantic Economic Disputes: The EU, the US, and the WTO, S. 361-370

Page, Benjamin I. (2007), The Foreign Policy Disconnect: Multilateralist Public, Unilateralist Officials, Paper prepared for the annual meetings of the ISA, 28.2.-3.3.2007

Pappi, Franz Urban/Eibe *Riedel*/Paul W. *Thurner*/Roland *Vaubel* (2004), (Hrsg.), Die Institutionalisierung internationaler Verhandlungen, Frankfurt a.M., New York

Parker, Larry (2002), Global Climate Change: Market-Based Strategies to Reduce Greenhouse Gases, *CRS Issue Brief* IB97057

Pastor, Robert A. (1980), Congress and the Politics of U.S. Foreign Economic Policy 1929-1976, Berkeley (CA), Los Angeles (CA)

Paterson, Matthew (2001), Risky Business: Insurance Companies in Global Warming Politics, in: *Global Environmental Politics*, 1 (4), S. 18-42

Patrick, Stewart/Shepard *Forman* (2002), (Hrsg.), Multilateralism and U.S. Foreign Policy: Ambivalent Engagement, Boulder (CO), London

Paul, Thahza V./G. John *Ikenberry*/John A. *Hall* (2003), (Hrsg.), The Nation-State in Question, Princeton (NJ), Oxford

Pauly, Louis W. (1993), The Political Foundations of Multilateral Economic Surveillance, in: Janice Gross *Stein*/Louis W. *Pauly* (Hrsg.), Choosing to Co-operate: How States Avoid Loss, S. 93-127

Pauwelyn, Joost (2004), How Binding are WTO Rules: A Transatlantic Analysis of International Law, *Paper presented at the University of Tuebingen, Conference on Changing Patterns of Authority in the Global Political Economy*, http://www.law.duke.edu/fac/pauwelyn/pdf/wto_rules.pdf

Payne, Rodger (2005), The Kyoto Protocol on Climate Change: A Balance of Interests, in: Ralph G. *Carter* (Hrsg.), Contemporary Cases in US Foreign Policy: From Terrorism to Trade, S. 331-362

Pearson, Charles (2004), United States Trade Policy: A Work in Progress, Hoboken (NJ)

Perdikis, Nicholas/Robert *Read* (2005), (Hrsg.), The WTO and the Regulation of International Trade: Recent Trade Disputes between the European Union and the United States, Cheltenham u.a.

Peters, Guy B. (1999), Institutional Theory in Political Science: the "New Institutionalism", London

Petersmann, Ernst-Ulrich/Mark A. *Pollack* (2005), (Hrsg.), Transatlantic Economic Disputes: The EU, the US, and the WTO, Oxford u.a.

Pew Center on Global Climate Change (2003), Beyond Kyoto: Advancing the International Effort against Climate Change, http://www.pewclimate.org/docUploads/ Beyond%20Kyoto%2Epdf

Dass. (2004), Climate Change Activities in the United States: 2004 Update, http://www.pewclimate.org/docUploads/74241%5FUS%20Activities%20Report%5F040604%5F075445%2Epdf

Dass. (2006), Climate Change 101: State Action, http://www.pewclimate.org/document.cfm?documentID=636

Pfeil, Andreas (2000), Abschied von der „schnellen Schiene"?: NAFTA, GATT und die Ratifizierung von Handelsabkommen in den USA, 1974-1999, Berlin

Pigman, Geoffrey Allen (2002), Hegemony Theory, Unilateral Trade Liberalisation and the 1996 US Farm Bill, in: Patrick Karl *O'Brien*/Armand *Clesse* (Hrsg.), Two Hegemonies: Britain 1846-1914 and the United States 1941-2001, S. 258-283

Plümper, Thomas (1995), Quasi-rationale Akteure und die Funktion internationaler Institutionen, in: *Zeitschrift für Internationale Beziehungen*, 2 (1), S. 49-77

Pollack, Mark A./Gregory C. *Shaffer* (2001), (Hrsg.), Transatlantic Governance in the Global Economy, Lanham (MD)

Pollack, Mark A. (2005), The Political Economy of Transatlantic Trade Disputes, in: Ernst-Ulrich *Petersmann*/Mark A. *Pollack* (Hrsg.), Transatlantic Economic Disputes: The EU, the US, and the WTO, S. 65-118

Poole, Keith T./Howard *Rosenthal* (2001), D-NOMINATE after 10 Years: A Comparative Update to Congress: A Political-Economic History of Roll-Call Voting, in: *Legislative Studies Quarterly*, 26 (1), S. 5-29

Pope, Carl/Paul *Rauber* (2004), Strategic Ignorance: Wahy the Bush Administration Is Recklessly Destrying a Century of Environmental Progress, San Francisco (CA)

Posen, Barry R./Andrew L. *Ross* (1996/97), Competing Visions for U.S. Grand Strategy, in: *International Security*, 21 (3), S. 5-53

Powell, Robert (1994), Anarchy in International Relations Theory: The Neorealist-Neoliberal Debate, in: *International Organization*, 48 (2), S. 313-344

Prins, Gwyn (2001), (Hrsg.), Understanding Unilateralism in American Foreign Relations, London

Preeg, Ernest H. (1995), Traders in a Brave New World: the Uruguay Round and the Future of the International Trading System, Chicago, London

Ders. (1999), Feeling Good or Doing Good With Sanctions: Unilateral Economic Sanctions and the U.S. National Interest, Washington (DC)

Pregelj, Vladimir N. (2000), United States´ Withdrawal from the World Trade Organization: Legislative Procedure, *CRS Report* RS20422, Washington (DC)

Prestowitz, Clyde V. (2003), Rogue Nation: American Unilateralism and the Failure of Good Intentions, New York

Preuße, Heinz Gert (2000), Entwicklungen in der US-amerikanischen Außenhandelspolitik seit der Gründung der Nordamerikanischen Freihandelszone (NAFTA), *Tübinger Diskussionsbeitrag* Nr. 182, Tübingen

Puhle, Hans-Jürgen/Söhnke *Schreyer*/Jürgen *Wilzewski* (2004), (Hrsg.), Supermacht im Wandel: Die USA von Clinton zu Bush, Frankfurt a.M., New York

Putnam, Robert D. (1988), Diplomacy and Domestic Politics: the Logic of Two-Level-Games, in: *International Organization*, 42 (2), S. 427-460

Quandt, William B. (1999), The Electoral Cycle and the Conduct of American Foreign Policy, in: Eugene R. *Wittkopf*/James M. *McCormick* (Hrsg.), The Domestic Sources of American Foreign Policy: Insights and Evidence, S. 95-108

Rabe, Barry G. (2004), Statehouse and Greenhouse: The Emerging Politics of American Climate Change Policy, Washington (DC)

Raustiala, Kal (2001), Nonstate Actors in the Global Climate Regime, in: Urs *Luterbacher*/Detlef F. *Sprinz* (Hrsg.), International Relations and Global Climate Change, S. 95-118

Ders. (2002), The Architecture of International Cooperation, www.law.berkeley.edu/cenpro/ils/papers/raustialaArchetectureofInternational.doc

Read, Robert (2005), The EU-US WTO Steel Dispute: The Political Economy of Protection and the Efficacy of the WTO Dispute Settlement Understanding, in: Nicholas *Perdikis*/Robert *Read* (Hrsg.), The WTO and the Regulation of International Trade: Recent Trade Disputes between the European Union and the United States, S. 135-175

Rechkemmer, Andreas (2004), Globale Umweltpolitik 2005: Perspektiven im Kontext der Reform der Vereinten Nationen, *SWP-Studie* 45/2004, Berlin

Reinhard, Eric (2003), Tying Hands without a Rope: Rational Domestic Response to International Institutions Constraints, in: Daniel W. *Drezner*, (Hrsg.), Locating the Proper Authorities: The Interaction of Domestic and International Institutions, S. 77-104

Reinicke, Wolfgang H. (1999/2000), The Other World Wide Web: Global Public Policy Networks, in: *Foreign Policy*, 117, S. 44-57

Reisman, Michael W. (2000), The United States and International Institutions, in: *Survival*, 41 (4), S. 62-80

Rhodes, Carolyn (1993), Reciprocity, US Trade Policy and the GATT Regime, Ithaca (NY)

Rhodes, Mark (2005), US Foreign Sales Corporations, Export Tax Credits and the WTO, in: Nicholas *Perdikis*/Robert *Read* (Hrsg.), The WTO and the Regulation of International Trade: Recent Trade Disputes between the European Union and the United States, S. 177-189

Ripley, Randall B./James M. *Lindsay* (1994a), (Hrsg.), Congress Resurgent: Foreign and Defense Policy on Capitol Hill, Ann Arbor

Dies. (1994b), How Congress Influences Foreign and Defense Policy, in: *Dies.* (Hrsg.), Congress Resurgent: Foreign and Defense Policy on Capitol Hill, S. 17-35

Risse-Kappen, Thomas (1995), (Hrsg.), Bringing Transnational Relations Back In: Non-State Actors, Domestic Structures and International Institutions, Cambridge

Risse, Thomas (1999), Identitäten und Kommunikationsprozesse in der internationalen Politik: Sozialkonstruktivistische Perspektiven zum Wandel der Außenpolitik, in: Monika *Medick-Krakau* (Hrsg.), Außenpolitischer Wandel in theoretischer und vergleichender Perspektive. Die USA und die Bundesrepublik Deutschland, S. 33-57

Rittberger, Volker/Bernhard *Zangl* (2003[3]), Internationale Organisationen: Politik und Geschichte, Opladen

Robel, Stefan (2001), Hegemonie in den Internationalen Beziehungen: Lehren aus dem Scheitern der „Theorie Hegemonialer Stabilität“, *Dresdner Arbeitspapiere Internationale Beziehungen* 2, Dresden

Rode, Reinhard (1980), Amerikanische Handelspolitik gegenüber Westeuropa: Von der Handelsreform zur Tokio-Runde, Frankfurt a. M., New York

Ders. (1986), Sicherheit versus Geschäft: Die Osthandelspolitik der USA von Nixon bis Carter, Frankfurt a.M, New York

Ders. (2002a), Weltregieren durch Internationale Wirtschaftsorganisationen, Halle

Ders. (2002b), Internationale Wirtschaftsbeziehungen, Münster

Ders. (2004), Macht und Zusammenarbeit in internationalen Institutionen, *Hallenser IB-Papier* 1/2004, Halle (Saale), http://www.politik.uni-halle.de/rode/

Ders., (2006), Kluge Handelsmacht: Die Liberalisierungs- und Ordnungsleistungen des Welthandelsregimes GATT/WTO, Münster

Rogowski, Ronald (1989), Commerce and Coalitions: How Trade Affects Domestic Political Alignments, Princeton (NJ)

Ders. (1999), Institutions as Constraints on Strategic Choice, in: David A. *Lake*/Robert *Powell* (Hrsg.), Strategic Choice and International Relations, Princeton (NJ); S. 115-136

Rose, Andrew K. (2002), Do We Really Know that the WTO Increases Trade?, *NBER Working Paper* Nr. 9273, Cambridge (MA)

Ders. (2004), Do WTO Members Have More Liberal Trade Policy?, in: *Journal of International Economics*, 63 (2), S. 209-235

Rosecrance, Richard (2001), Has Realism Become Cost-Benefit Analysis?, in: *International Security*, 26 (2), S. 132-154

Rosen, Howard (2004), Free Trade Agreements as Foreign Policy Tools: The US-Israel and US-Jordan FTAs, in: Jeffrey J. *Schott* (Hrsg.), Free Trade Agreements: US Strategies and Priorities, S. 51-78

Rosenau, James N./Ernst-Otto *Czempiel* (1992), (Hrsg.), Governance without Government: Order and Change in World Politics, Cambridge

Rosenau, James N. (1997), Along the Domestic-Foreign Frontier, Cambridge (MA)

Rothgeb, John M. (1993), Defining Power: Force and Influence in the Contemporary International System, New York

Roy, Joaquin (1999), Europe: Cuba, the U.S. Embargo, and the Helms-Burton Law, in: Richard N. *Haass*, (Hrsg.), Transatlantic Tensions: The United States, Europe, and Problem Countries, S. 29-47

Rudolf, Peter (1999), New Grand Strategy?: Zur Entwicklung des außenpolitischen Diskurses in den USA, in: Monika *Medick-Krakau* (Hrsg.), Außenpolitischer Wandel in theoretischer und vergleichender Perspektive: Die USA und die Bundesrepublik Deutschland, S. 61-95

Ders. (2004), Von Clinton zu Bush: Amerikanische Außenpolitik und transatlantische Beziehungen, in: Hans-Jürgen *Puhle*/Söhnke *Schreyer*/Jürgen *Wilzewski* (Hrsg.), Supermacht im Wandel: Die USA von Clinton zu Bush, S. 263-295

Ders. (2005), George W. Buhs außenpolitische Strategie, *SWP-Studie* S 25, Berlin

Ders. (2006), Rückkehr des liberalen Hegemon: Warnungen vor Überdehnung und Isolationismus sind unangebracht, in: *Internationale Politik*, 61 (1), S. 7-15

Ders./Jürgen *Wilzewski* (2000), (Hrsg.), Weltmacht ohne Gegner: Amerikanische Außenpolitik zu Beginn des 21. Jahrhunderts, Baden-Baden

Ruggie, John G. (1982), International Regimes, Transactions and Change: Embedded Liberalism in the Postwar Economic Order, in: *International Organization*, 36 (2), S. 379-415

Ders. (1991), Embedded Liberalism and Progress in International Economic Relations, in: Emanuel *Adler*/Beverly *Crawford* (Hrsg.), Progress in Postwar International Relations, S. 201-234

Ders. (1993a), (Hrsg.), Multilateralism Matters: the Theory and Praxis of an Institutional Form, New York

Ders. (1993b), Multilateralism: the Anatomy of an Institution, in: *International Organization*, 46 (3), S. 561-598

Ders. (1998), Constructing the World Polity: Essays on International Institutionalization, London

Russett, Bruce/John *Oneal* (2001), Triangulating Peace: Democracy, Interdependence and International Organizations, New York, London

Sands, Philippe (2000), "Unilateralism", Values and International Law, in: *European Journal of International Law*, 11 (2), S. 291-302

Ders./Jan *Lineham* (2004), Compliance with Multilateral Environmental Agreements: The Climate Change Regime, in: Michael W. *Doyle*/Edward C. *Luck* (Hrsg.), International Law and Organization: Closing the Compliance Gap, S. 93-120

Schaber, Thomas/Cornelia *Ulbert* (1994), Reflexivität in den Internationalen Beziehungen: Literaturbericht zum Beitrag kognitiver, reflexiver und interpretativer Ansätze zur dritten Theoriedebatte, in: *Zeitschrift für Internationale Beziehungen*, 1 (1), S. 139-169

Scharpf, Fritz W. (1997), Games Real Actors Play: Actor-Centered Institutionalism in Policy Research, Boulder (CO)

Schattschneider, Elmer E. (1960), The Semisovereign People: A Realist´s View of Democracy in America, New York

Ders. (1963), Politics, Pressures and the Tariff: A Study of the Free Private Enterprise in Pressure Politics, as Shown in the 1929-30 Revision of the Tariff, Hamden (CN)

Scheja, Dietmar (1997), Delegation und Konflikt in der US-Außenhandelspolitik: Hintergründe und Resultate der Super 301-Bestimmung, Wiesbaden

Schelling, Thomas C. (1995[15]), The Strategy of Conflict, Cambridge (MA)

Ders. (2002), What Makes Greenhouse Sense?, in: *Foreign Affairs*, 81 (3), S. 2-9

Ders. (2006), Strategies of Commitment and other Essays, Cambridge (MA) u.a.

Scherpenberg, Jens van (1999), Re-Regulierung der internationalen Finanzmärkte?, in: *APuZ* Beilage zur Zeitschrift *Das Parlament*, 49 (49), S. 19-24

Ders. (2002), Transatlantische Asymmetrien, in: Reinhard C. *Meier-Walser*/Susanne *Luther* (Hrsg.), Europa und die USA: transatlantische Beziehungen im Spannungsfeld von Regionalisierung und Globalisierung, S. 161-171

Ders. (2003), Whither Euro-American Leadership in the WTO?, Berlin, http://www.swp-berlin.org/common/get_document.php?id=185

Ders./Nicolas *Hausséguy* (2005), The Airbus-Boeing Dispute: Not for the WTO to solve, *SWP-Comments* 30/2005, Berlin

Scherrer, Christoph (1999), Globalisierung wider Willen?: Die Durchsetzung liberaler Außenwirtschaftspolitik in den USA, Berlin

Schild, Georg (2002), Die bedrohte Supermacht: Die Außen- und Sicherheitspolitik der USA nach dem Ende des Kalten Krieges, Opladen

Schiltz, Christoph (1996), Der Handelsbeauftragte der USA: Entstehung, Entwicklung und Probleme eines schwierigen Amtes (1963-1993), Frankfurt a. M.

Schirm, Stefan A. (1998), Globale Märkte und staatlicher Handlungsspielraum, *SWP-Arbeitspapier* Nr. 3077, Ebenhausen

Ders. (2002), Globalization and the New Regionalism: Global Markets, Domestic Politics and Regional Cooperation, Cambridge

Schlesinger, Arthur M. (1995), Back to the Womb?, in: *Foreign Affairs*, 74, S. 2-8

Ders. (2001), Unilateralism in Historical Perspective, in: Gwyn *Prins* (Hrsg.), Understanding Unilateralism in American Foreign Relations, S. 18-29

Schott, Jeffrey J. (1996), The World Trading System: Challenges Ahead, Washington (DC)

Ders. (1998), (Hrsg.), Restarting Fast Track, *IIE Special Report* Nr. 11, Washington (DC)

Ders. (2000), (Hrsg.), The WTO after Seattle, Washington (DC)

Ders. (2004), (Hrsg.), Free Trade Agreements: US Strategies and Priorities, Washington (DC)

Ders. (2005), Confronting Current Challenges to US Trade Policy, in: C. Fred *Bergsten* (Hrsg.), The United States and the World Economy: Foreign Economic Policy for the Next Decade, S. 247-279

Schweller, Randall L./David *Priess* (1997), A Tale of Two Realisms: Expanding the Institutions Debate, in: *Mershon International Studies Review*, 41 (1), S. 1-32

Scott, James M. (1998), (Hrsg.), After the End: Making U.S. Foreign Policy in the Post-Cold War World, Durham (NC)

Scott, Shirley V. (2003), The Impact on International Law of US Noncompliance, in: Michael *Byers*/Georg *Nolte* (Hrsg.), United States Hegemony and the Foundations of International Law, S. 427-455

Sek, Lenore (2003), Trade Promotion Authority (Fast-Track Authority for Tade Agreements): Background and Developments in the 107th Congress, *CRS Report* IB10084, Washington (DC)

Selin, Henrik/Stacy D. *VanDeveer* (2007), Political Science and Prediction: What´s Next for U.S. Climate Change Policy?, in: *Review of Policy Research*, 24 (1), S. 1-27

Sen, Gautam (2003), The United States and the GATT/WTO System, in: Rosemary *Foot*/Neil *MacFarlane*/Michael *Mastanduno* (Hrsg.), US Hegemony and International Organizations: the United States and Multilateral Institutions, S. 115-138

Senti, Richard (2000), WTO: System und Funktionsweise der Welthandelsordnung, Zürich u.a.

Ders. (2001³), WTO: Die neue Welthandelsordnung nach der Uruguay-Runde, Zürich

Sewell, James P. (2000), Congenital Unilateralism in a Multilateralizing World: American Scholarship on International Organization, in: *Ders.*, (Hrsg.), Multilateralism in Multinational Perspective: Viewpoints from Different Languages and Literatures, New York, S. 1-42

Shaffer, Gregory Charles (1998), WTO Schrimp-Turtle Case, in: *International Trade Reporter*, 15 (7), S. 294-301

Ders. (2000), WTO Blue-Green Blues: The Impact of U.S. Domestic Politics on Trade-Labor, Trade-Environment Linkages for the WTO´s Future, http://www.worldtradelaw.net/articles/shaffertradelabor.pdf#search=%22unilateralism%2Btrade%2Bpolicy%2BWTO%2BUS%22

Ders. (2001), The WTO Under Challenge: Democracy and the Law and Politics of the WTO´s Treatment of Trade and Environment Matters, in: *Harvard Environmental Law Review*, 25 (1), S. 1-36

Ders. (2005), The Under-Examined Trade-Environment *Linkage*: Domestic Politics and WTO Disputes, Festschrift for Jagdish Bhagwati, Columbia University, 2005, http://www.columbia.edu/~ap2231/jbconference/Papers/Shaffer_Bhagwati%20Conference.pdf

Shanahan, John (2006), US-Senat würde zukünftiges UN-Klimaabkommen wohl ablehnen, http://www.euractiv.com/Article?tcmuri=tcm:31-152640-16&type=News&_print

Shoch, James (2001), Trading Blows: Party Competition and US Trade Policy in a Globalizing Era, Chapel Hill (NC)

Siebenhüner, Bernd (2003), The Changing Role of Nation States in International Environmental Assessments: The Case of the the IPCC, *Global Governance Working Paper* 7, http://glogov.org/upload/public%20files/pdf/publications/working%20papers/workingpaper7.pdf

Siedschlag, Alexander (2000), Politische Institutionalisierung und Konflikttransformation: Leitideen, Theoriemodelle und europäische Praxisfälle, Opladen

Siegelberg, Jens/Klaus *Schlichte* (2000), (Hrsg.), Strukturwandel internationaler Beziehungen: zum Verhältnis von Staat und internationalem System seit dem Westfälischen Frieden, Wiesbaden

Sjolander, Claire Turenne (1994), The Discourse of Multilateralism: U.S. Hegemony and the Management of International Trade, in: *Dies.*/Wayne S. *Cox*, (Hrsg.), Beyond Positivism: Critical Reflections on International Relations, Boulder (CO), S. 37-58

Skidmore, David (2005), Understanding the Unilateralist Turn in U.S. Foreign Policy, in: *Foreign Policy Analysis*, 1 (2), S. 207-228

Ders./Valerie M. *Hudson* (1993), The Limits of State Autonomy: Societal Groups and Foreign Policy Formulation, Boulder (CO)

Slaughter, Anne-Marie (1997), The Real New World Order, in: *Foreign Affairs*, 76 (5), S. 183-197

Dies. (2004), A New World Order, Princeton (NJ)

Sloan, Stanley R./Mary *Locke*/Casimir *Yost* (2000), The Foreign Policy Struggle: Congress and the President in the 1990s and Beyond, Washington (DC)

Sloan, Stanley R. (2003), Constitutional and Institutional Dimensions: White House-Congress Relations After the End of the "Imperial Presidency", in: Bernhard *May*/Michaela *Hönicke Moore* (Hrsg.), The Uncertain Superpower: Domestic Dimensions of U.S. Foreign Policy after the Cold War, S. 17-27

Smis, Stefaan/Kim *van der Borght* (1999), The EU-US Compromise on the Helms-Burton and D´Amato Acts, in: *American Journal of International Law*, 93 (1), S. 227-236

Snidal, Duncan (1985a), Coordination Versus Prisoner´s Dilemma: Implications for International Cooperation and Regimes, in: *American Political Science Review*, 79, S. 923-942

Ders. (1985b), The Limits of Hegemonic Stability Theory, in: *International Organization*, 39 (4), S. 579-614

Ders./Alexander *Thompson* (2003), International Commitments and Domestic Politics: Institutions and Actors at Two Levels, in: Daniel W. *Drezner*, (Hrsg.), Locating the Proper Authorities: The Interaction of Domestic and International Institutions, S. 197-230

Snyder, Jack L. (1994[2]), Myths of Empire: Domestic Politics and International Ambition, Ithaca (NY)

Spadoni, Paolo (2001), The Impact of the Helms-Burton Legislation on Foreign Direct Investment in Cuba, in: *Cuba in Transition*, 11, S. 18-36

Speck, Ulrich/Natan *Sznaider* (2003), (Hrsg.), Empire Amerika: Perspektiven einer neuen Weltordnung, München

Sprinz, Detlef F./Martin *Weiß* (2001), Domestic Politics and Global Climate Policy, in: Urs *Luterbacher*/Detlef F. *Sprinz* (Hrsg.), International Relations and Global Climate Change, S. 67-94

Srinivas, K. Ravi (2003), Turtles, Trade and Unilateral Measures: Renaming the Debate, in: *Economic and Political Weekly*, 38 (6), S. 571

Steel, Ronald (1995), The Domestic Core of Foreign Policy, in: *Atlantic Monthly*, 275 (6), S. 76-84

Stein, Arthur A. (1993a), Why Nations Cooperate: Circumstance and Choice in International Relations, Ithaca (NY). London

Ders. (2003), Trade and Conflict: Uncertainty, Strategic Signaling, and Interstate Disputes, in: Edward D. *Mansfield*/Brian M. *Pollins*, (Hrsg.), Economic Interdependence and International Conflict: New Perspectives on an Enduring Debate, S. 111-126

Stein, Janice Gross (1993b), International Co-operation and Loss Avoidance: Framing the Problem, in: *Dies.*/Louis W. *Pauly* (Hrsg.), Choosing to Co-operate: How States Avoid Loss, S. 2-34

Dies./Louis W. *Pauly* (1993), (Hrsg.), Choosing to Co-operate: How States Avoid Loss, Baltimore (MD), London

Steinberg, Richard (2002), In the Shadow of Law or Power? Consensus-Based Bargaining and Outcomes in the GATT/WTO, in: *International Organization*, 56 (2), S. 339-374

Stern, Paula (2002), Making trade policy while pursuing the war on terrorism: free trade remains the objective, but is a step back sometimes necessary for two steps forward?, in: *Business Economics*, April 2002, http://www.allbusiness.com/periodicals/article/194647-1.html

Stoiber, Michael/Paul W. *Thurner* (2004), Die Ratifikation intergouvernementaler Verträge: Konstitutionelle Erfordernisse und akteurspezifische Agendakontrolle, in: Franz Urban *Pappi*/Eibe *Riedel*/Paul W. *Thurner*/Roland *Vaubel* (Hrsg.), Die Institutionalisierung internationaler Verhandlungen, S. 173-203

Stokes, Bruce (1999), The Protectionist Myth, in: *Foreign Policy*, 117, S. 88-93

Stoll, Peter-Tobias (2003), Compliance: Multilateral Achievments and Predominant Powers, in: Michael *Byers*/Georg *Nolte* (Hrsg.), United States Hegemony and the Foundations of International Law, S. 456-476

Strange, Susan (1987), The Persistent Myth of Lost Hegemony, in: *International Organization*, 41 (3), S. 551-574

Dies. (1996), The Retreat of the State: the Diffusion of Power in the World Economy, Cambridge

Streit, Manfred E./Michael *Wohlgemuth* (1999), (Hrsg.), Systemwettbewerb als Herausforderung an Politik und Theorie, Baden-Baden

Sussman, Glen (2004), The USA and Global Environmental Policy: Domestic Constraints on Effective Leadership, in: *International Political Science Review*, 25 (4), S. 349-369

Swan, Alan C. (2001), Unilateralism and the Evolution of International Economic Law: the Saga of § 301, in: Robert *Briner* (Hrsg.), Law of International Business and Dispute Settlement in the 21st Century, Köln u.a., S. 753-781

Swank, Duane (2002), Global Capital, Political Institutions and Policy Change in Developed Welfare States, Cambridge

Sweeney, John (1996), Freedom Versus Business Interests, in: *Internationale Politik und Gesellschaft*, 4, S. 419-421

Tamura, Kentaro (2006), Climate Change and the Credibility of International Commitments: What Is Necessary for the U.S. to Deliver on Such Commitments?, in: *International Environmental Agreements*, 6 (3), S. 289-304

Taylor, C. O'Neal (1994), Fast Track, Trade Policy and Free Trade Agreements: Why the NAFTA Turned into a Battle, in: *George Washington Journal of International Law and Economics*, 28 (1), S. 1-132

Taylor, Michael (1987), The Possibility of Cooperation, Cambridge

Taylor, Peter J. (2002), The "American Century" as Hegemonic Cycle, in: Patrick Karl *O'Brien*/Armand *Clesse* (Hrsg.), Two Hegemonies: Britain 1846-1914 and the United States 1941-2001, S. 284-302

Teegen, Hildy/Hossein *Askari*/John *Forrer*/Jiawen *Yang* (2003), Economic and Strategic Impacts of U.S. Economic Sanctions on Cuba, Washington (DC), http://www.gwu.edu/~clai/working_papers/Teegen_Hildy_02-03.pdf

Tenpas, Kathryn Dunn (2000), Surviving and Thriving amidst the Permanent Campaign, in: Norman J. *Ornstein*/Thomas E. *Mann* (Hrsg.), The Permanent Campaign and Its Future, S. 108-133

Thiel, Elke (2005), Prospects for Economic Cooperation: Trade and Monetary Policy, in: Samuel *Wells*/Ludger *Kühnhardt*, (Hrsg.), The Crisis in Transatlantic Relations, S. 57-65

Thompson, Alexander (2003), Power and Legalization: Explaining U.S. Support of WTO Dispute Settlement, http://www.internationalorganizations.org/ThompsonWTO.pdf

Todorov, Alexander/Anesu N. *Mandisodza* (2004), Public Opinion and Foreign Policy: The Multilateral Public that Percieves Itself as Unilateral, *Public Opinion Quarterly*, 68 (3), S. 323-348

Triepel, Heinrich (1943²), Die Hegemonie: ein Buch von führenden Staaten, Stuttgart

Tsebelis, George (2002), Veto Players: How Political Institutions Work, New York

Underdal, Arild (1998), Explaining Compliance and Defection: Three Models, in: European Journal of International Relations, 4 (1), S. 5-30

United States International Trade Commission (USITC) (2003), Steel: Monitoring Developments in the Domestic Industry, TA-204-9, http://hotdocs.usitc.gov/docs/pubs/332/pub3632.htm

Dies. (2005), Trade Remedy Investigations: Antidumping and Countervailing Duty Orders, http://www.usitc.gov/trade_remedy/731_ad_701_cvd/investigations/antidump_countervailing/index.htm

Uslaner, Eric. M. (1994), Political Parties and Free Trade in the United States, in: Charles F.S. *Doran*/Gregory P. *Marchildon* (Hrsg.), The NAFTA Puzzle: Political Parties and Trade in North America, S. 33-63

Van Crefeld, Martin (1999), The Rise and Decline of the State, New York

Van Oudenaren, John (2003), What is "Multilateral"?, *Policy Review*, 117

Ders. (2004), Unipolar Versus Unilateral, *Policy Review*, 124

Vertzberger, Yaacov (1990), The World in Their Minds: Information Processing, Cognition and Perception in Foreign Policy Decision Making, Stanford (CA)

Victor, David G. (2001), The Collapse of the Kyoto Protocol and the Struggle to Slow Global Warming, Princeton (NJ), Oxford

Voeten, Erik (2004), Resisting the Lonely Superpower: Responses of States in the United Nations to U.S. Dominance, in: *Journal of Politics*, 66 (3), S. 729-754

Vogel, David (1999), The Triumph of Liberal Trade: American Trade Policy in the Postwar Period, in: Morton *Keller*/R. Shep *Melnick*, (Hrsg.), Taking Stock: American Government in the Twentieth Century, S. 35-53

Volgy, Thomas J./Lawrence E. *Imwalle* (2000), Two Faces of Hegemonic Strength: Structural versus Relational Capabilities, in: *International Interactions*, 26 (2), S. 229-251

Volgy, Thomas J./Alison *Bailin* (2003), International Politics and State Strength, Boulder (CO)

Wallerstein, Immanuel (2002), Three Hegemonies, in: Patrick Karl *O'Brien*/Armand *Clesse* (Hrsg.), Two Hegemonies: Britain 1846-1914 and the United States 1941-2001, S. 357-361

Walt, Stephen M. (2000), Two Cheers for Clinton's Foreign Policy, in: *Foreign Affairs*, 79 (2), S. 63-79

Ders. (2002), Keeping the World „Off Balance“: Self Restraint and U.S. Foreign Policy, in: G. John *Ikenberry* (Hrsg.), America Unrivaled: The Future of the Balance of Power, S. 121-154

Waltz, Kenneth N. (1979), Theory of International Politics, New York

Weaver, R. Kent (1986), The Politics of Blame Avoidance, in: *Journal of Public Policy*, 6 (4), S. 371-398

Weber, Max (1980⁵), Wirtschaft und Gesellschaft: Grundriss der verstehenden Soziologie, Tübingen

Wedgewood, Ruth (2002), Unilateral Action in a Multilateral World, in: Stewart *Patrick*/Shepard *Forman* (Hrsg.), Multilateralism and U.S. Foreign Policy: Ambivalent Engagement, S. 167-189

Wells, Samuel/Ludger *Kühnhardt* (2005), (Hrsg.), The Crisis in Transatlantic Relations, Zentrum für Europäische Integrationsforschung, *ZEI Discussion Paper* C143, Bonn, http://www.zei.de/download/zei_dp/dp_c143_wells_kuehnhardt.pdf

Wendt, Alexander (1994), Collective Identity Formation and the International State, in: *The American Political Science Review*, 88 (2), S. 384-396

Ders. (1999), Social Theory of International Politics, Cambridge

Whitman, Christine Todd (2005), It´s My Party Too: the Battle for the Heart of the GOP and the Future of America, New York

Wiarda, Howard J. (1990), Foreign Policy Without Illusion: How Foreign Policy-Making Works and Fails to Work in the United States, Glennview (IL)

Ders. (1996), American Foreign Policy: Actors and Processes, New York

Wijkman, Per Magnus (2003), U.S. Trade Policy: Alternative Tacks or Parallel Tracks?, in: David M *Malone*/Yuen Foong *Khong* (Hrsg.), Unilateralism and U.S. Foreign Policy: International Perspectives, S. 251-284

Wilensky, Harold (2002), Rich Democracies: Poltical Economy, Public Policy and Performance, Berkeley (CA), Los Angeles (CA), London

Wilkinson, David (1999), Unipolarity Without Hegemony, in: *International Studies Review*, 1 (2), S. 142-172

Wilkinson, Rorden (2000), Multilateralism and the World Trade Organization: the Architecture and Extension of International Trade Regulation, London, New York

Ders./Steve *Hughes* (2002), (Hrsg.), Global Governance: Critical Perspectives, London

Wilzewski, Jürgen (1999), Triumph der Legislative: zum Wandel der amerikanischen Sicherheitspolitik 1981-1991, Frankfurt a. M.

Ders. (2000), Demokratie und Außenpolitik: Friktionen zwischen Präsident und Kongreß, in: Peter *Rudolf*/Jürgen *Wilzewski*, Weltmacht ohne Gegner: Amerikanische Außenpolitik zu Beginn des 21. Jahrhunderts, S. 38-61

Ders./Werner *Kremp* (2003), (Hrsg.), Weltmacht vor neuer Bedrohung: Die Bush-Administration und die US-Außenpolitik nach dem Angriff auf Amerika, Trier

Wittkopf, Eugene R./James M. *McCormick* (1999), (Hrsg.), The Domestic Sources of American Foreign Policy: Insights and Evidence, Lanham (MD) u.a.

Wohlforth, William C. (1999), The Stability of a Unipolar World, in: *International Security*, 21 (1), S. 1-36

Ders. (2002), U.S. Strategy in a Unipolar World, in: G. John *Ikenberry* (Hrsg.), America Unrivaled: The Future of the Balance of Power, S. 98-118

Wolf, Klaus Dieter (2000), Die neue Staatsräson: zwischenstaatliche Kooperation als Demokratieproblem in der Weltgesellschaft, Baden-Baden

Wolf, Reinhard (2001) Die Zukunft der transatlantischen Beziehungen: eine optimistische Prognose, *Hallenser IB-Papier* 5/2001, Halle (Saale)

Wolfe, Robert (1999), The World Trade Organization, in Brian *Hocking*/Stephen *McGuire* (Hrsg.), Trade Politics: International, Domestic and Regional Perspectives, S. 208-223

World Trade Organization (WTO) (1999), Trade Policy Review United States, WT/TPR/S/56, Genf

Dies. (2001), Trade Policy Review United States, WT/TPR/S/88, Genf

Dies. (2003), Trade Policy Review United States, WT/TPR/S/126, Genf

Dies. (2006), Trade Policy Review United States, WT/TPR/S/160, Genf

Woolcock, Steve (2001), Has the WTO gone too far?: National regulatory autonomy and market access, http://www.lse.ac.uk/collections/internationalTradePolicyUnit/pdf/hasTheWTOgoneTooFar.pdf

Yarbrough, Beth/Robert *Yarbrough* (1987), Cooperation in the Liberalization of International Trade: After Hegemony What?, in: *International Organization*, 41 (1), S. 1-26

Yee, Albert S. (1996), The Causal Effects of Ideas on Policies, in: *International Organization*, 50 (1), S. 69-108

Young, Oran R. (1982), Regime Dynamics: the Rise and Fall of International Regimes, in: *International Organization*, 36 (2), S. 277-298

Ders. (1992), The Effectiveness of International Institutions: Hard Cases and Critical Variables, in: James N. *Rosenau*/Ernst-Otto *Czempiel* (Hrsg.), Governance without Government: Order and Change in World Politics, S. 160-194

Ders. (1993³), International Cooperation: Building Regimes for Natural Resources and the Environment, Ithaca (NY) u.a.

Zangl, Bernhard (2006), Die Internationalisierung der Rechtsstaatlichkeit: Streitbeilegung in GATT und WTO, Frankfurt a.M. u.a.

Ders./Michael *Zürn* (1994), Theorien des rationalen Handelns in den Internationalen Beziehungen, in: Ulrich *Druwe*/Volker *Kurz* (Hrsg.), Rational Choice in der Politikwissenschaft: Grundlagen und Anwendungen, S. 81-111

Zeng, Ka (2002), Trade Structure and the Effectiveness of America´s "Agressively Unilateral" Trade Policy, in: *International Studies Quarterly*, 1 (46), S. 93-115

Ders. (2004), Trade Threats, Trade Wars: Bargaining, Retaliation and American Coercive Diplomacy, Ann Arbor (MI)

Zürn, Michael (1992), Interessen und Institutionen in der internationalen Politik: Grundlegung und Anwendung des situationsstrukturellen Ansatzes, Opladen

Ders. (1997), Does International Governance Meet Demand?: Theories of International Institutions in the Age of Denationalization, *InIIS-Arbeitspapier* Nr. 4-5/97, Bremen, S. 23-54

Ders. (1998), Regieren jenseits des Nationalstaates: Globalisierung und Denationalisierung als Chance, Frankfurt a. M.

Ders. (2002), Zu den Merkmalen postnationaler Politik, in: Markus *Jachtenfuchs*/Michele *Knodt*, (Hrsg.), Regieren in Internationalen Institutionen, S. 215-234

Liberale Internationale Politische Ökonomie

hrsg. von Prof. Dr. Reinhard Rode
(Universität Halle-Wittenberg)

Reinhard Rode
Internationale Wirtschaftsbeziehungen
Dieses Studienbuch vermittelt das Grundwissen, das Studenten der Sozial- und Wirtschaftswissenschaften bis zum Studienabschluss über internationale Wirtschaftsbeziehungen erworben haben sollten. Das Buch füllt eine Marktlücke, die besonders für Studenten der Politikwissenschaft besteht, die nicht nur englischsprachige Bücher benutzen wollen. Da der deutsche politikwissenschaftliche Markt mit Werken überversorgt ist, die aus der früheren Marktskepsis direkt in die Globalisierungsfurcht hineingeschrieben worden sind, gibt es einen besonderen Bedarf für Bücher aus der Perspektive einer liberalen Internationalen Politischen Ökonomie (IPÖ).
Bd. 1, 2002, 296 S., 20,90 €, br.,
ISBN 3-8258-5899-5

Reinhard Rode
Weltregieren durch internationale Wirtschaftsorganisationen
Die Regierungsleistungen der liberal geprägten westlichen Institutionen werden von Globalisierungsgegnern gering geschätzt. Die vorliegende Studie untersucht die Governanceleistung im Netzwerk internationaler Wirtschaftsorganisationen aus dem Blickwinkel der Liberalen Internationalen Politischen Ökonomie. Dafür werden drei Netzmodelle des Weltwirtschaftsregierens entwickelt. Die Rolle von Staaten, Staatenorganisationen, Marktakteuren und gesellschaftlichen Akteuren werden mit einer liberalen Theorie gruppenhegemonialer Stabilität analysiert. Es wird festgestellt, dass die Governance der Institutionen der OECD-Welt in einer zweitbesten Welt sehr beachtliche zweitbeste Ergebnisse erbringt.
Bd. 2, 2002, 240 S., 20,90 €, br.,
ISBN 3-8258-6189-9

Reinhard Rode
Kluge Handelsmacht
Gezähmte Liberalisierung als Governanceleistung im Welthandelsregime GATT/WTO
Das Allgemeine Zoll- und Handelsabkommen GATT und die Welthandelsorganisation WTO wurden häufig als bewährte, aber schwache Arenen der Governance des Welthandelssystems eingestuft. Das komplizierte Entscheidungssystem – ein Land eine Stimme, ob groß oder klein – ist meist als notorische Schwäche des Welthandelsregimes bewertet worden. Die Geschichte des GATT mit seinen gezähmten Liberalisierungs- und Ordnungsleistungen und die Regimeerweiterung hin zur WTO stehen in eindeutigem Widerspruch zur Schwächeerwartung. Ein schwaches Regime aus nunmehr 148 formal gleichberechtigten, disparaten Mitgliedsstaaten kann also durchaus starke Ergebnisse produzieren. Das deutet auf ein kleines „Governancewunder“ hin, das kluge Handelsmacht anzeigt. Diese Leistung war im GATT von den USA und der EG in einem zänkischen Duopol erbracht worden. Die atlantisch geprägte Gruppenhegemonie hat in Hinterzimmern mühsam, aber erfolgreich immer wieder Handelsrunden zu Ende gebracht, die aussichtslos vor sich hin zu dümpeln drohten. Mit der Doha-Runde der WTO wird versucht diese mühsame Erfolgsgeschichte fortzusetzen. Die Beteiligung von führenden Schwellen- und Entwicklungsländern an einer erweiterten informellen Führungsgruppe hat den Kooperationsanreiz für neue aufstrebende Handelsstaaten zwar erhöht, aber zugleich den Verhandlungsprozess und die Kompromissbildung verkompliziert.
Bd. 3, 2006, 264 S., 29,90 €, br.,
ISBN 3-8258-9792-3